让 我 们 一 起 追 寻

GUSTU

AUGUSTUS: FROM REVOLUTIONARY TO EMPEROR
by Adrian Goldsworthy
Copyright ©Adrian Goldsworthy 2014
First published by
Weidenfeld & Nicolson, a division of the Orin Publishing Group, London.

# 奥古斯都：从革命者到皇帝

AUGUSTUS: FROM REVOLUTIONARY TO EMPEROR

〔英〕阿德里安·戈兹沃西　**作品**　　　陆大鹏　**译**
（Adrian Goldsworthy）

社会科学文献出版社
SOCIAL SCIENCES ACADEMIC PRESS (CHINA)

# 本书获誉

本书获得 2014 年美国出版商专业与学术卓越奖（PROSE）的传记与自传类荣誉奖。

令人肃然起敬……戈兹沃西先生……巧妙地运用关于奥古斯都生平的证据……这部传记，从某种意义上讲，是非常圆满的。对某些传统的说法做了有益的纠正。

——布兰登·博伊尔，《华尔街日报》

戈兹沃西真正的专业是军事历史学，这赋予他的传记以力度和精彩：他对奥古斯都与军队关系的描述是大师级的。

——罗伯特·哈里斯，《伦敦周日时报》

戈兹沃西为第一位也是最伟大的一位罗马皇帝写的这本精彩超群的传记非常细致，有很深厚的研究功底……戈兹沃西是一位卓越的历史学家和才华横溢的作家……《奥古斯都》很可能成为这位真正伟大的罗马领袖的优秀传记之一……戈兹沃西提醒读者们……人性是亘古不变的。奥古斯都拉拢罗马的"媒体"，就像今天美国的任何一位政治家取悦福克斯新闻或CNN 一样。我们的感觉是，奥古斯都能够很好地适应 21 世纪的政治，同时还能睿智地统治国家。

——盖里·安德森，《华盛顿时报》

恺撒·奥古斯都戏剧性的崛起和长期统治，是阿德里安·戈兹沃西的重磅级传记《奥古斯都：从革命者到皇帝》的主题。本书扣人心弦地研究了古罗马的政治生活，它与我们的政治体制十分相似，非常有趣。但美国与罗马帝国之间的不同之处同样能说明问题。

——尼克·罗密欧，《基督教科学箴言报》

戈兹沃西就像一位珠宝大师观察一块奇异冰冷的钻石一样，观察着罗马历史的核心——奥古斯都皇帝，并揭示了整个罗马世界的方方面面。但本书充满了人性的温暖，文笔优雅，激发起读者对历史的热爱。

——J. E. 兰顿，著有《军人与鬼魂：古典时代战役的历史》和《怒歌：伯罗奔尼撒战争爆发》

就像戈兹沃西给尤利乌斯·恺撒写的传记一样，本书也是任何对古罗马感兴趣的人的必读书。

——娜塔莉·海恩斯，《独立报》

对罗马最稳重也最神秘的皇帝之一所做的探索，令人着迷……这部精彩绝伦的书……令人手不释卷，可以轻松地浏览，去感受众多的人物与事件。

——詹妮弗·赛尔威，《每日邮报》

关于这段历史时期的众多著作中，奥古斯都这一人物形象有些模糊，虽然没有被忽视，但仍然很陌生。戈兹沃西的目标是把奥古斯都的生平从史海中挽救出来，刻画他的激情、残忍和意志力，正是这些东西塑造了他那常常令人忽视的个性……阿德里安·戈兹沃西这部优异的新传记把奥古斯都这位帝国建立者的故事讲得令人拍案叫绝。

——迈克尔·奥斯林，《国家评论》

戈兹沃西创作了一部文字优雅、论据充分的奥古斯都传记，坦率而毫无粉饰或隐瞒。他筛选了奥古斯都时代的文献，将古代的证据与最顶尖的现代学术研究融合起来，创作出一部研究极其精细但可读性极强的罗马第一位皇帝的传记。本书探讨了领袖的本质、权力的运用和这两方面需要付出的代价。

——罗斯·玛丽·谢尔顿上校，弗吉尼亚军事学院

戈兹沃西娴熟地引导我们通过"现代学术"的湍流。他挑战了一些常被重复却从未得到质疑的说法……并且特别专业地介绍了罗马元老的权力斗争以及利用婚姻来巩固或破坏政治联盟的手段……《奥古斯都》是我们有可能读到的最值得信赖的奥古斯都传记。

——尼古拉斯·莎士比亚，《每日电讯报》

戈兹沃西（著有《恺撒：巨人的一生》等）对古罗马的理解显然已经深入骨髓，他的奥古斯都传记也是一部关于罗马及其发展的内容丰富的编年史……戈兹沃西质疑了为什么奥古斯都被许多历史学家遗忘，没有被列入伟大领袖的名单（这个名单包括尤利乌斯·恺撒、亚历山大、汉尼拔和哈德良）。他提供了许多理由，证明奥古斯都应当位于这个名单的最前列。

——《科克斯书评》

奥古斯都是古罗马最伟大的领袖……但有时也是个神秘的人。阿德里安·戈兹沃西的绝妙传记会改变这一切。《奥古斯都》揭示了主题人物的个性与他所处的时代，对他的缺点做了公正评判，对许多配角的描摹也非常精彩。传记就应当是这个样子……《奥古斯都》是最优秀的传记，因为它激发读者在古代与现代之间做比较，而没有把这些比较直接表现出来。本书值得被广泛阅读，并且以最好的方式彰显了普鲁塔克那句名言的真实性："除了歌颂罗马之外，历史还有什么？"

——泰德·劳伦斯，"华盛顿自由灯塔"网站

历史学家和传记家戈兹沃西（著有《恺撒：巨人的一生》）在这部精彩的传记（它的许多主题在现代仍然引人深思）中展现了他对古罗马的丰富知识……强有力的叙述，关于罗马生活的许多趣味盎然的细节使本书更为丰富……戈兹沃西制造的整体效果是，读者见到了一个有血有肉的人，他的整个生活距离我们现代人的体验并不远。古代的文化习俗常常让我们觉得陌生，但那些政治动机、阴谋、家庭关系和情感，在今天就像在公元纪年之初一样真实。

——《出版人周刊》，星级评论

阿德里安·戈兹沃西又写了一部大作。他的奥古斯都传记是关于奥古斯都如何取得成功的最中肯也最精妙的一本书……本书的有些部分读起来就像小说。或许，戈兹沃西在写了几本小说之后，已经懂得如何调动读者的注意力。他显然是今天最优秀的罗马历史学家。

——马丁·罗贝尔，PhDiva.com

奥古斯都去世 2000 周年的纪念日让我们对罗马帝国的建立者和第一位皇帝重新产生了兴趣。著名的军事历史学家阿德里安·戈兹沃西很好地抓住了这个时间点，出版了一部新传记来讲述这个重要但充满争议的历史人物……戈兹沃西客观给出了神秘而复杂的奥古斯都生平的已知事实。他娴熟地记述了奥古斯都崛起的事件，揭示了他是一位二流的军事指挥家、聪明的操纵者、自信的表演艺术家和圆熟的政治家。

——林赛·鲍威尔，UNRV 网站

一部"权威性强，始终饶有趣味的新传记"。

——约翰·格雷，《新政治家》

戈兹沃西，畅销书《恺撒：巨人的一生》的作者……以动人心扉的活力，讲述了奥古斯都的军事胜利、惊心动魄的逃亡、外交成功和黑暗的家庭纠纷，把罗马帝国与东方各王国（如帕提亚）的紧张对峙描摹得活灵活现，同时还给我们提供了一些诗人，如维吉尔与贺拉斯的精彩介绍……戈兹沃西的洞见和引经据典始终非常精彩……《奥古斯都》是一部一流的通俗传记，由一位技艺娴熟的专家写成，可以与《恺撒：巨人的一生》媲美。

——史蒂夫·多纳休，《华盛顿邮报》

奥古斯都固然重要，但常常是躲在古典世界表面之后的谜。戈兹沃西的《奥古斯都》揭示了围绕在罗马第一位皇帝身边的所有戏剧与细节。本书洋溢着一种能量、学术和智慧，是一部值得细心品味的历史书。

——巴利·施特劳斯，著有《指挥大师：亚历山大、汉尼拔、恺撒和领导的天才》

这是一部能让学者感兴趣的传记，但也可以让任何对古代世界感兴趣的人轻松阅读。戈兹沃西有一种非同寻常的能力，能够让他的非常细致的历史著作吸引大众读者，这是罕见的才华。我推荐本书。

——理查德·魏格尔，《博林格林（肯塔基）每日新闻》

《奥古斯都》精彩地完结了以恺撒开始，以安东尼与克利奥帕特拉结束的三部曲。这是英语中讲述奥古斯都生涯与其诸多自相矛盾之处的最佳长篇作品。

——卡尔·格林斯基，得克萨斯大学奥斯丁分校

戈兹沃西的目标读者应当感激，他们拥有这样一位优秀的导游，为他们提供了高水平的地图、术语表和人物表，以及罗马元老在政坛攀升过程的概括……本书价值极高，可读性极强。

——S. J. V. 迈洛克，诺丁汉大学

# 目　录

# 地图目录

# 致　谢

　　本书的许多想法是在漫长岁月里逐渐形成的。1988 年，在牛津大学的第一年，我听了一门关于奥古斯都时代的罗马的课程，非常精彩。授课的是我的导师 Nicholas Purcell，是他最早向我介绍了 Platner 和 Ashby 的鸿篇巨制《古罗马地形学辞典》（*A Topographical Dictionary of Ancient Rome*，1929）。在随后的年月里，Alan Bowman、Miriam Griffin、Fergus Millar、Barbara Levick、Andrew Lintott 和 David Stockton 等人的讲座、研讨课和课程帮助我熟悉了古典世界，尤其是奥古斯都及其所处的时代。这些学者的著作都列在本书末尾的"参考文献"部分。我还想向其他一些学者表示感谢，因为我参考了他们的著作和文章。

　　更具体地说，我要感谢那些帮助我写作这部传记的人们。Philip Matyszak 是我在牛津大学期间结交的朋友，他关于罗马元老院内部运作的思想一直对我很有启发。他又一次从自己的写作中抽出时间，阅读了本书手稿，提供了许多有价值的评论。同样，Ian Hughes 也阅读了本书的很大一部分，并提出了意见，把对历史的理解与编辑的敏锐眼光结合在一起。Kevin Powell 阅读了全书，像往常一样注重细节，同时还能保持对宏观场景的把握。我的另外一位好友 Dorothy King 聆听了我的很多想法，总是带着极大的洞察力和机智做出评论，并为我提供了一些图片。我还要感谢母亲的校对技能，以及我的妻子，她阅读了一些章节。他们和我的其他亲友，在过去几年中不得不和奥古斯都一起生活，我非常感激他们的支持。

像往常一样，我必须感谢经纪人 Georgina Capel，是她创造了机会，让我有时间好好地写这本书，并且很感激她对本书一贯的热情。我还要感谢我的编辑们，英国的 Alan Samson 和美国的 Christopher Rogers，以及他们的团队，是他们做出了这样漂亮的书。最后，我对 David Breeze 感激涕零，是他绘制了本书中的谱系图。在 M. Cooley 主编的 *The Age of Augustus. Lactor* 17（2003）中图表的启发下，他不仅提出了制作不同时期多个版本家谱图表的建议，还花了很大力气帮我制作这些图表。这些图表有助于读者理解奥古斯都的亲戚和他们同时代人之间极其复杂的家庭关系。

# 序　章

那些日子，该撒亚古士督①有旨意下来，叫天下人民都报名上册。（这是居里扭作叙利亚巡抚时，头一次行报名上册之事。）众人各归各城，报名上册。[1]

——《路加福音》，1 世纪末

尽管幼年记忆已经模糊，但我一定是从这个圣诞节故事的简略段落中第一次听到奥古斯都的名字。和大多数听到或读到这些文字的人一样，我当时应当没有多想，直到后来我越来越热爱历史，才对关于古罗马的一切产生了特别浓厚的兴趣。要研究罗马史，就绕不开奥古斯都及其遗产。他是罗马的第一位皇帝，他最终用蒙着面纱的君主制取代了延续近五百年的共和国，他创立的体制使得罗马帝国稳定发展了约两百五十年。在这期间，帝国比任何其他时候都更为幅员辽阔、繁荣昌盛。3 世纪，罗马帝国面临着数十年的危机，在经历了宏大深刻的改革之后才生存下来。即便如此，一直到 15 世纪，在君士坦丁堡执政的罗马皇帝都自命为奥古斯都的权力与威望的合法继承者。

毋庸置疑，奥古斯都非常重要，同时，他的故事也具有强烈的戏剧性。我在向学生传授关于奥古斯都的课程时，总是会停下来提醒他们，奥古斯都投身于极其凶残的罗马政治时，还

---

① 这是中文版"和合本"圣经对恺撒·奥古斯都的译法。（除特别标明，本书脚注均为译者注。）

不到十九岁，差不多比我的所有学生都年轻。在描述他的所作所为，他如何驾轻就熟又冷酷无情、毫无忌惮地周旋于内战（在这期间，人们的效忠关系错综复杂又瞬息万变）时，我们常常忘记，他当时还是个毛头小伙子。他是遇刺身亡的尤利乌斯·恺撒的甥孙，被后者立为主要继承人，并获得了"恺撒"的名字。这意味着，恺撒将他收为养子。在罗马，权力不是世袭的，但在恺撒这个名字的支持下，他将死去的独裁官的亲信召集到自己麾下，宣布了自己的意图，即继承养父的所有官职和地位。随后，尽管困难重重而且遭到经验远比他丰富的竞争对手的阻挠，他还是成功地实现了自己的目标。马克·安东尼是他的最后一位竞争对手，于前30年被击败并殒命。经历数次内战的年轻而嗜血成性的军阀随后成功地将自己转型为受人爱戴的国家守护者，采用了"奥古斯都"这个带有宗教意味的名号，并最终被歌颂为"祖国之父"。他是一个海纳百川的人物，而不是制造纷争的恶徒；他执掌最高权力达四十四年之久，这对任何一位君主来说都是很长的时间；他寿终正寝的时候，他指定的继承人可以毋庸置疑地顺利继承皇位。

然而，尽管他的故事非常了不起，他对罗马帝国历史的影响也极其深远（这个帝国的历史影响了整个西方世界的文化），恺撒·奥古斯都却从大众的视野中渐渐远去。对大多数人来说，他只不过是圣诞节宗教仪式中或者学校上演的耶稣降生题材话剧中的一个名字，仅此而已。很少有人会想到，7月（July）是以尤利乌斯·恺撒（Julius Caesar）的名字命名的；但我怀疑更少有人会意识到，8月（August）是以奥古斯都（Augustus）命名的。尤利乌斯·恺撒闻名遐迩，安东尼和克利奥帕特拉七世、尼禄、亚历山大大帝、汉尼拔，或许还有哈德良，以及一些哲学家也很有名，但奥古斯都不是那么广为人知。原因之一是，莎士比亚从来没有以他为题材写过一部剧。或许因为奥古斯都活到了高龄，最后寿终正寝，他身上没有多少天然的悲剧性。在莎士比亚的《尤利乌斯·恺撒》中，奥古斯都以屋大维的名字出现；在《安东尼与克利奥帕特拉》中则被称为恺撒。但这两部剧中，他的角色都不是特别鲜明有趣，不如布鲁图斯和安东尼给人留下的印象深刻，甚至也比不上埃诺巴尔布斯①那样的小角色。在剧中，他主要是作为安东尼的陪衬，显得软弱，甚至怯懦，却能冷酷而娴熟地玩弄权术。与他相比，安东尼被塑造得有血有肉，他英勇无畏、激情澎湃。古代史料中已经注意到了这两人的差异，其根源在于当时的宣传战。在现代人对这个故事的讲述中，奥古斯都与安东尼的差别显得更加突出，例如1963年的著名史诗巨片《埃及艳后》中，罗迪·麦克道尔扮演的奥古斯都如冰山一般冷酷，并且带有一丝虐待狂的意味。[2]

　　电影中的奥古斯都精于算计、奸诈阴险而冷酷无情，所以观众倾向于同情安东尼和克利奥帕特拉七世，他们的死显得特别悲惨，因为这些故事说到底是以这一对鸳鸯为主角的。没有一部以奥古斯都为核心人物的戏剧、电影或小说能激发大众的想象力。在罗伯特·格雷夫斯的小说《我，克劳狄》以及根据它改编的精彩的BBC版电视剧中（如今这部电视剧

---

①　莎士比亚的戏剧《安东尼与克利奥帕特拉》中埃诺巴尔布斯的原型是格奈乌斯·多米提乌斯·阿赫诺巴尔布斯（前32年执政官），他曾和父亲卢基乌斯·多米提乌斯·阿赫诺巴尔布斯（前54年执政官）一起在庞培的领导下反对尤利乌斯·恺撒，后得到恺撒赦免。在恺撒死后的内战中，格奈乌斯先是反对后三头同盟，然后投靠安东尼。在奥古斯都与安东尼决战前夜，他又叛逃到奥古斯都那边，据说因羞耻而死。

至少与小说一样有名），奥古斯都仅仅是一位比较重要的配角。格雷夫斯对奥古斯都的描写非常正面，他是一位淳朴、情绪化而仅仅偶尔露出凶相的老人，被他那精于权谋而残忍暴虐的妻子李维娅耍得团团转。这些故事扣人心弦、趣味横生，但总的来讲不能帮助我们理解奥古斯都何以如此重要，让我们很难把那个玩弄阴谋诡计的青年与常常被欺骗和愚弄的皇帝联系起来。

奥古斯都的生平远不止这些，而且更多的故事绝不是沉闷无聊的。有人认定他的成功是必然发生、不可避免的，要么是因为他的政治天才（这是比较老派的观点），要么是因为时势使得罗马必然出现君主制，或早或晚。这是一个很大的错误。奥古斯都的长寿让所有人吃惊，他的成功，尤其是早年的成功，也令人意外。在很多时候，他更像是一个赌徒，而不是小心算计的运筹帷幄者。奥古斯都冒了很多险，尤其是在内战期间，而这些风险并非都取得了很好的结果。有时人们没有认识到，其实奥古斯都非常像尤利乌斯·恺撒，比如他摆脱自己造成的困境的本领。我们也没有任何确凿证据能够表明，他建立新政权的计划是在长时间内逐渐成熟的。事实上，这个过程包括了很多随机应变和试验，通过不断摸索尝试、吸取教训来建立新体制，偶然性起到的作用差不多和设计安排一样大。我们看到，他非常努力地去抑制自己的激情和火暴脾气，常常失败，所以他绝不是那种冷冰冰的权术家。真实的奥古斯都和身怀六甲的有夫之妇李维娅有了私情。奥古斯都迫使她的丈夫与她离婚，然后在她分娩仅仅几天之后就与她结婚，并且还让她的前夫主持婚礼。我们或许觉得这更像安东尼做的事情，甚至更像尼禄（马克·安东尼与奥古斯都姐姐的外孙的外孙）① 的所作所为。

　　除了激情洋溢之外，他还颇有些残暴。奥古斯都、安东尼和他们的后三头同僚李必达都犯过大屠杀的罪行，比如在有名的"公敌宣告"期间（莎士比亚剧中的台词是"那么这些人都是应该死的；他们的名字上都做了记号了"），其他很多时候也犯过这样的罪行。这个时期的其他军阀并不比他们心慈手软，不过这也不能洗脱他们的残酷暴行。尽管后来的奥古斯都温和克制，但我们实在很难喜欢年轻的奥古斯都。现代大多数为他立传的传记家也颇感棘手，不知道如何将这个人迥然不同的两面联系起来。通常的解决办法是将他的故事分为两段。从他最初的崛起一直到亚克兴角大捷，很显然自成一体，充满了南征北战和阴谋诡计，涉及许多著名人物，如西塞罗、布鲁图斯、塞克斯图斯·庞培和克利奥帕特拉七世。然后，很多传记家会直接跳到他的晚年，讲述他选择继承人时遭遇所谓的阴谋。这两段截然不同的故事相当于莎士比亚和格雷夫斯挑选的主题。这绝非偶然。其他作家，尤其是学术界人士，通常也将其叙述定格于前30年。对于奥古斯都的余生，则主要讨论更广泛的主题，例如"奥古斯都和元老院""奥古斯都和各行省"，以及"奥古斯都与宗教"。[3]

　　尽管传记对广大读者有着极大的吸引力，但或许恰恰是由于这一点，学术界对传记感兴趣的人并不多。我写了一部尤利乌斯·恺撒的传记，因为比较近期的关于他的书都不能令人完

---

　　① 　奥古斯都的姐姐是屋大维娅，她的女儿安东尼娅生了日尔曼尼库斯，日尔曼尼库斯的女儿是小阿格里皮娜，小阿格里皮娜的儿子就是尼禄皇帝。

全满意，要么缺乏细节，要么只讲了他生平的一部分。作家们要么关注他的政治生涯，要么描写他的戎马一生，但从来没有人两方面都写，这样的区别对待会让罗马人感到困惑。在写作恺撒传记的时候，我就意识到，有朝一日我要写一部同样规模的奥古斯都传记，因为还没有一部他理应享有的完整传记。关于他生平的某些方面，已经有了一些不错的著作，一些非常优秀的简略概述，但没有一部非常详细地描写他整个生涯的书。从不同主题入手的策略有一个很大的缺陷，那就是关于政府采用的政策、思想或图景的讨论会让读者眼花缭乱，看不到奥古斯都这个人。从年轻的奥古斯都一下子跳到晚年奥古斯都，很容易显得过于跳跃和缺乏连贯性，让读者无法真切地感受这个转变是如何发生的。和《恺撒：巨人的一生》一样，本书的目标是，将奥古斯都当作一位现代政治家来为他立传，提出我们会对现代政治家提出的相同问题（尽管史料不足让我们很难得到圆满的答案），并努力理解真实的奥古斯都。[4]

## 皇帝变幻莫测的面目

但真实的奥古斯都极难准确描摹，不仅仅是因为他一生中非常仔细地重塑自己的形象。4 世纪中叶，尤利安皇帝在当时的帝国体制中当了几年恺撒（副皇帝）之后，通过武力夺得了最高的奥古斯都头衔。他写了一部讽刺作品，幻想在一场宴会上，诸神欢迎已经被神化的皇帝们。奥古斯都也在那里，不过被描绘为一个奇怪的、不自然的形象，就像变色龙一样，不断变换颜色，以适应周边环境。只有在得到哲学的教诲之后，他才变成了一位优秀而睿智的统治者。[5]

奥古斯都很了解自己的公众形象，不过所有的罗马政治家都会大肆宣扬自己和自己家族的功绩与成就，并抓住一切机会鼓吹。马克·安东尼至今仍然享有经验丰富且精明强干的军事家的美誉，这主要是由于他的宣传得力，而不是他实际的军事经验与才干。与奥古斯都不同的是，安东尼拥有更多的时间来塑造和宣扬自己，也拥有比其他人多得多的资源。在古典世界的历史人物中，奥古斯都留存至今的肖像最多。尤其在亚克兴角战役之后，人们甚至很难看透表象，去了解真实的奥古斯都。即便如此，我们也知道许多关于他家庭生活与习惯的故事，关于日常偶发事件的诸多轶事趣闻，甚至他讲过的笑话或者攻击他的笑话。在这些方面，我们掌握的关于奥古斯都的材料比关于尤利乌斯·恺撒的材料多得多，也超过几乎任何一位罗马历史的主要人物。但我们需要特别小心，因为这些貌似"真情流露"的时刻其实也是表演作秀的好机会，而且罗马的公共生活总是非常戏剧化的。罗马政治家是在公众视野内生活的，而奥古斯都特别希望别人觉得，他无论在私生活还是公事中都是楷模。关于他的信息很少有完全清楚明晰的。

　　或许我们应当从一个基本问题开始，即如何称呼他，就连莎士比亚在不同剧作中都用不同的名字称呼他。他最初的名字为盖乌斯·屋大维。成为尤利乌斯·恺撒的继承人之后，他用了恺撒的名字，改称盖乌斯·尤利乌斯·恺撒。他可以将"屋大维阿努斯"加在名字后面，以纪念他真实的、相当默默无闻的家庭背景，但他显然没有这么做。只有他的敌人才叫他屋大维阿努斯。随着时间流逝，他修改了自己的名字，取掉了"盖乌斯"，换成了非常偏离常规的"凯旋将军"（Imperator）。尤利乌斯·恺撒被神化之后，他又变成了"神圣尤利乌斯之子"。最后在前27年，罗马元老院和人民投票授予他"奥古斯都"的称号，他们肯定是精心准备了这个称号，知道这一定会让他龙颜大悦。

于是，他在人生的三个不同阶段，分别有着迥然不同的名字，而且这些名字还有不少形式和细节上的变化。现代学界的常规是，将前27年之前的他称为屋大维，此后称他为奥古斯都，而完全避免使用"恺撒"这一名字，以兔和尤利乌斯·恺撒混淆。这种办法虽然清楚明了，却非常有误导性，会让人觉得在双手沾满污血的后三头同盟者和卓越的政治家与统治者之间存在一条泾渭分明的界线。在罗马世界，名字是非常重要的。在较晚近的时期也是这样，比如"恺撒"作为统治者头衔一直延续到现代，如"kaiser"（德国皇帝）和"tsar"（俄国沙皇）都是"恺撒"这个名字的变体。马克·安东尼将年轻的奥古斯都称为"一切都要感谢他的名字的兔崽子"，正是因为这个少年被称为恺撒之后，才获得了一种重要性，而他以其他方式是不可能变得如此显要的。这就是为什么奥古斯都从来没有自称为屋大维。如果我们这么称呼他，而不是用"恺撒"，那么就较难理解那些年的事件。我们需要知道他在每个阶段如何自称，这是非常重要的。所以在下面的章节中，我会尽量用这种办法，并据此将本书分为若干部分。那位著名的独裁官将始终被称为"尤利乌斯·恺撒"，如果单独提到"恺撒"，那么指的就是奥古斯都。

棘手的不仅仅是他的名字。Imperator是个拉丁词，英语里的emperor（皇帝）就是从它演变来的，但在奥古斯都时期，Imperator并没有"皇帝"的意思。他自称为"元首"（princeps），意思是第一公民，其他罗马人也是这么称呼他的。如果我们称他为皇帝，那么就等于给他的政权强加了一个不同的概念，这个概念出自我们的后见之明，因为我们知道，罗马在随后的几个世纪中将是一个君主制国家。因此，在"序章"和"终章"之外，我不会称他为皇帝，尽管我有时会把他的后继者称为皇帝。类似地，我不会将他建立的政权称为"帝国"，因为罗马共和国也拥有海外的帝国基业，而将其称为"元首国"（principate），学者们熟悉这个术语，不过它在学术圈之外很少见。

另一个与拉丁语词源有关联的困难就是 Republic（共和国），它源于拉丁文 res publica，字面意思是"公共之物"或"国家"；罗马人就是这么称呼他们的国家的，但它并没有今天的"共和国"的特殊体制含义。"共和国"这个词非常有用，不可能完全绕开，否则我们怎么称呼那个延续了很长时间、最终在前 1 世纪灭亡的政治体制呢？但我努力避免现代人的一种倾向，即将尤利乌斯·恺撒和三头同盟的对手称为"共和派"，因为这会让我们误以为这些人是一个团结一致的集体，而事实上，他们是许多立场和目标差别很大的不同群体。"共和派"这个词也会让很多群体显得具有合法性，而事实上他们没有，就像假如我们使用"屋大维"这个名字，就让马克·安东尼在死后赢得了一场胜利一样。不过追求准确性也是有限度的，比如我将 July（7 月）和 August（8 月）这些词用于它们被发明出来之前的时期，因为很少有读者会熟悉罗马历的 Quinctilis（第五月）和 Sextilis（第六月）。

在本书中，我会努力做到独立和客观。这么说好像有点奇怪，毕竟我们探讨的是两千多年前的冲突和争端，但历史会让人们感情用事，即便最冷静和最严肃的学者也不能免俗。尤利乌斯·恺撒常常引起阿谀奉承的赞颂和愤恨的憎恶，奥古斯都差不多也是这样。在整个 19 世纪及以后，他受到广泛赞颂，因为他治愈了一个破碎共和国的疾病，给了罗马人和平、稳定和繁荣，因此被认为是一位贤君。在帝王和帝国仍然主宰着欧洲和世界大部分地区的时候，这样的理解是很容易产生的。到了 20 世纪，世界风云变幻，旧制度消失殆尽，世人对奥古斯都的态度也发生了变化：罗纳尔德·赛姆爵士的《罗马革命》是这一时期关于奥古斯都的最有影响力的著作，它于第二次世界大战爆发前不久出版。这部作品的挑衅性很强，拒绝将奥古斯都的崛起视为一件好事，并创造性地运用了正处于发展中的"族谱学"（研究贵族家族和关系的学问），将那个时代描绘为一位领袖的崛起，他的派系取代了旧的精英阶层。这一切的背后是赛姆所处时代的那些独裁者，尤其是墨索里尼，他自称"领袖"（这是刻意模仿奥古斯都的称号），并将他的支持者称为"法西斯党"。法西斯是一把斧头，被多根绑在一起的木棍围绕着，象征一位罗马行政长官①的权力。今天，《罗马革命》的读者更容易联想到比之更恐怖的德国纳粹主义的崛起，或者

---

① 罗马共和国的行政长官（magistrates）经选举选出，可分成正规长官（Magistratus ordinarii）与特殊长官（Magistrarus extraordinarii）两类，执掌政治、军事以及在某种情况下的宗教权力。

正规长官按照级别从低到高包括：财务官（Quaestor）、市政官（Aedile）、裁判官（Praetor）、执政官（Consul）、监察官（Censor）等。正规长官每年由选举产生（监察官除外），任期一年。每个级别通常选出至少两位正规长官，以防一人权力过大。

特殊长官包括独裁官（Dictator）、骑兵统帅（Magister Equitum）等。

有元老身份的人可以通过所谓晋升体系（Cursus honorum，字面意思为"荣耀之路"），在服完兵役后，依次参选和担任官职。不同的职位对候选人均有最低年龄的限制。官员在各职位间晋升需要一定的时间间隔，法律禁止连续担任同一职位。当然，这些规定并不总是得到遵守。

平民保民官（Tribune of the Plebs）在技术上严格地讲，不属于行政长官。

斯大林的专制统治。[6]

　　现代世界对任何政治派别的独裁者都持怀疑的态度，也不是很愿意原谅奥古斯都杀人如麻的崛起，尽管他最终实现了和平。但我们需要小心，不能对过去做简单化的描绘，也不能想当然地认为所有的独裁者、所有的帝国或者所有的国家，在本质上都是相同的。奥古斯都杀了很多人，但他从来没有给世界带来希特勒或斯大林式的灾祸。我们应当始终根据时代背景来审视他的行为。他对自己的敌人毫不手软、大肆杀戮，但这样的他并不比当时的其他军阀更好或更坏。尤利乌斯·恺撒不像他那样冷酷，曾经宽恕布鲁图斯、卡西乌斯和其他一些人，但这些人后来却将他刺死。奥古斯都、安东尼和李必达在公布他们要处死的敌人的名单时，特别指出了这一点。

　　"不像希特勒那样坏"肯定不算赞许之词，而说某人并不比他的竞争对手差，也好不了多少。但是，我们知晓一位成功领袖的缺陷，并不意味着我们要对他的对手的缺陷视而不见。赛姆是一位优秀的学者，不会犯这个错误，尽管他对安东尼的评价特别慷慨大方，而在评论奥古斯都的支持者（尤其是来自门阀贵族圈子之外的大多数人）时特别严厉。他也知道，罗马精英阶层的家族关系特别复杂，亲戚关系并不一定与政治上的效忠关系相吻合，罗马人会为了很多其他方面的考虑迅速改换阵营。虽然《罗马革命》是75年前问世的，但它是一部杰作，再加上赛姆的许多其他著作以及对其他人的影响，这部书仍然决定着对奥古斯都及其时代的讨论基调，尤其在英语世界的学术界。对奥古斯都的研究有过很多新思路，研究重点也有变化，但总的来讲，这些研究都是着眼于特定的主题或细节。然而，始终没有一部研究该时期的、拥有类似影响力的全面著作，所以我们对奥古斯都的时代（我还是学生的时候就研究它，后来又教这方面的课程）的理解，仍然受到20世纪中期这部皇皇巨著的影响。

在正式的教学中不可避免地要做一些架构上的安排，而这种安排往往会扭曲过去。关于共和国晚期的课程一般以尤利乌斯·恺撒结尾。通常认为，奥古斯都时代从亚克兴角战役开始。亚克兴角战役要么被单独处理，要么被混入对元首国的研究中，而前44～前31年的后三头同盟执政时期很少受到人们关注，这加剧了屋大维与奥古斯都之间的割裂。一种比较少见的思路是，将奥古斯都及其生涯视为共和国的延续。人们的注意力一般集中在这二者（共和国与奥古斯都体制）的明显差别。奥古斯都并不知道他正在创建的新体制会延续许多个世纪。因此这种研究思路会夸大从共和国到元首国的变化，毕竟在当时这种变化肯定没有那么显而易见。这也会鼓励现代人使用"共和国"和"共和主义"等术语，并描绘出这样的图景：元老院的反对迫使奥古斯都将自己独裁的事实隐藏在共和国的表象之后。

对尤利乌斯·恺撒的态度也会影响我们对他的继承人的理解。独裁官恺撒因为掌握了永久性的绝对权力而被谋杀。奥古斯都也获得了这样的权力，却能寿终正寝。因此大多数现代学者认为，很显然，奥古斯都的行为方式一定与他的养父有着根本不同之处，尤利乌斯·恺撒赤裸裸地运用自己的权力，而奥古斯都则软化和隐藏自己的权力。这种推断使得现代学者不愿意称奥古斯都为恺撒。正如我们将会看到的，很多学者追随赛姆进一步推断出，奥古斯都打败安东尼并成为国家主宰之后，就非常刻意地与尤利乌斯·恺撒拉开距离，尽管仍然与"神圣尤利乌斯"有着联系。

　　这种想法很方便趁手，似乎能够解释为什么奥古斯都和恺撒的命运如此不同。人们不断重复这种想法，但不幸的是，没有证据能够支撑它。首先，奥古斯都和恺撒的对比是有问题的，因为我们不可避免地要考虑尤利乌斯·恺撒在前45年和奥古斯都在亚克兴角战役之后所处的不同局势。似乎很少有人注意到，尤利乌斯·恺撒刚刚打赢了一场艰苦的内战，而他在生命的最后五年里，在罗马停留的时间很少。不管尤利乌斯·恺撒多么精力充沛，他主宰国家的时期很短而且常常被打断，所以他能取得的成绩是有限的。而奥古斯都在打败安东尼的时候，已经作为后三头同盟者之一掌握不受任何限制的权力超过十年时间，并且在这个时期的大部分时间里他都在罗马和意大利，而他的两位同僚都不在罗马和意大利。从亚克兴角战役之后开始讲述奥古斯都的故事，就忽略了这些漫长的岁月，在这期间，他通过武力和提拔亲信巩固了自己的地位。与此同时，古老的贵族世家逐渐凋零，布鲁图斯和卡西乌斯失败之后几乎无人敢步其后尘。有人认为，尤利乌斯·恺撒面对着一群死硬的元老院传统派的反对，未能安抚他们，所以奥古斯都一定也面对并且战胜了类似的反对派。这种观点是没有根据的。奥古斯都和尤利乌斯·恺撒所处的局势实在是千差万别。很多现代学者钟爱的观点——奥古斯都受到元老院反对——并没有令人信服的证据。事实上，罗马贵族表现出的对共和国体制的忠诚还不如今天的学者。若是仔细观察一番，我们会发现，尤利乌斯·恺撒和恺撒·奥古斯都之间的差别其实没那么大。

　　为了讲述一个全新的关于奥古斯都的故事，我们有必要避开许多代人积累下来的学术辩论。本书不是关于那个时代的史册，而是一部传记。所以，尽管我们需要考虑更广泛的事件，但必须将注意力聚焦于奥古斯都本人。我们有必要知道，在他人生的每一个节点，他身处何方，如果有可能还要知道他在做什么。这样的研究告诉我们，他花了很多时间在意大利或各行省旅行。除了2世纪的哈德良，他的后继者当中很少有人这么做。我们还清楚地知道，他即便年迈之时也承担着繁重的工作。他政治生涯的基础不仅仅是简单的改革和立法，还要关注细节和日常维护。而在对他的作为和成就的概览中，我们很容易忽略这些方面。当时发生了很多变化，有体制、社会、经济、罗马本身和更广阔的帝国的变化。如果我们能把握这些变化产生的节奏，就能真正理解它们的重要性。

这是一部篇幅很长的书，我原本也可以轻松地把篇幅翻一倍或两倍。我努力帮助读者一瞥奥古斯都对意大利和整个帝国的影响，以避免局限于观察罗马一些贵族世家的命运，但篇幅的限制使得我无法添加更多细节。本书一笔带过的许多主题，都可以写出长篇著作来。用几页纸来概括维吉尔的《埃涅阿斯纪》是一件让人非常受挫的事情，没有机会探讨奥维德和其他一些诗人也令我遗憾。本书写作过程中让我最感愉快的事情之一，是有机会重读该时期的诗歌和其他文学作品，其中很多作品是我结束学生时代以来第一次阅读。我尽了最大努力去帮助读者领略这些作品，同时保证不偏离奥古斯都这个中心人物，毕竟这是一部关于他的书。对奥古斯都及其时代特别感兴趣的读者可以参考本书注释部分和长长的参考文献清单，它们有助于了解关于这些主题的论述。

## 讲故事：奥古斯都生平的史料来源

罗马世界的大量文学作品、公文和私人信函当中，只有极少一部分留存至今。在印刷机发明之前，所有文字都需要手抄，因此除了耗费人力、价格昂贵之外，也带有只增不减的讹误。很多书籍失传，就是因为没有人制作足够多的抄本。罗马帝国灭亡之后，在新的世界里有能力读书写字的人变得更少，也没有充裕的财富来支持书籍抄写工作，于是更多的书籍消失得无影无踪。在中世纪，教会保存了一些古代文献，但很有选择性，而且教会选择保存的文献也由于火灾、事故或疏忽而损失了很大一部分。这意味着，古典世界的很多东西是我们没有办法了解的；在每一个阶段，我们必须考虑文献资料的不完整性，以及时常出现的互相矛盾。

关于这些岁月的最完整叙述是在事件发生很久之后写出来的。阿庇安在2世纪初写作，他的《内战史》一直写到塞克斯图斯·庞培于前36年战败。狄奥在3世纪初写作，他的史书涵盖了整个时期，非常详细，关于奥古斯都生平的部分只遗失了一点点。阿庇安和狄奥都是希腊人（不过狄奥也是一位罗马元老和高级行政长官），用希腊语写作，所以有时较难确定他们翻译成希腊语的拉丁文术语。两人写作的时候，元首国都已经稳固确立，皇帝的统治牢不可破，因此他们都倾向于将他们所处时代的立场投射到更早期的时代。维莱伊乌斯·帕特尔库鲁斯开始从政的时候，正是奥古斯都在位期间。他的简短叙述的优势在于，写作时间更接近事件本身，但他高唱提比略皇帝的赞歌，进而削弱了其叙述的可靠性。以上是我们今天掌握的最完整的史料，并不涵盖所有方面，因此我们有时需要参考较晚近的作品，如弗罗鲁斯和奥罗修斯的作品，尤其是关于各行省和边疆的情况。有这些史料总比没有好，但使用时必须非常谨慎。历史学家李维是奥古斯都的同时代人，他的相关著作一直写到前9年，可惜这些书卷都遗失了，只有晚近得多的一份非常简略的概述留存至今。

在前43年西塞罗被奥古斯都、安东尼和李必达下令处决之前，他的书信和演讲稿非常直接和详尽（尽管有非常明显的倾向性）地描述了时事。更有意思的是，他的书信集里还包括其他人写给他的信，以及这些绝望的时期里毫无根据的流言蜚语，这些流言蜚语对人们行动的影响有时不亚于真相。遗憾的是，西塞罗的作品只有一部分保存至今，其他一些作品，包括这位演说家与奥古斯都的更多通信，虽然古代作家可以读到，可惜都没有保存到我们的时代。

奥古斯都的自传涵盖了一直到前25年的事件，但没有留存至今，尽管其中的一些信息被保存在他的同时代人"大马士革的尼古拉斯"撰写的简短传记中。不过我们今天能读到的《神圣奥古斯都功业录》是在奥古斯都晚年编纂的一部作品，在他死后被置于其陵墓之外，并在其他地方保存了抄本。这部作品主要列举了他的成就和荣誉，所以是一部得到他认可的关于他一生的官方记载。苏埃托尼乌斯在1世纪末和2世纪初撰写的传记更完整，也更有人情味。它显然采用了许多不同来源的史料，其中包括非常敌视奥古斯都的史料（很可能产生于前44~前30年的宣传战）。这部书提供了丰富的信息，特别有意思的是奥古斯都给家人（其中一些人出现在苏埃托尼乌斯为提比略和克劳狄写的传记中）的私人信件的摘选。但令人沮丧的是，苏埃托尼乌斯没有提供任何确定的日期或其他能够帮助我们确定事件时间顺序的提示。

其他一些史料提供了少量相关资料。例如普鲁塔克为布鲁图斯、西塞罗和马克·安东尼写的传记，以及他的其他作品，其创作时间与苏埃托尼乌斯和阿庇安差不多。塔西佗是普鲁塔克的同时代人，还是一位资深的罗马元老，但他的史书里没有讲到奥古斯都，只是间接传达了一些关于他的信息。老塞内卡和小塞内卡活跃于1世纪早些时候，也提供了一些非常有意思的细节。很久之后，5世纪初的作家马克罗比乌斯显然采纳了更早期的史料，编纂了上文提到的涉及奥古斯都的笑话集。对于所有这些作品，我们通常没有办法知道，作者是从何处得到资料的，所以无法证实其可靠性。但最重要的地方或许是，关于奥古斯都本人的趣闻轶事如此之多，这让我们能了解到人们是如何看待他的，以及他希望大家如何看待自己。[7]

铭文，无论是刻在石碑上的还是钱币上的，也能提供一些关于奥古斯都时代的明确信息，正如图像和雕塑能够有意识地传达信息。很多铭文的优势在于直截了当，尤其是其年代非常明确的时候，不仅能够反映当时短时间内的重要事件，也能够传达更宽泛的信息。对建筑物和其他遗址的发掘也能揭示时代风尚的变化，但由于阐释发掘出来的遗迹需要特别谨慎，因为我们很少能彻底地、完全地理解它们，阐释也绝少能够做到完全肯定。对于所有这些物质证据，背景环境都是非常重要的，但背景环境从来不会清楚明确到我们满意的程度。而且较早期的发掘工作往往不如晚近的发掘那样谨慎和精细。尤其是对于艺术品和建筑，我们很难做到客观，也难以做到不忽视也不过度解读微小的细节。罗马人究竟花了多少时间来考量图画和钱币上的铭文？但与文献资料不同的是，当下仍在开展的考古工作不断获得关于奥古斯都时代的新的物质证据，非常有助于增进我们对他的世界的理解。

理解奥古斯都并不容易，对于任何类型的证据我们都要小心谨慎。我们也应当对史料的局限性保持坦诚开放的态度。有些东西，我们是根本不知道的，或许永远也不会知道。更多的东西，我们只能猜测，但对于这些猜测的基础也必须坦率诚实。在不可能做到万无一失的地方，我们绝不能假装确定。绝对真相是很难捕捉到的，或许根本不可能捕捉到，但这并不意味着我们不应当尽最大努力去接近真相。关于奥古斯都，我们可以说很多东西，在我们努力理解他和他的世界时，可以运用不同类型的证据。

## 第一部

# 盖乌斯·屋大维（图里努斯），
# 前 63 ~ 前 44 年

他年幼的时候，得到了一个绰号"图里努斯"，要么是为了纪念他的祖先的来源地，要么是因为在他出生不久之后，他的父亲屋大维在图里镇压逃亡奴隶，赢得了一场胜利……马克·安东尼在信中常称他为图里努斯，以此辱骂他。他的回答仅仅是，这不过是他的旧名而已；他很吃惊，安东尼居然以为这样就能让他生气。

——苏埃托尼乌斯，《奥古斯都》，7.1

# 一　"祖国之父"

　　他出生的那一天，元老院正在商讨喀提林阴谋的问题。屋大维迟到了，因为他的妻子在分娩。正如后来人们常说的，普布利乌斯·尼基迪乌斯①得知屋大维迟到的原因和孩子出生的时间后，宣称世界的主宰降生了。[1]

　　　　　　　　　　　　　　——苏埃托尼乌斯，2 世纪初

　　前 63 年，罗马是已知世界的最大城市。它的人口至少有 75 万，到前 1 世纪末便会增加到 100 万。大多数人生活在肮脏、拥挤的街区或公寓楼（insulae，字面意思是"岛屿"）内，这些房屋很容易发生火灾，疾病在这里肆虐。这么多人聚居在一个地方，每天必然有许多婴儿出生，也有很多人死亡。因此，一名叫作阿提娅的妇女于 9 月 23 日黎明前分娩并不算是特别值得注意的事情。她为丈夫生下了一个儿子。

　　阿提娅比大多数母亲都幸运，因为她是贵族，她的丈夫盖乌斯·屋大维是一位元老，有足够的财富为她提供最优质的护理，并且在帕拉丁山东侧山麓拥有一座舒适的宅邸。她快临盆

---

① 普布利乌斯·尼基迪乌斯·菲古鲁斯（约前 98 ~ 前 45 年），罗马共和国晚期大学者，前 58 年裁判官。在尤利乌斯·恺撒与庞培的内战中，他支持后者。尤利乌斯·恺撒胜利后，尼基迪乌斯的好友西塞罗帮助他向恺撒说情，但尼基迪乌斯没有来得及获得赦免，便在流亡中死去了。

的时候，得到了女性亲属、家中女奴和女释奴①，以及一位有经验的产婆的照料。根据风俗习惯，男性不可以进入被选作产房的房间，只有在发生难产的时候才会传唤一位男性医生，不过如果真的发生难产，医生其实也做不了多少。阿提娅是有经验的母亲，她在几年前给丈夫生了一个女儿。

但丰富的经验、舒适的条件和优质的护理都不能保证阿提娅的生命安全。分娩对母子都很危险，在这一天出生的孩子当中有一些是死胎，还有一些将来会夭折。有不少母亲也会丧命。九年后，阿提娅的表妹尤利娅②因难产而死，她的孩子几天后也死去了，尽管她的丈夫③是当时罗马最富财力和权势的大人物。生儿育女的岁月或许是女人一生中最危险的时期。

阿提娅的分娩很顺利，母子平安。产婆将男婴放在地上检查的时候，没有发现任何畸形的迹象或其他问题。随后孩子被送到父亲面前。根据罗马的传统，父亲作为一家之主，对全家人拥有生杀大权，尽管到这个时期已经很少有人如此严格地行使这样的权威。即便如此，也应当由盖乌斯·屋大维决定是否接纳新生儿进入自己的家庭。他很快接纳了男婴，将他展示给聚集起来和他一起等待的亲友，以及那些得知孩子降生之后立刻登门道喜的亲友。盖乌斯·屋大维已经有两个女儿了，长女

---

① 在古罗马，被主人授予自由的奴隶可以成为公民，享有全部的政治权利和自由，包括选举权，原主人则成为他的恩主和保护者。释奴受到一些限制，比如不能担任公职，不能担任国家祭司，不能成为元老。但后来释奴也能成为高官。释奴在获得自由后生的孩子生来自由，享有全部公民权。一些释奴获得了很高的地位，甚至成为巨富。

② 尤利乌斯·恺撒的女儿。

③ 庞培。

是他在前一段婚姻中生的。对于一个雄心勃勃的人来说，女儿也很有价值，因为联姻能够帮助他赢得和维持政治盟友。但只有儿子能够从政，获得与父亲相提并论的地位，甚至超过父亲的成就，从而给家族增添荣耀。

家中祭坛点起了火，人们向家庭保护神拉瑞斯和灶神皮纳特斯，以及其他受到特别尊崇的神祇献祭。客人离去之后，会执行相同的仪式。访客中肯定有阿提娅的三十七岁舅舅盖乌斯·尤利乌斯·恺撒，他是一位雄心勃勃的元老，已经享有一定的声誉。前不久，他赢得了一场竞争特别激烈的选举，当选为罗马最高级和最有威望的神职人员——祭司长①。这个职位主要是政治上的，而且尤利乌斯·恺撒似乎并不特别虔诚信教。即便如此，和其他罗马人一样，他还是高度重视传统的宗教仪式。罗马贵族终其一生都被宗教仪式所环绕，孩子的平安降生对一个元老阶层的家庭及其亲属来说，总是一件喜事。[2]

除此之外，外界没有理由对此非常关注，因为盖乌斯·屋大维作为元老的地位很低。许多年后，在这个孩子长大成人、

---

① 在此简单介绍一下古罗马的神职人员。古罗马没有专门的教会阶层和团体，普通公民可以扮演神职人员的角色，比如一个家庭的一家之主可以在家中作为祭司主持宗教仪式。神职人员的身份往往被授予贵族和豪门世家成员，是一项很大的荣誉，但也带来很大的经济压力，因为神职人员往往要自掏腰包来主持祭祀等宗教活动。
最重要的神职人员团体有四个：1. 大祭司团（College of Pontiffs），包括祭司长（Pontifex Maximus）、其他大祭司（Pontiff）、15 名祭司（Flamen，分别侍奉一位神）、维斯塔贞女（Vestal Virgins）、祭典之王（Rex Sacrorum）；2. 观鸟占卜师（augur）；3. 十五人团（Quindecimviri sacris faciundis），主要负责保管《西卜林书》；4. 司膳（Epulones），负责安排节庆活动和公共宴席等。

成为奥古斯都之后，才开始流传一些关于他出生时的征兆，甚至公开预测他未来的丰功伟绩。苏埃托尼乌斯讲了一长串这方面的故事，其中很多都是不可能发生的，有些根本就是荒诞无稽的。其中一个荒唐故事说，有人预言罗马的国王将要诞生，于是元老院颁布法令，将在指定时段出生的男孩全部处死。但有一些元老的妻子正在怀孕，于是他们以程序的技术角度阻止了法令通过。共和国的立法工作根本就不是这样运作的，而且如果真的有如此严酷和有争议的措施，西塞罗只字未提就很奇怪了。这根本就是一个捏造的传奇。还有的荒唐故事肯定是从亚历山大大帝和其他英雄的神话中汲取了灵感。伟人的父亲不可能是凡人，于是有人传说阿提娅在阿波罗神庙参加一次夜间仪式时在轿子上睡着了。一条蛇出现，从她身上游过，在她大腿上留下了一条蛇皮一样的印迹。她醒了，感到自己需要按照仪式要求清洁自己，就像她刚刚做过爱一样，因为只有身体洁净的人才可以进入神祇的圣所。她没有办法洗去皮肤上的印迹，于是不再去公共浴室洗澡。九个月后，她生下了一个儿子。[3]

盖乌斯·屋大维不需要这种神秘体验也会感到开心。在罗马文化里，生日是很重要的，人的一生中都会庆祝生日。根据罗马的阴历，一年有十个月，9月（September）是其中第七个，因为在古时一年是从3月（战神玛尔斯的月份）开始的，罗马军队一般从这个月开始出征作战。对罗马人来说，9月23日是10月"月首日"的九天前。罗马人的历法规则是，一个月有三个节日，分别是第一天（月首日）、第七天和第十三或第十五天（月中日）。月首日本身算一天，9月23日也算一天，所以它是10月"月首日"的九天前。

根据罗马人的计算，这一年是罗慕路斯建立罗马城之后的第690年。更贴近生活的算法是，这一年是马尔库斯·图利乌斯·西塞罗和盖乌斯·安东尼①担任执政官的年度。两位执政官是罗马最高级的行政长官，平起平坐，任期一年。共和国体制刻意阻止任何一个人获得最高权力或永久性权力，所以任何人在执政官任期结束之后都必须等待十年才能再次参选。每一年以当年掌权的两名执政官的名字命名，选举时票数第一的执政官的名字排在前面。执政官大多来自一小群豪门望族，如安东尼家族。西塞罗很不寻常，因为他是他们家族历史上第一个在罗马从政的人，而且几十年来不曾有一位"新人"②攀升到执政官的高度。盖乌斯·屋大维也是一位新人，他肯定希望能够复制西塞罗的成功。[4]

两名执政官的权力平等，但每个月里其中一人享有优先权力，两人轮流。因此9月23日这一天，在元老院主持会议的是西塞罗。据苏埃托尼乌斯所说，盖乌斯·屋大维因为儿子出世而迟到了，这为另一个关于"世界主宰"诞生的传说提供了背景，但我们必须对此保持谨慎。这个故事可能根本就是捏造的，尽管盖乌斯·屋大维参加元老院会议迟到并非不可能。当天会议上元老们讨论了关于他们的一员卢基乌斯·塞尔吉乌斯·喀提林阴谋起事的传言，也是完全有可能的。关于革命的流言口口相传，其中很多认为喀提林为幕后指使，因为他在这年夏季的选举中未能当选为下一年的执政官。如果元老院真的讨论了这些事务，而目前又未采取任何行动，说明要过一段时

---

① 后来尤利乌斯·恺撒麾下大将和后三头同盟者之一马克·安东尼的叔叔。
② 成为自己家族史上首位元老或执政官的人被称为"新人"（novus homo）。

间，此事才会发展到一个重大关头。[5]

与此同时，生活照常继续。9 月 30 日夜间，盖乌斯·屋大维和阿提娅在家中整晚守夜。他们举行了仪式，高潮是献祭和次日（10 月的月首日，即他们儿子出生后的第九天）举行的净化仪式。净化的目的是保护婴儿免受出生时可能进入其身躯的恶灵或其他超自然影响的侵害。婴儿会得到一个特别的护身符，它通常是黄金制成的。护身符被系在脖子上，直到他正式成年。随后，由一名观鸟占卜师①观察飞鸟行迹，以预测孩子的未来。盖乌斯·屋大维和阿提娅可能被告知，征兆很吉利。[6]

直到这时，男婴才被正式命名，并根据程序注册到公民名单中。他与父亲同名，因此被称为盖乌斯之子盖乌斯·屋大维。许多家族的一代代男性成员往往使用同一个名字，不过在这些年里一些最有权势的贵族世家开始打破这种传统，使得他们与元老阶层的其他人拉开了更大的距离。氏族②名（第二个名字），此处是屋大维，当然是自动延续的，只有第一个名字（个人名）才可以选择。大多数显要的男子拥有完整的三个名字，所以阿提娅的舅舅叫作盖乌斯·尤利乌斯·恺撒。尤利乌斯氏族枝繁叶茂，第三个名字（家族名）说明他属于这个氏族的恺撒分支。三名制并不是普遍存在的，即便是许多贵族家庭也没有第三个名字，有的是因为他们人丁不是很兴旺，有的则是因为他们自信名满天下，能被大家轻易识别。屋大维氏族目前还没有必要区分自己的若干支系。

---

① 古罗马人的一个习俗是通过观察鸟类的飞行（是单飞还是成群、飞行方向、发出何种声音、何种鸟类等）来预言占卜。
② 氏族是许多血缘相近的家族组成的集团。

罗马人不认为有必要准确地识别女性，因为她们不能投票，也不能参加竞选。阿提娅只有一个名字，即她父亲马尔库斯·阿提乌斯·巴尔布斯的氏族名"阿提乌斯"的阴性形式。最重要的是她父亲的身份，以及与他家族的关系。罗马女性一生都只有这一个名字，结婚之后也不会改名。阿提娅的女儿叫屋大维娅，她的继女（即其丈夫在前一段婚姻中生的女儿）也叫屋大维娅。如果他们又生了其他女儿，一定还叫屋大维娅。有时候罗马家庭会给女儿们的名字加上序号，以便用于正式场合。[7]

婴儿需要大量的照顾料理，但阿提娅在这方面主要发挥了较远距离的监督作用。她忙于管理整个家庭，并扶持丈夫的政治生涯。有人主张母亲应当用母乳喂养孩子，但实际上这是很少见的，一般是让一名奴隶乳母来喂养孩子。这名乳母或另外一名奴隶将担任孩子的保姆。（有些哲学家主张母亲应当亲自哺乳的原因是，他们担心如果让奴隶来哺乳，孩子会从奶水中吸取到一些奴隶的品质。）父母与孩子在一起的时间有多少，无疑由父母个人决定。有的父母和孩子待在一起的时间很少，不过也有例外。我们知道，在前2世纪，老加图（他以拥有严峻、老派的美德并对其大肆宣扬而闻名）在自己的男婴洗澡时总会亲临现场，除非有特别重要的公务。老加图的妻子是坚持母乳喂养孩子的妇女之一，有时甚至给家中奴隶的孩子喂奶。[8]

我们掌握的史料几乎完全没有提及屋大维的幼年时代，不过苏埃托尼乌斯的一个预示他将成为伟人的故事的戏剧性并不是很强，或许还具备一定的真实性。在这个故事里，屋大维已经能爬了。他被保姆放在最底层的一个房间睡觉，却在当晚失踪了，于是家人匆匆四处搜寻他。次日早上，人们发现他在最顶层的房间观察升起的太阳。[9]

## 饱受困扰的世界

如果这个故事是真的，那也是后来发生的。在前63年最后几个月，罗马的气氛非常紧张，孩子的父母遭遇了很多令人担忧的事情。罗马共和国自前2世纪中叶以来就主宰着地中海世界。迦太基已经灭亡，东方诸王国要么被罗马征服，要么羸弱不堪而依赖罗马的善意，因此不构成任何威胁。小亚细亚的本都国王米特里达梯六世与罗马对抗数十年之久，此刻已经被罗马最成功和最受民众爱戴的将领"伟大的庞培"彻底击败了。米特里达梯六世一生中长期服用解毒药，对毒药形成了免疫。这一年，他企图服毒自杀，但就是死不了，于是让一名卫兵将他杀死。庞培的军队支持犹太王族内战中的一派，围困耶路撒冷三个月，于10月将其攻克。似乎无人能抵挡罗马共和国的军事威力。[10]

罗马的实力远远超过所有邻国和潜在敌人，但征服和海外帝国带来的巨大收益动摇了罗马政治、社会和经济的微妙平衡。贵族之间争夺崇高官职和地位的竞争历来非常激烈，但在过去受制于严格的传统和法律。如今，这个体制的很多支柱受到了威胁，因为元老们为了笼络人心不惜一掷千金；社会中也涌现了很多群体，他们对自己的困境感到绝望，因此不管是谁，只要能捍卫他们的利益，他们就拥护他。现在有些人得到了机会，攀升到过去无法想象的高峰，却引起了其他人的怨恨和抵制。

前133年，一位叫作提比略·塞姆普罗尼乌斯·格拉古

的贵族当选为十位平民保民官之一。他提出了一项旨在扶助
农村贫民的立法。他赢得了相当多的赞许，但被指控企图自
立为王，于是被一群元老（领头的就是他的表兄）活活打
死。前122年，提比略的弟弟盖乌斯企图发动一场甚至更为
激进的改革，最终连同他的数百名支持者一起被杀害。这一
次的厮杀显然是早有预谋的，双方都是有组织的武装力量。
政治竞争变得凶残起来，这样的景象在前100年又重演了。
十年后，提议为所有与罗马结盟的意大利人授予公民权的保
民官①被谋杀，意大利各民族的不满情绪终于爆发，起兵反
抗罗马。在激烈斗争之后，罗马人打赢了这场战争②。他们
之所以能够胜利，很大程度上是因为他们终于勉强同意赋予
意大利各社区想要的东西。于是，罗马公民的数量大大增
加，政客们可以去培植更多的选民，这又一次改变了政治
平衡。

没过多久，一位平民保民官引发的争端③愈演愈烈，导致
前88年发生了史无前例的事件：一位罗马将军率领军队攻打
罗马城。他的名字是苏拉，他与一位上了年纪、广受人民爱戴

---

① 马尔库斯·李维乌斯·德鲁苏斯。他的改革令人回想起格拉古兄弟当年
的改革，这很有讽刺意味，因为德鲁苏斯的父亲曾是盖乌斯·格拉古的
主要反对者之一。德鲁苏斯和格拉古兄弟一样，也来自影响力极大的名
门望族，所以他在立法时胆子比较大，但也使人们害怕他会过于野心勃
勃。德鲁苏斯的改革，尤其是扩大公民群体的计划，遭到了强烈反对。
但就在公民大会就扩大公民群体的立法投票之前，德鲁苏斯在自己家的
门廊上向访客问候时，被人用皮匠的刀子刺死。凶手的身份始终没有查
清楚。
② 所谓"同盟者战争"（前91~前88年）。
③ 一位叫作苏尔皮基乌斯的保民官在公民大会上通过了一项法案，将讨伐
米特里达梯六世的指挥权从苏拉手中夺走，交给了马略。

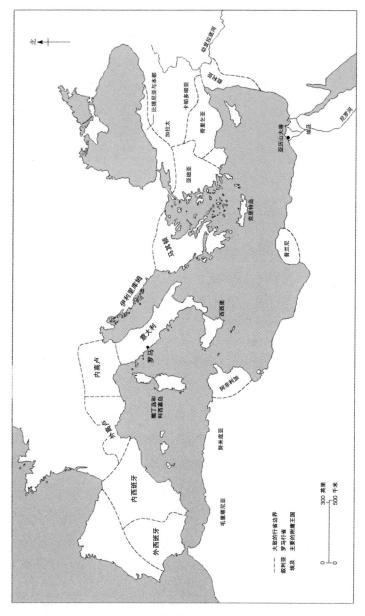

前 1 世纪的罗马帝国

的英雄马略之间的竞争是此次冲突的根源。随后发生了一次
又一次的屠杀，暴行肆虐，并越来越猖獗和残酷，直到苏拉
打赢了内战，自立为独裁官。独裁官原本是很少见的临时性
紧急措施，他却将它变成了独占永久性权力的地位。几年后
他辞官退隐，几个月后寿终正寝。共和国面临新的内战威胁，
前78年的执政官之一马尔库斯·埃米利乌斯·李必达①招兵
买马，企图攫取政权。李必达被击败，他本人及其党羽都被
处死，但苏拉的很多对手在西班牙坚持作战，继续打了很
多年。

前63年，内战的阴云仍然笼罩着共和国。每一位元老都
曾经历苏拉和马略两派间的血腥厮杀，大多数元老在这期间都
失去过近亲或朋友。尤利乌斯·恺撒的姑姑嫁给了马略，而尤
利乌斯·恺撒的第一任妻子是马略最亲密盟友之一②的女儿，
或许仅仅是由于恺撒年轻，才躲过了得胜的苏拉党人的屠刀。
即便如此，有一段时间，他也被迫逃亡，遭到追捕，直到他母
亲在苏拉派那边的关系救了他的命。被苏拉处死的人的后裔被
禁止从政，他们努力四处游说，希望恢复自己的权利。苏拉已
经去世了，但所有的资深元老都是由他挑选，或者至少是经他
默许的人选。新的内战似乎随时可能爆发，给罗马人带来混
乱、危险和机遇。苏拉的许多支持者通过掠夺死去的敌人发了
大财。而在当前体制下受挫的人则希望在一场新的革命中得到
晋身的机会。

喀提林是苏拉党人之一，但他新近获得的财富还不足以维

---

① 是后三头同盟者之一李必达的父亲，父子同名。
② 卢基乌斯·科尔内利乌斯·秦纳，他的女儿科尔内利娅是恺撒的第一任
妻子。

持其浮华奢侈的生活方式和政治野心，正是由于这种野心，他在向潜在支持者馈赠礼物时非常慷慨大方。苏拉将元老数量翻了一倍，并将裁判官（仅次于执政官的高级行政长官）增加到八人，但每年仍然只有两名执政官，所以对最高荣誉的争夺变得愈发激烈了。前70年，数十名元老因为严重腐败和昏庸无能被剥夺元老资格。这次清洗发生得十分突然，在历史上也算相当罕见。这些人再次加入谋求官职的竞争中，其中有几个人拥有足够的金钱和野心，希望能够再次当选、恢复政治地位。

在政坛阶梯上攀登，需要付出高昂的代价。要想成为一名元老，首先要满足资格要求，即拥有足够数量的地产。为了在竞选中占据优势，政客们大肆举债，贷款金额越来越高。喀提林因此债台高筑，尤利乌斯·恺撒也是如此。竞选祭司长的职位时，尤利乌斯·恺撒的主要对手是一个年纪较长、威望较高的政治家，双方都向参选的部落送去了大量贿金。尤利乌斯·恺撒知道，如果自己失败，就没有希望偿清债务。但他狂赌了一把，寄希望于这次选举胜利能让债主相信，他仍然是一个很好的投资对象，将来会继续攀升并成为一个有价值的盟友，最终还清债款。选举这一天早上，尤利乌斯·恺撒在离家之前告诉他的母亲，他要么以胜利者的身份回来，要么就永远不会回来了。最后他当选了，他的债主目前还愿意继续支持他。[11]

喀提林的运气就没有那么好了。和尤利乌斯·恺撒一样，他也是贵族，他的家族属于罗马最古老的贵族世家。在罗马，平民（如盖乌斯·屋大维和他的儿子）的数量远远多于贵族，几百年来很多平民跻身于精英阶层。好几个贵族家族的光辉已经黯淡，逐渐衰败，变得默默无闻。近几个世纪以来，喀提林和尤利乌斯·恺撒的祖先在选举中都没有取得多少成功。他们都决心要改变这种状况，而且这两人都极富魅力和才华，并都拥有风流浪子的名声，这至少能让公众记得他们，哪怕仅仅是作为流言蜚语的主题。尤利乌斯·恺撒节节胜利，喀提林的政治前途却开始受阻。[12]

喀提林由于在担任阿非利加行省①总督期间的不端行为遭到了起诉，未能参加前65年和前64年的执政官选举。在下一次竞选中，他越来越狂野不羁的言论疏远了太多有影响力的人，于是他被西塞罗组织的精彩攻势击败了。对血统古老的贵族来说，被一个"新人"打败是特别耻辱的事情。喀提林将西塞罗称为罗马的"常住外国人"。另外一位胜利者是盖乌斯·安东尼，他在前70年被逐出元老院，现在卷土重来，杀回政坛。尽管他在选举中曾与喀提林互相支持，但西塞罗承诺在安东尼的执政官任期结束之后给他马其顿行省总督的职位，于是将安东尼争取到中立的战线上。其实根据抽签，马其顿行省总督的职位原本属于西塞罗，他主动把它让给了安东尼。马其顿是个富庶的地区，一位无所顾忌的总督可以轻松地搜刮到巨额金钱，恢复自己的财富。[13]

但喀提林又参加了前63年7月的选举（由执政官西塞罗主持）。这一次参选各方都有严重的贿选行为，而且得到一大群打手的支持，所以西塞罗带着自己的追随者到达会场，并在

---

① 第三次布匿战争（前149～前146年）中，罗马彻底消灭了迦太基，在其领土上建立阿非利加行省，范围约在今日的突尼斯北部、阿尔及利亚东北部和利比亚西部地中海沿岸地区。这是罗马帝国西部最富庶的一个行省。今日非洲大陆的名称即是从该省的名称而来。

托加袍下穿着胸甲，他"偶然"露出了胸甲，以显示自己的决心。这一次选举虽然有威吓，但没有发生严重的暴力冲突，喀提林第二次被击败。[14]

喀提林以及其他一些野心勃勃的人陷入了绝望。如果一位元老为了还债卖掉自己的土地，那么很可能会赔一笔钱，因为市场很萧条；更重要的是，如果他卖了土地，就失去了获得元老身份的资格，再也没有政治前途。对某些人来说，只有两个选择，要么在政治上破产，要么掀起一场革命。在伊特鲁里亚①乡村，喀提林的追随者曼利乌斯（曾是苏拉军中的一名百夫长）从穷困和绝望的人中召集一支成分复杂的军队。苏拉的一些老兵在退伍时得到了土地，但由于土地贫瘠、经济萧条或者他们自己的错误，不能维持生活，于是和曾经的马略党人，以及其他一些觉得只有革命才能挽救自己的人聚集在一起。他们将会高举马略的某个军团曾经使用（不是在内战中，而是马略在潮水般蛮族的攻击下挽救了意大利的伟大战争中使用）的一尊鹰旗，成群结队地开进。但形势还不明朗，人们不知道喀提林是否会发动公开叛乱，或者在何时发动。[15]

10 月 21 日，元老院发布了终极议决，要求两位执政官采纳一切必需的措施保卫共和国。事实上这等于宣布国家进入了紧急状态，但人们对这在多大程度上意味着可以中止法律效力

---

① 伊特鲁里亚地区大致相当于现今意大利中部的托斯卡纳、拉齐奥和翁布里亚。前 9 世纪，伊特鲁里亚文明在这一地区兴起，出现许多城邦。前 650 年前后达到极盛，影响力超过意大利半岛上的各民族。罗马早期受到伊特鲁里亚文明的极大影响，前 509 年之前有多位伊特鲁里亚国王统治罗马。但伊特鲁里亚最终在罗马共和国时期完全被罗马同化。

产生了分歧。前 122 年，元老院曾用终极议决来镇压盖乌斯·格拉古，后来在前 100 年、前 88 年和前 78 年也用过这种手段。从很多方面来看，这其实是承认在遇到严重的内部动乱时，共和国的传统机制不足以解决问题。

喀提林还待在罗马，并继续参加元老院会议，即便在曼利乌斯于 10 月底公开叛乱之后也是如此。西塞罗对喀提林的公开谴责越来越凶猛，但密谋者暗杀西塞罗的企图失败了。最后，11 月 8 日夜间，喀提林逃走，与曼利乌斯会合。他留在罗马城的盟友非常无能，他们笨拙地去接触阿洛布罗基人（高卢的一个部落）的使者，希望能为叛军获得一支骑兵部队。这些高卢人却报告了罗马当局，密谋者被当场擒获。

四名参与密谋的元老被逮捕，其中最资深的是普布利乌斯·科尔内利乌斯·兰图鲁斯，现任裁判官，也是前 70 年被剥夺元老资格的人之一。他的妻子叫尤利娅，是尤利乌斯·恺撒的远房亲戚，她在此之前已经当过一次寡妇①。兰图鲁斯和另外三人被带到元老院受审，自称清白无辜，但能够证明他们有罪的证据越来越多，于是他们的决心瓦解，各自认罪。现在的问题是，应当如何处置他们。12 月 5 日，在和谐女神庙举行的一次会议决定了他们的命运。选择和谐女神庙为开会地点无疑是为了呼吁大家团结，但或许也是为了提醒人们政府在过去曾采取过的强硬措施，因为建造和谐女神庙的人就是镇压盖

---

① 这个尤利娅在之前的一段婚姻中生的儿子就是马克·安东尼，当时只有十岁左右。

乌斯·格拉古的领导人①。

在随后的辩论中，许多发言者主张处决犯人。盖乌斯·屋大维作为元老的资历非常浅，大家不会征询他的意见，但尤利乌斯·恺撒已经当选下一年的裁判官，而且还是祭司长，所以西塞罗很快询问他的意见。有人说阿提娅的这位高调浮夸的舅舅参与了喀提林阴谋，但尤利乌斯·恺撒没有附和其他人的意见以证明自己对共和国的忠诚，而是大胆地反对处死犯人。他正确地指出，不经审判就处决犯人是违反宪法的，不过他自己的建议——将每一名犯人送往意大利的不同城镇羁押——也完全缺乏先例。罗马人没有那种长期羁押犯人的监狱，更不要说终身监禁了。

大家的共识开始动摇，一时间，似乎雄心勃勃的尤利乌斯·恺撒将要单枪匹马地改变元老院的意见，从而威名远播了。

---

① 前121年执政官卢基乌斯·欧皮米乌斯，他镇压了企图发动改革的盖乌斯·格拉古，以"元老院终极议决"为借口，处死了格拉古的三千名支持者。从一开始，盖乌斯及其反对派就比十年前的提比略·格拉古更胆大妄为，肆无忌惮地使用恐吓与威胁的手段。一次斗殴导致执政官欧皮米乌斯的一名仆役丧生，于是局势到了一个紧急关头。元老院通过了一道法令——学者们称其为"元老院终极议决"，即最后通牒法令，这个术语源自恺撒曾使用的说法，但在当时并没有这个名字——呼吁执政官以任何必需的手段保卫共和国。正常的法律被暂时搁置，斗争双方的党徒都拿起了武器。欧皮米乌斯在自己的武装力量之外，还调来了一群克里特雇佣兵弓箭手，这些雇佣兵之前在罗马城外等候，说明欧皮米乌斯的行动在一定程度上是有预谋的。盖乌斯及其支持者的人数不敌对方，他们占据了阿文廷山上的狄安娜神庙。但执政官拒绝与其谈判，率军杀入了神庙。格拉古在厮杀中丧生。欧皮米乌斯之前许诺，谁将格拉古的首级送来，就赏赐与首级同等重量的黄金。果然，格拉古的首级被送到了他面前。欧皮米乌斯后来因此受到起诉，但被无罪开释。最终他因受贿而被流放，死在国外。

但这时，另一个前程远大的人——下届保民官小加图①——发表了气势汹汹的演说，敦促立刻处死犯人。其他人附和了这一信念，严肃质疑了监禁犯人的做法是否务实可行。投票表决的结果是，多数人赞同处决犯人。我们不知道盖乌斯·屋大维投了什么票，但他很可能随波逐流，而不是站在尤利乌斯·恺撒那边。元老院中最德高望重的政治家之一赞扬西塞罗为"祖国之父"。[16]

兰图鲁斯的裁判官职位已被褫夺，但享受了特殊待遇：由执政官西塞罗亲自押他上刑场。四名犯人被处决。随后，西塞罗简洁地宣布："他们已经死了。"这句话在拉丁语里只有一个词，vixerunt。有传闻说，密谋者企图在罗马搞大屠杀和纵火以便制造混乱，现在公众看到危险解除，都松了一口气。共和国逃脱了最直接的威胁，尽管喀提林及其军队仍然逍遥法外。人们很难预测，他们为了保卫共和国而愿意暂时中止法律，将会产生什么样的长期影响。罗马仍然主宰着世界，但它的政治仍然竞争激烈、险象环生，暴力冲突和政局动荡的威胁始终没有远去。不过，虽然风险很大，但成功的奖赏也很大。这一年结束的时候，盖乌斯·屋大维决心在政坛努力奋斗。[17]

---

① 老加图的曾孙，全名为马尔库斯·波尔基乌斯·加图。

# 二 "富裕且名誉良好的人"

> 他的父亲盖乌斯·屋大维虽然不是贵族出身，却来自一个非常显赫的骑士家族，是个尊贵、正直、清白和非常富裕的人。[1]
>
> ——维莱伊乌斯·帕特尔库鲁斯，约公元 30 年

我们对阿提娅的丈夫盖乌斯·屋大维了解不多。据史料记载，他相当富裕，不过史料并没有具体谈及与其他元老相比，他究竟有多么富裕。他在帕拉丁山被称为"牛头"的地区拥有一座宅邸，在诺拉（那不勒斯以东约 20 英里的一座城镇，苏拉将其转变为殖民地①，以安置他的老兵）还有另外一座宅子。他们家在伏尔西城镇韦莱特里及其周边地区（在罗马城外的阿尔班山以南）还拥有面积相当大的地产。伏尔西人曾经是罗马人的顽敌，在前 4 世纪被罗马征服和同化。[2]

盖乌斯·屋大维的财富是继承来的，对罗马人来说，这是最好的财富来源。屋大维氏族是韦莱特里当地的士绅，城镇里最古老的街道之一就是以他们的姓氏命名的。据说，历史上曾经有一位屋大维匆匆结束了向战神玛尔斯的献祭，以便率领城

---

① 古典时代的殖民地大多是与母邦（metropolis，英语中"大都市"一词即来源于此）领土不接壤的海外殖民城邦的形式。殖民城市与母邦之间的联系十分紧密，但与近代的殖民主义不同的是，这种联系并不以母邦直接控制殖民城市的形式存在。母邦与殖民地也不是剥削与被剥削的关系。罗马的殖民地起初是在征服的外国领土上建立的居民点，或安置退伍军人的定居点，后来有的发展为地位很高的城市。

镇的武士打退邻近一个社区的攻击。那肯定发生在韦莱特里被罗马征服以前，人们用这个故事来解释当地向玛尔斯献祭风俗的特点。在较晚近的前205年（对这个时期已经有了较好的史料记载），盖乌斯·屋大维的祖父在对抗汉尼拔的战争中担任罗马军队的军事保民官。战争结束后，他没有寻求政治前途，说明他和很多人一样，在共和国面临前所未有的威胁时毅然参军，保家卫国。[3]

他的儿子，也就是盖乌斯·屋大维的父亲，在其漫长一生中满足于地区性政治，只在韦莱特里担任过官职。他们家原本就很富有，他通过精明的投资和银行业（放债收息，这种挣钱方式远远没有经营土地那么体面）积攒了更多财富。多年后，马克·安东尼嘲讽他是一个肮脏的兑换钱币者，其他人则声称盖乌斯·屋大维追随了父亲的行当，以便在罗马选举时向各部落发放礼物和赤裸裸地行贿。在罗马政坛，人身攻击是家常便饭，所以对上述说法，我们不能盲目相信。就连讲了很多关于奥古斯都的污秽故事的苏埃托尼乌斯，对这个说法也表示怀疑。[4]

盖乌斯·屋大维是一位地区性贵族和成功商人的儿子，不仅是罗马公民，还是骑士阶层的成员。骑士是罗马人口普查中地位最高的阶层。骑士身份的资格要求是，拥有价值超过40万塞斯特尔提乌斯①的财产。不过到前1世纪，这个数字也不算特别高了，骑士的财产往往超过这个标准。在早先的世纪里，罗马军队的成员是那些足够富裕、能自备武器甲

---

① 塞斯特尔提乌斯在罗马共和国时期是一种小银币，在帝国时期是一种较大的铜币。

胄的人。最富有的人买得起马匹，因此能够在骑兵部队中服役。虽然骑士的军事职能已经消失（罗马军团的士兵已经改为从最贫穷的公民中招募，由国家为其提供装备），但骑士的名头保存了下来。元老身份的取得不是根据财产多寡，而是在一个人当选为行政长官或被选拔到元老院之后获得。所有的元老都必须属于骑士阶层。一共有大约 600 名元老，骑士有数千人，而根据最近一次人口普查，罗马公民的数量约为 90 万。[5]

这些年里最富有的元老可能是伟大的庞培，他在东方的军事胜利中赢得的财富使他更加富裕。他在元老院的强有力竞争对手是马尔库斯·李锡尼·克拉苏，庞培曾在前 70 年与他一同担任执政官。克拉苏有时被称为"富人"。庞培和克拉苏都曾在苏拉麾下效力。苏拉的政敌被处决后，其财产被没收，庞培和克拉苏从中捞了不少油水。克拉苏也是一位精明而活跃的生意人。他拥有一大批奴隶工匠和建筑工，以及一些受过训练的消防员。罗马经常发生火灾，克拉苏的把戏之一就是以低廉价格收购即将受到大火威胁的房屋，然后派他的奴隶去拆除房屋以制造隔离带，从而灭火。过一段时间之后，克拉苏会在买下的地皮上重新建房然后出租。最终，罗马城的相当大一部分地产都到了他的名下。他的财产总值一度高达 2 亿塞斯特尔提乌斯，这足以让 500 人获得骑士身份。他曾说，如果一个人不能自费组建军队，就算不上富人。庞培在之前的内战中就自掏腰包组建过 3 个军团，并为其提供军费。[6]

盖乌斯·屋大维不大可能和克拉苏或庞培属于一个层次，但他应当知道克拉苏是如何运用自己的金钱的。克拉苏敛财不是为了金钱本身，而是利用他的财富达到政治目的，向很多元老提供无息贷款（或利息非常低）。据传言，元老院中的大部分人都欠克拉苏的钱。克拉苏被指控参与喀提林阴谋，但欠他钱的元老们害怕他突然要求还债，于是这事很快不了了之。他对五花八门的生意都感兴趣，与外省的包税人集团联系密切。包税人就是詹姆斯一世钦定本圣经中所谓的"税吏"，他们执行共和国所需的任务，如在各行省征税。这样的生意大多是在幕后操纵的，因为法律禁止元老参与这种生意，不过很多元老还是参与其中。克拉苏或许是其中最成功的一位。除了金钱之外，他还拿人情做买卖。他是一位精明强干和成功的辩护律师，非常勤奋地代理其他人打官司，以便卖人情给他们。[7]

盖乌斯·屋大维有一个当银行家的父亲，肯定有一些显贵人士欠他的钱，或者因为之前的贷款而对他感恩戴德。所以，他很有可能继续做家族生意，因为这对他的仕途很有帮助。与很多元老不同的是，他的绝大部分财富没有被套牢在地产上，所以能随时拿出现金为自己赢得政治上的优势。在很大程度上，或许就是因为他的财富，他才娶到了阿提娅作为第二任妻子。他的第一任妻子叫安卡里娅，我们不知道这段婚姻是如何结束的，是因为她去世了，还是因为他看到有机会获得更有利的姻亲而和她离婚。对罗马精英阶层来说，婚姻是重要的政治工具。[8]

尤利乌斯·恺撒自己也曾与一个富裕骑士的女儿订婚。①

---

① 尤利乌斯·恺撒的这门婚姻是父母包办的，未婚妻是一个叫科苏提娅的女子，她的父亲属于骑士阶层，而非元老。她的家庭非常富裕，无疑会给恺撒带来一大笔嫁妆，这些钱肯定能帮助他踏上从政之路，但除此之外就没有什么好处了。恺撒和科苏提娅可能已经结婚了，而不是仅仅处于订婚状态，因为苏埃托尼乌斯的措辞的意思是，两人离了婚，而普鲁塔克显然将科苏提娅算作恺撒的妻子之一。两人年纪尚小，因此不大可能已经正式结婚。不管他们之间究竟是什么关系，都算是一刀两断了。

后来他让自己的一个姐姐嫁给了马尔库斯·阿提乌斯·巴尔布斯，此人也是一名地区性贵族，其家庭背景与屋大维氏族很类似。阿提乌斯来自阿里奇亚（在阿尔班山，距罗马城较近），相当富有，他母亲那边与庞培有亲戚关系。他的父亲显然与元老世家的千金结了婚，这有助于阿提乌斯在罗马的仕途。尤利乌斯·恺撒的另一个姐姐先后嫁给了两名这样的小士绅，他们都有着政治上的雄心，希望到罗马城从政。借助于这些联姻网络，尤利乌斯·恺撒得到了一些忠诚的盟友，他们非常乐意与这样一位血统古老的豪门贵族拉上关系，这很可能也为尤利乌斯·恺撒提供了金钱上的帮助，促进他的事业。[9]

前 62 年，盖乌斯·屋大维可能四十岁出头，感到自己已经做好了准备，可以参加下一年八名裁判官的竞选了。在罗马，从政与年龄是紧密联系的，苏拉为了进一步明确这一点，曾以法律条文正式规定每一个官职的最低年龄要求。（关于从政或晋升体系，见附录一。）参选裁判官的人必须至少三十九岁。对一个雄心勃勃的人来说，在规定下的最低年龄当选某职位（尤其是当上执政官）会被视为政治上很大的成就，非常值得骄傲。西塞罗就取得了这样的成就，他的运气特别好，而且他在法庭上的表现也非常突出。我们没听说过盖乌斯·屋大维当过辩护律师，他的才华可能不在这个方面。[10]

他曾两次担任军事保民官，大约在前 70 年代的某个时间，所以至少在政治生涯开始的时候，他曾努力去赢得军事声誉，这一般能够吸引选民的支持。每年有 24 名军事保民官当选，这是旧时制度的遗存，因为在过去罗马军队只有 4 个军团，每个军团由 6 名军事保民官指挥。到前 1 世纪的时候，通常同时存在几十个军团，所以大多数军事保民官是由行省总督挑选和任命的。我们不知道盖乌斯·屋大维曾在何地服兵役，但他既然当过两次军事保民官，每次都要至少服役一年，说明他对这个岗位还是很有热情的。在共和国更早期的历史上，任何寻求从政的人都必须服至少十年兵役。到前1世纪，这个规矩已经松懈了很多，不过即便是毫无军人气概的西塞罗也在军中待过一段时间。为行省总督担任"帐篷伙伴"的年轻人其实就是下级参谋军官，跟随总督以积累经验。[11]

随后，盖乌斯·屋大维当选为罗马最低级的行政长官，即财务官，这是从政的第一个正式步骤。自苏拉改革以来，当选为财务官的人自动获得元老身份。每年有20名财务官，前73年的财务官之一是盖乌斯·托拉尼乌斯，后来盖乌斯·屋大维与他交好，所以盖乌斯·屋大维很可能也是在前73年担任财务官的。财务官的主要职责在财务方面。有的在罗马工作，有的被派去辅佐行省总督，监管行省的财务。我们不知道盖乌斯·屋大维被分配到了什么样的任务。托拉尼乌斯则率军镇压斯巴达克斯的奴隶起义，遭到惨败。[12]

前64年（不过这个时间也部分是猜测，虽然可能性比较大），盖乌斯·屋大维和托拉尼乌斯都担任平民市政官。每年有四名市政官，其中两人是平民市政官，两人是席位市政官。只有平民可以担任平民市政官，而平民和贵族均可担任席位市政官。市政官的职责范围很广，从组织公共节日（尤其是纪念丰收女神的刻瑞斯节和平民节庆活动），到管理罗马城内的交通和公共工程，不一而足。当市政官是吸引选民注意力的极好机会，尤其是在市政官自掏腰包来补充国家拨付的资金的情况下。节庆活动包括游行、宴饮和公共娱乐活动，如斗兽。在罗马历史的这个阶段，只有在葬礼时才能举办角斗士竞技。每年的市政官职位很少，所以它不是晋升体系中的必经级别。对托拉尼乌斯来说，当市政官有利于恢复他被奴隶起义军打败之后受损的地位。对盖乌斯·屋大维来说，这是赢得更多政治盟友并在选民面前露脸的机会。[13]

他的仕途没有阿提娅的舅舅那么顺利。自共和国早期以来，尤利乌斯·恺撒的家族已经远远偏离政治核心，但在他幼年时，家族的运气开始好转。家族的另外一支开始重新崛起，至少让人们再一次熟悉了恺撒这个姓氏。尤利乌斯·恺撒父亲的姐姐嫁给了深得民心的英雄马略。在如此显赫的姻亲的帮助下，尤利乌斯·恺撒的父亲轻松获得了裁判官职位，可惜后来猝死（一天早上，他在穿鞋时骤然倒下去世了），否则还能攀升更高。

尤利乌斯·恺撒本人在不到二十岁时就凭借英勇壮举获得了罗马最高荣誉——橡叶冠①。根据传统，这项荣誉只授予在战斗中冒着生命危险挽救另一位公民的勇士。或许就是由于这项功绩，或许还有一些贵族的支持，他得到了特别的许可，得以比正常的最低年龄早两年担任行政长官。尤利乌斯·恺撒在法庭上非常活跃，穿着打扮和生活方式高调浮夸，执行公务时恪尽职守，自己借钱来弥补国家资金的不足。他也是一位经历丰富多彩的英雄，曾与海盗和入侵的敌军交手，并且因为与许多有夫之妇私通而成为流言蜚语的主角。当时和其

---

① 严格地讲，橡叶冠并非表彰军人英勇壮举的最高荣誉，比它更高的是禾草冠（corona graminea）。禾草冠只会颁授给直接挽救整个军团或全军的将军、指挥官或其他军官。禾草冠是以在战场上采集的禾草、花卉、野草和各种谷物等植物编织而成的。不过，普通士兵能够获得的最高荣誉确实是橡叶冠。

他很多时代一样，对政治家来说，臭名也比默默无闻要好得多。即便如此，尤利乌斯·恺撒的政治生涯总的来讲还是很传统的。[14]

盖乌斯·屋大维的仕途晋升比较慢，也没有恺撒那么精彩，但也算是稳步提升。竞选官职的人会正式穿上一种特别的白色托加袍（toga candidata，意思是"纯白的托加袍"，英语中"候选人"candidate 一词就是这么来的）。在竞选拉票时吸引大家的眼球是非常重要的。罗马没有我们今天理解的那种政党，竞选也并非是不同政策的竞争。选民非常坦然直率地根据候选人的品格和过去的行为来选择，而不是看重候选人表达的观点。如果候选人的品行不是很显眼，罗马人民就倾向于选择名门世家的成员，因为罗马人相信，美德和才干是可以遗传的，老子英雄儿好汉。因此，如果一个人的父亲和祖父曾经建功立业（或至少没有丢人现眼），那么他也一定有类似的才华。家族先辈建立起来的人脉、关系网和人情恩泽对他也会有很大帮助。显贵家族紧抓一切机会去宣扬家族成员的功业。宅邸门廊会陈列象征家族往昔成就的纪念物。走进大门的人第一眼就会看到这家人祖先的半身雕像，它们展示着先辈曾经担任的官职的象征物。[15]

屋大维氏族不是很知名。即便如此，盖乌斯·屋大维的朋友、对他抱有良好祝愿的人和求他办事的人也得每天早上来向他请安。所有元老的日常生活都是这样，每天的开端是那些欠他们钱或者人情的人、希望从他们那里得到好处的人，以及与他们有联系或者希望与他们拉上关系的人，都会来向他们正式请安。黎明之前的几个小时里，也就是一天工作开始之时，竞选官职的候选人家里理应如此繁忙，这对他们来说很重要。前

64 年，昆图斯·西塞罗写了一本关于竞选拉票的小册子，送给他哥哥，作为竞选执政官的建议。马尔库斯·西塞罗其实基本不需要这些建议，但这样的小册子也是一种很好的文学形式。小册子里写道，不少选民会拜访多位候选人，多处押注。昆图斯建议，候选人在有客登门时要表现出喜出望外的样子，以恭维对方，使其成为自己的真诚支持者。[16]

对候选人来说，政治盟友自然是多多益善，拉票就是结交新朋友的机会。如昆图斯·西塞罗所说："……在竞选期间，你能与任何人结交而不失体面。在人生的其他阶段，交朋友就没有这么轻松了。在其他时间，你若是努力与人们缔结友谊，会被人觉得是刻意逢迎谄媚。但在拉票的时候，如果你不竭尽全力去结交很多这样的人，人们就会觉得你是个糟糕的候选人。"[17]

竞选对选民也是个很好的机会，可以卖个人情给候选人，支持他，让他对自己感恩戴德。表达自己对某位候选人的支持有非常显而易见的办法，其中最主要的是伴随他在广场①行走。对候选人来说，在公共场合陪伴自己的人越多越好，越显赫越好，以便让世人都知道他们之间的友谊。罗马选民倾向于支持一个看上去就非常成功的人，所以随着越来越多的人加入有希望获胜的一方，候选人的"粉丝团"会越来越壮大。

一位候选人在前呼后拥之下穿过城市中心时，他会遇到一

---

① 广场（Forum）是古罗马的城市中心，呈长方形，周围是罗马一些最古老与最重要的建筑。它是罗马公共生活的中心：不仅是凯旋式游行、选举、公共演讲、罪案审判、角斗士竞技的场所，也是商业中心。广场及周边有纪念伟人的雕像和纪念碑。

些行人，所以会希望别人看到他和尽可能多的显赫人物为伍。候选人身旁会有一名受过特殊训练的奴隶，称为"指名者"。当有人走近时，指名者会向候选人小声提示来人的姓名，好让候选人以恰当的方式问候他们。若是过于明显地依赖这种辅助手段，会显得很粗俗，但小加图特立独行地公开表示自己不需要指名者的帮助，还企图禁止其他候选人使用指名者。在外界压力之下，他放弃了这种企图，指名者仍然是一位政客的核心幕僚人员。[18]

有些重大事业，候选人若是支持它们，就能得到社会某些群体的好感。尤利乌斯·恺撒追随格拉古兄弟和其他改革家的脚步，始终赞同将国有土地分配给城市贫民和退伍军人的法案。他还在法庭和元老院积极捍卫行省居民的权益。罗马城的很多人非常关心的另外一个问题是，元老院颁布终极议决之后，行政长官的行动是否仍然受到约束。前63年，尤利乌斯·恺撒参与了一场作秀审判，有人被指控在前100年（也就是三十七年前）的动乱期间处死犯人。这整个审判是为了表达政治立场，遵循的是非常古旧的程序，最后没有做出任何裁决就结束了。恺撒在此案中的目的不是为了否认杀死反叛共和国的公民的必要性，而是提出了质疑：这样的人在投降之后已经不再对国家构成威胁，那么是否仍然可以剥夺其接受正式审判的权利。在关于喀提林党徒的辩论中，大家争执的是同样的问题。这一年还没结束，西塞罗就因为处决喀提林党徒而遭到了攻击。[19]

盖乌斯·屋大维不大可能深入介入这些非常有争议的事情。前62年初的几个月里，喀提林的军队仍然逍遥法外，共和国受到一场长期内战的威胁。后来，喀提林的支持者逐渐作鸟兽散，这场叛乱没有成气候。没过多久，喀提林叛军被一支名义上由盖乌斯·安东尼统领、实际上由他一名经验更丰富的部下指挥的政府军包围了。叛军寡不敌众，注定要灭亡。即便如此，喀提林和数千名死硬分子仍然顽抗到底，宁愿战死也不愿意投降之后被处决。[20]

在前62年大部分时间里，罗马公众最关注的事情可能是，伟大的庞培即将结束他在东方的军事行动，返回罗马。米特里达梯六世已经死亡，战争结束了，庞培忙了几个月以重组各行省和该地区的诸盟邦，随后率领他的军队踏上了归途。没有人说得准，他们回国之后会干什么。有人担心，庞培会变成第二个苏拉。更多人不愿意看到一个拥有极大财富和威望的人继续主宰国家。庞培已经打破了罗马政界几乎所有的规则，他在内战期间征集了一支私人军队，后来又拒绝将其解散，于是元老们决定授予他合法权力，让他去镇压叛军，以防止他自己反叛共和国。前70年1月1日，他就任执政官并同时成为元老，此时仅三十六岁。在此之前，他不曾担任过任何选举产生的官职。内战期间，他热衷处死显赫的贵族，因而获得了"年轻的屠夫"的绰号。在更近期，有人控诉他偷走了其他人的荣耀，在别人指挥的战争实际上已经结束时去摘桃子。[21]

像克拉苏和加图这样迥然不同的元老都对庞培的成功感到怨恨。但在绝大多数人眼里，庞培是罗马最伟大的英雄。尤利乌斯·恺撒非常积极地支持有利于庞培的提案，同时保持自己政治上的独立性。前62年初，他与一位平民保民官结交，此人建议将庞培召回，以镇压喀提林叛军。此项提议受到了强烈反对，于是这名保民官逃走了，尤利乌斯·恺撒在一个短时期内被免去了裁判官职务，直到他公开承认错误。盖乌斯·屋大维极有可能远远避开了这些波折，同时确保自己发表合适的意见，以便和他的听众保持一致。[22]

聪明的候选人会竭尽全力去讨好尽可能多的人。他和他的朋友需要招待和歌颂许多个人与群体，如骑士阶层、包税人、较贫困的阶层、城内各种行会社团的成员，以及各种公民大会中的投票团体。最重要的是，候选人应当表现得慷慨大方和乐于助人，尤其是要帮助自己的支持者。如昆图斯·西塞罗所说："人们想要的不仅仅是诺言……而是慷慨和讨喜的好处。他们也一定会求候选人帮忙。对于你做不到的事情，就优雅地婉拒，或者更好的办法是不要拒绝。前者是好人的选择，而优秀的候选人要选择后者。只要是办得到的事情，最好尽可能多地做出承诺。因为如果你拒绝帮助别人，一定会当场激起敌意，并且让更多人敌视你……如果你直截了当地拒绝，别人会很生气。而如果你许下诺言，即便后来没有办法兑现，只要有合理的理由，别人反倒不会那么恼火。当然，你应当尽可能兑现诺言。"[23] 前 1 世纪和今天一样，竞选时的发誓许愿往往转瞬即逝，很难真正落实。古今的选民也一样倾向于乐观地相信政客的诺言，而忘记过去的教训。

盖乌斯·屋大维有很多钱可以款待选民，或者用礼物和放贷来维持现有的友谊，以及结交新朋友。他的家族之前的商业活动无疑也能给他拉来一些人脉，再加上尤利乌斯·恺撒这样的亲戚非常公开地支持他。人心是可以收买的，而大多数礼物或人情交易都不会违反旨在打击腐败的法律。贿选与赠礼的界限很模糊，值得注意的是，尤利乌斯·恺撒虽然一掷千金地拉拢选民，却从来没有被指控过行贿。这些事情可以用非常精细微妙的手段来处理，只有最明目张胆的行贿者才会被送上法庭。[24]

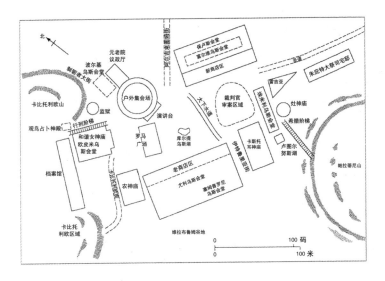

**罗马城的中心，约前 63 年**

每年有八个裁判官职位，所以每年的二十名财务官注定有十几个人无法晋升到更高一级。不过这样的胜率还是比竞选执政官要好得多。裁判官的选举时间在执政官选举之后，由同一种公民大会，即百人会议来选出。在百人会议中，罗马公民的三十五个部落①根据财产情况和古时罗马军队的结构分为若干个"百人团"。因为武装的公民群体被禁止进入罗马城的神圣边界，他们就在边界之外的战神广场聚集，在所谓的"羊圈"内投票。"羊圈"是一种围场，每个"羊圈"供一个选举单位使用。

———————

① 分为四个城市部落和三十一个乡村部落。

富人的百人团总人数较少，有权先投票。选民依次走过木制过道（或称"桥梁"），将写着他们选择的候选人姓名首字母的木板放入一个篮子。每个百人团的多数意见即代表整个百人团的意见。候选人可能有机会在百人会议正式开始之前的非正式集会上向在场选民发表演讲，然后在场外的一个平台上等候和观察。每个候选人都穿着光鲜的白色托加袍。第一个获得多数百人团支持（共193个百人团，若赢得97个百人团的支持即可算作多数）的候选人就算当选了，然后是第二个、第三个候选人等。选举过程很繁琐，耗时很久，有时天黑了还没有选出八名裁判官，于是公民大会就要解散，在下一个可以执行公务的日子继续选举。[25]

在此次选举中，盖乌斯·屋大维是第一个获得多数票的。他的岳父马尔库斯·阿提乌斯·巴尔布斯很快（可能是在下一年）也将获得裁判官职位，这或许能够说明，尤利乌斯·恺撒的影响力和名望对他亲戚的仕途也起到了很大的促进作用。裁判官在一年任期内的主要职责是审理案件。七名裁判官负责主持苏拉建立的七个法庭，而另一名裁判官则享有威望很高、职权范围广泛的"城市裁判官"①称号，其权威仅次于两名执政官。盖乌斯·屋大维得到的任务是监管一个法庭。[26]

案件审理一般在广场的高台上举行，如果案件很重要，或者很有意思，或者涉及丑闻，就会有很多群众来围观。主持法庭的裁判官端坐在他的席位上，周围有六名手执法西斯束棒的

---

① 城市裁判官与其他裁判官的区别是，一般裁判官往往被外派，而城市裁判官则留在罗马城，负责处理司法工作。

执法吏侍奉。执法吏这样的幕僚人员是职业吏员，不像裁判官是每年更换的。执法吏因为经验丰富，有时候能够对审判产生相当大的影响。主持法庭也是让群众熟悉自己的好机会，也可以借此获得更多的政治人脉。如果原告、被告、辩护律师和陪审员是元老、骑士或其他有地位有身份的人，就可以对他们以礼相待、表示同情。罗马法律体制中没有国家对某人提起公诉的概念，指控总是由普通公民提出。起诉人通常是雄心勃勃、希望扬名立威的年轻人，而辩护律师一般是更为显赫的名人。罗马元老们认为，更体面的做法是支持一位受到指控的元老（即便他的罪行铁证如山），而不是寻求结束他的政治生命。因此，司法体系也是有利于精英阶层的。很多审判都带有政治意义。对参与审判的人来说，所有审判都是非常重要的，也是人情交易的途径。

前 60 年末，西塞罗高度赞扬了盖乌斯·屋大维作为裁判官的行为，建议弟弟昆图斯在担任亚细亚①总督时效仿盖乌斯·屋大维，因为：

> ……聆听时必须有礼貌，裁决案件时必须宽大为怀。为了圆满解决争端，必须仔细辨明真相。盖乌斯·屋大维近期就是凭借这样的举动，赢得了群众的爱戴；在他的法庭上，执法吏第一次规规矩矩，没有胡乱生事，而参加庭审的另一名行政长官闭上了嘴巴，所有人都可以按照自己的意愿发言，想讲多久都可以。或许他这么做会让人觉得

① 亚细亚行省在今天土耳其的西部沿海地区。今日"亚洲"的名称即从该省的名称而来。

太温和，但事实上他的这种温和是为了平衡这样严酷的事件：某些"苏拉党人"被强迫归还他们用暴力和恫吓手段夺走的财物；那些当官时发布不公正法令的人在辞官并成为普通公民后也不得不承受在任官员的不公。他的这种严酷若不是包裹在许多温和善意的糖衣之下，或许就让人难以接受了。[27]

打击那些非常贪婪或凶残的前苏拉党人的做法特别受群众欢迎，尤利乌斯·恺撒和加图在不同时期都曾支持这种做法。盖乌斯·屋大维似乎是理想化的罗马法官，对少数人严苛，而对那些有资格得到善待和理解的人，尤其是那些出身高贵、人脉很广的人，一般会宽大为怀。当一位元老无法逃避有罪的判决时，他会被允许放弃自我辩护和公民权，带着自己的大部分财富逃离罗马城，在流亡中也能过得舒舒服服。这就是为什么西塞罗不愿意对喀提林阴谋分子进行正式审判，因为他们肯定会选择流亡，而不是被处决。[28]

按照元老阶层的标准，盖乌斯·屋大维在裁判官任上干得不错。随着行省数量的增加，大多数裁判官在卸任后都会担任一段时间的行省总督。具体的职位由元老院挑选，然后用抽签方式分配到个人。盖乌斯·屋大维获得了富饶且具有重大军事意义的马其顿行省，以及资深执政官的衔级。资深执政官和资深裁判官不是直接由选举产生的，而是由元老院赋予军权①。在前往马其顿途中，盖乌斯·屋大维奉命去镇压图里地区

---

① 大多数资深的行政长官在任职一年后会被派遣出去，治理一个行省。执政官或裁判官掌握军政大权的时间可以延长，每次可以延长一年，那时他们就被称为资深执政官（proconsul）或资深裁判官（propraetor）。

（意大利南部的塔兰托附近）一群为非作歹的匪徒。苏埃托尼乌斯说，这些匪徒部分是斯巴达克斯奴隶起义的幸存者，部分是喀提林叛军的掉队士兵。盖乌斯·屋大维很快就驱散了这群匪徒。[29]

行省总督有很多捞油水的机会，大多数罗马人都把在海外服务和中饱私囊联系在一起。大约在这个时期，诗人卡图卢斯声称，他从比提尼亚①总督幕僚的官职卸任回国后，一位朋友问他的第一个问题就是："你捞了多少？"一位臭名昭著的西西里岛总督曾发表如下妙论：当官要当三年才行，第一年捞到足够的钱偿还债务，第二年发大财，第三年攒够足够的钱去贿赂法官和陪审团，以保证自己返回罗马后若被以贪赃枉法罪名起诉（这样的起诉是避免不了的），能逃脱法律制裁。大多数行省总督不会这么明目张胆，但资深执政官在其行省内拥有最高军权和司法权，总会有很多人希望得到他的善意。行省总督只有维持自己开销的津贴和人数不多的幕僚，而没有薪金。[30]

盖乌斯·屋大维在行省总督任上的品行又一次赢得了其他元老的赞许。在他治下，马其顿行省内部安定，而边境上与培西人和其他色雷斯民族的冲突给了他获得军事荣誉的机会。他打赢了一场战役后，热情洋溢的士兵们赞誉他为凯旋将军。若希望从元老院那里获得凯旋式的荣耀，得到士兵们的如此赞誉是必需的步骤。法律规定，若要获得凯旋式资格，胜利的规模必须非常宏大，至少杀敌 5000 人，但实际上很少有人会真的去准确计算这个数字。一个人能否获得凯旋式的荣誉，往往取

---

① 位于现代土耳其的北部海岸。

决于他在元老院的朋友的影响力。[31]

　　盖乌斯·屋大维的仕途一帆风顺，若能获得凯旋式的荣誉，必然有助于竞选执政官。尤利乌斯·恺撒在政坛的进展也很顺风顺水，担任了前59年执政官。他外甥女的丈夫也大有希望很快步其后尘，登上最高行政长官的位子。然而，在从马其顿返回罗马的途中，盖乌斯·屋大维病倒了，后来在位于诺拉的自家宅邸去世。[32]

# 三 尤利乌斯和恺撒担任执政官

> "如果他（恺撒）想当执政官，但还保留自己的军队，怎么办？"另外一人问道。庞培温和地答道："如果我的儿子想用棍棒打我，怎么办？"这些话让大家怀疑，庞培正在和恺撒争吵。
>
> ——凯利乌斯·鲁弗斯给西塞罗的信，前51年10月[1]

父亲去世时，小屋大维年仅四岁。盖乌斯·屋大维的绝大部分家产都传给了他的独生子。家族财产的用途是支持子孙的政治事业。贵族的婚姻通常是为了获得政治上或财政上的好处，离婚和再婚都是司空见惯的事情。尤利乌斯·恺撒很年轻时就订过婚，后来结过三次婚。庞培结过四次婚。阿提娅嫁给盖乌斯·屋大维时没有改用丈夫的姓氏，她自己的财产与丈夫的家产也是分开的。除了嫁妆之外，她名下的财产都由她父亲掌管。妻子是很少继承丈夫的财产的，一般来讲是孩子，尤其是儿子，成为父亲财产的主要继承人。

遗嘱会指定监护人来监管男孩的财产，直到他成年。监护人之一是盖乌斯·托拉尼乌斯，他曾与小屋大维的父亲一同担任市政官，或许也曾一起担任过财务官。为了保护遗产（理想情况当然是以财生财），需要对财产进行管理和投资。托拉尼乌斯后来被指控侵吞了盖乌斯·屋大维的很大一部分财产。当然这可能是管理或投资不善导致的，而不是刻意侵吞，不过屋大维长大成人之后可不会这么想，他会对托拉尼乌斯加以残酷的报复。[2]

　　阿提娅对她父亲来说是很重要的资产。她还很年轻，可能只有二十多岁，还能生养更多儿女，如果她不再嫁，就显得不正常了。罗马法律规定寡妇或离异女性必须等待十个月才能再嫁，这是为了明确她在后一段婚姻中所生孩子的血统。马尔库斯·阿提乌斯·巴尔布斯与尤利乌斯·恺撒的姐姐结婚，以及和盖乌斯·屋大维结亲，得到了不少好处。但这并不是说他不可以与其他贵族家系攀亲，以获得新的人脉。阿提娅再嫁了，她的新丈夫是卢基乌斯·马尔基乌斯·菲利普斯，他后来当上了前56年执政官。菲利普斯不是尤利乌斯·恺撒的朋友，但他的家族是豪门世家，在政治上很成功，并且与阿提娅结婚能够带来一大笔金钱，这对双方都算是很好的亲事。菲利普斯已经有了一个开始仕途的成年儿子，还有一个女儿，但如果他希望从新的婚姻中得到更多孩子，就要失望了。[3]

　　屋大维没有和母亲一起去她的新家，他（或许还有他的姐姐）搬去和阿提娅的父母一起生活。外祖父母承担了监督这对姐弟成长与早期教育的责任。过了一段时间，除了照料他们的保姆之外，外祖父母还雇用了一名教师。屋大维的主要仆人名叫斯法埃鲁斯。教师一般是一名希腊奴隶，他的部分任务就是向孩子传授希腊语和拉丁语。前1世纪的罗马贵族能够熟练掌握这两种语言。除了读书写字和基本算术之外，孩子们还要学习罗马共和国的风俗与历史。正如西塞罗所说："如果一个人的生命不是通过一种历史的观念与先人联系在一起，那还算是什么生命？"对于更宽泛的国家历史，人们往往主要宣扬自己家族祖先的事迹。阿提娅会确保屋大维继承尤利乌斯氏族，尤其是恺撒家族的伟大功业和古老血脉，无疑也会向孩子灌输盖乌斯·屋大维家族的历史，尽管它没有恺撒家族那样光辉灿烂，但也值得骄傲。多年后，屋大维仅简单地说屋大维家族是"一个古老而富裕的骑士家族"，并没有详细叙述。[4]

## "三个头的怪兽"

前62年底，伟大的庞培率军返回了罗马。此前，他从公民大会那里获得了史无前例的极大权力和丰富资源，他取得的胜利令先前罗马将军们的成就黯然失色。庞培为共和国立下了汗马功劳，他凭借经验和组织规划天才，先是扫荡了地中海的海盗，最后彻底击败了本都国王米特里达梯六世，并全面重组了近东格局。很多元老怀疑，这样一个惯于呼风唤雨、叱咤风云的人，现在能否满足于仅当一个普通元老。很多人担心他会利用手中的军队主宰共和国，就像当年的苏拉一样。[6]

庞培不是苏拉，何况此时的局势与当年截然不同。苏拉结束与米特里达梯六世的战争回国后，发现他的罗马政敌已经举兵反对他，因此，他还要继续进行未结束的内战。前62年，庞培做了一个大气的姿态以安抚人们的恐惧。他刚刚抵达意大利就解散了军队。罗马的政治气氛发生了变化，人们松了一口气，后来又感到伟大的征服者现在处于脆弱的状态。庞培不再拥有官方权力，也不掌握军队，尽管他还在城市的正式边界之外保留着自己的军权，以等待庆祝他的凯旋式。他现在能够依赖的只有财富、本领和罗马人称为"威望"（auctoritas）的那种无形之物。英语里的authority（权威）一词不能准确地表达auctoritas的含义。"威望"既包含了地位，也包含一个人及其家族凭借其成就与人脉而理所应当享有的尊重。说得简单些，

"威望"其实就是其他人对自己的看法。[7]

　　没有人会怀疑庞培的重要性，也没有人在财富或政治人脉上能够超过他，但他并不能独占这些东西，还有很多人也拥有突出的财富和人脉，虽然没有他那么强。庞培在整个青年时代和成年后的大部分时间都处于南征北战。他对政界的日常运转、政治上的人情交易和运用，几乎没有任何经验。除此之外，他渴望得到群众的颂扬和其他元老发自内心的认可。在这些心愿得不到满足时，他很难摆正自己的心态。在实践层面上，庞培有三个目标：第一个也是最简单的目标是，获得庆祝凯旋式并在城市中心宣扬自己成就的权利；第二个目标是让他对东方各行省和王国的重组获得批准，让他的所有决策得到元老院的确认；最后的目标是通过一项法案，为他的退伍老兵分配土地，让他们在农场上安顿下来，以便将来供养自己和家人。

　　这对国家都是好事。庞培在东方所做的安排是很理智的，得到批准之后，其中很多条款的效力维持了几个世纪。军团士兵们英勇作战，取得了胜利，但共和国给他们的军饷少得可怜。现在军队不再需要他们，他们中大多数人的生活都难以为继。的确，庞培这么做会得到退伍军人的感激，以及他们未来的投票支持，让原本就有义务支持他的门客数量大大增加。这一代的罗马贵族认为，若是其他人获得了极大威望，就损害了他们自己的地位。还有很多人对庞培心怀不满，因为他们记得自己的亲戚就是被这位年轻的屠夫处死的。[8]

　　庞培奋斗一番之后才得到了自己的凯旋式。这是他的第三次凯旋式，场面极其宏伟壮丽，强调了他史无前例、规模庞大的功业。士兵们列队行进，队伍中有成群的俘虏和大量的花车。花车上载着战利品、记录历次征服的清单和展示作战场景的图画。庞培本人则乘坐一辆战车，身穿凯旋将军的紫袍，戴着月桂花环，脸涂成红色，模仿"至善至伟朱庇特"（罗马的主神）的古老赤陶塑像的颜色。这一天，凯旋将军扮演着神的角色。随后的岁月会非常清楚地表明，面对群起而攻之的政敌，影响力和财富都不是万能的，都是有局限的。作为普通公民，庞培没有政治权力，也不能传唤元老院开会或者向公民大会提交法案。在前61年和前60年，他支持自己的两名老部下当上了执政官。但这两人的政治才干非常有限，很快就被各自的同僚阻挠或边缘化了。

加图在挫败庞培的行动中起到了重要作用，但还有其他很多门阀世家子弟暂时停止了他们之间惯常的争斗，希望联手推翻伟大的英雄庞培。这些人喜欢自称为"好人"或"贵人"，他们口中标榜的自由和共和国仅仅代表着他们自己阶级的利益。他们宁愿让问题得不到解决，也不愿看到自己的竞争对手凭借解决这些问题而获得莫大声望。这必然导致政界核心具有极大惰性。没有一项旨在向退伍军人（或其他贫困公民）授予土地的法案通过并成为法律，而庞培对东方的安排仍然留待元老院批准。各行省和同盟王国的统治者与各社区进退两难，不知道庞培给他们的权力能否维持下去。

克拉苏也参加了许多针对庞培的攻击，但很快就和庞培一样受到了挫折。好几个重要的包税人公司为了获得在亚细亚和东方其他行省征税的权限，向元老院做了过高的承诺，导致现在无法承担自己的开支。他们希望减少上缴国库的金额。克拉苏或许在这桩生意中也有投资，而且肯定与主要的包税人联系紧密。尽管他有很多欠他人情的政治盟友，但此事在元老院提出之后，还是遭到了阻挠。[9]

　　若是仅仅从庞培、克拉苏及其对手的角度来解读这一时期，就大错特错了。每年的各项选举仍然非常火热，常出现贿选和恫吓的情况，而法庭上也继续开展着受政治驱动的斗争。前61～前60年，尤利乌斯·恺撒担任外西班牙行省总督。在上任之前，一些债主要求他立刻偿清巨额债务，他险些未能启程。克拉苏干预了此事，帮他还了一些债务，并为剩余债务担保。外西班牙的一场叛乱给了这位新总督发动一场战争、获得荣誉与大批战利品的机会。尤利乌斯·恺撒返回罗马时，已经改善了他的财务状况，并获得了庆祝凯旋式的机会。

　　他决心乘胜追击，赢得前59年的执政官席位，也就是以法律许可的最低年龄当上执政官。为了参加选举，他必须亲自到罗马城内宣布自己要参选。他请求破例允许他不亲自到场也可获得参选资格。元老院开会讨论了此事，主持人征求加图的意见时，他絮絮叨叨地讲个不停，直到辩论时间耗尽，会议不得不在未投票的情况下结束。元老院不可以在天黑之后继续辩论，所以任何在白天不能决定的事情都必须放弃。这是加图惯用的伎俩，也是他较年轻时就成为元老院重要人物的原因之一。但这一次他的成功转瞬即逝。尤利乌斯·恺撒进了城，宣布了自己的候选人身份，尽管这意味着他必须解散军队、放弃凯旋式。[10]

　　加图对尤利乌斯·恺撒之所以咬牙切齿，部分原因是个人憎恶。另外，加图的同母异父姐姐塞维利娅与尤利乌斯·恺撒有着长期私情关系；加图自己的女婿马尔库斯·卡尔普尔尼乌斯·毕布路斯（年龄比岳父大）也在竞选执政官。加图或许希望确保毕布路斯当选，并且让一个不像恺撒那样高调浮夸的人成为毕布路斯的同僚。加图或许还希望尤利乌斯·恺撒此次竞选失败并彻底垮台，就像喀提林那样。如果他这么想，就严重误判了形势，所有候选人都一掷千金地拉拢人心。最后尤利乌斯·恺撒轻松以第一名当选，毕布路斯勉强当选，成为恺撒的同僚。[11]

这都是公开的局面。在幕后，尤利乌斯·恺撒与克拉苏和庞培缔结了盟约，说服他们相信，只有搁置敌意，一起合作，并借助恺撒的力量，他们才能得到想要的东西。恺撒还想将西塞罗拉拢为类似的亲密盟友，但没能说服他。现代学者将罗马最富有的两个人和最雄心勃勃的新来者组成的联盟称为"前三头同盟"。当时这还只是秘密协定，前59年才渐渐为公众所知。[12]

1月，尤利乌斯·恺撒上任之后，便向元老院提交了一份土地法案。法案的措辞很温和，他的态度也是欢迎和解的。他宣布，只要是合理的批评，都可以接受，愿意修改任何条款。他已经颁布法令，要求将元老院辩论的内容公开发表，让公众了解元老们的立场。只有加图愿意让自己的顽固反对意见被记录在案。他很快开始故伎重施，滔滔不绝地讲起来。尤利乌斯·恺撒大发雷霆，命令执法吏带走加图。但加图很擅长将自己打扮为被暴君侵害的受害者。至少有一名元老和他一起离去，宣布自己宁愿和加图一起坐牢，也不愿意和恺撒待在一起。会议没有投票表决就结束了。[13]

加图、毕布路斯和他们的支持者抓住一切机会阻挠尤利乌斯·恺撒，不断滋生事端。他们的主要目标倒不是阻止他，而是迫使他采取越来越激进的手段，以便让人们对他行为的合法性产生怀疑。公民大会通过了尤利乌斯·恺撒的土地法案，于是庞培的老兵得到了农场。几个月后，又通过了第二项土地法案，对前一项加以补充，将更多公有土地分配给退伍军人和两万名至少有三个孩子的男性城市贫民。政府指派了二十名专员来监督土地分配工作，其中之一是阿提娅的父亲。庞培在东方所做的安排也终于全部得到了批准。大约在同一时期，包税人如愿以偿，得到了退税，不过当局在这么帮助他们的同时也警告他们将来要好自为之。[14]

尤利乌斯·恺撒越来越依赖公共集会和公民大会来通过立法，于是庞培和克拉苏对他的支持渐渐公开化了。斗争双方都使用了众多打手和恫吓手段，但前三头同盟的支持者更多，组织得也更好。在一次关于土地法案的公共集会上，毕布路斯的执法吏携带的法西斯束棒被打得粉碎，他自己被泼了一篮粪便。此后，毕布路斯退隐回家，在这一年余下的时间里再也没有出现在公共场合。他宣称自己在观测天象，寻找征兆，并且经常看到空中有闪电。如果一位主持公务的行政长官看到闪电（朱庇特发出的征兆），公务就要中止。但观测者必须亲自到集会或公民大会宣布凶兆，而不是偷偷摸摸地待在家里。然而，他的这些做法足以让人们对这一年的立法产生不确定性。[15]

庞培从东方返回后，曾与加图接触，希望与他的一个外甥女结婚，但遭到了傲慢的拒绝。庞培随后娶了尤利乌斯·恺撒的女儿尤利娅，这就公开证实了他与恺撒的盟友关系。尤利娅的父亲比庞培小六岁，虽然老夫少妻年龄差距很大，但这是一门成功的婚姻，年纪较大的庞培享受着年轻貌美的新娘的赞美与崇拜。世人皆知，克拉苏和庞培都是雄心勃勃的执政官的盟友，人们开始谈及所谓"三个头的怪兽"主宰了国家。也有人开玩笑说，这一年的执政官是"尤利乌斯和恺撒"，因为毕布路斯不肯抛头露面，也没有尝试颁布任何法律或者开展自己的工作。除了观测天象之外，他还忙于撰写恶言诽谤的小册子攻击同僚，并将这些文件张挂在广场，供大家阅读。其他人也对尤利乌斯·恺撒恶言攻击，称他为"所有女人的丈夫，所有男人的妻子"，因为有一个流传已久的故事说他曾被年迈的比提尼亚国王引诱，充当他的男宠。[16]

这个旧闻又被重新提起。庞培、克拉苏和尤利乌斯·恺撒联合起来足以让任何法案得以通过，尽管有时不得不采取极端措施。不管批评他们的人如何渲染，他们其实没有办法控制公共事务的所有方面。他们确保前58年的两名执政官成为他们的朋友，其中之一是卢基乌斯·卡尔普尔尼乌斯·皮索，即尤利乌斯·恺撒的新岳父。但前三头同盟无法阻止更多的政敌占据其他行政长官职位，也没有办法长期控制选举。这一年年底，尤利乌斯·恺撒离开罗马城，去担任行省总督，任期五年，这给了他一个机会去赢得荣誉和足够的金钱来还债和发大财。一位平民保民官在公民大会提出法案，将内高卢①和伊利里亚②行省交给了他。外高卢总督去世后，庞培建议元老院将

---

① 内高卢也叫山南高卢，"山"指的是阿尔卑斯山。内高卢是意大利北部凯尔特人居住的地区，前220年代被罗马征服，约前81～前42年间是罗马的一个行省，后来被并入意大利。内高卢以波河为界，分为南北两部分。前49年，内高卢全体居民获得了罗马公民权。

② 伊利里亚，或称伊利里库姆，是前167～公元10年罗马的一个行省，位于今巴尔干半岛西部、亚得里亚海东岸。大约包括今克罗地亚、塞尔维亚、波黑、黑山和阿尔巴尼亚等地区。公元10年，伊利里亚行省被分割为达尔马提亚和潘诺尼亚行省，但伊利里库姆/伊利里亚作为地区名仍然被广泛使用着。该地区的人民以孔武有力著称，是罗马帝国军队的主要兵源地之一。多位皇帝，包括君士坦丁大帝，出生于伊利里库姆。

这个行省也交给尤利乌斯·恺撒，于是后者通过元老院的法令获得了第三个行省。[17]

## "是他们想要这样的"

除了正式的书本教育之外，元老的子弟还要通过观察长辈来学习。从七岁开始，男孩便要在父亲（或另一名男性亲属）处理事务时跟随左右，观察长辈如何接见每天登门拜访的门客并与其打招呼，跟着长辈走过广场，参加元老院会议。男孩不能进入元老院议政厅，但议政厅大门敞开，他们可以在室外旁听。他们还要在战神广场上、在众目睽睽之下锻炼身体，渐渐学会骑马、投掷标枪和用盾牌与剑格斗。因此，从很小的时候，年龄相仿的男孩们就待在一起，他们将来会成为争夺官职的对手，或者同僚。

我们不知道阿提娅的父亲马尔库斯·阿提乌斯·巴尔布斯是在何时去世的。据我们所知，他担任过的最后一个职位是前59年的土地分配专员。或许小屋大维就在外祖父阿提乌斯·巴尔布斯的最后几年中伴随在他身旁，学习政治生活的方方面面。但我们对此没有直接的证据。屋大维的舅公尤利乌斯·恺撒只是个遥远的存在，因为他在随后十年中将远离罗马城。在开始观察政治生活的大约同一时期，男孩们还开始接受一名语法教师（传授文学和语言）的教育。当时罗马大约有二十家学校，经济条件足够好的家长可以把孩子送去上学。非常富裕的家庭一般雇用一位家庭教师，不过通常会允许亲友或门客的子女与自己的孩子一起上课。在受教育的某个阶段，屋大维开始缔结一些将会延续终生的友谊。[18]

罗马的青少年要学习阅读和背诵拉丁文与希腊文古典著

作，以便对其加以评论和引用。孩子们还要死记硬背地学习一些东西，比如十二铜表法①，即罗马法律的古老根基。但最有助于男孩成长的，是对共和国运作与元老私人事务的观察学习。对女孩来说，则是观察母亲如何执掌家务。在前50年代，观察共和国的政治生活对人很少有什么教诲作用。尤利乌斯·恺撒不再在罗马担任执政官，庞培和克拉苏又重新发挥着极大的影响力，但与尤利乌斯·恺撒担任高级行政长官时相比，他们对日常事务的控制力下降了许多。大多数其他元老的影响力比不上这两位伟人，但有些元老拥有足够的力量办成一些事情。与庞培、克拉苏或尤利乌斯·恺撒没有任何关系的政治竞争仍然在激烈地开展着。

普布利乌斯·克洛狄乌斯·普尔喀是一位富有领袖魅力、活跃好动且意志坚定的政治家，他成了这十年的核心人物之一。他的姓氏原本是克劳狄·普尔喀，然而他很早就改用了较为平民化的拼法——克洛狄乌斯。但是他骨子里始终是个贵族，带着延续数百年的古老门阀贵族的那种高度自信。"普尔喀"这个家族名的意思是"美丽"，很能体现他们眼中的自己。克劳狄氏族以绝对自信和盛气凌人而闻名。在反对迦太基的第一次布匿战争中，有一位克劳狄·普尔喀率领了一支罗马舰队。在战前举行的占卜仪式上，如果圣鸡吃掉食料，就说明诸神支持罗马人，对迦太基舰队的进攻就会得胜。但圣鸡不配

---

① 十二铜表法是古罗马在约前450年制定的法律，据说刻在12块铜牌（也有说是着色的木牌）上而得名。这是古罗马第一部成文法典。十二铜表法的内容分别为：传唤、审判、求偿、家父权、继承及监护、所有权及占有、房屋及土地、私犯、公法、宗教法、前五表之补充、后五表之补充等十二篇。十二铜表法颁布之后，就成为共和时期罗马法律的主要渊源。该法典对贵族的权力做了一些限制。

合，让他非常不耐烦。最后他抓起圣鸡的笼子，将它们从自己的旗舰上抛入大海，并喊道："如果圣鸡不肯吃，那就喝吧！"罗马人随后发动了进攻，遭受了与迦太基的漫长战争史上最惨重的一次海战失败。几年后，克劳狄·普尔喀的妹妹坐轿子穿过拥挤的罗马街巷时，受到来往人群的阻碍，于是她大声说，希望"她哥哥能把这些穷鬼多淹死一些"，别挡着她的路。她因此遭到了起诉。[19]

克洛狄乌斯比他的祖先更懂得民意，但在说话做事时同样肆无忌惮、毫无克制。作为贵族，他不能担任保民官，于是努力了好几次，想把自己的身份变为平民。克洛狄乌斯对西塞罗的极度憎恨是世人皆知的。前59年，当演说家公开批评前三头同盟时，克洛狄乌斯几乎马上就做出回应。几个小时后，执政官尤利乌斯·恺撒和观鸟占卜师庞培就主持了一场仪式，安排一位年纪比克洛狄乌斯还小的平民"收养"他为义子，于是将他的身份从贵族改为平民。整个仪式完全是象征意义的，颇有滑稽闹剧的意味，但在技术上是合法的。克洛狄乌斯在其他方面仍然是个彻头彻尾的贵族，拥有一大群门客和支持自己的政治盟友，于是轻松当选保民官。很多政治家都曾利用成群的打手来威吓，甚至攻击自己的竞争对手。克洛狄乌斯将这种活动提升到了一个新层次，将传统的行会社团作为有组织帮会的基础。他的对手将他的支持者斥责为乌合之众，不过他的很多打手是商店业主和手工艺人，有不少是释奴（毕竟城市人口的很大一部分就是释奴）。[20]

西塞罗很快遭到克洛狄乌斯的攻击，主要涉及他处死喀提林党人的事情。几个月后，西塞罗众叛亲离，不得不开始流亡。克洛狄乌斯不是尤利乌斯·恺撒、克拉苏或任何人的工具，他和这些人合作仅仅是为了达到自己的目的。很快，他就威胁要质疑前59年各项法案的合法性，他的打手还开始攻击庞培，于是共和国的这位大英雄在一段时间内都不敢走出家门。后来，一位叫作米罗的元老招募了支持者，其中很多是角斗士，与克洛狄乌斯的党徒争夺街道和公共场所。政治暴力愈演愈烈，贿选上升到更严重的层次。[21]

克拉苏与庞培的旧日嫌隙开始重新浮出水面，在一段时间内前三头同盟似乎要瓦解了。前三头匆匆进行了一系列谈判，最后在内高卢的卢卡（因为尤利乌斯·恺撒不能离开他的行省）商谈，终于消除了矛盾。庞培和克拉苏一同参加竞选，当选为前55年执政官，这是他们第二次成为同僚。两人都为自己一年任期结束之后的去向做好了安排，各自以资深执政官身份担任特别行省总督。与此同时，他们还将尤利乌斯·恺撒在高卢和伊利里亚行省的任期延长了五年。克拉苏卸去执政官职务后当上了叙利亚总督，从一开始就打算进攻帕提亚①，这是东方最后一个还没有被罗马控制的大国。庞培则得到了西班牙的两个行省和驻扎在那里的军队，但始终没有去那里上任。他待在位于阿尔班山的自家别墅，也就是在罗马城的正式边界之外，所以他保留着军权。他派遣军团长（罗马总督的下属，凭借总督委派的军权，可以独立指挥）管理两个行省，若有需要，他随时都有军队可以动用。[22]

达成这一切的过程中，始终伴有暴力冲突，选举时的暴乱几乎司空见惯，有人为此丧命的情况越来越多。有一次，庞培

---

① 帕提亚帝国，中国古书称之为安息，是公元前247~公元224年统治波斯的王朝，与罗马长期对抗，后在内乱中被萨珊王朝取代。

回家时浑身溅上了别人的血，令他的妻子尤利娅受到惊吓，导致流产。前三头同盟仍然无法阻止常常敌视他们、思想独立的元老在将来获得高级官职。克拉苏离开罗马城去行省上任时，一名保民官不断骚扰他，严正呼吁神祇诅咒这位资深执政官以及他筹划的非正义战争。在大多数元老的脑子里，私人仇隙远比共和国福祉重要。[23]

这诅咒果然发生了效力，或者是克拉苏太粗心让他的远征酿成了灾难。前53年，他的军队被阻挡于卡莱①，在企图逃跑时被迅捷的帕提亚骑兵击溃，只有少量残兵败将逃出，大部分人阵亡或被俘。克拉苏与敌人谈判时被斩首。他的死亡严重削弱了庞培与尤利乌斯·恺撒之间的联盟。大约同一时间他们还遭遇了更大的打击，尤利娅因难产而死。她的父亲匆匆提议让庞培娶屋大维的姐姐屋大维娅。庞培没有采纳这个建议。很快，屋大维娅嫁给了盖乌斯·克劳狄·马凯鲁斯，他是威望最高的平民豪门之一的成员，他不是尤利乌斯·恺撒的朋友，尤利乌斯·恺撒应当没有参与安排这门婚事。不过从政治角度来看，这门婚事对女孩的近亲非常有利。阿提娅的丈夫菲利普斯是前56年的执政官，马凯鲁斯则将在前50年赢得这个官职。[24]

克洛狄乌斯和米罗继续争斗，其他领导人也在互相竞争，虽然斗得没有那么凶。政坛非常动荡，以至于前53年开始的时候，没有一位执政官当选，直到夏季才完成了选举，有两个人当选。这年秋季的暴力冲突比以往更严重了，因为这一次米罗也是候选人，而他的不共戴天之敌克洛狄乌斯也在竞选裁判

---

①　在今天土耳其东南部，今称哈兰。

官。这一次又发生了暴乱，导致百人会议未能完成任务，新的一年又在没有执政官的情况下开始了。前52年1月，克洛狄乌斯和米罗凑巧在城外相遇。克洛狄乌斯在最初的打斗中负伤，被抬进一家酒馆。米罗派人闯入酒馆，把他的老对手杀掉了。克洛狄乌斯的支持者和同情者在随后的葬礼上愤怒不已，掀起了一场戏剧性的抗议，克洛狄乌斯的在天之灵一定会表示赞赏。支持者将他的尸体抬进元老院厅堂，在那里将他火葬，结果把房子也烧掉了。罗马似乎正陷入无政府状态。罗马城没有足够的警察来控制暴民，只有军队才能做到。问题是，谁拥有军权和威望来掌控局面？[25]

加图和贵人派成功阻止庞培被任命为独裁官。庞培被任命为唯一执政官，这是史无前例的事情。这年晚些时候，他有了一位同僚，即昆图斯·科尔内利乌斯·梅特卢斯·皮乌斯·西庇阿·纳西卡，他的名字很长，说明他出身罗马最鼎盛的门阀贵族家庭，不过他本人没有多少才干。庞培还娶了这个西庇阿的女儿科尔内利娅，借此与贵族精英阶层缔结了新联盟。他通过武力恢复了秩序。米罗遭到审判，法庭被士兵和敌视他的人群团团围住。在不可避免的有罪裁决下来之前，米罗选择了流亡。他毫无疑问是有罪的，但这次审判很不公正，也无视正当程序。在类似的审判中，倒是有不少克洛狄乌斯党徒被定罪，他们逃往北方，投奔尤利乌斯·恺撒阵营，受到了欢迎。庞培的行省总督任期得到延长，这一年年底时，他恢复了原先不寻常的姿态，即待在罗马城近郊。有时元老院选择在城市边界之外的神庙开会，以便让庞培也能参加，而无须放弃他的军权和军队。[26]

到前51年，尤利乌斯·恺撒已经在高卢做最后的扫荡。

或许除了他自己之外，很少有人能够预料到，他竟然是一位才华横溢的军事家。他利用一个高卢部落的迁徙对外高卢和罗马盟邦构成的威胁，对高卢施加干预，并且逐步扩大活动范围，征服（罗马人的委婉用语是"平定"）了西至大西洋、东至莱茵河的所有土地。他的胜利非常辉煌宏伟，他每年发表一些作品（即著名的《高卢战记》）宣扬自己的成功。就连西塞罗也赞扬《高卢战记》是拉丁语言最崇高的表达之一。庞培在东方赢得胜利后得到了十天的公共感恩，以颂扬他的业绩，这是之前任何一位罗马将军得到天数的两倍。尤利乌斯·恺撒最初的成功则得到了十五天的公共感恩；后来他袭掠神秘岛屿不列颠之后，得到了二十天感恩；他镇压了高卢诸多部落大联盟的叛乱之后，又得到了二十天感恩。罗马人民有了一位新的军事英雄。[27]

尤利乌斯·恺撒希望从高卢返回罗马庆祝自己的凯旋式，然后立即当选前48年执政官，因为法律规定，任何人的两次执政官任期之间必须间隔十年，他已经符合这个条件。他不打算退隐成为普通公民，因为那样会很容易遭到起诉。他的好几个政敌已经公开表示要对他加以审判，就像审判米罗那样，让士兵包围法庭。为了达到目的，他需要获准在本人不到场的情况下宣布自己将参加竞选。与庞培前不久无视规则的行为相比，尤利乌斯·恺撒的要求只是个小小的让步。尤利乌斯·恺撒还希望在前49年年底之前仍然保留资深执政官的身份和军权。他提出，他有权这么做，因为公民大会授予他这样的指挥权。尽管尤利乌斯·恺撒的第一次执政官任期之后罗马政坛发生了许多动荡，批评者们却大谈特谈他当执政官时的恫吓手段与暴力冲突，并预测他第二次担任执政官时将更加凶险。更重要的是，他们感到尤利乌斯·恺撒现在的地位很脆弱，于是蜂拥而上，利用他的弱势，就像他们在前 60 年代末攻击庞培一样。

庞培的态度是至关重要的，在很长一段时间里，大家都猜不透他究竟是怎样想的。西塞罗早已断定，"罗马的亚历山大"是个极难揣测的人。一些迹象渐渐出现了，他正在转而反对自己的前岳父。他对尤利乌斯·恺撒的支持越来越少，也越来越难以令人信服。在后世的人们看来，这是很显而易见的事情，就像差不多一个世纪之后的诗人卢坎①概括的那样："恺撒不能接受别人的地位优于自己，庞培不能接受别人与自己平起平坐。"尤利乌斯·恺撒要想称心遂愿地返回罗马，就必须承认，自己需要庞培的帮助与支持。有人问庞培，如果尤利乌斯·恺撒拒绝服从元老院，他会怎么做。庞培自满地答道："如果我的儿子想用棍棒打我，怎么办？"这样的话鼓励了尤利乌斯·恺撒的政敌。[28]

连续多位执政官加入了对尤利乌斯·恺撒的攻击，要求立刻将他召回。首先发难的是屋大维娅丈夫的堂兄弟，也叫盖乌斯·克劳狄·马凯鲁斯②。小盖乌斯·克劳狄·马凯鲁斯于前 50 年担任执政官期间也非常敌视妻子的舅公。为了抵挡政敌的攻击，尤利乌斯·恺撒将他从高卢掠夺到的财富大量投入罗马城，以笼络支持者，尤其是拉拢保民官。前 50 年 12 月 1

---

① 即马尔库斯·安奈乌斯·卢坎努斯（39～65 年），他未完成的史诗《法萨利亚》描述恺撒与庞培之间的内战，被誉为维吉尔的《埃涅阿斯》之后最伟大的拉丁文史诗。

② 史学界称他为大盖乌斯·克劳狄·马凯鲁斯，以区别屋大维娅的丈夫小盖乌斯（前 50 年执政官）。

日，一位保民官迫使元老院进行投票表决，要求庞培和尤利乌斯·恺撒同时辞职。370 名元老支持这一动议，只有 22 人反对。绝大多数元老不愿意看到一场新的内战，尽管很多人不喜欢尤利乌斯·恺撒和他的显赫地位。[29]

有传闻说，尤利乌斯·恺撒已经入侵了意大利。马凯鲁斯①努力劝说元老院采取行动，但元老们不愿意，并且保民官们否决了他的动议。他对这结果置之不理，和同僚一起，在朋友们的陪伴下，匆匆去阿尔班山的别墅找庞培，向这位资深执政官呈上一把剑，呼吁他用军队保卫共和国。庞培毫无顾虑地称愿意用武力反对自己的前岳父和朋友。后来发现尤利乌斯·恺撒入侵意大利的消息是假的，于是不了了之。前 49 年 1 月 1 日，又一位马凯鲁斯②当上了执政官，即前 51 年执政官③的弟弟。各方都提出了一些建议，但互相之间几乎没有任何信任，而且都把别人愿意谈判视为软弱的表现。1 月 7 日，元老院通过了终极议决，呼吁各位行政长官以及在城市周边的资深执政官（显然指的是庞培）尽一切努力确保共和国的安全。马克·安东尼和另一名保民官一直在为尤利乌斯·恺撒摇旗呐喊，却被警告他们的人身安全得不到保障。于是他们逃离了罗马城，去往北方。[30]

几天后，可能是 1 月 10 日，尤利乌斯·恺撒率领仅仅 1 个军团渡过了卢比孔河，越过了他的行省（他在那里仍然拥有合法的军权）与意大利的边界（他在意大利没有合法军权）。多次得到公共感恩的人现在成了叛国者，他必须胜利，

---

① 前 50 年执政官小盖乌斯·克劳狄·马凯鲁斯。
② 大盖乌斯·克劳狄·马凯鲁斯。
③ 马尔库斯·克劳狄·马凯鲁斯。

否则就要步喀提林的后尘。他在开启内战的时候，究竟有没有说出老赌徒的口头禅"骰子已掷出"，我们并不清楚，但他冒的风险无疑是非常大的，他也的确坚信自己已经没有别的选择了。尤利乌斯·恺撒为了保护自己的地位和尊严，愿意让共和国陷入内战。庞培、加图和尤利乌斯·恺撒的其他对手也同样愿意发动一场战争，剥夺他的地位和尊严。[31]

# 四  出路

是他们想要这样的，即便在我的所有伟大功业之后，我，盖乌斯·恺撒，如果不是得到了我的军队的支持，也会灭亡。

——尤利乌斯·恺撒在法萨卢斯看到敌军死尸时说的话。当时在场的阿西尼乌斯·波利奥记载，前1世纪末[1]

内战的细节无须赘述，因为当时屋大维只有十三岁，没有参与内战。尤利乌斯·恺撒迅速占领了意大利。庞培或许仍然希望他的旧盟友做出让步，或许对自己的实力非常满意。几个月前，他自吹自擂道，他只消"跺跺脚，意大利的泥土中就能崛起一支支军团和骑兵"。然而，令他的盟友垂头丧气的是，他未经一战便放弃了罗马，撤退到布隆迪西乌姆①。一位元老玩世不恭地问他，现在是不是应当开始跺脚了。他率军渡过亚得里亚海，撤到希腊北部，动用了他在东方各行省和盟邦的所有人脉，组建了一支大军和舰队。庞培已经接近六十岁，但仍然表现出了高超的技艺和组织天分。庞培常说："苏拉这么干过，我为什么不行？"他指的是，苏拉曾经从希腊杀回意大利，打赢了一场内战。但拿苏拉做榜样实在不好。庞培的一些盟友开始窃窃私语，说他们打仗仅仅是为了选择哪一位独裁者统治他们而已。其他人则公开批评庞培的每一个决定。庞培

① 今天的布林迪西，在意大利南部。

自己的政治生涯打破了宪法每一条规则，如今他却成了自由共和国的捍卫者，指挥着多年来作为他死敌的贵人派。这很有讽刺意味，由此产生的联盟也是不稳定的。[2]

尤利乌斯·恺撒的政敌和希望保持中立的大多数人都害怕他会是一个真正残暴野蛮的主子，像马略和苏拉一样屠杀反对派。但他表现得非常宽大为怀，只攻击那些抵抗他的人，并饶恕所有投降的人。前49年3月，他宣布："让我们看看，用这种办法，我们能否赢得所有人的支持，获得永久性的胜利。其他人由于残暴，未能逃脱世人的仇恨，也未能让他们的胜利延续千秋万代。只有一个例外，那就是卢基乌斯·苏拉，但我不打算效仿他。这是一种新形式的征服，我们通过怜悯和慷慨，逐渐壮大自己。"[3]

平定意大利之后，他又挥师西班牙，迅速战胜了庞培留在那里的军队，迫使他们投降。尤利乌斯·恺撒亲自到场指挥的时候都能取胜，但他的下属没有他那样的才干，其中好几个人吃了败仗。到前48年初，他集结了足够多的船只，将部分军队运往马其顿。庞培拥有数量和资源上的优势，仍然打算效仿苏拉。尤利乌斯·恺撒的兵力较少，却已身经百战，战斗力超强，而且对统帅赤胆忠心。他发动了进攻，差一点就将兵力超过他的敌军封锁在狄拉奇乌姆①并迫使其屈服，但庞培突破了他的包围圈。恺撒军队撤退了，庞培军队紧随其后，显赫的元老们不断催促庞培迅速打赢战争，并且已经在为预期获得的战利品而争吵。前48年8月9日，在法萨卢斯，庞培发起挑战，尤利乌斯·恺撒非常高兴地应战了。庞培的作战计划很稳健，

① 今天阿尔巴尼亚的都拉斯。

但不是很高明。他将全部赌注押在骑兵身上，因为他的骑兵兵力是恺撒的七倍。尤利乌斯·恺撒猜到了对方的意图，采取反制措施，随后他的老兵们将缺乏经验的庞培军队及其外国辅助部队杀得血流成河。[4]

罗马贵族只要保持勇气、拒绝承认永久性失败并重整旗鼓赢得下一次战役，那么就算吃了败仗也会得到原谅。庞培却彻底丧了胆，在战役结束前就逃走了，最后逃到了埃及。埃及的孩童国王托勒密十三世的谋臣下令杀死了庞培，希望借此讨得胜利者的欢心。庞培的死对尤利乌斯·恺撒来说本应是极大的便利，但当他追击赶到并看到自己前女婿的首级时，却表现出了对谋杀犯的厌恶和愤怒。恺撒的军队因为吸收了数万名庞培军队的俘虏而力量大增，他急需现金来发军饷，于是干预了埃及事务，很快卷入了埃及内战。年轻的国王与他的姐姐克利奥帕特拉七世争夺王位。规模不大的罗马军队很快遭到围攻，在一番苦战之后，援军才抵达，最终击败了敌人。尤利乌斯·恺撒在埃及停留的时间比较长（很多人觉得他在那里待得太久了），和情人克利奥帕特拉七世一起在尼罗河上观光。与此同时，庞培军队重整旗鼓，加图的钢铁意志帮助他们在阿非利加集结了一支新的军队。尤利乌斯·恺撒终于离开埃及，在亚细亚击溃了米特里达梯六世的儿子指挥的一支军队，于秋季短暂地返回意大利，然后渡海来到阿非利加。前46年4月6日，他在塔普苏斯打败了庞培军队。加图宁愿自杀也不投降接受敌人的怜悯。内战还没有结束。庞培的长子格奈乌斯在西班牙征募了一支军队，于是尤利乌斯·恺撒很快离开罗马，再次征战。前45年3月17日的蒙达战役是最后的决战，非常凶残和激烈，但最后高卢战争的老兵们赢得了胜利。[5]

## 混战中的世界

到内战时期，屋大维待在母亲身边，在继父菲利普斯家中生活。他的外祖母尤利娅于前 51 年去世，外祖父可能在之前的几年里辞世。在恺撒的女儿尤利娅的葬礼上，年仅十二岁的屋大维发表了悼念演说，并得到了赞扬。贵族的葬礼是非常公开化的事件，首先在广场举行一场仪式，然后在城外游行、火葬。葬礼上不仅可以颂扬死者，还可以展示所有先辈的功业。在最宏大的葬礼上，死者家族要雇用演员，让演员穿戴家族历史上曾经担任高位的所有先辈的官服，佩戴他们的葬礼面具，这是一种纪念往昔荣耀的可视化方式。一般会让年轻一代发表悼词，将他与曾经的伟大事业联系起来，暗示着他在将来也会取得类似的成就。[6]

这是小屋大维第一次在正式场合成为大家关注的焦点，他与著名的（目前也是非常有争议的）舅公产生了更紧密的联系。从其他方面看，他不过是诸多骑马出行、在公共场所锻炼、与同龄人会面和竞争的贵族少年之一。据说菲利普斯非常热心地监督继子的成长，屋大维很有可能在菲利普斯外出办事和参加公共集会与元老院会议时跟随他。菲利普斯和阿提娅每天询问屋大维的教师与辅导老师们，他做了什么，取得了怎样的进步。多年后，阿提娅被奉为罗马母亲的理想化典型：

> 在美好的往昔，所有人的儿子，只要是合法婚生的，都不是在雇佣乳娘的房间里长大，而是在母亲怀中和膝下成长。而母亲能够得到的最高颂扬就是，她持家有方，全身心奉献给孩子……在这样一位母亲面前，任何人胆敢口

出恶言，或者胡作非为，都是极大的冒犯。她不仅要严格遵守宗教的要求、勤勤恳恳地照料年幼的儿女，还要管理他们的娱乐和游戏。我们得知，格拉古兄弟的母亲科尔内利娅、恺撒的母亲奥雷利娅和奥古斯都的母亲阿提娅就是以这种精神培养自己的儿子的，这几位母亲就是这样养育了她们君王一般尊贵的孩子。[7]

母亲应当是权威人物，可能会与孩子十分疏离，孩子们需要顺从家庭与国家的要求，赢得母亲的赞许。[8]内战开始的时候，阿提娅和菲利普斯觉得罗马可能会很危险，于是将少年屋大维送到他继父的别墅之一。我们知道菲利普斯拥有至少两栋别墅，一座在普泰奥利①，一座在阿斯图拉附近（在海边，离罗马更近），但可能还有其他别墅。菲利普斯不肯明确地支持内战的任何一方。屋大维娅的丈夫马凯鲁斯也是这样，尽管他在几周前还向庞培送上宝剑。尤利乌斯·恺撒宣布，他将尊重这样的中立人士，只会攻击那些与他为敌的人。而自命为法律与共和国捍卫者的庞培派，却威胁要将任何不支持他们的人视为敌人。[9]

我们不知道长辈们在何时觉得屋大维可以安全返回罗马了。前47年底时他肯定在罗马。10月18日，他正式接受了成年礼。孩子在什么年龄接受成年礼，并无定规，一般是14～16岁。此时屋大维的16岁生日已经过去了几周。婴儿时戴在脖子上的护身符终于被取下，他第一次接受剃须修面，并将头发剪短。男孩可以留长长的、蓬乱的头发，但成年公民应当留

---

①　今天的波佐利，意大利南部城市。

较短的、整洁的发型。男孩穿的是镶紫边的托加长袍，只有男孩和行政长官可以穿这种长袍。屋大维现在换上了成年人穿的朴素托加，以显示自己的新地位。苏埃托尼乌斯讲了一个预示屋大维前程的故事，声称在脱下孩童托加袍的时候，他的上衣撕裂了，掉落到脚踝处。这象征着行政长官和元老院终有一日将屈服于他。和其他情况一样，我们根本不可能知道这个故事是真是假，是不是后人捏造的。家中仪式结束之后，新的成年人还要在男性亲属及家族朋友的陪伴下，走过城市中心，通过广场，登上卡比托利欧山①，在朱庇特神庙中献祭，为青春女神尤文塔斯②献上祭品。[10]

尤利乌斯·恺撒很可能亲自到场，见证甥孙生命中这个重要的时刻。他于 9 月底从东方回到意大利，但随后要组织去往阿非利加的远征，还要平定军团士兵的一场哗变（在他长期远离意大利期间，这些士兵开始焦躁不安）、举行选举，然后于 10 月中旬去往西西里岛。或许他太忙碌，没有参加屋大维的成年礼，但他对这个十六岁少年已经表现出了兴趣。法萨卢斯战役中，一位庞培派领导人死亡，于是大祭司团出现了一个空缺。尤利乌斯·恺撒正式推荐他的甥孙为候选人，选民果然按照他的意思，选举屋大维为大祭司。[11]

---

① 卡比托利欧山（Capitoline Hill）是罗马城七座山丘中最高的一座，在广场附近，是重要的宗教与政治中心。美国国会大厦所在的"国会山"（Capitol Hill）就得名自罗马的卡比托利欧山。

② 尤文塔斯是罗马神话中的青春女神，是大神朱庇特和天后朱诺所生的女儿，对应希腊神话中宙斯和赫拉的女儿赫柏。尤文塔斯拥有少女般的青春和活力，在奥林匹斯圣山的神宴上侍候诸神，专门给他们斟酒。她的双耳壶中盛有的长生不老酒拥有恢复青春美貌的神力。同时尤文塔斯还是青少年的守护神，所有罗马少年在即将成年之时都要前往神庙，祈求尤文塔斯的庇佑。

屋大维虽然已经正式成年，并且成为罗马的高级神职人员之一，但仍然在菲利普斯家中生活，阿提娅依旧管制着儿子的生活和教育。大家觉得他是个少见的帅小伙。他的头发有一点卷曲，带有淡淡的金色，不过对头发颜色的类似描述很难评判，或许仅仅表示他的头发不是黑色，而是有一些褐色。他的牙齿小，牙缝比一般情况要大；他晚年时蛀牙很严重，但年轻时的牙齿肯定要好一些。他的面色不是非常明显的黧黑，也不是特别白皙。他的动作优雅，躯干和四肢比例恰到好处，所以看上去比实际情况要高。他的一名释奴后来声称，屋大维成年后的身高超过 5 英尺 6 英寸（按照较小的罗马计算方法，是 5 尺 9 寸），不过这个数字可能高估了。屋大维显然自认为矮小，所以他在一生的大部分时间里，都穿着厚底鞋，以便显得高大一些。[12]

尤利乌斯·恺撒非常魁梧，目光炯炯有神。屋大维在身高方面比不上舅公，但觉得自己的目光和他一样犀利。罗马贵族子弟在成长过程中，就养成了对自己家族重要性的极高观感。屋大维特别自信，据说很小的时候就在自己周围聚集起了一群朋友。为他立传的"大马士革的尼古拉斯"后来声称，屋大维还引起了一些欲望旺盛的成熟妇人的注意。为了隐藏自己的魅力，他在可能被外人看到的繁忙时间较少抛头露面，甚至仅在夜间去神庙。罗马贵族女性和她们的兄弟一样受过良好教育，但不能从政，被作为巩固或打破政治联盟的工具，被安排嫁人或离婚。因此，有许多百无聊赖的元老夫人，她们的丈夫要么不在罗马，要么虽然在罗马但对她们兴趣不大。克洛狄乌斯的几个姐姐因为不守妇道和生活放荡，常常成为流言蜚语的主角。其中之一就是诗人卡图卢斯笔下的"莱斯比娅"。卡图卢斯曾爱过她，被她离弃后就由爱生恨。尤利乌斯·恺撒的下属之一迪基姆斯·尤尼乌斯·布鲁图斯的母亲就是一位风流成性的妇人，一位元老用这样多彩的语言描绘她：

> 其中有塞姆普罗尼娅……出身高贵，非常美丽，就像她的丈夫和孩子们一样得到命运恩宠；她饱读希腊和拉丁文学，擅长演奏里拉琴，舞姿优美（体面的妇女不应有这样高超的舞艺），还拥有许多其他方面的天赋，注定会生活得多姿多彩。但她却视自己的荣誉和贞洁如粪土。很难说她在金钱和贞操中更看轻哪一个。她性欲旺盛，经常追逐男人，而不是被男人追逐……她常常背弃诺言、拖欠债款和参与谋杀。她囊中羞涩，却沉溺于奢侈的生活，因此走上了一条疯狂的道路。即便如此，她仍然是个了不起的女人。她会写诗、打趣，能够端庄地、温柔地或者放荡地与人交谈；总的来讲，她有许多突出的天赋和魅力。[13]

据说年轻的屋大维抵御住了这些高贵的狐狸精的诱惑。但贵族少年与他们的姐妹不同，在性方面享有相当大的自由。罗马有很多妓院，也有众多高档次的交际花，男人们要绞尽脑汁、一掷千金地追求和包养她们。当时，马克·安东尼与一个叫作西塞莉丝的哑剧演员有私情。尤利乌斯·恺撒不在罗马期间，安东尼担任他在意大利的代表，带着西塞莉丝在公共场合抛头露面。罗马是个奴隶制社会，人被当成财产。如果一名奴隶被主人看中，他们没有任何法律权利去抵抗主人的肉欲。[14]

屋大维去西班牙参加了讨伐格奈乌斯·庞培的战役，但因为患病，到西班牙时战斗已经结束了。即便如此，尤利乌斯·

恺撒仍然欢迎他的到来，对他特别热情。返回罗马后，屋大维离开了菲利普斯家，在附近的一套公寓住下。许多富人区拥有大型公寓楼，富家子弟在结婚和获得自己的宅邸之前常常租住这种公寓楼。十七岁的屋大维仍然将大量时间用于与母亲和继父相处，不过有时也设宴招待朋友。有些朋友后来声称，屋大维在一整年的时间里完全禁欲，因为他觉得这对他的健康，尤其是嗓子，有好处。希望从政的人至少应当拥有说得过去的演讲本领。不管屋大维禁欲的理由是什么，有意思的是，大家觉得禁欲整整一年是不同寻常的事情，不仅对年轻的罗马贵族来说不寻常，对屋大维来说算是一桩了不得的成就。[15]

## 独裁官

尤利乌斯·恺撒在前49年只当了几天独裁官，以便主持执政官选举。他担任了前48年、前46年、前45年（这一年年初时他是唯一执政官，就像庞培在前52年那样）和前44年执政官。法萨卢斯大捷的消息传到罗马后，元老院又一次任命他为独裁官，并将他的任期增加到十二个月，这是正常时期独裁官任期的两倍（苏拉是个例外）。前46年，他被任命为任期十年的独裁官，不过每年要正式地延长任期。前44年年初的几周里，他被任命为终身独裁官，还获得了其他一些权力。他被任命为道德风纪长官，接管了传统上由监察官负责的工作（在最近几十年里，监察官很难发挥效力）。前45年，独裁官获得了提名随后三年的执政官和一半其他行政长官的权力，因为他计划向帕提亚人发动一次大规模远征，预计自己要离开罗马城三年时间。[16]

然而，尽管尤利乌斯·恺撒拥有极大权力，但他在罗马城待的时间非常短：除了前 44 年之外，他每一年都在南征北战，遇刺身亡之前还在打算出征作战。而在随后的岁月里，大量传闻和宣传也让我们很难了解他的真实意图。即便如此，独裁官仍然保持了他一贯的充沛精力，在罗马城的短时间内匆匆做了很多事情，开展了许多立法和改革工作。但我们常常很难判断，有哪些工作落实了，又有哪些仅仅是宣布了或处在计划阶段。他肯定发动了一个向退伍军人和城市贫民分配土地的大规模项目，这是他在前 59 年担任执政官时的项目的延续。很多人被安置在意大利的农场上，这些土地往往是死去的庞培党羽被没收充公的产业，有的土地则是用战利品购买的。外省也建立了一些由公民组成的殖民地，其中最重要的殖民地位于迦太基和科林斯。

除执政官之外的行政长官的数量也增加了，所以现在每年有四十名财务官和二十名裁判官。他这么做部分是为了奖赏忠诚的追随者和近期才投奔他的前庞培派，但也有务实的理由。罗马的疆域不断扩张，需要更多行政长官来管理。尤利乌斯·恺撒还提名了更多元老，其中很多是来自意大利各城镇的地区性贵族，但也有一些人是来自西班牙和高卢各行省的公民。元老院成员人数超过了九百人，每年有新当选财务官的人进行补充，因为当选这个职位的人自动获得元老身份。[17]

庞培为罗马建造了第一座石制剧场，这是他用战利品建造的宏伟建筑群的一部分。尤利乌斯·恺撒运用从高卢获取的金钱，开始翻新战神广场上的投票场地。旧的投票围场将改用大理石铺地和筑墙，并搭建凉棚，为等待投票的公民提供荫凉。当上独裁官后，他继续这项工程，重建了元老院议政厅，并开始建造一座新广场，即尤利乌斯广场，其位置与主广场呈一定角度，其中包括一座献给他的神圣祖先维纳斯的神庙，以及更多用于公共事务和商贸活动的空间。建筑工程既为失业者提供了薪水不错的工作岗位，也能颂扬工程背后的人。罗马贵族很早就着手建造这样的纪念性工程，以宣扬自己的功业。尤利乌斯·恺撒仅仅是极大地扩大了工程的规模。[18]

新的法律管理着罗马城、意大利和各行省的生活与商贸，并对一些债台高筑的人提供援助。罗马的历法是根据月相周期计算的，一年有 355 天。大祭司团需要对某些年份增添闰月，才能让历法与自然季节挂钩。这种历法容易受到政治操纵，到前 1 世纪中叶已经严重脱离实际。尤利乌斯·恺撒主持编纂的儒略历①与我们今天使用的历法已经很接近，在 16 世纪得到了细微修改。它根据 364 天的太阳周期计算，每四年添加一个闰日。大祭司（包括年轻的屋大维）为前 46 年增添了 3 个闰月，于是这一年一共有 446 天。这样做是为了让新一年（前 45 年）的 1 月 1 日从太阳周期的恰当时间开始。为了歌颂尤利乌斯·恺撒，他出生的月份被更名为尤利乌斯月，即我们今天的 7 月（July）。[19]

这只是独裁官得到的大量荣誉和特权之一。结束阿非利加的战事回国后，尤利乌斯·恺撒举行了四次凯旋式，比庞培多一次，超过了共和国的所有其他英雄。四次凯旋式分别纪念在高卢、埃及、亚细亚和阿非利加的胜利，表面上都是战胜了外国敌人。即便如此，纪念阿非利加胜利的凯旋式上仍然有描绘庞培派领导人死亡的图画。前 45 年底，尤利乌斯·恺撒从西班牙返回后，公开举行了第五次凯旋式，这一次是明目张胆地

---

① "儒略"是恺撒的名字尤利乌斯的旧译。

庆祝在内战中战胜了罗马同胞。[20]

　　不过他宽大为怀的政策仍然维持了下来。虽然有些人很担心，但胜利之后的尤利乌斯·恺撒并没有露出凶残的一面，变成新的苏拉。他不准自己的支持者随意掳掠财物和杀人。他的忠诚亲信肯定得到了许多好处。尤利乌斯·恺撒曾说，哪怕是一个土匪，只要忠诚地为他效力，也会得到奖赏。他的亲信得到了元老地位、高官厚禄和行省总督职位。已死敌人的房地产被没收，但他并没有将其简单地发放给亲信。尤利乌斯·恺撒将这些房地产公开拍卖，并且坚持要求大家按照房地产在战前的市场价来全额购买，这让马克·安东尼等人大吃一惊。同样，那些希望废除现有债务的人（罗马政治中非常受欢迎的一种呼声就是要求"新账本"，意思是销毁所有现存的账本，从头开始）也失望了，尤利乌斯·恺撒仅仅给了他们一定程度的援助。[21]

　　屋大维也得到了一些奖赏。虽然阿非利加战役期间他实际上待在意大利，但仍然在纪念此次战役的凯旋式上得到了名义上的军事荣誉。古老的罗马贵族在历史上已经渐渐凋零衰败，在近期的内战中更是损失惨重，于是尤利乌斯·恺撒扩大了贵族阶层。屋大维也因此获得了贵族身份。屋大维的一些亲戚朋友在内战中曾为庞培派效劳，他恳求舅公赦免这些人，独裁官同意了。屋大维得到了好几个荣誉职位，并且在公共场合得到了尤利乌斯·恺撒一定程度的关爱。除了屋大维这个甥孙之外，独裁官还有两个外甥，是他另外一个姐姐尤利娅（不是阿提娅的母亲）的儿子们。这个尤利娅在第一段婚姻中生的儿子昆图斯·佩蒂乌斯在高卢战争和内战期间为尤利乌斯·恺撒效力。至于尤利娅在第二段婚姻中生的儿子卢基乌斯·皮纳里乌斯，我们对他不太了解，他可能才刚刚开始从政。后来有人说尤利乌斯·恺撒特别疼爱屋大维，我们很难判断这种说法是不是后人附会。前45年年底时屋大维才十八岁，太年轻，所以在政治生活中并不引人注目。[22]

在这些年里春风得意的不仅仅是恺撒的忠实亲信。前44年1月1日就任裁判官的新人当中有马尔库斯·尤尼乌斯·布鲁图斯和盖乌斯·卡西乌斯·朗基努斯，他们都曾为庞培效力，在法萨卢斯战役之后才向恺撒投降。布鲁图斯是塞维利娅的儿子，塞维利娅是加图的同母异父姐姐，也是尤利乌斯·恺撒的长期情人。布鲁图斯如今得到了威望极高的城市裁判官职位。尤利乌斯·恺撒可能已经内定布鲁图斯和卡西乌斯为未来执政官的人选，只不过目前他们年龄还不够。在绝大多数情况下，原先的庞培派都得到赦免，被允许结束流亡回国。前46年，尤利乌斯·恺撒允许马尔库斯·克劳狄·马凯鲁斯（屋大维娅丈夫的堂兄弟，前51年担任执政官时对尤利乌斯·恺撒的攻击特别凶狠）回国，得到了西塞罗热情洋溢的赞扬。

# 3月15日

独裁官尤利乌斯·恺撒的统治远远谈不上严酷，他的改革很务实，一般来讲也符合国家更广泛的利益。但任何人都不应当拥有如此巨大的权力，更不要说是永久性拥有了。苏拉比尤利乌斯·恺撒残暴得多，但苏拉掌权几年后就辞去独裁官职务，退隐回家了。因此，尤利乌斯·恺撒说苏拉"在政治上是个文盲"，并且不打算放弃对国家的主宰权。他已经五十六岁，虽然受到癫痫病的困扰，但完全可以再活上几十年。他正在筹划的帕提亚战争将给他带来体面的荣耀，因为他的敌人是外国人，他在大概三年之后回国时会获得更高的威望。[23]

尤利乌斯·恺撒实际上享有君主的权力。他获得的荣誉是曾经的伟人（其中最重要的是庞培）所得荣誉的延伸，但在规模上远远超过历史上的先例。在所有公开场合，他坐在黄金的官方席位上，穿戴凯旋将军的托加袍和月桂花环，并被允许穿长靴和长袖上衣，据他说，这是他的上古祖先阿尔巴朗格（邻近罗马的一座城市，在罗马早期历史中是它的竞争对手）国王的装束。他的宅邸增加了三角楣饰，就像神庙那样。其他荣誉将尤利乌斯·恺撒的地位提升到与神祇非常接近的程度，不过很难确定他在世时是否已经被神化。我们可能对将活人奉为神明的做法感到震惊，但拥有多神教传统的罗马人不会很吃惊。传说中就有英雄通过功业被升格为神的故事，赞颂伟大成就为"如神一般"也是司空见惯的。[24]

有非常荒诞不经的故事在流传，称尤利乌斯·恺撒打算迁都到伊利昂，即特洛伊的地点。据传说，罗马人的祖先就是特洛伊城被希腊人摧毁后逃亡的特洛伊人。也有人说尤利乌斯·恺撒希望迁都到亚历山大港，或许打算与他的另一位情人克利奥帕特拉七世一同统治和生活。前46～前44年，她两次访问了罗马，并且和她的随行人员一起居住在城市正式边界之外一座属于尤利乌斯·恺撒的别墅内。她生了一个男孩，可能是尤利乌斯·恺撒的孩子。后来亚历山大港人给这个孩子取了个绰号，叫作恺撒里昂①。他是私生子，不是罗马公民，根据罗马法律不享有任何地位。何况没有任何证据表明，独裁官本人对这个孩子表现出了特别的关心，所以现代人的观念，即克利奥帕特拉七世对她的罗马情人有着极大影响力，完全是想象。但

---

① 意思是"小恺撒"。

这无法阻止更多的流言蜚语，据说有一位元老打算提一个议案，允许尤利乌斯·恺撒想娶多少妻子就娶多少，以便生孩子作为继承人。西塞罗不是独裁官的朋友，但即便他也不相信这个传闻。对于大多数传言，理智的观察者肯定都持怀疑态度，但问题的关键不在这里。这些故事能够流传，就印证了当时人们的恐惧和担忧。这些流言蜚语带有足够的可信成分，能被不断重复，反映了罗马精英阶层抑郁的情绪。[25]

很多传言都讲到，尤利乌斯·恺撒企图自立为王。一些群众欢呼他为国王（Rex）。Rex（雷克斯）也是一个贵族家系的姓氏。恺撒答道："我不是雷克斯，而是恺撒。"这是一个非常微妙的话题。有保民官将一座恺撒雕像头上的冠冕除去，他大发雷霆，声称他们剥夺了他拒绝这项荣誉的机会，是刻意让大家想起君主制，以诋毁他的名誉。最有名的一个事件发生在前44年2月15日的牧神节①，成群的祭司除了腰间围着山羊皮缠腰布之外全身赤裸，跑过大街小巷，用鞭子轻轻抽打路过的人。② 独裁官在高台上主持节庆活动，祭司的领头人马克·安东尼在游行结束时跑到他面前，献上一顶王冠。尤利乌斯·恺撒拒绝了，群众欢呼起来。安东尼再次请求，独裁官再次拒绝。对此事最合理的解释是，这是一场精心安排的哑剧，意在一劳永逸地向群众表明，他并不想要国王的头衔。如果真的是这样，那么他的目的没有达到。很快人们就说，这是一场测

① 牧神节是一种非常古老的节日，起源可能在罗马建城之前，时间是每年2月13日至15日，是春季驱逐恶灵、净化城市的节庆，纪念牧神和抚育罗马创始人罗慕路斯与雷穆斯的母狼。

② 如果被鞭子打到，是非常幸运的，尤其对那些求子心切的妇女或希望顺利生产的孕妇来说。

试，尤利乌斯·恺撒是想接受王冠的，如果围观群众表现得热情一些，他肯定就接受了。流传的另一个说法是，元老院将进行辩论，是否让恺撒成为除罗马城之外所有地区的国王。[26]

真相究竟如何，并不重要。元老们内心里知道，政局不应当是这个样子的。不管尤利乌斯·恺撒是不是国王，不管他多么仁慈和高效，不管他如何看待自己手中的权力，他都掌握着最高权力，实际上相当于王权。这意味着，共和国无法存在了。对罗马贵族来说，真正的共和国理应是这样的：元老阶层分享权力，指导着通过公开竞争选出的行政长官，并且行政长官的人选定期更换，便于更多的人有机会当上高官、获得利益。这才是自由。就连一贯支持恺撒的人士也觉得，如今自由已经不复存在。

独裁官本人的态度也无助于缓和紧张的气氛。尤利乌斯·恺撒在罗马待的时间很短，要做的事情又太多，多年南征北战让他十分疲惫，而且惯于发号施令，对那些不如他精力充沛的人常常表现出不耐烦，所以他经常显得不够审慎。他辞去了前45 年的执政官职位，让两个人接替他。12 月 31 日这天，其中一名执政官突然去世，于是尤利乌斯·恺撒匆匆将原本正在进行立法工作的会议改为选举执政官的投票表决会议，将他的另一名亲信选为执政官，此人的任期只有当天余下的几个小时。西塞罗开玩笑说："卡尼尼乌斯担任执政官期间，没有人吃午饭。但在他任上没有发生任何坏事，因为他的尽忠职守到了令人难以置信的地步，在他整个执政官任上，他从来没有睡过觉。"但私下里，西塞罗觉得此事是莫大的悲剧，足以让任何人流泪。在尤利乌斯·恺撒的恩泽佑护下当上裁判官和财务官的人们对他很感激，但同时也哀叹，他大大增加了这些职位的数量，它们贬值了。[27]

"共和国不过是个虚名，没有实质，没有形态。"据说独裁官曾有过这样的言论。如今，国家大事的决策都是由尤利乌斯·恺撒及其谋士闭门做出的，处理了内战的纷扰和之前多年行政混乱积压的大量事务和问题。尤利乌斯·恺撒的决定通常是很合理的，但问题不在这里。通常他假装自己的命令是元老院发布的，将其伪装成正当程序。西塞罗惊讶地发现，外省的一些社区写信给他，感谢他在元老院会议（其实根本没有这些会议，尤利乌斯·恺撒甚至编造了参加会议的人员名单）上投票支持他们的请愿，授予他们某些特权。马克·安东尼（与尤利乌斯·恺撒一同担任前44年执政官）带领一群元老向他奉上新的荣誉时，独裁官仍然继续处理公务，没有起身问候他们。从技术上讲，他作为独裁官，比执政官的地位更高，所以完全可以坐着不动，但很多元老感觉自己受到了侮辱。尤利乌斯·恺撒在观看公共比赛时还按照自己的一贯做法，同时向多名书记员口述信件，始终忙于政务。这让群众不高兴，因为群众希望他和大家一起欣赏他所提供的奢华盛景。尤利乌斯·恺撒似乎始终行色匆匆，没有时间去讨好元老和群众。[28]

群众的不满很快就消退了，但许多贵族的怨恨还在。独裁官自己也意识到了这一点。据西塞罗后来回忆，尤利乌斯·恺撒哀伤地说："连马尔库斯·西塞罗都不能按照自己的心愿随时来见我，而是需要坐下来等待。我难道还要去怀疑世人多么憎恶我吗？西塞罗是那样性情随和的人，但我毫不怀疑，他一定恨我。"他的另外一句话"我活得已经足够久了，也得到了足够多的荣耀"则表达出听天由命、身心俱疲的意味。他决心让罗马及其帝国基业高效运转，这决心没有一丝一毫的减弱，他似乎期望别人能够认识到，他必须这么做。独裁官估计，如果他突然死亡或被杀，就会爆发新的内战，并且认为其他人也应当有足够的理智认识到这一点，所以让他活下去才是有利于大局的做法。他决心表现出自信，或者是由于非常自满，于是解散了由西班牙武士组成的卫队。元老院投票决定为他组建一支由元老和骑士组成的新卫队，但始终没有落实。尤利乌斯·恺撒徒步或者乘轿穿过大街小巷，在公共场所处理政务，并参加元老院会议。他在罗马的时候，人们是很容易接近他的，但一旦他离开罗马远征帕提亚，就很难再接近他了。[29]

就是这个原因促使布鲁图斯和卡西乌斯领导的一群元老采取行动。我们无须明确介绍尤利乌斯·恺撒在这几个月里的具体权力，更不用询问他对未来的计划是什么，这个问题是无法回答的。他的权力地位与共和国是无法共存的，要想恢复共和国，就必须除掉他。密谋者包括好几个恺撒派的主要人物，以及一些先前的庞培派。盖乌斯·特雷博尼乌斯曾担任前45年执政官，而迪基姆斯·布鲁图斯（马尔库斯·布鲁图斯的堂兄弟）曾在高卢为尤利乌斯·恺撒效力，担任前45年裁判官，并被独裁官内定为他远征帕提亚期间的执政官之一（他的母亲就是上文提到的、被撒路斯提乌斯①冷嘲热讽的塞姆普罗尼娅）。这些主谋分子在当前政权下其实混得不错，但仍然怨恨一个人独揽大权，不管他是谁。

这种政治上的动机是最重要的。公平地说，独裁官死了之后，这些密谋者会成为共和国的领导人，仕途发展至少会和以往一样顺利，或者好得多。这些人是罗马贵族，从小就被教育

---

① 盖乌斯·撒路斯提乌斯·克里斯普斯（前86~约前35年），古罗马史学家、政治家和来自外省平民家庭的"新人"。他终生反对门阀贵族势力，为尤利乌斯·恺撒效力。主要作品有《喀提林阴谋》和《朱古达战争》。他在担任阿非利加总督期间强取豪夺，大发横财。

得雄心勃勃，至少有一些人受到了著名的希腊义士刺杀暴君故事的激励。马尔库斯·尤尼乌斯·布鲁图斯还是加图的外甥，却向尤利乌斯·恺撒投降，并在他手下飞黄腾达。他的舅舅宁愿用剑自杀，也不愿意接受胜利者的垂怜。这种自杀手段不是那么容易成功的，加图用剑刺伤自己之后并没有死，他的儿子传来了医生，包扎了伤口。其他人离开后，加图便撕开缝好的伤口，掏出内脏，以这种非常痛苦和恐怖的方式死去了。他素来擅长将自己的对手描绘为残暴的压迫者，这种死法也是对敌人的控诉。内疚让布鲁图斯愈发崇拜自己死去的舅舅，不仅撰写了一部歌颂他的传记，还休了自己的妻子，以便与加图的女儿、毕布路斯的遗孀结婚。[30]

西塞罗也写了一部《加图传》，赞扬加图，但语调比较温和。尤利乌斯·恺撒写了一部言辞激烈的《反加图传》，作为对布鲁图斯和西塞罗著作的回应，这符合罗马的传统，用骇人听闻的恶言攻击加图，但仅此而已，没有采取任何其他措施。前45年初，卡西乌斯称尤利乌斯·恺撒为"仁慈的旧主人"，更愿意支持他，而不是凶神恶煞的格奈乌斯·庞培。不管尤利乌斯·恺撒多么"仁慈"，毕竟是他们的"主人"，这在原则上就是错误的。密谋者没有用誓言来互相约束。秘密起誓被认为是非常阴险的事情，喀提林党人就曾经这么做过。在公开场合，所有元老都曾宣誓要保卫尤利乌斯·恺撒。[31]

3月15日，尤利乌斯·恺撒去参加一次元老院会议，地点是庞培剧场建筑群中的一座神庙。一队属于迪基姆斯·布鲁图斯的角斗士待在附近，他们即将参加近期在那里举行的一些竞技比赛。独裁官身边没有保镖。特雷博尼乌斯将马克·安东尼拉到一边，在室外一直和他说话。安东尼是恺撒的同僚执政官，会坐在他旁边。安东尼非常健壮和勇敢，很可能会拼命抵抗。在马尔库斯·布鲁图斯的敦促下，密谋者决定只杀独裁官一人。

密谋者以有事相求为借口，将尤利乌斯·恺撒团团围住，其中一人突然从背后刺他。独裁官大吃一惊，然后愤怒起来，拔出自己长长的笔①作为武器，将笔尖刺向对方。密谋者围着他，用刀子疯狂刺他。在混乱中，布鲁图斯大腿受伤，另外一人被同伙的刀子刺伤。尤利乌斯·恺撒倒了下去，倒在庞培雕像的底座旁。他身上有二十三处伤，不过后来据说只有其中一处是致命伤。他只剩下一点点力气，拉起自己的托加袍遮住面部，这是维护自己仪容的最后努力。[32]

独裁官已经死了，共和国得到自由了。布鲁图斯呼喊西塞罗的名字，其他密谋者高呼自由已经恢复。在一旁观看的元老，包括西塞罗，全都惊慌失措，拔腿就跑。他们害怕发生更普遍的暴力冲突。在迪基姆斯·布鲁图斯的角斗士护卫下，密谋者来到卡比托利欧山。罗马城的民众被他们的举动惊得呆若木鸡，但他们或许已经意识到，群众的情绪表明他们并没有得到支持。大多数群众仍然对尤利乌斯·恺撒很忠诚，毕竟他为人民做了很多好事，这是历代元老都无法与他相提并论的。密谋者幻想中的、万分渴望的那个共和国早就不能正常运作了。

几周后，一位叫作马提乌斯的元老（他是坚定的恺撒派，尽管他也不喜欢恺撒的独裁）在给西塞罗的信中忧郁地写道，假如尤利乌斯·恺撒"那样的天才都找不到出路，那么谁能做到"？[33]

---

① 这个时期罗马的笔一般是金属制的，在蜡板上写字。

**第二部**

# 盖乌斯·尤利乌斯·恺撒

# （屋大维阿努斯），

# 前44～前38年

后来，根据他舅公的遗嘱……他开始自称为盖乌斯·恺撒。

——苏埃托尼乌斯，《奥古斯都》，7.2

# 五　继承人

> 屋大维阿努斯……很有头脑，很有活力，他很可能对我们的英雄们（刺杀恺撒的密谋者）示好。但我们对他能够信任到什么程度呢，毕竟他是这个年纪，有这样的姓名，继承了这样的遗产，经历过这样的教育。我在阿斯图拉遇见了他的继父，他觉得绝对不能信任屋大维阿努斯。即便如此，我们必须注意他，至少要让他远离安东尼。
>
> ——西塞罗，前44年6月[1]

3月15日这天，尤利乌斯·恺撒的甥孙离罗马很远，因为前45年年底时独裁官送他去国外深造。贵族子弟常常为担任行省总督的亲戚或家族友人效力，作为他们的"帐篷伙伴"。他们与总督及其幕僚一起生活，观察总督的一举一动，就像他们在家时观察亲戚在广场的活动一样。尤利乌斯·恺撒打算带屋大维一起远征帕提亚，希望让他历练一番，积攒经验。于是这个年轻人被派往马其顿，那里有6个军团和相当规模的辅助部队①在为东方的战争做准备。尤利乌斯·恺撒为了给克拉苏报仇雪恨，正在集结大军，马其顿的部队只是其中一部分，但马其顿离意大利较近，很方便，而且还有一个好处是它在希腊。在接受军事训练的同时，屋大维也不能忽略政治技能，因为军事和政治是公共生活的两大支柱。希腊的修辞学教

---

① 罗马军队的辅助单位主要依赖外国士兵，他们被称为辅助部队。

师享有盛誉，年轻的罗马贵族常去希腊学习。[2]

　　四个月里，屋大维和一群朋友与侍从居住在马其顿西海岸的阿波罗尼亚①。这座城市的位置具有战略意义，在艾格纳提乌斯大道②沿线，这条宏伟的罗马大道是在前 2 世纪建造的，横亘希腊半岛，一直通到爱琴海畔。阿波罗尼亚曾经受到尤利乌斯·恺撒的慷慨善待，因此很欢迎他的甥孙。冬季，屋大维接受了嗓音训练，练习演讲，观察军队的操练与锻炼，并参与其中。除了和罗马军团一起训练之外，他还与由非公民组成的骑兵队一起训练，因为年轻贵族常担任这种单位的指挥官。在针对帕提亚国王骑兵部队的战斗中，罗马的骑兵有可能起到关键作用。[3]

　　消息穿过亚得里亚海需要时间，所以直到 3 月底，屋大维母亲的一封家书才送到他手中。这封信很可能是由家中的一名仆人或与他们家有某种联系的人送来的。阿提娅很可能是在 3 月 15 日当天写信的，因为她在信中只讲到了恺撒遇刺的基本事实。书信始终只是信息的一部分，信使常常要补充细节和解释，但这名信使并不知道更多情况。他在拿到信后立刻离开了罗马，并且十万火急地赶来，所以并不知道 3 月 15 日之后发生的事情。和阿提娅一样，他只能描述人们的震惊和惶惑，以及害怕发生更多暴力冲突，因为死去的独裁官的亲戚很可能成为攻击目标。屋大维的母亲敦促他立刻返回意大利，并尽量保持低调。

---

①　今天阿尔巴尼亚西部的费里附近。

②　古罗马人于前 2 世纪建造的大道，经过今天的阿尔巴尼亚、马其顿共和国、希腊和土耳其的欧洲部分，全长约 1120 公里，得名自主持工程的马其顿总督格奈乌斯·艾格纳提乌斯。

这个年轻人以罗马人的恰当方式接受了这个噩耗，在一次临时举行的会议（就是为行政长官和行省总督出谋划策的会议）上征求伙伴的建议。在场的人中我们知道名字的有昆图斯·萨尔维迪努斯·鲁弗斯和马尔库斯·维普撒尼乌斯·阿格里帕，他们都将在未来的一段时间内与屋大维维持着关系。这两人的背景与屋大维的父亲相仿，属于意大利城镇的当地士绅。萨尔维迪努斯的年纪可能大一些，阿格里帕和屋大维差不多同龄，可能从小时候就与屋大维一起接受教育。[4]

独裁官的死讯传开之后，驻扎在附近的各军团的军事保民官和百夫长前来拜访屋大维，表达自己的同情和对刺客的愤怒，并表示支持他。有人说，这些军人表示愿意接受他的指挥、进军罗马，这可能是后来的夸张说法。但我们没有理由怀疑他们的善意。驻扎在马其顿的全部 6 个军团都是尤利乌斯·恺撒在前 48 年的法萨卢斯战役之后组建的，每一名军官的最初任命和后来的晋升都要感谢独裁官的批准。有些军官可能在此之前就在不同的军团为他效力。尤利乌斯·恺撒过去给他们的好处让他们感恩戴德，同时他们也热切期望在将来得到丰厚的赏赐。在东方的战争以利润丰厚而闻名，该地区的富庶国家里有大量战利品。世人皆知尤利乌斯·恺撒是个幸运的将军，从来没有输掉一场战争，并且在分享战利品时特别慷慨大方。除了军人之外，阿波罗尼亚城的代表也前来吊唁，并保障屋大维的安全。[5]

罗马贵族理应征询他人的建议，但随后就要自行斟酌并做出决定。屋大维决定不再等待传来更多消息，而是立刻渡海前往意大利，安排了运载他一行人及其侍从的船只。他可能先在卡拉布里亚沿海的一个偏僻地点停靠，然后在大港口布隆迪西乌姆（今天的布林迪西）正式登陆。很快，他就了解到罗马当前的局势。[6]

在刺杀最初造成的震惊情绪消退之后，一些元老赞扬了密谋者，但广大群众没有表现出多少热情。布鲁图斯等人的演讲无人响应，分配金钱也拉拢不到人。后来的历史学家阿庇安辛辣地讽刺道，密谋者竟然希望一群可以被金钱收买的选民响应他们捍卫自由的口号。密谋者没有采取行动，于是失去了主动权。3月17日，安东尼以执政官的身份召集元老院开会。布鲁图斯、卡西乌斯和其他人一些人感到不安全，不敢参加，留在卡比托利欧山上。在漫长的辩论之后，西塞罗提出的一项动议被绝大多数人通过，赦免了密谋者，但认可尤利乌斯·恺撒的所有决定与举措。这个妥协虽然不符逻辑，却是必需的。大多数行政长官都是独裁官任命的，如果他的决定无效，那么这些人（包括布鲁图斯、卡西乌斯和安东尼）就不能合法地占据官职。同样，如果他的举措是不合法的，那么就没有一个行省总督是合法的，近期的全部法律也没有效力，分配给退伍军人和其他定居者的土地就不再是他们的财产。复苏的共和国极有可能立刻陷入混乱，因此只能等待新的选举，对每一项命令和法律进行重新裁决。

尤利乌斯·恺撒的岳父提出动议，为他举办了公开葬礼。葬礼地点在广场的中心位置，时间最可能是在3月20日，由安东尼主持并致悼词。他究竟说了多久，具体说了些什么，各方面史料众说纷纭，但对演讲结果的记述是一致的。安东尼向群众展示了独裁官死前穿的袍子，它被刀子割裂了，还沾着血迹。人们用蜡做了一尊恺撒像，展示他的二十三处伤口。人们用剧场使用的那种吊车将蜡像吊起来，旋转着向群众展示。安东尼宣读了独裁官的遗嘱，包括将他在台伯河附近的广阔花园改为公园，以及给每一位公民 300 塞斯特尔提乌斯（即 75 迪纳厄斯①）的赠礼，他过去也曾这样馈赠公民。遗嘱还将迪基姆斯·布鲁图斯立为第二继承人，群众听到这里，表达了对迪基姆斯·布鲁图斯的憎恶。愤怒的群众很快沸腾，开始攻击密谋者及其同情者的房屋。一位叫作秦纳的保民官（他是尤利乌斯·恺撒的密友）被暴民杀害，他们误以为他是那个也叫秦纳的密谋者。就像群众喜爱的另一位英雄克洛狄乌斯一样，尤利乌斯·恺撒的遗体也在广场上被火化。长凳和其他可燃物被堆起来形成火葬堆。对密谋者来说，罗马城已经不再安全了，在随后的日子里他们全都离开了罗马。[7]

　　尤利乌斯·恺撒的遗嘱还将盖乌斯·屋大维立为继承人，将独裁官庞大家产的四分之三都传给了他，不过有一个算是相当常见的条件，即要求遗产受赠人改用尤利乌斯·恺撒的姓氏。遗嘱是前 45 年 9 月 15 日独裁官从西班牙战役返回后拟定的，没有任何迹象表明屋大维或他的任何直系亲属知道遗嘱的内容。尤利乌斯·恺撒显然非常看好这个年轻人，觉得他比自己的两个外甥都更有才干。但我们必须记住，尤利乌斯·恺撒在立遗嘱时并不认为自己很快就会死去。西塞罗后来宣称，独裁官在东方战争中将一去不复返，但我们没有理由相信这种看法很普遍，或者很可能成为现实。而且也完全不能确定，屋大维一定比他的舅公活得更久，因为这个年轻人在前 45 年就患过重病，所以才没有及时赶到西班牙，何况他的身体一直不是

---

①　迪纳厄斯是古罗马从公元前 211 年，也就是在第二次布匿战争期间开始铸造的小银币，起初币重 4.5 克，后来不断贬值，3 世纪中期废止。

很健壮。如果这个年轻人经受住了鞍马劳顿，躲过了帕提亚人的箭矢，并且持续表现出才华，那么尤利乌斯·恺撒也许会给他更多的公开认可。话又说回来了，我们不可能知道独裁官的长期计划是什么。[8]

罗马人非常重视收养关系，养子在各方面都与亲生儿子享有完全相同的权益，此外还拥有自己血亲家族的宝贵人脉。这种完全的收养必须在养父在世时进行，他死后就不能进行收养。正因如此，学术界出现了漫长而非常复杂的辩论，关于尤利乌斯·恺撒的遗嘱究竟给了屋大维何种地位。在很大程度上，这种争论没有抓住重点。屋大维是他舅公财产的主要继承人，还将改用他的姓氏。尤利乌斯·恺撒的权力、官职和荣誉都是授予他本人的，不是可以世袭的财产。但他是一位元老，恢复了自己家族的威望，并将其提升到前所未有的高度。接受了尤利乌斯·恺撒家产与姓氏的年轻人必然也会前程远大，有希望将家族的政治成就延续下去。他当然不一定很快就取得成功，但过一段时间到了合适的年龄之后，他就理应进入政界，为恺撒之名获得新的荣耀。

如果屋大维接受了遗产（因为继承财产不是强制性的，受赠人可以自由决定是否接受，我们知道有些人曾拒绝接受遗产），那么他不仅继承了舅公的姓氏，还继承了他的政治前途。虽然尤利乌斯·恺撒与屋大维之间并不是完全合法的收养关系，但主要继承人与儿子之间的界限已经十分模糊了。有些技术上的问题其实并没有实际意义。亲生儿子或养子会继承父亲或养父对其释奴享有的权利；尤利乌斯·恺撒的释奴不仅数量极多，而且其中很多人非常富裕，这些释奴有义务支持他，奉他为新的恩主，为他投票，心甘情愿地奉献自己的资源供他使用。屋大维并没有被正式收养，所以可能觉得要主张自己享有这种权利会比较困难，但这并不意味着，独裁官的全体或部分释奴不会选择他作为自己的恩主。[9]

在布隆迪西乌姆，屋大维收到了菲利普斯的一封信，以及阿提娅的第二封信，这两人此时已经知道尤利乌斯·恺撒遗嘱的条件。他们也看到，虽然密谋者得到了赦免，并且仍然有很多元老支持他们，但群众非常憎恨密谋者。目前尤利乌斯·恺撒的亲属还没有遭到血洗或报复性攻击。但这不能说明，屋大维能够安全地以独裁官继承人的身份进入政界。十八岁的少年太年轻，要等十几年才能参选官职、进入元老院，但恺撒的名字会吸引大家的注意力，或许还会招来敌意，他可能很难应付这种敌意，甚至很难生存下来。他的继父已经在考虑让自己的亲生儿子参加前41年的执政官竞选（竞争对手将是布鲁图斯和卡西乌斯），因此不愿意让屋大维过早从政。菲利普斯建议屋大维拒绝接受遗产，保留自己的姓氏。他的母亲有些犹豫，但同样谨慎。我们掌握的史料可能有些夸张，因为它们都是后世撰写的，而且大多以奥古斯都自己的回忆录为基础。年轻的英雄拒绝被经验丰富的长辈的建议所羁绊，这样的形象在文学上早已形成传统，从阿喀琉斯到亚历山大大帝，皆是如此。根据阿庇安的说法，年轻的屋大维甚至向阿提娅引用了《伊利亚特》中阿喀琉斯对母亲忒提斯说的话。[10]

这并不是说谨慎是不对的，至少这两封信都敦促屋大维不要鲁莽行事。不管他们的建议究竟是怎么样的，决定只能由他一人做出。他自己的雄心、自信和自尊一定是主要动机，否则此后发生的一切就让人无法理解了。或许从一开始，他就坚信自己一定能战胜所有竞争对手，不管他们的年纪比他大多少，经验又比他丰富多少。不过，在当时没有一位理智的观察者能够预测随后几年的局势走向，也无法预测他能够扮演的角色。[11]

如果说屋大维曾经犹豫要不要接受尤利乌斯·恺撒的遗产和姓氏，那么他的犹豫是很短暂的。十八岁时，他不再是盖乌斯·屋大维，而变成了盖乌斯·尤利乌斯·恺撒。根据传统，他应当在这个新名字后面加上"屋大维阿努斯"，以保留一点自己本名的痕迹。但他始终没有这么做，尽管他的敌人有时会称他为屋大维阿努斯，以强调他的真实家族背景是比较默默无闻的。"序章"已经讲到，本书不会遵照现代人的习惯称他为屋大维，而是称他为恺撒，因为这才是他自己使用的名字，我们掌握的史料也是这么称呼他的。这个名字的威力与随后发生的事件有着很大关系。[12]

## 罗　马

年轻的恺撒及其随行人员从布隆迪西乌姆出发，前往罗马，在正常情况下这段路程需要走九天或更久。他的朋友们已经开始称他为恺撒。可能早在这个阶段，他就派遣一名信使去亚细亚行省，控制尤利乌斯·恺撒为帕提亚远征准备的一些作战资金。一行人肯定一路快马加鞭，于4月初抵达罗马。西塞罗当时不在罗马城，他于4月10日写信询问屋大维抵达罗马的情况，是否有人争先恐后地迎接他，或者是否有爆发革命的迹象，但西塞罗显然不认为会发生任何重大事件。果然，恺撒此次到访罗马的时间很短，也没有产生什么影响。安东尼让年轻的恺撒等了一段时间，才在帕拉丁山上的宅邸（原先是庞培的府邸）花园内接见他，场面非常冷淡。执政官安东尼的确非常忙碌，正在应付潮水般的请愿者，而且他也没有理由相信这个少年在政治上有什么价值，或者有什么重要意义。少年希望接管尤利乌斯·恺撒的全部家产，这对安东尼来说不是好消息，因为他有很多事情要做，需要尽可能多的资金来巩固自己的地位。4月12日，西塞罗漫不经心地表示，他之前询问的关于恺撒的情况并不重要。[13]

离开罗马后，十八岁的少年恺撒穿过坎帕尼亚①，前往那不勒斯。途中，他花了一些时间与独裁官尤利乌斯·恺撒的一些定居于此的军团老兵交谈。4月18日，他与卢基乌斯·科尔内利乌斯·巴尔布斯见了面。巴尔布斯是西班牙人，来自加的斯②，凭借为庞培效劳获得了罗马公民权，后来加入尤利乌斯·恺撒的幕僚。他曾在西班牙和高卢为尤利乌斯·恺撒效力，但后来更多地担任他的政治代理人，在罗马城为他服务，推动了很多幕后交易，并为他出谋划策。对少年恺撒来说，巴尔布斯是一个重要的人脉，应当与他结交，而且这样一个有影响且富裕的政客对他来讲也是很有价值的。当天晚些时候，巴尔布斯告诉西塞罗，少年恺撒决定接受遗产。[14]

几天后，西塞罗见到了年轻的恺撒，后者正待在他继父的别墅（位于那不勒斯湾沿岸的普泰奥利），西塞罗的乡间别墅就在附近。西塞罗写信给朋友阿提库斯称："屋大维和我们在一起，对我很尊敬，也很热情和友好。他的伙伴们称他为恺撒，但菲利普斯不这么叫他，我也不。"

这封信的主要内容是密谋者受到的威胁，以及对执政官安

---

① 在今天意大利的西南部。

② 加的斯是今天西班牙西南部的滨海城市，在罗马共和国时期是著名的贸易海港和海军基地。

东尼决策的轻蔑，关于恺撒的内容很少。目前，西塞罗并不觉得这个十八岁少年很重要。阿提娅与丈夫不同，已经将儿子称为恺撒。菲利普斯从来不会公开站队，但肯定不会积极反对继子的雄心壮志，或许在悄悄地帮助他。屋大维娅的丈夫马凯鲁斯可能也是这样，不过他目前与密谋者还保持着良好关系。除了自然的损耗之外，多年内战加上庞培与尤利乌斯·恺撒多次担任执政官时的动荡也使得高级元老损失惨重，所以此时只有十七名前任执政官在世，其中好几人已经没有足够的精力或者意愿去参与政治。能够指导共和国并控制门客－恩主关系网（就是这种网络维系着共和国）的资深政治家已经为数不多。尤利乌斯·恺撒的死更是雪上加霜，因为他曾史无前例地处于庞大的门客－恩主关系网的中心，没有人能够轻松填补他留下的空缺。他的支持者都是单方与他维持着关系，绝不是一个团结一致的集体。[15]

此时马克·安东尼是执政官，尽管他只有四十岁，因此严格来讲并不符合任职资格。尤利乌斯·恺撒在即将离开罗马远征帕提亚的时候，曾任命普布利乌斯·科尔内利乌斯·多拉贝拉为补任执政官①，以接替自己的岗位。多拉贝拉只有三十多岁，这更是独裁官明目张胆地违反传统的例子。即便如此，在尤利乌斯·恺撒遇刺之后，多拉贝拉身穿官服、在执法吏陪同下出现时，没有人敢出声反对。安东尼和多拉贝拉都曾支持尤利乌斯·恺撒，但好几个密谋者也曾是他的亲信。安东尼和多拉贝拉都以鲁莽和高调浮夸的行为而闻名。更重要的是，世人

---

① 如果一位执政官在任期内死亡（此情况并非罕见，因为执政官常常处在战斗的前线）或被免职，就会选出另外一位，在前任任期余下的时间里执政，被称为"补任执政官"（consul suffectus）。

皆知他们互相看不顺眼。尽管尤利乌斯·恺撒早已内定了多拉贝拉，安东尼还是企图阻止他当选，为此甚至操纵国家宗教，声称自己在选举时观察到了雷电，所以投票无效。在过去，行政长官之间的竞争和公开敌对阻止了任何一个人在共和国获得太多权力。[16]

马克·安东尼在历史上流传下来的形象是一个虚张声势的狂徒、头脑简单的军人和尤利乌斯·恺撒的忠实副手。我们很难看透这幅讽刺画像，去理解真实的安东尼。他肯定将自己展示为非常尚武骁勇的形象，自称是威风凛凛、趾高气扬的半神赫拉克勒斯的后裔，就像尤利乌斯·恺撒自称是女神维纳斯的后代一样。安东尼常常蓄着英雄式的浓密大胡子，而"非传统"的年轻贵族（其中很多人曾支持喀提林）的胡须通常是胡乱蔓生的。安东尼把上衣束得很高，以炫耀自己肌肉发达的大腿，并且即便在城内也佩带利剑，尽管这种做法被认为是不妥当的。铭刻在钱币上的安东尼肖像显示，他的脖子粗壮，面部线条粗重，证实了人们对他的描绘，即一个孔武有力的壮汉，竭尽全力地展现自己咄咄逼人的男性气概。他的演讲风格强悍有力，属于富丽浮夸的亚洲风格，就是西塞罗讨厌的那种。[17]

安东尼家族是根基牢固的平民望族。安东尼的祖父是当时最著名的演说家之一，仕途辉煌，当过执政官和监察官。但在那个凶暴的年代，辉煌是要付出代价的，他在内战期间被马略下令处死。他儿子的名望没有那么高，说得好听些是个善良的傻瓜，说得难听些就是恶习难改的浪荡子。安东尼家族的名望很高，再加上或许大家觉得他是个无害的人，于是元老院在前73年指派安东尼的父亲去清剿海盗，不过没有给他六年后庞培得到的那样强大的资源。结果是不难预测的，安东尼的父亲一败涂地，没能回家就死去了。他的遗孀很快嫁给了兰图鲁斯（前63年被处决的喀提林党人之一），所以安东尼在二十出头时就已经失去了父亲和继父。因此他对共和国没有什么好感。[18]

安东尼是个地地道道的纨绔子弟，内心里认为自己理应得到荣誉与光辉，因此觉得自己没有必要去尊重常规的行为准则。他的父亲留下了累累债务，家族的一些产业已经被抵押出去，所以安东尼拒绝继承这部分产业。他在青年时代过着骄奢淫逸的生活，丝毫不知节制，终日酗酒作乐，追逐美女。虽然囊中羞涩，他仍然不愿意抑制自己浮夸奢侈的本性。安东尼很快也债台高筑，但正如我们已经看到的，这样的生活方式在当时不罕见。他开始从政的时间比一般情况晚得多，曾在叙利亚、犹太和埃及服役，后来到高卢投奔尤利乌斯·恺撒。他没有赶上参加高卢的大部分主要战役，但在高卢大叛乱（其高潮便是前52年夏季残酷的阿莱西亚攻防战）后期参加了作战。在内战中，安东尼追随尤利乌斯·恺撒，参加了意大利战役、马其顿战役的第二阶段，在马其顿战役中指挥恺撒军队的左翼。内战的其他战役，他就没有参加了。[19]

安东尼在军旅生涯中的表现其实并不算特别突出。他本人非常勇敢，但缺乏独立指挥的经验（不管指挥的部队规模有多大）。总的来讲，他比贵族通常待在军中的时间要少。但他将自己宣传为一位伟大的军人和统帅（赫拉克勒斯不仅凭借自己的无穷力量建功立业，也曾指挥军队），他的这种形象一直延续到今日。尤利乌斯·恺撒一般更愿意让安东尼扮演政治角色，前49年和法萨卢斯战役之后他都让安东尼管理意大利。但结果不能令人完全满意。安东尼人脉很广，而且他的家庭背景比尤利乌斯·恺撒的其他支持者要好得多，但他不是个非常精明世故的人。他带领盛大的车队巡游意大利各地，带着他的母亲和哑剧演员情妇，以及形形色色不适合出现在一位罗马行政长官随行队伍中的人。安东尼喜欢与戏子伶人打交道，这些人肯定和现代演员一样激情四射、热情奔放，但社会地位显然低于安东尼，不管他想把自己打扮成什么样子。元老是不应当和这些人待在一起的，其中很多人，包括他的情妇，都曾经是奴隶。但安东尼对这种规矩置之不理。有一次，他在广场上摆开席位，接受人们的请愿，但他显然还在遭受宿醉的折磨。政事处理到一半的时候，他在众目睽睽之下呕吐起来。有人说他吐到了自己怀里，还有人说一位朋友掀起了自己的斗篷帮助他。有传闻说，他甚至试验用狮子，而不是马，给他拉车。[20]

　　他就是这样愚蠢地炫耀通过内战获得的权力，但更糟糕的是，骚乱导致罗马城和乡间发生了暴力冲突，因为一些野心勃勃的人（包括多拉贝拉）在怂恿和四处活动，支持负债人的事业。尤利乌斯·恺撒最终回到罗马后，在一段时间内不再公开任用安东尼，并对多拉贝拉加以严密监视，在作战时也带着他。在蒙达战役后期，独裁官传唤马克·安东尼到西班牙，有迹象表明他又开始宠信安东尼。安东尼和他一起乘坐马车，而年轻的屋大维和迪基姆斯·布鲁图斯则乘坐第二辆马车跟在后面。到前44年，尤利乌斯·恺撒选择安东尼为同僚执政官，多拉贝拉为接替自己的续任执政官，说明他已经恢复了对这两人的恩宠和信任。[21]

　　作为执政官，安东尼和多拉贝拉在这一年余下的时间里大权在握。他们曾支持尤利乌斯·恺撒，并因此得到了极大的好处，但他们两人都是豪门世家子弟，有着自己的野心。要说他们只是尤利乌斯·恺撒的爪牙，就大错特错了。他们实际上是在追寻自己的利益，而支持尤利乌斯·恺撒对他们有利。据说特雷博尼乌斯曾在密谋早期试探安东尼。"解放者"① 们杀死了独裁官，以便恢复旧日的共和国，让贵族可以像过去那样竞争官职和发挥影响力。执政官肯定是这种新秩序的一部分，他们的行为则表明，这种竞争进行的方式发生了不可逆转的变化。[22]

安东尼等人与密谋者的停战始终是令人高度紧张的。安东尼和多拉贝拉都不愿意强有力地支持密谋者，或者提高布鲁图斯、卡西乌斯等人的地位，这对安东尼和多拉贝拉肯定没有好处。不管安东尼和多拉贝拉对独裁官和刺杀案是怎么想的，如今密谋集团的领导人都是与他们争夺官职与威望的对手了。各方都着眼未来，因为在目前来讲，大赦和认可尤利乌斯·恺撒的举措是必要的，但这种局面不可能长时间维持。假以时日，密谋者和独裁官的举措都可能在元老院、公民大会或法庭遭到攻击。前49年的内战之所以爆发，就是因为庞培派威胁要为了尤利乌斯·恺撒十年前做的事情而起诉他。在罗马的体制下，任何事情都不是板上钉钉的，过去发生的事情也可能被定性为非法，所以永久性安全几乎是不可能的。法律上的攻击可以很容易结束一个人的仕途，但暴力却是非常真切的威胁。

混乱和即刻陷入冲突对任何人都没有好处。两名执政官和密谋者都没有自己可以直接调遣的军队。独裁官的副手、骑兵统帅李必达在城郊有1个军团，并在尤利乌斯·恺撒遇刺之后

---

① 这是刺杀尤利乌斯·恺撒的密谋集团（布鲁图斯、卡西乌斯等人）的自称。

的日子里将一些士兵调至广场，但他没有力量也没有意志，去用武力为自己争得更长期的主宰地位，尤其是独裁官死去之后，从技术上讲他已经丧失军权了。安东尼安排李必达接替尤利乌斯·恺撒当上祭司长，随后这位前任骑兵统帅去了外高卢，接管了一支强大的军队，使得他暂时不必害怕任何敌人。[23]

尤利乌斯·恺撒的葬礼刚刚结束，一群热情的支持者就在他的火葬堆处建了一座祭坛。这群人的领导人叫阿玛提乌斯，他自称是马略的孙子，所以也就是独裁官的血亲。尤利乌斯·恺撒在世时并没有认这个亲戚，阿玛提乌斯寻求其他亲戚（包括年轻的屋大维）的支持，也没有成功。安东尼和多拉贝拉对他没有好感，命令将阿玛提乌斯的追随者驱散，并拆除祭坛。4月底，安东尼离开了罗马，去寻求尤利乌斯·恺撒老兵的支持。在这期间，发生了更直接的对抗。多拉贝拉将阿玛提乌斯和他的许多支持者处死了，赢得了西塞罗的热情赞颂。但这表明，很多群众仍然在哀悼独裁者，并且对当局没有采取措施镇压凶手而感到怨恨。安东尼愿意利用群众的情绪，让密谋者惴惴不安，同时自己招募老兵，尤其是先前的百夫长。但他不希望群众的愤怒爆发，从而无法控制局面。目前他的地位很强大，而且他的两个兄弟分别是前44年的裁判官和保民官，但这种地位是不能长期维持的。安东尼和其他人一样，也在为未来做准备，需要保护自己，并且维持长期的实力。[24]

3月17日，元老院认可了尤利乌斯·恺撒生前做出的决定。其中有些决定还没有正式宣布，但已经被很多人知晓，因此也得到了认可。执政官安东尼应当在确认尤利乌斯·恺撒的每一项决定之前，与一群资深元老组成会议商讨。这种做法是不实际的，他可能也不喜欢这么做。因为有太多决定等待确认，太多来自全国各地的请愿者排着队等待当局的处理。元老院怠惰多年，而且近期的内战又造成许多动荡，因此积压了太多政务，尤利乌斯·恺撒还没来得及将它们全部处理完就死了。在务实的层面上，安东尼无疑感到有很多紧迫的事情需要做。这对他来讲也是天赐良机，可以向许多人施加恩惠，收买人心，有希望拉拢到更多的支持者。尤利乌斯·恺撒遇刺后，安东尼控制了他的文件。现在他宣布了一些所谓的尤利乌斯·恺撒生前的决定（尽管人们对这些决定一无所知），并坚持要求元老院批准它们。其中有些似乎与独裁官生前实际做过的事情相矛盾。据西塞罗说，安东尼的妻子富尔维娅（克洛狄乌斯的遗孀）受到加拉太①国王狄奥塔鲁斯的贿赂，让安东尼确认狄奥塔鲁斯的统治权。后来演说家强烈谴责安东尼在这几个月里捏造的所谓尤利乌斯·恺撒的决定，所以我们很难准确知晓安东尼究竟做了什么事情。不过就算西塞罗夸大其词，也不可能完全是空穴来风。[25]

安东尼正在为将来的成功聚集资金和人脉，也为了保障自己的人身安全。长远来看，他最需要的是一支强大而忠诚的军队。特雷博尼乌斯和迪基姆斯·布鲁图斯分别得到了叙利亚和内高卢行省。布鲁图斯和卡西乌斯最终得到了西西里岛和亚细亚的粮食供应管理权，这对国家来说是至关重要的，但让他们这样级别的人去管理粮食，有些贬抑的意思，而且更重要的是，他们没有兵权。安东尼和多拉贝拉合作，把叙利亚给了多

---

① 加拉太是古代安纳托利亚（现在的土耳其）中部高地的一个地区。加拉太北面是比提尼亚和帕弗拉哥尼亚，东面是本都，南面是吕高尼和卡帕多细亚，西面是弗里吉亚。此时加拉太是罗马的一个附庸国。

拉贝拉，在这一年年末撤掉了特雷博尼乌斯，接管了计划中的帕提亚远征的权责。安东尼接管了马其顿和驻扎在那里的 6 个军团，不过他同意将其中 1 个交给同僚执政官。然后他决定让弟弟盖乌斯代替自己治理马其顿，他本人则取代迪基姆斯·布鲁图斯，控制内高卢，这样就既可以方便地监视意大利，也可以得到"长发高卢"，即前不久被尤利乌斯·恺撒征服的地区。在马其顿的 5 个军团和辅助部队将被调到他的麾下，他的弟弟则在马其顿征募新军队。尽管尤利乌斯·恺撒将行省总督任期限定为两年，安东尼还是让公民大会投票，把他在这个扩大后的行省的任期定为五年，就像庞培和尤利乌斯·恺撒得到的特别指挥权一样。[26]

从很多方面来看，此时的局势很像前 49 年内战爆发前，各方互不信任，主要领导人都在准备自己的武装力量，以应付可能爆发的战争。布鲁图斯和卡西乌斯在遥远的距离之外观察，没有办法夺回主动权。布鲁图斯是城市裁判官，所以负责主持阿波罗节，即一年一度纪念太阳神阿波罗的节庆和竞技活动。布鲁图斯为这些活动出资，并敲定了活动流程和一些具体的演员，但觉得此时返回罗马太危险，所以没有亲自到场。马克·安东尼的弟弟盖乌斯代替布鲁图斯主持了竞技，所以群众应当感谢谁，就不是那么容易说清了。竞技活动很顺利，有些人愿意欢呼布鲁图斯的名字，但也可能有人举行了反对密谋者的游行。不久之后，布鲁图斯和卡西乌斯离开了意大利，去往地中海东部，后来也集结起了自己的军队。布鲁图斯可能并不很情愿这么做，但还是鼓励罗马人民的军团反抗安东尼，并非法夺取了军队的指挥权。西塞罗开始觉得，安东尼是对他们本身和对恢复真正共和国的最大威胁。西塞罗不断哀叹，密谋者原本应当把安东尼和独裁官一起杀掉。他以后见之明评论道："密谋者拥有男子汉的勇气，却只有婴孩的头脑。"[27]

西塞罗还没有用新名字称呼年轻的恺撒，而这个十八岁少年正在做的一些事情和发表的言论让西塞罗担心，但他主要烦恼的还是安东尼。他知道多拉贝拉是个流氓，因为此人曾短暂地与自己非常疼爱的女儿图利娅结婚，后来离了婚却拒绝归还她的嫁妆。但多拉贝拉出发赴行省上任之后，就不再是主要问题了。安东尼是最大的威胁，因为他是共和国复兴的头号敌人。西塞罗渴望有办法削弱安东尼的权力，让密谋者返回罗马并发展壮大。[28]

# 六 赞颂

我十九岁的时候自行决定并自筹经费，组建了一支军队。共和国的自由受到某个派系的暴政压迫时，我借助这支军队，成功捍卫了共和国。

——《神圣奥古斯都功业录》，公元 14 年，

于奥古斯都去世不久后发表[1]

5 月，年轻的恺撒回到了罗马。多年后有一个传说，他抵达罗马城的那天，光晕环绕着太阳，这又是一个预示他未来辉煌成就的征兆。安东尼的弟弟卢基乌斯此时是保民官，他允许这个少年在一次公共集会上讲话。西塞罗得知恺撒演讲的内容后不以为然，仍然认为他并不重要。这个十八岁少年希望自己作为尤利乌斯·恺撒养子的地位得到正式承认，并获得其全部遗产。或许他还没有开始公开攻击密谋者，而是主要强调他"父亲"的声望和荣誉。至少有一次，可能是在纪念丰收女神刻瑞斯的竞技活动中，他企图根据尤利乌斯·恺撒在世时的一道元老院法令，将独裁官的座椅和月桂花冠公开展示。这个花冠就是牧神节时元老们向尤利乌斯·恺撒献上但被拒绝的那一个，不过安东尼不允许进行这种展示。

恺撒提出其他要求，尤其是关于独裁官的家产时，安东尼也同样不肯帮忙，最后独裁官留下的现金很少或几乎完全没有传到恺撒手中。安东尼在方方面面都表现出他觉得新的恺撒是个麻烦。其他人也觉得新恺撒很脆弱。不过也有可能的确很难

分清哪些东西是尤利乌斯·恺撒的私人财产，哪些是被他控制的国家财产。有人在法庭上提起了一些诉讼，要求获得尤利乌斯·恺撒的一些财产，理由之一便是这些财产是他在内战期间非法攫取的。总的来讲，这些案件都对尤利乌斯·恺撒的继承人不利。[2]

少年开始借贷。马提乌斯和另一个叫作拉比里乌斯·波斯图穆斯的银行家（过去常与尤利乌斯·恺撒有联系）借钱给他。奥庇乌斯①和巴尔布斯可能也出资帮助他。为了积累现金，恺撒还变卖或抵押了属于自己和独裁官的一些财产。菲利普斯和阿提娅也伸出援手，而独裁官的外甥们（他们得到了独裁官遗产的剩余部分）也多多少少愿意地将这些遗产转交给主要继承人。我们不知道，尤利乌斯·恺撒为帕提亚远征准备的资金是何时抵达的。随这笔资金一同送抵罗马的，还有亚细亚行省一年的税收，但年轻的恺撒自称将这些钱和其他公款交给了国库，只保留了独裁官的私产。[3]

随后几个月内，少年恺撒将大部分时间用在准备纪念尤利乌斯·恺撒在内战中的法萨卢斯大捷，以及他的神圣祖先"母亲维纳斯"的竞技活动。这也是元老院在独裁官在世时投票决定授予他的荣誉。这一次，没有人企图妨碍或阻拦尤利乌斯·恺撒的继承人举行这些活动。恺撒决定在举行这些活动的同时举办葬礼竞技，以及角斗士竞技和斗兽表演、大型宴会与

①　盖乌斯·奥庇乌斯是尤利乌斯·恺撒的密友和亲信。尤利乌斯·恺撒不在罗马期间，奥庇乌斯为他打理私人事务。奥庇乌斯和尤利乌斯·恺撒的另一名亲信卢基乌斯·科尔内利乌斯·巴尔布斯一起对罗马施加了很大影响。奥庇乌斯撰写了关于尤利乌斯·恺撒征战阿菲利加等地的史书，还写过一部尤利乌斯·恺撒传记。

戏剧表演。这些活动大多会在广场上举行，一些主要公共建筑也会搭建临时场地。这些庆祝活动于 7 月 20 日至 28 日举行，盛大而奢华。为了达成独裁官在遗嘱中的心愿，即向每一位罗马公民赠送金钱，恺撒不得不借了更多钱。[4]

在竞技活动期间，天空中出现了一颗彗星。这种"长发"星被认为是可怕的凶兆，预示着迫在眉睫的灾难。恺撒或他的一位支持者给出了更好的阐释，声称这亮光是尤利乌斯·恺撒在升往苍穹、加入诸神的班列。于是，在维纳斯神庙（位于尤利乌斯·恺撒广场建筑群的中心）的独裁官雕像头顶上添加了一颗星。这个故事流传开了，尤其是那些仍然爱戴尤利乌斯·恺撒的人热衷传播这个故事。从很多方面看，这个故事源于元老院在尤利乌斯·恺撒生前授予他的半神荣誉，以及为他建立的后来又被两名执政官下令拆毁的祭坛。这一次，当局没有企图阻止给予尤利乌斯·恺撒这样的荣誉。[5]

举行公共娱乐活动和纪念祖先都是屡试不爽和非常高效的笼络人心的手段，不过这一次活动的规模和尤利乌斯·恺撒成为神祇的说法远远超过了历史上任何一个人所获得的荣誉。担任平民保民官是另一种屡试不爽的得到群众爱戴的办法，这一年 7 月举行选举以填补被杀害的秦纳留下的空缺时，有人说年轻的恺撒即将竞选这个职位。由于尤利乌斯·恺撒在指定他为继承人之前已经将他的身份改为贵族，所以他是不能竞选平民保民官的。这个事件的准确细节今天已经没有办法还原了，有的历史学家说年轻的恺撒企图让一位朋友得到这个职位而不是自己去竞选，但是失败了。这场风波表明，与应对彗星凶兆时的高超手腕相比，恺撒这一次犯了一个严重的错误。我们不断说他还是个十八岁的少年，这可能太重复了，但我们必须牢记，恺撒毕竟还很年轻，缺乏经验。他之所以从政，就是因为极度自信，而这种自信很容易发展成自负和鲁莽。私下里，他坚信彗星预示着自己即将平步青云。年轻的恺撒非常公开地变卖家产和贷款，这有助于他举办竞技活动，并给死去的独裁官带来荣誉，同时也为自己赢得尽可能多的支持者。[6]

恺撒和安东尼的关系仍然很糟糕。安东尼的势力越来越强，到夏末，他从定居的老兵当中招募了一队强悍的保镖。其中很多人是先前的百夫长，因为百夫长在作战时要身先士卒、带头拼杀，所以往往是非常厉害的战士。如果安东尼打算建立新的军团，有经验的领导者也会特别有价值，因为他们有能力组织、训练和指挥新兵。更重要的是这些老兵的政治意义。有些百夫长属于骑士阶层，但绝大多数百夫长属于百人会议中的最高阶级，所以他们不仅武力强大，他们的投票也很重要。或许是为了赢得这个群体的支持并能操纵法庭，安东尼引入了一项新法律，让这个阶层中的部分人或全体成员有资格担任陪审员，于是在元老和骑士这两个群体之外，又出现了第三个不容小觑的陪审员团体。[7]

与执政官安东尼不同，恺撒没有官职，没有权力，虽然他的公开支持者目前能够为他提供资金，但没有直接的政治权力。马提乌斯告诉西塞罗，他帮助这个孩子，仅仅是因为他与尤利乌斯·恺撒的友谊。恺撒仅有的实实在在的资本就是金钱和他的姓氏。从很早期开始，他就运用这两项资本，去拉拢独裁官之前的军官和士兵。很快，他开始向愿意为他效力的人提供500迪纳厄斯的赏金（超过普通士兵两年的军饷），并承诺将来会给更多赏赐。他给百夫长或军事保民官的奖赏肯定更高。他可能还谈到要向密谋者复仇，尽管此时还没有在公开场合讲到这些。人们开始接受他的金钱，并宣誓支持他，但目前他的支持者数量依然远远少于安东尼的人。所有这些老兵仍然对尤利乌斯·恺撒赤胆忠心，毕竟他们曾追随他南征北战。在一段时间内，一些前任军事保民官和百夫长说服了安东尼，让他对独裁官的继承人友好一些。年轻的恺撒站在投票围场的隔间外，鼓励人们投票批准将内高卢交给安东尼而非迪基姆斯·布鲁图斯。但后来恺撒和安东尼的关系又变糟糕了，安东尼声称他的保镖队伍中的一名老兵收了恺撒的贿赂，要谋杀他。有不少罗马政治家，其中最突出的是庞培，害怕刺杀到了神经质的地步，安东尼的这个指控背后很可能没有真凭实据。从务实角度看，干掉执政官对年轻的恺撒而言并没有什么好处。如果他真的企图暗杀安东尼，就又一次说明他在这个阶段的思维还是比较幼稚的。[8]

8月1日，尤利乌斯·恺撒的岳父卡尔普尔尼乌斯·皮索大胆地在元老院批评安东尼。他的口吻是告诫性的，而不是尖刻的攻击。更重要的是，之前已经有消息传出来，很多人早就知道他要讲什么了。西塞罗正在去希腊的路上，公开理由是帮助他儿子的学业，但实际上是罗马渐渐走向暴力冲突的政治局势令他感到恐惧、绝望。所有密谋者和其他一些关键大人物，如李必达，都离开了意大利。多拉贝拉很快也将动身。没有一个拥有军权的人留在意大利，与安东尼争夺意大利本土的主宰权。很多人感到局势正在往内战的方向扭转，就像前49年之前的几年一样，而且人们对内战没有多大热情。皮索要求确认对密谋者的大赦，以便让密谋者回国，密谋者和安东尼这样的恺撒派都不会因此损失威望。执政官没有对此做出凶暴的回应。西塞罗感到有希望出现新的妥协，于是返回了罗马。一个月后的9月2日，他发表了后来被称为"第一次反腓利比克之辩"的演说，其效仿的蓝本是前4世纪著名演说家德摩斯梯尼警示雅典人提防马其顿国王腓力二世威胁的演说。此次演说虽然批评了安东尼近期的一些行为，但敦促他恢复在3月15日之后的日子里曾表现出的和解精神。[9]

作为执政官，安东尼有采取行动的权力，而其他人，哪怕是最资深的元老，也只能告诫和建议。他也有能耐将退伍老兵召回来支持他，这些老兵的数量此时可能多达6000人。驻扎马其顿的军队中已经有1个军团在布隆迪西乌姆港登陆，其他军团紧随其后，所以他很快将拥有一支像模像样的军队，供他调遣。他听到别人的批评，暴跳如雷，但没有动用手头现有的军队，尽管西塞罗私下里写道，他确信安东尼一定在计划搞一场大屠杀。演说家又一次暂时避开罗马城和公共集会，开始撰写他的《第二次反腓利比克之辩》，这是一本言辞激烈凶狠的小册子，将安东尼的品性痛斥得体无完肤，并谴责了他近期的举动，但始终没有以演讲的形式发表。在一段时间内，局势有些沉寂，但各方都在备战。10月初，安东尼南下去往布隆迪西乌姆，接收新近抵达的部队。[10]

9月，恺撒庆祝了自己的十九岁生日，此时他在坎帕尼亚招募定居于此的独裁官的老兵。随后几周内，他的追随者增加到3000人，但非常缺乏武器装备。老兵对他们的老部队仍然抱有相当程度的忠诚。到年底，这些人被分配到尤利乌斯·恺撒的第七、第八军团（当然是新建的）。和喀提林的军团很类似，这些单位的结构可能在很早的阶段就已经确定了，等待更多新兵来填补空缺。恺撒还借此机会任命了多达120名百夫长和十几名军事保民官，确认了一些军官先前的衔级，并提拔了一批人，给予他们更高的地位、更多的薪水。在这个阶段，老兵云集到恺撒麾下，既是为了得到赏金，也是被恺撒这个名字所吸引，而这个少年的品质如何，大家还不清楚。尤利乌斯·恺撒曾引领这些官兵走向胜利，并慷慨大方地奖赏他们，使他们渐渐地效忠于他。他的继承人无法立刻或在短时期内恢复这种纽带的全部吸引力，但老兵们愿意给这个少年和他的金钱一次机会。年轻的恺撒知道金钱和承诺未来赏赐的重要性，于是派人到布隆迪西乌姆收买安东尼的部队。[11]

与此同时，这个十九岁的少年率领他的老兵（这样一支军队的存在肯定是非法的），于 11 月初返回罗马。他将自己的武装支持者带进了城，这同样是违法的。他为此已经筹划了好几个星期，不断请求西塞罗（肯定还有其他显赫的元老）批准他这么做，理想情况是他抵达城市时，他们公开对他表示支持。恺撒奉承这位老政治家，敦促他"第二次拯救共和国"（第一次是在前 63 年镇压了喀提林）。西塞罗"不好意思拒绝，但又不敢同意。但他（恺撒）一直在积极活动，还会继续下去。他会带领一支强大的支持者队伍到罗马，但他还只是个孩子。他觉得他可以立刻召开元老院会议。谁会来？就算有人来，在这样充满不确定性的时期，谁敢惹安东尼？"但西塞罗承认，"各城镇热情地支持他（恺撒）"。[12]

恺撒向西塞罗保证，他会在合法的框架内通过元老院来行事，暂时不提自己未经元老院授权而非法组建的军队。但西塞罗一直对这个少年的新姓氏和他要求获得显要地位的做法感到不安，也开始担心年轻恺撒的意图，尤其是恺撒坚持要求确认独裁官的所有立法和荣誉。即便如此，西塞罗还是觉得这个少年"高度自信，但没有什么威望"，因此不足为虑。西塞罗的通信伙伴、狡猾的骑士阿提库斯没有从政，但和罗马的几乎每一位显贵都保持着非常友善的关系。他比西塞罗更审慎一些，写道："虽然目前那孩子（恺撒）势力很强，遏制住了安东尼，但我们暂时还不能对他做出长远的评判。"恺撒的姓氏和金钱把很多潜在支持者，尤其是老兵，从安东尼那边吸引到了他那边。[13]

年轻的恺撒抵达罗马时，安东尼还在远方。一位非常积极活跃、已经开始公开攻击安东尼的保民官将年轻的恺撒带到广场，召开了一次公共集会。他和恺撒站在卡斯托耳和波鲁克斯神庙的台阶上，俯视着一块常被当作集会与立法会议场所的开阔地。公开佩剑的老兵们围绕着自己的领袖，明目张胆地展示他们的非法武力。保民官先发言，又一次猛烈抨击安东尼，呼吁人民团结到尤利乌斯·恺撒继承人的麾下，反对执政官。年轻的恺撒随后发表了演讲，其文稿很快就流传开来。西塞罗很快也得到了一份抄本，对其内容肃然起敬。年轻的恺撒颂扬了尤利乌斯·恺撒及其功业，然后转身，指了指独裁官的一座雕像，表示自己希望"赢得父亲的荣光"。年轻的恺撒斥责安东尼阻挠他获得遗产以及在元老院的作威作福，这可能更合西塞罗的口味，但让很多老兵不满。他们忠于尤利乌斯·恺撒，看到杀害他的凶手仍然没有受到惩罚，非常愤怒。在老兵们看来，那些凶手才是恶徒，马克·安东尼不是。[14]

安东尼正在返回罗马的途中，身边有他自己的老兵护卫着。最初从马其顿调来的2个军团正从布隆迪西乌姆北上，若有需要可以很容易调遣。对恺撒的老兵来说，安东尼不是主要

敌人，而且他的军队比恺撒的一小群武器装备不足的人马强得
多。如果与安东尼发生武装冲突，恺撒必败无疑。一些老兵开
始暂时抛弃他们的年轻领袖，溜回家中。广大群众并没有蜂拥
前来支持恺撒，最重要的是，显赫的元老们也没有表现出热
情。除了召开会议的保民官之外，没有一个元老参加会议。西
塞罗根本不在罗马城，其他很多人也躲在自己的乡间别墅，暂
避风头。尤利乌斯·恺撒的继承人大失所望，于是也溜走了，
带着自己剩余的支持者去伊特鲁里亚（那里有大量独裁官的
老兵定居），进行新一轮的招兵买马。在那个地区也有其他人
在招兵，独裁官生前的一些军官在为安东尼招募人马。

　　在这个阶段，年轻的恺撒在政坛斗争中仍然只是个小角
色。在意大利除了安东尼之外，只有他拥有武装支持者，但
人数太少，所以算不上一支真正的力量。他这么小的年纪就
能受到公众的关注已经很了不起了。他在政治上走错了好几
步，这不足为奇，毕竟奥古斯都的政治才能并不是天生的，
当时也并不存在一个团结一致的恺撒派，即便存在，力量也
不强。到目前为止，他仅仅比几年前被处决的假马略重要一
点点，与这个假马略不同的地方就是他拥有财富，而且与独
裁官有着确凿无疑的联系。不过，他仍然可能会像假马略一
样被轻松消灭。安东尼打算召集元老院开会，将这个孩子宣
布为国民公敌。[15]

　　但随后发生了一些事情，彻底改变了局势，使得年轻的恺
撒的重要性瞬间大大提升了。

## 军　阀

　　第一个抵达布隆迪西乌姆的军团是玛尔斯军团（以战神

玛尔斯的名字命名），随后是第四军团。他们在布隆迪西乌姆这座港口城市郊外扎营的时候，年轻恺撒的亲信来了，与很多随军人员（妓女等）和商贩（任何一支罗马军队都有这样一群人跟随着，等着挣大兵们的钱）交谈。他们在营地散发宣传册，窃窃地承诺给每一位士兵 500 迪纳厄斯的赏金（这个赏格如今已是世人皆知了）并在退伍时给每人 5000 迪纳厄斯（几乎相当于二十年的军饷）。给百夫长和军事保民官的赏金肯定比这多得多。[16]

这两个军团以及第二军团和第三十五军团（其中一个已经在布隆迪西乌姆登陆，另一个很快也将从马其顿渡海赶来），全都是尤利乌斯·恺撒在前 48 年胜利之后组建的。至少有一些普通士兵可能曾在庞培麾下反对尤利乌斯·恺撒，这些士兵对尤利乌斯·恺撒有多少感情，是很难说的。但军官就不同了。尤利乌斯·恺撒在征战过程中一直将有作战经验的军团中的初级百夫长调到新建部队，并提拔他们。这几个军团的全部军事保民官和百夫长都是尤利乌斯·恺撒任命和提拔起来的，对他忠心不二。其中一些人可能拥有非常丰富的作战经验。这几个军团作为整体还没有打过仗，但兵力都接近满员，而且已经经历了多年的训练，准备很充分。[17]

马克·安东尼在前来接管这几个军团的指挥权之前，与它们素无联系。对官兵来说，他是个陌生人。而且，与流传甚广的传说相反，他事实上并没有伟大的军事功业和胜利可以吹嘘，也没有许多在困难情况下控制军队的经验。这几个军团几个月前还在急切地盼望在帕提亚获得大量战利品，如今却发现要接受一个陌生人的指挥，而且处在内战边缘。与此同时，年轻恺撒的名字四处传扬，他还做出很慷慨的承诺。有些军官可能在他待在阿波罗尼亚时就认识他，或许这促使他们开始认真考虑他的提议。

执政官是带着夫人富尔维娅一起来的。从一开始，安东尼对局势的处理就很糟糕，他显然以为士兵们会无条件服从他。军团士兵们桀骜不驯，难以控制。他提议给每人 100 迪纳厄斯（也就是他那竞争对手恺撒的报价的五分之一，仅相当于半年的军饷），遭到了士兵们的耻笑。执政官怒火中烧，企图用威吓的手段迫使士兵们听话，于是怒气冲冲地咆哮道："你们会学会服从命令的！"他要求军官们交出惹是生非的士兵的名单。一些士兵被逮捕并被处决了。有些百夫长也成了牺牲品。据西塞罗说，一些官兵被押到安东尼住的房子，在那里惨遭屠杀，鲜血溅到了富尔维娅身上。这个故事的真实性非常可疑，而且也不重要。总之，玛尔斯军团和第四军团的官员离开布隆迪西乌姆，开始沿着海岸线北上前往内高卢时，是闷闷不乐的。[18]

玛尔斯军团打头阵，第一个公开宣布支持恺撒。第四军团（由安东尼的财务官亲自指挥）步其后尘，很快也倒向恺撒阵营。这两个军团都拒绝向安东尼妥协，不过安东尼迅速向第二军团和第三十五军团每人发放 500 迪纳厄斯，控制住了这两个军团，只有少数人当了逃兵，投奔了恺撒。安东尼终于意识到，他不能简单地用恐吓来迫使军团士兵们顺从，也不能指望陌生人会忠于自己。但他在意识到这一点的时候，已经损失了很大一部分军队。[19]

11 月 28 日夜间，他召集元老院开会（在夜间开会其实是不合法的，因为元老院不能在天黑之后辩论），怒斥年轻的恺撒。次日，他在城外举行阅兵，要求元老们都来观看。所有到场的元老都被哄骗去和士兵们一起宣誓效忠安东尼。随后安东尼便离开了罗马，去往内高卢，在途中与他的两个军团以及第五"云雀"军团（由尤利乌斯·恺撒的老兵组成，最初是在外高卢组建的，后来其成员获得了公民身份）会合。第五"云雀"军团可能是由安东尼在这一年早些时候招募到的6000名老兵组建的。西塞罗早在这年11月就将安东尼的保镖称为"云雀"。此外，安东尼还有相当多的辅助部队，包括摩尔人骑兵。罗马军队和任何时期的任何军队一样，很少能够长时间地维持完整的理论兵力，所以安东尼的军队加起来大约有1.5万人，全都训练有素、装备精良。这是一支规模不大但战斗力很强的军队。[20]

恺撒还是个普通公民，虽然太年轻，既没有从政的资格，也不是元老院成员，但也正式组建了一支军队。玛尔斯军团和第四军团停留在阿尔巴福肯斯①，恺撒匆匆赶去与他们会合，并立刻兑现诺言，每人发放500迪纳厄斯的赏金。玛尔斯军团和第四军团举行了阅兵和操练，并开展了一次实战演习。这样的操练是罗马军事训练的标准内容，这两个军团最近几年都在为远征帕提亚做准备，所以无疑表现得特别优秀。一个世纪之后的犹太历史学家约瑟夫斯有些夸张地说，罗马军队的"训练是不流血的战斗，战斗则是流血的训练"。一个军团的满员兵力包括10个大队，每个大队480人。罗马军团士兵全部是重步兵，以一排排的密集队形作战，防具包括头盔（一般是青铜的）、链甲和半圆柱形的长盾。在过去，盾牌通常是椭圆形的，不过我们更熟悉的矩形瓦状盾牌可能正在变得流行。士

---

① 意大利中部城镇。

兵携带一种重型标枪，有效射程为 10～15 码，在与敌人交锋前投掷。士兵的主要武器是剑。在奥古斯都生活的时期，士兵普遍使用长度不到 2 英尺，既可以劈砍也可以刺杀的短剑，但剑刃长度达到 3 英尺的剑也很常见。剑刃较重，制作工艺水平很高，适合劈砍，刺杀时的杀伤力特别强，三角形的剑尖很适合穿刺敌人的护胸链甲。[21]

来自马其顿的各军团兵力可能非常接近理论兵力。他们拥有全套装备，携带着行军作战所需的帐篷、奴隶、役畜、驮马所用的鞍具和运载物资的大车等。负责指挥的是经验丰富的军官，官兵都接受过长期训练，已经惯于密切协作，也拥有强烈的集体意识与认同感。玛尔斯军团可能也有数字番号，但我们今天已经不得而知，这也表明士兵们对自己军团名号的自豪感。为了支援这些部队，恺撒还拥有重建的第七军团和第八军团。这两个军团的成员是从退伍军人定居的主要地区招募来的，大多是老兵，也可能包含一些年轻人。曾在尤利乌斯·恺撒麾下服役的士兵比来自马其顿的军团拥有更多的作战经验和胜利纪录。但目前他们缺乏各式各样的武器装备，而重建的两个军团还在转型过程中。要让这些部队能够协同或单独作战，还需要一点时间。来自马其顿的军团已经准备就绪，就是他们让年轻恺撒的重要性大大提升。他们接受他的指挥，尽管他根本没有合法权力向他们发号施令或者发放军饷。

恺撒的军队在数量和质量上都与马克·安东尼的军队旗鼓相当。前 43 年的两位执政官，奥卢斯·希尔提乌斯和盖乌斯·威比乌斯·潘萨，正在组建一支由 4 个新军团组成的部队。新兵很多（我们很难判断，这些新兵是志愿兵还是被强征入伍），但其中很少人（或者根本没有人）有军事经验。尤利乌斯·恺撒的许多老兵已经被年轻恺撒吸引走了，因此两位执政官任命的监督新军团组建和训练的军事保民官和百夫长不大可能是最有经验或最能干的。重新入伍的老兵可能在几个月，甚至几周内就能组成新的拥有战斗力的军团。但要让白手起家的新部队与他们匹敌，还需要很长时间。在训练和经验方面，来自马其顿的军团比新军团领先了大约四年。执政官的4个新军团若是与安东尼的人马相遇，肯定会一败涂地。若要在战场上打败安东尼的老兵，元老院就需要其他部队。而在意大利唯一有战斗力的部队已经宣誓效忠恺撒。

执政官希尔提乌斯和潘萨都是独裁官在生前挑选的，曾长期忠心耿耿地为他效劳。这两人都没有显赫的家庭背景，但可能都比担任执政官的正常年龄要大。西塞罗在公开场合热情洋溢地赞扬他们。私下里，他觉得这两位执政官精力欠缺、意志不坚定。而西塞罗的弟弟昆图斯（曾与两名执政官一同在高卢战争期间为尤利乌斯·恺撒效力）则说这两人是腐败的无用之徒。安东尼离开罗马之后，演说家又一次出现在罗马，敦促元老院采取措施，镇压安东尼。12月20日，他在由保民官召集的元老院会议上发表了"第三次反腓利比克之辩"。此时，两名执政官和其他多名行政长官都已经去往各自的行省。这年11月，年轻恺撒（西塞罗坚持称他为屋大维）的演讲曾让西塞罗惊恐失望。西塞罗在书信中常引用一句希腊格言："要让这样一个人救我，还不如没有人救我！"现在，西塞罗却觉得，安东尼不是两害之中更严重的那个，而是唯一的恶徒。迪基姆斯·布鲁图斯已经写信表示拒绝让安东尼接管他的内高卢行省。在这种情况下，两害相权取其轻，西塞罗终于开始称呼年轻恺撒为恺撒，而不是屋大维或屋大维阿努斯。他主张，共和国应当接受这个拥有非法武装部队的十九岁少年的帮助。[22]

西塞罗的演讲和往常一样，精彩绝伦：

> 盖乌斯·恺撒是个年轻人，或者说简直是个孩子，但他拥有神圣的智慧和勇气。就在此刻，安东尼的疯狂到了最顶峰的时候，人们害怕他从布隆迪西乌姆返回后要大开杀戒。我们没有寻求援助，也没有想到寻求援助，甚至根本没有得到援救的希望，因为似乎已经没有人来帮助我们。就在此刻，盖乌斯·恺撒集结了一支由不可战胜的老兵组成的强大军队，并慷慨地挥霍了他继承的财产……以便拯救共和国……若他不曾出生于共和国，那么，如今由于安东尼的罪行，共和国将不复存在……[23]

年轻恺撒的士兵们也受到了赞扬：

> 对于玛尔斯军团，我们也不能吝啬赞美之词。还有谁比玛尔斯军团的将士更勇敢，更忠于共和国？他们认清了马克·安东尼是罗马人民的敌人，于是拒绝再和这个狂人结盟。他们看到，安东尼的目标是屠戮共和国的公民、将共和国彻底消灭，于是抛弃了他……[24]

安东尼是罗马的执政官，两个军团却拒绝服从他的命令，这肯定是哗变。他们投奔了一个没有任何合法军权的人的非法私人武装。这些行为都得到了元老院的原谅。安东尼不再是执政官，而被宣布为国民公敌，是新的喀提林，或者更糟糕，是新的斯巴达克斯，因此只要反对他，一切都可以被合理化。这就是西塞罗的立场，不过到目前为止，安东尼其实并没有做出什么伤天害理、应当受到如此谴责的事情来。其实，恺撒比安东尼违反了更多法律。[25]

元老院的意见开始转为支持西塞罗，但转向的速度远远没有他所希望的那样快。恺撒和他的军队都是无法抵御的现实。两名执政官组建的 4 个新军团没有能力抵抗安东尼的部队，也没有办法抵挡恺撒的人马。元老院没有办法镇压恺撒，于是只能暂时接受他，甚至原谅他。苏拉当年运用二十三岁的庞培的私人军队就是一个先例。

安东尼则是另外一回事。他曾是执政官，他的官职与权力至少与希尔提乌斯和潘萨，甚至迪基姆斯·布鲁图斯的权力一样正当合法，而且公民大会通过了一项法律，将内高卢交给他管辖，恺撒还曾到场鼓励公民支持这项法律。不过，这次投票表决的合法性是值得商榷的，因为有人说安东尼运用了恫吓手段，而且，具有讽刺意味的是，这一次开会的时候当真下起了雷暴雨，而不仅仅是想象出来的凶兆。不管元老们是否喜欢或认可安东尼，他们目前还没有为此打一场内战的想法。安东尼在元老院也有盟友，而且他的母亲和妻子也竭尽全力地帮助他笼络人心。密谋者全都在国外，只留下一些同情他们的人，而且很少有人愿意全力帮助迪基姆斯·布鲁图斯。元老院暂时还不肯宣布安东尼为国民公敌，而是派遣了三名资深元老作为代表，去与他商谈。其中一人就是菲利普斯，没有证据表明他不是真诚地希望达成妥协。[26]

即便如此，这次商谈还是徒劳无功。安东尼继续攻击恺撒，羞辱他真实的家庭，提醒大家，他并非真的是尤利乌斯·恺撒的儿子。"所谓的"恺撒只不过是个外省的小鱼小虾，是外国奴隶的后代，不过是个娃娃，用自己的肉体换得年老的独裁官的宠幸。安东尼的这些话充满了贵族的傲慢，但在其他方面全是罗马政坛攻击詈骂的常见说辞，即便在当时也没有人完全当真。[27]

尽管安东尼发表某些言辞的背景已经被遗忘，但他的有些话被人们牢记下来。安东尼说，这个年轻的暴发户不过是个"一切都要感谢他的名字的兔崽子"。当然，恺撒除了名字之外，还要感谢自己"拥有一支军队"。西塞罗会强调这两方面（名字与军队），在他心里，安东尼是令人厌恶的，是不值得尊重的，因此是比尤利乌斯·恺撒坏得多的头号敌人。暴君（尤利乌斯·恺撒）死了之后，暴政却在继续，而且新的暴君（安东尼）并没有像尤利乌斯·恺撒那样历经百般辛劳，而是轻松获得了崇高地位。更重要的是，西塞罗自己漫长的政治生涯中有过太多挫折和失意，而且他感到终于能够最后一次为罗马和他挚爱的共和国效劳，甚至挽救罗马和共和国了。从一开始，年轻的恺撒就对西塞罗表现出了极大尊重。这种尊重不需要是真诚的。西塞罗是一位显赫的资深政治家，雄心勃勃的新来者完全有理由去奉承他。他对年轻恺撒的好感也不一定完全是伪装的。政治友谊就像用来巩固政治联盟的婚姻一样，都是为了眼前利益，大家都知道这种友谊可能是短暂的。目前，恺撒和西塞罗是互相利用、各取所需，双方都不知道未来会怎么样。西塞罗愿意利用这个孩子和他的军队，就像前49年加图及其盟友愿意利用庞培来反对尤利乌斯·恺撒一样。互惠互利并不需要互相之间的绝对信任，而且说到底恺撒毕竟只有十九岁，还缺乏政治经验。西塞罗认为，长远来看，恺撒肯定不会构成什么威胁。[28]

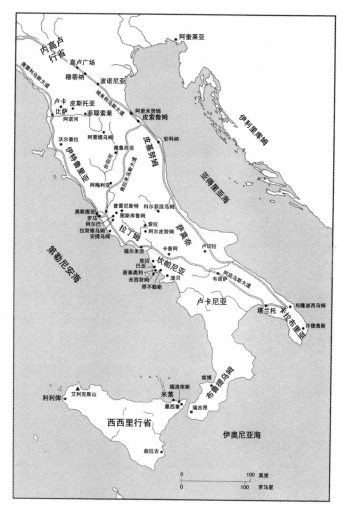

意大利

　　1月1日，希尔提乌斯与潘萨就任执政官，西塞罗再次展开对安东尼的猛烈抨击。元老院通过了终极议决，但没有具体提到安东尼。安东尼的舅舅卢基乌斯·尤利乌斯·恺撒成功阻止了宣判安东尼为国民公敌的投票表决，终极议决的其他措辞也被淡化了。元老院宣布了紧急状态，但这还不是正式开战。当然，这也不会妨碍备战工作。迪基姆斯·布鲁图斯的内高卢总督职位得到确认。更具戏剧性的是，恺撒被授予资深裁判官级别的军权，好让他合法地指挥自己已经拥有了一段时间的军队。他还被纳入元老院，获得财务官的衔级，这使他可以比正常的从政年龄资格早十年。要再等十年，他才有资格参选执政官。和他们的领袖一样，恺撒的士兵也得到了褒奖，国家同意向他们支付年轻恺撒拉拢他们时所承诺的退伍奖金。[29]

　　在仅仅几个月内，年轻恺撒组建了一支军队，短暂地占领了广场，未能赢得足够的支持，被迫撤退，随后又收买了两个军团的忠心，成为一支不可小觑的力量，迫使元老院要么与他武力对抗，要么认可他的地位。元老院选择接受他。没过多久，他就开始与安东尼作战，在此过程中竟然帮助了杀害他养父的凶手之一迪基姆斯·布鲁图斯，他还曾于前45年与后者在西班牙同乘一辆马车。

# 七　奖赏和抛弃

> 恺撒说，他当然对你没有怨言，除了这一件事情：他认为你说过这样的话："我们必须赞扬这个年轻人，奖赏他，然后抛弃他。"他还说，他绝不会允许自己被抛弃。
>
> ——迪基姆斯·布鲁图斯给西塞罗的信，
>
> 前43年5月24日[1]

冬季的几个月里，各方进行谈判，但毫无建树。在冬季很难为军队提供给养，而两位执政官还忙着训练新兵和征集物资。迪基姆斯·布鲁图斯在穆蒂纳①城驻扎，他的军团士兵靠屠宰役畜、制咸肉来度日。安东尼将迪基姆斯·布鲁图斯的军队团团围住，但没有逼得太紧，也没有尝试进攻。等待对安东尼有利，因为只要他等得足够久，守军就要忍耐饥饿，不得不投降。让对方在更激烈的战争中走出第一步，对安东尼也没有害处。各个阵营还不是很明朗，大家还不知道，那些坐拥重兵的总督们会如何反应。西塞罗敦促在西班牙的盖乌斯·阿西尼乌斯·波利奥，以及在高卢各行省的李必达和卢基乌斯·穆纳提乌斯·普兰库斯派出各自的军队去支援迪基姆斯·布鲁图斯。这三人都向西塞罗保证自己的友好和对共和国的忠心，却

---

① 今称摩德纳，意大利北部城市，位于波河南岸。现在以"引擎之都"著称，因为有许多意大利著名的跑车制造商，如法拉利、兰博基尼、帕加尼及玛莎拉蒂将工厂设立于此，而且除兰博基尼之外，它们的总部也都设在摩德纳市内或附近。

都没有采取任何具体行动。[2]

在远方，另外一位布鲁图斯如今掌控着马其顿行省及其驻军。盖乌斯·安东尼奉兄长之命去控制马其顿，但未能赢得当地驻军的支持，他自己的部队反而投奔了布鲁图斯，他本人也成了俘虏。特雷博尼乌斯被多拉贝拉逮捕和处决，有人说多拉贝拉对其进行了毒刑拷打。特雷博尼乌斯是刺杀尤利乌斯·恺撒的凶手中第一个丢掉性命的。没过多久，军队又转而反对多拉贝拉。在随后几个月内，他很快被彻底打垮，最终自杀。卡西乌斯接过了叙利亚境内各军团的指挥权。密谋者获得了自己的军队，开始从各行省榨取钱财和其他资源。西塞罗开始努力劝说元老院将密谋者已经做的事情合法化，但密谋者的这些军队都没有办法去援救迪基姆斯·布鲁图斯。恺撒及其士兵仍然是决定意大利命运的关键力量。[3]

新官上任的资深裁判官恺撒非常情愿地接受两位执政官的指挥，与他们保持着亲密关系。两位执政官都曾是铁杆的恺撒派。可能是在前44年年底，希尔提乌斯为尤利乌斯·恺撒的《高卢战记》补充了第八卷。他也可能是《亚历山大港战争史》和《阿非利加战争史》的作者，这两部书续写了尤利乌斯·恺撒的《内战记》。对尤利乌斯·恺撒往昔胜利的赞颂无疑会赢得他的旧部的好感。[4]

3月，元老院控制下的军队开始调动。恺撒的几个军团是仅有的真正做好了战斗准备的部队。恺撒将第四军团和玛尔斯军团交给希尔提乌斯指挥，于是这位执政官动身前往内高卢。年轻的恺撒则率领第七军团随后跟进，他的第八军团此时可能还没到他身边。这些部队得到了一些骑兵和轻步兵的支持，可能还有一队战象，是叛逃安东尼的军团带来的。希尔提乌斯和恺撒各自还组建了一个大队的禁卫军，都是精心挑选的精锐老兵，用作司令部的卫队在战斗中也是令人生畏的力量。潘萨目前还留在罗马，匆忙地训练和准备4个新军团，并主持元老院会议。他参加了3月19日的一次会议，但次日便离开了罗马城，带领4个军团的新兵北上。[5]

希尔提乌斯和恺撒在安东尼战线附近建造了两座设防营地，但觉得自己力量还不足，必须等待其余部队抵达，才敢向穆蒂纳发起突破作战。他们点燃了烽火，向迪基姆斯·布鲁图斯发信号，但没有办法知道，后者是否知道他们已经在那里了。后来一名信使溜过了敌人前哨，游过一条河，潜入穆蒂纳城。被包围的穆蒂纳驻军和负责营救他们的解围部队之间的通信就只能依靠这些勇士和信鸽，所以通信很不稳定。一连几周，两军发生了一些小规模交锋。马其顿的几个军团投奔恺撒时带来的一些辅助骑兵现在决定重新回到安东尼的怀抱。安东尼可能还得到了其他一些增援部队，因为他的兵力似乎增加到超过3个军团。在穆蒂纳城内，迪基姆斯·布鲁图斯部队的存粮濒临告罄，但希尔提乌斯和恺撒在得到增援之前，还没有办法救援迪基姆斯·布鲁图斯。[6]

到4月的第二周，潘萨及其部队快要抵达。他们是沿着埃米利乌斯大道①开赴穆蒂纳的。安东尼不能让几支敌军会师，于是决定趁着敌人还分成几股、比较脆弱的时候快速攻击。他派遣了一些小部队到希尔提乌斯和恺撒营地前，希望能够缠住他们。安东尼亲自率领2个来自马其顿的军团，即第二军团和

---

① 古罗马的一条大道，在意大利北部，从今天的里米尼通往皮亚琴察，前187年竣工，得名自主持工程并完成的马尔库斯·埃米利乌斯·李必达（前187年执政官）。

第三十五军团，以及很大一部分骑兵和轻步兵，匆匆南下，去伏击潘萨的新兵。希尔提乌斯察觉了安东尼的这一动向，或者是得到了情报，于是在 4 月 13 日至 14 日夜间，派遣玛尔斯军团以及他和恺撒的禁卫军大队与潘萨会合，并护送他的部队。希尔提乌斯的这个决定是一场赌博，因为如果这些部队走错了路，迎头撞上兵力更强的安东尼部队，就可能被全歼。不过他的这次冒险收到了成效，这些部队顺利与潘萨会合了。

4 月 14 日晨，潘萨得到加强后的部队接近了小镇"高卢广场"（距穆蒂纳约 7 里①）。安东尼军队的人部分都隐藏在房舍内，或者道路两侧的沼泽与灌木林地，但有一些前哨被潘萨部队发现。玛尔斯军团的将士记起了自己的战友在布隆迪西乌姆被安东尼处决的事情，怒火中烧，突然发动了进攻。随后爆发了一场凶残的混战，由于地形复杂，可以分解为好几场小规模战斗。恺撒的禁卫军大队在大道上与安东尼的卫队交手，伤亡惊人地惨重。在后方，潘萨的新兵军团开始撤往他们连夜修建的行军营地，并竭尽全力地加固防御工事。

在一段时间内，玛尔斯军团坚守阵地，甚至将第三十五军团逐退了半里路，但安东尼的骑兵优势渐渐发挥出来，迫使玛尔斯军团后撤。这些训练有素的士兵的顽强战斗，以及潘萨及其军官的指挥，使战线被勉强稳住，撤退没有变成溃散。尽管潘萨本人头部被投射武器击中，负了重伤，但其部队的大部分士兵撤到了营地的防御工事处。安东尼军队攻打潘萨营地的低矮土墙，但未能突破。此时已是下午，安东尼认识到自己的士兵疲劳且饥饿。如果是尤利乌斯·恺撒处于安东尼的位置上，

---

① 1 罗马里 = 1618.5 码或 1.48 公里，比现代的英里小一点。

一定会在现场建造自己的设防营地，并将食物送过来，对敌人施加持续不断的压力。但安东尼率军撤回了自己的原营地。

此时，希尔提乌斯和恺撒已经认识到，他们遭到的试探性攻击只是幌子。希尔提乌斯率领第四军团和第七军团的大部分士兵出动，让他的年轻同僚守卫营地。不知是因为运气好，还是希尔提乌斯的谋略高明，他成功攻击了正在撤退的安东尼军队。在月光下，安东尼军队仓促组成了战线，但他们胜利的喜悦渐渐变成了疲惫不堪，他们在身体和精神上都没有办法应付第二场战斗。第二军团和第三十五军团被突破，伤亡惨重，各自都丢失了珍贵的鹰旗和其他一半军旗。大多数士兵都被打散了，有的退到了"高卢广场"，还有一些人躲藏在沼泽地内。安东尼的骑兵伤亡很少，成功逃脱，他在夜间派出巡逻队去搜寻和召回尽可能多的掉队士兵。[7]

除了这些残部之外，安东尼手中还有状态良好的第五"云雀"军团和其他部队，足以继续封锁穆蒂纳。而且他仍然拥有兵力和骑兵质量上的优势，所以在随后几天的小规模交锋中打得很不错。但他转入了守势，而希尔提乌斯和恺撒对他加强了压力，逼近了安东尼战线，向其发起挑战。安东尼拒绝出战。希尔提乌斯和恺撒的这种做法有助于提升己方官兵的自信。这一周结束的时候，安东尼终于按捺不住，排兵布阵，出来应战。他吃了败仗。希尔提乌斯和恺撒乘胜追击，向安东尼的战线发动了全面进攻。在之前的战斗中，十九岁的恺撒起到的作用很小，安东尼后来声称恺撒逃离了战场，抛弃了作为将军身份标识的红斗篷。于是在这第二次交战中，恺撒刻意表现了自己的英雄气概。苏埃托尼乌斯告诉我们，有一次，在旗手负伤后，恺撒亲自举起军团的鹰旗。这是个很有名的姿态，意在激励将士奋力进攻，或者鼓舞正在动摇的士兵。攻打设防阵地总是非常困难的，但兵力和自信能够发挥作用。希尔提乌斯冲进了安东尼的主营地，但在帐篷之间的混战中阵亡。到这一天结束时，安东尼军队丢失了好几个关键地点。安东尼放弃了对穆蒂纳的封锁，撤退了，寄希望于与为他带来生力部队的下属会合。[8]

对安东尼的追击战打得有气无力。希尔提乌斯死了，身负重伤的潘萨只能躺在营帐内，没等这个月过去就不治身亡。迪基姆斯·布鲁图斯是下一年的执政官（这也是尤利乌斯·恺撒生前的任命），所以地位比恺撒高；他自己的部队在忍饥挨饿地死守穆蒂纳几个月之后，状态非常糟糕。而且迪基姆斯·布鲁图斯囊中羞涩，很难为部队支付军饷和提供给养。在穆蒂纳围城战之前，守军屠宰了所有役畜，现在很难找到替代的牲口。迪基姆斯·布鲁图斯缺少有战斗力的骑兵，也没有辎重，所以无法作战。解围部队中最强的部分仍然忠于年轻的恺撒，何况老兵不会喜欢一个杀害尤利乌斯·恺撒的凶手。[9]

恺撒现在实际上掌握着他自己的和两位执政官的军队。后来有人指控恺撒下令杀害希尔提乌斯，甚至亲自动手杀了他，并且安排潘萨去送死，以便抢夺军队指挥权。据说潘萨的私人医生遭到逮捕和拷问，因为潘萨的伤情突然恶化了。这些故事的背后肯定有后见之明和仍然持续的内战宣传需求，这些说法不大可能是真的。罗马的军事指挥官要身先士卒，身处距离战斗最前沿不远处，而且要穿着鲜红色斗篷和精美甲胄，因此是非常显眼的目标，很容易遭到投射武器或者想要扬名的敌军勇士的攻击。在内战中，双方的服饰相似，难免造成混乱，指挥官遇到的威胁肯定更大。在第一次"高卢广场"战役中，玛尔斯军团的一名指挥官险些被潘萨的一些新兵杀死，这些新兵到最后一刻才认清对方是友军。[10]

两名执政官的死亡肯定是机缘巧合，而不是恺撒的阴谋使然，但这改变不了根本的事实：如今恺撒拥有七八个军团。

## 重返罗马

元老院先得知安东尼军队获胜（这或许指的是潘萨部队的战败）的传闻，随后才听到"高卢广场"的完整故事。两名执政官和恺撒都因此次胜利而受到褒奖，尽管恺撒起到的作用微乎其微。穆蒂纳解围的消息令西塞罗和其他一些害怕安东尼的人欢欣鼓舞。元老院宣布举行五十天的公共感恩活动，这远远超过了尤利乌斯·恺撒得到的荣誉。安东尼终于被宣判为国民公敌，布鲁图斯和卡西乌斯对各自军队和行省的指挥被合法化。并非所有人都欢呼雀跃。阿西尼乌斯·波利奥是西班牙一个行省的总督，也是老的恺撒派。他写信给西塞罗，哀叹如此多的意大利优秀子弟白白丧命。[11]

迪基姆斯·布鲁图斯尽了全力，但无法阻止安东尼逃跑。5月初，迪基姆斯·布鲁图斯抱怨道，他"没有办法向恺撒发号施令，也没有办法调遣恺撒的军队。这两件事情都很糟糕"。元老院下令将第四军团和玛尔斯军团交给迪基姆斯·布鲁图斯，但士兵们拒绝接受他。几周后，西塞罗不得不向布鲁图斯承认，没有办法强迫士兵们接受他。布鲁图斯可能得到了对一些新兵军团的勉强算是长期性的指挥权，于是他带着这些新兵和原先的残兵，出发追击安东尼。安东尼很快与普布利乌斯·温提迪乌斯·巴苏斯（尤利乌斯·恺撒旧时的参谋军官之一）新征募的 3 个军团生力部队会合了。随后，安东尼全军进入了外高卢。元老院敦促李必达和普兰库斯去攻击安东尼，但这两人麾下最优秀的军官和部队都是尤利乌斯·恺撒的旧部。5月，安东尼的军队在李必达的主力部队附近扎营。两军的老战友互相亲热起来，大家很快就清楚地认识到，两军不愿意彼此厮杀。李必达的部队宣布支持安东尼，李必达很快也倒戈过去。他的一名有元老身份的下属自杀了，但只有这一例死亡。李必达和安东尼成了盟友，很快普兰库斯和阿西尼乌斯·波利奥也加入进来。国民公敌的势力日益增长，远远超过以往。[12]

元老院投票决定授予迪基姆斯·布鲁图斯凯旋式的荣誉。恺撒得到了级别较低的小凯旋式。小凯旋式的将军骑在马背上，而不是乘战车，而且得到的威望也比凯旋式将军要低。元老院还组建了一个委员会，负责将各军团解散，并向退伍军人分配土地。迪基姆斯·布鲁图斯和恺撒都被排除在这个委员会之外。这意味着恺撒不仅要被夺走军队，而且没有机会通过赏赐将士来赢得支持。许多元老感到危机已经度过了，希望放松下来，也迟迟不能清楚认识安东尼元气恢复的程度。元老院的一次会议不明智地决定，将曾经承诺赏赐给投诚军团的赏金减少一半。[13]

5月24日，迪基姆斯·布鲁图斯写信给西塞罗，报告称十九岁的恺撒重复了一句话："我们必须赞扬这个年轻人，奖赏他，然后抛弃他。"布鲁图斯的一名幕僚成员确信这句话最初是西塞罗说的。演说家没有否认自己说过这话，而这句话（laudanum aduluscentum, ornandum, tollendum，最后一个词既有"升高"，也有"抛弃"的意思）的节律也的确符合西塞罗的风格，所以应当确实是他说的。[14]

　　从一开始，元老院就把恺撒当作镇压安东尼的便利工具。对年轻的恺撒来说，接受元老院的命令就将他征募军队的行为合法化，并帮助他成为随后斗争中的一位重要参与者。现在，元老院正式批准了布鲁图斯和卡西乌斯正在增强的军事力量，甚至认可了塞克斯图斯·庞培（伟大的庞培的幼子，此前在西班牙和地中海岛屿掀起了叛乱）的地位。这些人都不大可能对尤利乌斯·恺撒的继承人友好。这些年早些时候，安东尼曾写信给希尔提乌斯和恺撒，警告他们，唯一能够从他们双方的冲突中渔利的，就是过去的庞培派。[15]

　　恺撒可不打算被抛弃，他在公开场合也这么说过。和大家一样，他希望长久地保全自己的地位。这个月初，迪基姆斯·布鲁图斯暗示，年轻的恺撒在觊觎希尔提乌斯和潘萨留下的空缺的执政官职位。迪基姆斯·布鲁图斯可能去找了西塞罗，暗示他俩可以联合起来。有传闻称，老演说家已经得到了空缺的执政官职位之一。在马其顿的马尔库斯·布鲁图斯听到了这种说法，他从一开始就不主张元老院任用恺撒。6月，西塞罗写信给马尔库斯·布鲁图斯，向他保证，自己已经在元老院讲话，反对恺撒的亲戚们，那些人努力将恺撒推到最高职位。西塞罗指的应当是菲利普斯和马凯鲁斯。不过，尽管西塞罗劝说恺撒放弃如此疯狂的野心，但仍然继续高度赞扬这个年轻人。尤利乌斯·恺撒曾说马尔库斯·布鲁图斯的信念常常会到偏执狂的地步。布鲁图斯没有被西塞罗说服，担心西塞罗太容易被吓倒，又太容易被年轻的恺撒奉承得飘飘然。在布鲁图斯眼里，恺撒只是一个未经合法选举的军阀，他的地位、名字和财富都是从尤利乌斯·恺撒那里继承来的，而布鲁图斯及其同志杀死了这位暴君。西塞罗则不断敦促"解放者"的领导人马尔库斯·布鲁图斯率领军队返回意大利。说到底，军力胜过理性。[16]

7月，恺撒的军队派来了一个代表团。代表团有四百人，大约是一个大队的规模，算不上一支军队，但包括许多百夫长和各级官兵代表。他们要求元老院给他们的统帅以执政官的职位，并要求发放承诺过的全额赏金。据苏埃托尼乌斯记载，代表团的发言人是一名叫作科尔内利乌斯的百夫长。他援引了主要来自遥远过去的前例，说明在国家需要人才的时候，可以将低于法定年龄的人任命为执政官。百夫长们是比较富裕的人，常常是来自意大利外省城镇的贵族。旧的观念——百夫长是从普通士兵提拔起来的军士长——是一个神话，但很遗憾的是，这种错误观念仍然根深蒂固。即便如此，在元老们看来，百夫长的社会地位仍然远远低于他们自己，而且元老们很怨恨百夫长们陈词时的强硬语调。百夫长们的要求被愤怒地拒绝了。据说科尔内利乌斯掀开了自己的军服斗篷，露出了剑柄和剑鞘（普通士兵的剑佩带在身体右侧，而百夫长的剑在左侧）。他说："如果你们做不到，它能做得到。"[17]

这样赤裸裸的威胁可能只是个传说，但很快变成了现实。代表团返回内高卢，回到恺撒身边后，"要求"他率领军队进军罗马。他没有表现出任何不情愿，立刻率军南下。又有一位恺撒率军跨过了卢比孔河，不过这一次这条小河对他的军权没有什么影响，因为他的军权是个特例，并不与任何具体地区挂钩。他手中大约有8个军团。元老院只有1个军团，是潘萨组建的，而且潘萨觉得这个军团还不能胜任作战任务。一名信使被派往北非行省，召唤那里的3个军团回国保卫罗马城。

元老院认识到自己的错误，投票决定授予恺撒缺席参加竞选的权利（尤利乌斯·恺撒在前49年要的就是这个），但恺撒已经不再愿意信任他们，于是继续进军。在他抵达罗马城之前，来自阿非利加的2个军团先到了。这些士兵的训练水平高于潘萨留下的新兵，但他们没有动力去对抗优势敌人，毕竟元老院只有3个军团，而恺撒有8个。即便如此，他们还是在一名或多名裁判官的指挥下，开始准备防御。元老院还做了一件更阴险的事情，派人去将阿提娅和屋大维娅作为人质，但没找到她们。她们很可能已经得到了警示，或者自己足够精明，认识到形势对她们很危险。

恺撒兵临城下，元老院的军队非常明智地倒戈到他那边。一名裁判官因羞耻或愤怒而自杀，但年轻的恺撒和他的卫队进城时，并没有发生武装冲突。群众以及许多元老，都出来迎接他。西塞罗是最后一个来的，年轻的恺撒冷冰冰地提及了这一点。夜间传出了谣言，说玛尔斯军团和第四军团发生了哗变，反对恺撒。元老院在黎明前开了会（这又违反了传统），短暂地为此欢欣鼓舞，后来发现这是假的。

前43年8月19日，恺撒当选为执政官，此时他的年龄仅有19岁10个月26天。这么年轻的人担任公职，此前还没有先例。这个年轻人对自己在这方面的独一无二感到非常自豪。他的同僚是尤利乌斯·恺撒的外甥昆图斯·佩蒂乌斯。我们估计可能除了他俩之外没别的候选人，但选举的所有正当程序都得到了遵守，罗马人民依法走过"羊圈"投票。他的当选很可能的确是由于得到群众的支持，不过他的军队就驻扎在战神广场上，这肯定能帮助选民们想清楚应当选择谁。当选之后，恺撒履行了传统的献祭，据说有十二只秃鹫从他头顶上飞过。根据神话，罗慕路斯建立罗马城的时候，也出现了同样的吉兆。

　　不久之后，罗马人民再一次聚集起来开会，这一次是为了投票确认尤利乌斯·恺撒收养行为在法律上的合法性。随后恺撒颁布了其他一些法律，其中一项推翻了前44年3月17日的大赦，宣布刺杀独裁官尤利乌斯·恺撒是一桩罪行。布鲁图斯和卡西乌斯夺取各自行省行为的合法性被剥夺，他们和其他密谋者都被一个特别组成的正式法庭缺席判处有罪，庭审在一天内完成。陪审员都是精心挑选出来的，并且受到严密监视，只有一名陪审员敢于投票主张密谋者无罪。因为密谋者肯定是杀死了独裁官，并且曾对此自我吹嘘过，所以只要尤利乌斯·恺撒被杀一事被认为是犯罪，那么他们肯定是有罪的。让人们感到不安的是此次庭审的时间过短，以及缺席审判这种显然不符合常规的做法。不过，这次审判比西塞罗前63年审判喀提林党人时更符合法律程序。另一项法律撤销了将安东尼和李必达宣布为国民公敌的法律。多拉贝拉的国民公敌身份也被撤销，恢复为合法的前任行政长官，不过他可能在得知消息前就死了。塞克斯图斯·庞培短暂享有的法律地位被剥夺，又一次被宣布为叛贼。一位裁判官被指控阴谋杀害年轻的恺撒，并被草草地罢免和判处死刑。判决可能是迅速而残酷的，但到目前为止这还只是孤例。

　　独裁官遗嘱里承诺给罗马人民的馈赠的剩余部分，终于由正式成为他养子和继承人的年轻恺撒支付了。恺撒从几乎已经空荡荡的国库拿钱，给了他的军团士兵每人2500迪纳厄斯，并承诺会支付剩余一半赏金。他新近得到的几个军团可能也获得了慷慨赏赐，因为说到底他的力量还是有赖于军队。他现在有11个军团，但安东尼和李必达有22个之多。不过安东尼和李必达的这些部队可能只是空架子，实际兵力是理论兵力的一半，甚至更少。一位军事统帅的威望更多取决于他所拥有军团的数量，而不是他实际指挥的士兵的确切总数，所以统帅们倾向于组建很多军团，这样做的另一个好处是，有机会将忠诚的追随者提拔到高级衔级。[18]

恺撒及其军队很快重新北上，返回内高卢。安东尼和李必达在那里等待他。迪基姆斯·布鲁图斯在一个安全距离之外追踪安东尼和李必达，但没有办法与兵力远超自己的敌人交战。穆纳提乌斯·普兰库斯及其军队在迪基姆斯·布鲁图斯麾下待了一段时间，后来投奔了安东尼。迪基姆斯·布鲁图斯的部队成群结队地叛变，他带了一小群骑兵作为护卫，躲到了一位高卢酋长那里。迪基姆斯·布鲁图斯在尤利乌斯·恺撒帐下效力的时候认识了这位酋长，但在新形势下，旧的友谊也土崩瓦解了。或许是在安东尼的命令下，这位酋长杀死了迪基姆斯·布鲁图斯，将其首级送给安东尼，得到了安东尼的认可。

敌对双方的最优秀官兵都是曾为尤利乌斯·恺撒战斗的旧部，都热爱和缅怀他，也都仇恨杀害他的凶手。他们不愿意互相残杀，所以尽管恺撒的军队规模比李必达和安东尼的军队小得多（可能是后者的一半），但他仍然能够自信地接近对方。三位领袖都认识到，互相攻击会非常困难。更重要的是，他们之间的争斗对各方都没有什么好处。尽管安东尼在前一年愿意与所谓的"解放者"和平共处，但这纯粹是出于双方的务实需求。布鲁图斯和卡西乌斯在东方各行省军力的支持下，不大可能愿意妥协，也不可能对安东尼或李必达友好，更不会对年轻的恺撒友好。要相信布鲁图斯和卡西乌斯，风险实在太大。当然，布鲁图斯和卡西乌斯及其盟友对安东尼等人也抱有同样程度的怀疑。[19]

　　安东尼、李必达和恺撒互相通信，也有使者通风报信，所以知道对方愿意妥协。10 月底，他们在波诺尼亚（穆蒂纳以北不远处）附近会晤。两天时间里，三位主要领袖及其幕僚人员商谈了结盟的细节。每位领袖都带来了 5 个军团，三人在一个小岛上商谈的时候，负责警戒的士兵在一条河两岸互相监视着。随后达成的协议在罗马史上是前所未有的，在人类历史上的任何时期也很难找到类似的例子。庞培、克拉苏和尤利乌斯·恺撒之间达成的是非正式合作协议，而新的联盟却在他们抵达罗马后很快得到法律认可。三人同意分享只有尤利乌斯·恺撒曾经享有的最高权力。他们将成为有权恢复国家秩序的三头同盟（字面意思是三个人组成的理事会）。得到如此强大的权力之后，恺撒同意放弃自己短暂担任的执政官，将这个职位让给温提迪乌斯。温提迪乌斯目前担任裁判官，正是他的增援使得安东尼战败之后得救。温提迪乌斯将在本年度余下的几周内担任执政官，虽然任期很短，却让他终身享有前任执政官的地位。

　　三位领袖合军一处，共同率领联军的很大一部分开赴罗马。意大利根本没有任何军队能够抵抗他们，他们进入罗马城时就像恺撒几个月前进城那样平安无事。11 月 27 日，一位名叫提提乌斯的保民官召集了公民大会，大会批准了三头同盟的建立，并授予了他们五年的权力。大会可能还正式将他们已经占有的行省授予他们。李必达得到了外高卢和西班牙各行省，安东尼得到高卢的其余部分。恺撒得到了西西里岛、撒丁岛和其他一些较小的岛屿，以及北非。恺撒的地盘可能是最弱小的，因为其领地的很大一部分很快将被塞克斯图斯·庞培占领。就像这个年轻人的父亲（伟大的庞培）所做的一样，三头同盟将通过军团长来控制各行省，他们没有义务亲自到行省去。其中的关键在于控制驻扎在各省的军队，而二十岁的恺撒拥有一支强大的军队，从长远看来，控制军队远远比控制广袤的各行省重要。[20]

三头同盟是明目张胆的军阀，各自拥有忠于他们本人而不忠于国家的私人军队。布鲁图斯和卡西乌斯，以及塞克斯图斯·庞培也都是这样，他们全都一掷千金地赏赐麾下士兵，以巩固他们的忠诚。恺撒与其他军阀没什么不同，但他的崛起速度远远超过其他军阀，取得了更辉煌的成就。他这个年龄，在正常情况下，应当在军中担任下级军官或开始在法庭担任辩护律师，但他成了拥有世界上最炙手可热的权势的人之一。

# 八 复仇和纷争

马尔库斯·李必达、马克·安东尼和屋大维·恺撒，奉人民之命，管理和治理共和国。他们宣称，背信弃义的叛贼哀求饶命，而在得到宽恕后却成为恩主的敌人，密谋反对恩主，盖乌斯·恺撒因此被那些得到仁慈宽恕的人杀害……；我们也因此遭到侮辱，被宣布为国民公敌；现在……我们要先发制人，而不是被他们伤害……

——阿庇安记载的三头同盟镇压政敌的宣告，

2 世纪初[1]

但有一件事情需要评论一下。对于那些被镇压的人，他们的妻子表现出了极大的忠诚，他们的释奴也是如此，他们的奴隶表现出了一定程度的忠诚，而他们的儿子们则忘恩负义。

——维莱伊乌斯·帕特尔库鲁斯，1 世纪初[2]

三头同盟的统治是从大屠杀开始的。恺撒、安东尼和李必达从波诺尼亚南下的过程中，派遣士兵先行出动，消灭了十几位显赫人物。他们没有给出任何事先警告，不过西塞罗和其他一些受害者猜到了自己的危险处境，逃离了罗马城。在有四人被杀后，士兵们开始搜索其余人，一夜之间在罗马精英阶层中引发了极大恐慌，他们担心自己也处于危险中。执政官佩蒂乌斯（恺撒的同僚和表舅）派遣传令官到各地，要求大家保持冷静，等待天亮，那时就会公布通缉名单。佩蒂乌斯已经上了年纪，而且身体不好。人们相信，此事的巨大压力严重损害了他的健康，他几天后就去世了。三头同盟把他留下的执政官职位赏给了另外一名追随者，尽管任期只有本年度余下的几周时间。[3]

三头同盟抵达罗马后，恢复了苏拉曾经用过的公敌宣告手段，于是谋杀变得更公开和正式。广场上张贴了两张名单，据说其中一张名单专门用来通缉元老。名单上的所有人都失去了法律保护，三头同盟的下属或者任何渴望领赏（赏格就是死者财产的一部分）的人都可以合法地杀死他们。杀人者可以呈上死者首级，以此为据领赏。首级随后被固定在演讲台①上。死尸的其余部分则被丢弃在死亡现场，或者和城市的垃圾一起被投入台伯河。任何人，包括被镇压者的直系亲属，若胆敢帮助名单上的人，就可能遭到镇压。最初的名单上有数百人，在随后几个月内增加到超过两千人。镇压的程序非常正式，但掩盖不了事实：这是非法杀戮，规模远远超过了西塞罗不经审判处死喀提林党人的行为。这一次，没有一位保民官，事实上是没有任何人敢于发出抗议。安东尼属下的一名指挥官后来冷冷地评论道："要批评那些有能力镇压你的人，实在太难。"三头同盟指挥着意大利的全部军队，即便他们每人只带了 1 个军团和 1 个禁卫军大队到罗马城，也没有任何力量能够违抗他们的意志。[4]

---

① 演讲台（Rostra）在罗马广场（Forum）上、元老院议政厅之外。Rostra 的字面意思是战船船首的冲角，它装饰着迦太基战争期间俘虏的敌船的船首，由此得名。行政长官和其他大人物常常在演讲台向罗马人民的非正式集会发表演讲。

新政权的合法性只是一层薄薄的虚饰。建立三头同盟的《提提乌斯法》在提交的当天就被草草通过，完全无视法律要求，即任何提案要等待至少三天才能成为法律。三头同盟声称，镇压行动是消灭国家与国家领袖之敌的必要手段。他们宣称，尤利乌斯·恺撒对人宽大仁慈，却被自己宽恕的人杀害了。他们可不打算重蹈覆辙，所以会毫无怜悯之心地杀死任何敌人，对敌人的亲戚和家人也一视同仁。恺撒、安东尼和李必达在制定死亡名单时，做了一些交易。这个场景后来被莎士比亚记录下来，令人毛骨悚然："那么这些人都是应该死的；他们的名字上都做了记号。"①　安东尼允许两位同僚把他的舅舅卢基乌斯·尤利乌斯·恺撒②列在名单上，李必达也则放弃了自己的亲兄弟埃米利乌斯·保卢斯，这两位受害者都是前任执政官。年轻的恺撒没有多少显赫的亲戚可以牺牲，于是拿托拉尼乌斯来凑数，也就是曾经监护他但被指控侵吞他父亲遗产的人。[5]

埃米利乌斯·保卢斯逃到了米利都③，在那里流亡，他很可能得到了李必达本人的预先警示。李必达也并没有认真去追捕自己的兄弟。安东尼的母亲尤利娅将自己的兄弟藏在家中。刽子手闯到门前时，她堵住了门。据普鲁塔克记载，尤利娅告诉刽子手们："你们想杀卢基乌斯·恺撒，就先杀我吧，我是你们统帅的母亲！"后来她在广场上公开与自己的儿子攀

---

①　典出莎士比亚《尤利乌斯·恺撒》第四幕第一场，是安东尼说的话。

②　卢基乌斯·尤利乌斯·恺撒是独裁官尤利乌斯·恺撒的远房堂兄，曾担任前64年执政官。他的父亲也叫卢基乌斯，是前90年执政官。他的儿子也叫卢基乌斯，内战中站在庞培一边，反对自己的父亲和堂叔。

③　米利都为古希腊名城，位于今天土耳其西南部，前6世纪为古希腊哲学和科学的发源地，即所谓"米利都学派"的家园。在希腊化时期和罗马统治下，米利都相当繁荣。

谈，后者"不情愿"地赦免了自己的舅舅。没有人保护托拉尼乌斯，于是他死了。在随后大约一年时间里，有数百人丧生。[6]

西塞罗原本可以逃走。他登上了一艘开往东方的船，但由于天气恶劣，船被狂风吹回岸边，他似乎也没有精气神去逃亡了。在这期间，他的弟弟昆图斯和侄儿都被抓住并被杀死了。西塞罗的儿子正在雅典学习，很安全，很快就将作为布鲁图斯的军官参加反对三头同盟的战争。前43年12月7日，演说家听天由命，带着尊严迎接死亡。他是目前为止地位最显赫的受害者，也是唯一一位遇害的前任执政官。他的死亡向人们发出警示：即便是最显赫的人，若是得罪了三头同盟，也是死路一条。西塞罗虽然很成功，但仍然是个"新人"，他不像门阀贵族那样拥有许多代人传承下来的人脉关系，他无法保护自己，因此成了一个显而易见、非常脆弱的目标。在他卸去执政官职务之后，面对克洛狄乌斯和其他野心勃勃的政客攻击时，他显得势单力薄。[7]

后来有人说，年轻的恺撒记起了老政治家曾经对自己的提携，于是主张放他一马。恺撒或许真的替西塞罗求了情，甚至可能是真诚的，而不是在讨价还价。但不管真相是什么，他都没有坚持到底。安东尼命令将西塞罗的右手和首级一起送到罗马，后来将它们都钉在演讲台上，以便报复那只写下了《反腓利比克之辩》的手，以及那张曾经宣读这份演讲稿的嘴。在此之前，他和妻子富尔维娅用餐时，这些恐怖的战利品被送到他面前。据说安东尼抓住了西塞罗的首级，带着野蛮的喜悦放声大笑。随后，富尔维娅拿走了战利品，痛斥死者，甚至从自己头发上拔出发簪，去刺死者的舌头。两人都有充分的理由去恨西塞罗，或许富尔维娅更恨他，因为她的第一任丈夫克洛狄乌斯曾是西塞罗的死敌，而西塞罗甚至在法庭上为杀害克洛狄乌斯的凶手米罗辩护，尽管没有成功。在更近的时期，富尔维娅眼睁睁看着西塞罗说服元老院去反对身为合法执政官的安东尼，并将他宣布为国民公敌。当时富尔维娅居住在罗马，感到自己的财产和人身都遭到了威胁，因为一些野心勃勃的人觉得他们这样一个富户处于脆弱状态。[8]

史料中讲到，三头同盟全都为了这场大屠杀而欢呼雀跃。我们很难辨清事实真相，很难把真相与后来的宣传分离开，因为罗马的政治宣传中素来充满凶残而想象力丰富的攻击。在年轻的恺撒及其继承人统治的时代写下来的大多数故事都将他描绘为温和而不情愿的合作者，而将他的两位同僚描绘为野兽。但这不是留存至今的唯一版本。苏埃托尼乌斯声称，恺撒起初不情愿，但很快就热情而积极地追杀受害者。李必达和安东尼都是成熟的人，处于能够在政治中发挥作用的年龄，即便那些嫉妒和痛恨他们统治的元老，也更加怨恨一个黄口小儿杀人越货的权力。大多数罗马人觉得，还只有二十岁的恺撒实在不应当树立这么多敌人。[9]

事实上，被镇压的不仅仅是三头同盟的敌人。安东尼、李必达和恺撒拥有大约 40 个军团的大军，而且士兵们惯于接受慷慨的赏赐，因此他们急需大笔现金，此外治理国家也需要开支。被镇压的很多人之所以出现在名单上，仅仅因为他们很有钱，而三头同盟觉得没有什么理由让他们活下去。受害者的家产被没收，宅邸和乡间庄园被拍卖，以便为新政权筹集资金。在这些情况下，受害者是被杀了还是逃往国外，并不重要，因为他们的财产总会被充公。恺撒和安东尼都被指控，仅仅为了夺得一些精美的科林斯青铜花瓶，就肆无忌惮地杀人。被安东尼下令处死的维雷斯是一位前行省总督，即便按照罗马的标准也算是特别地贪婪，他于前 70 年被西塞罗成功地控诉，此后流亡海外。他还有很多财产，其中的艺术收藏品特别珍贵，于是这位年老的罪犯因此丧命。三头同盟无论是个人，还是作为一个群体，都急需金钱。传说在镇压政敌期间，富尔维娅和安东尼曾接受贿赂，然后杀死或者赦免某些人。富尔维娅还曾往名单上增加人名，仅仅因为她觊觎那些人的财产。据说安东尼还曾赦免一个人，因为此人的妻子答应和安东尼上床。[10]

在镇压行动中有很多人丧生，不过大多数受害者还是逃走并生存下来，最终返回了意大利和罗马城。这些大清洗引发了许多精彩的故事，如戏剧性地逃出、英雄保护受害者、亲友互相出卖、奴隶告发主人等。后来出现了汗牛充栋的书籍，讲述这些故事。据说有一个男孩在上学路上被杀害；还有一个男孩正在举行成人仪式，此时凶手匆匆将他的名字加在镇压名单上。不过总的来讲，儿童都是安全的，不会受到伤害，除非他们自己名下拥有巨额财产。虽然三头同盟威胁要处死那些庇护和窝藏被镇压者的人，但并没有认真执行。一名受害者的藏身之处被发现后，他的妻子哀求与丈夫一同赴死。士兵们拒绝了，行政长官（可能是三头同盟之一或他们的一名高级下属）也拒绝了，这时这名女子宣称自己犯有包庇窝藏丈夫的罪行。据说最后这名寡妇把自己活活饿死了。[11]

没有故事专门讲述妻子因为窝藏丈夫而被杀死，但有很多故事讲到父亲保护儿子，或儿子庇护父亲。有一个邪恶的故事写道，一名女子安排自己的丈夫遭到镇压，将他锁在家中，等待士兵赶来，然后在丈夫被处决仅仅几个小时后便与情夫结婚了。还有一名被镇压的男子立起石碑，镌刻了铭文来纪念爱妻。他提到，妻子帮助他藏身和逃跑，最后说服恺撒赦免了他。但赦免令很难执行，女子在努力劝说李必达执行赦免令、召回她的丈夫时，李必达却命令仆人殴打这名女子。[12]

还有一个故事说，恺撒对某个案子下令暂缓执行判决。在此案中，一名女子将丈夫藏在一个大箱子内，把箱子搬运到正在主持公共竞技的恺撒面前。她随后揭示了自己的计谋，群众被她的勇敢和忠贞感动。恺撒察觉到群众的情绪，于是赦免了他。即便是军阀，也不能完全无视民意。根据镇压法令，奴隶若告发自己的主人，便可获得自由。但在几个得到宣传的案例中，如果奴隶告发主人后过于嚣张，或继续攻击前主人的家庭，三头同盟便会将这些奴隶处死，或重新卖为奴隶，以便向人民保证，社会秩序并没有受到严重威胁。[13]

恺撒、安东尼或李必达在下令镇压政敌时都表现出了冷酷无情，他们难逃罪责。从纯粹功利主义的角度看，这些谋杀非常成功地制造了恐怖气氛，但经济收益却令人失望，因为很少有人竞买被没收充公的财产。太多的潜在买家不敢出手，以免显露出自己很有钱，能够买得起新地产。还有人记起了那些曾经从苏拉镇压政敌活动中受益的人后来遭到的频繁攻击。急需更多金钱的三头同盟开始征收一批新税，根据富人的财产对其征税，这是非常不符合罗马传统的措施。他们宣布，将对1400名最富裕的女性公民的地产进行评估，以便征税。这是史无前例的做法。在前3世纪抵抗汉尼拔的绝望战争中，贵族女性曾自愿捐献珠宝和其他财物给共和国，但国家从来没有对她们征过税。在霍尔腾西娅（她的父亲①曾经是罗马第一演说

---

① 昆图斯·霍尔腾西乌斯·霍尔塔鲁斯（前114～前50年），前69年执政官，著名演说家。

家，不过这个地位后来被西塞罗夺走了）领导下，一大群妇女先去找了三头同盟的女性亲属，然后冲进广场，去找恺撒、安东尼和李必达当面对质。这一次，广大群众仍然赞赏这些女性所表现出的勇气，于是三头同盟觉得还是让步比较稳妥。只有 400 名女性被征税，而男性的纳税负担则被加重。各农场的一半出产将被征收，而意大利各社区不得不在冬季为士兵提供免费住宿地，这种服务原本是被强加给外省的。[14]

## 腓立比战役

前 42 年 1 月 1 日，李必达第二次就任执政官，这离他上一次担任执政官（同僚是尤利乌斯·恺撒）仅仅过去了四年。这一次他的同僚是卢基乌斯·穆纳提乌斯·普兰库斯，此人是穆蒂纳战役后加入安东尼军队的指挥官之一。两位执政官的第一个举措是宣誓已不在人世的尤利乌斯·恺撒的全部决定永久有效。安东尼和恺撒非常愿意参与这次宣誓，元老院的其他人不是那么情愿，但也不得不加入其中。尤利乌斯·恺撒被正式封为神，人们在广场上他被火葬的地点附近建造了一座供奉他的神庙。这座神庙的遗迹存留至今。他的继承人如今不仅仅是拥有恺撒之名，还是神的儿子，尽管年轻的恺撒没有立刻采用这个头衔。[15]

罗马贵族无时无刻不在考虑家族关系。前 43 年年末，阿提娅去世了，她活得足够久，看到了儿子当上执政官。她得到了一场公开葬礼。此时她的儿子已经与一位年老贵族的女儿订婚，但三头同盟建立后，这段婚约便被解除了。安东尼和李必达都没有年龄合适的女儿，但军队明确表示渴望采取一些措施来巩固三头同盟，于是年轻的恺撒娶了富尔维娅在第一段婚姻中生的女儿。这个姑娘叫克劳狄娅，在她父亲①将身份从贵族改为平民时，改了自己的姓氏，但克劳狄娅的名字没有被改为较为低俗的克洛狄娅。克劳狄娅的父母都来自重要的贵族世家，所以对恺撒来说也是一个合适的选择。但她年纪还小，还要几年才到正常的结婚年龄。尽管他们结了婚，但没有过夫妻生活。两年后，他们离婚时，恺撒发誓她还是处子之身。[16]

目前，这段婚姻为安东尼和恺撒建立了非常传统的联系。就在几个月前，这两人还互相攻击辱骂，兵戎相见。现在，他们要一同率军东进，去对付布鲁图斯和卡西乌斯集结起来的强大军队。李必达留在意大利，只有几个军团。虽然恺撒年轻而缺乏经验，但他显然必须随军去惩罚那些谋害他养父的人。这比在三头同盟之间瓜分各行省重要得多。安东尼和恺撒将会赢得荣耀，或者殒命沙场。如果他们赢了，李必达就只能间接地分享一点点威望和权力。如果他们输了，未能回国，那么曾参与清洗政敌的李必达可能会发现自己有很多敌人。[17]

要想胜利，并不轻松。"解放者"已经获得和招募了超过20个军团。其中有些军团最初是尤利乌斯·恺撒组建的，但都不曾在他的指挥下打过很多仗，因此没有理由对他、他的继承人或马克·安东尼表现出善意。这些军队也不会特别忠心耿耿地捍卫元老精英阶层的利益。和三头同盟一样，布鲁图斯和卡西乌斯非常仔细和慷慨地为士兵提供经济上的刺激。地中海东部各行省别无选择，只能为此埋单，因而遭到苛捐杂税的压榨，除此之外，还必须提供粮草、物资和盟军士兵。有些人是

---

① 即前文讲到的普布利乌斯·克洛狄乌斯·普尔喀，西塞罗的死敌，被米罗杀害。

自愿支持的，但没有人能够抵挡"解放者"大军的强大力量。罗德岛不愿意满足卡西乌斯的要求，于是卡西乌斯率军入侵该岛。犹太地区的一些社区顽固地拒绝合作，于是卡西乌斯将那里的居民全部卖为奴隶。大约在同一时间，布鲁图斯攻打并洗劫了吕基亚①的桑瑟斯，导致当地居民大批自杀。这些恐怖手段让大多数社区都积极地提供他们想要的东西。布鲁图斯用他获得的部分白银铸造了一批带有他头像的银币，银币另一面是更妥当的共和国自由之帽②。铸造带有自己头像的钱币的做法是尤利乌斯·恺撒开创的，现在三头同盟也效仿他。[18]

前42年夏末，"解放者"觉得自己足够强大，便开始集结兵力，然后从小亚细亚渡过赫勒斯滂海峡，进入马其顿。安东尼和恺撒派遣了8个军团渡过亚得里亚海，同时准备自己的主力部队，并集结运送如此多士兵所需的船只。8个军团的先遣部队兵力少于对方，谋略也占下风，沿着艾格纳提乌斯大道向西撤到安菲波利斯。"解放者"没有穷追不舍，但在腓立比城下占据了一个易守难攻的位置。这座城市由亚历山大大帝的父亲腓力二世于前4世纪建立，并以他的名字命名。

安东尼和恺撒的主力部队直到9月才起航，在这个时间开始作战算是非常晚了，但行动之坚决果断可与尤利乌斯·恺撒在内战中的表现媲美。和尤利乌斯·恺撒一样，安东尼和恺撒也缺少运输船，并且面对着强大的、决心阻止他们渡海的敌军

---

① 今天土耳其西南部的一个地区。

② 自由之帽（Pileus）是古希腊和罗马时期自由人戴的一种尖顶帽，奴隶在获得自由时往往得到这样一顶帽子，以象征他们的自由人身份。18世纪和19世纪，欧洲人误将自由之帽与来源于古代弗里吉亚（今土耳其中西部一地区）的一种帽子混淆，用弗里吉亚帽象征自由，如在法国大革命期间。

舰队。安东尼在布隆迪西乌姆港准备远征的时候，袭击港口的敌军被他打退。在抵达亚得里亚海之前，恺撒与力量不断增强的塞克斯图斯·庞培打了几场无关大局的小规模海战。在最终起航的时候，他们只带去了部分军队，而且他们的运输船必须返回来运载增援部队。第二批部队渡海之后，"解放者"的战船就封锁了海路，并且封锁维持了一段时间。[19]

安东尼和恺撒的军队在阿波罗尼亚登陆。两年多前，恺撒（当时还叫盖乌斯·屋大维）就是从这里出发，去面对风云变幻的罗马政治。但熟悉的环境并没有什么用，因为他在航行途中患了重病。我们不知道具体是什么病，但他此时没有办法继续前进。安东尼率领他的军队继续开进，去援救在安菲波利斯的先遣部队。然后他继续推进，勇敢地在腓立比附近扎营，与布鲁图斯和卡西乌斯对峙。这样做的风险很大，因为布鲁图斯和卡西乌斯的兵力至少比他多三分之一，但"解放者"过于谨慎，未能利用这个优势。在随后十天内，两军的前哨之间发生了一些小规模交锋，直到恺撒及其军队抵达与安东尼会师。年轻的恺撒快到二十一岁了，因为体弱不能骑马，所以不得不乘轿。[20]

安东尼和恺撒手中有 19 个军团，这相当于前 48 年决定性的法萨卢斯战役时庞培和尤利乌斯·恺撒兵力之和。布鲁图斯和卡西乌斯有 17 个军团。"解放者"在骑兵方面有优势，据说出动了 2 万名骑兵，而安东尼和恺撒只有 1.3 万名骑兵。如果各军团的兵力接近理论数字，那么就有超过 20 万人参加了随后的战役，不过我们必须谨慎。很可能所有军团的兵力都远远少于理论数字，上述的骑兵兵力也是夸大的。用船运输马匹很困难，为这么多战马提供饲料也非常困难，何况还有数量相当的役畜以及这么多士兵，要在相当长的时间维持这么多人员和牲口的生存，难上加难。布鲁图斯和卡西乌斯已经聚集了大量粮草，并且可以从海路获取补给，他们的对手没有这些优势。但要说布鲁图斯和卡西乌斯能够在整个战役期间维持如此庞大军队的给养，仍然是非常值得怀疑的。[21]

即便各部队的兵力是其理论数字的三分之二或一半，仍然是非常庞大的。两军都有一些老兵，但绝大多数士兵和军官的作战经验都很少。统帅们也是如此。卡西乌斯于前 53 年在克拉苏麾下担任财务官，并率领一队残兵败将撤退到安全地带，但那是二十年前的事了。他和布鲁图斯都曾在前 48 年的马其顿战役①中作战，但除此之外没有什么军事经验，直到他们为了筹集军费而开展了一些小规模的惩罚性行动。这远远不足以让他们做好充分准备，去调遣史上投入战场的规模最大的罗马军队。安东尼的指挥经验比较丰富，不过正如我们看到的，实际上并没有大家一般认为的那么丰富。他的指挥水平远远比不上尤利乌斯·恺撒或庞培，尽管后两位从来不曾指挥过这么多军团。在这场新内战中，双方的军队都庞大而笨拙，而且高级军官们都没有指挥如此宏大规模战争的经验。在两边，各支部队在很大程度上是单独行动的，仅仅对给他们发饷的领袖忠诚。他们互相挨着，排兵布阵，但并没有整合起来接受统一指挥。

布鲁图斯和卡西乌斯在腓立比城外的高地上各有一座营地。布鲁图斯在右翼，他的侧翼在一线山峦上。卡西乌斯在左翼，在一大块沼泽地旁边。防御工事的战线将两座营地连接起来。他们有充足的水源，与海岸之间有着稳妥的补给线。他们的计划是等待敌人在不利的条件下发动进攻，或者等待敌人的

---

① 即尤利乌斯·恺撒与庞培在马其顿的决战，后者大败。

粮草耗尽。这种战略或许能成功，但把主动权拱手让给敌人很不符合罗马的传统。恺撒的军队驻扎在布鲁图斯对面，安东尼的军队在卡西乌斯对面。在一段时间内，双方满足于小规模交锋。大多数日子里，两军都出营，摆开阵势，但双方都没有向前推进、迫使对方交战。这种形式的挑战在当时的战争中是很常见的。[22]

为了打破僵局，安东尼判断敌军阵地左侧的沼泽地是一个薄弱点，于是派遣士兵建造一条贯穿沼泽地的战线。他的士兵从己方营地出发，向外延伸战线。他的目标是建造一块从卡西乌斯身旁经过的阵地，最终威胁敌人的补给线。起初，高高的芦苇可以掩蔽施工，并且安东尼小心地每天在营地外排兵布阵、发出威胁，以吸引敌人的注意力。最终卡西乌斯意识到发生了什么事情，于是派遣士兵修建自己的壕沟和壁垒，与安东尼的战线构成直角。他打算截断安东尼的战线，消灭施工人员，并切断所有前进得过远的敌人，以便慢慢将其吃掉。10月3日，安东尼的侦察兵发现了敌人的动向。像往常一样，两军都摆好作战阵形。这一次，"解放者"可能决定向前逼近一点点，甚至打算发动进攻，以便将敌人的注意力从修建工事上转移走。

安东尼正在自己战线的最右翼，他立刻带领手边的部队冲进沼泽地，去攻击卡西乌斯的新战线。在其他地方，两军混战起来。不管布鲁图斯和卡西乌斯的这次进攻是不是事先筹划的，他们的幕僚很难协调这么多缺乏经验的军团。前进的命令没有同时抵达各单位，所以指挥官们自行决定，有的等待，有的则在没有得到指示的情况下前进。于是，他们热情洋溢却缺乏秩序地前进。在另外一边，情况甚至更加混乱。在一连许多

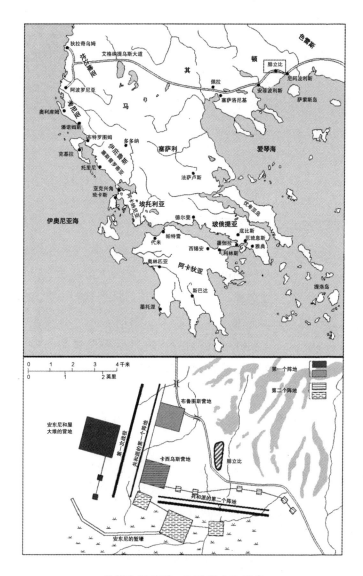

希腊和马其顿，两次腓立比战役

天摆开阵势、面对敌人却没有作战之后，安东尼和恺撒的军队没有预料到敌人这次会真的发动全面进攻。布鲁图斯的右翼战线比恺撒的部队延伸得要长，这可能是偶然，而不是布鲁图斯有意为之。第四军团占据着最左端的荣誉位置，这个有经验的恺撒军团发现自己的正面和侧翼都遭到冲击，很快就败退了。恐慌情绪迅速蔓延，恺撒的整个左翼崩溃了。布鲁图斯的部队兴高采烈，潮涌般猛冲追击敌人，突入敌营，随后很快分散开去掳掠敌营的财物，完全忘记要一鼓作气取得彻底胜利。

与此同时，安东尼的士兵借助梯子，爬上卡西乌斯的新壁垒，将其占领，然后在将军的敦促下继续前进。安东尼是第一批杀进卡西乌斯主营地的人之一。卡西乌斯的大多数军团都在前方作战，没有参与沼泽地里的战斗。但随着新壁垒失守的消息传开，卡西乌斯的各大队开始动摇和撤退。卡西乌斯自己陷入了绝望，军队在他周围土崩瓦解。他的眼睛近视，误以为布鲁图斯的一些骑兵是敌人，于是命令自己的贴身仆人帮助他自杀，他不愿被俘。（这个仆人之后就消失了，有些人怀疑他实际上并没有得到命令就杀死了主人。）布鲁图斯没有办法控制住自己的士兵，以让他们去抵抗安东尼。这些士兵开始满载着战利品，返回营地。安东尼也卷入了冲击卡西乌斯营地的战斗，没有办法掌控全局，也未能利用布鲁图斯部队的混乱。恺撒则干脆不知所踪。[23]

这位年轻的将军在 10 月 3 日这一天的行为，导致他的余生始终笼罩在争议之中。毫无疑问，他没有像一位罗马贵族理应做的那样，身先士卒。这时他的病还很严重，没有办法积极地指挥，但他也没有任命一位下属来代替自己，这无疑是因为一位军阀必须亲自为亡父报仇，而不能借助他人之手。这种指挥真空，就是他的军队遭到布鲁图斯攻击后迅速陷入混乱和溃败的最重要原因。恺撒可能就在军中，坐着轿子待在战线后方。"解放者"的人马冲进他的主营地时，他肯定不在那里，尽管好几个人跑到布鲁图斯那里，吹嘘自己杀死了年轻的恺撒。恺撒自己的说法是，他的私人医生认为继续留在营帐中很危险，于是他的伙伴们听取了医生的警示，让仆人把他抬走了。我们不知道他被抬走的时间是在战斗打响之前还是战斗期间。他们把他抬离战场，躲在后方远处的沼泽地内。也许他们或他本人对战役已经绝望，抑或他仅仅是精疲力竭，无法行动，总之他在那里待了三天才返回营地。[24]

在第一次腓立比战役中，双方军队都很笨拙而且也不专业，再加上糟糕的指挥，最终打成了平手。恺撒的各军团伤亡最重，还丢失了一些军旗。更糟糕的是，一名信使送来了噩耗：最近一批从意大利输送援兵的船只在海上被敌军战船拦截并摧毁了。运输船被敌人烧毁，玛尔斯军团的很大一部分，以及另外一个军团的官兵，被烧死或溺死。布鲁图斯得知这消息时并不相信，但在确认自己的盟友和妹夫①死后，陷入了绝望。卡西乌斯死了，但他的军队和布鲁图斯的军队仍然是各自独立的，所以布鲁图斯立刻给了卡西乌斯的士兵一笔丰厚的赏赐，拉拢他们继续为共和国和自由而战。安东尼则继续打造绕过敌军左翼的战线。卡西乌斯之前在一座视野开阔的山上派驻了部队，但不知是因为错误，还是为了确立自己的权威，布鲁图斯将这支部队撤走了。安东尼和恺撒发现了敌人的这个错误，立刻派兵到那个地点，并迅速建造了一座强大的要塞。布

---

① 卡西乌斯娶了布鲁图斯的三个妹妹之一——尤尼娅·特尔提娅。

鲁图斯的补给线现在受到了威胁。时间一天天、一周周地流逝，他的军队开始倍感挫折，急于与敌军对抗，做个了结。

10月23日，布鲁图斯不情愿地出战了。这一次两军的位置与之前的战场呈直角，这意味着布鲁图斯的部队不再拥有缓坡的地理优势。即便如此，战斗还是漫长而残酷的，不过安东尼和恺撒的军队稳步将对方打退，"就像工人推着一台沉重的机械"，敌军最终瓦解溃散。布鲁图斯聚拢了几个军团，有秩序地撤退了。然后，像他这一代的许多人一样，在加图等人榜样的感召下，他自杀了。[25]

恺撒的病情已经大有好转，所以在第二次战役中发挥了积极作用，不过胜利的主要功劳还是安东尼的。据说，俘虏中的一些贵族嘲讽年轻的恺撒，而欢呼安东尼为凯旋将军。那些得到宽恕的俘虏肯定倾向于加入安东尼那边，这又一次体现了人们更青睐一个年纪较长、地位更巩固并且拥有无可争议的贵族血统的人。安东尼对布鲁图斯的遗体以礼相待，因此得到了赞誉。不过据普鲁塔克说，恺撒对布鲁图斯的遗体给予同样的尊重。布鲁图斯的首级准备被送往罗马（我们不知道这是谁下的命令），摆放到尤利乌斯·恺撒雕像的脚下，但运送首级的船只在海上倾覆，首级也失踪了。有人指控尤利乌斯·恺撒的继承人残酷地对待战俘，据说有一次他让一对父子赌博决定谁先被斩首。[26]

安东尼获得了打败布鲁图斯和卡西乌斯的大部分荣耀，不过恺撒后来简单地宣称："我把那些杀害我父亲的人驱赶到流亡队伍中，通过正当的法律程序惩罚他们的罪行，后来他们对共和国开战，我两次在战场上击败他们。"[27]

主要的密谋者都战败和死亡了，恺撒在其中发挥了一定的作用，目前这对他而言已经足够了。军阀需要成功，战争已经打赢了。他和安东尼必须兑现给士兵的承诺，其中很多人服役期已满，有的是因为服役年限到了，有的是因为参军时订立了契约，规定战争结束后便退役。退伍军人得到的承诺是在意大利得到土地。三头同盟决定让恺撒回国监督这项工作。安东尼将留在地中海东部，确保各行省保持忠顺，并压榨它们的钱财，以便筹集三头同盟支付军饷和分配土地所需要的巨额资金。主要的附庸王国和城市别无选择，只能满足他的要求，就像它们前不久被迫满足"解放者"的需求，以及几年前满足庞培和尤利乌斯·恺撒的要求那样。国王和其他领袖知道，如果他们拒绝服从，罗马人能轻而易举地找到野心勃勃的竞争对手来取代他们。克利奥帕特拉七世仅仅是急于讨得安东尼欢心的一大批东方显贵之一。[28]

但恺撒在起航返回意大利之前，又病倒了。和上一次患病的情形一样，我们不知道具体是什么病，也不知道这次是新的疾病，还是旧病复发。有一段时间，人们担心他会死掉，还有谣言说他已经死了。几个月过去了，他迟迟未能返回，罗马城变得越来越紧张。传闻称他在筹划一件比之前的大清洗更为凶残的事情。恺撒和安东尼在国外期间开始怀疑李必达，疑心他已经开始私下里与塞克斯图斯·庞培单独谈判。于是，恺撒和安东尼暂时瓜分了李必达的几个行省，不过他们似乎打算在将来的某个时间把北非的两个行省交还给他。李必达虽然名义上仍然是三头同盟的一员，但他的地位显然已经低于另外两人了。[29]

前41年，恺撒终于返回罗马，开始急迫而坚决地搜罗土地。在他们动身去马其顿作战之前，三头同盟就已经指定了意大利的十八座城市，计划没收其土地，分配给退伍军人。富人和有背景的人，尤其是元老和最富裕的骑士，若是发现涉及自己的地产，便发出抗议。疏远这些有影响力的人总是很危险的，因此在大多数情况下这些人的地产都得到了豁免。这意味着遭到打击最大的是中等阶层，他们没有多少办法抗议，尽管其中很多人还是决定来罗马城尝试一番。在好几个案例中，被指定城市周围的土地还不够，于是附近社区的土地也被没收，尽管这些社区并没有被三头同盟指定。

士兵得到的承诺是，他们退役之后将得到农场。他们拿自己的生命和肢体冒险，去帮助统帅打仗，他们也知道，三头同盟之所以能够统治，就是依赖他们的力量。于是，士兵们傲慢而粗暴地坚持要求得到更好的待遇。尤其是，他们希望他们的亲戚，以及阵亡战友的父亲和儿子也得到保护，不至于被没收土地。与此同时，一些耕种自家土地已经几代的家庭丧失了土地，但他们并没有犯过罪，也不曾反对三头同盟。土地被没收时，原先的牲畜、工具、建筑和房屋，以及作为劳动力的奴隶，会被一并没收。人们畏惧但并不爱戴三头同盟，所以三头同盟如履薄冰，一方面要满足退伍军人的要求，另一方面又不能疏远太多其他人。同时，塞克斯图斯·庞培在骚扰通往意大利的海路，所以运到意大利的粮食比正常情况少了许多。于是粮食开始短缺。和通常情况一样，最容易受到饥馑威胁的是最贫穷的人群，他们已经开始觉得自己的处境不可能更糟糕了，因此倾向于支持任何变革。[30]

恺撒在意大利本土，所以很多群体都将他当作怨恨的焦点。这时，一个意想不到的敌人出现了。为了给迪基姆斯·布鲁图斯报仇，马尔库斯·布鲁图斯杀死了安东尼的弟弟盖乌斯，但到前41年，安东尼仅剩的弟弟卢基乌斯·安东尼当上了执政官。卢基乌斯拥有罗马贵族趾高气扬的自信，我们不应当将他仅仅视为其兄长的爪牙，他自己其实也是一个野心勃勃的人。作为执政官，他开始支持那些被没收了土地的农民和意大利心怀不满的社区。在几个月时间里，他和恺撒的关系恶化了。随后发生的事情真相究竟如何，即便在当时也很难查清，况且很快就陷入了宣传的泥沼。富尔维娅加入了卢基乌斯，竭尽所能地从安东尼的老兵当中帮他召集人马。但很少有老兵表现出热情，因为尽管他们喜爱自己的老长官，但不愿意站到被剥夺土地的农民一边去反对政府，毕竟政府正在非常努力地把那些没收来的土地分配给安东尼的老兵，以及恺撒的老兵。站到卢基乌斯旗下的大多数士兵都是来自意大利北部和坎帕尼亚肥沃地区的新兵，这些地区受土地分配政策的打击最大。

前41年年末，卢基乌斯率领他的新军队向罗马城进发。李必达在城内，但他的兵力远远不敌卢基乌斯·安东尼，而且广大群众对三头同盟没有多少支持。罗马迅速陷落，李必达逃去投奔恺撒。但在恺撒率领一支庞大而纪律严明的军队赶来时，卢基乌斯·安东尼已经撤退了，而且跑得比他之前来时更快。他向北进发，希望与意大利境内马克·安东尼属下的几名将军会合，他们有大约13个有作战经验的军团。恺撒的下属指挥官堵住了他的去路，将他封堵在佩鲁西亚（今天的佩鲁贾）。恺撒的军队在佩鲁西亚城周围挖掘了一道壕沟，建造了壁垒，并每隔一小段距离就建造一座塔楼，等待敌人因为饥饿而屈服。在冬季的几个月，卢基乌斯·安东尼坚守下来，等待安东尼的将军们带兵救援。援军到了很近的地方，有一次在离佩鲁西亚仅20里的地方扎营，但由于没有统一指挥，也没有得到马克·安东尼本人的指示，所以不知道如何是好。他们或许也认识到，己方的士兵也不同情卢基乌斯叛党。没有一位将军选择与恺撒手下驻扎在那里观察他们的指挥官发生对抗，而恺撒的指挥官也小心地避免严重的冲突。[31]

考古学家在佩鲁西亚发现了一些铅制的弹丸，上面铸有文字，揭示了当时两军之间的宣传和粗俗辱骂。恺撒的部下嘲讽卢基乌斯·安东尼的秃头，或者表示希望他们的投射武器击中富尔维娅的 landica（这是一个特别粗俗的俚语词，指的是阴蒂）。尽管安东尼的妻子并不在佩鲁西亚，但她显然受到特别的憎恨和讥讽。守军弹丸上的文字则自称瞄准恺撒的屁股，把他描述为堕落下流的同性恋者，供别人鸡奸。除了这些污言秽语攻击之外，守军还常袭击围城者的战线。有一次，恺撒在以军队统帅的身份举行献祭时，遭到突然袭击，险些丧命。不过守军袭击的结果一般没有如此惊险，有时一些守军能够突围逃走。[32]

卢基乌斯·安东尼的兄长属下的指挥官不能够或不愿意帮助卢基乌斯。他的粮草最终消耗殆尽，于前 40 年 2 月投降。佩鲁西亚遭到洗劫，被付之一炬，不过我们不确定火是胜利者还是当地居民放的。一些领头放火的平民可能被处决了，卢基乌斯·安东尼的一些元老级支持者可能也被处死。谣言和敌视恺撒的宣传很快将此事夸大为又一场恐怖大屠杀，说三百名显赫平民被献祭给尤利乌斯·恺撒的灵魂。这种捏造的故事肯定受到了《伊利亚特》的启发，阿喀琉斯在其战友帕特罗克洛斯的葬礼上杀死了特洛伊战俘。据苏埃托尼乌斯说，有人哀求饶命或者替人求情时，年轻的恺撒简练地回答"你必须死"或者"他必须死"。不过总的来讲，恺撒的报复还是有限的。

叛军士兵得到了宽恕，其中很多人无疑被招募到恺撒军中。卢基乌斯·安东尼不仅没有受到伤害，还被派去治理西班牙的一个行省。① 富尔维娅已经逃到她丈夫身边了，安东尼的母亲也逃到了国外，先是跑到塞克斯图斯·庞培那边，后来他派人将她送到安东尼那里。[33]

安东尼没有干预这场所谓的"佩鲁西亚战争"，没有支持自己的弟弟和妻子，也没有约束他们。前40年春，他在返回意大利的途中，带来了实力非常雄厚的舰队。没有人知道，新的内战是已经真正结束了，还是刚刚开始。

---

① 此后卢基乌斯·安东尼就从史册中销声匿迹了，我们不知道他的结局是什么。

## 第三部

# 凯旋将军恺撒，神之子，
# 前 38 ~ 前 27 年

凯旋将军是赋予一名赢得胜利的将军的头衔，但在此之前从未被用作永久性的名字。在前 42 年尤利乌斯·恺撒被正式封神之后，他（恺撒）正式获得了"神之子"的称号，但后来才开始一直使用这个头衔。

# 九　神子们

啊，在怎样遥远的将来才能回到故乡，再看见茅草堆在我村舍的屋顶上，再来欣赏我的小小收成，自己的王国？种好了的土地将被粗鲁的士兵掳掠，异族人将占有我们的果实，这都是战争给我们的灾难，把自己的土地让给这些人！

　　　　　　　　　　　　　　——维吉尔，前 1 世纪 30 年代[1]

伟大世纪的运行又要重新开始，处女星已经回来，又回到萨图恩①的统治，从高高的天上新的一代已经降临，在他生时，黑铁时代就已经终停，整个世界又出现了黄金的新人。圣洁的露吉娜②……正当你为执政官，波利奥啊，伟大的岁月正在运行初度。

　　　　　——维吉尔预言一个新的黄金时代的开始，前 40 年[2]

前 41 年的某个时候，随着富尔维娅与卢基乌斯·安东尼的关系恶化，恺撒得到启发，写了一首关于他的岳母（马克·安东尼的妻子富尔维娅）的短诗："安东尼操了格拉菲

---

①　萨图恩（Saturn）是古罗马的重要神祇，历史悠久，极其复杂。他是卡比托利欧山的第一位神，是主持万物生长和死亡、丰饶、财富、农业、周期性复苏、解放和时间的神。他的统治被认为是和平繁荣的黄金时代。罗马广场上的农神庙就是供奉他的。罗马最重要的节日农神节（Saturnalia）也是纪念他的。土星（Saturn）和星期六（Saturday）得名自他。罗马人认为他相当于希腊神话中的克洛诺斯（宙斯的父亲）。
②　露吉娜是古罗马主持生育和分娩的女神。

拉，富尔维娅为了报复，想搞我！怎么办？我要操富尔维娅吗？如果马尼乌斯求我操他屁股，我应当这样做吗？我觉得不行，如果我还有一丁点儿理智的话。她说，要么操，要么打仗。呃，对我来说，我的鸡巴比我的生命更珍贵。让战斗开始吧！"[3]

一个多世纪之后，诗人马提亚尔引用了这些诗句，所以我们今天才能够知晓它们的存在。他还厚脸皮地说，既然罗马的第一位皇帝能写淫秽诗歌，那他也可以。恺撒这些诗句的拉丁文特别粗俗，与他的士兵在佩鲁西亚往铅制弹丸上刻的污言秽语相比有过之而无不及。格拉菲拉是罗马的附庸国卡帕多细亚统治者的出身高贵的情妇，三头同盟重组东方各行省时，格拉菲拉委身于安东尼，希望说服他，让她的儿子继承卡帕多细亚的王位。（当时安东尼把卡帕多细亚的权力给了其他人，但几年后又安排格拉菲拉的儿子成为国王，所以她的努力没有白费。）在安东尼遇见克利奥帕特拉七世之前几个月，他和格拉菲拉的风流韵事已经传到了罗马，成了新的流言主题。马尼乌斯是安东尼在意大利的一位重要代理人，后来被指责激化了政局，被认为是促发佩鲁西亚战争的主要责任人之一。[4]

即便按照罗马政客凶残地互相攻击的标准，这几句诗也是非常低俗的，作者是一个纵情于污言秽语的毛头小子，充满了任性顽固的自信。仅仅几年之间，恺撒便成了世界上最强大的两个人之一，如同他养父般的作为国家最高领袖的荣誉和地位似乎指日可待。平步青云说明他有着极大的、极其强烈的野心和高超的政治手腕，但也说明他的运气非常好。和几乎所有成功的政治家一样，恺撒是一个机会主义者。若不是尤利乌斯·恺撒被谋杀，年轻恺撒的政治生涯将会截然不同，晋升肯定要慢得多，不过说不定到最后会取得同样崇高的地位。借助西塞罗领导下的元老院的帮助，他得以攫取权力，并获得合法性。后来元老院领导人要"抛弃"他时，他又变成了安东尼和李必达的有价值盟友。他也曾失败过，比如第一次进入罗马，以及在第一次腓立比战役中的可耻表现。他也冒了很多风险。他完全有可能输掉战役，或者殒命沙场。他克服了两次非常严重的疾病，并直面愤怒的公民和由哗变老兵组成的暴民团体。有一次，他派遣一名百夫长去安抚哗变士兵，士兵们却将此人杀死，将尸体丢在恺撒一行人的必经之路上，以确保他看得见死尸。年轻恺撒在每一次危机中生存下来，最终得到了自己想要的东西。古代史料中记载的预兆往往是后人的捏造，但恺撒一定坚信自己的好运气，以及必将赢得天下的命运。[5]

在佩鲁西亚战争打响之前，他与克劳狄娅离婚了。有人说恺撒故意没有与妻子圆房，因为他知道这段婚姻以及它所代表的政治联盟不会维持多久。不过，没有圆房的原因可能仅仅是这个姑娘年纪太小，就算有了孩子，在政治上不利的婚姻也会终结。恺撒及其指挥官击败了卢基乌斯·安东尼，安东尼的将军们未能有效地支持卢基乌斯·安东尼，也是恺撒胜利的原因之一。但恺撒终归是赢了，并且在这次挫折之后变得更强。随后，好运气又一次站到他这边。在腓立比战役之后重新分配各行省时，内高卢变成了意大利的一部分，高卢各行省的其余部分被分给了安东尼，安东尼通过自己的下属昆图斯·弗费乌斯·卡雷努斯来控制这些地区。前40年夏季，卡雷努斯病逝，留下一个年轻的儿子来掌管局面。恺撒的年纪可能只比小卡雷努斯大一点点。他匆匆赶到高卢，威逼小卡雷努斯将军队指挥权交给他。就在一夜之间，11个军团转了手。[6]

恺撒外出期间，安东尼返回了意大利。他现在拥有一大批战船，因为一度为布鲁图斯和卡西乌斯效力的海军将领格奈乌斯·多米提乌斯·阿赫诺巴尔布斯加入了他。就在前不久，阿赫诺巴尔布斯还在袭掠意大利沿海地区。他与安东尼的联合舰队抵达布隆迪西乌姆时，当地驻军认出了阿赫诺巴尔布斯的战船，于是封闭了港口。安东尼认为这是恺撒在刻意开战，于是攻打了这座城市。驻军可能犯了个错误，不过在佩鲁西亚战争造成的激烈气氛中，双方无疑都高度紧张。恺撒从高卢返回，开始准备作战。他集结了军队，并又一次努力招募刚刚定居下来的退伍军人。退伍军人因为得到了土地而对恺撒感恩戴德，做出了良好的回应。直到消息传来，这一次他们的敌人是安东尼和他们的许多老战友，有些人转身回家了，而留下的人也是不情愿地跟随恺撒。[7]

现代学者一般认为，此时安东尼处于强势地位。塞克斯图斯·庞培已经找到他，提议与他结盟，共同反对恺撒。在佩鲁西亚战争之后，安东尼的母亲逃到了西西里岛，得到了塞克斯图斯的照顾。或许她真的是因为害怕才逃跑，但实际上她基本不会有任何危险，所以她的逃跑更有可能是为了公开表示对恺撒的敌意。恺撒肯定是这么想的。塞克斯图斯欢迎了这位逃亡的老妇人，派人送她去东方，去见她的儿子。安东尼对塞克斯图斯很感激，但目前还不是全心全意地打算与年轻的同僚开战。他这么谨慎，有着很好的理由。前41～前40年冬季，他在克利奥帕特拉七世的都城亚历山大港沉溺享乐。他离开时，克利奥帕特拉已经怀孕了，后来生下了一对龙凤胎。在这几个月里，帕提亚人入侵了叙利亚，以此支持提图斯·拉比埃努斯领导的罗马军队。拉比埃努斯是一名顽固的共和派分子，错过了腓立比战役。他的父亲是尤利乌斯·恺撒在高卢时最优秀的军团长，但在内战中选择为庞培效力，前45年在蒙达战败后自杀。东方各行省多年来不得不为罗马内战的双方提供资源，如今国弊民穷，驻军很少，没有力量抵抗帕提亚人的进攻。帕提亚人只遇到了微弱抵抗，便轻松占领了叙利亚，然后派遣规模较小的部队去占领犹太和小亚细亚的大部分地区。[8]

安东尼抵达布隆迪西乌姆时，拥有一支舰队，但陆军兵力不多。他的一些下属在意大利和西方还有一些军团，但失去了卡雷努斯的军队之后，安东尼的军力远远小于恺撒。考虑到东方各行省的状况，再从那里征兵困难重重，在政治上也很不利，而且最快也要几个月。若与塞克斯图斯·庞培结盟，便能获得更多齐装满员的战船，但陆军士兵却很少。目前来看，不管长期力量平衡如何，军事优势肯定在恺撒那边。但这并不意味着恺撒必胜无疑，或者互相厮杀对他们中的任何一方真正有益。

最后，安东尼和恺撒没有得到选择的机会。双方在布隆迪西乌姆周边集结的时候，尤利乌斯·恺撒的老兵认出了自己的老战友，开始亲密交往。他们起初是开玩笑，后来变得严肃起来。无论是军官还是士兵，都不愿意与先前的同袍作战。士兵们努力避免新的战争，这种事情也不是第一次发生了：在佩鲁西亚战争之前的紧张时期，士兵们迫使恺撒和卢基乌斯·安东尼在最后关头进行了谈判。不过那一次，在谈判开始之前，互相的猜疑和误会激起了一场武装冲突，结果没有谈成。这一次，士兵们更坚决，双方的领导人也真诚地希望达成妥协。[9]

他们没有亲自去谈判。阿西尼乌斯·波利奥代表安东尼去谈判，而恺撒的代表是一名叫作盖乌斯·梅塞纳斯的年轻骑士，此人是恺撒的主要密友之一，可能与他年龄相仿，说不定就是某个与恺撒一同受教育的青年。参加谈判的还有卢基乌斯·考基乌斯·涅尔瓦，他是一名经验丰富的高级军官，深受将士们信任，似乎被认为是个中立分子。没有人替李必达说话，不过他被任命为北非总督，拥有一支按照那些年的标准来说不算强大的军队。恺撒仍然控制着高卢，并得到了其他所有西方行省，往东一直到伊利里亚的斯科多拉①。安东尼则得到了恺撒领地以东的所有地区。阿赫诺巴尔布斯和其他一些人得到了赦免。安东尼告诉恺撒，萨尔维迪努斯·鲁弗斯（恺撒最信任的指挥官之一）已经开始秘密地与自己谈判。鲁弗斯被逮捕并处决了。恺撒让元老院颁布了终极议决，以便给予处决鲁弗斯的行动一定程度的合法性。安东尼则处死了自己的代理人马尼乌斯，据说马尼乌斯曾伪造文书，煽动卢基乌斯和富尔维娅打着安东尼的旗号造反。[10]

偶然的机缘也帮了他们的忙。富尔维娅逃到希腊后，受到了丈夫冷冰冰的"欢迎"。她心力交瘁，再加上非常抑郁，很快患病死去了。这意味着，近期佩鲁西亚战争的主要罪责可以方便地推到她身上。由于富尔维娅受到了很多恶毒宣传的攻击，我们已经很难公正地判断她的真实品格和扮演的角色，但她肯定是那一代女性中在政治上最为活跃的分子之一。她死后，安东尼又一次成了单身汉。巧合的是，屋大维娅的丈夫马凯鲁斯也在这一年死去了，于是恺撒的姐姐和他新近巩固了关系的盟友之间很快缔结了婚姻。由于罗马法律规定寡妇再嫁之前必须等待十个月，恺撒和安东尼装模作样地请求祭司允许安东尼与屋大维娅在这个期限之前结婚。祭司当然做出了令他们满意的决定。[11]

---

① 今天阿尔巴尼亚西北部的斯库台。

屋大维娅此时大约三十岁，已经和马凯鲁斯生了一个儿子。贵族女性在自己的婚姻上很少有自主权，但在随后的岁月里，她尽其所能地做一个忠诚的贤妻，而她和安东尼在一开始似乎的确很幸福。安东尼与恺撒重归于好的消息在意大利全境和罗马城受到了普遍欢迎，主要是因为这意味着不会再发生新的内战。三头同盟很愿意强化这种信息。屋大维娅的肖像和丈夫一起出现在钱币上。她是第一位出现在罗马货币上的女性。阿西尼乌斯·波利奥是这一年的执政官之一，诗人维吉尔在诗中预言，他当执政官的年份将标志着一个新的黄金时代的开端，第一个吉兆就是一个了不起的男童的诞生。虽然维吉尔没有说这个男孩是谁，但他指的显然是安东尼和屋大维娅即将诞生的孩子。屋大维娅确实很快怀孕了，不过生的是个女孩，所以关于和平与普遍繁荣的预言显得有些为时过早了。[12]

在与安东尼和解之前，恺撒也再婚了。他的新娘是斯克利博尼娅，比他年长约十岁，已经结过不止一次婚，是塞克斯图斯·庞培的岳父卢基乌斯·斯克利博尼乌斯·利博的妹妹。恺撒可能是希望增加与塞克斯图斯打交道的机会，不过斯克利博尼乌斯·利博也是个非常重要的人物，是塞克斯图斯的主要盟友之一。这段新婚姻至少会让利博和塞克斯图斯这对翁婿之间的忠诚关系变得不是那么铁板一块。[13]

## 尼普顿之子

塞克斯图斯·庞培的势力太强，恺撒没有办法忽视他。到前42年时，塞克斯图斯已控制了西西里岛，后来又占领了撒丁岛和科西嘉岛。他的齐装满员的强大舰队以这些岛屿为基地，恣意袭掠意大利沿海地区，扰乱贸易航线，造成了极大损害，以至于运往意大利，尤其是对罗马这座大都市来说非常重要的粮食供给都严重减少了。安东尼与恺撒在布隆迪西乌姆的和谈将塞克斯图斯排除在外，仅仅含糊地说将来再谈，所以塞克斯图斯在随后几个月内加强了袭扰行动。在正常时期，首都所需的很大一部分粮食是从西西里岛运来的。没了西西里岛的粮食，再加上从更远地方运送粮食的路线被截断，罗马城的粮价迅速飙升，政府不得不想尽办法去寻找足够数量的粮食，以便执行尤利乌斯·恺撒向公民免费发放粮食的政策。一年多以来，罗马一直是愤愤不平的退伍军人、被剥夺了土地的意大利农民以及城市贫民（他们代表着前两个群体的存在和要求）时断时续的暴乱场所，如今变得更加动荡不安。[14]

塞克斯图斯·庞培不断施加压力。即便在年轻军阀横行的年代，他也算得上很年轻的一位了，可能只比恺撒年长三四岁。法萨卢斯战役时，他被认为太年轻，没有参战。他亲眼看到自己的父亲在埃及被杀，然后看着自己的兄长征集了一支军队去对抗尤利乌斯·恺撒，最后却被打败和处死。塞克斯图斯留着一条性命，在西班牙发动了一场新的叛乱。家族的人脉和他自己的领袖魅力很快为他赢得了成功。他的部下掳掠或建造船只，在地中海西部越来越大的范围内发动袭击。前43年春季，西塞罗说服元老院，将塞克斯图斯夺得的权力合法化。仅仅因为他是伟大的庞培的儿子，塞克斯图斯便被正式任命为"舰队及沿海地区长官"。同年年底的权力转移将他从一名合法任命的行政长官变成了不法之徒，因为《佩蒂乌斯法》① 将

---

① 得名自颁布此法律的昆图斯·佩蒂乌斯，他是独裁官尤利乌斯·恺撒的外甥。

他和密谋者一同定罪，尽管他并没有参与谋杀独裁官尤利乌斯·恺撒的阴谋。塞克斯图斯和"解放者"虽然都敌视三头同盟（卡西乌斯曾表示对格奈乌斯·庞培①非常不屑，因此对他的弟弟可能也有类似的看法），但互相之间并没有积极的合作。此外，卡西乌斯和布鲁图斯可能都不会喜欢一个自称继承其父亲权力的人。[15]

和恺撒一样，塞克斯图斯大肆宣扬对自己父亲的尊重，以此为由控制指挥权。虔敬是一种非常深刻的、非常符合罗马人风尚的义务，它指的是对诸神、祖国，尤其是对父母的尊崇。恺撒为被谋杀的养父复仇，以此宣扬虔敬。卢基乌斯·安东尼以兄长的名义举兵反叛时，将虔敬这个词加在自己的名字和执政官头衔之后。塞克斯图斯·庞培自称皮乌斯（意思是"虔敬的"），还采用了父亲的绰号"伟大的"，于是他的名字在钱币上就是"伟大的皮乌斯"，这是非常不合常规的名号。[16]

恺撒和塞克斯图斯·庞培有很多相似之处。钱币上描绘的塞克斯图斯·庞培蓄着胡须，这是哀悼亡父和亡兄的象征。钱币上的恺撒肖像也是这样。"解放者"死后，恺撒公开地剃去胡须，表示大仇已报。但在此之后的几年里，钱币上仍然刻有他蓄须的形象。不过，塞克斯图斯的父亲是在战争中失败，作为流亡者被杀死，不像恺撒的养父那样，是在成功的巅峰被谋杀的。所以，塞克斯图斯的权力基础不可避免地远离意大利，

---

① 格奈乌斯·庞培（约前75～前45年），伟大的庞培的儿子，塞克斯图斯·庞培的哥哥。父亲死后，他坚持抵抗尤利乌斯·恺撒，在蒙达战役中战败被杀。卡西乌斯曾说，格奈乌斯·庞培是"一个残忍的新主人。你知道格奈乌斯多么蠢；你知道，他误以为残忍就是勇气，他还以为我们老是嘲讽他。我担心他会像个农夫一样，用剑来报偿我们说的笑话"。

主要来自他自己和家族的威望，而不是传统的国家机构。恺撒则成功地进入国家的心脏，来到共和国政治生活的中心。两人还有另外一个很大的差别，其一定会让塞克斯图斯永远显得更高一筹。三头同盟开始镇压政敌的时候，塞克斯图斯庇护了所有受害者和逃离三头同盟统治的人。他的战船在意大利海岸线巡游，随时准备营救逃亡者，而对于那些被三头同盟悬赏缉拿的人，塞克斯图斯给出双倍的价钱，鼓励人们将这些受害者救到安全地带。由于他的努力，数百人的生命得以挽救。他这么做有政治上的加分，但即便如此，这种义举也与那些凶残年代的残酷暴行形成了鲜明对比。[17]

但塞克斯图斯也切断了意大利和罗马的粮食供应。他的这项战略是针对三头同盟的，但不可避免地给广大民众，尤其是最贫穷的人群带来了苦难。到前40年年底，安东尼和恺撒都在罗马，为了庆祝在马其顿的胜利而举行了小凯旋式。他们都不得人心，所以群众把粮食短缺怪罪到他们头上，因为大家觉得他们应当和塞克斯图斯谈判。和退伍军人一样，绝大多数民众希望和平；他们也效仿退伍军人，举行了越来越凶暴的抗议活动，迫使领导人缔造和平。前39年年初，恺撒在广场处理政务时，一群愤怒的暴民围了上来。有人动用了投射武器，他身边的一小群侍卫花了很大力气才保护住自己的领袖。

安东尼前来营救他。他带来了一群队形齐整的士兵，沿着圣道①赶来。起初一群人堵住了他的路，但没有做出任何敌对的举动，因为大家觉得安东尼对塞克斯图斯较为友好。但安东

---

① 圣道（Via Sacra）是古罗马的主街道，从卡比托利欧山山顶，经过罗马广场的一些最重要的宗教遗迹（这里是最宽的一段），到达斗兽场。这条路是传统的凯旋式路线，开始于罗马郊区，经过罗马广场。

尼命令士兵强行开道，群众做出了愤怒的回应，用石头攻击士兵，将他们逐退。士兵们重新集结，并得到增援。然后他们从两个方向冲进广场，砍倒那些挡路的人。安东尼的部下杀出一条路来营救恺撒，将他带了出来。但一连几个钟头，群众控制着城市中心，后来才慢慢散去。[18]

安东尼和恺撒去找塞克斯图斯的母亲和其他人，并通过这些关系，在春季开始谈判。双方互不信任，所以第一次谈判是在那不勒斯湾海岸附近的巴亚举行的。在海上搭建了两个木制平台，双方领导人及其幕僚分别站在两个平台上。双方没有达成任何协议，但当年夏季又在附近的米西努姆角继续商谈，这一次取得了一定的成果。塞克斯图斯将获得指挥军队的合法权力。他被元老院接纳为成员，并获得西西里岛、撒丁岛和科西嘉岛（他已经实际控制了这些地区）以及希腊的伯罗奔尼撒半岛，作为他的行省。安东尼已经拥有观鸟占卜师的身份，于是亲自监督了塞克斯图斯被这个祭司团接纳的仪式。伟大的庞培的儿子将在前33年的选举（由三头同盟控制）中当选为执政官。

《米西努姆条约》结束了意大利被封锁的局面，但塞克斯图斯得到的利益有限，因为实际上条约仅仅是认可了现状。他坚持要求三头同盟赦免所有被镇压的人和其他被迫流亡的人，并允许这些人返回意大利并收回他们被没收的财产的四分之一。只有谋杀尤利乌斯·恺撒的仍然在世的凶手和其他一小群人被排除在此次大赦之外。很可能是逃到西西里岛的许多贵族向塞克斯图斯施压，敦促他与三头同盟议和，以便让他们回家。有意思的是，恺撒的内兄斯克利博尼乌斯被内定为前34年的执政官。

塞克斯图斯要想返回罗马，就必须放弃自己对海军及其基地的指挥权，他当然不愿意这么做，就像恺撒和安东尼不会愿意解散自己的军队一样。只有通过武力，这些军阀才能维持自己的重要地位和长期的安全。安东尼在一次拍卖会上买下了伟大的庞培的宅邸和地产，其中最重要的是帕拉丁山坡上时髦的卡里奈区①的豪宅。"卡里奈"这个名字的字面意思是船的龙骨，塞克斯图斯在自己的旗舰上宴请恺撒和安东尼时开玩笑说，如今他唯一的家就是他的舰队的龙骨。在这次宴会上（之前，安东尼和恺撒在岸上款待了塞克斯图斯），据说塞克斯图斯麾下的一名海军将领声称，他只要切断缆绳，把客人干掉，就能让他的统帅成为世界的主宰。塞克斯图斯不愿意干这样背信弃义的事情。他后来懊恼地说，如果这名将领没有征询他的意见，而是自作主张地行动就好了。[19]

## 情人们

在被镇压的人得以回国之后，塞克斯图斯留在了西西里岛，我们不能确定他有没有正式控制伯罗奔尼撒半岛。安东尼和屋大维娅去了东方，在雅典度过了前39～前38年的冬天。安东尼热情洋溢地融入了希腊城市的生活。雅典人将这对夫妻称为"乐善好施的神祇"，将安东尼称为"新的狄俄倪索斯神"，并举办了一场仪式性的婚礼，让他与雅典城的保护女神雅典娜"结婚"。虽然得到了这样的荣耀，他还是向雅典人征收了一笔新税，作为"嫁妆"。不过，若不是雅典人民如此热情地欢迎安东尼夫妇，他向他们索要的税额还会更多。春天到

①　卡里奈区应当在埃斯奎里努斯山上，不是在帕拉丁山。

来之后，安东尼正式脱去了希腊风格的便服，又一次换上了罗马统帅的服饰。他麾下的将领温提迪乌斯已经将帕提亚入侵者从罗马各行省逐出。在随后的几年里，安东尼的宏大使命将是狠狠惩罚帕提亚人，并最终为克拉苏报仇雪恨。[20]

恺撒留在意大利，开始建造船只的工程，以便打造一支强大的海军。他建立海军的唯一目的是镇压塞克斯图斯，但目前脆弱的和平还在维持。粮食供应又一次充足如前，流亡者也得以回国，因此罗马城的民众普遍来讲还是很高兴的。提比略·克劳狄·尼禄就是这样一位流亡者，他曾担任前 42 年的裁判官，但在那一年结束时非常任性地拒绝离职。他是个朝三暮四的人，在内战中曾支持尤利乌斯·恺撒，前 44 年 3 月 15 日①后又积极地歌颂谋杀他的凶手。佩鲁西亚战争期间，他和卢基乌斯·安东尼为伍，并开始招募那些因为当局安置退伍军人而被剥夺土地的人。此次叛乱失败后，他遭到镇压，和其他很多人一样逃往西西里岛，但似乎觉得塞克斯图斯·庞培对他的接待不是很慷慨，于是又逃往希腊。他似乎麻烦不断，有一次不得不逃离斯巴达，但一行人被困在一场森林火灾中，后来好不容易才逃出来。[21]

克劳狄·尼禄的妻子在方方面面都比她丈夫更值得注意。她的名字是李维娅，不过人们更熟悉她的绰号德鲁茜拉。她也有克劳狄氏族的血脉，来自这个贵族氏族的另一个显赫得多的支系。她的父亲被马尔库斯·李维乌斯·德鲁苏斯（最古老、最富贵的平民豪门之一的后代）收养，于是身世愈发显贵。李维乌斯·德鲁苏斯于前 91 年担任平民保民官，捍卫罗马的

————————

①　尤利乌斯·恺撒在这一天遇刺身亡。

意大利盟邦的权利。后来他被谋杀，不久之后意大利盟邦就发动了叛乱，即"同盟者战争"。为了控制危机，共和国不得不向这些同盟者授予罗马公民权。很多人回想起李维乌斯·德鲁苏斯，对他还很爱戴。李维娅的父亲被后三头同盟宣告为公敌，于是与"解放者"并肩作战，在腓立比战役之后自杀。此时他的女儿已经结婚了，并在前 42 年 11 月为丈夫生了个儿子，给孩子取名为提比略·克劳狄·尼禄①。[22]

李维娅的丈夫起兵造反，她（此时大约十七岁）便来到他身边。她伴随丈夫经历了佩鲁西亚战争和流亡，躲过了追兵，风餐露宿。据说有两次，婴儿提比略的哭声险些让他们暴露。逃离斯巴达的时候，李维娅的头发和衣裙被烧着了。他们回到罗马之后，经济拮据。虽然《米西努姆条约》承诺允许他们收回被没收财产的四分之一，但和很多流亡者一样，他们实际上很难真正收回这么多。他们设法将提比略过继给一位热切希望与一个古老的贵族氏族拉上关系的富裕元老。在政治上，这个决定可能不是非常明智。没过多久，这位元老的兄弟就被怀疑阴谋反对恺撒。此人随即被逮捕，后来莫名其妙地死掉了。[23]

李维娅的身份非常高贵，无论是从血缘还是收养的关系来看，都是豪门贵族。而且她正值青春年少，非常美丽。她的头脑特别机敏（许多年后，她的曾孙卡利古拉称她为"穿裙子的尤利西斯"），这种聪明和机智无疑增强了她天生美貌的吸引力。前 38 年 1 月，她为丈夫生下了第二个儿子，所以她在返回罗马时一定已经怀孕几个月了。即便如此，她还是吸引了

---

① 后来的提比略皇帝。

恺撒的目光，这甚至可能发生在他的二十四岁生日宴会上（可能在生日当天举行，也可能在生日前几天，以庆祝他大仇得报、剃掉胡须）。[24]

恺撒自愿禁欲的年代早已经过去了。斯克利博尼娅怀孕了，在前39年年末生下了一个女儿（当然叫作尤利娅），但恺撒与她的婚姻在政治上已经不再非常有利，夫妻间似乎根本就不亲密。恺撒积极地追逐着其他女人。安东尼目前对恺撒的这些风流事还是很宽容的。后来恺撒的朋友们为他的风流辩解道，他之所以引诱元老们的妻子，是为了搞清楚她们的丈夫在想什么、做什么。安东尼后来散播了一个故事：在宴会上，恺撒将一位前任执政官的妻子当着她丈夫的面拖进卧室，她回到宴会厅时头发乱蓬蓬，脸红到耳朵根。李维娅·德鲁茜拉尽管大着肚子，还是很快成为恺撒最新的一位情人，但这不仅仅是逢场作戏或为了刺探政治情报。[25]

恺撒爱上了她的美貌和聪明，而李维娅可能也热情地投桃报李。她不大可能对自己丈夫到目前为止的政治生涯或前景感到满意。世人皆知，权力就是一种春药，年轻的恺撒令人瞠目结舌的晋升之路给了他极大的权力，让他踌躇满志、高度自信。她的贵族背景和人脉在政治上很有价值，但这都是长期的优势，在短期内并不能带来什么好处，所以很难从这个角度来解释随后发生的怪诞丑闻。只有从以下这个角度，我们才能理解后来发生的事情：恺撒惯于称心遂愿，想要什么就能得到什么，而这对情人铁了心要立刻做自己想做的事情。恺撒还只有二十四岁，而李维娅还不到二十岁。或许她害怕夜长梦多，情夫会朝三暮四。[26]

斯克利博尼娅刚生下女儿尤利娅，恺撒就把她休了。基本上，一位罗马丈夫只需要对妻子说"你的财产还归你!"，就算离婚了。恺撒的离婚理由包括一条，他"再也不能忍受她的怨妇性格"。我们不知道这是真的，还是恺撒在无端侮辱她。克劳狄·尼禄非常给恺撒面子，乖乖地与李维娅离了婚。前39年10月初，恺撒和李维娅订婚了。此事还需要向恺撒所在的大祭司团申请裁决。官方正式确认，李维娅身怀六甲，孩子的父亲是克劳狄·尼禄，这就明确了孩子的血缘关系。但这也不能阻止流言蜚语，有人说孩子是恺撒的，于是开玩笑道，一对夫妇仅仅三个月就生下了孩子，是多么幸运；但这个孩子肯定是克劳狄·尼禄和李维娅在希腊时怀上的，所以孩子不可能是恺撒的。目前李维娅以未婚妻的身份搬到了恺撒家。前38年1月14日，她在恺撒家中生下了一个男婴，取名为德鲁苏斯·克劳狄·尼禄。男婴被送到生身父亲身边，由父亲抚养长大。[27]

　　1月17日，也就是李维娅分娩仅仅三天之后，恺撒便和她结婚了。新娘的父亲已经去世，而她似乎没有多少亲近的男性亲属，只好让她的前夫在婚礼上陪伴她。婚礼仪式非常盛大，随后的宴会主题是奥林匹斯诸神，有六名男子和六名女子打扮成希腊诸神的模样，参加宴会。恺撒打扮成阿波罗。饮食极尽奢靡，这对年轻夫妇纵情享受自己的财富与权力。根据当时的风尚，贵族女性身边要有衣着非常"清凉"的奴隶男孩（这一次可能打扮成丘比特的样子）侍奉，小声地向她们发表尖刻的评论，对她们周围的人评头论足。这些幽默评论非常尖酸、做作，往往十分粗俗，老于世故的人会喜欢这种笑话。在宴会上，据说有个男孩指着斜躺在餐桌另一端的克劳狄·尼禄，对李维娅说："夫人，您的丈夫在那边，您为什么在这边?"

多年后，有人批评恺撒抢走了另一个男人的妻子，这种事情只有暴君才做得出来。这些批评家为了在政治上攻击恺撒而夸大其词，因为克劳狄·尼禄其实是顺从恺撒意志的，不过他可能也没有什么别的选择。李维娅极有可能是个热情积极的参与者，她同意，甚至主动提出要与恺撒迅速结婚。当时罗马又开始缺少粮食，所以这次被称为"十二神祇盛宴"的奢华婚宴遭到了群众的普遍怨恨。人们说恺撒的确是阿波罗，不过是折磨人类的阿波罗，这是阿波罗比较令人讨厌的一个身份。当时有一句流传很广的顺口溜："恺撒假扮阿波罗，在诸神新颖的骄奢淫逸之间狂宴；所有神祇都把脸扭开，不去看人间；连朱庇特都逃离自己的黄金宝座。"[28]

## 凯旋将军

罗马又一次出现粮食匮乏，原因是三头同盟与塞克斯图斯·庞培之间发生了新的摩擦。意大利遭到了一些海盗的袭击，恺撒声称，被俘的海盗在刑讯之下供认他们是塞克斯图斯派来的。不管这是不是真的（庞培可能确实没有办法控制他麾下所有人），恺撒都相信自己已经准备就绪，可以打赢一场海战。庞培信赖的海军将领之一，一个叫作梅纳斯的释奴，倒戈到恺撒这边，带来了一些船只，这使得恺撒得以控制科西嘉岛和撒丁岛。在这些年的内战里，各方都非常重视数量，或者投入比对方更多的军团。罗马人有一种根深蒂固的观念，即投入大量人力和资源去解决某个问题，就必然会取得成功。罗马的绝大多数军事统帅，包括尤利乌斯·恺撒，都还没有完全转变自己的思维，都还认为海战与陆战在根本上是差不多的。尤利乌斯·恺撒的继承人也是如此。恺撒于前38年入侵西西里岛的计划从方方面面表明，他非常志得意满，完全没有尊重大海的不可预测性和强大的力量。[29]

在意大利西海岸，从墨西拿海峡一直到那不勒斯湾，都没有天然良港。再加上塞克斯图斯的部下能够从其基地（在各个岛屿上）出发，随意打击航程之内的任何港口，所以恺撒的准备工作必须在距离目标相当远的地方进行。根据计划，恺撒的两支舰队将在海上会合，然后互相协同，攻击西西里岛，但后来没有按照这个计划行事，两支舰队各自为战。这些船只都是新建的，水手缺乏经验，指挥官同样是生手，只有梅纳斯一个人比较有经验。塞克斯图斯的舰队经验丰富，在与恺撒的一支舰队的交锋中占了上风，并将另一支恺撒舰队击溃。恶劣天气把残余的恺撒舰队也收拾掉了。此时刮起了特别凶悍的暴风，这对意大利西海岸原本就不可捉摸的大海而言也算是非常严重的了。梅纳斯的船员知道如何应付，但其他大多数船长都不知道如何是好，他们的船只被风浪吹到岸边，撞得粉碎。次日，恺撒的船只剩下一小半，此次战役以惨败告终。罗马发生了暴乱，恺撒派梅塞纳斯去稳定那里的形势，但没有什么办法可以解决粮食短缺的问题。[30]

塞克斯图斯简直不敢相信自己的好运气，因为恶劣天气来得正是时候。后来他穿上一件海蓝色的斗篷，自称尼普顿①之子。据说恺撒在战前曾吹嘘自己即便没有尼普顿佑助也能打赢，并命令在罗马下一次的竞技会游行中不要展示海神的塑像。大多数罗马人认为，缺少粮食，以及这样一场没有必要、造成灾难性后果的战争都是三头同盟的错，不应该责怪海神。

---

① 尼普顿是罗马神话中的海神，大致相当于希腊神话中的波塞冬。

人们知道恺撒痴迷于掷骰子和赌博游戏，有些诙谐滑稽的人便编出了这样的顺口溜来描述当时的情况："他在海战中两次失败，丢掉了自己的舰队，于是开始玩骰子，希望能赢一回！"[31]

恺撒曾请求安东尼在这一年初夏时到布隆迪西乌姆会谈，但恺撒自己却没有如约出现。安东尼等得不耐烦，便乘船返回了东方。在夏季的惨败之后，恺撒派梅塞纳斯去见安东尼，最终安排了一场新的会议。会议于前37年在塔兰托如期举行。安东尼带来了300艘战船，将其中120艘借给了自己的小舅子，这是新交易的一部分。恺撒则承诺借兵给安东尼，让他去远征帕提亚。据信，屋大维娅帮助促成了此次协议，说服自己的丈夫多给了10艘小船，而她的弟弟则为安东尼提供了1000名精锐的禁卫军士兵。三头同盟以更正式的方式再续盟约，因为前43年的法律赋予他们的五年任期已经结束了。这种政体上的虚幌子的细节究竟是什么，现代学者对其知之甚少，在当时可能也比较含糊，因为罗马史上不曾有过如此广泛权力的先例。安东尼与富尔维娅的儿子安提勒斯（此时十岁）同恺撒尚在襁褓中的女儿尤利娅订了婚，以便敲定协议。这种婚约现在几乎已经是例行公事了。[32]

三头同盟计划对塞克斯图斯开展一场新的战争，整个前37年和前36年的上半年全部用来准备打仗。负责指挥的是阿格里帕，恺撒的老友和同龄人，前44年时曾与恺撒一同待在阿波罗尼亚，后来似乎一直为恺撒效力，并不断得到升迁。他没有参加讨伐塞克斯图斯的第一次战争，因为当时他在高卢，镇压了阿基坦尼亚的一次叛乱，并效仿尤利乌斯·恺撒在莱茵河上架桥，率军征讨日耳曼部落。终其一生，无论是作为将军、工程师还是行政官员，阿格里帕都表现出了高超的技艺和精明强干。他对恺撒忠心耿耿，并且非常小心谨慎地保持谦逊。他凭借上述军事胜利，得到了一次凯旋式的荣誉，但他为了避免突出自己上级的失败，决定不举行凯旋式，而是集中精力去打造一支新的、更强大的舰队。在那不勒斯湾沿海的库迈背后，他挖掘了一条运河，通过一个较小的湖泊将阿维尔努斯湖与大海连接起来，形成了一个很大的港口和安全的基地，用来训练水手。

成群的桨手开始在岸上练习，坐在一层一层特制的长凳上，以模拟船舱内的场景。其中很多桨手都是曾经的奴隶，用参军换取自由。奴隶是很少被军队征募的，这是其中一个罕见的例子。好莱坞电影里，桨帆船的桨手都是奴隶，被铁链锁在船上。这是虚构的神话，因为罗马战船的船员都是自由人，是领军饷的水手和桨手。战船的船体尺寸很大，非常坚固，甲板被遮蔽起来，以保护桨手，很多战船配有一种新型的可折叠的塔楼，可以从塔楼上向敌船射箭或使用投射武器。还有一种秘密武器叫作"哈尔帕克斯"，这是一个尾端系着绳子的钩子，用弩炮射出去，深深嵌入敌船，将其咬死，然后将敌船控制住，以便己方士兵登上敌船。[33]

塞克斯图斯也没有闲着。双方各自集结了300多艘战船，每一位军阀都希望压倒对手。他们遇到的有些问题和前38年是一样的，因为恺撒的舰队分散在多个地点，不得不各自准备。7月初战役开始时，恺撒的三支舰队向西西里岛发动进攻，但很难协调配合。这一次尼普顿似乎仍然对恺撒不爽。由于天气恶劣，阿格里帕损失了一些船只。在第一次尝试时，只有从北非出发的李必达在西西里岛成功登陆，但此后一些增援部队乘坐的船只都被敌军拦截和消灭了。

　　阿格里帕在米莱角外海打赢了一场战役。他的战船尺寸很大，防护很强，而敌军的战船虽然机动性强但比较小，很难击伤他的战船。不久之后，恺撒在陶罗梅尼乌姆（今天的陶尔米纳①）被塞克斯图斯击败，损失了大部分船只，不得不逃到岸上。有一段时间，他身边只有一名卫兵。在遇到友军时，他已经精疲力竭。但在随后的日子里，越来越多的士兵在西西里岛登陆，最后兵力达到约 21 个军团，此外还有一些辅助部队。庞培军队对其中一些部队进行了严重侵扰，但缺乏兵力和决心去歼灭其中任何一支。战局对庞培越来越不利，他的基地遭到攻打，被逐个占领。他别无选择，只能打一场大海战。

　　9 月 3 日，在瑙洛库斯②外海，决战开始了。交战的时间和地点甚至有可能是双方事先约定的。阿格里帕在自己的旗舰上指挥，而恺撒在岸上观战。据说恺撒因为疲劳而睡着了，他的部下不得不将他唤醒，好让他发布进攻的命令。后来安东尼讥讽恺撒胆战心惊、呆若木鸡，甚至不敢看敌人，更不要说与其交战了。事实证明，恺撒不在现场也没什么要紧。阿格里帕的海战指挥技能在不断提高，他的战船尺寸比敌船大，船员也在近期获得了自信和经验，所以他的舰队击溃了敌军，将大部分逃窜的庞培派战船都摧毁了。恺撒向阿格里帕授予了一面特别的蓝色方旗，以及一项新设立的荣誉：海战金冠。它是一项形状像战船船首的金冠。[34]

---

　　①　西西里岛东部城镇。

　　②　西西里岛北部城镇。

　　恺撒又一次赢得了胜利，但与塞克斯图斯·庞培的战争是他一生中最严酷的考验之一。对恺撒来说幸运的是，庞培始终缺少陆军部队以致不能将战火燃烧到意大利，因为他一直未能占领人口稠密的地区，以便组建更多军团。恺撒在这场冲突中冒了很大风险，在战局不利的时候损失惨重。有意思的是，有好几个故事留存至今，讲到他本人逃脱险境，以及在千钧一发之际逃得性命。这些故事的风格与那些讲述"公敌宣告"受害者逃亡的故事很相似，它们显然激发了罗马人的想象力。恺撒的这些故事可能都源于他自己的回忆录，风格和尤利乌斯·恺撒平心静气的《战记》很不一样，后者很少讲到自己的事迹。二者文体不同，但更重要的是，尤利乌斯·恺撒是在非常谦逊地讲述自己的胜利。他的继承人自己蒙受了失败，胜利是由其下属赢得的，所以不得不描绘自己个人的英勇行为，来给自己贴金。到前 36 年，恺撒已经非常精明地承认，他需要依赖阿格里帕这样的人才去真正作战，但他很擅长将主要的功劳包揽到自己身上，并用尽可能激动人心的笔触来描写自己在战斗中发挥的作用。

# 十 竞争对手

> 无论是在海洋还是在陆地，无论是内战还是外战，我都在全世界南征北战。胜利的时候，我总是饶恕那些恳求宽恕的人。
>
> ——《神圣奥古斯都功业录》[1]

> 最后，他打破了与马克·安东尼的联盟，这联盟历来是可疑和不确定的，并且通过许多和解来艰难地维持。为了更好地揭露自己的竞争对手已经堕落，已经丧失了一位罗马公民的体面，他下令打开并公布安东尼留在罗马的遗嘱。这份遗嘱指定安东尼与克利奥帕特拉七世的孩子为安东尼的继承人。
>
> ——苏埃托尼乌斯，2世纪初[2]

恺撒很快得到了一个新的机会来展示自己的个人勇气，不过这一次让一位盟友吃了亏。占领西西里岛之后，李必达多年以来第一次获取了一个重要地位。在腓立比战役之后，三头同盟中最年长的那一位遭到排挤，当然心有怨言，他现在期望恢复一些曾经的权力。李必达绕过了恺撒在岛上的将领，安排让一支最强大的庞培派军队向他投降并接受他指挥，此举将自己的军队扩充到超过20个军团。尽管其中很多军团的兵力远远少于理论数字，但这个总数也算非常惊人了。为了赢得这些新投诚的前庞培派士兵的支持，他允许他们与自己的士兵一起洗劫墨西拿。他自己的士兵可能不是很愿意和不久前还是敌人的士兵一起分享战利品，但还是服从了命令。现在李必达感到自己很强大，决心将西西里岛纳入自己的阿非利加行省，并继续控制得到扩充后的军队。他在努力夺取西西里岛控制权的时候，与恺撒及其在当地的指挥官发生了一些愤怒的争吵。他将自己的军队调离恺撒的军队，单独扎营。在这些年里，军队是终极的权力基础，任何人都不能忽视一个拥有强大而忠诚军队的人。但忠诚往往是可以商谈、可以交易的。恺撒的部下很快开始在李必达的士兵当中活动，就像前 43 年在布隆迪西乌姆拉拢第四军团和玛尔斯军团那样。

凯旋将军恺撒率领一支骑兵赶到了。他将这些骑兵留在李必达营地外，只带几名军官和卫兵，勇敢地进入营地。他这个举动有点像当年尤利乌斯·恺撒冷冰冰地直面哗变的第十军团，称呼他们为"公民们"，而不是通常的"兄弟们"，用这种手段击垮了他们的意志。但尤利乌斯·恺撒的继承人缺乏前者的魅力，而且与他正在面对的士兵也没有旧交情。大部分士兵对他来讲都是陌生人，其中一些是前不久投诚的敌兵，不过肯定有一些军官是尤利乌斯·恺撒的旧部，这也许会有帮助。李必达及其亲信企图阻挡年轻的统帅。恺撒被推推搡搡，险些被一名士兵投掷的标枪击中，但没有受到伤害。如果李必达的军队下定决心的话，恺撒一行人肯定会遭到屠戮。

恺撒向士兵们讲话，敦促他们加入他这边。他亲自举起一尊军团鹰旗（就像他在穆蒂纳做的那样），开始走出营地，相信属于这个单位的士兵会跟随他。有些人跟了上去，其中一些是旗手，于是更多的人跟着他们走了。并不是所有士兵都瞬间投奔到恺撒那边。目前，大多数士兵还在犹豫不决。恺撒的更多士兵抵达营地外面，这可能促使营地内的很多士兵拿定了主意。更重要的是，李必达未能成功煽动士兵们的激情，让他们支持他。于是士兵们抛弃了他，起初是三三两两，最终全体都投奔了恺撒。被抛弃的指挥官卸去了自己的甲胄和军服斗篷，换上平民的托加袍，去向恺撒投降。

当年尤利乌斯·恺撒展现了宽大的胸怀，但后三头同盟公开选择了不同的路线。现在，尤利乌斯·恺撒的继承人决定效仿自己"父亲"的仁慈，这既是务实的做法，也是值得的。李必达被剥夺了三头同盟成员的地位，失去了所有的权力。恺撒饶了他一条性命，他被送回意大利软禁起来，过上舒适的囚徒生活。恺撒究竟有没有权力这么做，在法律上是说不清的，不过在这些年里，这并不重要。李必达很多年后才去世，一直保留着祭司长的身份。他得到了宽恕，因为他对恺撒不构成威胁。这种裁决本身就带着一些残酷，更糟糕的是，对罗马贵族来讲，承认其他人拥有决定自己命运的权力就是莫大的耻辱。后来，恺撒有时会把李必达带到罗马，让他参加一些仪式或元老院会议。不过，恺撒对李必达的处置，与很多被镇压的政敌受到的待遇相比，还是非常仁慈的。李必达活了很久，寿终正寝。[3]

塞克斯图斯·庞培就没有这么幸运了。他带着残余的几艘船和一些人马，驶向东方，选择与安东尼而不是恺撒打交道。这种想法不是没有道理的，而且他起初也受到了安东尼的欢迎，颇受鼓舞。他感到有机会逆转自己的命运，可以以更强势的地位与敌人谈判，于是开始组建一支新的军队。安东尼下属的一名将领迅速将塞克斯图斯击败，不久之后将他处决了。即便在当时，人们也不确定究竟是不是安东尼下令处死了塞克斯图斯。[4]

安东尼仍然自称三头同盟之一，尽管此时已经只剩下两个同盟了。他有更大的难题需要烦恼，所以伟大的庞培的儿子的命运对他来说并不重要。前 36 年夏季，马克·安东尼终于发动了对帕提亚的大规模进攻，旨在恢复罗马的荣耀。由于克拉苏的战败和近期东部各行省遭到帕提亚入侵，罗马损失了不少颜面，急需弥补。恺撒没有兑现一年前向同僚做出的承诺，即借兵给他。即便如此，安东尼的军队也是极其雄壮的，拥有 15 到 18 个军团，并得到了辅助部队以及附庸国统治者提供的强大盟军的支持。后来，普鲁塔克兴高采烈地声称，远至印度的统治者听闻安东尼大军出征的消息，都为之战栗。[5]

但安东尼不是亚历山大大帝，帕提亚人也不像前 4 世纪的波斯人那样一触即溃。安东尼欺骗敌人的计划没有取得多少成效，却浪费了大量宝贵的时间。他不耐烦地将行动迟缓的攻城器械和辎重留下，只给它们留了少量卫兵。机动性极强的帕提亚人猛扑过来，消灭了安东尼的攻城器械和辎重部队，于是安东尼的主力部队被困在敌境深处，没有装备，粮草不足，而且冬天快到了。他的亚美尼亚盟军背信弃义，让局势更加恶化，但全部责任都在安东尼一个人身上。罗马人别无选择，只能撤退，在漫长的四个星期里持续遭到帕提亚人的无情追击和袭扰。安东尼表现出了极大的个人勇气，他的士兵也非常英勇，但在一个夜晚，罗马士兵们突然陷入恐慌。安东尼绝望了，想到了自杀。后来发现是虚惊一场，他才没有自杀。事实上，敌军不久之后就放弃了追击，罗马军队最终撤到了安全地带。此次远征中，至少有四分之一的军团士兵未能回国，随军人员和盟军的损失更重，骑兵战马和役畜的损失比率难免是最高的。幸存者在经历这番折磨之后，身体状况肯定不佳，需要一段时间才能恢复元气。对安东尼来说幸运的是，帕提亚人并不打算发动一场反攻。他自己在很多年里都不会再有足够的力量发动新的远征，说不定永远也不会有这个能力了。

若能在帕提亚取得一场辉煌胜利，安东尼将赢得超过在世或史上任何罗马领导人的军事荣耀，并获得大量战利品，使得他的财富超过恺撒或其他任何竞争对手。然而他一败涂地。很多现代学者低估了此次惨败的重要意义，反而觉得安东尼没有全军覆灭、丢掉性命，已经很了不起了。今天的我们当然知道，罗马人始终未能征服帕提亚人，也没有征服他们的波斯继承者，但当时的罗马人自己不知道这一点，也不会怀疑自己的最终胜利。对共和国最大的贡献就是击败外国敌人。安东尼将自己打扮为一位伟大的军人、大英雄赫拉克勒斯，有时将自己描绘为狄俄倪索斯（他在东方既是酒神，也是胜利之神）。他很可能对自己的宣传信以为真了。我们已经看到，实际上他的军事经验是有限的，高级指挥的经验更少，而他经历过的大多数战役都是内战。我们不应当对安东尼远征帕提亚的失败感到非常惊讶。对他自己而言，这次失败出乎意料，对他个人和他的政治前途更是一次毁灭性打击。[6]

## 光荣与诺言

"凯旋将军恺撒"这种非常规的名号宣扬了他是一位成功的军事统帅，他还用宣传来不断强化这种形象。到此时，他已经认识到自己的军事才干有限，并愿意在很大程度上依赖阿格里帕这样有才华的下属。前 36 年年末，击败塞克斯图斯的胜利是毫不含糊的，与东方传来的稀里糊涂的报告形成了对比。安东尼非常努力地将自己的失败粉饰为成功，但一切都是徒劳。恺撒返回罗马，举行了一次小凯旋式以纪念在西西里岛的胜利。在过去，庆祝内战胜利是一种禁忌，不被允许，如今却成了家常便饭。不过，恺撒还是将塞克斯图斯描绘为海盗和逃亡奴隶的领导人，以便让民众觉得塞克斯图斯是活该吃败仗，这对国家是好事。恺撒曾将数千名奴隶解放，仅仅是为了让他们在自己的舰队中服役。这个事实被忽略了。而战俘中的所有前奴隶都被返还给旧主人。战俘中有大约 6000 名前奴隶，因为短期内找不到主人，恺撒下令将他们处决，这可能是刻意地效仿前 71 年克拉苏将同样数量的斯巴达克斯奴隶士兵钉死在十字架上。元老院授予恺撒一项荣誉，允许他在广场竖立一座他本人的英雄式裸体雕像，雕像被置于石柱顶端，石柱上装饰着战船的船首。这座雕像的旁边是一座类似的纪念碑，它是为了颂扬罗马第一次伟大的海战胜利，地点也是米莱，不过时间是前 260 年，敌人是令人生畏的迦太基海军。[7]

将自己的胜利与历史上战胜危险的外国敌人的胜利相提并论，肯定是有好处的。更好的办法是亲自赢得新的胜利，于是在随后三年内，恺撒的大部分时间都在讨伐伊利里库姆行省内外的各部族。尤利乌斯·恺撒生前曾计划在远征帕提亚之前在巴尔干打一场战役。在前 40 年代，尤利乌斯·恺撒的两位下属指挥官在该地区遭受了一些失败，损失了一些珍贵的军旗。罗马人在这些战事中的损失与在帕提亚人手下遭到的损失（帕提亚人先是从克拉苏，然后从安东尼那里夺得了一大批战利品）相比，是很少的，但伊利里亚能够给恺撒一个机会去为之前的失败复仇，并收复象征罗马荣誉的军旗。

前 35 年，恺撒在巴尔干北部作战，一直打到萨瓦河畔的塞杰斯塔（今天克罗地亚境内的锡萨克），然后在那里派驻了两个半军团过冬。他可能在考虑向多瑙河和达契亚①发动一次大规模远征。达契亚国王在近些年里被视为对罗马的真切威胁，而且很可能就是尤利乌斯·恺撒筹划的攻势的最终目标。即使恺撒现在开始考虑这个想法，也很快就放弃了，至少是暂时放弃了。前34年，他的军队在更南方的达尔马提亚，攻击了许多很小的部落和氏族。在这些战役结束时，恺撒在给元老院的报告中列举了不少于30个不同民族。该地区的地形非常复杂，在过去曾有不止一支罗马军队被敌人包围在高耸群山环绕的山谷中，进出山谷的通道全被敌人控制。恺撒的行动非常谨慎，在山谷两侧的山顶上都安排了侧翼掩护部队。在19世纪印度西北边境省，这种策略被称为"给高地加冕"。前1世纪罗马人这么做的目的与19世纪的英军是相同的。任何敌人若企图攻击山谷内的罗马主力部队，就会遭到两侧高处的罗马侧翼掩护部队的冲击。在该地区，没有发生大规模的两军对垒，但有很多突袭和伏击作战，以及攻打土著部落山顶要塞的围攻战。[8]

　　记述这些战役的史料中又有很多突出表现凯旋将军恺撒个人功绩的段落，这些史料肯定都是来源于他自己的回忆录。在梅图鲁斯（这是一个小地方，即便在罗马时代也不为人熟知，现在已经无法确定具体地点）围攻战中，他起初在一座高塔上居高临下地观察主攻势。他的士兵建造了一座面向敌人城墙的坡道，但还没有到城墙那么高。坡道上有四座吊桥，可以伸到敌人城墙上，以便罗马人登上城墙。守军打得非常凶猛，先

---

① 达契亚的范围大致相当于今天的罗马尼亚和摩尔多瓦，以及保加利亚、塞尔维亚、匈牙利和乌克兰的一小部分。达契亚人是色雷斯人的一支。前82～公元106年，此地存在一个一度非常强盛的达契亚王国，后被罗马征服。

是第一座，然后是第二座，最后是第三座吊桥被推翻或者被攻击者的重量压垮，所以罗马军团士兵显然不太愿意登上最后一座吊桥。

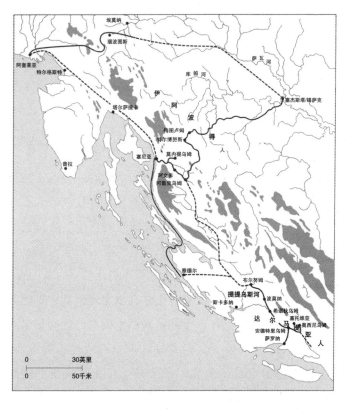

前35～前33年，奥古斯都在伊利里库姆的军事行动

恺撒匆匆离开自己的观察塔，向士兵们呼喊，鼓舞他们前进。但没有效果，于是他决定身先士卒，从一名士兵手中夺走盾牌（尤利乌斯·恺撒在另一个危机时刻也曾这么做，这已经是一段佳话），冲上最后一座吊桥，身边只有阿格里帕和其他

一些幕僚人员。军团士兵受到鼓舞，或是感到羞愧，于是潮水般跟了上去。人太多了，吊桥被压垮，落入坡道与城墙之间的深深凹陷处。有些士兵因为这次坠落而丧命，恺撒很幸运，仅仅右腿和双臂负伤。他很快回到观察塔顶端（可能得到了不少帮助），让全军都看到他还活着，还能继续指挥，将来还能继续奖赏士兵们。军团士兵们奉命建造新的吊桥，以便发动新的进攻。这种非常罗马式的执拗令敌人丧胆，于是梅图鲁斯很快投降了。[9]

　　一年后，在另一座默默无闻的要塞之外的战斗中，恺撒的膝盖因被石块击中而负伤（我们不知道这石块是敌人投掷的，还是用投石器射出来的），一连几天不能行走。这些作战的规模都相对较小，但战斗本身可能很激烈和困难。在另一次围攻战中，敌人在夜间发动突袭，罗马人的一个大队陷入恐慌，抱头鼠窜。恺撒下令对这个大队实施十一抽杀，即每十名士兵中抽签选出一人，将其活活打死，然后另外九人要接受象征性的羞辱：在战役的余下时间里，他们只能吃大麦（一般是牲畜的饲料和给奴隶吃的食物）而不是小麦。比较不寻常的是，我们还得知，此次有两名百夫长被处决。因为一个大队里顶多有六名百夫长，所以此举意味着恺撒认为这两名百夫长应当负主要责任。前36年，在亚美尼亚，安东尼麾下的一个大队因为类似的恐慌逃窜而遭到十一抽杀。我们还知道，在这些年里，在西班牙作战的一位将军也对部队实施这样的惩罚。这是一种传统的惩罚，但它在最近的几十年里已经很少见，被认为是一种几近过时的严酷行为。[10]

　　恺撒显然非常希望在世人眼中成为一位传统风格的伟大的罗马将军，就像他那被谋杀的养父一样。最重要的是，这样的领袖应当取得成功。尽管他的伊利里亚战役不如安东尼与帕提亚人的斗争那样重要，但他胜了，而安东尼失败了。恺撒于前33年夏季返回罗马，带回了从落败和求饶的敌人那里缴获的战利品，以及之前战败时丢失的罗马军旗。这些战利品和军旗被存放在新建的屋大维娅门廊①。元老院很快授予他凯旋式的荣誉（他已经获得了两次小凯旋式），不过他决定等一段时间再举行凯旋式。当年尤利乌斯·恺撒面对两个选择，要么留在罗马城外等到自己的凯旋式结束，要么放弃这项荣誉而立刻进入城市参选执政官。从那个时候到如今，世界已经发生了很大变化。尤利乌斯·恺撒的继承人完全来去自由，他的权力不受任何限制。[11]

在伊利里亚战役期间，他曾多次返回罗马城，并于前33年1月1日第二次就任执政官。这距离他上一次担任执政官已经过去了差不多十年，但恺撒此时仍然只有二十九岁，所以这样的传统限制早就没有意义了。然而这一天还没结束，他就辞去了执政官职位，以便指定一位继任者。安东尼在前一年也是这样做的，并且根本没有离开自己的行省到罗马就任执政官。尤利乌斯·恺撒对罗马的高级行政长官职位漫不经心，后三头同盟更是远远超过了他，视这些职位如儿戏。现在每年的两位执政官都不会在任整整一年，而是很快辞职，指定补任执政官来接替自己。补任执政官也可能辞职，给其他人一个机会，所以前33年居然有多达六位补任执政官，不过这与前38年多达六十七位裁判官同时任职的事情相比，也不算什么了。每一位官员都因为曾经担任这些官职而获得永久性的显赫地位，在元老院会议中获得相应的优先权利。[12]

---

① 以奥古斯都的姐姐小屋大维娅（安东尼的妻子）命名。

凯旋式的含金量也比以前下降了很多，元老院授予此项荣誉时越来越慷慨大方。在前 30 年代，有好几位高级将领（有的是恺撒的人，有的是安东尼的部下）获得凯旋式荣誉，仅仅在前 34～前 33 年就有六人。很多获得此项荣誉的人建造或修缮了城内的大型纪念建筑，以永久性纪念自己的胜利。阿西尼乌斯·波利奥在前 39 年举行了凯旋式，后来修复了监察官使用的自由大厅，为其增添了一座公共图书馆，图书馆的一翼存放希腊文书籍，另一翼存放拉丁文书籍。这是罗马的第一家公共图书馆，因为尤利乌斯·恺撒筹划的图书馆项目在他死后就被放弃了。提图斯·斯塔提里乌斯·陶鲁斯于前 34 年举行凯旋式，并开始建造罗马的第一座石制圆形剧场。在过去，剧场的座席都是临时性的，通常是倚靠着大型公共建筑搭建起来。同年，盖乌斯·索希乌斯庆祝了自己的凯旋式，他收复了耶路撒冷，帮助大希律王①在犹太复辟。他建造了一座阿波罗神庙，后来称为阿波罗·索希阿努斯神庙，今天在马凯鲁斯剧场旁还能看得到。[13]

对罗马人来说，战胜外国敌人的胜利是非常值得庆祝的。如果说这些凯旋式以及相应的建筑工程是安东尼与恺撒两派支持者之间的竞争，那就错了。这些凯旋的将领个个都是骄傲的罗马人，而且即便在两位巨头瓜分了共和国及其各行省统治权的年代，他们也并不拥有自己固定的党派。事实上，安东尼的

---

①　大希律王（约前 74～前 4 年）是犹太国王，罗马的附庸。他以残暴著称，为了权位，曾下令杀害自己的家人与多位拉比。但他也是犹太历史上最著名的建设者，扩建了耶路撒冷的第二圣殿（又称希律圣殿），修建了恺撒利亚的港口，建造了马萨达与希律宫的城墙。在《圣经·新约》中，他知道伯利恒有个君王诞生了，就派三智者先行，假意跟随朝拜。当三智者从另一方向离开后，他下令将伯利恒及其周围境内两岁及以下的所有婴儿杀死，而耶稣一家在其死后才回到拿撒勒。

部下的成功就像恺撒亲信的凯旋一样，反衬了安东尼的失败。更重要的是让人们觉得，如今的战争是针对真正的敌人，而不是罗马同胞。在罗马城中心的建造工程增加了城市的忙碌气氛，甚至在这些生活福利设施竣工之前，就能让人们变得更乐观。这些工程也给很多人，不管是工匠还是普通劳工，带来了领薪水的工作机会，并给建材供应商带来了很好的生意。

恺撒把尤利乌斯·恺撒的很多恢宏的建筑工程继续开展下去，尤其是在广场重建元老院议政厅和新建维纳斯神庙，这两项是工程的核心项目。不管其他人主持的纪念建筑是多么壮观，在整体的雄伟和规模上都没有办法与他的工程媲美。前33年，阿格里帕担任市政官（这个职位常常被人忽视，因为三头同盟的支持者们得到了很多更高级的职位）。他曾在前37年担任执政官，因此让他这样一位前任执政官来当级别较低的市政官，是非同寻常的。不过话又说回来，在过去，仅仅三十岁出头的前任执政官更是无法想象。这个年轻人曾在高卢征战，将塞克斯图斯·庞培逐出大海，最近一次公开露面是和恺撒一起，在梅图鲁斯身先士卒地冲过危险的吊桥。现在，他开始监督罗马城的公共生活福利设施，像往常一样，以充沛的精力和精明强干的本领投入工作。[14]

他主持建造了一座新的高架渠，即尤利乌斯高架渠（和往常一样，苦劳是阿格里帕的，但功劳都被机敏地归于他的上司），并大规模翻新或维修了其他高架渠。这不仅仅是为了建造宏伟建筑：借助于700座新的蓄水池、500处泉眼和130座水塔，整个罗马都有流动水的良好供应。下水道得到检查、维修和改良。做一些虽然凡俗但必需的工作，也是能够吸引群众眼球的。多年以后，人们还记得这位了不起的市政官乘坐小舟，巡视大下水道（罗马城的主要下水道）的情景。除了这些务实的公共设施之外，阿格里帕还主持了罗马城每年59天的竞技娱乐活动，向群众分发奖品，并安排了170次免费开放公共浴室，以及组织理发师免费为公民服务。审美方面也没有被忽视。他建造的很多水泉都饰有雕像或石柱，公园里有非常宏大的艺术品展示。

对罗马城的所有人（不仅仅是富人）来说，生活都变得更舒适了。在内战、公敌宣告、没收土地和殖民的许多混乱岁月之后，意大利的生活开始变得稳定一些。恺撒对上述的这些坏事负有责任，很多人因此痛恨他。但现在人们似乎不再恨他了，没有人愿意回到之前的动荡日子。很少有人爱戴他，但国内和平重新降临，人们为此感激他，并且越来越相信安宁的日子会继续下去。有些人或许感到，还有一件事情没有了结，因为没有人知道安东尼会何时返回罗马，以及以何种方式返回。

## 亚克兴角的阿波罗

现在该说说克利奥帕特拉七世了。到目前为止她基本上没有露面，读者或许会觉得奇怪。尽管她名扬四海，作为一位浪漫人物具有极大魅力，是东方的象征，或者是一位在被男性主宰的世界里的独立女性，但实际上，地中海世界已经几乎被罗马主宰，所以她的权力很小，重要性很低。克利奥帕特拉七世是罗马的许多附庸统治者之一，她之所以能够维持政权、对抗竞争者，完全依赖罗马的撑腰。尤利乌斯·恺撒恢复了她的王位，推翻了她的弟弟和共治者托勒密十三世。尤利乌斯·恺撒在世时，克利奥帕特拉七世曾两次访问罗马，无疑是担心情人的朝三暮四会削弱对她的支持。有人认为，尤利乌斯·恺撒将克利奥帕特拉七世培植为自己的长期情妇，并且在政治上受到她的引导。这完全是现代人捏造的神话。他们的孩子托勒密·恺撒里昂和母亲一起来到罗马，但他不是罗马公民，也不是尤利乌斯·恺撒的合法儿子，所以在罗马政治中没有真正的影响力。尤利乌斯·恺撒遇刺后，克利奥帕特拉七世在罗马逗留了差不多一个月，尽其所能地获得独裁官死后出现的新政权的认可。其他的附庸统治者或附庸国也在做同样的事情，有的亲自到罗马，有的是通过代理人，其中有一个派系在寻求劝说罗马将克利奥帕特拉七世的全部或部分领土交给她的妹妹阿尔西诺伊。西塞罗在一封信中提到过克利奥帕特拉七世，这个段落经常被引用。但西塞罗的通信极多，克利奥帕特拉七世在其中仅仅短暂露面，显然说明她根本就是个不重要的角色。女王返回自己的国家之后，立刻谋杀了自己的第二个弟弟托勒密十四世（尤利乌斯·恺撒立他为她的共治君主），以恺撒里昂取而代之。一个男婴肯定比十几岁的弟弟更容易控制。[15]

前 41～前 40 年秋冬，克利奥帕特拉七世和安东尼成了情人。他离开时，她已经怀了孕，王位也得到巩固。他还非常善解人意地下令杀死了阿尔西诺伊，除掉了她最后一个（至少在她自己的孩子长大成人、有可能成为威胁之前）真正的成年竞争对手。三年半之后，这对情人才再次相见。安东尼娶了屋大维娅，和她生了两个女儿。前 37～前 36 年冬季，安东尼把克利奥帕特拉七世带到了安条克，见到了他们的两个孩子，男孩亚历山大·赫利俄斯和女孩克利奥帕特拉·塞勒涅，分别是太阳神和月神的名字。安东尼在安排将埃及粮食和白银输送给自己军队作为给养和军饷时，与克利奥帕特拉七世旧情复燃。他出发远征帕提亚时，女王又一次怀孕。在安东尼兵败返回之前，女王生了个男孩，取名托勒密·费拉德尔甫斯。安东尼将自己的情人召唤到身边（在今天黎巴嫩沿海的一座小城市）安慰自己，此后就与她如胶似漆，很少长时间分离了。[16]

前35年，屋大维娅带着一队精锐禁卫军、一些骑兵和虽然凡俗但至关重要的役畜，来到雅典，以补充丈夫在战争中损失的资源。安东尼接收了这些部队和牲口，却没有去见她，而是写信让她返回罗马。在之前的岁月里，屋大维娅陪伴丈夫旅行时，从来没有去过比希腊更远的地方。罗马的行政长官去自己的行省赴任时一般不带妻子，更不要说战时了。但公开展示自己的王家情妇，也是很不正常的事情。恺撒很快将安东尼简单粗暴地打发一位体面尊贵的罗马妻子，与他可耻地公开与克利奥帕特拉七世出双入对的行为对立起来。有些人怀疑，整个事情是恺撒一手炮制的，他故意鼓励姐姐去雅典，以损害安东尼的形象。两位巨头之间的关系肯定已经冷淡了下来，而且双方对此都不加掩饰。[17]

在这些年里，恺撒能够随时去罗马，而安东尼不能。屋大维娅继续扮演一位尽职尽责的贤妻角色，欢迎丈夫派来的人，尽力帮他们获得官职和荣耀。但她要得到这些，就必须去找自己的弟弟。据说恺撒建议她与丈夫分手，但她拒绝了，而是继续替丈夫说话。恺撒出手帮助提携安东尼的人，至少能够获得这些人的部分感激，而且恺撒比安东尼处在更有利的位置（很简单，因为恺撒在意大利或附近），能够用慷慨大方来拉拢新的支持者。如今，对没收土地政策的受害者做出让步显得像是大慈大悲，其实仅仅是对之前的残酷恶行的稍许缓和。恺撒在伊利里亚战争中取得了胜利，永久性打破了塞克斯图斯·庞培对意大利的封锁，解除了面临的威胁，促使罗马和意大利向正常的、稳定的方向发展。恺撒就在意大利本土，所以他获得的荣誉比身处远方的同僚多得多。前36年年底，恺撒的人身被宣布为神圣不可侵犯的，就像他是一位平民保民官一样，不过他的此项特权是永久性的，而不仅仅是在任职的一年内有效。一年后，同样的荣誉被授予屋大维娅和李维娅，国家立起她们的雕像来歌颂她们，并且赋予她们无须监护人即可自行处置自己财政的合法权利①。恺撒的人身将享有特殊地位，他的直系亲属也是这样。[18]

前34年，安东尼又一次出征。他通过狡猾的手段俘虏了之前的盟友——亚美尼亚国王。这也算是胜利，但还远远不能弥补他进攻帕提亚的惨败。他返回亚历山大港，举行了盛大的胜利游行。亚美尼亚国王身披黄金（据另一份史料，是白银）枷锁，和其他的王室俘虏一起行进，后面跟着一辆战车。安东尼坐在战车上，打扮成狄俄倪索斯。游行的最高潮是，克利奥帕特拉七世端坐在宝座上（宝座在一个装饰精美的平台的顶端）接见他。整个仪式很像罗马的凯旋式，不过是在一座外国城市上演的，不是在罗马，而且是给一位外国女王观赏，而不是给罗马公民。不管真相如何，恺撒及其盟友很高兴将此事描绘成这种样子，来破坏安东尼的形象。[19]

这一年晚些时候，安东尼和克利奥帕特拉七世主持了另一场仪式，用托勒密王朝最喜爱的极其壮观奢华的方式来进行。所谓"亚历山大港的献土"确认了女王及其共治君主恺撒里昂的权力，并将东方各行省的大片土地赏赐给安东尼与女王的

---

① 罗马女性一般需接受监护人（父亲、兄长、儿子或其他男性亲属等）的监督，财政由监护人控制。

三个孩子。亚历山大·赫利俄斯得到了帕提亚和米底①，这两个地区其实都不在安东尼或罗马的控制范围之内。克利奥帕特拉七世被赞颂为"众君主的女王，她的儿子们亦是君主"，这无疑是为了确认她的统治权，以及她对自己儿女的主宰权。孩子们中最大的已经是个少年了，很快就将成为潜在的竞争对手。东方的行政管理实际上没有发生什么变化，我们也很难知道安东尼这么做的意图是什么，因为真相很快就被一大堆充满敌意的宣传掩盖了。安东尼的最亲密盟友们扣押了安东尼自己对此事的报告，因为这非常有损他的形象。[20]

对安东尼的批评越来越激烈，如果恺撒本人没有批评他，那么就是他身边最亲近的人对安东尼大肆口诛笔伐。他们说，安东尼是一位阴险的东方女王及其腐朽廷臣的奴隶。贺拉斯在若干年后的一首诗里捕捉到了这种批评情绪：

> 多么可耻！一个罗马人拜倒在一个女人裙下（你们这些后辈一定不肯相信），手里拿着木桩和兵器。尽管他是军人，却低三下四地伺候一大群干瘪的宦官，而阳光照射在军旗丛中腐化的蚊帐上！[21]

安东尼被描绘为酒鬼，或者甚至被克利奥帕特拉七世灌下魔药，被她拖来拖去，牢牢控制。他的行为举止已经不再像罗马人，他已经忘了自己是共和国的公仆。人们不断强调安东尼与恺撒的对比。恺撒取得了胜利，为国家福祉而劳作，受到罗

---

① 米底是一个古国，在今天的伊朗西北部和土耳其东南部一带，前 7 世纪到前 6 世纪一度很强盛。其居民为古伊朗民族。

马元老院和人民的赞颂，并且和自己的罗马妻子一起生活。安东尼自称是赫拉克勒斯的后代，所以文学和艺术中再次开始炒作赫拉克勒斯的那段故事：这位半神被翁法勒①诱骗，穿上女人的裙子，坐下来纺线，而她拿起他的大棒，披上他的狮皮。[22]

攻击是双向的。安东尼写了一封公开信，攻击恺撒批评他与克利奥帕特拉七世关系时采用的双重标准："你为什么变了？是因为我在操女王吗？她是我的妻子吗？（当然不是！）我是刚刚开始和她上床吗？难道不是已经持续了九年吗？你呢？你只上德鲁茜拉（李维娅）一个人吗？如果你在读这封信时没有在干特尔图拉、特连提拉、卢菲拉或萨尔维娅·提提西尼阿姆，或者她们所有人一起，我就祝贺你！干什么人，真的重要吗？"[23]

恺撒的风流是世人皆知的，但与很多罗马女人有露水情缘是一回事，被一个外国情妇套牢就是另外一回事了。克利奥帕特拉七世是希腊人，罗马人对希腊人的态度非常复杂，既有仰慕（因为罗马人感到自己的文化没有希腊那么高级），也有对被征服民族的鄙夷。更糟糕的是，她是埃及的统治者，罗马人对埃及蛮族（他们有很多带着动物脑袋的神祇）有着很多历史悠久的刻板印象。恺撒及其盟友拥有许多材料可以利用。安东尼自己的行为举止也无助于维护他的形象。他发表的唯一著作为论他的酗酒，为自己的酗酒辩护，或许还暗示，他从来不

---

① 根据希腊神话，翁法勒是吕底亚（小亚细亚西部一地区）女王。赫拉克勒斯因误伤人命，被迫作为奴隶侍奉翁法勒一年。翁法勒强迫赫拉克勒斯穿女人的衣服、做女人的活计。一年期满后，翁法勒与赫拉克勒斯结婚。

会因为饮酒而丧失行动能力，并且在执行公务时从来不会酗酒。我们不知道这部书的细节，因为它已经遗失。他需要写一本书来自我辩护，足以说明他的酗酒是多么严重，公众形象是多么糟糕。[24]

安东尼的攻击比自我辩护更多。双方的辱骂都非常符合罗马政客互相攻击的传统，很少会考虑真相是什么。安东尼又开始炒作恺撒在腓立比战役中的糟糕表现，并大肆宣扬恺撒被塞克斯图斯·庞培击败以及怯懦惧敌的故事。安东尼绘声绘色地描述恺撒是一个恶毒的腐化堕落之徒，将自己的身体出卖给尤利乌斯·恺撒，以获得独裁官的恩宠；后来，恺撒打算把自己尚在襁褓中的女儿尤利娅嫁给某个伊利里亚小部落的国王，甚至考虑自己娶这位国王的女儿。这个指控肯定比安东尼与克利奥帕特拉七世的私情更严重，至于是不是真的，并不重要。身为贵族的安东尼自然要表示对竞争对手真实（而非收养他的）家族背景的鄙视。到了这个比较晚的时期，恺撒里昂才开始起到一些重要作用。倒不是恺撒里昂自己有什么重要，而是因为他是尤利乌斯·恺撒的儿子。这表明自封的凯旋将军恺撒、神之子，根本就不是尤利乌斯·恺撒的血亲。恺撒让奥庇乌斯（独裁官的旧部之一）写了一份小册子，"证明恺撒里昂根本不是独裁官的儿子"。安东尼回答说，他曾亲耳听到尤利乌斯·恺撒承认这个男孩是他的儿子。[25]

双方的唇枪舌剑演化为武装冲突，我们很容易觉得这完全是恺撒的错。他最终取得了胜利，所以很容易被看成事件背后的主要推动力量，但事实上两位巨头都对权力非常贪婪，也都对最终的武力对抗没有什么顾虑。前33年夏季，安东尼的军队开始在幼发拉底河集结。他这么做也许是想再次进攻帕提亚，但即使他有过这种想法，也很快放弃了。他命令军队开始了超过 1000 英里的长征，开赴小亚细亚沿海。西方唯一的潜在敌人就是恺撒。[26]

前 32 年 1 月 1 日，安东尼的两位高级下属，格奈乌斯·多米提乌斯·阿赫诺巴尔布斯（曾是布鲁图斯和卡西乌斯的海军将领）和盖乌斯·索希乌斯成为执政官。三头同盟的第二个五年期限可能在前一年年底到期，恺撒和安东尼失去了正式的权力，不过他们仍然掌控着军队和许多省。多米提乌斯·阿赫诺巴尔布斯赞扬安东尼，间接地批评恺撒。索希乌斯随后发动了针对恺撒的人身攻击，并向元老院提交一项动议，谴责恺撒。在投票表决开始之前，一名保民官否决了此项动议。恺撒到目前为止都非常有策略地避免参加这些会议，但在下一次会议召开时在军队的护送下到达会场，他的朋友们也陪伴在他身边，并且小心地显露出他们"隐藏"的匕首。不管他有没有合法的军权，他都冷静地坐在两名执政官之间的座椅上，以显示他才是实际上的主宰。阿赫诺巴尔布斯和索希乌斯明白这种暗示，于是离开罗马，去希腊与安东尼会和，沿途没有遭到骚扰。其他一些人也开始跟随他们离开了意大利。[27]

安东尼麾下也有人逃到恺撒那边。不久之后，前任执政官卢基乌斯·穆纳提乌斯·普兰库斯抵达罗马，还带来了他的外甥马尔库斯·提提乌斯（原定的下一年执政官，就是他下令处死塞克斯图斯·庞培）。普兰库斯曾多次变节，朝三暮四，名声很臭，但他的决定被认为是一个风向标。直到前不久，他还积极地参与安东尼和克利奥帕特拉七世的狂欢。安东尼和克利奥帕特拉七世曾进行了一场著名的赌局，由普兰库斯主持，看谁能拿出最昂贵的菜肴。克利奥帕特拉七世将价值连城的珍珠耳环丢在酒里，然后一口吞了下去。普兰库斯宣布她是获胜者。还有一个故事说，普兰库斯曾参加一场奥林匹斯诸神主题的宴会，他扮演海神格劳科斯的角色。这位前任执政官穿上了假的鱼尾，涂抹自己的皮肤，然后裸体跳舞。现在他背叛了安东尼。一位玩世不恭的元老说："安东尼一定做了很多事情，你才离开了他！"[28]

穆纳提乌斯·普兰库斯知道安东尼的很多秘密，可以卖给恺撒，而且他这个人的存在也有价值。普兰库斯是安东尼遗嘱的见证人，所以知道其中一些条款对安东尼的形象很不利。这份遗嘱存放在罗马的灶神庙，尽管为首的维斯塔贞女①拒绝交出遗嘱，但恺撒还是把它强行拿走，并在广场的一次公共集会上当众宣读了遗嘱的摘要。遗嘱的内容，或者至少恺撒选择公布的那部分，令人激愤不已。安东尼在遗嘱中正式承认恺撒里昂为尤利乌斯·恺撒的儿子（他在自己的遗嘱里提到这个，有些奇怪），并将自己的财产传给他与克利奥帕特拉七世生的孩子。遗嘱里肯定有将自己部分财产传给他的合法的罗马儿女的条款，但被忽略了。更糟糕的是，他希望自己的遗体与克利奥帕特拉七世一起葬在亚历山大港，即便他是在意大利去世的。[29]

我们掌握的古代史料都没有说这份遗嘱是伪造的，这肯定是正确的。这份遗嘱本来就令人尴尬，绝不能公之于众。恺撒

---

①　维斯塔贞女，或称护火贞女（Vestal Virgin），是古罗马炉灶和家庭女神维斯塔的女祭司。维斯塔贞女共六位，六岁至十岁开始侍奉，必须守贞、侍奉神祇至少三十年。她们的主要任务是守护维斯塔神庙的炉灶，不让圣火浇熄。三十年期满退休后，她们会得到丰厚的退休金，可以结婚。与前维斯塔贞女结婚是一件荣耀的事情，而且能获得不菲的嫁妆。

固然没有伪造遗嘱，却非常仔细地扭曲和加深了它给人们留下的印象。恺撒自己的行为是刻意与安东尼形成鲜明对照的。他还只有三十岁，却已经开始为自己和家人建造一座宏伟的陵寝。在过去，贵族建造纪念建筑是为了传扬自己家族的荣光，吸引人们的注意，但恺撒的陵寝工程让过去的任何建筑都黯然失色。它很快就被称为 Mausoleum，得名自卡里亚①国王摩索拉斯（Mausolus）的著名陵墓，后者是古典世界的七大奇迹之一。

恺撒陵寝的直径为 300 罗马尺②，墙高 40 尺，顶部有穹顶，穹顶的顶端有一座巨大的恺撒雕像，其尺寸显然是帝王风格的，又一次强调恺撒与其他人不同。更重要的是，陵寝在罗马，在城市正式边界之外的战神广场，这个地点很适合建陵寝。恺撒是一个彻头彻尾的罗马人，与安东尼不同，绝不会想要被葬在罗马之外的任何地方。有传闻称，安东尼打算将首都搬迁到亚历山大港（之前有传闻，说尤利乌斯·恺撒也曾有这个计划）。还有一个故事说，克利奥帕特拉七世最喜欢的誓言是："就像我会在卡比托利欧山上主持公义一样。"这些故事互相矛盾，但这不重要，因为它们传达的信息是：安东尼服从她的命令，心里早已不顾及罗马的利益。[30]

克利奥帕特拉七世是罗马的敌人。这是恺撒宣传攻势的长期主题，因为人们更愿意假装自己在抵抗一个威胁罗马的外国敌人，而不是互相竞争的两位罗马军阀之间即将爆发新的内战。表面上，内战的爆发不是恺撒和安东尼的选择，而是保卫

---

① 今天土耳其西南部一地区。

② 1 罗马尺合 295.7 毫米。

罗马的集结号。整个意大利宣誓在这场战争中服从恺撒的领导，这是一个精心导演出来的团结姿态。恺撒允许安东尼的退伍老兵拒绝宣誓效忠恺撒，但很少有人拒绝，根本没有人表现出愿意集合起来为安东尼作战的态度。一些元老，可能有数百人，逃去加入安东尼阵营，现代历史学家觉得能有数百人已经很了不起了。有些元老是对安东尼负有义务，或许也有人只是觉得他更可能获胜，或者这些元老处于绝望的处境，希望发生新的革命。当年刺杀尤利乌斯·恺撒的密谋者中所剩无几的幸存者也投奔了安东尼，因为他们不可能得到尤利乌斯·恺撒继承人的欢迎。恺撒吹嘘说，有七百多名元老宣誓接受他的指挥。即便这个数字被夸大了，也仍然是元老阶层的大多数。一些人公开保持中立，其中最著名的是阿西尼乌斯·波利奥，他说自己"会远离你们之间的争吵，并成为胜利者的战利品"①。[31]

前32年夏季，恺撒领导着罗马共和国正式向克利奥帕特拉七世宣战。在遥远的过去，被称为"国务祭司"的团体负责宣布战争与和平。古老的仪式被恢复，或者可能是发明出来的，但伪装成一种传统。恺撒作为一名国务祭司，在战神庙主持了祭祀。一支长矛被染上牺牲品的血。祭司念诵了敌人的恶行，然后将长矛投掷出去，插入一片象征着克利奥帕特拉七世的埃及王国的土地。[32]

安东尼的陆海军已经在希腊西海岸集结了。此时的时节已经太晚，双方都不能发动进攻，但安东尼的计划似乎是按兵不

---

① 阿西尼乌斯·波利奥后来退出政坛，著书立说，组织文学活动，扶助文学新人，安度晚年。

动，在希腊迎击敌人。庞培在前48年，布鲁图斯和卡西乌斯在前42年，都运用过这样的计划，但都失败了。苏拉是唯一一个以希腊为基地打赢内战的罗马统帅，但他之所以获胜，是因为他渡海去了意大利作战。安东尼依赖自己陆军与舰队的庞大兵力，相信敌人会犯错误并被击垮。和近期的其他战争一样，这场新的战争的规模也是极其宏大的。克利奥帕特拉七世在安东尼那边，她的存在导致他的一些高级下属发生了摩擦。如果他渡海进攻意大利，一定非常不利于他的公众形象，这或许就是他不愿意渡海的另一个原因。但他按兵不动的结果就是，将主动权拱手交给了敌人。[33]

阿格里帕发动了进攻。他极可能是整个战役的规划者，而且在关键时刻指挥大军有条不紊地击败安东尼的肯定是他。他凭借一连串闪电般的攻击，袭掠和摧毁了安东尼的多个基地，威胁了他的补给线。敌人被打得晕头转向时，恺撒（这一年，他第三次担任执政官）亲自率领主力部队渡海，在伊庇鲁斯登陆，占领了一座称为托伦涅（意思是"长柄勺"）的城镇。克利奥帕特拉七世开玩笑说，如果恺撒"坐在长柄勺上"（在俚语中，"长柄勺"指的是阳具），他们不必担心。但事实是，敌人已经渡过了亚得里亚海，而安东尼还没有集结足够的力量来对抗敌人。恺撒逼近了安布拉基亚湾沿岸的亚克兴角，安东尼的主基地就在那里。很快，恺撒从海陆两面封锁了亚克兴角。从春末到整个夏季，安东尼的部下未能突破敌军的封锁，也未能引诱敌军在对安东尼有利的环境下交战。在此期间，安东尼的营地环境卫生状况极差，疟疾和痢疾传播得很厉害，导致军队不断减员。恺撒的部队等待着，观察着敌人越来越羸弱。一连几个月过去了，恺撒军队赢得了许多小规模胜利，有

一次差一点俘虏了安东尼本人。逃兵（包括普通士兵和辅助
士兵，也有多米提乌斯·阿赫诺巴尔布斯这样的元老）偷偷
从安东尼营地溜走，受到恺撒的欢迎。但恺撒这边没有人逃往
安东尼营地。[34]

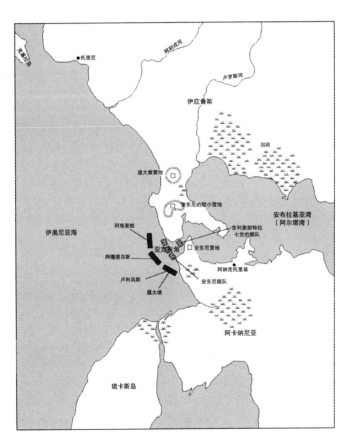

**亚克兴角战役**

前 31 年 9 月 2 日，安东尼的舰队出航，向敌人发起挑战。
至少有部分船只配有桅杆和帆，其实在战斗中应当抛弃这些笨

重的物件。战船在战斗中完全依靠划桨来机动，所以船上配有
桅杆和帆说明安东尼显然在考虑带领部分或全部船只突围。或
许他还希望打赢一场海战来扭转战局，但也为失败做好了准
备。这对一位统帅来说，不是乐观的心态。两军舰队摆好阵形
需要好几个钟头。随后，两军对峙了很长时间，双方都不愿意
在太靠近岸边的地方作战。终于在安东尼的战船开始继续推进
的时候，阿格里帕命令他的战船往外海退一点距离，以便腾出
更大空间。然后，他们尝试从侧翼包抄敌人。恺撒舰队的兵力
可能更强一些，船长和水手的技能在针对塞克斯图斯·庞培的
残酷战争之后肯定也有很大提高。两支舰队都拥有很多大型战
船，战斗打响之后，大家发现很难用撞击战术来击沉或击伤这
些大船。大部分战斗是用投射武器或用抓钩登船，然后近战。
随着各艘战船运动起来捕捉优势地位，整齐的战线被打破，出
现了一些缺口。

　　该地区的某个固定时间通常会刮起西北偏北风，克利奥帕
特拉七世和她指挥的一队船只利用这个风向变化，突然升起船
帆，从舰队主力背后驶出，径直奔向战线中央的一个大缺口。
他们对正在交锋的战船置之不理，继续前进，而安东尼离开自
己的旗舰，登上一艘轻型船只，追了上去。大约 70 到 80 艘船
逃走了，载着克利奥帕特拉七世的很大一部分财物，但这顶多
相当于整个舰队的四分之一或更少。其他船只被留下来作战，
其中一些继续非常顽强地拼杀。最终，幸存者闷闷不乐地撤回
到港口。安东尼舰队损失了约 5000 人和一些船只。安东尼输
掉了这场战争，尽管他和情妇带着很大一部分金钱逃走了。他
的陆军指挥官普布利乌斯·卡尼迪乌斯企图率军离开，但官兵
拒绝服从，而是与恺撒做了一笔很好的交易，向他投诚。舰队

残部则与陆军一同投降。[35]

安东尼保住了性命，但不管有多少钱，都没有办法买新的陆海军来替代他受损的军队，也没有办法修补他受损的声誉。一位罗马贵族绝不能承认失败，也绝不能抛弃部下，自己和情妇一起逃命。恺撒手头有更紧迫的问题，所以不能直接去追击竞争对手。之前他让梅塞纳斯留下掌管意大利和罗马城。梅塞纳斯虽然只是个骑士，没有官职，也没有成为元老，但以精明的手段把国家管理得井井有条。现在有些服役期满的军团士兵向恺撒施加压力，要求立刻退役并得到恺撒曾向他们承诺的赏金与农场。曾为安东尼效力的士兵和恺撒自己的士兵一起，鼓噪着要求赏赐。监管大约40个军团的运动和部分士兵的退役，可不是一项简单的工作。阿格里帕被派去帮助解决这个问题，恺撒本人在这一年年底前也去跟进。一方面，面对哗变或叛乱的威胁，他给出了慷慨的承诺。另一方面，他希望避免回到佩鲁西亚战争时期那种常常引发叛乱的动荡状态。在意大利不能通过没收来获取土地，这意味着他必须找到资金去收购土地。恺撒又一次去了东方，寻找充足的现金。[36]

现在很多曾支持安东尼的附庸统治者和社区都急于向恺撒表示忠心，他们热情地帮助他得到了资金。所有人都愿意用金钱来证明自己的忠诚。克利奥帕特拉七世带着同样的想法与恺撒接触。虽然恺撒的宣传把她描绘为敌人，但她其实始终是罗马的忠实盟友，肯定会愿意为了他的利益而积极压榨自己的臣民，就像她曾为了尤利乌斯·恺撒和安东尼的利益而剥削民众那样。安东尼已经无药可救，不管克利奥帕特拉七世对他有怎样的感情。她是个生存能力极强的人，尽管她的家族和宫廷内斗不休、血雨腥风，并卷入了罗马持续发生的权力斗争中，但她还是安然无恙地活到了三十九岁。恺撒玩世不恭地鼓励她，而当他的军队开进埃及时，她可能还鼓动自己的部队向恺撒投诚。[37]

安东尼决定效仿布鲁图斯和卡西乌斯以及他那个年代的许多贵族，自行了断。克利奥帕特拉七世可能促成了他的死亡，但她的情夫自杀得很不利索，用太长的时间与她做最后一次精神上的团圆。女王还活了一个多星期，希望能够与恺撒达成协议。她躲在墓穴内，里面堆满了可以移动的财宝和易燃物，她可以威胁随时将其摧毁。恺撒的使者把她诱骗出来。我们不知道克利奥帕特拉七世当年访问罗马的时候，有没有和年轻的恺撒见过面。如果没有的话，那么他们唯——次相遇就是这个时候。她向胜利者苦苦哀求。不同史料对这次谈话细节的记载是不同的，但我们有理由相信，她竭尽全力去赢得他的怜悯和同情，穿得可怜兮兮但没有隐藏自己的美艳，并讲到她对尤利乌斯·恺撒的热爱，以及独裁官对她的挚爱。

但这都无济于事。在战前，恺撒的动员口号就是反对克利奥帕特拉七世，所以现在不能留她了，也不能留她的孩子。恺撒需要她的财富来资助新的退伍军人安置计划。他也希望把她当成一件装饰性的战利品，在自己的凯旋式上展示。但很难说罗马平民看到一个女人在俘虏队伍中会做出什么反应。当初尤利乌斯·恺撒把十几岁的阿尔西诺伊放在自己埃及战役凯旋式的游行队伍里，群众对她表示同情。不过这都不重要了。或许他的确下令让她活下去，并且在发现她自杀后还唤来了医生和蛇毒专家。但死了的克利奥帕特拉七世几乎和活着时一样有价值，他可以在凯旋式游行里展示她的肖像，而不用担心群众会同情她。恺撒得到了她的财富，并将她的王国当作自己的私人产业，得到的收入也成为他个人的财产。[38]

　　恺撒里昂被他的教师出卖了。他的存在对恺撒来说很尴尬，于是恺撒里昂被处死了。安东尼的长子安提勒斯也被抓获并处死。恺撒里昂和安提勒斯都在仅仅几个月前经历了成人礼，所以算是成年人，这足以让他们必死无疑。安东尼的一些核心的罗马支持者自杀或被处死，但大多数人都接受了政权更迭。克利奥帕特拉七世的臣民将不得不缴纳沉重的赋税，但他们在她及其家族的统治下就一直是这样的苦命。祭司们赶来，表示如果罗马人允许他们在神庙上保留女王的肖像，就愿意给罗马人缴纳一笔钱。这不是因为他们热爱女王，而是不愿意因为拆除肖像而损坏神庙，他们也想积极地向新主人表示忠心。恺撒知道自己的希腊语水平不够，于是借助一名译员，向亚历山大港群众讲话。他的一生到目前为止都是不循常规的，也没有时间像西塞罗、尤利乌斯·恺撒、安东尼和大多数贵族子弟那样练习演讲。[39]

　　前30年年末，恺撒三十三岁，已经成为罗马和整个地中海世界无可争议的主人。

# 十一　凯旋

> 布鲁图斯和卡西乌斯的死让国家没了防备；塞克斯图
> 斯·庞培在西西里岛被打垮；李必达被抛到一边；安东尼
> 丢了性命。就连尤利乌斯一党也只剩下恺撒这么一个领
> 袖。
>
> ——塔西佗，2 世纪初[1]

> 无论在海洋还是陆地，无论是内战还是外战，我都在
> 全世界南征北战。胜利的时候，我总是饶恕那些恳求宽恕
> 的人……我两次庆祝小凯旋式，三次庆祝凯旋式，二十一
> 次被称颂为凯旋将军。
>
> ——《神圣奥古斯都功业录》[2]

听到克利奥帕特拉七世的死讯之后，诗人贺拉斯歌唱道：
"现在，开始饮酒吧！现在，让我们用脱去了镣铐的脚，踩一
踩大地！我的朋友们，是时候了，让我们为诸神摆开战神祭司
也会满意的盛宴！"就在不久前，女王曾威胁意大利："完全
失控的女人，胜利的甜酒让她酩酊大醉，她什么都想要。"好
在她的胜利很短暂，她从亚克兴角熊熊燃烧的舰队逃走，"逃
离意大利，而恺撒追击她……就像鹰追击一只温顺的鸽子，或
一位敏捷的猎手追击一只兔子……"但女王"在刀剑面前没
有表现出女性的畏惧……她意志坚韧，以冷静的面容凝视自己
毁坏的宫殿，还有勇气拿起牙齿锋利的毒蛇，让自己的身体饮

下它们的黑色毒液……她绝不愿意被夺走王权，被押走，去面对凯旋式上讥笑的人群：她可不是卑贱的女人"。[3]

曾经令人畏惧的敌人在失败和死亡之后，也比较容易得到仰慕了，而克利奥帕特拉七世在面对死亡时的勇气和尊严为恺撒的胜利增添了光辉。但真正重要的、给诗人带来如此喜悦的，不是她的自杀，而是战争的胜利结束。在其他诗篇中，贺拉斯曾写到安东尼成为埃及女王的"奴婢"，贺拉斯和其他人也都知道这是一场新的内战。在亚克兴角，被抛弃在燃烧战船上死去的大多数人都是罗马人。战争的公开敌人是克利奥帕特拉七世，诗人们和其他人一样，都一次又一次说到安东尼的"东方盟友"，但他们没有隐藏事实，即真正领导敌人的是安东尼。这是又一场内战，尽管是一场正义的战争，正如维吉尔在几年后清楚地写道：

在一边，奥古斯都·恺撒屹立在高耸的船首，领导意大利人去战斗，和元老院与人民、家庭与国家的神祇在一起……他父亲的星辰在他头顶上熠熠生光……在另一边，安东尼带着野蛮的强力……统领着埃及和东方的力量……跟着他的，是——哦，多么可耻！——他的埃及妻子……在当中，女王用他们本族的叉铃（埃及伊西斯①女神的崇

①　伊西斯起初是埃及的女神，后来在整个希腊－罗马世界受到广泛崇拜。她是理想的母亲和妻子，是自然与魔法之神，保护奴隶、罪人、手工艺人和被压迫者，也倾听富人、统治者、贵族和少女的祈祷。她常被认为是荷鲁斯（隼头人身，法老的守护神）的母亲。伊西斯的意思是"王座"，她的头饰就是王座。埃及法老被认为是她的孩子。在埃及神话中，她的丈夫和兄弟奥西里斯被塞特杀害并肢解后，她收集散落在大地上的尸块，用魔法让奥西里斯复活。

拜仪式上使用的一种嘎嘎作响的神圣乐器）呼唤她的大军……形态各异的恐怖神祇和吠叫的阿努比斯挥动兵器，与尼普顿、维纳斯和密涅瓦厮杀。[4]

亚克兴角的胜利是意大利团结一心的美德与传统的胜利，得到了正义神祇的佑助，领导者则是神圣尤利乌斯的儿子。敌人是牛鬼蛇神的东方力量，以及他们奇形怪状的神祇。其中特别讲到豺首的阿努比斯（冥界之神），尽管克利奥帕特拉七世和她的希腊祖先对这些古老的崇拜仪式并不感兴趣。正义的一方赢得了一场压倒性的、必需的胜利，非常光荣，因为它带来了和平的希望。[5]

维吉尔、贺拉斯和其他诗人看够了只能导致人民被屠杀、土地与财产被偷窃的内战。在前 29 年发表的诗集《歌集》（不过写作时间是之前恺撒和安东尼关系越来越紧张的时期）中，贺拉斯表达了对一场罗马人之间兄弟相残的新斗争的恐惧："何方，在这邪恶的疯狂中，你要奔向何方？你为何拔出刚刚入鞘的剑？在陆地和海洋流的拉丁人的鲜血，难道还少吗？不是为了让罗马人烧毁充满嫉妒的迦太基的傲慢要塞，也不是为了让长久以来我们触手不及的布立吞人①身披枷锁地走下圣道，而是让帕提亚人的祈祷成真：这座城市将自己毁掉自己？"[6]

大约在同一时间，贺拉斯哀叹道："又一代人被内战击

---

① 布立吞人是在铁器时代、罗马时代和之后一段时期生活在今天不列颠的一些凯尔特族群。5 世纪，盎格鲁 - 撒克逊人开始定居不列颠后，布立吞人要么被同化吸收，成为后来的"英格兰人"的一部分，要么退居到威尔士、康沃尔、苏格兰等地，也有的迁徙到今天的法国布列塔尼。

垮，这座城市被自己的力量压垮！"无论是意大利敌人、斯巴达克斯奴隶起义军还是汉尼拔的迦太基军队，都不曾战胜罗马，但它"如今将被我们自己摧毁，我们这渎神的一代，血统被诅咒的一代"。虽然发出了这样严正的警告，诗人在结尾时说，他们别无选择，只能继续战斗，并呼唤所有意大利人加入这场战争。[7]

贺拉斯这样的人渴望和平，但并非为了和平愿意承受任何代价。对罗马人来说，真正的和平只能从胜利中来，最理想的状况是彻底的胜利，将来不必再与同一个敌人交战。尤利乌斯·恺撒喜悦地写道，他"平定"了他在高卢征服的各部落。战争应当以绝对胜利结束，由罗马人来决定和平条件，而不是用妥协和让步换取和平。同样的态度在罗马人的内战中也起到了作用，所以内战几乎没有希望通过谈判解决，尤其是无法长期解决。贺拉斯曾参加腓立比战役并逃跑，因此比较了解真实的战争。我们不知道他有没有服从自己发出的呼唤，参加亚克兴角战役。他说自己和恩主梅塞纳斯一起待在一艘战船上，但我们不确定梅塞纳斯有没有离开意大利海岸，所以我们很难知道贺拉斯是否真正加入了舰队，去满足他的愿望——用一场胜利来终结内战。[8]

诗人们反映了几乎是普天之下所有人的愿望，即在漫长岁月的动荡与暴力之后，重返和平与稳定的状态。在这些冲突中，意识形态的作用甚微。布鲁图斯和卡西乌斯自称为自由而战，但他们的行为举止与同时代的其他军阀没什么区别。同样重要的是，他们失败了，丢了性命。刺杀尤利乌斯·恺撒的最后一批密谋者作为安东尼的党羽死去，为一位巨头效力，去反对另一位。如此戏剧性的阵营转换在从上到下的所有阶层中都是司空见惯的。现在绝大多数人只希望能够活下去，能够保住自己的性命和财产。人们记得，年轻的恺撒在腓立比战役或佩鲁西亚战争之后，是多么冷酷无情地处死战俘。但真相是，得到宽恕的人比被处死的人多得多。后来有人说，他的很多最亲密朋友和盟友都曾追随安东尼而反对他，但在亚克兴角战役之前或之后倒戈。[9]

密谋者所谓的"自由"，即便对那些希望享有它的贵族们，也不再有什么吸引力了。帝国时期的元老，如历史学家塔西佗，将会复苏这种"自由"的观念，视其为一个浪漫的幻梦。但这些人对前几个世纪"自由"政治的怀旧也没有妨碍他们接受现实。至少塔西佗对"自由"共和国最后几十年的凶残暴力没有多少幻想。在前30年，没有什么人会对共和国抱有任何幻想，因为太多人由于选择了错误阵营，或者因为没有选择任何阵营，而丢掉性命。[10]

自同盟者战争和随后苏拉进军罗马以来，共和国深陷暴力与混乱之中。在世的人们对这些事件还记忆犹新，而在恺撒自己的一生中，暴力冲突变得愈发残忍和漫长。没有人记得政治不受暴力威胁或实际暴力影响的时期。我们很容易将注意力集中在豪门贵族，他们的损失之大，令人震惊，但长期充实元老院的那些地位较低的家族同样损失惨重。如此之多的冲突和死亡摧毁了他们的政治理想，打乱了旧的友谊和联盟关系，甚至遏制了贵族本能的野心。元老和其他人一样，最渴望的是和平。

元老院的一次会议上，宣读了安东尼的死讯。主持此次会议的是补任执政官马尔库斯·图利乌斯·西塞罗。他是那位著名演说家的儿子，与父亲同名，曾在法萨卢斯的庞培军中反对尤利乌斯·恺撒；在腓立比战役中支持布鲁图斯，反对三头同盟；后来又加入了塞克斯图斯·庞培阵营。前39年，被镇压的人获得大赦，他才返回罗马，后来得到了恺撒的恩宠。前30年的两名执政官辞职时，他被任命为补任执政官。他只有三十五岁，但在这些年里，年龄资格已经不算什么了。这一年的另外一位执政官是同样年轻的马尔库斯·李锡尼·克拉苏，也就是尤利乌斯·恺撒的盟友克拉苏（他于前53年在卡莱惨败）的孙子。就在前不久，这位小克拉苏还是安东尼的支持者，但后来成功地改投恺撒门下。他和小西塞罗后来都当上了行省总督，小克拉苏在马其顿总督任上打了一场非常成功的战役。旧日豪门的名字又开始浮现，但要说一切恢复原样，还为时尚早。恺撒在前30年第四次担任执政官，前29年第五次担任执政官。

很有讽刺意味的是，小西塞罗恰恰在这次会议上，听到了那个曾下令处死他父亲的人自杀的消息。当初，恺撒同意安东尼处死演说家西塞罗的决定，但大家一般认为安东尼是杀害西塞罗的幕后指使，而且肯定是他命令将演说家的首级和手割下来公开展示。亚克兴角大捷的喜讯促使元老院授予恺撒一次凯旋式，现在安东尼和克利奥帕特拉七世的死讯以及占领埃及的捷报推动他们授予恺撒又一次凯旋式。胜利者本人此时不在罗马，凯旋式只是他获得的大量荣誉中的一部分。安东尼战船的冲角被树立在广场的几个关键地点，作为战利品；还将建造一座拱顶，以纪念恺撒的胜利；此外还设立了几个新的节日。罗马的所有神职人员和维斯塔贞女的祈祷中都必须为恺撒祈福，即便是私人用餐时也要以他的名义奠酒。奠酒的命令肯定是不可能强制执行的，但仍然很快成为根深蒂固的习俗，这又一次说明人们是多么望眼欲穿地渴望和平，并希望恺撒能给人们带来和平。[11]

元老院还投票表决，授予胜利者新的权力，包括某些形式的司法权责。恺撒谢绝了授予他的一些荣誉。据说他最喜爱前29年1月11日举行的一次仪式。这次仪式与广场上的雅努斯·格米努斯神庙有关，这座神庙很小，形似拱顶。古老的门神雅努斯·格米努斯有两张脸，一张往前看，另一张向后看，被认为与事情的开端有关联，所以在每年的1月，人们常向他祷告。神庙的狭窄两端有青铜门，国家处于战争状态的时候就打开门。因为罗马人几乎总是在某地与某人交战，所以神庙的门已经多年没有关过了。

现在，元老院命令举行一场仪式，正式将神庙的青铜门关闭，以象征恺撒的胜利终于恢复了和平。元老们宣布，将举行一种叫作平安占卜的仪式，不过仪式的时间可能是前28年。此种仪式仅在和平时间举行，旨在从诸神那里寻求吉兆，表明此时适合为罗马人民的安全祈福。关门仪式和平安占卜仪式，和向埃及宣战时的仪式一样，都很古老，或许根本就是当时的人捏造的，至少仪式的细节是当时发明出来的。但它们让大家觉得自己与遥远的过去，与罗马繁荣昌盛、胜利不曾被内战玷污的时代，有着关联。[12]

元老们和绝大多数人民一样，渴望和平，所以他们在命令举行上述仪式时，刻意忽略了高卢和西班牙尚未熄灭的战火。虽然元老院向恺撒授予的大量荣誉有很大的阿谀奉承成分，就像元老院当年向尤利乌斯·恺撒泼洒荣誉一样，但人们真诚地渴望稳定的生活。在前29年，一个人拥有绝对权力的概念已经不像差不多二十年前尤利乌斯·恺撒击败庞培时那样让人震惊了。二十年前，许多贵族觉得尤利乌斯·恺撒的独裁是不堪忍受的。尤利乌斯·恺撒于前45年在西班牙取得最终胜利之后建立的和平很短命。前40年和前36年的充满和平期望的时期也转瞬即逝。如果对稳定的渴望比过去要强烈，那么人们也更清楚地知道，稳定仍然可能是短暂的。一切都取决于年轻的恺撒，取决于他打算做什么。目前他还留在东方，直到前29年夏末才返回意大利。元老们和其他人能够做的只有等待，并心怀希望。

## 胜利者

现在，我们有必要停下来思考一下，年轻的恺撒如今是怎么样的一个人。到目前为止，我们追踪了他的政治生涯，目睹了他的崛起。从一开始，他的雄心壮志就是显而易见的，他的政治才干以及相当程度的好运气（罗马人认为好运气对任何成功者都是至关重要的），也是毋庸置疑的。但如果夸张地认为他具有完美的政治实用主义精神，或者假定他始终是他后来成为的那位伟大的、成功的政治家，他的思想很早就被确定下来，就大错特错了。恺撒犯过错误，但也表现出愿意吸取教训的精神。在研究古典世界时，我们总是更容易看到人物做了什么，而较难理解他的内心思考和性格。

我们可以瞥见在政治家外表之后隐藏的那个真实的人，最有意思的肯定是他与李维娅非常不体面的仓促结婚。这显露出了一个迅速崛起到崇高位置、手握极大权力的年轻人的急躁。但这段婚姻维持了很长时间，一直到他的漫长生命落幕。在某个时间，最可能是前30年代，李维娅怀孕了。孩子胎死腹中，可能分娩也特别困难或有着不同寻常的危险。不管是出于什么原因，这对夫妇没有再生孩子。她很可能再也没有怀孕过。有传闻称，恺撒与其他女人有过很多婚外情，其中一些女人据说还是他的妻子选来送给他的，这也许说明他的全部或大部分肉体愉悦都是从其他女人那里寻得的。罗马元老往往会结好几次婚，如果妻子对他们不再有价值，就可能与其离婚。恺撒没有与李维娅离婚，但并没有政治上的因素迫使他与她保持夫妻关系。她的家庭背景很好，却没有强大到如果离婚就会对他不利的程度，而且还有很多其他女人拥有很好的家庭背景。他们的婚姻生活维持了这么多年，说明他们之间持续着深深的爱意，以及互相尊重和依赖。恺撒并非仅仅看重政治上的实用主义，我们在探究他的其他家庭成员时必须牢记这一点。[13]

他表现出了另一种类型的激情。在镇压政敌、腓立比战役与佩鲁西亚战争胜利的时期，他显然非常热衷于发布死刑命令。恺撒知道自己常常大发雷霆、做出严酷的裁决。他的教师之一——来自希腊的修辞学教师阿提诺多罗斯——给了他这样的建议："发怒的时候，在说话之前，先背诵一遍字母表。"据说在恺撒大发脾气的时候，差不多只有梅塞纳斯一个人能够安抚他的情绪。狄奥讲了一个故事来证明这一点：有一次梅塞纳斯来见他的时候，他正在主持朝政；梅塞纳斯看到恺撒正打算把一大批人判处死刑，于是努力在围观者中挤出一条路，走到恺撒身边。但梅塞纳斯挤不过去，于是在一块木板上写道："刽子手，请站起来！"

他将木板扔到恺撒怀里，促使他立刻结束了工作，没有做出任何判决。狄奥告诉我们，恺撒对梅塞纳斯非常感激，因为梅塞纳斯坦率地指出，怒气会让他犯错误。这个故事发生在恺撒政治生涯的早期。在打败了塞克斯图斯·庞培和安东尼之后，恺撒就更愿意效仿尤利乌斯·恺撒的仁慈，去宽恕敌人。这或许说明他在慢慢成熟，不过目前还没有人知道这种变化是不是永久性的。[14]

年轻的恺撒虽然迅速地在血雨腥风中崛起为最高统治者，但在很多方面，他还是他那个阶层的典型分子。有些学者喜欢把他视为外省士绅的情感与元老精英集团品位的混合体，但这种看法在很大程度上只是猜测。我们必须承认，我们往往很难了解到元老院之外任何人的道德、精神和政治立场。很显然，恺撒有着罗马精英集团大部分人的那种文学兴趣，他自己也写诗（有时是非常淫荡的诗），并广泛阅读拉丁文和希腊文著作。[15]

在前30年代（如果不是更早的话），恺撒定期与阿提库斯（西塞罗的同学和终生好友）通信。阿提库斯去世不久之后发表的一部传记声称，即便恺撒与阿提库斯两人都在罗马，如果恺撒不能亲自拜访阿提库斯，也几乎天天给他写信，"有时询问古代史的问题，有时向他请教诗歌中比较难懂的段落，有时开玩笑地尝试诱导他写更长的信"。这些话题在贵族的交流中都是常见的。阿提库斯没有从政，而且始终是个骑士，没有获得元老身份，但他非常富有，而且人脉比很多元老都更强大，他与当时政坛的几乎所有关键人物都保持着良好关系。就是由于逃避政治，他才在几十年的动荡中幸存下来。在前2世纪和前1世纪之交出生的那一代人中，像他这样明哲保身、躲过血雨腥风的人并不多见。庞培和尤利乌斯·恺撒曾定期给阿提库斯写信，布鲁图斯也是。他与刺杀尤利乌斯·恺撒的密谋者很亲近，在前44～前43年安东尼被谴责时，他还保护了安东尼的妻子富尔维娅。后来，三头同盟镇压政敌期间，心存感激的安东尼庇护了阿提库斯，也与他通信。阿提库斯地位巩固，受到广泛仰慕，与他结交无疑是一种微妙的地位象征，但这并不是说恺撒与他的友谊不真诚。阿格里帕娶了阿提库斯的女儿，这肯定是门当户对的婚姻，也表明了阿提库斯与恺撒的亲密关系。阿格里帕夫妇生了一个女儿维普撒尼娅，还是婴儿的时候就被许配给了李维娅的长子提比略。[16]

阿提库斯写了好几部书，其中有一部赞颂了西塞罗前63年当执政官的事迹，但最有名的是他的《编年志》，这是一部编年史，主要是讲罗马历史。他对遥远的过去，体制、仪式与风俗的起源，以及古人的成就，都兴趣盎然。他和西塞罗常对自己同时代人的无知感到震惊，这些人甚至连自己祖先的政治生涯和官职都一头雾水。这个时期，爱好历史是很常见的，既是为了历史本身，也是为了逃避前1世纪的风云动荡。这些年里研究历史最勤奋的学者是博学之士马尔库斯·特伦提乌斯·瓦罗，不过和阿提库斯的作品一样，瓦罗的大部分著作都没有保存到今天。直到前3世纪和前2世纪之交，罗马人才开始编纂史书，虽然对更早的时期也有一些文献记载，但这些资料往往非常混乱和残缺不全。所以，尤利乌斯·恺撒穿上阿尔巴朗格古代国王的长袖上衣和靴子时，没有人知道这种风格究竟有没有真实的历史依据。[17]

他的继承人似乎从幼年便对罗马的传统有着浓厚兴趣。对历史的兴趣能够帮助他赢得阿提库斯的友谊，以及其他很多志同道合的贵族的好感，但我们没有理由怀疑恺撒对历史的兴趣是不真诚的。在政治上，这非常有利，不过我们很难说得清，诸如复兴国务祭司长矛仪式这样的事情，是出于他的历史兴趣和真诚的热情，还是因为这些事情是很有价值的象征，他对这方面的兴趣使其更容易利用这些象征。阿提库斯建议了另外一种表现自己尊重传统的方式：修缮"誓言守护者朱庇特"的神庙。年轻的军阀亲自去了这座倾颓半壁的建筑，视察了存放在那里的遗迹，其中有些据说有数百年历史。[18]

阿提库斯于前 32 年在罗马去世，没有活着看到内战的结束。他病得很重，决定绝食自杀，享年七十七岁。这意味着他不需要在恺撒和安东尼之间做出选择，不过凭借他的年高德劭，以及处理类似事情的惯常本领，他一定能在内战中生存下来，并且仍然保留胜利者的好感，而不至于失去幸存的失败者的友谊。阿格里帕在他临终前拜访了他，尽管他的葬礼很简朴，但所有的贵人都到场了。我们不知道恺撒有没有参加葬礼，这个时期他完全可能在罗马。[19]

对历史和传统的尊重代表着恺撒性格中比较柔和的一面，不过这一面也可以转化为政治优势。但从这方面，我们无法推测他最终返回罗马后可能做些什么。目前，他在军事上的绝对优势是毋庸置疑的。到前 30 年，恺撒指挥着大约 60 个军团，比尤利乌斯·恺撒在其权力巅峰时还要多。在近期，没有任何人能阻止他为所欲为，所以元老院和所有人都赞颂他，并希冀和平。人们为他做的祈福和献祭很可能是真心实意的。他原本就体弱多病，假如他被疾病夺去生命，那么就有新的领袖登场并互相争斗以填补权力真空，结果必然是出现更多混乱。不管大家是否喜欢恺撒，所有人都知道未来取决于他，于是他们等待他回来揭示他的大政方针。

## 归 来

人们等了很久。安东尼和克利奥帕特拉七世自杀的整整一年之后，恺撒才返回意大利。之前他在埃及逗留了几个月，因为那里有很多事情需要处理。他急需资金，亚克兴角战役之后的几个月里驻扎在意大利的一些军团的骚动更突出了金钱的重要性。恺撒打算向他自己的士兵，以及向他投诚的安东尼士兵分配之前承诺的农场，而不至于给意大利各社区带来很大困难。他尽可能地收购土地，即便是没收土地，也会给前主人一些补偿金或新的土地（通常在外省）。完成这些工作需要大量金钱。克利奥帕特拉七世在希望逃脱或者与恺撒达成交易的时候，疯狂聚集了埃及王国的财富。现在这些财富都落入恺撒手中，这是一个良好的开端，但他还需要从各社区压榨更多金钱。

埃及土地特别肥沃，农业产出丰盛，而且位于好几条贸易路线上，因此非常富庶。这一切早就令罗马人垂涎三尺，仅仅由于政客们彼此嫉妒，不愿意让任何一个竞争对手从中获利，埃及才没有被吞并为罗马的一个行省。恺撒至高无上的地位除去了这个障碍，于是埃及正式成为罗马海外帝国的一部分。3 个军团和一些辅助部队将驻扎在埃及，不过自前 58 年以来几乎一直有罗马军队在埃及，所以这不算什么大变化。不过，设立一位罗马总督是新鲜事，恺撒离开之后，总督将代替他行使全部军政大权，接管托勒密王朝的行政体系。

首任总督是盖乌斯·科尔内利乌斯·伽卢斯，他在攻击安东尼和克利奥帕特拉七世的行动中起到了关键作用。伽卢斯颇有文墨，享有诗人的美名，并且与西塞罗和阿提库斯都很友好。他可能只有三十出头，不过在那个雄心青年叱咤风云的时代，这也不算稀罕。更令人惊讶的是，他是一名骑士，不知出于何种原因，没有被吸纳进元老院（此时元老院已经大大扩充）以奖励他的忠诚。后来接替他的所有埃及总督都是骑士，恺撒还正式禁止任何元老涉足埃及。我们很难说，是因为恺撒从一开始就打算只派骑士当埃及总督，还是因为伽卢斯的忠诚和才干比他的地位更重要。恺撒在埃及拥有相当多的私人地产，但要说埃及是唯一一个成为他私产的行省，就有些夸大其词了。在其他行省也有属于他的地产。[20]

后来，伽卢斯的部下被派去镇压底比斯（古老的上埃及王国①）的叛乱。叛乱的原因可能是埃及人对托勒密王朝还有一些残存的忠诚，或者怨恨新来的征服者，或者不满罗马人强征的赋税徭役，或者所有这些原因混合起来。叛乱很快被平定下去。但在开始这些军事行动之前，恺撒还派遣他的士兵去维修和改良灌溉系统，这些设施帮助人们控制一年一度的河水泛滥，以便尽可能地利用尼罗河的馈赠。托勒密王朝在其鼎盛时期曾花费很大力气去管理这些运河和排水沟，但后来王族因为争夺王位的内乱而耗尽了力量，于是灌溉系统被遗忘了。有现代学者说，在克利奥帕特拉七世统治下，埃及繁荣昌盛。这忽视了她统治期内漫长的混乱和动荡。显然很多水利工程要由恺撒的士兵来承担。他这么做的目的不是无私的。恺撒希望新行省提供稳定的粮食和其他财富，成为罗马的永久性财产。[21]

恺撒在埃及的时光并非纯粹用于工作。他参观了亚历山大大帝的陵寝，并对此事大肆宣传。亚历山大大帝的遗体和送葬

---

① 在埃及南部。

队伍在前往家园马其顿的途中被托勒密一世拦截，并带到了埃及。遗体最终被停放在亚历山大港的一座宏伟陵墓内。棺材原先是黄金的，后来托勒密王朝的一位囊中羞涩的国王将黄金棺材熔化，换成了水晶。[22]

到目前为止，亚历山大是历史记载比较详尽的年代里最伟大的英雄。庞培努力把自己打造成罗马的亚历山大，而据说青年时代的尤利乌斯·恺撒在看到这位伟大征服者的半身像时不禁潸然泪下，因为马其顿国王在同样的年龄已经征服了半个世界，而他却还没有什么成就。亚历山大与恺撒的共同点——青春年少、难以抑制的充沛精力和奇迹般的成功——是显而易见的，这一时期很多恺撒雕像的头发也被做成马其顿国王那种风格，绝非巧合。他打算瞻仰伟大征服者的遗骸，将其带出陵墓，用鲜花装饰遗体，并为其戴上一顶金冠。他可能太激动了，以至于伸手触摸亚历山大遗体的面部时，不小心把鼻子的一部分撕了下来。[23]

恺撒触摸到了过去，虽然用力过猛，却让人联想起亚历山大的精神。亚历山大曾在急躁之下挥剑砍断戈耳狄俄斯之结①。恺撒自己的豪华陵墓正在罗马城正式边界之外的战神广场施工。规模宏伟的陵墓，以及他有意识地将自己与亚历山大联系起来，说明他在人生的这个阶段还不打算掩饰自己的权力。恺撒在亚历山大港的时候还命令将安东尼和克利奥帕特拉

---

① 根据神话，弗里吉亚（小亚细亚一地区）没有国王，神谕说第一个赶着牛车进城的人将成为国王。农民戈耳狄俄斯赶着牛车进城，被推举为国王。为了感谢神祇，他将牛车献给神。他的儿子米达斯用一个非常复杂的结将牛车拴在神庙柱子上。传说能够解开这个结的人将会征服世界。亚历山大大帝到访时，尝试解开这个结，但失败了。他挥剑将其砍断，用这种办法把它"解开"了。

七世安葬在她已经准备好的墓穴内。他的这个姿态很慷慨，但同时也是在提醒大家，安东尼是个忘记了爱国的罗马人，竟然想要和自己的外国情妇一起葬在国外。罗马元老院在向恺撒授予大量荣誉的同时，也拆毁了安东尼的雕像和纪念碑，甚至命令他们家族的人不准再用马克·安东尼这个名字。这倒不是为了将安东尼从历史中铲除，而是为了确保他的可耻被永久地保存在人们的记忆中。[24]

恺撒离开埃及之后，去了叙利亚。就像上一次短暂到访叙利亚一样，他发现自己必须确认地中海东部行政管理的安排。在那里和在罗马与意大利一样，当地统治者和社区都希望得到稳定安宁，毕竟他们已经经历了二十多年的帕提亚入侵，还被迫为罗马的内战出钱出力。一些附庸统治者被替换，一些社区获得了一部分特权，一些社区失去了一部分特权。这句简单的概括掩盖了漫长而艰难的一轮又一轮请愿、代表团拜访和会议，以及恺撒拿定主意后宣布自己决定的过程。他的慷慨大方鼓励人们向他效忠。在过去，该地区的人都没有任何选择，不得不支持安东尼，还有他之前的布鲁图斯、卡西乌斯和其他人。[25]

腓立比战役之后，安东尼写信给犹太祭司长和国王赫卡努斯二世，告诉他布鲁图斯和卡西乌斯没有合法权力，他们的残暴冒犯了诸神，而他们的失败给了他（安东尼）机会，"让我们的盟友也享有神赋予我们的和平；由于我们的胜利，亚细亚的身躯从一次重病中逐渐恢复了"。恺撒此时也在贯彻同样的安定精神。战争已经结束，正义的一方获胜了，那些曾为恺撒作战的社区将得到特别的奖赏。就像对历史上曾经的征服者一样，各社区也热忱地膜拜罗马领袖本人，以表达自己的忠诚。

以弗所①和尼西亚②被允许建造供奉神圣尤利乌斯和罗马女神的神庙。罗马公民被命令只能崇拜这些神祇，但外省居民被允许将恺撒本人奉若神明。亚细亚行省的帕加马和比提尼亚行省的尼科米底亚建造了大型神龛。罗马公民和外省居民在是否奉皇帝为神这一问题上的分歧将会持续几个世纪。[26]

总的来讲，保持原样、尽可能少地改变现状、确认大多数附庸统治者的权力，是更简单也更务实的做法。这种做法很可能赢得急于被新政权接受的人的感激。长远来看，这些地区需要稳定，这样才能恢复元气，再一次为罗马人带来利益。在短期内，和在埃及一样，叙利亚的统治者和各城市也都急于讨得恺撒的欢心，于是热情洋溢地向他奉上礼物，所以他原本就非常强势的财政地位变得更加稳固了。一年前恺撒还囊中羞涩、急缺资金，现在却享有数额巨大的盈余。他返回罗马之后，罗马的利率猛跌，据狄奥说从 12% 下降到了 4%，因为他给罗马经济注入了大量现金。[27]

犹太的大希律王为赢得恺撒的永久支持做了很大努力，我们对此比较了解。他向恺撒求救，在恺撒入侵埃及之前被确认为犹太国王。在入侵埃及期间，大希律王又一次来到恺撒身

---

① 以弗所是一座古希腊城市，位于今天土耳其西部，前 10 世纪由希腊殖民者建立。前 129 年被罗马共和国控制。该城的阿尔忒弥斯神庙是古典世界的七大奇迹之一，公元 268 年被哥特人摧毁。《约翰福音》可能在此写下。5 世纪基督教会的多次会议在以弗所召开。后来港口因泥沙淤塞而废弃，以弗所逐渐衰败。

② 尼西亚古城，今称伊兹尼克，位于今天土耳其西北部，因基督教的两次会议（公元 325 年和 787 年）和"尼西亚信经"（基督宗教信仰的一项基本议决）而闻名。1204 年拜占庭帝国被西方十字军消灭后，拜占庭贵族以尼西亚为都城，建立尼西亚帝国，最后于 1261 年恢复为拜占庭帝国。

边，为他带来军队需要的给养和资金。恺撒离开埃及前，大希律王又一次拜访恺撒，并奉上更多的礼物。之前安东尼把大希律王的一些土地夺走，送给了克利奥帕特拉七世，恺撒如今将这些土地物归原主。女王的卫队（数百名高卢人）也是安东尼的礼物，如今也被恺撒赠给犹太国王。但大希律王仍然非常紧张，并且越来越偏执。他在第一次心惊胆战地拜见恺撒之前，将自己的妻子米利暗（赫卡努斯二世的外孙女，所以是真正的犹太王族血脉①，而大希律王是以东②人，不是真正的犹太人）及其母亲送到一座要塞，让她们在那里等他回来。这表面上是为了保护她们，但他留了命令，如果他未能赢得恺撒的欢心、未能返回，就将他的妻子杀死。他自己的母亲和妹妹非常憎恨他的妻子和岳母，这两派女人互相之间的恨意显而易见，不共戴天。他把母亲和妹妹送到了马萨达③的一座要塞。

大希律王成功返回了，但他的妻子得知他曾秘密命令处死自己的事情之后，非常恼怒。大希律王希望妻子这样思考：他对她无比挚爱，不能容忍其他男人占有他，所以在自己保不住

---

① 此处简要介绍一下犹太王国哈斯蒙王朝末期的历史。赫卡努斯二世与其弟阿里斯托布鲁斯二世争权，后者得胜。赫卡努斯二世不甘心，在重臣安提帕特帮助下反抗。伟大的庞培率领罗马军队来到犹太，攻占耶路撒冷，废黜了阿里斯托布鲁斯二世，立赫卡努斯二世为傀儡（庞培恢复了他的大祭司位置，但没有恢复其王位），由安提帕特辅佐。

前47年，尤利乌斯·恺撒在亚历山大港作战期间，安提帕特率军支援他，因此得到恺撒的好感，在恺撒支持下成为犹太的实际统治者。安提帕特被谋杀后，他的儿子大希律王赢得罗马内战的胜利者奥古斯都的支持。

② 以东是一个古代地区，大致在今天以色列南部、死海以南。其居民为闪米特人，与犹太人血缘相近。

③ 位于今天以色列的东部，死海之滨。

性命的情况下要把她杀死。但她可不会这么想。几年前，她的兄弟"意外"溺死，大希律王被怀疑是凶手，所以夫妻之间的关系早就高度紧张了，很快就恶化。他指控某些人要毒死他，最终他的岳母也加入反对女婿的阴谋中，因为她觉得自己的女儿注定要被他害死。米利暗于前29年被处决。大约在前30年，大希律王还处死了她的祖父，即年迈的赫卡努斯二世。尽管赫卡努斯二世早就被残害得肢体残缺，不能担任祭司或国王，大希律王还是觉得他对自己是个威胁。这位老人曾经作为俘虏被帕提亚人关押了一些年。大希律王指控他与帕提亚帝国私通，将他判处死刑。[28]

让恺撒长舒一口气的是，帕提亚人目前忙于内战，王室成员在争夺权力，因此，罗马的东方各行省没有被入侵的危险。贺拉斯等诗人鼓吹为在卡莱和安东尼的惨败中丧生的罗马人和珍贵的军旗复仇，但恺撒还不打算满足这样的要求。入侵帕提亚是一项令人望而生畏的大业。即使一切顺利，也要很多年才能胜利，而一旦遇到挫折，他的声誉就会就像安东尼那样受损。更重要的是，东方各行省有没有充分地恢复元气，能不能为这样一场大规模战争提供资金、给养和支持，都是值得怀疑的。而且恺撒不急于长时间远离罗马，去进行如此艰难的冒险。他允许帕提亚国王的一位被打败的兄弟居住在叙利亚。与此同时，他正式向帕提亚内战的胜利者——国王弗拉特斯四世——保证罗马的和平意图。弗拉特斯四世将自己众多儿子中的一个送到罗马当人质。恺撒这次外交上的成功被赞颂为伟大的胜利。[29]

东方各行省暂时得到了平定和安宁，恺撒也收到了埃及和其他行省与王国的大宗赋税，因此富得流油，于是在前29年夏季开始返回意大利，途中游览了希腊。在意大利，他受到了群众欣喜若狂的欢迎，他的慷慨大方也有助于赢得人们的好感。意大利各社区为他送上赠予胜利者的传统金冠，不过这种赠礼只是名义上的，惯常的做法是赠送价值相当的黄金。他原先的巨额债务早已偿清，开销也得到支付，还剩下一大笔盈余。于是恺撒宣布他不会接受金冠。元老院命令所有阶层的人和所有祭司，包括维斯塔贞女，都出城迎接他。他也拒绝了这种礼遇。他说，灶神庙的圣火不应当无人照管，于是维斯塔贞女留在城内。虽然政府并没有正式下令，但所有的主要宗教崇拜团体和许多个人都举行了公共献祭，感谢诸神保佑他安全归来。一大群人自发地等待着，为他欢呼。[30]

欢迎的人群并没有被挡在远处，也并非只有达官贵人才能接近恺撒。接近得胜军阀的人群当中，有一个人的胳膊上站着一只渡鸦，他训练这只渡鸦喊道："恺撒万岁，胜利的统帅！"恺撒大为赞许，心花怒放，于是花 5000 迪纳厄斯买了这只鸟。不久之后又有一个人走上前来。原来他是刚才那个驯鸟师的生意伙伴，他自己没有得到赏金，非常不满。他说还有第二只会说话的鸟，于是很快带着另一只渡鸦来了。这只渡鸦非常不知趣地喊道："安东尼万岁，胜利的统帅！"恺撒感觉很好玩，并没有生气，命令第一个人与他的伙伴分享 5000 迪纳厄斯。毫无疑问，假如是安东尼凯旋，也一定会有欢呼雀跃的人群迎接他。最让人高兴的是，内战终于结束了，人们有希望过上长久的和平生活。胜利者如此慷慨大方的消息促使一些人送来了一只受过训练、会说同样的话的喜鹊，恺撒也把它买下了。一个贫穷的鞋匠得到灵感，又弄来一只渡鸦，尝试训练它。他的努力失败了，不过这只鸟后来学会了他气急败坏的呼喊："我

的所有辛苦，所有钱，都白费了！"据说，从一大群急于吸引
他注意力的群众当中，恺撒听到了这只鸟的嘶哑声音。他被逗
乐了，于是用高于 5000 迪纳厄斯的价格买下了它。[31]

前 29 年 8 月 13 日，年轻的恺撒终于庆祝了他早在前 34
年凭借征讨伊利里亚人的战功而获得的凯旋式。次日他举行了
第二次凯旋式，这一次是纪念亚克兴角大捷，展示了从敌船船
首取下的冲角，以及从这场战争中获得的不寻常的武器、俘
虏，还有载着描绘战争场景图画的游行花车。游行非常恢宏壮
观，接连两天慷慨地展示了来自埃及的战利品。8 月 15 日，
举行了第三次凯旋式，这一次是为了庆祝征服埃及，无疑是最
壮美的一次。托勒密王朝以奢靡著称，他们的典礼和游行非常
复杂，神话般奢华，所有的东西都是黄金或其他贵金属制成，
镶嵌宝石，悬挂着来自远东的丝绸。现在，所有这些华美的物
件全都被展示在罗马街头。最后一天凯旋式的战利品包括双胞
胎亚历山大·赫利俄斯和克利奥帕特拉·塞勒涅，他们只有十
多岁。他们母亲的肖像被做成假人展示，还出现在至少一幅图
画中，描绘了她手里拿着毒蛇准备自尽的场景。三天里，有另
外七位国王或王子被押过市中心，包括加拉太统治者和安东尼
的其他盟友。其中有些人被处决，但大多数都被饶恕了。[32]

恺撒本人似乎只参加了第三场凯旋式，而且直到那时才进
城。他乘坐一辆战车走过圣道，身穿凯旋将军的紫红袍服，面
孔被涂成红色。按照常规，拉车的是四匹骏马。最左侧的马上
坐着李维娅的儿子提比略·克劳狄·尼禄，而右侧的马（根
据罗马风俗，右侧比左侧的位置更尊贵）上坐着屋大维娅的
儿子马尔库斯·克劳狄·马凯鲁斯。两个男孩都大约十一岁。
凯旋将军的儿子和亲属参加游行是很常见的，所以这个姿态并

没有皇朝主宰天下的意思。跟随战车的不仅有参加了这些战役的元老（这是惯例），还包括恺撒的同僚执政官和当年的许多其他行政长官。更常见的做法是让这些人引领游行队伍，这或许是为了强调，胜利属于整个国家。[33]

恺撒返回罗马的时候，离他的三十四岁生日还有一个多月。这一年，他第五次担任执政官，并将于前 28 年 1 月 1 日第六次担任执政官，这一次的同僚是阿格里帕。元老院授予他们监察官的权力（不过没有给他们监察官的职位）。他们宣布，将执行自前 70 年以来第一次正规的人口普查。他们更全面的计划是什么，还很难判断。目前，恺撒战胜了他所有的竞争对手。这最近一场内战的胜利究竟能不能带来持久和平，大家拭目以待。[34]

**第四部**

# 凯旋将军恺撒·奥古斯都，神之子，
# 前27～前2年

凭借这项功业，元老院授予我"奥古斯都"的称号。

——《神圣奥古斯都功业录》，第34节①

---

① 名字的具体措辞有所变化，他可能仍然被称为恺撒或奥古斯都。有时是奥古斯都·恺撒，有时是恺撒·奥古斯都。——作者注

# 十二　恢复传统，继往开来

我扑灭内战的烈火之后，在我第六次和第七次担任执政官期间，全体人民同意将全部政权交给我。后来我将共和国交还给罗马元老院和人民，由他们的意志来主宰共和国。

——《神圣奥古斯都功业录》[1]

共和国古老而传统的形式得到了恢复。

——维莱伊乌斯·帕特尔库鲁斯，2 世纪初[2]

前 29 年 8 月是普天同庆和一掷千金的时候。恺撒向每一位成年男性公民赠送了 100 迪纳厄斯（相当于 400 塞斯特尔提乌斯），后来还以他的外甥马凯鲁斯的名义，向男孩们馈赠了金钱。这些赠礼被宣布为公民得以分享的"战利品"。同时，被安置在意大利和海外各殖民地的约 12 万退伍军人也每人得到了 1000 塞斯特尔提乌斯奖金。当年苏拉的老兵在得到农场之后就被遗忘了，后来很多人变卖了自己的农场，或者债台高筑，成为军事力量的来源，很容易被喀提林那样的人利用。恺撒安置的退伍军人更多，他决心不让这些人将来成为不安定因素。现役军人应当也得到了赏金，不过史料中没有提到这方面。阿格里帕等将领则凭借战功得到了奖赏。[3]

在纪念征服埃及的凯旋式不久之后，罗马城举行了典礼，为两座新纪念碑揭幕，分别纪念取得的胜利和恺撒家族的荣耀。前 42 年，三头同盟宣布在广场南端独裁官被火葬的地点附近建造一座供奉神圣尤利乌斯的神庙。这座神庙终于竣工，并于前 29 年 8 月 18 日正式开放。在文艺复兴时期这座神庙被拆除了，其建材也被挪为它用，因此，我们今天只能看到神庙的一点点残迹，完全无法想象它原初的壮美。神庙旁有一座新的演讲台，即尤利乌斯演讲台，从那里可以越过广场眺望主演讲台。前 29 年，这两座演讲台都装饰着从安东尼战船取下的冲角。三次凯旋式展示的许多战利品都被存放在神庙内。

主演讲台附近屹立着新的元老院议政厅，即尤利乌斯议政厅。尤利乌斯·恺撒启动了这项工程，将元老院议政厅迁到这个新地点，以便让议政厅将罗马广场与他自己筹建的尤利乌斯广场连接起来。今天我们能看到的议政厅是 3 世纪末建造的，但利用了原先尤利乌斯议政厅的地基，规模和形状可能也与原先大体相似。尤利乌斯议政厅的前方原先有一座柱廊，高耸的屋顶（今天的议政厅高度为 104 英尺，尤利乌斯议政厅可能差不多高）上有一座带翼的胜利女神像，神像踩着一个球体。尤利乌斯议政厅内还有一座胜利女神像，是从意大利南部的希腊殖民城市塔兰托掳来的。罗马人于前 3 世纪初占领了塔兰托。这座胜利女神像周围环绕着一些来自埃及的精美战利品。有一座维纳斯（尤利乌斯家族的女祖先）雕像，由著名雕塑家阿佩莱斯①创作，被尤利乌斯·恺撒买下。[4]

除了正式的庆典和凯旋式之外，还举办了一些盛大的公共娱乐活动，以吸引城市居民。在一系列斗兽表演中，专业的猎

---

① 希腊艺术家，可能活跃于前 330 年代。著名的亚历山大大帝在伊苏斯的肖像就是他最著名的作品。

人杀死了五花八门、稀奇古怪的凶猛野兽。罗马群众第一次见到犀牛和河马。为了愉悦群众，这些野兽被杀死了。为了纪念神圣尤利乌斯神庙的落成，举行了体育和其他竞赛。贵族男孩们骑马参加竞争激烈而往往很危险的"特洛伊"竞技，这种竞技的名字和所谓的起源让人们想起遥远的过去，以及尤利乌斯家族的起源。这些竞技包括赛马（有时一名骑手要同时驾驭两匹马）和赛车。还有好几场角斗士竞技，这种表演原先一般在葬礼上举行，但现在大家已经忘记了这种关系。斯塔提里乌斯·陶鲁斯开放了他新近建成的石制圆形剧场（这是罗马城第一座此类剧场），并举行了一系列斗兽和角斗士表演。他是恺撒最信赖的下属之一，用在前34年阿非利加战役胜利的收益建造了这座剧场。这些表演很成功，以至于群众投票决定授予他每年提名一名裁判官的权利。

　　大约在同一时期，恺撒也举办了一些角斗士比赛，包括一场大规模战斗，双方都是战俘，据说一边是日耳曼的苏维汇人，一边是巴尔干的达契亚人。还有一些战斗是在两个人之间进行的，其中一名参赛者是元老昆图斯·维特里乌斯，他为了出风头，自愿参加角斗士比赛。并不是每一场角斗士比赛都要打到出人命为止。有些比赛用的是钝兵器，有些比赛是根据点数来评判输赢，就像现代的击剑比赛。虽然还是有一定程度的危险性，但大多数贵族都热衷于兵器和武艺，有时非常喜欢竞争。角斗士比赛持续很多天，即便恺撒生病了没法到场观看，比赛也继续进行。[5]

## 新的开始

　　前28年1月1日，恺撒开始了他的第六次执政官任期。

他前两次担任执政官时，新年的第一天他都不在罗马城，不过这一次他在城里，因此能够执行传统的仪式。这预示着，这将是不同以往的一年。在三头同盟统治下，执政官得到任命，每年都会在任上辞职，由补任执政官接任。最臭名昭著的例子是，恺撒和安东尼曾各自担任执政官仅一天。这种做法是为了给更多的人当执政官的机会，以便奖赏他们的追随者。但这就让执政官的含金量下降了。不过时代不同了。这一年，恺撒及其同僚阿格里帕将会一直担任执政官到 12 月 31 日，那时才正式离职，并发出古老的誓言，保证自己没有做任何违法的事情，尽其所能地为国家效力。

根据传统，一年有两名执政官，每个月里其中一人的权力优先，两人轮流。在三头同盟统治下，这种规矩被忽略了，至少在三头同盟之一担任执政官的年份里是这样。前 28 年，恺撒恢复了传统的做法，1 月由他占据优先位置，2 月则轮到阿格里帕。恺撒的侍从的变化就象征了优先权的轮换。1 月，十二名执法吏走在恺撒前面，为他开道。每一名执法吏都携带完整的法西斯束棒。作为三头同盟之一，恺撒和他的两位同僚一直都有执法吏陪伴在身边。不过我们不确定，他们是像独裁官那样拥有二十四名执法吏，还是像执政官那样拥有十二名。到 2 月，以及阿格里帕优先的每个月份，恺撒的执法吏就改为跟在他身后，并且携带的法西斯束棒也与完整的版本明显不同，不过具体细节我们就不知道了。这种变化不仅表达了对同僚的尊重，也是对执政官职位的尊重。类似地，此前十年中大量分配裁判官职位的做法也被叫停了，这一年和随后的年份里只有八名或十名裁判官。[6]

元老院也得到了改革，变得更体面庄重。尤利乌斯·恺撒曾接纳了许多新元老，著名的例子是接受了来自高卢的罗马公民，以至于有人开玩笑说，这些人脱掉了自己的高卢式裤子，换上了罗马的托加袍，并且找不到去元老院议政厅的路。他还吸纳了更多来自意大利各城镇的贵族人士，所以尽管前49～前45年内战造成了很大损失，但元老院没有缩小，反而扩大了。在独裁官遇刺造成的混乱以及三头同盟统治下，元老院迅速扩大，挤满了三头同盟的党羽，最后人数超过1000人。在这个时代，逃亡奴隶也能当上裁判官；贿赂能使人平步青云，这在过去是绝对不可能的。[7]

恺撒和阿格里帕还拥有监察官的权力，于是开始了四十多年来第一次正规的人口普查。自前71年以来，每五年选举一次的监察官未能执行其职责的核心部分——人口普查。恺撒和阿格里帕的人口普查结束后，一共登记了406.3万名公民及其财产和地位。这个数字是上一次人口普查结果的五倍。在普查过程中，两位执政官还削减了元老院人数。没有迹象表明他们这么做是为了除掉顽固的安东尼分子或其他异己。他们宣布，这样做的目的是恢复元老院曾经的威望。恺撒发表了一次演讲，请每一位元老来反省自己的名望、财产和祖先血统，判断自己是否真的适合成为罗马威望最高的群体的一分子。随后几天内，大约50人主动退出了元老院，两位执政官还将另外140人除名。这些被开除出元老院的人都重返普通公民的生活，但被允许继续享有穿戴元老服饰的特权，以及可以在公共竞技和娱乐活动中坐在仅供元老使用的座椅上。被剥夺元老身份的人当中有一个平民保民官，他同时还丧失了这个官职。

只有那些被正式逐出元老院的人的名字才被公布，这是对他们没有主动离开的一种轻微斥责。据苏埃托尼乌斯记载，在驱逐这些人的会议上，恺撒在托加袍下穿着胸甲，佩带利剑，就像西塞罗在前 63 年做的那样，并且身边围绕着十名身强力壮的朋友（都是元老）。如果真的是这样，那么当时没有发生麻烦，后来也没有。苏埃托尼乌斯的这个故事可能是虚构的，不过我们必须要谨慎，因为之前几十年的高度紧张情绪到这时未必已经完全消散。这可能是因为恺撒对尤利乌斯·恺撒的命运记忆犹新，所以明确表示，虽然他慷慨大方，但绝不打算重蹈养父的覆辙。不过在其他方面，作为一个团体的元老院和各位元老都得到了非常小心的尊重。前 29 年，恺撒利用自己的权力，向一些人授予了贵族身份。他希望，人数减少后的崭新的元老院（不过人数还是远远多于苏拉时期的 600 人，更多于苏拉独裁之前正常的 300 人）能恢复之前的大部分尊严，让显赫大族成员的美名能够在元老院出现。元老名册上的第一人，即首席元老①，是恺撒自己。首席元老的身份虽然不能带来正式权力，但拥有很大威望。[8]

　　前 28 年有三位元老庆祝了凯旋式，5 月有一人庆祝了在西班牙的胜利，另一人于 6 月庆祝在高卢的胜利，还有一人于 10 月庆祝在阿非利加的胜利。三头同盟都非常慷慨大方地授予其支持者凯旋式的荣誉，哪怕没有什么说得过去的理由。相比之下，阿格里帕赢得了真正的辉煌胜利却谢绝凯旋式，就更惊人了。不过，庆祝战胜外国敌人的胜利总归是好事，而且这些人的凯旋式不可能与恺撒自己的庆祝胜利仪式相提并论。没有人能够获得可与他媲美的威望，也没有人能像他那样得到埃

①　首席元老原本是罗马共和国时期元老院的荣誉职衔，后来在屋大维所创建的元首制度中，该职衔即是罗马皇帝的正式称呼。

及的黄金，更没有人能像他那样连续三天举行三场凯旋式。在整个罗马历史上，除了恺撒，只有罗慕路斯和庞培曾赢得三次凯旋式。尤利乌斯·恺撒一共得到过四次凯旋式，但他的继承人还拥有两次小凯旋式，所以能够和养父平起平坐，甚至超过他。估计当时没有人想到这些事情，因为恺撒显然已经获得了与其祖先，包括神圣尤利乌斯比肩的威望。那个"一切都要感谢他的名字的兔崽子"如今已经赢得了最宏伟的胜利。至少在目前，恺撒的地位远远超过了其他元老。[9]

在这些年里，他拥有执政官的衔级和威望。三头同盟已经正式解散，他已经多年没有使用"三头同盟之一"的头衔。不过，他在前43年获得的权力仍然继续有效（直到被正式解除），所以给他的地位增添了额外的法律依据。三头同盟的完整头衔是"恢复国家秩序"的三人理事会。在内战前，安东尼曾说自己要正式辞去这个职务，并要求恺撒也辞职，然后又说等他赢了之后会放弃自己的权力。若要让国家恢复稳定，就必须承诺永久和平。一个世纪之后的塔西佗说，在内战和三头同盟的年代，"没有法律，没有惯例"。换言之，基本的体制崩坍了，被专断的权力取代。[10]

前28年，恺撒将一名裁判官任命为城市裁判官，此人负责罗马城本身的一些具体事务，包括监督主要的法庭。似乎已经有一段时间没有人担任城市裁判官这个威望很高的职位了，也没有证据表明在三头同盟统治下传统的法庭能够正常运作。刺杀尤利乌斯·恺撒的密谋者和三头同盟的其他敌人都是在特别设立的法庭上受审的，这些特别法庭运作非常迅速，并且一定会给出令三头同盟满意的结果。根据传统，城市裁判官是抽签产生的，不过尤利乌斯·恺撒曾经自己选择和指定人选，比如他指定布鲁图斯（而不是卡西乌斯）为前44年的城市裁判官。恺撒任命城市裁判官的时候，可能这种指定合适人选的做法已经不再显得专横跋扈。前28年发行的一枚金币上铭刻着这样的口号："他将罗马人民的法律和权益归还给他们。"这枚钱币的正面是恺撒的头像，戴着胜利者的花冠。在钱币背面，他坐在行政长官的座椅上，即执政官的象牙座椅。铭文上的"他"指的是谁，是显而易见的。[11]

除了重新设立法庭之外，恺撒还宣布恢复正常的选举。选举场地是装潢华丽的新围场，由尤利乌斯·恺撒开始建造，由阿格里帕完成。罗马人民现在可以在装饰着大理石与艺术品的"羊圈"集合，他们等待的时候，有遮阳棚提供荫凉。由统治者直接任命行政长官的做法被终结了，不过可能直到前27年秋季才被叫停，但也可能是在前一年。狄奥告诉我们，在前28年，恺撒将国库的控制权交还给从前任裁判官当中挑选的两名官员。很多个人欠国家的债务被一笔勾销，但国库状态良好，因为亚克兴角大捷之后恺撒从埃及和东方各行省获得的大量财富被送入国库。各行省和盟邦王国的稳定意味着将来会有稳定的收入输送到罗马。[12]

在传统机构被恢复（虽然有时候形式被改变了）的同时，罗马城本身也得到了翻新美化。前30年代末集中的建筑活动持续下来，并得到大力推进。前28年，恺撒回应了元老院的一个请求，命令修复罗马城内的八十二座神庙。其中很多神庙都很小，而且绝大多数都符合简单的传统设计，而不是更宏伟的现代风格。在修复神庙的同时，恺撒还复兴了在每座神庙内举行的古老仪式。虔敬是罗马的一种传统美德，是罗马人身份认同的核心部分。罗马人民缺乏对古老神祇的恰当尊重，体现在最近几代人的道德堕落。在混乱和暴力的几十年里，这种堕落是世人皆知的。罗马人很容易想到，时局动荡是因为人心不古，所以要复兴社会就必须改善人们的行为举止、重新确立与诸神的良好关系，正是这些神祇引领罗马走向辉煌。与此同时，埃及的伊西斯崇拜被驱逐出罗马城。宗教复兴的精神非常严格地遵守传统，由恺撒亲自领导。

在修缮神庙的同时，恺撒当局还在市中心与城外的战神广场继续开展宏伟的建筑工程。阿格里帕仍然非常忙碌。曾举行过凯旋式的元老们继续将他们的一些战利品用于纪念性建筑的建设工程。所有这些工程都为居住在罗马的数千人，甚至是数万人，提供了薪水不错的工作。前28年，恺撒还向有资格领取免费粮食的公民发放了四倍于常规数量的粮食。他尝试对粮食分配工作做一些安排，以避免与建筑工程冲突，但没有成功。这表明在那些年里，大型建筑工程提供就业机会是多么重要。良好的就业机会和国家提供的一些支持让民众相信自己有能力养活自己和家人，所以很少有人寻衅滋事。[13]

9月，史上第一届亚克兴竞技会召开了，持续了好几天，又一次让人们想起恺撒的胜利及其带来的和平。战神广场上搭建的临时木制平台上举行了体操表演。很多参赛者来自豪门世家，在形形色色的项目中角逐，以纪念恺撒的伟大胜利。至少有一天全部用于举行角斗士比赛，角斗士都是外国战俘。在此次节庆期间，恺撒又一次病倒了，没有观看剩余几天的比赛。阿格里帕代表他到场，并且像以往一样，让大家都明确知道，节庆活动的功绩属于他的主子，节庆的所有开销也是由恺撒承担的。[14]

一个月后的10月9日，帕拉丁山上的阿波罗神庙落成并向公众开放。早在前36年，恺撒新近购得的一座豪宅的一部分被闪电击中，于是他发誓要建造一座新的阿波罗神庙。与他主持修复的许多建筑不同，这座新神庙非常奢华，用熠熠生辉的白色大理石建成，饰有黄金，明显受到希腊风格的强力影响，但同时仍然很符合罗马传统。这座神庙是一个更大建筑群的一部分，建筑群还包括一座圣林和一座图书馆。人们认为，亚克兴角的胜利最应当感谢的神就是阿波罗。这座雄踞于帕拉丁山的阿波罗神庙在很远之外就能看见，从广场上也看得见。恺撒的府邸就在神庙旁边，他的府邸似乎已经将现有的多座贵族住宅连接起来。大约在这个时期，恺撒开始主持修建一条路，它从帕拉丁山的较远一侧连接其宅邸的主门，从屠牛广场①延伸过来，而不是从主广场，这意味着它要在沿途经过其他贵族的宅子。恺撒享有独一无二的特殊地位，得到诸神恩宠，其他元老不能和他竞争。他命令将自己的所有黄金塑像和其他纪念塑像全都熔化，铸造成宗教仪式用的三足鼎，献给阿波罗神庙。这种谦虚的姿态就是为了获得大家的赞赏，而他能够做出这样的姿态，就和他当初欣然接受这些东西一样，表明了自己的无比强大。[15]

这些年里还建成了另一座恢宏的阿波罗神庙，不过是对旧神庙的改建。此项工程由盖乌斯·索希乌斯出资和监督，他于前34年占领了耶路撒冷，于前32年在安东尼的庇护下成为执政官，并领导了对恺撒的攻击。但他主持建造的这座神庙还是被冠以他的名字，后来被称为阿波罗·索希阿努斯神庙，这是

---

① 屠牛广场在卡比托利欧山、帕拉丁山和阿文廷山之间靠近台伯河的地方，是罗马城的主要码头，也是贩卖牛肉的集市。

很不寻常的。这座神庙的檐壁融合了古典希腊雕塑的风格，但新的雕塑描绘了被击败的敌人的形象。这些敌人穿着长裤，更像西方人，而不像犹太人，可能是代表恺撒在巴尔干征服的一些伊利里亚蛮族。索希乌斯在亚克兴角战役之后得到了恺撒的宽恕，被允许完成这项建筑工程，并得到功劳。修复一座旧神庙和纪念罗马军队的胜利，都是很好的事情。索希乌斯费了很大力气才得到赦免，他的这项代价高昂的工程可能是在向新政权表忠心，不是在和恺撒竞争。安东尼和内战的其他所有军阀都出局之后，没有人能和恺撒竞争。[16]

我们在这里介绍一下马尔库斯·李锡尼·克拉苏①的故事。他在卸去执政官职务后去了马其顿当总督。前29年，与罗马敌对的部族向马其顿发动袭掠，他做出了积极回应，发动强有力的反攻，打得相当精彩。在第一场大规模战役中，他不仅击溃了巴斯塔奈部落的军队，还亲自在肉搏战中斩杀了他们的领袖——戴尔多国王。此次胜利之后，他扩大了行动规模，在这一年和随后一年里赢得了许多胜利。这些行动有点像尤利乌斯·恺撒在高卢的最初干预，大胆甚至残酷无情地利用一切机会将战事升级，并迅速歼灭每一个新敌人。狄奥对这些军事行动做了比较详细的记载，李维可能也留下了相关记述。但这些行动持续不超过两年，而且就像尤利乌斯·恺撒一样，克拉苏的一切作为都可以被描述为符合罗马人民的更广泛利益。[17]

克拉苏可能在前28年年末或前27年年初返回罗马，并得到了凯旋式的荣誉。他肯定比在三头同盟统治下庆祝凯旋式的

---

① 那个最有名的克拉苏（前三头同盟成员，巨富，曾镇压斯巴达克斯，死于远征帕提亚时）的孙子。

很多人都更配得上这项荣誉。据狄奥说，人们以克拉苏和恺撒的名义献祭，纪念他的成功，而恺撒凭借这些军事胜利获得了凯旋将军的头衔，克拉苏却没有。狄奥的说法肯定是错误的，因为希腊出土的两座碑铭上记载了克拉苏的凯旋将军头衔，我们也没有理由相信，这些碑铭完工之后传来消息，克拉苏的凯旋将军头衔被取消了。我们也可以确定，恺撒并没有因为克拉苏的军事胜利而得到凯旋将军头衔。[18]

狄奥还告诉我们，假如克拉苏是以自己的名义独立行动的（但事实上，他是资深执政官，而非当年在任的执政官），就能凭借亲自斩杀戴尔多的功绩在凯旋式之外赢得至高无上的荣誉：举行奉献"最高战利品"的仪式，把即将死去的敌人的盔甲兵器奉献给誓言守护者朱庇特神庙。历史上只有三位罗马统帅曾获得此项荣誉。第一位是前8世纪的罗慕路斯，第二位是前5世纪的科尔内利乌斯·考苏斯，最后一位是前222年的马尔库斯·克劳狄·马凯鲁斯①。罗慕路斯赢得此项荣誉时是国王，马凯鲁斯则是执政官。考苏斯的地位不太清楚，根据李维的记载，考苏斯当时应当不是最高统帅，而是一位下属。但根据后人附会的版本，李维又说："与我的前辈和我本人曾经说的相反，考苏斯杀死维爱人国王的时候，是执政官。"李维这番话的资料来源是恺撒本人，后者"修复了年久失修的誓言守护者朱庇特神庙之后走进神庙，命人将据说是考苏斯奉献

---

① 马尔库斯·克劳狄·马凯鲁斯（前268～前208年），五次当选执政官，是高卢战争（前225年）和第二次布匿战争（前218～前201年，对手是汉尼拔）的名将和英雄，曾与敌军领袖单挑并将其杀死，获得了罗马军人所能获得的最高荣誉。他还征服了叙拉古城，发明家阿基米德就死于那场战役中。

的敌人亚麻布胸甲上的文字读给他听"。李维"觉得，是恺撒修复了这座神庙，若不相信他的证词，简直是亵渎神明"。虽然有这段文字，李维还是没有更改自己史书的措辞，在书里仍然说考苏斯是一位军事保民官，为一位独裁官效力。[19]

有些现代学者认为，恺撒这番证词的背后有不可告人的隐秘动机，因此这不仅仅是关于历史趣闻的证据，更表明了恺撒紧张兮兮地害怕与人竞争的心态。按照这种理解，克拉苏继承了他祖父的财富并拥有古老贵族世家的遗产与威望，像一位真正的罗马贵族那样行事，决心赢得威名，与所有同时代人（包括恺撒）一决高低。克拉苏是将近两个世纪里第一位亲手斩杀敌军统帅的罗马将军，他很自然地会要求获得奉献"最高战利品"的荣誉，以增加其家族和本人的荣耀。恺撒害怕竞争者，嫉妒其他人的光辉，尤其是事关奉献"最高战利品"或关闭雅努斯神庙大门这样的古老仪式。于是，恺撒授意元老院拒绝授予克拉苏这项额外的荣誉。拒绝的理由是他在一座坍塌神庙的古代胸甲上看到的文字，这个理由很可能是捏造的。恺撒简直不顾一切了，他非常害怕更多元老会集结到这样一位豪门子弟旗下，所以不惜一切代价阻止复苏如此古老的荣誉，防止竞争对手因此崛起。克拉苏被允许举行凯旋式，但仅此而已，后来就在史书里沉默了，尽管他的血脉延续了下去。[20]

阴谋论总是很吸引人，而这个故事塑造了非常有意思的形象：恺撒在反对派元老的强大压力下，高度紧张地努力巩固和保护自己的地位。这种说法非常流行，已经被当作是真的，我在其他地方也曾信以为真。但只要仔细研究一番，就会发现这种说法是站不住脚的。狄奥没有说克拉苏要求获得奉献"最高战利品"的荣誉而遭到拒绝。其他史料也根本没有讲到这一点。克拉苏确实庆祝了凯旋式，这绝不是不起眼的荣誉。其他很多元老在结束官职任期、治理过行省和打赢一场战争之后，就在史册中无声无息了，所以克拉苏在之后的史料中失去踪迹也就不奇怪了。恺撒修复朱庇特神庙的决定源自阿提库斯的启发，而且是好几年之后的事情。我们没法判断他是何时公布自己查看胸甲的结果，但由于他一直对古罗马仪式兴趣浓厚，所以这可能与克拉苏完全无关。李维提及恺撒查看胸甲的事情，是为了尊崇恺撒。李维在史书中说考苏斯不是执政官，这并不能说明他对恺撒及其政权持批评态度。

克拉苏返回罗马的时候，基本上不可能出现任何公开的争议。如果他真的要求获得奉献"最高战利品"的荣誉（也就是说，如果几个世纪之后的狄奥的话是真的），那么狄奥著作和其他史料中一定会有克拉苏正式提出要求、元老院对此进行讨论和拒绝的相关记载。克拉苏曾为塞克斯图斯·庞培和安东尼效力，后来才投奔恺撒，这表明克拉苏在政治上还是很有本事的。就算他真的想索取"最高战利品"的荣誉，他也会自己放弃，或者被人（或许是恺撒的亲信）私下里劝服而放弃。从另一个角度看，没有一丝一毫的证据表明克拉苏在元老院有大群支持者。他或许受到自己军队的爱戴（他率领他们赢得了胜利），但这些官兵与其他对恺撒忠心不二的军队相比，数量是很少的，何况恺撒近几年一直在忙着赏赐士兵和退伍老兵。克拉苏即便有上位的野心，也没有希望和恺撒竞争，而且他目前已经赢得足够多的官职和荣耀，这些东西足以满足绝大多数贵族的期望。[21]

目前，恺撒的军事力量无比强大，大多数阶层的民众对他还比较满意。终于和平了，大家都松了一口气。意大利不再到处挤满了被剥夺土地的农民、难以驾驭的退伍军人或债台高筑的公民，这些人曾经陷入绝望，会跟随任何承诺给他们更好未来的领袖。铁杆的安东尼或庞培分子基本上已经被消灭殆尽，几十年内战中的口号和忠诚已经被人渐渐淡忘。恺撒的地位至高无上，短期内不会受到任何威胁。至于未来会怎样，还很难预测，如何建立一个能够保障稳定和他本人安全的新政权是一件史无前例的事情。

狄奥著作的第五十二卷全部用来记载据说来自阿格里帕和梅塞纳斯的演讲。他们两人针锋相对，据说阿格里帕主张恢复接近原先共和国的体制，而梅塞纳斯则建议建立一种隐蔽的君主制。具体的措辞都是狄奥的，反映了他所知晓的 3 世纪初的帝国，他的很多想法可能与其所处时代的政治更有关联。但他说恺撒认真考虑了这些问题，而苏埃托尼乌斯也说恺撒在这些年里曾考虑恢复共和国体制。恺撒会不会退出政坛，就像苏拉当年辞职退隐那样，就很难说了。就算他真的曾经这么斟酌，后来也肯定是放弃了。[22]

现代历史学家很容易想到尤利乌斯·恺撒的独裁，并认为他的继承人想到要避免这种独裁体制。古代史料没有这种说法。尤利乌斯·恺撒在蒙达战役结束、返回罗马不到一年后就死了，没有时间真正做些什么，所以应当不能为他的继承人提供什么可以吸取的教训。或许他的遇刺身亡教会了恺撒要尊重元老院和其他机构，但恺撒在前 28 年的绝对权力和独裁官当年的权力都是毫不掩饰的，尽管他没有自立为独裁官。局势已经发生了变化，元老院及其立场与前 44 年有很大不同。[23]

前 28 年，恺撒忙于将罗马社会恢复到比较正常的状态。这是一个循序渐进的过程，对行政长官和各种机构的尊重并没有减少恺撒本人的权力。他可能在 8 月正式宣布内战结束。他还宣布，其三头同盟的两位同僚的所有非法举动，以及他本人作为三头同盟之一而得到的一些权力和额外的荣誉，将从这年年底开始失去效力。这表明"恢复共和国"的工作已经有相当程度的进展，危机大体上已经结束，所以不再需要三头同盟这样特殊的行政长官职位。这一切都是一个井井有条、积极主动的进程，没有任何迹象表明恺撒是被迫做出这些妥协的。这年年底，恺撒和阿格里帕卸去执政官职位并按照规矩宣誓，但恺撒的权力并没有因此而减弱。[24]

## 奥古斯都

前 27 年 1 月 1 日，恺撒开始了他的第七次执政官任期，阿格里帕则是第三次担任执政官。我们不知道此前有没有举行正式选举。如果举行了选举，不管有没有其他候选人与他竞争，广受爱戴的恺撒都必胜无疑。1 月 13 日，元老院召开会议，恺撒以执政官身份主持。聚集在此的元老当中只有少数人事先得到消息：此次会议不是普通的辩论，而是要公布一个重大的宣言。恺撒精心准备了演讲。苏埃托尼乌斯告诉我们，恺撒总是会将重要的（有时甚至是相当不重要的）宣言事先完整地写好，然后照本宣科，以确保自己的表达明确清晰，避免说出不应当说的话，或者错误地遗漏一些东西。[25]

狄奥记载了这次演讲的内容，但除了其中心主题之外，没有办法确定狄奥的版本在多大程度上反映了恺撒实际上说的话。恺撒宣布自己要辞职，并将各行省、军队和法律的控制权归还元老院。在狄奥的版本里，恺撒先宣布他即将要说的话会让大家震惊，因为他已经处于成功的巅峰（这成功也是他努

力得来的），没有人能够强迫他放弃权力。大家只有考量他的
高尚一生，理解他的所作所为都是为了给"父亲"复仇并保
卫国家，才会觉得他即将做出的举动并不意外，反而更加光
荣。

　　除了我已经辞世的父亲，谁比我更宽宏大度？谁比我
　　更接近神祇？诸神临鉴，我拥有这么多勇敢的士兵，既有
　　罗马人也有盟军，他们对我绝对忠诚。我主宰着赫拉克勒
　　斯双柱①之内的整片海洋，只有几个部落除外。我在每一
　　块大陆都拥有城市和行省……你们全都安宁和平……最重
　　要的是，都乐于服从我。虽然如此，我却自愿自觉地放弃
　　如此伟大的统治权，放弃如此庞大的领地。[26]

他经常提到尤利乌斯·恺撒的成就，以及他拒绝接受王
冠、国王头衔，最后不幸遇害的往事。尤利乌斯·恺撒的继承
人如今追随他的脚步，主动放弃了自己的权力，或许能够赢得
更大的光荣。恺撒已经做了需要做的事情，让共和国强大而稳
定，所以现在可以把统治共和国的任务交给其他人，而不必担
忧它的安全。

　　不管狄奥记载的恺撒演讲内容是否真实，他描写的元老们
的反应是非常可信的。恺撒的亲信知道他要说什么，于是在恰

---

　　① "赫拉克勒斯双柱"是直布罗陀海峡南北两岸的巨岩，北面一柱是位于
　　英属直布罗陀境内的直布罗陀巨岩，南面一柱则在北非，但确切是哪
　　座山峰没有定论。根据希腊神话，这两大巨岩是大力士赫拉克勒斯所
　　立，为他捕捉巨人革律翁之行留下纪念。赫拉克勒斯双柱之内的海洋即
　　地中海。

当的时刻高声鼓掌。有些人怀疑这位三十六岁的执政官只是在演戏，并不打算放弃统治权。但他们不敢表露自己的怀疑，去指责年轻的军阀在撒谎。那些相信他真诚的人当中，有的欢迎他辞职的前景，但其他人或许是大多数人，害怕他辞职之后会引发新一轮内战，新的领导人会崛起并争夺主宰权。怀疑他的人和相信他的人都没有欢呼，前者是因为恐惧，后者是因为沮丧。很多人高呼着，哀求他改变主意、继续统治国家。恺撒主持着会议，因此由他决定谁发言。在一段时间内，他坚持要求大家允许他辞职并安宁地生活，这安宁是他奋斗得来的。但共和国最高级的议事会作为一个集体，以及元老们作为个人，都央求执政官继续担任国家元首。[27]

恺撒表现出极大的不情愿，但最终还是同意了。狄奥认为这是一场作秀，恺撒并不打算放弃自己的主宰地位，而仅仅希望大家公开表达对他的支持，表明自己是由于责任感和全民公决（几天后，公民大会确认了元老院的决定）而被迫担任国家公仆。这是一场精彩的表演，元老院和人民热情洋溢地赞同恺撒继续担任国家元首，尽管大家事实上没有其他选择。[28]

我们不确定，恺撒未来角色的细节是在 1 月 13 日的会议上，还是在后来的日子里确定的。1 月 13 日肯定向他授予了一项荣誉，即在他府邸门廊的大门上方展示橡叶环。橡叶冠——罗马奖励英勇行为的最高荣誉——被授予冒着生命危险挽救另一位公民的勇士。根据传统，得救的人会用橡树叶编织一顶冠冕，亲自送给他的救命恩人，以公开认可恩情，并象征自己对恩人的永久性义务。尤利乌斯·恺撒在青年时代服兵役早期曾获得此项荣誉。前 27 年，他的继承人获得的这项荣誉表明他拯救了全体公民，并再一次强调他的胜利利于全体公民的福祉。

大约在这一时期，罗马城还铸造了一些钱币，上面有橡叶环图案，还有"拯救公民"的铭文。可以说，他有恩于所有公民。他府邸门廊上还加挂了胜利桂冠，作为永久性的装饰。[29]

1月14日，元老院没有开会，因为这一天是不吉利的日子，不可以执行公务。在日历中，不吉利的日子一般是军事失利或可怕事件之后的日期。将1月14日定为不吉利日子是比较近期的事情，是元老院在前30年确定的，因为这一天是马克·安东尼的生日。1月15日，元老院开了一次会，但很短暂，因为要庆祝一个宗教节日。1月16日，元老院才举行了一次完整的会议。我们无法确定元老院许多具体决策的确切时间，但其结果是确定无疑的。

在元老集体的"压力"下，恺撒同意接受某些行省的统辖权，理由是这些行省最需要抵御外敌或平定内乱。于是，他掌管了整个西班牙半岛（罗马在那里的征服尚未完成）、整个高卢（罗马对那里的占领是比较晚近的事情，莱茵河东岸的日耳曼部落威胁着高卢的稳定）和叙利亚（那里在历次内战中饱受骚扰，并且受到邻国帕提亚的威胁）。他还保留了对埃及的控制权，理由或许是它前不久才刚刚成为罗马的一个行省。元老院投票决定将上述各地区交给他管理，为期十年。不过他强调说，如果他能更早地将这些地区彻底平定下来，就会早一些把部分地区归还元老院。其余行省则由元老院监管。

恺撒控制的各行省包括罗马军队的大部分。马其顿驻扎着一些军团，克拉苏近期在那里的成功意味着它不属于脆弱的行省之一，因此不需要恺撒的直接监管。阿非利加也有几个军团。除此之外，元老院控制的行省没有多少军事力量。驻扎马其顿和阿非利加的士兵可能继续向恺撒宣誓效忠，几年后肯定还是这样。

新体制的一些细节是在这些日子里定下来的，也有一些细节是后来确定的。恺撒不可能同时出现在所有地方，所以他挑选部分军团长去掌管其庞大辖区的部分地区。这些军团长控制的地区范围，以及他们的决策权，都与过去的行省总督完全相同，但是只拥有上级委派的军权。与之形成对比的是，元老院行省的总督是资深执政官，从前任行政长官中选拔，拥有独立的军权。元老院行省的总督的服饰和标志都是平民化的（在这些早期岁月，马其顿和阿非利加的总督可能除外），而元首委派的军团长则佩带利剑，身披军服斗篷。元老院行省和帝国行省的总督并非两个截然不同的体系，人们可以在这两个类型的职位之间转换。在埃及以外，恺撒选拔一些元老来担任他的军团长，为他统治各行省。这能保证元老院阶层的人有更多机遇。在自己家族的声望之外，人们还可以赢得新的荣誉，虽然军团长们得到的荣誉和头衔与资深执政官（他们拥有独立军权）略有不同，但毕竟也算荣誉。在新体制下，贵族互相竞争，超越他人以赢得名望的冲动仍然起着作用。[30]

恺撒超脱于竞争之外，因为他的地位至高无上，没有人与他平起平坐。军团长由他挑选，所以他控制着所有那些得到主要军事指挥岗位的人。马其顿和阿非利加的资深执政官级别的总督只具备有限的独立性。这两位总督很可能不被允许征募新兵，而且就算他们能够得到自己指挥的军队的忠诚，也没有能力去抵抗控制其他所有军队的人（恺撒）。每一位元老的政治生涯的很大程度上都取决于能否讨得恺撒的欢心。

没有人会怀疑，恺撒的地位是至高无上的。他为期十年的特别指挥权很像之前庞培和尤利乌斯·恺撒曾享有的指挥权。

这有助于建立这样一种公众形象：一位人民公仆为了广大群众的福祉承担着重任。人民不大可能对此有任何顾虑。历史证明，特别指挥权能够更高效地处理问题，比将一位野心勃勃的行政长官换为下一位的传统模式更高效。一些元老可能也是这么想的，甚至那些没有机会参与体制的人也是这个看法。只要恺撒还控制着绝大部分军队，国家就无别路可走。狄奥玩世不恭地写道，恺撒"被说服"担任国家要职之后首先做的事情就包括让元老院发布一条法令，为他的禁卫军大队提高军饷。这种说法没有足够的证据，但禁卫军士兵的年薪可能是 375 迪纳厄斯，而普通军团士兵只有 225 迪纳厄斯。一共有 9 个禁卫军大队，所以总兵力比一个军团（10 个大队）的名义兵力要弱一点，其中几个禁卫军大队定期驻扎在罗马城或城郊。这种做法与尤利乌斯·恺撒不同，后者于前 44 年初解散了自己的卫队。恺撒的最高统治地位的终极保障仍然是武装力量。[31]

1 月 13 日，尤其是 15 日和 16 日元老院会议的大部分时间都在对恺撒歌功颂德，以及授予他新的个人荣誉。在这方面，大家能够真正独立地去决定歌颂礼赞的细节，不过整个辩论无疑仍然是恺撒主导的，因为他决定元老们发言的顺序，事先还给一些元老提过醒。很快大家就决定授予恺撒一个额外的名字，以象征他令人难以置信的往昔，以及未来对国家的贡献。有人建议称他为"罗慕路斯"，永久性地将他与罗马的创立者联系起来，因为他复兴了罗马，相当于重建了罗马城。

罗慕路斯不仅是罗马城的创立者，还是罗马的第一位国王。根据一个传说，他最后没有死亡，而是升天成神。但罗慕路斯有些地方就不是那么值得歌颂了。罗马城的建立是从兄弟相残开始的，罗慕路斯用铁锹杀死了自己的孪生兄弟。对于经历了这么多内战的一代人来说，罗慕路斯的这些举动令人不安。根据另一个传说，罗马第一位国王的消失不是那么光彩，他是被一群元老活活撕成碎片的。过了一段时间，元老院不再打算将恺撒命名为罗慕路斯。据苏埃托尼乌斯说，恺撒本人及其亲密谋士很喜欢罗慕路斯的名字，如果这是真的，他们一定在某个时候改变了主意。大家非常公开和严肃地讨论这个问题，这能够让我们了解当时的气氛。元老们热切希望向如此强大的人授予荣誉。不管大家是否喜欢他和他的所作所为，没有人怀疑他的至高无上性。[32]

穆纳提乌斯·普兰库斯提出了一个建议。此人曾把自己的皮肤涂成蓝色并穿上鱼尾，为安东尼和克利奥帕特拉七世跳舞，后来投奔恺撒，带来了关于安东尼遗嘱的消息。最终元老院对他的提议进行了投票表决。普兰库斯建议了"奥古斯都"这个名字。元老们纷纷站到他身旁表示同意，这个提议以绝大多数票（或许是全票）通过。主持会议的执政官现在正式成为凯旋将军恺撒·奥古斯都，神之子。此前没有一个罗马人有过这样的名字。我们今天已经熟悉了这个名字，所以容易忘记它在当时是非常新颖奇特的。"奥古斯都"这个名字带有浓厚的宗教意味，与一种非常罗马式的传统——通过观鸟占卜寻求神的指导和认可——有着紧密联系。罗马最早也最受尊重的诗人恩纽斯①曾写道，罗马城是通过"威严的观鸟占卜"建立的。罗马人对他的这段诗句耳熟能详，就像今天我们对最有名的莎士比亚诗句如数家珍一样。

---

① 昆图斯·恩纽斯（约前239～前169年），常被认为是罗马的第一位诗人。他的作品大多已经失传，但对拉丁文学影响极大。

　　恺撒·奥古斯都（有时为了着重强调，也可称为奥古斯都·恺撒）独一无二。与他的十年指挥权不同，新名字是一项终身荣誉。人民很难想象，或许根本无法想象，凯旋将军恺撒·奥古斯都、神之子，有一天会退隐，或者其他人的荣耀、威望和地位能够接近他。历史上的先例，如庞培的特别指挥权和他从前 54 年起遥控指挥西班牙各行省的做法，都与恺撒·奥古斯都的地位相去甚远。过去曾有人赢得了辉煌的名字，如苏拉被称为"菲利克斯"（幸运的、有福的），庞培被称为"伟大的"，但从来没有人拥有"奥古斯都"这样光辉和神圣的名字。只有尤利乌斯·恺撒曾拥有可与他媲美的权力和地位。后世一般习惯将他的继承人称为奥古斯都，而非恺撒·奥古斯都，这就掩盖了两人相似的政治地位。

　　后来罗马人民又投票决定授予他一项新的荣誉，即在尤利乌斯议政厅陈设由黄金制成的"美德之盾"，以赞颂他的美德、公正、宽宏、敬神和爱国。《神圣奥古斯都功业录》将此荣誉与授予"奥古斯都"名号的决定相联系，但"美德之盾"的荣誉可能来得较晚，或许是在授予"奥古斯都"名号一周年时。法国南部的阿尔勒保存着"美德之盾"的一个复制品，带有明确的年份，即前 26 年，他第八次担任执政官的那一年。这个复制品最初是各行省的陈设品之一，当时还有很多带有 CLV（culpeus virtutis，美德之盾）字样的钱币。这让人回想起尤利乌斯·恺撒得到的类似赞扬，所以应当是有意为之。[33]

　　恺撒·奥古斯都在国内拥有个人化的、永久性的崇高地位，在过去只有他的养父能够与他相提并论。和尤利乌斯·恺撒一样，他继续每年都担任执政官。恺撒将权力移交给元老院，然后元老院立即将权力交还给恺撒的作秀是非常重要的，比前 44 年牧神节传达的稀里糊涂的信息①更成功。我们不应当聚焦于恺撒·奥古斯都在自我形象展示和行为上与其养父的少许差别，而忽视了二者之间极大的、非常公开化的相似性。从某种意义上讲，他已经兑现了自己少年时的承诺，即赢得养父的荣誉和官职。尤利乌斯·恺撒曾不屑地说共和国"不过是个虚名，没有实质，没有形态"，不过我们不知道他在何时发表了这样的言论，又是在何种语境下发表的。他的继承人更有策略，避开了已经被废止的独裁官头衔，但他与尤利乌斯·恺撒的区别仅仅是表面上的。恺撒是"神之子"，这个名号以及"恺撒"的名字始终在展示他与被害的尤利乌斯·恺撒之间的关系。装饰罗马城的与他有关系的纪念性建筑的数量已经远远超过了尤利乌斯·恺撒在世时歌颂他的建筑。[34]

两人的行为还有另一个相似之处。尤利乌斯·恺撒在前 44 年曾计划离开罗马、开展大规模军事行动，而恺撒·奥古斯都在获得前文所述的荣誉之后也打算离开罗马，到他在西方的行省待上几年。这年末尾，他到了高卢，但我们不知道他是在何时离开罗马的。有人说他是刻意在克拉苏于 7 月举行凯旋式时回避，这种说法没有很充分的根据。克拉苏的凯旋式并非本年度的唯一一次，因为马尔库斯·瓦列里乌斯·梅萨拉·考尔维努斯在 9 月也庆祝了凯旋式。前 28 年的几次凯旋式举行时，恺撒都在罗马城。如果在克拉苏沿着圣道游行之前恺撒便离开了罗马，那是因为他想在本年度结束之前启动在各行省的工作。少年马凯鲁斯与提比略陪伴在他身边，担任军事保民官，第一次去汲取从军经验。青少年跟随亲属去外省，以这种

---

① 前 44 年 2 月 15 日，罗马人庆祝牧神节。

方式学习是司空见惯的事情。比较不寻常的是，李维娅可能陪伴丈夫一同前往。在他们婚姻生活的余下时间里，他经常外出，她也习惯于陪伴在他左右。过去，总督夫人一般会留在家中，所以屋大维娅陪同安东尼去雅典时，大家会感到惊讶。奥古斯都·恺撒也会无视这种旧传统。[35]

# 十三　在战争中击败骄傲者

> 记住，罗马人，因为这些便是你的技艺，你必须用力量统治各民族，维护和平繁荣，饶恕被征服者，在战争中击败骄傲者。
>
> ——维吉尔，前 20 年代[1]

恺撒·奥古斯都离开罗马之前，雅努斯神庙的大门被再次开启，这意味着官方正式宣布的和平结束了。接受西班牙、高卢、叙利亚和埃及为自己行省的那个人要出征了，他开始了在这些地区恢复（罗马统治下的）秩序和稳定的工作。这将是在遥远国度开展的针对外国敌人的战争，所以不会威胁罗马本土的安定，不会让罗马回到近些年的动荡和混乱状态。这是为恢复共和国健康所做的努力，群众情绪高涨，大家兴奋地谈及要征服不列颠。

尤利乌斯·恺撒曾两次在不列颠岛登陆，理由是保障高卢的安全，因为布立吞人曾向欧洲大陆派遣武士，支援那里的酋长。前 54 年，不列颠东南的主要部落向尤利乌斯·恺撒投降，并同意向罗马纳贡。但在随后的岁月里，先是高卢爆发大规模叛乱，然后又是漫长的多次内战，所以我们不知道不列颠部落是否每年都按时纳贡。由于尤利乌斯·恺撒的活动，过去被高卢中间商控制的市场向罗马商人开放了，到前 1 世纪末，这些商人将在泰晤士河畔的伦蒂尼乌姆①建立永久定居点。很多罗

---

① 就是今天的伦敦。

马人显然想要得到更多，他们热切希望正式将这个仍然充满异国情调的岛屿变成一个永久性的行省。诗人们将布立吞人描绘为与帕提亚人类似的敌人，罗马将其彻底征服是不可避免的，也是有理有据的。几年后，贺拉斯宣称：

> 布立吞人和可怕的帕提亚人
>
> 被纳入帝国之后，
>
> 奥古斯都将被视为人间的神明。

有时罗马人还说，印度人也必将臣服于罗马的伟大领袖，正如他们曾屈服于亚历山大大帝。战胜危险而稀罕的外族，无疑是一件好事，也是最伟大的国家公仆为祖国做出的极佳贡献。[2]

大约在这一时期，不列颠东南部诸部落间的权力斗争似乎为罗马人提供了干预的良机。后来，泰晤士河以北的两个部落，卡图维劳尼人和特里诺文特人，主宰了不列颠东南部的广大地区，这两个部落的国王垄断了罗马商人带来的奢侈品贸易。奥古斯都在位期间，被打败的不列颠统治者逃往罗马帝国，请求奥古斯都运用他的影响力和军队，帮助他们实现复辟，这种情形至少有两次。在整个罗马史上，外国人向元老院或皇帝求援的事情是司空见惯的。一般只有在对罗马领导人有利的时候，求救者才会得到援助。

恺撒·奥古斯都可能考虑了向不列颠发动远征。他在高卢的阿基坦尼亚沿海地区集结了一批运输船，说明他做了一定程度的准备。或许这只是紧急预案，或者是为了配合外交手段。最后事情的解决令奥古斯都满意。我们对具体细节不清楚，既不知道问题究竟是什么，也不知道它是如何解决的。总的来说，奥古斯都应当不大可能热切希望进攻不列颠。尤利乌斯·恺撒的先例表明，远征不列颠至少需要几年时间，收益有限，风险却很大。在前55年和前54年，他都因为风暴而损失了很多船只，几乎被困在岛上，被迫在敌对部落的包围之下，在没有补给物资和支援的情况下过冬。也很难摸清，远征不列颠究竟是多么大的挑战。直到一个世纪之后，才有一队罗马战船绕过不列颠北端，确认它是一个岛屿，并对它的真正范围有了一个比较清楚的认识。在没有受到更严重挑衅的情况下，奥古斯都放弃了远征不列颠，表现出了他避免与帕提亚交战（除非不可避免）时的谨慎。诗人们会继续鼓吹征服不列颠和帕提亚，但目前恺撒·奥古斯都考虑的是其他事情。[3]

他从罗马去了高卢，花了几个月时间主持巡回法庭，接受请愿，并开始人口普查。尤利乌斯·恺撒征服莱茵河以西、远至英吉利海峡与大西洋海岸的所有领土，仅仅是一代人以前的事情，这些行省的最终形态还没有明确。即便如此，奥古斯都在高卢停留的时间也很短，该年年末到了塔拉科（今天的塔拉戈纳），即内西班牙行省的首府，不久之后被更名为塔拉科嫩西斯。在那里，前26年1月1日，他开始了自己的第八次执政官任期，这次的同僚是斯塔提里乌斯·陶鲁斯，后者此时在罗马。奥古斯都去西班牙的借口是，西班牙西北部少数仍然保持独立的社区发生了骚乱。但他很可能早就打算去西班牙，在那里开启他的战争。[4]

在前3世纪末罗马与汉尼拔和迦太基的漫长斗争中，罗马军队第一次涉足西班牙半岛。罗马共和国在意大利之外的第一个永久驻军地就是西班牙，那里也是罗马人边疆作战经验最丰富的地区。这是一个棘手的地区，虽然有不少总督赢得了凯旋式，但也有一些总督的征战得到的只有耻辱。在各个战例中，罗马人运用的手段很少是光明正大的。缺乏正当理由的侵略、背信弃义和血腥屠杀是边疆作战的家常便饭。伊比利亚半岛的很多居民都是意志坚定且本领高强的战士。罗马人积极将他们招募为盟军，很早就将著名的西班牙短剑定为自己的武器。但罗马人很团结，而当地的各民族一盘散沙，于是罗马的内西班牙和外西班牙行省逐渐扩张，直到囊括了几乎整个伊比利亚半岛（西北部被坎塔布里亚山脉保护的地区除外）。前 1 世纪的西班牙也不安宁。罗马人和土著居民之间仍然有一些战争，但更糟糕的是前 70 年代和前 40 年代的罗马内战，西班牙的土著也被卷入了共和国的兄弟相残。有时内战非常野蛮。考古学家在巴伦西亚发掘出了庞培与塞多留①战争期间被毒刑拷打和处决的人的骨骸，而尤利乌斯·恺撒的一名军官写道，他的部下在一堵胸墙上挂满了敌人的首级。[5]

　　虽然发生了这样恐怖的事件，塔拉戈纳等城市还是欣欣向荣。西班牙的地中海沿岸有着城市定居的悠久传统，希腊和迦太基的殖民地与商埠和土著社区混杂。伊比利亚人的定居点发展起来，由长官和议事会领导着行政机构，至少已经有文字使用情况，不过用的是迦太基或拉丁字母。第二次布匿战争末期，一些罗马军人在西班牙定居，后来有更多人前来，特别是在前 1 世纪。其他意大利人和罗马人来到西班牙寻找商机，尤

---

① 昆图斯·塞多留（约前 123 ～前 72 年），罗马政治家和整个罗马史上最优秀的军事家之一。他青年时代在马略麾下屡建奇功，在马略、秦纳和苏拉的内战中支持马略和秦纳。苏拉得势之后，塞多留率军在西班牙坚持抵抗，后被庞培打败，最后被自己的部下杀害。

其是开发当地丰富的矿产资源，包括金银矿。大量西班牙人作为盟军为罗马军队效力，其中一些人获得了罗马公民权。前89年的一份铭文记载道，一群为伟大的庞培的父亲作战的西班牙骑兵（约三十人）获得了公民权。庞培本人则更加慷慨地帮助曾经支持他讨伐塞多留的西班牙社区领导人获取公民权。其中一位受益者是来自加的斯的卢基乌斯·科尔内利乌斯·巴尔布斯，他后来成为尤利乌斯·恺撒最信赖的亲信之一，并在尤利乌斯·恺撒遇刺之后为他的继承人提供金钱、人脉和辅佐。巴尔布斯于前40年获得补任执政官职位，他是罗马第一位出身外国的执政官。

加的斯是一个特别繁荣的贸易中心，当地有能力航海的地主已经在为意大利和其他地区的市场生产商品。橄榄油成为此地的主要出口商品，发酵鱼露也是如此，比如著名的"加鲁姆鱼露"。几十年后，地理学家斯特拉波①记载道，仅仅在加的斯就有多达五百人不仅是罗马公民，而且成为骑士。在意大利，除了罗马城之外，很少有一座城市拥有这么多骑士。其中一些骑士，比如巴尔布斯和他的同名侄子（后获得执政官地位，被任命为阿非利加总督）去了罗马从政。

这并不意味着他们与家乡切断了联系。尤其是小巴尔布斯花了很多钱在加的斯举办娱乐活动和建造纪念性建筑。由于当地贵族、行省总督或恺撒·奥古斯都的慷慨捐资，其他城市也拥有了剧场和竞技场，得以分享共和国的音乐戏剧文化，以及角斗士表演的血腥品位。这些活动非常受欢迎，显然表明西班

---

① 斯特拉波（前64或前63~公元23年），希腊历史学家、地理学家，生于现在土耳其的阿马西亚（当时属于罗马帝国），著有《地理学》十七卷。

牙当地人普遍希望成为罗马人，或至少体验一下帝国的生活方式。很多人在获得公民权之前便改用罗马式的名字，尤其在南方，穿托加袍已经蔚然成风。在这些年里，当地铸造的铜币上不再使用伊比利亚语言的铭文，而是只用拉丁文。[6]

在远离地中海海岸的地区，很多社区抵抗罗马的时间要长得多，再加上它们的地理位置，使得它们（或至少是当地贵族）接受罗马帝国统治的速度要慢一些。西班牙中部被凯尔特伊比利亚人主宰，这是个有着鲜明特色的多民族集团，说一种与高卢人和布立吞人的语言类似的凯尔特语。古人认为凯尔特伊比利亚人是伊比利亚人与高卢入侵者的混血后裔，今天的学者认为这不大可能是真的。除了语言之外，凯尔特伊比利亚人的风俗和工艺品似乎与同时代比利牛斯山脉以北的"凯尔特"社会没有什么共同点。在凯尔特伊比利亚人居住地以北分布着阿斯图里亚斯人和坎塔布里亚人，他们分成许多单独的群体，往往居住在特定的设防山顶居民点。很少有罗马军队能够深入这些土地，也不曾有任何罗马人能够长期停留。三头同盟统治下举行的多次西班牙战役凯旋式，就是为了庆祝在这一地区赢得的胜利。[7]

我们没有很好的理由去怀疑，一些仍然独立的民族在袭击邻近的、罗马行省内的、更为定居化的凯尔特伊比利亚人。在古典世界的很多时期，袭击掳掠都是常见的事情。在迦太基人或罗马人抵达很久之前，西班牙半岛就有了大量武器，说明在这两个入侵民族到达之前，西班牙土著民族之间就战火连绵。不过，迦太基人和罗马人通过直接冲突或贪得无厌地索取雇佣兵与盟军，深刻地改变了土著战争的形态和激烈程度。长达一个多世纪的征服和更近期的历次罗马内战，则不可避免地扰乱了广大地区内的所有社会，让崎岖不平的坎塔布里亚山区原本就非常艰难的生存斗争更加难以为继。这一切肯定让掳掠貌似脆弱的邻居显得更有吸引力。[8]

奥古斯都可能从一开始就打算攻打西班牙西北部，以完成对西班牙的征服。这项任务有着清晰的界限，似乎在仅仅几年内便可完成；虽然地形崎岖，不大可能很轻松，但风险不像进攻布立吞人或帕提亚人那样大，不可能造成大灾难。这并非一场针对充满异国情调或著名敌人的战争，但这一点或许恰恰是额外的吸引力，因为它能向人民展示，恺撒·奥古斯都为了国

**西部各行省，包括西班牙和高卢**

家利益，愿意去承担不是那么光鲜的使命，并兑现他的诺言，即恢复他指挥下的各行省的秩序与安全。春季，他离开塔拉戈纳，北上与正在集结的军队会合。这支军队的目标是发动进攻，"平定"坎塔布里亚人。

## "指挥官宁要稳妥，不要勇敢"

凯旋将军恺撒·奥古斯都仍然是一位军阀，他对国家的主宰，说到底还是取决于他掌握的军事力量比其他任何人都强大。按照现代的标准，他始终是一位军事独裁者，尽管他一直避免使用罗马意义上的"独裁官"头衔。虽然在前 27 年年初他做了一番表演，主动交出权力，然后不情愿地接受元老院"强加"给他的权责，但只要他仍然垄断着军队，就没有人能够强迫他做任何事情。军队都是他自己的，元老院没有掌管这些军队的实权，也没有权力征召和解散这些部队或其他部队。虽然奥古斯都会就士兵服役的具体条件向元老院"申请"，但元老不可能有权做真正的辩论，也不可能拒绝他的申请。在过去，军队的很多管理工作，包括大多数军事保民官的晋升、所有百夫长的任命和晋升，都被委派给具体的总督。现在仍然是这样，但对军队的绝大部分来说，这位总督就是奥古斯都本人。雄心勃勃的军官若想要一个锦绣前程，就必须赢得他的好感。[9]

军队把奥古斯都推到了主宰地位，最终也只有军队有希望遏制他的权力，所以对他来说，军队既是至关重要的，也是潜在的威胁。他必须防止任何人效仿自己，或者马略、苏拉、庞培及其儿子们、尤利乌斯·恺撒、马克·安东尼和其他大小军阀（正是这些军阀使得前 1 世纪动荡不安）。对于士兵的忠诚，不能想当然。恺撒·奥古斯都经历过一些哗变，对此有很深的理解。他不仅仅需要限制授予元老们的军权（每位统帅的任期只有几年，控制的兵力很少），还需要让军团及其军官们保持心满意足和忠心耿耿。

在亚克兴角大捷和彻底击败安东尼之后，当时存在的大约60个军团全都处于奥古斯都的控制下。很大一部分官兵曾为多位统帅效力。大多数年纪足够大的人曾向尤利乌斯·恺撒宣誓效忠，这在他们和他的继承人之间构建了一种强有力的情感纽带。但这还不够，急于退役的士兵的哗变就证明了这一点。一些军团肯定只有个骨架，大多数军团的兵力都远远少于理论数字。即便如此，军队的总兵力仍然超过罗马历史上任何时期，包括与迦太基殊死搏斗的时期。长时期维持这样庞大的军队是不可能办到的，而且非常危险，因为要让这么多人保持心满意足，是非常困难的。[10]

因此，奥古斯都及其谋臣必须决定他们想要维持的军队的规模和形态。他们需要判断，要维护他的地位、抵抗任何潜在的罗马竞争者，需要多少兵力；以及要维持帝国、保卫和扩张各行省，还需要多少兵力。这两方面是紧密联系的。如果帝国在邻国眼中显得软弱，在边疆和各行省内遭到挫折，那么凯旋将军奥古斯都的声望和权威就会遭到严重损害。这样的损害还不足以打破他的权力，但可能引发人们的反对之声，于是竞争对手就有机会崭露头角。

综合考虑这些因素，奥古斯都决定维持一支由 26 或 27 个军团组成的军队。具体数字无法确定，是因为我们不知道其中两个拥有较多兵力的单位是在何时组建的。有一个时期总数还达到了 28 个军团。军团数量被砍掉了一半以上，亚克兴角大捷之后恢复退伍军人殖民地的举措缓解了裁军的困难。到前29年，有12万退伍军人被安置到各殖民地，这相当于24个齐装满员的军团。到了退役时间、不愿意继续服役的人离去之后，剩余的士兵足以构成26或27个差不多满员的军团。[11]

我们对共和国最后几十年中兵役的细节不是很了解，但至少部分士兵只服六年兵役，或者到战争结束时便退伍，所以那些有资格退伍的人不一定是年纪很大的人。有些人把从军视为职业，会延长服役期，这在军官当中是很常见的。在前1世纪的动荡岁月里，原本很小的陆军职业军官团体迅速扩大。这些人主要担任军事保民官、各级长官和百夫长，获得了相当多的经验和专业技能。其中部分人是骑士，或者通过获取战利品而成为骑士。对这部分人来说，军队是晋升的垫脚石；对其他人来说，从军是获得良好生活条件与体面职业的手段。

要忽略这些人是不明智的，而且我们不应当仅仅考虑元老们的需求（即获得军事声誉），因为社会的其他阶层同样热衷于从军。很多军官是出身于意大利各城镇的乡绅。还有一些人因为退伍军人的安置，获得了与其军衔相匹配的相当多的土地，因此成为乡绅，有资格进入当地的行政机构和城镇议事会。不管这样的人是否愿意继续从军，他们和与他们类似的人都热切希望，自己或者儿子仍然有机会从军。我们从来没有听说过征兵出现困难，这或许并非偶然。

26个军团不仅意味着约13万士兵有了生计，还表明提供了156个军事保民官和1560个百夫长岗位。差不多1个军团的禁卫军（禁卫军每一级别的军饷都比同级别的普通军官要高）也增加了岗位数量，越来越正式的辅助单位也为非公民士兵提供了更多晋升机会。辅助单位一般分为步兵大队或兵力相当的骑兵队，通常由罗马公民指挥，不过有时由组成该单位的民族中的贵族指挥。起初的常见做法是将这样一个辅助单位交给一名前任资深百夫长指挥。有一段时间，奥古斯都做了试验，让两名元老阶层的青年联合指挥一个辅助骑兵单位，希望借此让青年元老们积累一些指挥和管理骑兵的经验，为将来在军团中担任更高级职位打好基础。不过后来他越来越多地选择一位骑兵长官或军事保民官来指挥辅助单位。这意味着，骑士阶层成员能够担任的公职数量有了极大增加。骑士们担任这些公职时需要向元首宣誓效忠，从他那里接受衔级、薪金，以及未来晋升的机会和利益。[12]

维持一支相当规模的常备军是一种重要手段，可以满足骑士这个重要群体晋升的愿望，以及让这些人和其他想要从军的人为此忙碌。前 63 年，曾在苏拉麾下担任百夫长的一个人为喀提林集结了一支军队。而在内战中，这样的人为各支军队贡献良多，使之成为高效的武装力量。3 世纪初的狄奥从一位元老的刻薄视角写道，梅塞纳斯建议奥古斯都大规模招兵，是为了防止无业青年盲流化。更大的危险是，这些青年可能加入竞争对手组建的军队。[13]

在构建新军队的过程中，集体自豪感和当前利益起到了重要作用。在共和国早期，通常的做法是每年为各军团重新编号，以便让执政官总是指挥第一至第四军团。这种制度在前 1世纪瓦解了，尤利乌斯·恺撒的各军团对自己的身份抱有特别的自豪感，不管他们后来是为李必达、安东尼还是为年轻的恺撒效力。安东尼的军团在亚克兴角战役之后迅速投奔恺撒，但不肯放弃原先的番号、名称和传统。这意味着，从一开始，新组建军队的番号就没有遵循逻辑。番号为第四、第五、第六和第十军团的单位各有两个，番号为第三军团的单位多达三个。有好几个军团，比如第五"云雀"军团，仍然保留自己的旧名称（尽管他们与安东尼联系紧密），或许是因为他们曾忠诚地为尤利乌斯·恺撒作战。该军团继续将大象作为自己的标志，纪念自己于前46年在塔普苏斯击败庞培军队战象的功绩。[14]

第五"云雀"军团是在为西班牙西北部的战役做准备的6个军团之一。其他单位分别是第一军团、第二军团、第六"胜利"军团，或许还有第九军团（在这些年里赢得了"西班牙"的称号），肯定还有第十"孪生子"军团。我们知道还有第八"孪生子"军团和第十四"孪生子"军团，不过这两个军团没有参加西班牙作战。这三个"孪生子"军团都是由之前的两个军团结合而成的。组成第十"孪生子"军团的旧军团之一曾为安东尼效力，自称起源于尤利乌斯·恺撒的第十军团；在一段时间内，该军团保留了"骑士"的称号，这个称号源于前58年，当时士兵们短暂地骑马作战，并开玩笑说，长官打算把他们全部升为骑士。将两个单位融合为一个新单位，可以维持两个单位的自豪感，肯定比解散现有军团要强。[15]

官兵都被允许保留自己的传统，但这支新组建的军队不会像内战时期的军队那样，受到统帅慷慨的娇纵。士兵的服役期被延长了，不久之后士兵们将必须服满传统的十六年，才有资格在退伍时得到土地。有的时候，士兵们要再多服四年兵役，在这期间被称为老兵，可以不必承担某些工作，但必须留在军中，受到军纪约束。在过去，常常为了巩固士兵的忠诚而定期赏赐战利品和奖金，今后不再定期发放，而只是偶尔为之，并且只有奥古斯都本人或其亲属可以这么做。这种态度的变化反映在称呼的变化上。内战期间，年轻的恺撒常效仿他的养父，将官兵称为"弟兄们"。前 30 年之后，这种亲热的称呼消失了，他只是简单地称呼他们"士兵们"。他坚持要求所有总督和指挥官（包括他的亲属）都这样称呼士兵。在西班牙，他像在伊利里亚一样，对部队严加管束。史料中有这样的记载：有的百夫长遭到象征性的羞辱，被命令站在他的营帐外，有时手里拿着一块用来修建壁垒的泥炭，或者没有系腰带，于是他们长长的军服上衣一直垂到脚踝，就像女人的裙子一样。[16]

最高级军官也受到严密的控制。恺撒年轻时常常冒极大的风险，虽然最终取得了胜利，但他有时受到生命危险，最突出的就是在对抗塞克斯图斯·庞培的战争中。如今凯旋将军恺撒·奥古斯都已经成熟了。坎塔布里亚战役时他已经三十八岁，所以他更倾向于谨小慎微。苏埃托尼乌斯写道：

> 他认为，对一位精明强干的领袖来说，最不得体的就是草率和鲁莽。所以他最喜欢的一些口号包括："着急也要从容！""指挥官宁要稳妥，不要勇敢！"以及"只要做得好，慢一点也无妨！"
>
> 他曾说，无论是一场战役，还是整个战争，都不应当草率地开始，只有在成功的希望明显大于失败的代价时才能开启。他说，那些为了少许利益而冒巨大风险的人，就像用金钩钓鱼，如果钩子丢了，无论捕到多少鱼都不足以弥补。[17]

指挥军队的罗马贵族知道自己的军事指挥岗位是短期的，急于为自己和家族增添声望，并且在罗马几个世纪屡战屡胜的经验之后志得意满，认为自己必然胜利。所以本能促使他们做出勇敢的，甚至是鲁莽的行动。奥古斯都不希望他的军团长以及少数有权指挥军队的元老资深执政官，仅仅为了获得荣耀和战利品（就像庞培或尤利乌斯·恺撒以及更早的许多其他统帅那样），就寻求毫无必要的战争，或者去冒惨败的风险。尽管奥古斯都远离战场，但军事失利总会损害他的形象。他在行省的权责极大，再加上享有结束内战、为国家带来和平的威望，所以他更是不能接受失败。凯旋将军恺撒·奥古斯都不能承受太多的挫折，不管是他本人遭受的挫折，还是部下的失败。[18]

而且，如果是他本人或者阿格里帕和斯塔提里乌斯·陶鲁斯这样的亲信（这些亲信与他联系紧密，他可以分享他们的光荣）之外的其他人赢得了太多光辉胜利，也会带来一定程度的危险。上文已经讲到，我们不太相信，奥古斯都曾公开阻止克拉苏获得奉献"最高战利品"的荣誉；而且克拉苏和其他很多贵族一样被允许举行凯旋式。今后很少有人会得到机会开展如此大规模的军事行动，除非他们是恺撒·奥古斯都的亲信。即便如此，风险还是有的。大约在前 26 年，奥古斯都留在埃及掌权的那个人失宠了。骑士科尔内利乌斯·伽卢斯的军事行动取得了很大成功，镇压了上埃及的叛乱，然后多次击败了袭掠罗马埃及行省的南方王国①，并掳掠其土地。但他庆祝自己的胜利时过于高调。有一份宣扬他胜利的铭文保存至今。据狄奥记载，伽卢斯还让人在金字塔上铭刻他的丰功伟绩。狄奥还说，伽卢斯放纵地侃侃而谈，说奥古斯都的坏话。这更增添了危险，因为狄奥很了解伽卢斯。伽卢斯曾有过判断失误的

---

①　指的是努比亚王国。

时候，比如将一名修辞学教师吸纳为自己的亲信，而此人在当阿提库斯的女儿的家庭教师时勾引过这个女孩。这名教师是个释奴，做出这种事情是非常不端的行为，而且这个女孩后来嫁给了阿格里帕，所以奥古斯都看到此人受到伽卢斯的欢迎，尤为恼火。[19]

和许多故事一样，伽卢斯倒台的细节很难说清楚了。指控他的是一个叫作瓦列里乌斯·拉尔古斯的人，他此前是伽卢斯的同僚，所以很可能享有元首一定程度的宠信。但具体情况不太明朗，而且大家都知道拉尔古斯常常发起凶残而没有根据的控诉。狄奥告诉我们，有个人第一次见到拉尔古斯，问拉尔古斯认不认得他。拉尔古斯说不认识，于是这人刻意将此事记录在案，免得拉尔古斯将来对他发出莫须有的指控。狄奥还告诉我们，奥古斯都内层圈子的另一名亲信（和伽卢斯一样也是骑士）有一次遇到拉尔古斯时立刻用手捂住自己的口鼻，这说明在拉尔古斯面前呼吸也不安全。[20]

恺撒·奥古斯都不再宠信伽卢斯，免去了他的官职。我们不知道具体罪名，但可能是根据处置行省总督腐败罪行的法律来罢免伽卢斯的，在此之前骑士不会受到这种法律的制裁。但无论是职责还是权力，伽卢斯都是一位货真价实的总督。现在元老院看到他受到用以制裁担任行省总督的元老的法律的惩罚，或许感到一丝安慰。埃及是重要的财源和谷仓，受到奥古斯都本人的严密监督。奥古斯都不会放过伽卢斯及其属下在埃及贪赃枉法的行为。或许这位骑士就像过去许多元老阶层的总督一样太肆无忌惮了，不过这只是猜测。

伽卢斯失去了奥古斯都的友谊，元老院将此视为恺撒对伽卢斯直截了当的敌视，于是积极地将他定罪并流放。伽卢斯陷入绝望，于是自尽。据苏埃托尼乌斯说，奥古斯都为此流下了眼泪，抱怨道，"只有他（奥古斯都）不能克制自己对朋友的怒气"。有人认为元老院的行动是联合起来和奥古斯都作对，但这种说法没有说服力。或许这件事情表明了某些元老拼命讨元首的欢心，于是去做他们认为元首想要做的事情。或者，元老院对伽卢斯的攻击是为了表明，即便是奥古斯都任命的骑士总督也不是法外之身。如果是这样，那么元老院的做法应当得到了元首的批准，或者至少得到了他在罗马的代表（如阿格里帕、斯塔提里乌斯·陶鲁斯和梅塞纳斯）的认可。[21]

## 自传的最后一卷

奥古斯都全军兵分三路，各自沿不同路线进入坎塔布里亚山区。他的目标似乎是占领主要隘口、征服土著居民的主要设防定居点。考古发掘已经证明其中一些地点发生了激烈战斗和严重破坏，还发现了罗马人在这些战役中建造的一些临时营地。遗憾的是，目前我们没有办法将任何考古发现的地点与古代文献中相关短暂记录（几乎是非常混乱的）中提到的地名对应起来。奥古斯都的自传以这些战争的胜利结尾，但在现存文献中几乎找不到这部自传的蛛丝马迹。这次军事行动也没有关于个人功业和遇险的故事流传下来，但他遇到的最大危险应当不是敌人造成的。这一年年底之前，他又患了重病，返回塔拉戈纳，在那里监督军事行动，直到行动于前25年结束。[22]

坎塔布里亚人和阿斯图里亚斯人打得相当坚决，有故事说被包围的武士宁愿自杀也不投降。现代人有一种强烈的、容易让人进入误区的本能，觉得任何时期西班牙发生的战争都是游击战。在这样崎岖多山的地区，伏击战肯定能发挥作用。根据史料记载，敌人曾企图伏击罗马军队，但一个盟友社区的人向罗马人告密，于是罗马人迅速支援了受到威胁的部队，击败了敌人。但有一些战斗的规模肯定很大，也有为数众多的攻城战。罗马军队损失相当大，因为并非每一次交战都是罗马人取胜，而且即便是攻打一座有围墙的小村庄，对攻击者来说也是非常危险的。在某个时间，一支载着大量士兵的舰队从高卢的阿基坦尼亚起航，在西班牙北部海岸进行了一次或多次登陆，在敌人被主力部队缠住的时候发动了进攻。[23]

西班牙的作战与在伊利里亚山区的行动有相似之处，但我们没有办法知道两次战争分别有多少人参加。我们也不清楚，罗马人在一个战区吸取的经验教训有多少能被传达给其他部队。这些战役中建造的临时营地符合共和国时期军队的传统，善于利用地形地貌。虽然营地的内部结构肯定是井然有序的（早在前3世纪，希腊人就很仰慕罗马军营的组织有序），但还没有发展到几十年后那种标准的纸牌形状布局和相当标准化的内部结构。和服役条件一样，罗马军队的日常规程和操练模式也不是一夜之间就被设计引入的，而是奥古斯都在世时逐渐发展起来的，并不断增添新的规则。[24]

与之前的军事行动一样，罗马军队在穿过谷地和隘道时总会尝试控制高地。他们建造了15英里长的围墙，将敌人的一座要塞团团围住，令守军插翅难逃。这场战争严酷、有条不紊，不是很辉煌壮丽，但它给了官兵们赢得荣耀、获得晋升或得到其他奖赏的机会。第一和第二军团都获得了"奥古斯塔"的荣誉称号，至少第二军团还将奥古斯都的星座摩羯定为自己的符号之一。[25]

经过两年的艰苦奋战之后，罗马军队终于获得战争胜利。

捷报传到罗马，要再一次关闭雅努斯神庙的大门。奥古斯都被赞颂为凯旋将军，元老院投票授予他一次凯旋式。他接受了荣誉称号，但谢绝举行凯旋式，并且后来再也没有庆祝过凯旋式。他这个姿态实际上是宣布他已经赢得了太多荣誉，不需要更多的个人荣耀，也不需要再一次在罗马市中心游行。像阿格里帕一样，他将继续为了国家福祉而不计酬劳地辛勤工作。至少奥古斯都没有得到传统荣誉的报酬。实际上宣布最终胜利的消息有些过早了，奥古斯都刚刚离开西班牙，坎塔布里亚人和阿斯图里亚斯人就又一次开始作战。随后是更多的战役，最终的高潮是前19年阿格里帕非常高效地（尽管残酷无情）打垮了敌人。即便如此，战事在起初也没有完全向有利于罗马人的方向发展。第一"奥古斯塔"军团由于某些失败而被剥夺了荣誉称号。它后来在日耳曼边境长期作战，赢得了"日耳曼"的称号。[26]

前25年1月1日，奥古斯都在塔拉戈纳第九次就任执政官。他可能一度离开塔拉戈纳，去亲自接受一些坎塔布里亚领袖的投降，但他的病情仍然严重，所以不大可能奔波劳顿。但这也不意味着他闲坐无事。我们知道外省有好几个使团去了罗马城，拜见元老院之后前往塔拉戈纳觐见奥古斯都。使团肯定不止几个。请愿者来自帝国各个角落，希望奥古斯都答应他们的请求。[27]

外省居民中只有一小部分有机会见到奥古斯都本人。他的肖像则是另一回事，后来比任何其他神祇或凡人的肖像都更常见。罗马人铸造了一些纯金或纯银钱币，上面有他的头像或与他有紧密联系的符号。他的名字被镌刻在纪念碑上，雕像被竖立在意大利和外省各地。这些雕像是理想化的奥古斯都，英俊、威严而魁梧。雕像表现的奥古斯都永远青春英武，或者更妙的是，永远是他年富力强的状态。没有一幅中年或老年奥古斯都的肖像。

这并不是说，他忘记了自己是个终有一死的凡人（何况他还经常抱病），对自己家族的未来漠不关心。马凯鲁斯和提比略在陪伴他去西班牙之前都已经穿上了成年人的托加袍，正式成为男子汉。西班牙战役让他们尝到了军事生涯的滋味，李维娅的儿子后来非常喜爱军旅生活。对年轻贵族来说，联姻是他们雄心壮志的一个重要部分。奥古斯都自己的崛起在很大程度上得益于尤利乌斯·恺撒对他的收养，所以他知道，与他的大家族建立任何联系都是大事。如果李维娅在他身边，那么夫妻俩一定详细讨论了这些事情。对于绝大多数家事，他们一定进行了讨论。提比略被安排与阿格里帕的女儿维普撒尼娅订了婚，而马凯鲁斯得到更大的优待，与奥古斯都的独生女尤利娅订了婚。马凯鲁斯和尤利娅是表兄妹。虽然罗马贵族互相通婚、关系紧密，但表兄妹结婚也是非常罕见的事情。这又一次证明，尽管恺撒·奥古斯都大肆宣扬传统，但他不会让自己受到旧规矩的约束。[28]

# 十四　"最强大权力的头衔"

> 罗马人民！不久前还冒着生命危险去追寻胜利桂冠的
> 恺撒，如今像赫拉克勒斯一样，从西班牙海岸凯旋归国。
> 让他的夫人，那位为了自己无可比拟的卓越夫君而欣喜的
> 女士，以及我们敬爱领袖的姐姐，向正义的神祇做恰当的
> 献祭……
>
> ——贺拉斯，前24年，
> 描述恺撒·奥古斯都从西班牙归来[1]

从西班牙回国的旅程耗时甚多。奥古斯都又一次病倒，可能是近些年来多次困扰他的那种疾病复发了。人满为患的罗马大都市被认为是一个不卫生的地方，所以他遵循贵族的习惯，在康复时远离罗马城。到前24年1月1日，他可能已经在意大利，但没有赶到罗马亲自开始自己的第十次执政官任期。但元老院仍然宣誓要服从他所有的正式举措，并批准了他的"请求"，即向每一位罗马公民发放400塞斯特尔提乌斯的礼金，他的每次凯旋式都会如此慷慨地赏赐公民。元老们投票授予元首更多荣誉，其中一些被他谢绝。[2]

这一次奥古斯都的同僚执政官是盖乌斯·诺巴努斯·弗拉库斯，此人是腓立比战役中一位高级将领的儿子，还娶了小巴尔布斯的女儿。阿格里帕和斯塔提里乌斯·陶鲁斯仍然在罗马，梅塞纳斯也在，所以罗马城有好几位对奥古斯都忠心耿耿、富得流油且有权有势的下属，足以保证一切令奥古斯都满

意，尽管这几个人并没有正式官职。陶鲁斯家中豢养着一大群身强体健的日耳曼奴隶，不过没有证据表明他曾用这些力量去强迫他人的意志。尽管至少有几个大队的禁卫军之前陪同元首去了西班牙，城内肯定还留有一些禁卫军。所以，恺撒的支持者在罗马城有一些随时可以动用的武装力量。[3]

更重要的是，阿格里帕正忙于一系列宏伟的建筑工程，为人民提供了许多待遇不错的工作岗位，并持续地宣扬奥古斯都的光荣以及他的胜利为人民带来的和平。前26年，战神广场上新的投票围场（更名为尤利乌斯围场，这是为了纪念尤利乌斯·恺撒，但更是为了纪念他的养子）竣工并正式开放，地面铺着大理石，装饰着许多精美的雕像和图画，围场的很大一部分都设有天蓬，投票者可以享受荫凉并欣赏艺术品。围场附近是公共浴场和一个操练场、一座奉献给尼普顿的会堂①（这是为了纪念在瑙洛库斯和亚克兴角取得的胜利），还有一座华丽的神庙，后来被称为万神殿，因为它里面供奉着所有主要神祇的雕像。阿格里帕起初打算在万神殿内陈设一座奥古斯都雕像，并将建筑命名为"奥古斯都神庙"，但元首认为这太容易让人觉得自己被神化，于是谢绝了。这个故事当然完全可能是奥古斯都刻意设计出来宣扬自己多么谦逊的。神圣尤利乌斯·恺撒的一座雕像被摆放在万神殿内，而奥古斯都和阿格里帕的肖像装饰着入口门廊，与诸神雕像保持一个安全的、充满

---

① 会堂（Basilica）是古罗马的一种公共建筑形式，呈长方形，外侧有一圈柱廊，主入口在长边，短边有耳室。Basilica 这个词源于希腊语，原意是"王者之厅"。在古罗马的城市，会堂一般是作为法庭或大商场的豪华建筑。基督教沿用了罗马会堂的建筑布局来建造教堂。随着历史的变迁，会堂这个词的意义也发生了变化。今天在天主教中，有特殊地位的教堂被赋予 Basilica 的称号，中文的说法是"宗座圣殿"。

敬意的距离。入口上方的三角楣饰很可能饰有橡叶冠雕塑，这又一次提醒大家，奥古斯都对公民同胞们做出了多么伟大的贡献。

一个半世纪之后，哈德良皇帝在原址重建了万神殿，但改变了它的朝向，今天游客能看到的就是这座带有令人肃然起敬的穹顶的宏伟建筑。阿格里帕的万神殿设计得更传统，不过规模仍然非常宏大。哈德良保留或翻新了原先的铭文，所以阿格里帕的名字被雕刻在建筑正面，这生动展示了罗马人翻新一座建筑，既增添原先建造者的光荣，也提高翻新者的荣耀。当然翻新工程对翻新者的益处更大，因为竣工时他仍然在世。阿格里帕在战神广场的工程为罗马人民提供了很多就业机会，同时为他们提供了实用而豪华的生活便利设施，这延续了十年前他担任特别市政官时开创的事业。后来，浴场得到扩建。前 19 年建造的新高架渠——维尔戈水道——改善了浴场的供水。会堂为举行公共事务提供了更多空间，但和其他工程一样，建筑的功能与审美融为一体。会堂的装饰很多，其中有一幅描绘神话中寻找金羊毛的阿尔戈英雄的著名图画。公开陈设著名的艺术品是非常鲜明的平民派作风，帕拉丁阿波罗神庙的公共图书馆也是这样，因为它们让广大群众能够享受到原本只有富人才能享有的东西。但与之前的政治家不同的是，阿格里帕从来不会仅仅宣扬自己的成就，而总是尽可能增添奥古斯都的荣耀。他的建筑工程总是颂扬奥古斯都的胜利所带来的和平。[4]

奥古斯都持续获得新的胜利。雅努斯神庙大门在仅仅几年后又一次关闭，公开宣布元首带来了新的成功。在共和国多个世纪的漫长历史中，关闭雅努斯神庙大门的仪式仅仅执行过两次，但我们很难确定当时有多少人知晓这个事实，而且他们还不知道，宣布西班牙和平有些为时过早。其他行省传来的消息都很好，奥古斯都的将军们在南征北战。阿尔卑斯山和莱茵河都传来了捷报。科尔内利乌斯·伽卢斯的生涯虽然以耻辱告终，但他的胜利无疑是货真价实的。接任他的艾利乌斯·伽卢斯也是一名骑士。到目前（如果不是更早的话），奥古斯都似乎已经决定对埃及施加特殊待遇，让一名骑士阶层的长官，而不是元老阶层的军团长，来统治埃及。[5]

奥古斯都向艾利乌斯·伽卢斯下达的指示是直白坦率且咄咄逼人的。艾利乌斯·伽卢斯向阿拉伯福地（阿拉伯半岛的西北角，那里的居民凭借香料、宝石和丝绸等奢侈品的中转贸易发了大财）① 发动了一次大规模进攻。战役伊始，他的许多船只因在红海遭遇风暴而损毁，此后的进展也很不顺利。罗马军队很难适应沙漠条件，步履艰难，因为交战而损失的人很少，因为干渴、中暑和疾病而死亡的人却很多。艾利乌斯·伽卢斯选择了错误的路线，他后来责怪并处决了提出此建议的盟友。但我们很难说这位盟友是故意坑害罗马人，还是仅仅庸碌无能。罗马人占领了好几座要塞，但饮水耗尽，不得不放弃对最后一座要塞的围攻。艾利乌斯·伽卢斯及其将士虽然缺乏技巧，但表现出了顽强的意志，撤退时比进攻时更顺利。

此次入侵无疑是个失败，而且代价高昂，但战场离罗马非常遥远，而且规模不大，顶多只有两个军团的部分兵力以及一些辅助部队和盟军参加。与尤利乌斯·恺撒的不列颠远征（建树甚微，但得到了罗马群众的疯狂赞颂）一样，阿拉伯半

---

① 原文有误，阿拉伯福地（Arabia Felix）指的是阿拉伯半岛南部，今天的也门一带。

岛充满了异国情调，神秘莫测，是罗马军队不曾涉足的国度。奥古斯都宣布此次入侵取得了胜利，没有人过分关注真相。没有一位元老参加此次远征，艾利乌斯·伽卢斯的继任者普布利乌斯·佩特罗尼乌斯发动远征时，也没有元老随军行动。佩特罗尼乌斯率领埃及行省驻军的很大一部分兵力，沿着尼罗河南下，在第一和第二瀑布之间赢得了一些胜利。埃塞俄比亚人的一座主要城市被攻破，于是罗马人宣布对遥远的异邦民族取得了又一次胜利，这一次是真实的胜利。[6]

在海外的成功（尽管其中有些是想象的，而非真实的成功）加强了国内的稳定。元首似乎在兑现他的诺言，即为他管辖的各行省带来秩序，不管他是亲自出马还是派遣部下行动。如果执政官之一长期不在罗马，对罗马的日常管理造成了困难，那么就要想办法来应对。事情并非始终顺利。前26年，马尔库斯·瓦列里乌斯·梅萨拉·考尔维努斯（他的父亲是执政官，他本人则是前32年的补任执政官），以及一个曾支持"解放者，后来又支持安东尼的人"被任命为罗马城长官。尤利乌斯·恺撒恢复了这个古老的职位，选择几个人在他远离罗马期间负责罗马的行政管理。除此之外，这个职位只出现在共和国早期遥远而迷雾笼罩的年代。梅萨拉上任几天之后就辞职了，"因为他不知道如何行使自己的职权"。有一种很有吸引力的解释是，他认识到自己的权力是非常有限的，被幕后的奥古斯都亲信弄得像一场骗局，于是辞职了。现代人还有一种解释是，他受到了其他不认可奥古斯都政权的贵族的压力，被迫辞职。但这两种解释完全是猜测。后来这个职位被再次启用，并交给了值得信赖的斯塔提里乌斯·陶鲁斯。[7]

## 衰老、疾病和死亡

奥古斯都最终返回罗马的时候，已经快到年底了，他得以在新近修缮完毕的道路上旅行。他本人曾为弗拉米乌斯大道①的修复工程出资，并鼓励其他元老，尤其是曾庆祝凯旋式的元老，去承担其他主要道路的工程。有一些元老效仿他的做法，但最后大部分工程还是恺撒·奥古斯都和阿格里帕承担的。这些工程将实用功能与强有力的视觉信息结合起来。路上的里程碑记载着修复道路的功臣的名字，而显眼的地点，如主要桥梁，则竖立着元首雕像。[8]

这些雕像非常优雅，表现的是一个身强力壮的男子，他的面庞没有任何衰老或压力的迹象，与近几十年来罗马十分常见的那种布满皱纹、下颌多肉的肖像形成了对比。但事实上恺撒·奥古斯都已经三十九岁了，受到重病困扰，以至于无法参加马凯鲁斯和尤利娅的婚礼。阿格里帕代表奥古斯都参加了这次婚礼。在很多场合都是阿格里帕代表奥古斯都出席的。没有人说得准，奥古斯都还能活多久，他本人也说不准。我们不知道他长期疾病缠身的原因，不过苏埃托尼乌斯告诉我们，他患有肝病，所以我们可以大致推测至少他的肝有一些问题。有些学者认为，奥古斯都的疾病是假装的，为了吓唬广大群众，让他们觉得假如元首死了，内战就会再次爆发，于是大家会感激他的继续存在，并接受他的主宰。也有人说奥古斯都的疾病是心理或情绪上的侵扰导致的身体病痛，不过正如一位著名学者

---

① 弗拉米乌斯大道是古罗马的一条大道，从罗马越过亚平宁山脉，通往里米尼，由盖乌斯·弗拉米乌斯（前187年执政官）主持建造。

说的，"医生遇到自己无法诊断的疾病时，总喜欢说它是心理原因造成的"。[9]

对罗马贵族来说，培养下一代从政是自然而然的事情。马凯鲁斯和提比略都在离开罗马城、陪同奥古斯都去西班牙之前接受了成人礼。这是很正常的事情，在亲属的幕僚中获取最初的军事和外省生活经验也是司空见惯的，只是他们获得军事保民官职衔时太年轻。不过，他们后来受到的关注远远超出一般情况。这两位青年在恺撒之前返回了罗马，在西班牙的最后几周里，他们为军团士兵主持了一系列竞技和娱乐活动，以庆祝战役的结束。后来，在前24年，元老院在奥古斯都的鼓励下，加快了晋升他们的速度。他们获得了元老身份，马凯鲁斯获得了前任裁判官的衔级，并被允许在正常年龄的十年以前担任各级官职，包括执政官。提比略被允许比法律规定的年龄早五年担任官职。

秋季，两位十八岁少年第一次竞选官职。他们肯定得到了奥古斯都的公开支持，并且在拉票与投票的环节，奥古斯都很可能还亲自到场。和奥古斯都推荐的其他人选一样，此次竞选的结果没有任何疑问，马凯鲁斯当选为市政官，提比略成为财务官。虽然他们非常年轻，但我们不应当忘记，他们都来自非常古老和威望极高的贵族豪门。从这个角度看，他们比阿格里帕那样的人更容易被其他元老接受。

马凯鲁斯尤其得宠，得到了比提比略更高的官职，并且享有最大的荣誉：与元首的独生女结婚。但提比略得到的荣誉也是非常慷慨和不同寻常的，他的未婚妻维普撒尼娅是三次担任执政官的人的女儿，还是阿提库斯的外孙女。前23年，奥古斯都挑选李维娅的儿子为自己的财务官，并给了他一项特别的职责，即在他们前往罗马旅途的最后阶段组织粮食运输工作。提比略还奉命去调查很多乡村大庄园的奴隶营地，其中一些被怀疑非法囚禁无辜的旅行者，强迫其为庄园劳动。后来发现果然如此。这两项工作都很有意义，而且同样重要的是，给了提比略一个很好的机会，去做一些重要而得民心的公共事业。马凯鲁斯的情况就更是这样了。他作为市政官，负责主持竞技活动，在自己的舅舅和岳父，即元首本人的帮助下搞得有声有色、令人难忘。广场临时看台的上方搭起了凉棚，为观众遮阳，表演者中有一位拥有骑士身份的舞者和一位来自贵族世家的年轻女子。[10]

前 23 年，马凯鲁斯和提比略都是十九岁。恺撒·奥古斯都四十岁，第十一次担任执政官。与他一同当选的同僚原本应当是一个叫瓦罗·穆里纳的人，但后者于前 24 年年底或次年年初去世了。接替穆里纳的是格奈乌斯·卡尔普尔尼乌斯·皮索，此人曾在腓立比与奥古斯都敌对。皮索的家世很显赫，但自内战以来很少参与政事，据说曾拒绝别人鼓励他从政。这一次他被说服了，我们不知道他为什么改变主意，但这打破了近些年来的常规，即奥古斯都的同僚执政官全都是他的亲信。这或许是奥古斯都与皮索和解的姿态，或许是向大家保证，贵族世家的成员能够享有他们理应享有的崇高荣誉。[11]

这一年很不顺利，不过不是两位执政官的缘故，也不是因为他们不能很好地合作，而是因为天灾。一场严重的疫病暴发，在意大利各地导致大量人口死亡，而且它在本年度和下一年度多次在罗马暴发。台伯河洪水泛滥，影响了罗马城地势较低的区域，引发了更多疫病。庄稼收成很糟糕，导致粮食匮乏。虽然提比略的努力起到了一定作用，但市场被严重扰乱，粮价飙升。为了赈济穷人，奥古斯都使用自己的资金，向在罗马城的 25 万公民发放了 12 份粮食或面粉（可能是一个月一份）。[12]

大家都觉得恺撒·奥古斯都已经时日无多。上半年某个时候，困扰他很久的肝病又发作了，病情非常严重。通常的治疗手段包括热敷，但这一次没能缓解他的痛苦。奥古斯都将高级行政长官、显赫元老和骑士阶层的代表召唤到自己病榻前，共商国是。谈话结束时，他将自己的图章戒指交给阿格里帕，但向自己的同僚执政官皮索汇报了当前军队和公共账目的状况。没有人提及马凯鲁斯。恺撒·奥古斯都非常刻意地没有指定继承人。要指定继承人是很困难的，因为他的权力和威望都属于他本人，而且并没有一个正式的元首地位可以传给其他人。除此之外，马凯鲁斯年仅十九岁，正处于自己政治生涯的开端，即便奥古斯都本人也是在多年里逐渐获得其养父的地位的。如果恺撒·奥古斯都去世，那么阿格里帕是接管大部分军队的最佳人选，但他缺乏政治人脉，而且在过去愿意将大部分功劳都让给朋友，这些都是弱点。他不是恺撒家族的成员，根本就不是贵族，即便他控制了政权，也很可能需要用武力保住权力。

恺撒·奥古斯都顽强地生存着，不过有一段时间他没有办法继续开会，甚至不能做出重要决策。一位新医生被唤来照顾他，即释奴安东尼·穆萨，他和其他很多医生一样，可能来自希腊化世界。他摒弃了通常的疗法（热敷），改用冷敷和冷水浴。元首的身体逐渐好转，恢复了元气。不管是穆萨的疗法真正有效，还是奥古斯都自愈，他后来再也没有患过重病，也不再受到肝病的困扰。其他疾病，比如感冒，以及初春和 9 月（他生日前后）容易生病的情况，在大多数年份里都会发生，但看上去羸弱的奥古斯都还有三十五年的寿命。

穆萨凭借自己奇迹般的疗法，得到了痊愈的元首的丰厚赏赐。元老院举行了公共感恩活动，很快赐给这位医生额外的慷慨赏金，以及佩戴一枚金戒指的权利。元老院还让人制作了穆萨的雕像，将其摆放在医神阿斯克勒庇俄斯的雕像旁。穆萨和其他医生都被赋予永久免税的权利。消息传开之后，许多个人和社区举行了公共感恩活动，庆祝恺撒·奥古斯都恢复健康。[13]

至少在目前，国家安定得到了保障，即便那些不是非常喜欢元首的人也感到高兴。但人们对未来还是抱有担忧，有流言谈到马凯鲁斯为什么被忽略，这表明至少有部分人认为，奥古斯都如此厚待马凯鲁斯是准备让他接班。奥古斯都听到这些流言，很不高兴，因为这些说法对他原本非常正当、非常公开地交权给同僚执政官和老友的做法产生了消极影响。他身体恢复到足以参加元老院会议的程度后，便公开否认他在培养马凯鲁斯接班。作为证据，恺撒·奥古斯都带来了他所谓的遗嘱，并主动表示愿意宣读给元老们听，表明他的外甥除了正常的遗产之外什么都得不到。这个举动很有意思，让人联想到差不多十年前他公开安东尼遗嘱的事情。如果接受他的主动建议（即当众宣读遗嘱）就意味着大家不相信元首的话，需要看到证据，所以元老们迅速高呼，不肯让他宣读遗嘱。[14]

7月1日，奥古斯都离开罗马城，去往附近的阿尔班山，在那里辞去了执政官职务。他处于罗马城的正式边界之外，可能事先没有走漏自己即将辞职的风声，避免了元老们"表忠心"或者广大群众迫使他收回成命的情况。他可能还宣布自己在近期内将不再担任执政官。执政官皮索迅速主持选举了一名补任执政官来接替奥古斯都。我们不知道有多少候选人在这么短时间内出现，而且奥古斯都可能已经鼓励卢基乌斯·塞思提乌斯参选。塞思提乌斯曾是布鲁图斯的财务官，为他效力，反对年轻的恺撒。尽管塞思提乌斯在腓立比战役之后投降并且得到赦免，但还是公开而热情地赞颂死去的"解放者"，家中存放着布鲁图斯的肖像，并定期哀悼他。奥古斯都选择这样一个肯定不是他亲信的人当执政官，得到了广泛的敬佩，尤其是贵族们的仰慕。和皮索一样，塞思提乌斯也被门阀贵族认为是担任最高行政长官的合适人选。事实上，在随后十年中很多执政官都是贵族。这是奥古斯都恢复表面看起来正常的体制的又一个姿态。[15]

虽然奥古斯都不再担任执政官，但他掌管帝国所有关键军事行省的十年任期还没有过一半。他仍然享有极大的威望，而且更重要的是，他几乎垄断了武装力量，所以辞去执政官职务并没有削弱他的最高地位。但这种主宰地位如何以合法的方式表达出来，需要注意。他如今不再拥有执政官的军权，于是元老院迅速投票授予他永久性的资深执政官级别军权，授权他合法控制他的各行省以及各省驻军。一般来讲，当一位资深执政官离开自己的行省、跨越罗马的神圣边界进入罗马城之后，他的军事指挥权和司法权就正式失效了（除了他在凯旋式那天获得的特别授权之外）。而奥古斯都打算频繁地进出罗马城。为了避免每一次都要给他特别授权的麻烦，元老院和公民大会宣布对他施加相应的豁免。

凯旋将军恺撒·奥古斯都即便在罗马时也拥有永久性的资深执政官军权。而且他的军权被明确规定为优于任何其他资深执政官的军权。如果奥古斯都来到一个元老院行省，那么该省总督无权阻碍或推翻他的行动和决定。这种授权并没有将这些元老院行省交给他掌管，也不需要他向总督们定期发出指示。和以往一样，他继续接收和答复这些地区的社区发出的请愿，他的决定也得到尊重。这既是因为他的威望极高，也是由于他拥有正式权力。

在过去，恺撒曾多次被授予平民保民官的部分权益和权力。前23年，这些权益和权力被恢复，或者范围得到扩大。他是贵族，根据法律是不能担任平民保民官的，尽管他在前44年的混乱中曾尝试竞选这个职位。自前36年起，他，以及屋大维娅和李维娅，都陆续获得了平民保民官的神圣不可侵犯的权威。任何人胆敢以任何形式伤害他，都将被视为亵渎神明。现在他不再担任执政官，因此没有在城内处理政事的正式权力，于是他被授予保民官的权力，以便让他有权在城内处理政事。作为一名行政长官，保民官有权召集元老院或平民大会。奥古斯都还得到了以往任何保民官都不曾享有的一项权利，即在每一次元老院会议上提出一项动议。[16]

这些新权力的具体细节，以及为什么要授予他这些权力，目前仍然是非常有争议的学术讨论话题。对于这些问题，没有简单的回答，而且和几乎所有情况一样，我们对奥古斯都及其谋士的动机一无所知。这个计划肯定是深思熟虑的结果，不过很难明确这些考虑是在他上一次患病之前还是之后进行的。执政官的职位很方便，也是传统的、显赫的权力的一种明显的表达方式。但在前23年，奥古斯都已经连续九年担任执政官，而且除了最初两年之外，他都任满一年任期。在前23年之前，他的同僚执政官主要是他的亲信。虽然这是一种合法公开地掌权与行事的有效方式，但意味着在这十年里，除了元首的亲信之外，任何人都不能攀登到元老政治生涯的巅峰。习惯性的辞职和任命补任执政官的做法令这个官职的尊严受损，表现了奥古斯都赤裸裸的主宰地位（因为他控制着这个体制），同时还要进行频繁的选举活动。[17]

狄奥说恺撒·奥古斯都希望给更多元老赢得最高行政长官职位的机会，这可能是正确的。前23年之后，一连十年不再有补任执政官，而且后来即使出现了补任执政官，也是孤例。大多数担任执政官的人都出身贵族世家，但都很年轻，所以在内战（尤其是越来越遥远的腓立比战役）中都只是小角色。皮索和塞思提乌斯那样的人代表着旧的元老精英阶层，可能会公开支持"解放者"的事业，并希望恢复理想化的共和国（即由元老院指导，不受任何个人或派系的支配）。[18]

但他们也是二十多年来在三头同盟或恺撒·奥古斯都统治下生活过的人。不管他们愿不愿意，都必须接受新政权，至少目前必须接受。他们的名字出现在执政官的官方名录中，而且他们公开履行官职职责，这些都装饰了一个正常运作的国家。具有讽刺意味的是，恢复每年两名执政官的做法不仅是传统的，而且阻止了任何个人获得太多或永久性的影响力和权力，而这恰恰是执政官制度的初衷。不管执政官的威名多么显赫，他们都无法与恺撒·奥古斯都相提并论，后者十一次担任执政官，三次庆祝凯旋式，更多胜利的功劳也被正式归于他，而且他仍然掌控着所有重要的行省，并在罗马政治生活中继续起到积极作用。

尽管有人努力将这些年的事情解释为元老们联合起来与奥古斯都作对，但没有任何证据表明奥古斯都改变自己的正式地位是被人强迫的。很多元老肯定很高兴看到执政官职位的竞选可以在广泛的、恰当的候选人之中进行。不是所有人都这么想。在随后几年里，百人会议的大多数选民持续在选票上写下恺撒·奥古斯都的名字，尽管他根本没有参选。这些选举实际上由当年的两名贵族执政官之一主持，并且竞争很激烈，据说存在普遍的贿选和一些暴力骚乱，就像之前几十年一样。奥古斯都总是谢绝再次当选，但很显然，许多人只在奥古斯都拥有公开权力以维持稳定、避免内战的时候，才感到放心。百人会议的投票由富人组成的百人团开始，往往也由他们决定结果，所以这并非一群粗鲁不羁的文盲贫民希望那个给他们娱乐活动和免费粮食的人继续掌权。[19]

对奥古斯都来说，让元老们相对满意是非常理智的做法，因为他需要借助这些人在意大利和各行省工作。除了埃及之外，他的所有行省总督和指挥军队的下级军团长都是元老。这种体制需要不断有新的元老自愿为他效力，然后接受奖赏——荣耀、头衔和为自己与家族赢得声望的机会。需要做的事情太多了。前23年，奥古斯都将裁判官的数量从传统的八人增加到十人，利用增加的两名裁判官来帮助管理国家财政。每年有两名新的执政官，再加上他自己的新权力，于是有了更多的高级行政官员，使他能够办成更多的事情。连续担任执政官对奥古斯都来说可能也很不方便，而且在他远离罗马时，给他的同僚带来了沉重负担。因此他做的这些改变是有充分理由的。[20]

更重要的问题是，恺撒·奥古斯都的权力在将来应当如何公开行使。他大病痊愈，说明他的未来还将延续一段时间。策略是非常重要的。后来，他非常强调保民官权力，并在统治期间用他担任保民官的年数来确定年份。他的继承者延续了这种做法。塔西佗在2世纪初将保民官描述为"最强大权力的头衔"。但奥古斯都并不是从一开始就强调保民官权力的，而且用他担任保民官的年数来纪年的做法起初也只是图方便，因为再也不能用他担任执政官的次数来纪年了（自前30年起的很多年都是这么做的）。很多罗马人对平民保民官有着很深的感情，认为平民保民官是公民权益的捍卫者，所以这种联系对奥古斯都无疑是很有吸引力的。但罗马人不断尝试迫使元首当执政官，后来有一次甚至企图让他当独裁官，说明人们对奥古斯都当保民官这件事本身并不满足。[21]

这些年里，有迹象表明奥古斯都在努力掩饰自己至高无上的地位。于是，他放弃了之前的一项计划，即为他在帕拉丁山的宅邸建造宏伟的道路。通往他宅邸的道路将会从广场出发，从许多最豪华的贵族府邸门前经过，这些府邸的门廊上装饰着其主人或主人先祖的战利品和丰功伟绩的标志物。这样，元首就不是茕茕孑立，而是处于罗马城所有伟人的巅峰。即便如此，他也没有努力去掩饰自己远远超过其他人的荣耀和地位。他的豪华宅邸胜过其他任何人的住宅，甚至胜过恢宏的阿波罗神庙；其他任何人都不像他那样居住在罗马如此多的古老而神圣的场所附近，比如罗慕路斯的小屋和牧神圣所（罗慕路斯和兄弟吮吸母狼乳汁之后被发现的地点）。这绝不是一位普通元老的住所，甚至不是一位元首（这个词原意是许多人的首领）的家宅。通往奥古斯都宅邸之路开始的地方——广场——立起了越来越多的纪念碑，以颂扬神之子、凯旋将军恺撒·奥古斯都。[22]

作为执政官，以及作为三头同盟成员，奥古斯都拥有正式的行政长官职位，以及相应的权力，唯一的约束就是紧急法律规定的他的两位同僚的权力，正是这项法律创建了三头同盟。

前 23 年他辞去执政官职位之后，这种情况发生了变化。从那以后，他只是偶尔担任正式的行政长官。除此之外，他的权力属于他个人，与任何官职都没有联系。而且这些权力是终身制的。奥古斯都拥有保民官权力和资深执政官级别的军权，以及其他一些权力，这些都是元老院和人民授予的。他的权力没有任期限制，也没有任何官职可以让他辞去。他的行省指挥岗位是有任期的，但在期满之前就被迅速延长五年或十年。恺撒·奥古斯都是共和国最伟大的公仆，因为他是恺撒·奥古斯都，并将始终如此。从很多方面来看，前 23 年之后，他至高无上的地位比先前更加明显，而不是更加隐晦。这一般被称为"奥古斯都的第二次解决方案"。尽管他小心避免国王或独裁官这样的头衔，但他的主宰地位是一目了然的，并且所有迹象都表明他的权力将是终身制的，就像尤利乌斯·恺撒在前 44 年所享有的地位那样。

## 竞争与阴谋

前 23 年下半年某个时间，阿格里帕离开了罗马，前往地中海东部。他获得了资深执政官级别军权的特别授予，可能为期五年。我们不太清楚他为什么被授予这个特殊指挥岗位，但他的职权范围显然包括叙利亚这个帝国行省。但阿格里帕没有去叙利亚，而是在莱斯博斯岛（其名义上的长官是亚细亚总督）建立了自己的大本营，从那里监管更广泛的地区。他可能作为奥古斯都的代表，接见了一些来自元老院行省和帝国行省的代表团，为元首分担了一些工作。帕提亚国王目前感到非常紧张，因为他的竞争对手居住在罗马帝国境内，这可能加剧了两国边境的紧张气氛。帕提亚人可能会发动一场入侵，就像

⬆ 罗马广场：这张照片是在帕拉丁山顶拍摄的，展现了主广场的西端。大多数遗迹，包括凯□和元老院议政厅（本图中心），都是在奥古斯都之后的几个世纪里建造的。但大体的布局应当□古斯都时代就定下来的。演讲台就在凯旋门的左侧。（Author's Collection）

⬅ 尤利乌斯·恺撒：这尊半身像出土于图斯库鲁姆，表现了恺撒后退的发际线和满脸皱纹。它可能是恺撒在世时制作的，不像后来的肖像那样理想化。奥古斯都的肖像全都不是写实的。（W & N Archive）

⬅ 伟大的庞培：庞培曾是尤利乌斯·恺撒的盟友和女婿，后来渐渐转到尤利乌斯·恺撒的对手那边，导致了前49年的内战。庞培的政治生涯始于罗马的第一次内战，当时他组建了一支私人军队，得到了"年轻的屠夫"的绰号。奥古斯都的早期生涯在很多方面都很像庞培。（Author's Collection）

⬅ 马克·安东尼：安东尼出身于贵族豪门，自认为生来就理应得到崇高地位。他是内战中支持尤利乌斯·恺撒的少数贵族之一，于前44年担任执政官，所以处于有利的位置，能够在尤利乌斯·恺撒遇刺后为自己争取永久权力。（National Trust/ Simon Harris）

⬆ 带有年轻恺撒肖像的钱币：独裁□利乌斯·恺撒的继承人拒绝剃须，是□公开表示，他决心要为尤利乌斯·恺□九。铭文写作："凯旋将军恺撒，神□乌斯）之子，恢复共和国的三头同□一。"（CNG）

← 尤利乌斯议政厅或□院议政厅：元老院议政厅于□年被烧毁，后来尤利乌斯·□开始了它的修复工程，但最□由奥古斯都完成的。这座建□来被摧毁了，我们今天看到□筑是3世纪建造的，因为被□教堂，所以得以保存至今。□规模和设计似乎严格遵照了□乌斯·恺撒的设计。（Aut□ Collection）

➡ 李维娅：出身高贵、聪明而雄心勃勃，李维娅也是一位有名的美人，吸引了年轻的恺撒。他们的婚姻虽然惊世骇俗并且没有子嗣，但长久而幸福。（Author's Collection）

⬇ 演讲台：尤利乌斯·恺撒修改了旧演讲台的位置和形状，但就像他的其他很多工程一样，这项工程也是由奥古斯都完成的。今天我们能看到的演讲台大部分是现代重建的。演讲台的正面原本是大理石，装饰着敌船的船首。（Author's Collection）

← 屋大维娅：贵族女性的命运就是用婚姻来帮助本家族男性成员的政治前途。安东尼对屋大维娅的不闻不问是反对安东尼的宣传攻势的重要部分。（akg-images/ Nimatallah）

➡ 克利奥帕特拉七世：作为一个附庸国的统治者，奥帕特拉七世始终是罗马人的忠实盟友。因为她知只有罗马人的支持才能让她保住性命和权力。她的在于，她生活的时代恰好是罗马共和国被内战分裂期，要始终站在胜利的一边实在太难。（Scala）

← 塞克斯图斯·庞培：伟大的庞培的幼子，他依赖亡父的名望而成为一位军阀。他拥有以西西里岛为基地的强大海军，主宰着地中海西部，但缺少陆军，所以无法进攻意大利。即便如此，奥古斯都承受过的一些惨重失败就是拜他所赐。（Alinari/ Topfoto）

➡ 马尔库斯·维普撒尼乌斯·阿格里帕：与奥古斯都自只的同龄人和好友，精明强干，始终忠心耿耿。他是优每军和陆军将领，先打败了塞克斯图斯·庞培，之后打马克·安东尼。虽然年龄差距很大，他后来娶了尤利娅，注了五个孩子。（Author's Collection）

⬆ 桨帆战船：这尊雕塑出土于普雷尼斯特，高度风格化地描绘了瑙洛库斯战役和亚克兴役时期使用的重型战船。雕刻中船员与船的比例失调，但细节（如船首高耸的塔楼）十分写□□败塞克斯图斯·庞培和安东尼的海战是奥古斯都时代文学和艺术的常见主题。（Scala）

⬆ 普泰奥利：塞克斯图斯·庞培封锁了通向意大利的海路，阻止运粮船抵达那里。由于依赖进口粮食，这使得人民非常怨恨三头同盟。庞培与三头同盟的一些谈判就是在这里进行□即普泰奥利湾（今天的波佐利）。背景就是米西努姆角。（Author's Collection）

⬆ 亚克兴角战役胜利纪念碑：帝国各地多次庆祝奥古斯都击败他最后一个竞争对手的胜利。一座纪念此役的纪念碑被设计和建造在亚克兴角附近。现在已经没有多少遗迹了，但当初它有从敌船上缴获的青铜冲角。（Erin Babnik/ Alamy）

⬆ 亚克兴湾：奥古斯都军队在亚克兴角战役中的损失少于对抗塞克斯图斯·庞培期间的损失，东尼逃离战场、追寻情妇的时候，他就彻底失败了。他们虽然带着财宝逃走了，但抛弃军队部分战船的行为，永远毁掉了这位罗马军阀的名誉。（Harry Gouvas collection）

← 胜利的战利品：奥古斯都从埃及将方尖碑带回罗马，以纪念他在埃及的胜利世纪末，方尖碑得到了翻修，如今矗立在的蒙特奇特利欧广场。这座方尖碑被用作斯都的巨大日晷。（Author's Collection）

➡ 新的拉丁铭文：这座碑是前 10 年竖立的，以纪念他对埃及的征服，称他为"凯旋将军恺撒·奥古斯都，神（尤利乌斯）之子，祭司长，十二次被赞颂为凯旋将军，十一次担任执政官，在他获得保民官权力之后的第十四年"。（Author's Collection）

↑ 神圣尤利乌斯神庙：从帕拉丁山俯瞰罗马广场的东端，可以看到供奉被神化的尤利乌斯·恺
门神庙遗址（本图中央偏下有半圆形金属屋顶的建筑）。被杀害的独裁官的火葬地点就在这附近。
福的立面原先是大理石，也有一座朝向旧演讲台的新演讲台。（Author's Collection）

↑ 阿尔勒的"美德之盾"复制品：元老院和罗马人民授予奥古斯都"美德之盾"，称他为凯
将军恺撒·奥古斯都，神（尤利乌斯）之子。铭文赞扬了他的美德、仁慈、公正和虔敬。罗马
"美德之盾"原品是由黄金制成，图中是大理石复制品。（Author's Collection）

← 凯旋将军："第一大门"（prima pro[...]
奥古斯都雕像可能是他最有名的肖像，描[...]
青春永驻的伟大将领形象。虽然他非常依[...]
事才干比他更强的下属，但军事荣耀始终[...]
自我宣传的基石。头部和面部的风格代表[...]
古斯都肖像最常见的风格。帝国各地都可[...]
到这种形象。（Vatican Museums & Galler[...]
Bridgeman）

↑ 尤利娅：奥古斯都唯一的孩子，按[...]
马贵族的习惯，为了政治目的而被嫁出去。[...]
在第二段婚姻中和阿格里帕生了五个孩子。[...]
第三段婚姻对她和丈夫提比略来说都非常不[...]
后来，尤利娅因为多次通奸而被奥古斯都放[...]
奥古斯都拒绝允许她回国。（Interfoto/Alamy[...]

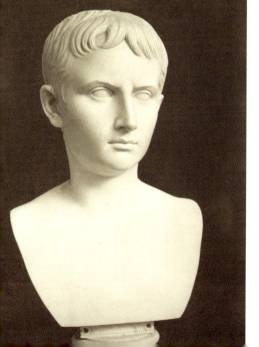

← 卢基乌斯·恺撒：奥古斯都收养了[...]
两个尚在襁褓中的外孙，对他们非常恩宠，[...]
其是因为提比略自愿退隐后，他失去了可[...]
助他统领各行省的亲人。高瓦斯和卢基乌[...]
撒的几乎所有肖像都是在他们死后制作的，[...]
意大利和各行省公开悼念他们的时候展[...]
来。两个少年逝世后，各社区都表示与奥[...]
都一样悲痛。（akg-images）

← 元首的面容：奥古斯都的大量肖像一直保存至今，数量超过古典世界其他任何一位罗马皇帝，或者说超过古典世界的其他任何人。理想化的、永葆青春的领袖形象出现在钱币、半身像和雕塑上，他的名字几乎无处不在。这尊大于真人尺寸的头像来自法国南部的阿尔勒。( Author's Collection )

➡ 元首奥古斯都：这是另一种常见的奥古斯都肖像。角边轻微的皱纹表明他已经成熟，但这位伟大领袖的青面貌没有因此而改变。肖像中的他经常戴着凯旋桂冠。uthor's Collection )

⬆ 奥古斯都陵寝：安东尼希望被葬在埃及，奥古斯都对此的回应是在罗马建造了自己宏的陵墓。它虽然遵循更早期贵族丧葬纪念建筑的风格，但规模远远超过之前，很快被命名为usoleum，取自摩索拉斯国王的著名陵墓，古典世界的七大奇迹之一。后来，奥古斯都的几位亲先于他死去，骨灰均被安放在那里。( The Art Archive/Alamy )

⬆ 梅里达的剧场：罗马城得到了大规模重建，各行省也开始出现纪念性建筑。西班牙的奥斯塔埃梅里塔（今天的梅里达）最初是西班牙战役结束后安置退伍军人的殖民地。奥古斯都和格里帕都在这座城市建造了宏伟的公共建筑，包括这座剧场。（Author's Collection）

⬆ 马凯鲁斯剧场：和其他许多纪念性建筑一样，这座石质剧场最初也是尤利乌斯·恺撒筹划的，但工程的大部分是在奥古斯都统治下进行的。为了纪念外甥马凯鲁斯，它被命名为马凯鲁斯剧场。在马凯鲁斯于前23年去世的十年之后终于竣工。在中世纪，它被改为要塞；文艺复兴时期被改为宫殿；后来变成了公寓楼。（akg-images\Gerard Degorge）

← 雅典的雕像基座：阿格里帕充分利用了罗马混凝土，在雅典建造了一座剧场。为了感谢他，雅典城利用一座旧雕像基座（曾承载希腊化君主，后来是安东尼和克利奥帕特拉七世的雕像），竖立了一座阿格里帕雕像，称他为"他们自己的恩主"。( Dorothy Lobel King )

→ 雅典娜之门：虽然在内战期间雅典热情支持了奥古斯都的对手，但雅典的名望确保它得到了应得的恩赐。这是罗马人建造的市场的西门，铭文宣称是奥古斯都在前 11-前 9 年出资建造了这座门，将其献给女神雅典娜。( Dorothy Lobel King )

⬆ 元首和他的亲人："和平祭坛"庆祝内战结束，奥古斯都的行动恢复了罗马的和平与繁荣。祭坛表面描绘的宗教游行中，元首及其亲人占据了突出位置，象征家庭的和谐，以及他们保障未来。左侧是阿格里帕，头部被遮盖着。在祭坛完工前他就去世了。李维娅站在他后面，然后是提比略，再往后是安东尼娅和德鲁苏斯。( Author's Collection )

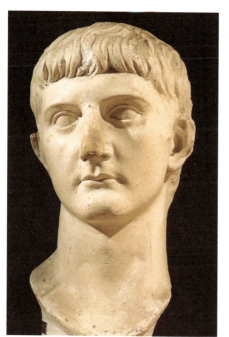

⬅ 德鲁苏斯：他是李维娅和第一任丈夫□次子，在李维娅与奥古斯都结婚后出生。德鲁□斯比他那笨拙的哥哥更有魅力，同样是一位优□的将领。兄弟俩都得到了快速提升和一连串要职□前 9 年，德鲁苏斯骑马时负伤，后来伤重不治□元首亲自领导了人民对德鲁苏斯的公开哀悼。(□ Agostini/ A. Dagli Orti/ Bridgeman )

➡ 小安东尼娅：奥古斯都将婚姻作为一种手段，巩固亲人之间的联盟。小安东尼娅是屋大维娅和马克·安东尼的幼女，嫁给了李维娅的次子德鲁苏斯。后来的皇帝克劳狄和尼禄都是他们的后代。( Author's Collection )

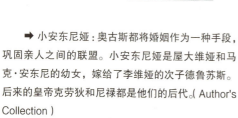

➡ 罗马军团：这尊雕塑来自美因茨的罗马军队指挥建筑，时间是 1 世纪中叶，能让我们了解奥古斯都晚年马军团的形象。右边的士兵蹲伏在盾牌后面保护自己，时准备用剑刺杀。后面的士兵用盾牌保护其他士兵，并着一支重型标枪。士兵们一般会穿铠甲。（De Agostini\g-images）

⬇ 阿格里帕的万殿：2 世纪，哈德良帝用自己的设计重建万神殿，创造了今依然屹立的壮观的穹。但他保留或翻新了先建筑的铭文，所以尔克斯·阿格里帕（第次担任执政官）的名仍然骄傲地镌刻在万殿入口上方。奥古斯也修缮了许多旧建，并夸耀说他完整保了原建造者的名字。uthor's Collection）

⬇ 战斗场景：这面浮雕来自法国南部的奥朗日，表现罗马人与高卢人交战，雕刻时间是 1 世纪初。内战之后，奥古斯都投入大量资源用于征服战争和在欧洲巩固帝国。（Nik Wheeler）

⬆ 帝国士兵：奥古斯都的权力说到底还是依赖军权，尽管他非常小心地掩盖这个事实，假自己仅仅是共和国的公仆。禁卫军，即他的九个卫兵大队，最为明显地揭示了事实。这座雕塑年代为 1 世纪中叶，当时禁卫军已经集中在罗马城，拥有要塞。（Author's Collection）

⬆ 复仇者玛尔斯神庙：尤利乌斯·恺撒广场的核心是祖先维纳斯的神庙。奥古斯都广场则公开地颂扬罗马的军事力量和往昔的成功，其核心是战神玛尔斯（身份为复仇者）的神庙。左是通往神庙的台阶。从帕提亚收复的军旗被隆重地安放在此处。（Author's Collection）

← 鹰旗的回归:"第一大门"奥古斯都雕像的胸甲上刻有许多图像,赞颂奥古斯都的成功及其带来的和平与繁荣。中间,提比略身穿一位罗马统帅的军服,从一位帕提亚人(被描绘为典型的野蛮人)手中接过鹰旗。下方,大地母亲斜躺着,手里拿着丰饶之角。上方是太阳神阿波罗和月神狄安娜。这些图像的主题在当时的艺术、诗歌和仪式(如世纪节)中不断出现。(Prisma Archivo/Alamy)

← 恺撒利亚的大港:除了奥古斯都及其家人的宏大建筑工程之外,帝国各地的很多社区和附庸国统治者在安宁岁月里也实施了一些建筑工程。大希律王的王国在地中海沿岸缺少天然港口,于是在恺撒利亚建造了这座庞大的人工港,将大型石块沉入海底,建成堤道。(Author's Collection)

➡ 敌人：这尊大于真人尺寸的奥古斯都头像出土于苏丹。它可能是麦罗埃军队袭击埃及时掳走的。后来头像被埋在一座神庙的台阶下，或许是为了象征性地羞辱罗马人，也是将它藏起来，以免被发动报复性袭击的罗马人发现。（De Agostini/Getty）

⬆ 蛮族：图拉真石柱（奥古斯都去世一个世纪之后建立起来）上描绘了这群日耳曼酋长他们的形象和奥古斯都时代相比应当没有太大变化。其中几人的头发被梳成有名的苏维汇发髻（Author's Collection）

⬆ 罗马的中心：这是 Peter Connolly 绘制的图，描绘了奥古斯都建筑工程结束之后的罗马中心。它让我们充分了解罗马城的辉煌，以及它在方方面面与奥古斯都及其家人的联系。图的中心是尤利乌斯议政厅，顶端有金色的胜利女神像。前景是罗马广场，有很多由元首建造或翻修的纪念性建筑。尤利乌斯议政厅后面是尤利乌斯·恺撒的广场，其远端是祖先维纳斯神庙。与尤利乌斯·恺撒广场呈直角、向图右上角延伸的是奥古斯都广场和宏伟的复仇者玛尔斯神庙。（akg images/Petter Connolly）

前41～前40年做的那样。因此，让一位有能力协调对策的人
掌管地中海东部的大局，会很有帮助。派遣阿格里帕去东方的
做法本身就表明罗马人不是毫无戒备的，或许已经足以震慑帕
提亚国王，令其不敢公开与罗马作对。[23]

　　当时流言四起，说事情不是这么简单。人们说，十九岁的
马凯鲁斯和四十岁的阿格里帕之间存在竞争。据说阿格里帕非
常嫉妒奥古斯都那年轻而未受考验的外甥所受到的特别恩宠；
也有人说阿格里帕宽宏大量，刻意避开马凯鲁斯，以免妨碍后
者。两人的关系很可能有些紧张。众所周知，阿格里帕脾气比
较火爆，有时很难相处。他已经拥有一系列胜利和公共建筑工
程，现在处于罗马传统中政治生涯的巅峰期。马凯鲁斯很年
轻，可能已经被自己新近获得的崇高地位弄得心醉神迷。有迹
象表明，他的判断和言论在有的时候很值得商榷。有权有势的
人身边总会聚集一些门客和比较非正式的追随者，这些人希望
与大人物结交，从而得利。马凯鲁斯的一些追随者可能觉得，
打击任何有可能与自己的恩主平起平坐或甚至超过他的人的威
望，是很好的主意。[24]

　　事情应当就是这样了，阿格里帕和马凯鲁斯之间斗得你死
我活的故事都是夸大其词，或者完全是捏造的。奥古斯都的本
意很可能就是，在自己返回罗马之后，派遣阿格里帕到外省，
确保他们两人当中随时都有一人在努力维护帝国的稳定，保障
和收缴稳定的财政收入。十年前，地中海东部还遭到压榨，先
是支持安东尼的战争努力，后来又为恺撒的得胜军队出资。即
便帕提亚的威胁并不真实存在，也有许多工作要做，以确保该
地区复苏并处于罗马的有效控制之下。恺撒的疾病可能使他未
能早些返回罗马，直到他痊愈之后，才将自己最精明强干的下

属派往东方，执行又一轮凡俗而缺少光辉的劳作。流言蜚语在继续传播，但极不可能影响任何重要决策。

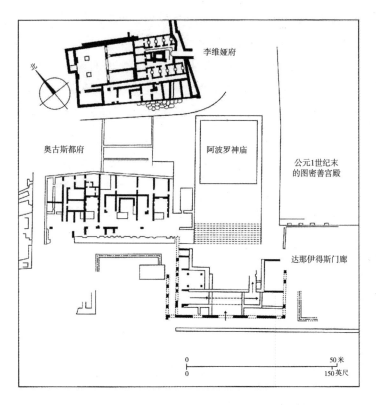

李维娅府

奥古斯都府

阿波罗神庙

公元1世纪末的图密善宫殿

达那伊得斯门廊

0　　　　　50米
0　　　　　150英尺

**奥古斯都在帕拉丁山上的府邸平面图**

恺撒·奥古斯都的状态不错，虽然意大利和罗马出现了粮食匮乏、瘟疫和自然灾害，但他一直很健康。这年年底时，马凯鲁斯病倒了。有史料称，他的症状与奥古斯都前不久患病的情况相似，但当时瘟疫还在传播，所以他也完全可能是染上了瘟疫，不管这瘟疫究竟是什么。安东尼·穆萨被唤来医治马凯鲁斯，大家希望他能在马凯鲁斯身上创造奇迹，就像他当初在

马凯鲁斯的舅舅身上创造奇迹一样。这一次穆萨失败了。马凯
鲁斯死了，十六岁的尤利娅成了寡妇。这对少年表兄妹的婚姻
很短暂，没有生下一男半女。[25]

　　后来有传闻称，马凯鲁斯并非自然死亡，而是被毒死的，
凶手或幕后元凶是李维娅。我们无法证明马凯鲁斯不是被谋
杀的，这种可能性太小了。在瘟疫肆虐的时期，青少年早夭
的现象屡见不鲜，名人也不可能免于瘟疫，而即便在安宁的
年份，罗马年轻人也有可能病死。在挤着近 100 万人并且不
断从世界各地吸收商品与人员的大城市，病菌有很多机会传
播开来并导致人们死亡。马凯鲁斯应当是自然死亡的。当时
他的死亡并不对任何潜在竞争者特别有利。元首的健康状况
仍然非常好，他在这一年年初拒绝指定马凯鲁斯为继承人，
而在外甥去世之后，他也不大可能公开地恩宠提比略或其他
人。[26]

　　在公众层面上，马凯鲁斯受到了极其深切的哀悼。葬礼之
后，马凯鲁斯的骨灰被存放在战神广场上的奥古斯都陵墓。这
座陵墓还没有完工，马凯鲁斯是第一个在此安息的人。屋大维
娅建造了一座公共图书馆，以纪念她的儿子。奥古斯都也表达
了哀思，将尤利乌斯·恺撒开始建造（或至少是筹划）的石
制剧场（现已接近竣工）命名为"马凯鲁斯剧场"。普罗佩提
乌斯①写了一首诗纪念马凯鲁斯，追溯了马凯鲁斯曾主持的节庆
活动以及为群众提供荫凉的凉棚。几年后，维吉尔描写他的史

---

①　塞克斯图斯·普罗佩提乌斯（约前 50 至前 45～约前 15 年），奥古斯都时
　　代的著名诗人，以《哀歌集》闻名于世。他是科尔内利乌斯·伽卢斯
　　（前文讲到的埃及总督）和维吉尔的好友，并通过他的恩主梅塞纳斯，与
　　奥古斯都也有交情。

诗主人公埃涅阿斯拜访阴间，看到了未来伟大罗马人的影像，他们还没有得到肉身，还没有降生到凡间。其中他看到了一个"英俊超俗"的青年，但面带忧伤，因为"死亡的黑影"笼罩着他。埃涅阿斯的向导解释说，这就是马凯鲁斯，并且：

> ……命运只允许人世短暂地一瞥他的身形，不允许他在凡间停留太久。哦，天上的诸神啊，若你们的这些馈赠延续很久，你们就会觉得罗马人过于强大！著名的战场上，怎样的抽泣声会飘向玛尔斯的伟大城市！父亲台伯河啊，你从新建的坟墓旁流过时，会目睹怎样的送葬队伍！再也没有一位特洛伊血统的青年，会让他的拉丁先祖如此充满期望。罗慕路斯的土地再也不会拥有这样优秀的男儿。呜呼哀哉，他的善良，他的骑士荣誉，他不可战胜的持剑的臂膊！在战斗中，无人能够面对他而毫发无损。他徒步冲向敌人，或者纵马奔驰，用马刺催动口泛白沫的骏马。[27]

自然灾害一直持续到前 22 年，但奥古斯都的身体一直很健康。两位新的执政官拥有显赫的家世背景，不过没有特别突出的个人才干。持续的粮食短缺促使人们呼吁元首直接掌管政权，就像伟大的庞培于前 56 年在类似危机中做的那样。恺撒·奥古斯都谢绝了任何额外的权力或头衔，但将自己的注意力转向了粮食问题。有些人在故意囤积粮食，等待粮价升到最高点，于是他向这些囤积者施加了非正式的压力，将存粮投入市场，实现了短期的救济。在长远方面，他安排每年指定两名前任裁判官来监管向罗马城输送粮食的工作。[28]

奥古斯都办成了一些事情。如果他不施加干预的话，那么许多年来元老政府典型的惰性似乎要卷土重来了。很多人对奥古斯都辞去执政官职务和拒绝接受其他行政长官职务仍然有顾虑。有人要求他就任监察官，或永久性接受监察官的权力。还有一次，一群意志坚定的群众包围了正在开会的元老院，堵住了议政厅大门，要求元老们立刻选举奥古斯都为独裁官，否则就把房子连同里面的人一起烧掉。或许就是在这一次，一大群人要么是夺得了真正的法西斯束棒，要么是制作了类似的束棒，带着二十四支束棒（象征独裁官）去找恺撒。

凯旋将军恺撒·奥古斯都、神圣尤利乌斯之子发表了演讲，谢绝了这项荣誉，并以同样的方式应对他们持续的哀求。但群众非常坚决，促使他非常戏剧性地撕破了自己的衣服，以示无奈。多年后，他吹嘘自己曾两次谢绝独裁官职务。这个场景让人联想起尤利乌斯·恺撒在牧神节的表现。但奇怪的是，有些学者倾向于相信尤利乌斯·恺撒是在作秀，却相信奥古斯都是真诚的。类似地，关于要求奥古斯都接受官职的群众运动是不是奥古斯都安排的，历史学界很少有争论，大家一般都认为这些运动多多少少是群众自发的。这些事情进一步表明，恺撒·奥古斯都必须关注元老和骑士阶层之外的人群的意见。起到重要作用的不仅仅是精英阶层，还要让其他群体也心满意足，才能维持长期稳定。这个事件表明他仍然在为国效力并处置遇到的各种危机。他向群众保证，辞去执政官职位并不意味着他已经退隐，也不说明他今后只关注外省。他将运用自己现有的权力，尽其所能。[29]

另外，选举产生了两名监察官，这也是佯装恢复传统的做法。其中之一是穆纳提乌斯·普兰库斯，让他这样一个臭名昭著的人监管道德风化，未免有些讽刺。另外一个人曾在前 43 年遭到政治清洗，但生存了下来。两名监察官的任职并不顺利。有一次两人在主持一场仪式时，所站的平台坍塌了。狄奥记载道，一般由监察官监管的大多数工作，其实都是由奥古斯都亲自安排的。在粮食匮乏的时期，一些公共节日被取消了，其他节日的规模也缩减了不少。节日活动的开销受到限制，负责主持节日的行政长官被禁止花费比其同僚更多的金钱。只有得到元老院的正式批准，才可以举办角斗士竞技，并且一年顶多举办两次，每一次竞技不能超过 120 名角斗士。遵照监察官的传统，还采纳了其他一些措施，以遏制不端行为和奢靡之风。元老的儿孙（只要他们足够富裕，算得上骑士阶层）被禁止登台演戏，恺撒·奥古斯都在马凯鲁斯的娱乐活动期间曾允许这种现象发生。在其他人的提议下，一些措施可能被采纳为法律，但奥古斯都肯定是幕后的推动者。[30]

奥古斯都这样的绝对主宰地位肯定让很多人感到宽慰，但在前 22 年年初，在一些令人不快的事件中，他的权力和地位受到了质疑。首先是马尔库斯·普里穆斯受审，此人之前是元老院行省马其顿的总督，现在任期结束，返回了罗马。马其顿是少数仍然拥有驻军的元老院行省之一，普里穆斯利用这些军队开展战争，赢得荣耀和战利品，大发横财。现在他被起诉，罪名是损害了罗马人民的威严或声誉。苏拉和尤利乌斯·恺撒都曾确认已有的立法，禁止行省总督在没有元老院明确许可的情况下率军离开自己的行省。普里穆斯攻击的民族之一是欧德律赛人，这个部族在几年前刚被克拉苏打败过，后来向克拉苏投降，被授予盟友地位。如果克拉苏还在世，很有可能帮助欧德律赛人申冤，因为征服者往往会成为落败敌人的保护者。其他人可能也对此案感兴趣，推动了起诉进程。非公民的个人或社区不能在罗马法庭上提起诉讼，因此需要罗马公民来代理他们。

为普里穆斯辩护的律师是一位被普遍认为是善人的元老，而且得到奥古斯都的宠信。他的名字是穆里纳，有的史料说他叫李锡尼·穆里纳，也有的说是瓦罗·穆里纳。他可能与被选举为前23年执政官，但在就职前不久或之后死亡的那个穆里纳有亲戚关系，然而我们不知道是多么亲近的关系。他的妹妹或同父异母妹妹是特伦提娅，即梅塞纳斯的妻子；他还有一个兄弟是盖乌斯·普罗库雷乌斯，是元首的亲信。没有证据表明穆里纳敌对奥古斯都，而作为主要的辩护律师（为被告辩护的人可能有很多），他关注的应当是让自己的客户无罪开释。读一读西塞罗的演讲稿，我们就会发现，罗马的辩护律师随时可以歪曲事实，眼睛都不眨一下。

普里穆斯毫无疑问攻击了欧德律赛人，而欧德律赛人是罗马人民的正式盟友。辩方的论点可能是，欧德律赛人背信弃义，图谋反对罗马，或者已经做出了敌对行为，因此理应受到惩罚。尤利乌斯·恺撒曾在一次停战期间攻击一些日耳曼部落，后来就是这样为自己辩护的。但这一次普里穆斯更过分，声称自己得到了发动进攻的许可，甚至是直接指示。据狄奥记载，普里穆斯的证词前后不一致。普里穆斯有一次声称指示他进攻欧德律赛部落的人是奥古斯都，后来又说是马凯鲁斯。他可能是说，马凯鲁斯向他传达了奥古斯都的暗示或直接命令。[31]

在很多层面，这都令人震惊：一位近期才进入元老院的少年，竟然能够命令或者鼓励一位资深执政官去做某件事情。这让人想起三头同盟或君主制的旧日子，那时行政长官和总督都没有真正的独立性，统治者或其亲信可以强迫他们做事。这可不是恺撒·奥古斯都在前27年精心设计的形象，他在近期辞去执政官职位并谢绝独裁官职位，也不是为了让大家这么想。

马凯鲁斯已经死了，不能出庭作证。法庭没有传唤恺撒·奥古斯都，因为没有人愿意用这种方式挑战他的权威。穆里纳和普里穆斯可能是希望借用元首的名字把这一潭水搅浑，帮助普里穆斯无罪开释。在过去，罗马法庭常常无法将铁证如山的罪人定罪，而这一次可能有一些陪审员对普里穆斯友好，或者愿意对他网开一面，以便换取他的友谊或好处。

虽然没人敢也没人想要奥古斯都出庭，但他还是来了。他明确表示自己愿意出庭作证。一位主持法庭的裁判官问他，是否曾像普里穆斯说的那样指示普里穆斯进攻欧德律赛部落，元首否认了这种说法。被告的辩护律师穆里纳还没有质询他，而穆里纳此时越来越绝望，因为恺撒·奥古斯都的到场和无法撼动的声望对他的客户施加了极大压力。他们肯定希望避免这种情况。恼怒与恐惧的混合很快让辩方律师采用了罗马庭审中常见的咄咄逼人、尖刻凶悍的语调。奥古斯都仍然不动声色，这令人恼火。穆里纳问他为什么到庭，是谁传唤他来的。元首精练地回答："公共利益。"

虽然一些陪审员投票主张将普里穆斯无罪释放，但他还是被判有罪。这些陪审员可能是和被告有着种种联系，但也有人可能是因为奥古斯都干涉庭审而非常恼火，于是和他对着干。我们没有办法知道元首说的是不是真相，究竟是完整的真相，还是很多现代政治家常用的那种避免直接撒谎而刻意设计出的误导众人的所谓真相。奥古斯都应当不大可能希望进攻欧德律赛人，更不会用如此拙劣的方式部署安排。但有传闻称，奥古斯都有时对马凯鲁斯的判断和举止不满，所以存在这样颇有吸引力的可能性：他的外甥可能不明智地对普里穆斯说了些什么。[32]

虽然很多人仰慕奥古斯都镇静自若而充满尊严的干预，但至少有一部分人怀疑他欺骗了大家。普里穆斯声称自己得到了命令，并且认为大家会相信他，这突出了元首主宰政局的事实，而不是元首精心维持的假象。不管案情究竟如何，这都损害了奥古斯都的形象。穆里纳肯定怒火中烧，几个月后他被指认为企图刺杀奥古斯都的阴谋集团的成员之一。这是亚克兴角战役之后小李必达①企图政变以来第一次出现关于阴谋的传闻。这个集团的领导人是范尼乌斯·凯皮欧，据说是个声名狼藉的人，不过很难说他是否抱有"共和派"情感，他可能是另一个布鲁图斯，也完全可能是另一个喀提林。

我们不知道这些密谋者的目的，也不清楚其中绝大多数人的身份，不过大部分显然是元老或来自元老家族。他们或许希望杀死恺撒·奥古斯都，恢复传统的政府体制，就像"解放者"在前44年希望的那样。即便的确如此，他们也和布鲁图斯、卡西乌斯等人一样，渴望刺杀暴君的光荣和未来的政治利益。另外，密谋者也可能是希望除掉"暴君"，然后以己方一员取而代之。密谋没有发展起来。尤利乌斯·恺撒当年没有采取什么措施来保护自己。恺撒·奥古斯都则维持着禁卫军和其他卫队，以及一个虽不引人注目但十分高效的间谍和告密者网络。他绝不打算重蹈自己舅公的覆辙。

---

① 小马尔库斯·埃米利乌斯·李必达（？～前30年）是后三头同盟者之一李必达的独生子。他曾与安东尼的长女订婚，但不知为何取消了婚约。他因阴谋反对奥古斯都而被处死。

密谋者们受到控诉，在审判开始之前或不久之后逃之夭夭。虽然他们缺席，但审判照常进行，提比略是控方的律师之一。控方一般是年轻人，这为贵族青年提供了在其政治生涯早期抛头露面的机会。被告一旦逃亡，就被认为是承认自己有罪。贵族享有一项特权，就是在被定罪不久前或不久后逃跑。过去很多罪人带着自己可以携带的财产逃亡，在一座盟邦城市过上舒适的退隐生活。这意味着他们丧失了公民权，政治生命也结束了，但能够逃脱死刑。

凯皮欧、穆里纳等人没有得到这种传统的宽大优待。政府派遣士兵（可能是禁卫军）将其绳之以法并处决。死者之一的父亲后来赞扬了一名努力保护他儿子的奴隶侍从，但公开处死了另一名出卖他儿子的奴隶。据说，穆里纳从梅塞纳斯的妻子那里提前得到了警告。因为有传闻称这个女人和奥古斯都有长期私情，所以我们不确定她是从丈夫还是从元首那里得到了消息。有流言称，在一段时间内，奥古斯都和他的老友梅塞纳斯疏远了，但梅塞纳斯的影响力主要在幕后，所以很难判断这种说法是真是假。总的来讲，这应当只是个谣言，梅塞纳斯和奥古斯都仍然很亲密。

历史学家狄奥哀叹道，记述奥古斯都取得内战胜利之后的事情比记载之前的事情困难，因为太多的关键决定是私下里做出的，并没有史料记载，而公开的事情仅仅是空虚的仪式。一个世纪之后的图密善皇帝抱怨道，证明某项行刺阴谋真实的唯一办法就是自己被杀掉。不管具体细节如何，前22年的阴谋应当不是凭空捏造的。有的学者认为这起阴谋和普里穆斯审判发生在前一年，是有人企图强迫奥古斯都辞去每年的执政官职务。这种理论没有说服力。凯皮欧和穆里纳的阴谋应当发生在奥古斯都辞去执政官职务之后，因为那个时候元首的权力在很多方面愈发肆无忌惮，肯定也带有终身制的意味。权力属于他个人，而不再与任何任期固定的行政长官职位有联系。[33]

前44年，"解放者"惊讶地发现，公众对他们的行动毫无热情。前22年，更是找不到人民普遍敌视奥古斯都的迹象，不过敦促他当独裁官的压力可能让他的敌人害怕他很快会实施永久性统治。凯皮欧阴谋没有给人计划完备的感觉，或许本来就没戏。前63年，西塞罗不愿意允许喀提林密谋者活下去过流亡生活。奥古斯都的选择和西塞罗一样。各行省正处于安定下来的过程中，与之前几代人的印象相比，外省距离罗马已经不是那么遥远。历次内战中也出现过不少这样的情况：在罗马被定罪因而逃亡的人后来作为其他领导人的党羽重返罗马。奥古斯都不愿冒这个险，或许也希望向其他所有企图攻击他的人发出一个明确的信息。他想提醒大家，他依旧是过去多次血腥镇压政敌、大批处决敌人的那个军阀，现在之所以不那么做了，完全是因为他自己的选择。恺撒·奥古斯都拥有远远超过国内其他任何人的强大权力，也不打算放弃自己的权力。他公开强调合法性和传统的做法让其立场有所温和，但他没有尝试去掩饰自己对权力的态度。

他继续为罗马人和外省居民提供和平稳定。有些贵族私下里讨厌这样的事实（即只有他才能维持和平），但仍然接受这样的现实。虽然一些贵族怨恨奥古斯都公开宣扬自己的胜利，随后又庆祝击败和处决密谋者的行为，但绝大多数民众并不怨恨他。恺撒·奥古斯都仍然深得民心，人们害怕他因为疾病或被刺杀死亡后，会天下大乱。目前政权稳固，尽管马凯鲁斯死了之后，奥古斯都需要在别处寻找长远的未来。

# 十五　鹰旗

　　我迫使帕提亚人归还三支罗马军队的战利品和军旗，并让他们恳求罗马人民的友谊。

——《神圣奥古斯都功业录》[1]

　　弗拉特斯四世卑躬屈膝，接受了恺撒的帝国统治。

——贺拉斯，约前 19 年[2]

　　恺撒·奥古斯都在罗马城或其附近待了不到两年时间，随后又一次巡视各行省。在他余生的大部分时间里，这将成为他的习惯，即访问罗马和较长时间地巡视各行省交替进行。相比之下，他不在罗马的时间更长，所以他创建的政权主要是在其远离首都期间发展的。很久之后，他的继承者才像他那样大范围旅行。哈德良是第一位在旅行历程上与他平分秋色的皇帝。奥古斯都一生访问了帝国几乎每一个行省。前 22 年，他先去了西西里岛，这是罗马最古老的海外行省，不是直属元首的帝国行省。西西里岛的元老总督应当没有多少机会或根本没有机会和他对抗，因为他的军权级别更高，足以确保总督不会尝试以任何方式妨碍他。

　　西西里岛是罗马重要的粮食供给地，奥古斯都新近承担的赈济罗马饥荒的使命无疑是他访问该省的一个直接理由，不过他其实不需要任何理由。后来，奥古斯都及其继任者会向到元老院行省上任的总督发放书面指示，就像他们向到帝国行省上任的军团长发出命令一样。他这时可能已经这么做了。穆里纳为普里穆斯辩护的一个焦点似乎是，普里穆斯收到了额外的非正式命令，并非没有收到任何指示。没有人质疑元老院行省的社区有无权利向奥古斯都申诉，或奥古斯都有无权力对此种请愿做出裁决，因为这些都已经司空见惯。行省总督的任期很快被标准化为一年，所以元首能够更轻松地、更前后一致地设立重要的先例，并处理重大事务或对其他行省有影响的事情。恺撒·奥古斯都不管去往何处，都拥有军权和权威，处理当地行省总督无权处理的事情。行省总督则忙于在更地方性的层面上主持司法和决策。[3]

但这一次，奥古斯都还没有机会开始工作，就有人呼吁他返回罗马。在他远离罗马期间，百人会议选举他为下一年执政官的同僚（尽管他并没有参选），然后拒绝选举其他人。元首不肯动摇，也不肯回去恢复秩序。在《神圣奥古斯都功业录》中他自称曾两次拒绝担任独裁官，第二次拒绝可能就发生在此时。前21年1月1日，只有一位执政官就职，他召开公民大会选举一位同僚执政官时，争夺剩余岗位的两名竞争者炮制的混乱迫使会议中断。恺撒·奥古斯都仍然拒绝返回，而是将争吵不休的两名候选人传唤到西西里岛。两人被训诫一番，并被禁止参加下一轮选举。但后来选举时还是发生骚乱，直到最终有人当选，事情才算了结。[4]

前22～前21年冬季，奥古斯都留在西西里岛。这是自讨伐塞克斯图斯·庞培的战争以来，他第一次访问该岛。尤利乌斯·恺撒曾向西西里人授予拉丁公民权，但西西里人近期因为支持失败的一方而付出了惨重代价。前36年，年轻的恺撒入侵西西里岛时洗劫了城市，没收了当地人的土地，处决了许多显赫公民，或许还取消了当地人的拉丁公民权。奥古斯都的好几位主要支持者，包括阿格里帕，获赠西西里岛上的大片庄园作为战利品。但从长远来看，惩罚旧敌人没有恢复西西里岛各社区的稳定与繁荣那么重要。尽管如今供养意大利和罗马的大部分粮食和其他作物来自埃及和北非，西西里岛的贡献还是很大的。奥古斯都在岛上建立了六个新殖民地，包括叙拉古、卡提纳（今卡塔尼亚）和潘诺姆斯（今巴勒莫）。这六个殖民地都是原本就有的城市，融合了土著居民、退伍军人，或许还有一些平民定居者。其他几个社区获得了拉丁公民权，但并不是全岛都得到了此种待遇。元首下令在叙拉古和卡提纳展开大规模建筑工程，在其他城市可能也有，以便让这些城市看起来既宏伟又具有罗马风格。当地的精英集团无疑也在效仿他，于是各城市建起了圆形剧场、拱门、会堂和神庙。[5]

沿海社区，尤其是北岸和东岸（与意大利的交通最便利）的社区，从迅速繁荣起来的贸易中获益最大。这些社区最初大多是希腊殖民地——叙拉古是希腊世界最伟大的城市之一，曾击败雅典人的入侵并和迦太基打成平手，先后成为罗马共和国的盟友、敌人和被打败的臣民。后来西西里岛几乎被视为意大利的一部分，一度成为仅有的两个元老无须皇帝批准便可访问的行省之一。变得更罗马化或意大利化，并不意味着西西里岛抛弃了希腊语言或文化。尽管一些较古老的建筑被取代，但现有的宗教崇拜和风俗习惯延续了下来。其他建筑则得到修缮和复原，和较新风格的建筑一同屹立。西西里岛仍然是大希腊①的一部分，

---

① 大希腊（Magna Graecia）是古时意大利南部沿海由希腊人殖民定居的地区。前8世纪，希腊人开始向意大利南部殖民，建立了许多繁荣的城邦，罗马人称之为大希腊。建立在意大利的著名希腊城邦有那不勒斯、叙拉古等。大希腊对意大利产生了深刻的文化影响，希腊字母经由大希腊的传播和演化，最终形成拉丁字母。前3世纪的皮洛士战争之后，大希腊被罗马共和国吞并。

所以奥古斯都在前 21 年选择从西西里岛出发，视察其他说希腊语的行省对他本人和其他人来说，都是非常自然的事。[6]

## 恺撒的物当归给恺撒

在尤利乌斯·恺撒遇刺前的几个月，奥古斯都曾访问希腊，后来腓立比战役时又去了希腊，在亚克兴角战役之前和之后也去过。那个时期他还去过亚细亚、叙利亚和埃及。希腊地区对罗马始终很忠诚，因此三次卷入罗马内战，而且都是站在失败的一方①。亚克兴角战役十年之后，无人怀疑恺撒·奥古斯都至高无上的地位，对罗马精英阶层来说非常重要的、堂皇伪装的宪政，对外省居民来说没有什么意义，他们从一开始就把他视为君主。"恺撒"的名字在帝国各地已经家喻户晓。"奥古斯都"在希腊语中被译为"赛巴斯托斯"，意思是"可敬的人"或"尊贵的人"，他的形象很快变得比其他任何人都更常见。当地的铸币厂发行了印有他头像或象征他统治的符号的钱币，一般还有他的名字和头衔。很快，几乎所有新的金银币都由罗马控制的铸币厂来生产，但各地的铜币仍然很流行。罗马并没有强制推行自己的度量衡，而是希腊各地主动采用，因为这很方便，比如在交税和从事贸易时。在东方，迪纳厄斯银币被称为一个德拉克马，但其实这种银币和迪纳厄斯是同一种钱币，币值也相同。唯一的例外是埃及，那里沿用了与罗马略微不同的币制。[7]

---

① 三次内战指的是尤利乌斯·恺撒与庞培的内战（前 49 ~ 前 45 年）、后三头同盟与"解放者"（布鲁图斯和卡西乌斯）的内战（前 44 ~ 前 42 年）、奥古斯都与安东尼的内战（前 32 ~ 前 30 年）。在这三场内战中，希腊地区先后支持庞培、"解放者"和安东尼，三次都站在失败的一方。

几十年后，有人问耶稣，犹太人是否应当向罗马交税，耶稣让提问的人拿一个用于交税的银币过来，然后问道："这像和这号是谁的？"他们说："是恺撒的。"耶稣说："这样，恺撒的物当归给恺撒，神的物当归给神。"由于奥古斯都在其漫长一生中发行了大量钱币，所以耶稣手里的这个钱币上的肖像极可能是奥古斯都，而不是当时在位的提比略皇帝。更重要的是，福音书的作者讲了这个有名的故事，知道任何读者都会很熟悉这样一枚钱币，会知道钱币上应当有皇帝头像，会自动认可它是皇帝权力和至高无上地位的象征。[8]

虽然很多外省居民永远不会亲眼见到恺撒·奥古斯都，但通过他的名字或肖像，很多人对他非常熟悉。前26年年底在埃及的摩里斯湖附近写下的一份纸莎草纸的文书记载道，租借"一头红色母牛，名叫赛伊莉丝"，租期十个月。文书上的年份是"神之子恺撒统治的第五年"。埃及的传统是根据统治者在位的时间（或者有的时候是根据君主及其配偶的在位时间）来纪年，所以奥古斯都的统治时期是从克利奥帕特拉七世统治结束开始计算。为了行政上的便利，克利奥帕特拉七世的统治时间被多算了几天。于是，前30年，负责在俄克喜林库斯①的街道点燃油灯的人宣誓就职时，将这一年称为恺撒统治的第一年。前一年是克利奥帕特拉七世统治的第二十二年，也是克利奥帕特拉七世和她的儿子恺撒里昂共同统治的第七年。

上述安排租借母牛的文书是用希腊文写的，不过母牛的主

---

① 埃及城市，在今天的开罗西南偏南约160公里处，其周边地区是重要的考古发掘地，出土了大量托勒密王朝和罗马时期的纸莎草纸，包括米南德的戏剧、《多马福音》残篇和欧几里得著作的残篇等。

人是一个叫庞培的人，他很可能是罗马公民。他的一名奴隶代他处理这笔交易。租借母牛的人叫帕普斯，他拼写某些希腊词语的方法充分表明他是个埃及本土人。一个罗马人（可能是一个大地主或中等地主）及其奴隶和一个埃及本土人做了这笔交易，说明埃及行省的人口是非常混杂的。在埃及，罗马人不过是取代了希腊人和曾经统治这个国家的其他外族的一支新的占领力量而已。在这个真正古老的国度，点油灯、畜牧业和生活都像之前一个又一个世纪那样照常进行。整个交易只涉及一头母牛，不过租期很长，所以帕普斯可能打算给母牛配种，然后自己留下牛犊。他的租金是用粮食付的，并宣称，"我会将母牛以健康良好的状态返还，如果我不能返还，就赔偿187德拉克马银币"，并用他的财产作为抵押。[9]

　　过了一段时间，用恺撒的名字纪年、他的肖像出现在公共纪念碑与钱币上，一定变得司空见惯，不再引起人的注意，就像今天大多数人不会花时间去注意货币上的符号与文字一样。让人们如此熟悉自己，算是成功的标志，但这种变化发生的速度之快，也是非常重要的。在东方各行省，绝大多数民众早就认识到，罗马的统治是一个不可避免的现实。与持续更换行政长官相比，单独一位领袖成为罗马统治的代表，让东方人民更容易理解和接受罗马的统治，或许对个人和当地社区更有益。在《马太福音》中，质问耶稣的人很轻易地接受了货币、税赋与皇帝之间的联系。从技术上讲，其实并非如此。税金是付给罗马国家及其国库的，不是直接付给奥古斯都或其继承者的。但对外省居民来说，钱币上的那个人显然就是国家元首，这种联系是自然而然的。由于元首直接或间接地支配国家税收，所以从根本上讲，也可以说税金是付给元首的，尽管有专门的法律机制掩盖了这种隐蔽的真相。帝国的臣民很自然地将奥古斯都视为君主，根本没有注意到，或者根本不关心他在罗马小心翼翼地避免使用国王或独裁官等头衔的做法。

因为主宰他们的世界的力量是由一位至高无上的统治者领导的，所以当地居民很自然地希望这位统治者会善待他们。一种常用的办法是在自己的社区公开尊崇奥古斯都。前 27 年之后不久，雅典的一位行政长官将卫城①上的一座新建筑奉献给奥古斯都。这似乎是一个石柱群，一共九根石柱，环绕着一座"由人民建造的"祭坛，献给罗马女神和恺撒·奥古斯都。这种模式是奥古斯都于前 29 年批准的，允许外省居民向他做宗教崇拜的献祭，但必须同时向罗马的神祇献祭。大约在同一时期，米利都城的议事会在其议政厅庭院内建造了一座奉献给罗马和奥古斯都的祭坛。在以弗所，一份涉及一些相当常规的公民活动的铭文提到，一名公民竖立了"赛巴斯托斯"雕像，并奉献了一座神龛，其结构应当与上述的类似。建造这种东西是对元首的尊崇。这也提供了一个很好的借口，可以写信给奥古斯都，或者派人去觐见他，把自己做的事情汇报给他，同时借机提出一些要求。[10]

觐见元首是吸引他注意的最有效办法，如果运气好，还能得到积极的回应。前 29 年，地理学家斯特拉波搭乘一艘商船旅行，船停在了渔村伊亚罗斯附近。这个不起眼的小村庄位于一个默默无闻的希腊小岛上。一个渔民上了船，说自己是整个村庄的使者，希望见到恺撒，请求他减少村子要交给罗马的税

---

① 在雅典、底比斯、科林斯等古希腊城邦，卫城是城市中地势较高、易守难攻的部分，可能筑有军事要塞，做防御之用。

金，因为"他们吃尽苦头才凑齐 100 德拉克马，而政府要求他们缴纳 150 德拉克马"。这艘船把这名使者送到了科林斯，奥古斯都正在那里逗留，打算返回意大利庆祝他的三次凯旋式，但我们不知道这个人有没有成功见到奥古斯都并减少他们的税务负担。斯特拉波提及这个故事，仅仅是为了印证这个岛屿和周边其他岛屿的贫困，否则我们根本不会知道此事。尽管埃及的德拉克马币值比希腊的低一些，但这个村的全体村民缴纳的全部税金还不及"一头红色母牛，名叫赛伊莉丝"的价值。对在一个贫困地区挣扎谋生的村民来说，这笔税金一定是至关重要的。他们显然觉得，将此事汇报给奥古斯都本人是办得到的，也是值得一试的。这让我们可以猜想，每年一定有数百名，甚至数千名请愿者求见元首或者像阿格里帕那样代表元首行事的大人物。[11]

毫无疑问，较大的、较重要的社区和较富裕的个人，比渔村的穷人更容易见到元首并得到良好待遇。但这并没有吓倒村民们，他们还是去求见元首了。有时，比较重要的社区会不太受欢迎。雅典曾热情支持布鲁图斯和卡西乌斯，并在前 32～前 31 年欢迎安东尼和克利奥帕特拉七世，所以必须特别努力地去讨好得胜的恺撒。和其他很多社区一样，在亚克兴角战役之后，雅典也被要求为恺撒的战争努力提供金钱和资源。为了向奥古斯都表忠心，雅典人肯定迅速建造了歌颂他的纪念碑。

希腊名城有很大的优势，因为所有的罗马贵族都特别尊重它们的历史和文化成就。在本都国王米特里达梯六世对抗罗马的战争中，雅典曾支持他。后来苏拉的军队攻占了雅典城，对其进行了恐怖洗劫。但由于雅典的历史，洗劫的结果并不算很糟糕，苏拉说，他"因为死人的缘故，可以饶恕活人"，这里

"死人"指的是雅典人的著名祖先们。雅典继续繁荣发展，不过如今的雅典几乎只是一座历史博物馆，供到访的罗马贵族参观雕塑或纪念碑。和以往一样，奥古斯都及其亲信遵从传统，但气度更恢宏。阿格里帕很快开始在雅典城的老阿哥拉（市场）中央建造一座有屋顶的大剧场。它的装饰非常奢华，规模也恢宏得惊人。只有运用罗马技术以及罗马人研制的混凝土，才有可能建造如此之大却没有柱子支撑的屋顶。于是，在一座标志着罗马技术成就的伟大建筑里，人们可以上演传统的希腊音乐和戏剧。这座剧场还颂扬了元首及其亲信的光荣，他们的名字被镌刻在建筑上，他们的肖像在那里展出。后来雅典城还建造了一座新市场，这意味着普通的商业活动也会被恺撒的符号所环绕。[12]

除了仰慕希腊的过去（或至少是符合罗马人需求的版本的过去，能够让罗马人自称为希腊文明的继承者）之外，罗马人也理解和信任雅典城的机构，所以允许绝大多数日常事务和行政工作由本地人执行，这很自然也很方便。此种现象在奥古斯都时代比在共和国时期更为突出。很快，包税人失去了在从各行省收税工作中的核心地位。收税的职责被交给各城市和各地的其他社区，不再被罗马包税人把持。受益最大的是当地贵族，他们有足够的影响力和财富去赢得自己社区内的官职，然后可以在很大程度上独立地行使职权。和在西西里岛一样，其他各行省也都出现了由当地人、奥古斯都及其亲信共同出资的建筑工程。

富人和贵族希望得到尊重，并在自己的社区内掌权。但也有一个历史悠久的传统，即他们应当运用自己的财富为社区造福，为节庆活动出资，或者建造永久性纪念建筑。在较小的层面上，就是这种思想构成了罗马政治竞争的一部分。在罗马，这种现象越来越受到元首压倒一切的慷慨和威望的约束。在外省，富人花费巨款为民造福的行为对他不构成威胁，而是受到鼓励。在恺撒·奥古斯都治下，整个希腊世界的地区性精英热情洋溢地启动建筑工程，挥金如土。节庆和体育竞技得到复苏、扩展或引入，往往还会修复或建造剧场和其他供这些活动使用的场所。随着这些本质上属于希腊文化的传统活动再次蓬勃发展起来，演员、音乐家和运动员都得到了新的表演和获奖机会。

与这些活动一同涌现的还有外国元素，在风格和方法上与角斗士竞技的野蛮景观迥然不同。前 2 世纪，塞琉古王朝的一位国王在罗马当了一年人质之后回国，尝试将角斗士竞技之类的血腥运动引进自己的祖国。他的臣民对此感到憎恶。但一个半世纪之后，对角斗士的热情在整个希腊世界迅速蔓延。有人建造了圆形剧场，更多人则简单地利用自己的剧场和某些临时性竞技场举办这些恐怖的比赛。在所有形式的公共服务中，总会有争夺声望的竞争，有的是同一社区的个人之间的竞争，有的是相邻社区之间的竞争。在一座城市担任行政长官是一项荣誉，但代价高昂，有时是个沉重负担。奥古斯都鼓励大家在这些事情上花钱，并用这样的前景激励他们：不仅可以在当地获得威望，还能有更好的机会得到奥古斯都的宠信、获得罗马公民权，以及为帝国效力的政治前程。[13]

地区性精英阶层中最顶尖的是附庸国统治者，这些人在小亚细亚和叙利亚控制的土地要比罗马总督们多。这些人（有时会有女性）的权力取决于罗马的好感，但在自己国内享有相当大的行动自由，负责地区性行政管理。他们之间有时甚至会发生小规模战争，这是非常有风险的，尤其是如果开战之前没有得到帝国的许可的话。他们必须将自己的野心限制在较小的范围内，并且不能做任何有可能冒犯奥古斯都的事情。这些国家不算真正的独立王国，而被认为处于罗马人民的统治之下。罗马人（其实也就是奥古斯都）随时可以剥夺他们的地位。这些统治者大多拥有自己的小型军队，但没有一个人幻想可以对抗强大的罗马军队。

我们不确定这些附庸国统治者是否会定期向罗马纳贡。史料中常写到他们为罗马献上礼物，而且往往是非常奢华的礼物，比如用来纪念帝国胜利的金冠；他们也经常给罗马送来粮食、资源和士兵，以支援罗马的军事行动。大希律王派了 500 人参加艾利乌斯·伽卢斯在阿拉伯半岛的远征。有些学者倾向于认为，这些附庸国负有响应罗马号召、满足其要求的义务，但不会定期纳贡。但附庸国也完全可能每年向罗马提供金钱、服务或某种物资，尽管他们很有策略地将其称为礼物。非常粗略地讲，这些附庸国统治者相当于行省总督，区别在于前者的权力是终身制的（不过奥古斯都可以随时罢免他们），而且不会自动传给继承人。例如，大希律王被授予一项特权，可以自行挑选继任者，但我们不知道其他附庸统治者是否也能这么做。[14]

在这些年里的附庸统治者当中，史料对大希律王的生平记载最详细，揭示了他相当大的行动自由和对罗马人的彻底依赖。他在世时多次访问罗马。当奥古斯都、阿格里帕、皇族的其他高级成员或代表访问东方时，大希律王总会寻求拜见他们并向他们表达尊崇的机会。前 20 年，他觐见了奥古斯都。奥古斯都向这位犹太国王授予了新的领土，而大希律王大约在这一时间将自己的几个儿子送到罗马接受教育。附庸统治者们经常这么做。他们的孩子可以说是人质，但更重要的是，他们会接受罗马式教育。这些王室子弟大部分时间都和奥古斯都的亲属一起度过，奥古斯都还有机会判断这些附庸统治者的性格和可靠程度。大希律王受到信任，被认为很可靠，但其他统治者不是这样。这一次他得到的大部分土地都是从另一位附庸统治者那里夺来的。[15]

大希律王的王国腹地仍然是犹太、撒马利亚、加利利和他的家乡以东地区。在这些地区有撒马利亚人和很多非犹太人社区，奥古斯都新赐给他的领土也是混杂居住的。在他的犹太臣民面前，尤其是在耶路撒冷的时候，国王总是小心地把自己的形象塑造为虔诚的犹太人。他很快就开始了重建圣殿的宏大工程，并且很认真地把工程做好，使用上乘材料，在所有的圣洁之地都让祭司主持工作。除了奥古斯都和阿格里帕之外，大希律王可能是这个时代主持建筑工程最多的人了，他还出资修建了自己领土上和邻近各行省的纪念性建筑。有的工程是实用性质的，比如他建造了一座人工港（沿海没有天然港口），称为恺撒利亚港。此项工程需要大量罗马制造的防水混凝土。这种混凝土是用火山砂（维苏威火山周边地区的白榴火山灰）制成约 45 英尺×25 英尺×13 英尺的块状，然后沉入海底，形成防波堤。新的港口拥有规模很大的码头和仓储设施，很快吸引了大量贸易活动，帮助大希律王更轻松地获得奢侈品，并通过向商品和商贸活动征收赋税，获得了一笔稳定的财政收入。[16]

"恺撒利亚"这个名字是奉承恺撒·奥古斯都比较露骨的手段之一。大希律王建造了不止一座被命名为"恺撒利亚"的城市，而他重建的撒马利亚都城被更名为赛巴斯托斯，并安置了大量非犹太人，其中很多殖民者是大希律王军队的退伍军人。赛巴斯托斯城是一个招募士兵的好地点，在犹太王国最终成为罗马的一个行省之后，赛巴斯托斯的军人被纳入罗马军队，成为正规部队，由罗马总督指挥。我们几乎可以肯定，处决耶稣的士兵就是赛巴斯托斯人。[17]

所有用恺撒的名字命名的城市似乎都建有奉献给罗马和奥古斯都的神龛。这些城市的大部分人口是非犹太人，虽然也有相当数量的犹太人。这些城市还建有其他的异教神庙，并陈列着男女神祇的雕像，以及元首——往往还有他的家人和盟友（如阿格里帕）——的雕像。但是没有大希律王的肖像。在犹太人的城市，尤其是耶路撒冷，除了罗马钱币上的肖像之外，没有任何人的肖像。圣殿铸造自己的货币供献祭用，因此圣殿庭院内才有兑换钱币的人①。圣殿的货币上没有任何侵犯宗教情感的符号。和大部分精英人士一样，大希律王说希腊语，对希腊文学和哲学有一定程度的了解，仰慕希腊文化的很多方面，例如，他慷慨地为奥林匹克运动会捐资。他在耶路撒冷建造了一座剧场及一座供赛马和赛车竞技的赛马场，可能还建了一座圆形剧场，不过有的历史学家相信这座圆形剧场其实就是赛马场，他的角斗士竞技就在那里举行。国内的许多非犹太人城市都举办竞技活动，而在耶路撒冷每隔四年举办一次大型的

---

① 《圣经·新约》中耶稣洁净圣殿的典故，见《马太福音》第21章第12节，"耶稣进了神的殿，赶出殿里一切做买卖的人，推倒兑换银钱之人的桌子和卖鸽子之人的凳子"。当时圣殿的祭司允许商人在圣殿的外邦人院子进行买卖；又因圣殿不收希腊和罗马的钱币，犹太人缴纳殿税或奉献须用指定的希伯来钱币，故有兑换银钱的人，为那些外来朝圣者提供方便。因买卖是在圣殿的范围内进行，神圣之地因而被玷污；占用外邦人的院子，剥夺了外邦人敬神的权利；祭司和商人勾结串通，祭司给予商人各种方便，而商人高价剥削，然后平分暴利。耶稣大力谴责这些利欲熏心的商业行为。

体育和戏剧节。他不强迫自己的犹太臣民参加这些竞技活动，而只给他们一点点压力，让他们观看。[18]

大希律王渴望不仅在自己的王国，而且在更广大的希腊和罗马世界都被视为一位重要人物。他的绝大多数高级谋臣和官员都是希腊人，他的军队也主要由非犹太人组成。奥古斯都把安东尼赠给克利奥帕特拉七世的高卢卫队送给了大希律王，我们听说他的军中还有日耳曼人和色雷斯人。他的少数犹太人士兵要么是和他一样的以东人（不被犹太人认同为真正的犹太人），要么是逃离帕提亚的巴比伦犹太人，其土地和生计都依赖他的恩典。国王高度依赖这些外国人的帮助，并且绝对依附于罗马，这让他的犹太臣民非常憎恶。他的高级总督和将领一般是犹太人，而且绝大多数是他的亲戚。不过，即便是他的亲戚，若是对他不忠，或者被怀疑对他不忠，也难逃一死。哈斯蒙王族的男性成员都已经死了，许多女性也已经不在人世。

只要大希律王拥有罗马的支持，就足够强大，没有人能够用武力推翻他。这些年里，一群年轻的犹太贵族尝试刺杀他，但这些密谋者虽然勇敢且信仰坚定，却没有什么真本事。大希律王的间谍揭露了这一阴谋，所有密谋者被传唤到国王面前，供认不讳。他们遭到毒刑拷打后被处死，他们的很多亲戚也被处死。大希律王在他的犹太臣民当中非常不得人心。非犹太人的态度比较难以判断，他们和撒马利亚人也无法联合起来反对他的统治。再加上他冷酷无情地用武力对付任何反抗，所以他能够维持自己的地位。从罗马人的角度看，大希律王是否得民心，根本不重要，只要他忠于罗马、能够控制住自己的臣民就可以了。[19]

大希律王用奥古斯都的名字来命名一些城市，并在一些新建筑的装饰中歌颂他。赛马场（我们假设它就是圆形剧场，而不是单独的另一座建筑）上竖立了纪念奥古斯都历次胜利的纪念柱，并依次给出每次胜利的名称。这些纪念柱是按照传统的罗马风格设计的，由一根立柱和若干横梁构成，上面挂着盾牌，顶端是一顶头盔，这些装备被认为是从敌人那里缴获的。一群耶路撒冷人误以为纪念柱代表了人的粗糙图形，立刻骚乱起来。他们与领导人会见，通知大希律王，他们不喜欢看到角斗士与野兽或其他人搏斗到死的血腥景象，但最不能接受的是人像①。大希律王多次否认这是人像，但群众就是不信，最后大希律王不得不命人取下立柱上的战利品，以证明它们仅仅是木柱。此事以哄堂大笑结尾，而且犹太群众的愤怒始终不是针对为奥古斯都歌功颂德的行为，甚至也不是反对罗马文化，而仅仅因为它可能违背犹太律法。[20]

在后来的岁月里，犹太人对罗马统治的怨恨越来越强，在尼禄、图拉真和哈德良在位时掀起了大规模反叛。但目前犹太人怨恨的目标主要是大希律王。国王若是觉得自己受到了威胁，可能会施加非常野蛮的惩罚。他身边的亲信知道，他喜怒无常、难以揣摩，而且常常视人命为草芥。但在他的统治下，王国欣欣向荣，活跃的贸易和宏大建筑工程提供的实际好处与就业机会给国家带来了不少益处。有好几次，他减轻了臣民的纳税负担，当然我们不知道减税之后负担是不是仍然很沉重，

---

① 犹太教"摩西十诫"的第二条：不可为自己雕刻偶像，也不可做什么仿佛上天下地的形象，和地底下、水中的百物。不可跪拜那些像，也不可侍奉它，因为我耶和华——你的上帝——是忌邪的上帝。恨我的，我必追讨他的罪，自父及子，直到三四代；爱我、守我戒命的，我必向他们发慈爱，直到千代。

也不知道社会各阶层是否都从新的繁荣中获得实利。农村贫民的生活可能是非常艰苦的。

即便如此，在前 20 年代末农业歉收、粮食短缺的年份，大希律王向接替艾利乌斯·伽卢斯的新任埃及总督（也是骑士身份）求援，并主动提出要把自己的金银饰品熔化铸成钱币，以此付账。历史学家约瑟夫斯写道，埃及总督佩特罗尼乌斯是国王的朋友，于是允许大希律王购买大量埃及粮食，并帮助他安排船只运粮到犹太。奥古斯都肯定知道佩特罗尼乌斯的行动，或至少在事后对其予以认可。此事也能说明各附庸王国与正式的行省融合成一个帝国的程度。粮食被运到犹太之后，大希律王认真地将面粉和面包发放给最需要救济的人。至少在一段时间内，大希律王的慷慨举动（符合传统的犹太精神，即关爱穷人）赢得了臣民的一些好感。[21]

各行省、附庸国的城市和其他社区在绝大多数时候都是自治的。在它们之上，罗马和奥古斯都具有更高的权威，能够解决困难、授予好处或者赈济灾民。当然，罗马和奥古斯都也掌握着无比强大的军事力量，能够镇压任何臣属社区。在过去，罗马统帅曾向忠诚的外省居民授予罗马公民权，随着庞培和尤利乌斯·恺撒那样的军阀崛起，这种事情越来越常见。奥古斯都在这方面走得更远，不过由于所有被他或独裁官尤利乌斯·恺撒授予公民权的人都会改用尤利乌斯的姓氏，我们很难准确判断一个人是在何时获得公民权的。越来越多的辅助士兵在退伍时获得了罗马公民权，在他的继承者统治下，辅助士兵退役时会自动成为罗马公民。而授予公民权也是对外省权贵予以奖赏的一种常见手段。再加上殖民计划，本土罗马人和意大利人涌入外省，于是外省有了更多常住公民。在东方各行省，只有少数殖民地，如贝里图斯（今天的贝鲁特）长期保持了罗马特色，或长期使用拉丁语处理绝大多数公务。在其他地方，希腊语的地位根深蒂固，或者受到广泛仰慕。罗马人并没有施加压力去改变这种局面，不过地中海东部很多雄心勃勃的人会去学拉丁文。[22]

当外省社区的很多居民成为罗马公民时，奥古斯都面对的一个重要问题就是，决定这些人是否仍然有义务在其家乡担任官职。他的决定是，这些人仍然有这样的义务，除非他对某些个人予以豁免。因此，一名外省居民可以成为罗马公民，如果足够富裕的话，或许还能担任军官或者帝国官员，但返回自己家乡之后，仍然要积极参与当地社区的政治生活。罗马人始终努力栽培被征服地区的贵族，奥古斯都及其继承者更是大力推行此种措施。对所有外省居民来说，奥古斯都就是罗马权力的象征，他对外省居民请愿的答复带有非常个人化的语调，这些答复常常被做成碑铭，竖立在公共场所。他写信给以弗所，谈到以弗所派到他那里的使者，并说："接见他们之后，我发现他们都是善良的爱国志士。"后来他还承诺道："我会尽我所能，为你们效劳，并保留你们城市的特权。"负面回复很少被记载下来，除非是被另一个运气更好的社区记载下来。例如，阿佛洛狄西阿斯①人民得意扬扬地竖立了一块碑铭，记录奥古斯都拒绝免除萨摩斯岛的税赋，而免去了阿佛洛狄西阿斯的税赋。但奥古斯都拒绝萨摩斯人的措辞还是非常亲切的："我对你们颇有好感，而且我的妻子在为你们说话，我很想让她高兴一下，但我不能违背自己的惯例。我对你们缴纳的贡金其实并不关心，

---

① 在今天土耳其西南部，得名自爱与美的女神阿佛洛狄忒。

但不愿意在没有充分理由的情况下随便授予免税的高级特权。"[23]

有些文件记录了元老院的正式法令，批准元首授予外省社区某些特权和好处，我们可以推断元首授予的所有主要特权和好处都得到了元老院的认可，所以拥有至少表面上的宪政的合法性。但人们的印象是，总的来讲奥古斯都施行的仍然是高度独裁的统治，尽管至少在公开层面上，他的统治是在为臣民造福。使者觐见元首，是奥古斯都发表演讲和馈赠礼物的机会。他的很多演讲是用希腊语完成的，这增强了这种感觉：他是一位仁慈贤君，对外省文化非常同情。他毫不羞耻地提及李维娅替萨摩斯人说情这件事，这与共和国时期的风气相比是很大的变化，也等于公开承认，任何有能力影响奥古斯都的人都是值得结交攀附的。这种做法并不罕见。有些社区曾经欢迎李维娅，她与当时的丈夫逃离意大利之后得到了一些社区的帮助。这些社区都得到了慷慨的优待。[24]

奥古斯都做某些巡视的时候，他的妻子很可能陪伴在他身边，或者始终陪同他巡视各地。前21年，他从西西里岛去了希腊，在萨摩斯岛过冬，然后于前20年渡海前往亚细亚，巡视了这个行省和比提尼亚，随后去往叙利亚。在他巡视的各个地方当中，叙利亚其实是第一个分配给他、由他通过军团长统治的帝国行省。他在元老院行省的时候，当地的总督照常办公，主持司法并接受请愿。元首处理一些更重大、更敏感的问题，有很多使团和请愿的情况被记载下来并保存至今，让我们能够瞥见当时等待他斟酌和答复的潮水般的问题。有些使者真正见到奥古斯都时可能吃了一惊，他们看到的不是雕像上的完美青年，而是一个开始步入中年的人，而且他的皮肤非常敏感，常戴一顶宽檐软帽以遮挡阳光。[25]

现实的不完美从来都不会妨碍外交活动。一天又一天，一座又一座城市，公务在不断进行。使者们等待觐见的机会，然后发表自己的演讲（有的演讲很长），随后等待奥古斯都的回复，要么喜悦要么失望。有些社区遭到了打击。雅典丧失了一些土地，而斯巴达获得了更多土地的管辖权。亚细亚的库济库斯①爆发了一起严重骚乱，一些罗马人被鞭笞和处死。库济库斯因此遭到了严厉惩罚，失去了城市的地位，一些公民被卖为奴隶。这是非常极端的惩罚，遭受类似处罚的城市不多。[26]

旅行的时候，奥古斯都必须时刻跟踪罗马局势。前21年，罗马发生了更多骚乱。不管他身在何处，都有其他行省的人前来觐见和请愿，就像他住在塔拉戈纳期间有人到那里拜见他一样。在埃及，总督佩特罗尼乌斯面临着埃塞俄比亚人对埃及行省南部的袭掠，局势很严重。他打退了敌人的第一次进攻，但在沙漠里很难维持军队的正常运作，不得不将大部分部队撤回。埃塞俄比亚女王康达吉②又一次派遣她的武士去袭击罗马人，发动了第二次战役，迫使罗马人反击。这一次，佩特罗尼乌斯的准备比较充分，向南打得更远。大英博物馆存放着一尊奥古斯都雕像的头部，是埃塞俄比亚人切割下来当作战利品运回家的。雕像的头部后来被埋在他们一座神庙的入口处，佩特罗尼乌斯的士兵前来复仇时摧毁了神庙建筑，但雕像头部一直

---

① 库济库斯为古希腊名城，位于今天土耳其西北部。伯罗奔尼撒战争期间，前410年，在库济库斯，雅典军队在亚西比德的指挥下大败斯巴达舰队。

② 康达吉（Kandake 或 Candace）是古代尼罗河流域施王国（在埃及以南）女王的头衔，普林尼和《新约》里讲到埃塞俄比亚的女王被称为康达吉。前21年时的康达吉是阿玛尼利纳斯（Amanirenas）。

埋在那里，直到被发掘出来。最后康达吉寻求妥协，佩特罗尼乌斯让他们的使者去见奥古斯都。有意思的是，斯特拉波告诉我们，埃塞俄比亚人抱怨道，他们"不知道恺撒是谁，也不知道去哪里找他"。于是佩特罗尼乌斯"派人护送他们；他们去了萨摩斯岛，因为恺撒在那里……"[27]

前20年，阿格里帕被派回罗马，去处理那里持续的骚乱，但他很快就不得不动身去西班牙，镇压那里再次爆发的叛乱。次年，他打了一场艰苦的战役，终于粉碎了坎塔布里亚人和阿斯图里亚斯人的大规模抵抗。与此同时，百人会议的选民又一次将奥古斯都的名字写在选票上，拒绝选举超过一名执政官。前19年年初，新当选的执政官盖乌斯·桑提乌斯·萨图尔尼努斯还没有同僚。又举行了一次选举，但其中一名候选人马尔库斯·伊格纳提乌斯·鲁弗斯掀起暴力活动，严重扰乱了选举。鲁弗斯几年前曾担任市政官，颇得民心。在发生洪灾和火灾的时期，鲁弗斯不仅出钱款待民众，还将自己的奴隶组成一个消防队，帮助民众保护房屋。虽然他还不到参选执政官的合法年龄，但自荐为候选人，并将自己的家奴和支持者组织起来，以武力威胁他人，就像过去克洛狄乌斯和米罗做的那样。他可能承诺自己当选后要开展激进的改革，或者他被认为威胁了国家安定，因为后来的史料说他阴谋反对奥古斯都本人。持有同样态度的人还将一些军事失败说成元首的过错，尽管他并不在战区。萨图尔尼努斯让元老院通过了终极议决（这是历史上最后一次终极议决），鲁弗斯及其部分支持者被逮捕并处决。留在罗马城或其附近的禁卫军，以及梅塞纳斯和斯塔提里乌斯·陶鲁斯等人的积极支持或许对萨图尔尼努斯帮助很大。此事令人回想起凶残动荡的过去，并警示人们，这样的动乱仍然可能发生，尤其是在元首远离罗马的时候。但在很多方面，此事更证明了奥古斯都政权的稳定性越来越强。传统机制处理了这个问题，而伊格纳提乌斯·鲁弗斯是罗马史上众多野心勃勃、为达到目标不惜动用武力的最后一位元老（往往是保民官）。[28]

## 军旗的回归

由于奥古斯都身在远方，可能直到这些风波结束之后才得知情况。在他离开罗马之前，帕提亚国王弗拉特斯四世派来了使者，要求将他的竞争对手梯里达底返还。梯里达底之前逃到奥古斯都那里寻求保护和支持，并且带来了弗拉特斯四世的儿子作为俘虏。梯里达底和弗拉特斯四世的儿子都得到了礼遇，因为罗马人觉得他们在未来可能会有用。但在前 23 年，弗拉特斯四世派来的代表团要求将这两人返还。帕提亚大使先去找了奥古斯都，而奥古斯都将大使和梯里达底带到元老院的一次会议上。元老们没有对此事做出决定，而是立刻投票决定将此事交给元首裁断。最靠近帕提亚的叙利亚地区是奥古斯都辖区的一部分，所以元老们的决定有一定道理，但更重要的是，这揭示了罗马真正的主人是谁。[29]

奥古斯都将弗拉特斯四世的儿子送回了，但拒绝交出梯里达底，而且要求帕提亚国王返还他控制的罗马军旗和战俘。前 20 年，元首抵达叙利亚，近距离与帕提亚人继续谈判。奥古斯都还用展示武力的方式，支持自己的谈判。亚美尼亚爆发了一场叛乱，推翻并杀死了国王阿尔塔夏二世。亚美尼亚王国夹在帕提亚和罗马这两个超级大国之间，在文化上与帕提亚更亲近，不过总的来讲在军事上受到罗马的威胁更大。阿尔塔夏二世之前得到帕提亚人的支持，但现在亚美尼亚的大贵族提议将王位交给他的兄弟提格兰。提格兰也是一位在罗马避难的外国流亡王子。

奥古斯都同意了亚美尼亚大贵族的提议，并派遣二十一岁的提比略率领一支军队，护送提格兰回他的王国。对如此年轻的提比略来说，这是一项非同寻常的指挥使命，近期的类似例子只有庞培和内战中的年轻恺撒。这次护送就像是一次游行，途中没有发生武装冲突，最后提格兰被立为新国王。和平地展示罗马力量的做法有着悠久传统，广受仰慕。提比略身边肯定有年纪较大、经验丰富的军官辅佐。不过即便如此，这个年轻人也有了一次发号施令、统领大军的机会。[30]

此次亚美尼亚远征为罗马和帕提亚正在进行的谈判提供了一个背景。奥古斯都此时并不比前 29 年更希望与帕提亚交战。战争的风险太大，而行动规模也令人生畏。一旦开战，他至少要离开罗马两三年，在那期间将难以继续处理所有的请愿和其他问题。弗拉特斯四世也不希望发生武装对抗。除了与罗马相邻的边境之外，他还有其他的边境要保护，并且还要面对更直接的威胁：王族内部的竞争对手和难以驾驭的贵族。近些年里，奥古斯都确保了叙利亚及其周边城市以及附庸国君主都对罗马保持忠诚，所以若是帕提亚人发动入侵，也很难在那里得到任何支持。

两国都不希望发生战争，所以实际上是寻找一种和平手段，让双方下得了台，都能自称取得了胜利。罗马人可能承诺不支持梯里达底，不过他很可能被允许过着舒适的流亡生活。作为回报，弗拉特斯四世发誓维持和平，并返还了从克拉苏和安东尼那里，以及在前 41 ～前 40 年从罗马行省缴获的罗马军旗。罗马战俘也得以回国，其中有些人是在卡莱战役被俘的，在帕提亚已经生活了三十年。

丧失的鹰旗和其他军旗的成功回归，是奥古斯都所有成就中被宣扬得最热烈的一次。例如，著名的"第一大门"① 奥古斯都雕像的胸甲上就有庆祝此次胜利的图像。此次胜利是通过外交而不是成功的战争赢得的，不过这并不重要。对罗马人而言，他们的优越性得到了认可，因为帕提亚国王承认了他们的力量，并满足了奥古斯都的要求。军旗被收回了，虽然相对于罗马人来说这些象征物的意义对帕提亚人小得多，但帕提亚人此刻也一定认识到了它们的象征性价值。就我们所知的情况而言，在这次协定中，弗拉特斯四世付出的比得到的要多。对自己国内的人，他无疑会说这是两位平等君主之间的协定。罗马人不是这么看的，他们觉得，一个骄傲而危险的敌人由于畏惧罗马的力量而臣服了，并且没有损失任何罗马人的生命。

虽然贺拉斯宣称"为了祖国牺牲，是一件甜蜜而适宜的事情"（dulce et decorum est pro patria mori，如今我们熟悉这句话，可能是由于威尔弗雷德·欧文所说的"古老的谎言"②），

---

① 第一大门（prima porta）是罗马郊区的一个地点，距市中心 12 公里，在台伯河右岸，是几条重要道路的交会点，也是从北面进入罗马城的入口，因此具有重要意义。1863 年在此发掘出了奥古斯都最著名的一尊雕像。

② 威尔弗雷德·欧文（1893～1918 年），英国军人与诗人。他是第一次世界大战期间最重要的诗人之一。在他之前，战争诗歌常鼓吹爱国主义或所谓的战争荣耀，而他用令人震惊的现实主义笔法描绘堑壕战、毒气战的凶残恐怖。他于 1918 年 11 月 4 日在法国阵亡，恰好一周之后，停战协定签署了。他的名诗 Dulce et decorum est（……是一件甜蜜而适宜的事情）描写一战期间英军士兵遭到毒气攻击的惨状，谴责战争和鼓吹"为国捐躯"的"古老的谎言"。

但罗马人从来不会为了光荣而希冀一场己方损失惨重的胜利，他们的胜利纪念碑上也从来不会刻画己方的死者。[31]

当局很快就铸造了一批钱币，描绘军旗的回归，并刻有宣扬此事的铭文。元老院向奥古斯都授予了潮水般的新荣誉，其中很多被奥古斯都谢绝。但在他谢绝这些荣誉的消息传来之前，西班牙和其他一些行省已经铸造了一些刻有这些新荣誉字样的钱币。有些钱币上描绘卡比托利欧山耸立着一座新神庙，用来存放这些军旗。不过据我们所知，并没有新建这样一座神庙。虽然奥古斯都接受了对他此次胜利的正式感恩，但谢绝了返回罗马后举行小凯旋式（甚至是完整的凯旋式）的荣誉。不过还是出现了一些描绘凯旋式的钱币。其中一批钱币描绘元首乘着一辆由一对大象拉的战车，所以我们推测他也被授予了这种怪诞的荣誉。庞培曾企图在凯旋式时用大象给自己拉车，但没有成功，因为他发现游行路线上的一座拱门太窄，如此笨重的战车和大象过不去，于是不得不换成传统的马拉战车。尤利乌斯·恺撒在庆祝高卢战争胜利的凯旋式之后，在夜间攀登卡比托利欧山时用四十头大象载着火炬。很显然，如此浮夸高调的姿态，使用如此巨大和充满异国情调的动物，仍然能够激发一些贵族的想象力。[32]

奥古斯都谢绝了几乎所有的新荣誉。但他对元老院向他授予这些荣誉的决定还是感到很高兴，并且谢绝之后，大家又会赞扬他的谦逊。同时，他也足够自信，相信自己的声望和威名已经足够大，不需要更多荣誉了。后来，回归的军旗被陈列在复仇者玛尔斯神庙中，这座神庙是他的新建筑群"奥古斯都广场"的一部分。他在腓立比战役之后就发誓要建造这座神庙，因为他成功向杀害养父的凶手复仇了。不过后来神庙很晚才动工，现在正好也可以纪念向帕提亚人的复仇。

元老院还投票决定授权他建造一座凯旋门。这是他第三次得到这样的荣誉，前两次分别是瑙洛库斯战役和亚克兴角战役之后。据我们所知，他只建造了一座凯旋门，坐落在罗马广场边缘神圣尤利乌斯神庙的旁边，是为了纪念亚克兴角战役。奥古斯都没有建造新的凯旋门，而是决定对亚克兴角凯旋门进行改造，在其顶端竖立了一座大于真人尺寸的元首雕像，乘着战车，胜利女神在他身后，而卑躬屈膝的帕提亚人向他交还罗马军旗。这样的图像告诉我们，虽然奥古斯都拒绝了很多荣誉，但他仍然是罗马史上最伟大的国家公仆。他的形象随处可见，他的名字、形象或符号出现在罗马市中心、意大利各城镇和外省各地的纪念碑上。[33]

前19年3月27日，小巴尔布斯庆祝了凯旋式，以纪念他在担任阿非利加总督期间取得的一次胜利，他后来将很多战利品投资于建造一座新的石制剧场。奥古斯都的军团长不会得到凯旋式的荣誉，因为他们的胜利都属于他。但军团长会得到凯旋式的象征符号。大多数有元老身份的总督都没有机会开展大规模军事行动，即使仍然有权指挥军队的阿非利加总督和马其顿总督也没有多少机会。我们不知道当时的人们有没有意识到，巴尔布斯的凯旋式是最后一次旧式风格的凯旋式。奥古斯都本人此后再也没有庆祝过凯旋式，而在将来只有他的亲属才被允许得到这种荣誉。但即便对他们而言，凯旋式的机会也非常稀罕。战争将继续，罗马人不断取得胜利，但所有的胜利都主要归功于元首，而他对用传统方式纪念胜利根本不在乎。亚克兴角凯旋门上增添了过去所有凯旋式的清单，这或许能说明奥古斯都对凯旋式的态度。[34]

前20～前19年冬季，奥古斯都返回了萨摩斯岛。在这几个月里，不断有使团和请愿者来求见。其中有一个代表团是某位印度统治者派来的，送来了一些老虎作为礼物，还有一个不幸的男孩，他天生没有胳膊，但可以用脚抓住东西。两个多世纪之后的狄奥觉得这些礼物仍然值得一提。老虎可能被送到了罗马，展示给群众，可能为了给群众提供娱乐活动而被宰杀了。罗马人的娱乐方式就是这么残酷。残疾男孩引起了大家的好奇，而不是同情。印度使者在奥古斯都的宫廷待了一段时间，跟着他去了雅典。狄奥还说，在雅典，一名印度使者跳进一个特别准备的火葬堆，自杀了。狄奥不知道这人自杀是因为年事已高，还是"为了给奥古斯都和雅典人上演一场好戏"。

对罗马人来说，印度仍然无比遥远和神秘。亚历山大大帝到过印度，但不曾有罗马军队抵达那里。即便如此，前来拜见奥古斯都的印度使团并不止一个，这说明一些印度领导人很认可罗马的财富、权力和威望。罗马人和外省居民对丝绸、香料和其他远东奢侈品的胃口非常大，而且需求不断增长，所以印度使者的主要目的可能是与罗马这个市场建立联系。同时，这样的交流也让奥古斯都有机会吹嘘，罗马统治着差不多整个世界。这种想法让罗马人和希腊人都激动不已，并且随着新的胜利不断来临，似乎越来越真实。罗马无须动武就收回了自己的军旗，恢复了自己的荣誉，但这不是扩张放缓的迹象。[35]

# 十六 结尾和开端

从这高贵的血脉，特洛伊的恺撒将会出世，他会把他的帝国扩张到大洋边，他的荣耀将升至星辰……假以时日，不再焦虑的你们，将会欢迎满载东方战利品的他，去往天堂；人们在发誓时也会呼唤他的名字。然后，战争会停息，野蛮的年代变得温和……

——维吉尔，前 20 年代末[1]

恺撒·奥古斯都可能在雅典逗留了几周，然后徐徐地返回意大利，在沿途所有重要社区停留，接见臣民。他继续工作，即便印度大使自杀这样恐怖的事情也只是个小插曲。他持续不断地接见请愿者和书写信件。诗人维吉尔来到雅典，他比请愿者更受到奥古斯都的欢迎。维吉尔花了十多年的时间来创作十二卷史诗《埃涅阿斯纪》，现在去希腊旅行，休息一番。他是梅塞纳斯的长期密友，通过梅塞纳斯认识了奥古斯都。人们普遍相信，是元首敦促维吉尔开始了创作史诗的伟大工程。这种说法无疑是正确的。我们知道，奥古斯都肯定对史诗的进展很感兴趣，有一次在西班牙写信询问写作情况。在离开罗马、前往东方之前，奥古斯都和一些家人参加了维吉尔亲自公开朗诵《埃涅阿斯纪》部分章节的聚会。哀悼前不久去世的马凯鲁斯的段落让他们非常感动，屋大维娅甚至因此晕倒。[2]

维吉尔是个完美主义者，遣词造句呕心沥血，在创作《埃涅阿斯纪》时一天只能写出几行。他的朋友贺拉斯也是梅

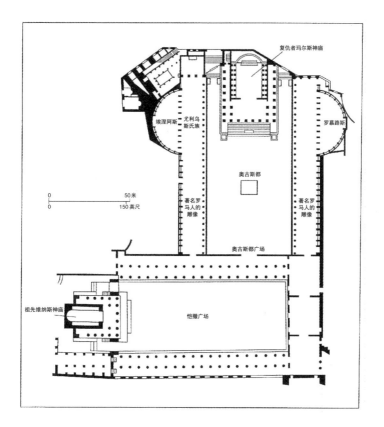

**奥古斯都广场**

塞纳斯圈子的成员，创作时有时更慢。这样缓慢的苦吟不是装腔作势，也不是外行的表现，因为他们都是非常严肃的艺术家，才华横溢。贺拉斯被大家仰慕，而维吉尔的诗歌已经被誉为可能是拉丁语言最美丽的表达。梅塞纳斯在选择诗人加入自己的朋友圈子时颇具慧眼。他的文艺伙伴可能都是骑士（贺拉斯就是骑士，他的父亲是一位非常成功的释奴），非常富裕，接受过良好的教育，也非常清闲，能够专心于诗歌。虽然其中有些人在内战中丧失了一些土地，但他们不需要仰人鼻息，不需要依赖梅塞纳斯和奥古斯都的恩宠，这两位的馈赠仅仅让这些文人生活得更舒适一些而已。奥古斯都可能是在患病之后希望雇用贺拉斯，于是写信给梅塞纳斯："在此之前，我能用自己的手写信给朋友们；如今，肩负着工作的重担，并且身体欠佳，我希望从你身边把我们的朋友贺拉斯请来。我要请他离开你那寄生虫的餐桌，来到我这帝王的桌前，帮助我写信。"[3]

最后贺拉斯谢绝了这个提议，但他和奥古斯都仍然维持着友好关系。元首给老友梅塞纳斯写的这封信具有非正式而取笑逗乐的风格，他和诗人们的通信用的也是这种风格。对罗马精英阶层来说，文学是一种非常受尊重、非常时髦的闲暇活动，也是真正的文明人的标志。尤利乌斯·恺撒在高卢时的幕僚是一群才华横溢的文人，而奥古斯都和梅塞纳斯一样，非常尊重诗人和作家。在社交场合与其他元老或重要人物交流时，文学是非常有用且比较中立、不带政治性的话题。在奥古斯都与阿提库斯的交往中，除了热爱传统之外，文学也是一个主要话题。奥古斯都和梅塞纳斯也都写作，奥古斯都还和贺拉斯等人一起嘲笑梅塞纳斯写诗的努力。奥古斯都常常自嘲，有一次放弃写作一部悲剧时开玩笑地说，他的主人公"摔倒在自己的海绵上"。[4]

和其他所有人一样，梅塞纳斯文学圈子里的诗人们也都清楚奥古斯都主宰国家的现实，并且他的统治说到底还是建立在强大军事力量之上。但奥古斯都并没有强迫诗人们去写作，正如他没有强迫元老们去从政一样。有人认为这些诗人的作品仅仅是政治宣传，甚至提出他们作品的内容受到梅塞纳斯（以及奥古斯都）的严密监控。这些观点都大错特错。也有人努力在这些诗人的作品中挖掘隐含的颠覆言论或对元首及其政权的批评。这样做是徒劳无功的。奥古斯都非常骄傲地只与最优秀的作家结交。这是自尊问题，但也是很好的政治手腕。亚历山大大帝受到了太多平庸诗人的夸张歌颂，因此声誉有些受损。

奥古斯都可以鼓励和诱导维吉尔、贺拉斯和普罗佩提乌斯这样的人去写某些主题的作品，他们自己也知道哪些主题会让元首开心。他们有时开玩笑说自己是被"强迫"写作的，但这种说法是常见的文学手段，代表着虚假的谦虚。西塞罗、阿提库斯及其同时代人常常玩同样的游戏，互相敦促去写某些特定主题的作品。奥古斯都曾写信给贺拉斯，温和地批评他没有在他的作品中讲到自己。奥古斯都用惯常的打趣口吻写道："你是担心如果大家知道你是我的朋友，你的身后名会受损吗？"这些话的背后很难说存在什么真正的威胁。奥古斯都谈的是友谊（因为贺拉斯是皇室的亲信），而不是政治。尽管在罗马，友谊和政治往往被混为一谈，但奥古斯都暗示的意思是，贺拉斯若是写一部以奥古斯都为主题的作品，将会给他们两人都带来荣誉。贺拉斯的回应是他的《书信集》第二卷的第一首诗，谈到了他这样的诗人主动为国效力，并包括那句著名的诗："被俘虏的希腊征服了凶悍的胜利者，将艺术带到了粗野的拉丁姆①。"[5]

诗人们受到的压力是很小的，而且他们的绝大多数主题都是自己喜欢的。差不多所有亲身经历过内战的人都会愿意歌颂

①　拉丁姆是以罗马为中心的地区，大致相当于今天的拉齐奥大区。

恺撒的胜利以及它给人们带来的和平。复苏宗教仪式、恢复稳定和击败危险的外国敌人，这些无疑都是有利于全体罗马人（尤其是精英阶层）的好事，诗人们如果不这么想，就非常奇怪了。他们作品的措辞并没有受到政府的直接干预，更没有直接审查。若要创作出佳作，维吉尔和贺拉斯等人需要有自己的空间，按照自己的方式和风格来写作。

结果是，一大批文学水平极高的不朽名著诞生了，随后许多世纪里一直为人们所称颂。其中很多作品符合新政权的口味，但也有很多作品讲的是更普遍的人生经历。这样的作品的影响力远远超过任何被严密控制的宣传，并且有利于促进恢复传统和安宁的气氛。奥古斯都与诗人们的交情为他的统治增添了不少光辉，因为文学是任何一位元老都可以拥有的非常正当的兴趣，而且这些诗歌显然非常优秀，所以，他不会被认为是暴君，诗人们也不会被认为是阿谀奉承之辈。普罗佩提乌斯拒绝接受"对抗帕提亚人和其他敌人的战争"这样的主题，而是去写爱情。他不是在攻击国家政策，而是在诗歌中运用机智和富有魅力的手法去愉悦读者，而不是劝读者放弃政治生活。奥古斯都的统治创造了一个鼓励文学和艺术繁荣发展的环境。诗人、作家和艺术家们努力扬名立万，往往会彻底改变现有的风格。我们没有充分的理由去怀疑维吉尔和其他人表达的观点不是真诚的，尽管现代人有一种偏见，认为所有的伟大艺术家都必须是异见分子，这是他们的天性使然，尤其是如果他们生活在一位用武力夺取权力的领导人的统治之下。作为对比，我们可以考虑在 18 世纪和 19 世纪初，很多伟大的音乐和艺术作品就是在专制君主统治时期，甚至在专制君主的直接赞助之下问世的。[6]

　　有一次，维吉尔谈到要写一部以奥古斯都为主人公的史诗，后来放弃了这个创意。《埃涅阿斯纪》的背景是遥远的过去，讲述的是埃涅阿斯的故事，他是特洛伊的英雄，在这座城市陷落之后逃走，带领一群流亡者来到了意大利。几个世纪之后，他的后代罗慕路斯建立了罗马。埃涅阿斯的世界就是荷马的《伊利亚特》和《奥德赛》（这两部是最古老和最伟大的希腊史诗）的世界，维吉尔刻意要尝试在拉丁语中与荷马史诗的辉煌比肩。埃涅阿斯也被认为是尤利乌斯氏族的祖先，他们的姓氏尤利乌斯来自埃涅阿斯之子尤卢斯的名字。因为特洛伊英雄埃涅阿斯是维纳斯的儿子，所以显贵的尤利乌斯氏族拥有神的血统。维吉尔为这部史诗投入了全部精力，就连他去希腊的旅行也只是暂时休息一下，然后继续修改史诗，提高创作水平。虽然维吉尔呕心沥血地苦吟，而且《埃涅阿斯纪》部分章节在公开朗诵之后受到了欢迎，但他还是对自己不满意。据说他曾在一次公开朗诵的过程中修改诗句。他不像喜爱锦衣玉食的贺拉斯那样热衷社交，而是大部分时间都隐居在自己的一个乡间庄园里，苦思冥想地修改诗作，一行一行地改善或摈弃。[7]

　　《埃涅阿斯纪》还没有完成，但不知是由于希腊没有如预期的那样激发他的灵感，还是他觉得自己有义务陪伴奥古斯都，他和元首及其随行人员一同返回了意大利。在旅途中，他病倒了，起初是中暑，后来发高烧。维吉尔抵达了意大利，但于前 19 年 9 月 21 日在布隆迪西乌姆病逝，享年五十二岁，他去世的日子离恺撒·奥古斯都的四十四岁生日只有两天。他在遗嘱中立元首和梅塞纳斯以及卢基乌斯·瓦里乌斯（也是梅塞纳斯文人圈子的一员）为继承人。维吉尔生前对《埃涅阿斯纪》不满意，曾请求瓦里乌斯，假如他去世了，就烧掉手稿。瓦里乌斯拒绝了这个请求。维吉尔在临终的日子里恳求仆人将手稿拿到他身边，以便亲自把它们烧掉。奥古斯都确保无人服从这个命令。元首敦促瓦里乌斯和一位同僚整理了这部史诗，很快将其发表。[8]

维吉尔的意愿遭到了违背，但这为人类做出了极大贡献，挽救了罗马文学最伟大的成就之一。《埃涅阿斯纪》对奥古斯都有着显而易见的吸引力，因为这是一部恢宏优美的史诗，由一位著名诗人创作，讲述的是他的尤利乌斯祖先之一以及罗马人起源的激动人心的故事，赞颂了罗马人的过去与未来。因此奥古斯都的行动并非完全无私，不过如果史诗没有大体完成并且水平不高的话，他应当也不会希望将它公之于世。人们很快开始猜测，维吉尔生前打算做怎样的修改，今天的学者仍然在思考这个问题。但《埃涅阿斯纪》被世人普遍赞美为足以与荷马史诗相提并论的杰作。它很快成为罗马教育的标准教材。（一个世纪之后，在帝国的两端，分别在不列颠北部和犹太的两位百无聊赖的军队书记员在日常文书的背面胡乱写了这部史诗的一句，后世的考古学家发现了这些文书。）《埃涅阿斯纪》是拉丁文学中经常被引用的作品，但我们应当注意，历史上的引用大多引自《埃涅阿斯纪》前几卷。就像莎士比亚的作品一样，《埃涅阿斯纪》的很大一部分也被忽视，因为教师们往往集中注意力于为人熟知的少数选段。[9]

《埃涅阿斯纪》第一卷第一行是"我歌唱的是战争和一个人的故事"，诗人用第一人称，这就与荷马的传统分道扬镳了。《埃涅阿斯纪》的世界与荷马的世界交织起来，其中很多人物，最重要的是埃涅阿斯，都直接来自荷马史诗。《埃涅阿斯纪》的上半部分很像《奥德赛》，描写特洛伊流亡者在地中海漫游，有时会涉足奥德修斯曾经到过的地方。比如，他们遇到了当初奥德修斯及其伙伴逃离独眼巨人波吕斐摩斯①时被留下的一个人，后来又看到被戳瞎的怪物怒气冲冲地跌跌撞撞。在整个故事中，神祇会不断干预人的命运，朱诺复仇心切地追踪特洛伊人，而维纳斯则保护她的儿子。

虽然《埃涅阿斯纪》中有很多荷马的影子，也有很多指涉其他文学作品的典故，但在神话之外还是能看出一个更现代和更复杂的世界。埃涅阿斯有时会害怕、生气或一时糊涂，有时为了鼓舞部下会故作自信和热情，自己内心里其实是绝望的。荷马的英雄则完全是无比自信、极度自我为中心的，比如《伊利亚特》讲的是阿喀琉斯因为自己受到不公而大发雷霆，于是躲在营帐内生闷气，直到帕特罗克洛斯的死亡促使他重返战场，大肆杀戮。与他个人的动机（他选择了短暂但光荣的

---

① 波吕斐摩斯是希腊神话中独眼巨人之一，是波塞冬的儿子。根据荷马史诗《奥德赛》，特洛伊十年鏖战之后，英雄奥德修斯在回家途中登陆独眼巨人聚居的西西里岛。他和十二名同伴被困在波吕斐摩斯的巢穴。波吕斐摩斯回洞后发现了奥德修斯等人，立刻用巨石封堵了洞口，并随后残暴地摔死和吞食了其中几人。奥德修斯悲痛万分之下想到了一个逃走的计划，他把没有勾兑的烈性葡萄酒给波吕斐摩斯喝，并告诉他自己的名字叫"没有人"。趁着巨人醉酒熟睡，奥德修斯带着剩下的人把巨人用作武器的橄榄树桩削尖磨锐，然后几人一起举着，插了巨人的独眼。巨人大声痛呼，希望岛上其他的巨人来帮忙，但他呼喊的"没有人攻击我"只被当成了玩笑，因而没人前来。第二天，巨人和往常一样把他洞里圈养的巨羊放出洞外吃草，在洞口他一一摸索羊的脊背，防止奥德修斯等人骑羊逃走，但奥德修斯和他的手下还是藏在羊的肚子下面安全逃出。回到船上的奥德修斯大声嘲笑波吕斐摩斯"没有人没有伤害你，伤你的是奥德修斯"，这一傲慢举动为他招来后来的不幸。波吕斐摩斯向他的父亲波塞冬祈祷，要求报复奥德修斯。波塞冬唤起巨浪和大风，将奥德修斯的船吹离了回家的航线，后来遭遇了更多艰险。

生命，而不是默默无闻地活到高龄）相比，整个希腊军队的命运似乎无足轻重。在《奥德赛》里，英雄奥德修斯在旅途中失去了所有伙伴，却并不感到懊悔。他和仙女与女神缠绵嬉戏之后，回到家里屠杀了向他妻子求婚的人和所有曾经接纳求婚者的家仆。对这些英雄来说，最重要的是个人的荣誉和成功，所以许多世代的希腊人和罗马人，尤其是贵族，都将这两部史诗当作个人行为的指南。

埃涅阿斯则不同，他始终清楚自己更重要的使命。他是虔敬的埃涅阿斯，尊重神祇和家人，尤其是他从特洛伊废墟里救出来的父亲。他知道自己肩负着特洛伊种族的命运，他需要带领他们去意大利，后来的罗马就是由他们建立的，而罗马人将崛起到维吉尔时代的那种崇高地位，甚至还将取得更辉煌的成就。他多次瞥见这样的未来，从中受到激励。除了公开的敌人之外，他还面临着诱惑，其中最有名的例子是他和他的追随者受到了迦太基女王狄多的欢迎。朱诺和维纳斯联手让狄多爱上了特洛伊英雄。埃涅阿斯和狄多在一起狩猎时遭遇风暴，躲在一个洞穴内，发生了肌肤之亲。但特洛伊人前途受到的威胁很短暂，因为埃涅阿斯很快就带领他的全体族人离开了，而不是在迦太基人当中定居。如果他们留下，迦太基就将成为地中海最强大的国家，而不是罗马。伤心欲绝的狄多自杀殉情，导致她的民族对埃涅阿斯的后代抱有刻骨铭心的仇恨，这为前 3 世纪和前 2 世纪罗马与迦太基之间的真实冲突提供了一个古老的缘由。[10]

维吉尔的史诗融合了现有的传说（有时他从多个版本中挑选了一个）、荷马史诗和其他史诗，他自己也做了很多虚构。书中暗指他自己所处时代之处不胜枚举，但不会显得笨拙。诗中经常出现西西里岛，埃涅阿斯曾两次到访那里，这肯定反映了西西里岛在奥古斯都崛起过程中起到的核心作用。绝望的狄多哀叹她的情人没有给她留下一个"小埃涅阿斯"以宽慰被抛弃的她，这肯定让维吉尔的同时代人联想到尤利乌斯·恺撒、克利奥帕特拉七世和恺撒里昂。史诗中的迦太基女王很容易与近期历史上的埃及女王联系起来，但这个联系不会显得太刻意。维吉尔非常同情狄多，她被诸神操纵，爱上埃涅阿斯，后来又被抛弃。克利奥帕特拉七世本人在故事快结束的时候也露过面，被写得很负面，但狄多更像是一位受害者而非恶人。只有诗人描写她的恐怖自杀时，她才被写得精神不稳定和危险，或许现代人会觉得狄多的性情变化得太突然，但维吉尔时代的人可能不会这么觉得。[11]

　　虔敬的埃涅阿斯先公后私，将民族的命运置于比个人情感更高的地位，因此抛弃了狄多。后来，他拜访冥界时遇到了她的鬼魂。这个场景主要刻画他的哀愁和愧疚，而不是她的情感。女王拒绝与他相认。埃涅阿斯每一次都做出了有利于未来的正确选择，但对他自己和身边的人造成了很大伤害。他们最终抵达意大利，受到当地一些国王的欢迎，却使得他们与邻国发生了战争，这在很多方面影射了维吉尔时代的历次内战。荷马史诗中详细描写了战争中的伤痛和死亡，战斗场面残酷而野蛮。维吉尔也遵循了这种传统。《埃涅阿斯纪》展现的很可能是一个比荷马史诗更冷酷的世界。一位盟邦国王被绊倒在地，跌落到祭坛上并被杀死，他的对手嘲讽地喊道："他完蛋啦！（这是角斗士竞技场上观众常用的呼喊。）这是给大神的更好的祭品！"就在附近，另外一个人的胡须被点着，然后被打倒在地，惨遭屠杀。《埃涅阿斯纪》相比荷马史诗，更多地描写了战争的惨重代价，以及死者亲人的痛苦感受。[12]

尽管维吉尔把战斗描写得非常恐怖、令人哀伤，但他并没有谴责战争本身，更没有说战争是无谓的。埃涅阿斯在战斗中也是非常残酷无情的，他杀死了包括一个佩戴祭司符号的人在内的众多敌军，拼出了一条血路。在故事末尾，他遇见了鲁图利亚国王图尔努斯，后者已经杀死了很多特洛伊人及其盟友，其中最重要的是伊万德国王的儿子帕拉斯。图尔努斯被埃涅阿斯击伤，请求埃涅阿斯看在他可怜父亲的份上饶他一命，这让埃涅阿斯想起了自己挚爱的、现已去世的父亲安喀塞斯。胜利者一瞬间被感动了，有些犹豫。然后他注意到，图尔努斯系着一根从帕拉斯尸首上剥下的腰带，于是他的怜悯变成了"令人毛骨悚然的狂怒"。埃涅阿斯高呼这是正义的惩罚，是为帕拉斯报仇雪恨，于是将剑深深刺入图尔努斯的胸膛，他的"肢体松懈下来，变冷了，随着一声叹息，他的灵魂愤怒地飞向阴间的黑影"。[13]

全诗就这样结束了。虽然维吉尔并没有完成对这部巨著的修改，但他未必打算以怜悯而非复仇结束故事的最后一幕。图尔努斯以武力反对埃涅阿斯，为给敌人造成的破坏而欢呼雀跃，对敌人没有一丝怜悯，在最后的决战中还破坏了停战协定。图尔努斯并没有被描写成一个一无是处的恶魔，维吉尔也很同情他，就像对狄多和其他角色一样。这样对人性的同情与理解，是伟大艺术家的标志，但维吉尔绝没有鼓励读者（尤其是前1世纪的罗马读者）将这些人物与埃涅阿斯相提并论，更没有暗示他们可能才是正义的一方。许多罗马人能够做到敬佩自己的敌人，并承认他们的征服战争常常给被征服人民带来极大苦难。但这些认识从来不会真正挑战罗马人内心根深蒂固的信念，即罗马的扩张是正义的。敌人就是敌人，必须打败他们后才能善待他们。诗歌和现实生活一样，只有罗马的胜利才能带来和平的喜悦。[14]

埃涅阿斯在很多方面都反映了奥古斯都本人的特点，例如，显而易见的英雄主义，英明神武的武士形象。有人说维吉尔没有刻意颂扬元首，这种说法不能令人信服。埃涅阿斯和奥古斯都把责任和虔敬看得比自己的享乐和利益更重要，忍受了极大的艰难困苦，奋斗了多年才赢得最终胜利，让广大群众享受到和平与繁荣。有的时候，为了更重要的福祉和罗马人的命运（当然对埃涅阿斯来说是罗马人祖先的命运），他们不得不做一些可怕的事情。目标如此高远，他们必须消灭所有阻碍他们的人，符合道义、激昂浓烈的狂怒替代了从容虔敬的态度。埃涅阿斯有时甚至会嘲讽即将被杀死的敌人，据说年轻的恺撒在腓立比战役之后和佩鲁西亚战争时期也曾这么做。[15]

史诗赞颂了恺撒·奥古斯都。工匠之神武尔坎为埃涅阿斯锻造的华丽盾牌的中心图案就是亚克兴角大捷时期的恺撒·奥古斯都。有时维吉尔会更模糊地说到一位恺撒。有一次，他讲到"特洛伊的恺撒……满载东方战利品"，我们很难判断他指的是奥古斯都还是尤利乌斯·恺撒。或许他是故意含糊其辞，对两位恺撒都有指涉，养父的丰功伟绩增强了养子的成绩和美德。类似地，当维吉尔写到加图在阴间裁判死人时，他指的既是著名的老加图，也指涉曾坚决反对尤利乌斯·恺撒的小加图。维吉尔热衷赞颂历史上伟大的罗马人。在史诗里，喀提林死后遭到可怕的惩罚，除此之外史诗很少提及政治分野。在等待出世的罗马的未来英雄当中有两位"以同样雄武的阵势熠熠生辉"的豪杰，显然是指庞培和尤利乌斯·恺撒，他们"呜呼哀哉……将会造成战争与流血"，"新娘的父亲"会反对

"她的丈夫"。诗中敦促他们保持克制，避免内战。这肯定是维吉尔对他们的批评，但这批评很温和，既是针对伟大的庞培，也是针对独裁官尤利乌斯·恺撒，并且敦促后者首先"饶恕敌人"，这显然是在认可和称赞他那著名的宽宏仁慈。[16]

《埃涅阿斯纪》洋溢着爱国主义，充满了歌颂往昔荣光的激动人心的段落，并预言在神圣尤利乌斯·恺撒的儿子的统治下必将取得更伟大的成就。虽然诗中鲜血淋漓地刻画了战争和传统（维吉尔那一代人对这些已耳熟能详），但对未来非常乐观，因为罗马的前途不可限量。和所有伟大的作品一样，《埃涅阿斯纪》也有很多层面，不同时代的人对其有丰富的阐释，这些阐释往往会让作者本人感到惊讶或沮丧。奥古斯都应当不会想到那些复杂的解读，他只是被优美的诗句所感动，并且因为自己出现在这样一部广受赞颂的史诗中，与它有着紧密关系而备感愉悦。

## 家族与权力

元首及其随行人员抵达罗马时，已是年末。在伊格纳提乌斯·鲁弗斯掀起的骚乱之后，这一年仍然只有一位在职的执政官。直到这时，元老院才派了一个代表团来见奥古斯都，他选择了一名元老作为另一位执政官。这样做的具体程序不太清楚。狄奥暗示说，奥古斯都凭借自己的权威指定了一个人，没有举行正式选举。不过狄奥可能是在描述事情的本质，而不是实际的技术细节。被选定的那个人在内战期间曾忠心耿耿地为奥古斯都效力。做了这个安排之后，奥古斯都又一次谢绝了元老院全体集合并与群众一同正式欢迎他入城的荣誉。他发现一大群元老仍然打算去迎接他，于是借着夜色，悄悄溜进了城。

不过他接受了元老院的另一项投票决定，即在卡佩纳门（他在沿着阿庇乌斯大道①靠近罗马后，从这座城门进入罗马城）建造一座幸运返乡女神庙。每年的献祭于 10 月 12 日（新设立的奥古斯都节）在这座神庙举行。[17]

恺撒·奥古斯都外出期间，罗马城有些不安稳。只有在阿格里帕的直接监督下，才能暂时阻止百人会议每年选举奥古斯都为执政官的行为。可能就是在他返回罗马之后，开始考虑每年设立三个执政官职位，以便他自己能够担任这个职务，同时还能让另外两人有机会。这种想法太不符合常规，很快就被否定了，因为历史上从来没有超过两名执政官同时存在。据狄奥记载，奥古斯都被授予了永久性的执政官权力。但这是否符合史实，以及如果属实，这究竟意味着什么，一直是学者争论的话题。学者的共识是，奥古斯都被授予了执政官职务的符号，所以从现在开始，他在城内行动时，有十二名执法吏护卫。在元老院会议上，他的行政长官席位在两位执政官之间。不管这些权力的细节如何，它都是属于他个人的，就像前 23 年他得到的那些权力一样，与任何官职都没有关系。在罗马，符号，尤其是官职的符号，有着重要意义，它加强了奥古斯都对国家的控制。[18]

狄奥所记载的奥古斯都在这个时期接受的其他一些新权力，可能实际上被他拒绝了，或者根本就是讹传。奥古斯都被任命为终身制"公共道德监管者"，这可能是他被临时授予监察官的权力，因为在下一年元首又开始清洗元老院，希望能减

---

① 阿庇乌斯大道是古罗马时期一条把罗马及意大利东南部阿普利亚的港口布林迪西连接起来的古道，得名自兴建此工程的罗马监察官和演说家"盲人"阿庇乌斯·克劳狄·凯库斯（前 340 ~ 前 273 年）。

少元老人数，恢复元老院的尊严（近期选举时的一些骚乱有损元老院的体面）。没有人自愿退出元老院，于是奥古斯都选择了三十名元老，公开宣誓自己选的都是最优秀的人。这三十名元老随后做了同样的宣誓，每个人写下另外五名元老的名字，但不可以写自己或亲属的名字。每个五人小组中的一人被抽签决定为新元老名单上的一员。然后最初的三十名元老重复这个过程，每人再写五个名字。这种程序非常麻烦，而且容易受到幕后交易的操纵。安梯斯提乌斯·拉比奥举荐了李必达，这让奥古斯都很恼火，努力让拉比奥改变主意。拉比奥拒绝了，说他有权表达自己的意见，而且既然元首允许李必达继续担任祭司长，那么拉比奥希望李必达成为元老就没有什么不对。奥古斯都只得作罢。他在三头同盟的老同僚一定是被抽中了，因为李必达成了元老院的一员。[19]

奥古斯都十分气恼，于是放弃了这种选举程序，改为由他自己挑选剩余的元老。有人发出了抗议，比如有个人被排除在元老院之外，而他的儿子却被选中，于是他用非常罗马化的方式抗议。他撕开自己的托加袍，脱掉上衣，露出了身上的伤疤，那是他为国负伤的光荣印迹。另一位元老请求辞去元老资格，让位于他的失去元老身份的父亲。和上一次清洗元老院一样，被开除的人被允许保留元老身份的衔级和威望，后来，有些人通过当选行政长官而重新获得了元老身份。据说奥古斯都的目标仍然是将元老数量减到三百人，但最后被迫放弃，满足于六百人的规模。如果总人数再少一点，就很难填充所有必需的职位，在投票时也很难达到四百人的法定在场人数。

大约在这个时期，元首组建了一个更小和更便捷的议事会，后来被称为元首御前会议，其成员包括各个级别的行政长官的代表和十五名抽签选出的元老，任期六个月。这个议事会是一个很有用的试探更多元老意见的机构，也有助于在一项提议被呈送元老院讨论之前对其加以提炼。奥古斯都仍然非常尊重元老院，只要他在罗马，就会参加元老院的每一次会议，并鼓励元老们各抒己见。他虽然对拉比奥很生气，但没有采取措施惩罚他。元老院后来提议，让所有元老轮流睡在元首卧室外，拉比奥说他不能参加，因为他打呼噜太响。苏埃托尼乌斯告诉我们，有的时候，奥古斯都在元老院的演讲会被"我不明白！"或"如果给我机会，一定发言反对你！"这样的呼喊声打断。后面这句话一定是那些没有被邀请参与讨论的人说的。有时怒气冲冲的元老之间的唇枪舌剑让奥古斯都非常烦恼和愤怒，会议尚未结束就拂袖而去，这让元老们高声疾呼，他们应有权对重大的公共事务表达自己的意见。[20]

在过去，元老也属于骑士阶层，必须满足拥有至少 40 万塞斯特尔提乌斯财产的资格。如今，为了增加元老的尊严，奥古斯都正式将元老划分为单独一个阶层，并要求其成员拥有至少 100 万塞斯特尔提乌斯。一些无法满足这个条件的人就失去了在元老院的席位。有一些人虽然财产不够，但元首认为他们有足够的德行，于是赠送足够的金钱，以便让他们保留元老身份。同时，他颁布了一部新法律，处置选举中的贿赂和恐吓行为。

这样的立法在历史上很少奏效，但奥古斯都拥有足够的权力和威望，能够更严格地执行这项法律。这些罪行虽然没有完全根除，但肯定是大大减少了。随后十年中，很多名门望族的成员当上了执政官。这些大家族在历次内战中损失惨重，后继的年轻人没有亲身参加内战，如今愿意在被奥古斯都主宰的国家里从政。执政官的荣誉仍然是非常有吸引力的。没有证据表明，这些人比元老院的其他成员对奥古斯都更友好，也不能证明他们对他更敌视。狄奥说，大约在这个时期，有几个人因为图谋反对元首而被处死。但狄奥没有给出这些人的名字。[21]

前18年，李维娅的次子德鲁苏斯担任财务官。他只有十九岁，和兄长提比略一样被授予比正常年龄早五年担任裁判官和执政官的权利。阿格里帕的女儿维普撒尼娅尚在襁褓中时就被许配给了提比略。提比略远征东方返回后，维普撒尼娅已经到了嫁人的年龄，于是他们终于结婚了。几年后，他的弟弟德鲁苏斯娶了马克·安东尼和屋大维娅的女儿小安东尼娅。奥古斯都在东方期间，罗马还缔结了一门甚至更重要的婚事。前21年，阿格里帕被派回罗马，处置那里的骚乱，同时他还有更私人的事情要办理。他休掉了自己的第二任妻子（屋大维娅和马凯鲁斯的女儿，所以是奥古斯都的外甥女），然后娶了奥古斯都的女儿，寡居的尤利娅。新娘只有十八岁，新郎与她父亲（四十二岁）的年纪差不多，但老夫少妻在贵族婚姻中是很常见的。这门婚事说明阿格里帕深得奥古斯都的宠信。就这样，奥古斯都与他最信赖也最可靠的副手建立了更加紧密的联系。有流言说，这门婚事是不得已而为之。据说梅塞纳斯告诉恺撒·奥古斯都，他把阿格里帕培植得太强大，现在必须把阿格里帕杀掉，或者让他成为自己的女婿。现实中，其实没有多少其他选择。奥古斯都对提比略的态度还不明确，但如果取消提比略和维普撒尼娅的婚约，一定会被认为是对她父亲的冷落。[22]

阿格里帕出身于内层元老圈子之外，凭借与恺撒·奥古斯都的关系得以平步青云，这让很多贵族非常嫉恨他。和其他新人一样，阿格里帕似乎格外宣扬自己的平凡出身，有意识地与广大群众交好，为他们修建福利设施，同时轻蔑地谢绝其他元老非常渴望的个人荣誉，比如凯旋式。他非常热衷收藏艺术品，总是公开展出，而不是私藏。但与奥古斯都圈子的其他人和一般贵族不同的是，他对文学没有什么兴趣，也不结交诗人和作家。阿格里帕精力充沛而高效，是一位成功的将军、行政管理者和建筑巨头，也是一位成功的丈夫，至少按照罗马的标准是这样的。前 20 年，他离开罗马前，尤利娅已经有孕在身，这一年晚些时候生了一个儿子，取名为盖乌斯。前 19 年，阿格里帕彻底粉碎了西班牙最后一次大规模叛乱，在返回罗马后又一次谢绝了凯旋式的奖励。尤利娅很快又怀孕了，在前 17 年生了第二个儿子，取名为卢基乌斯。[23]

　　作为元首的女婿，并且拥有如此多的伟大成就，阿格里帕的威望远远超过其他任何一位元老。很快，他又得到了正式的权力。前 18 年，恺撒·奥古斯都还有一年就要到期的五年行省指挥权又被延长了五年。同时，阿格里帕也被授予一个为期五年的总督职位，不过可能不是与具体的某些行省有关联，并且后来才被确定为级别高于普通总督。他过去也一定拥有过类似的职权，不过在前 20 年代其地位的细节很难搞清楚。更引人注目的是，他于前 18 年被授予了为期五年的保民官权力。除了恺撒·奥古斯都之外，还不曾有人拥有过这样的权力。阿格里帕的保民官权力有时间限制，不像元首那样是终身制的，但仍然是一种个人化权利，这让阿格里帕在其他行政长官和显赫元老当中显得与众不同。总的来讲，他的新地位使他享有一人之下万人之上的权威，如果奥古斯都在随后几年内去世，那么阿格里帕一定有机会继承他的地位。[24]

一个皇朝正在形成。卢基乌斯出生后，奥古斯都收养了尤利娅和阿格里帕的两个儿子，于是人们更加觉得阿格里帕家族正在被培养为帝国的接班人。这种收养仪式是一种象征性的购买，奥古斯都在一位裁判官面前，用一枚低价值的铜币（称为"阿斯"）在一台秤上敲了三下。于是，两个婴儿，元首的外孙也是元首最亲密盟友的儿子，就变成了盖乌斯·恺撒和卢基乌斯·恺撒。到这个阶段，应当不会有人觉得恺撒·奥古斯都会退隐，而且很多权力都属于他个人，所以他其实也没有具体的官职可以辞掉。但在其行省指挥任期被延长五年时，他声称这足够平定这些地区了。也许有些人相信他。但过了一段时间之后，这个任期被延长为十年，并没有因此发生骚动。一些罗马人可能仍然在怨恨一个人掌握如此大的永久性权力的事实，但即便是心怀不满的人也很少愿意冒重燃内战的风险，至少短期内不愿冒这个险。随着时间流逝，新的现实——奥古斯都除了没有君主的名号之外，其实已经是一位君主——变得越来越不引人注目。在可预见的未来，不会有一位新的军阀与奥古斯都分庭抗礼，异见分子不会拥有这样一位领袖，所以除了暗杀之外，没有任何除掉元首的办法。奥古斯都比尤利乌斯·恺撒更小心地保护自己的人身安全，所以任何行刺他的企图都是非常危险的，而前44年的事件向所有人证明，即便有可能刺杀独裁者，结果也很可能只是回到混乱和内战的状态。[25]

要谋杀恺撒·奥古斯都并非绝对不可能，而且我们也不能高估他采取的防备措施。他常参加元老院会议，出于这个原因或其他一些原因，他常常在罗马街头步行或者乘轿。在元老院会议上，他遇到每一位元老都会向其问候，常常还用亲热的方式与其道别。主持会议的时候，他会预先搞清楚每一位与会者的名字，以便直呼其名，请他们发表高见。他依赖于自己极佳的记忆力，而不用指名者。元首在罗马和在其他所有地方一样，会接见请愿者，并且非常努力地表现出自己愿意倾听。有个人接近他时非常紧张，他责备这个人看上去仿佛"向大象奉上一枚钱币"。还有一个故事说，一位希腊诗人常在帕拉丁山上奥古斯都宅邸的门廊外等候，可能是和其他一大群希望吸引奥古斯都注意的人在一起。这位诗人拿着一首他写的赞颂皇帝的诗，希望得到赏赐。在很长一段时间内，奥古斯都对他置之不理。他喜欢和维吉尔与贺拉斯那样的才子交往，但不打算接受一位不成功作家的平庸颂歌，因此从来没有允许这位诗人接近自己。[26]

　　这个希腊人坚持不懈，最后奥古斯都决定耍他一下。这一天，诗人和往常一样在门外等候。这一次，元首走到他面前，给了他一张纸莎草纸，上面写着奥古斯都自己的几行诗。希腊人安之若素，大声朗诵了这首小诗，赞扬了它的文采，然后给了凯旋将军恺撒·奥古斯都几枚钱币作为赏金，道歉说钱不多，还用希腊语说："我以奥古斯都的好运气起誓，如果我有更多钱，一定会给你更多。"元首被逗乐了，命令一名侍从给了这人10万塞斯特尔提乌斯。[27]

　　这个故事以及其他很多轶闻清楚地表明，恺撒·奥古斯都不是一个高高在上的人，大家是可以接近他的，不仅富人和显贵可以，差不多所有人都可以。这也证明绝大多数罗马人满足于接受他的主宰地位，而不愿意接受其他选择。在这种环境下，奥古斯都更加公开地认可阿格里帕的地位，并收养他的两个儿子。这是稳定民心的举措，承诺了未来的稳定和安全。显然这对奥古斯都本人很重要，所以他才收养了那两个男婴。在这个时期，罗马民族的未来，尤其是精英阶层的未来，也成了他认真思考的问题。内战和政治迫害对元老阶层和很多骑士家族造成了巨大破坏。有些家族干脆已经灭亡，其他家族则有一代人或者几代人在从政的最合适年龄之前或期间死亡。抚养孩子是很昂贵的事情，尤其是如果这些孩子想要从政的话。人们普遍相信，越来越多的男子要么选择单身，要么结婚却不生孩子。

奥古斯都决定采取行动。无疑地，他先和御前会议（即小议事会）探讨了此事，然后将其提交元老院。他的担忧只有在这个层面上才可以说是关系到道德的：他希望罗马的精英阶层尽自己的义务，不断提供年轻男子来从政。管一管此事对奥古斯都来说也是非常正当的，因为在过去监察官的部分职责就是监督公众的道德风化。他从东方返回后，元老院投票授权他通过一项《奥古斯都法》，但这个决定没有经过正常的元老院讨论、公民大会投票的程序。我们不知道他有没有接受这项权力，即使接受了，他也没有运用。他遵从正当程序，将自己的提案呈送元老院，请求批准，然后接受投票表决，使其成为《尤利乌斯婚姻法》。生三个或更多孩子的父亲将得到一些福利，而适龄却不结婚或不生子的男子将受到处罚。他像往常一样非常关注元老阶层的尊严，因此禁止元老与女释奴结婚，但其他公民，包括骑士，则被允许与女释奴结婚，因为很多人相信公民当中男多女少。[28]

大约在同一时期，他还引入了《尤利乌斯处置通奸法》，处罚通奸以及与自由女性的任何非婚性行为。据说是元老院最先感到急需处理这个问题的，元老们认为年轻一代过于放荡，导致很多人没有结婚生子。这项法律通过了，但据狄奥记载，有些人希望政府采取更强硬的措施，奥古斯都却不愿意继续干预，因为他觉得新法律已经足够了。这种事情肯定是很难管的，参与通奸的人很可能仅仅显得可笑而已。而且奥古斯都自己也曾是个风流浪子，与很多有夫之妇发生过奸情，这肯定不利于法律的执行。在辩论中，有人讥讽说，奥古斯都非常有资格讨论这个话题。他遭到嘲讽，而且有人对他施加压力，要他加大干预力度，于是他建议他们都管好自己的老婆："你们应当按照自己觉得合适的方式，训斥和教导你们的妻子。我就是这样的。"元老的总人数虽然多达六百，但仍然只是小小的贵族群体（也包括元首及其家人）的一部分。很多元老认识李维娅，所有元老都知道她以贞洁闻名，所以奥古斯都的这种说法让大家很惊讶。好几个发言者敦促奥古斯都介绍一下他教导自己妻子的细节，他却只说得出自己对李维娅和尤利娅的仪态、服饰和礼节提过一些建议。[29]

元老们可以自由地取笑元首，让他窘迫，而不必害怕遭到报复。元首的不悦或许会影响某些人的升迁，但很多元老已经得到了自己想要的官职、荣誉、行省指挥权，所以不会害怕。他们对元首的嘲讽是温和的，尤其与罗马政坛传统的极其污秽粗俗的语言相比，而且并没有直接批评奥古斯都本人。在很多方面，这样的对话有利于维护奥古斯都所希望的那种表象：他只不过是元老院中最显赫的一位成员而已。他提议的法律得以轻松通过，但执行就是另一回事了。不过，对新法律的抵制并不是由于反对他本人。为了应付新法律，有些男子安排自己与婴儿订婚，于是就享有婚姻带来的福利，而在好些年内都不必真的结婚。奥古斯都的回应是对法律做了修改，规定订婚之后必须在两年内结婚，否则婚约无效。[30]

制定这些法律的努力造成了更多不方便的窘境，他负责监管公众道德风化的临时职责意味着他需要审理具体的案件。一名男子被指控娶了一个之前与他有过通奸行为的女子，这事情与奥古斯都不循常规地追求李维娅的故事十分相似。在这个案子里，控方对被告的品行还做了其他许多指控，显然非常仇恨被告。奥古斯都最后驳回了起诉，含糊地宣布，原告和被告双方应当捐弃前嫌。前17年年初，元首四十五岁，已经是个成熟男子，不会像青春年少时那样动辄暴跳如雷、时常说出蠢话来。他很好应对了元老们讥讽地询问或者打断他演讲的行为，即便陷入窘境时也以很好的风度脱身，不会有失体面。[31]

他的温和可亲软化了其独裁的冷酷现实，曾经的三头同盟之一的强硬面孔只是偶尔显露出来。有一次，奥古斯都与一名叫作维迪乌斯·波利奥的骑士一同用膳，此人以富裕、奢侈和残酷而闻名。波利奥也是奥古斯都的老友，可能是年轻的恺撒于前44年投身政治时支持他的富豪之一。和西塞罗那一代的许多人一样，波利奥也拥有面积很大的装饰性鱼池，其中之一养着食肉的七鳃鳗，如果有奴隶惹恼了他，他就把奴隶丢进去喂鱼。席间，一名奴隶偶然打碎了一套昂贵的酒杯中的一只，主人立刻命令将此人扔进鱼池。凯旋将军恺撒·奥古斯都命他的侍从把这套酒杯的剩余几只拿过来，当着主人的面一只一只砸碎，直到波利奥释放那个奴隶。这个故事表明他并不赞成这位骑士的残酷行为。他这么做的动机肯定也在于此。他那绝对的自信令人不寒而栗，他知道自己可以这么做，而主人没有任何办法。后来波利奥去世了，将他的奢华别墅之一遗赠给元首。奥古斯都将这座别墅拆毁，以消灭这恶人留下的痕迹，让维迪乌斯的名字陨灭。别墅已经是他的财产了，他可以随意处置，但他鄙夷地消灭维迪乌斯遗迹的做法，不管是多么合情合理，也体现出了恺撒·奥古斯都绝对的主宰地位。[32]

　　没有任何力量能够反抗他。不管人们如何假装不是这个样子，大家其实都很清楚实际情况。人们可以批评他，但这些批评非常有限，这也证明了他受到的敬畏。在过去，罗马人对哪怕是国内最伟大的人，也会肆无忌惮地表达自己的看法。人们还会在公共场所，包括元老院议政厅，留下匿名小册子，以抒发更为强烈的情感。恺撒·奥古斯都在元老院发表演讲，为自己辩护，驳斥这些匿名攻击，并宣布将来要对这些小册子的匿名作者追查到底，予以严惩。有时最凶残的攻击是针对其他元老的，与他或他的政权无关，反映了历史更悠久的仇隙。和其他任何时代一样，大多数人的时间、精力和利益只有一小部分被用于高端政治。这些年里，奥古斯都将演员皮拉得斯从流亡中召回。皮拉得斯和另外一位叫作巴绪卢的演员的追捧者之间激烈争斗，皮拉得斯羞辱了一名捣乱分子，诱导群众去辱骂这个人，后来导致皮拉得斯获罪而被放逐。巴绪卢是梅塞纳斯的宠儿，还曾是他的情人，得到这位大人物的保护。如今，皮拉得斯重返罗马，和巴绪卢都继续受到观众的欢迎。奥古斯都为了过去的骚乱而责备皮拉得斯，他则向恺撒保证，最符合恺撒利益的事情就是，让群众把闲暇时间和热情全部用于剧场和追星（有些明星臭名昭著）。[33]

## 年份的周期

　　前17年，新生儿卢基乌斯及其兄长盖乌斯被恺撒·奥古斯都收养。他开始筹划长远的未来。虽然在几十年的纷争之后获得了和平，虽然他常鼓吹精神和肉体的复兴，虽然他对传统和往昔的光荣兴致勃勃，但他的政权始终着眼于未来，而非过去。恺撒·奥古斯都领导下的罗马人取得的成就将会延续下去，他率领他们走向未来，将会有更了不起的成绩。复兴传统是为了让罗马人准备好迎接这样的未来：让罗马人与数个世纪以来引导他们城市进步的神祇融洽相处，让公民们像罗马人理应的那样行动和作为，但说到底并不是为了复古，而是为了在正确的路径上继续前进。

罗马人有好几种计时法。年是根据四季的自然变化计算的，并且与政坛有紧密联系。每一年执政官的名字被用来为这一年命名。每隔五年，监察官应当重新检视全体公民的人口、财政状况和衔级。此外还有一个更长的周期，称为世纪（saeculum），它比人的最长寿命还要长。庆祝世纪的例子在过去只发生过几次，对于它的长度大家也很惘然，不过大多数人觉得一个世纪应当是一百年。上一次庆祝世纪是在前146年，但一百年后的内战动乱使得无人关注，无人纪念新的周期。奥古斯都说，有人报告称，预示着尤利乌斯·恺撒升天成神的彗星也标志着一个新世纪的开始。但这种时间计算法不是很方便，后来他的一位支持者，著名的法学家盖乌斯·阿泰乌斯·卡皮托经过一番努力，"发现"世纪周期其实是110年。如果从罗马建城开始计算，那么下一个世纪之交就是前17年。并非所有人都信服这种说法，比如后来的克劳狄皇帝就恢复了传统纪年法，以便在自己统治时期庆祝世纪之交，但对急于举行一场宏伟和适宜的活动的奥古斯都来说，大家相不相信并不很重要。[34]

奥古斯都花费了很大精力去筹备世纪节（ludi saeculares），

现代英语将其译为 Secular Games（字面意思为"世俗节庆"），这很有误导性，因为世纪节在方方面面都是宗教仪式。奥古斯都深度参与了节庆的每个阶段，阿格里帕也是如此。阿格里帕自获得保民官权力以来，发挥的作用更大。两人都是重要的古老祭司团——十五人团①——的成员，祭司团奉命监管这些仪式。十五人团的成员如今已经不止十五人，因为奥古斯都扩大了所有祭司团，并且他是所有祭司团的成员。十五人团的其他成员都是元老，节庆的筹备计划由他们审阅和批准。元老院规定具体细节应当被记载在大理石和青铜碑铭（由国库出资）上，竖立在现场。所有工作都是以传统和适宜的方式进行的，但在整个过程中，奥古斯都和阿格里帕发挥了特别大的作用，远远超过祭司团的同僚和其他元老："执政官盖乌斯·西拉努斯报告称，在荒废多年之后，世纪节庆祝活动将在本年度举行，由凯旋将军恺撒·奥古斯都和马尔库斯·阿格里帕领导，他们均享有保民官权力……"

　　新近发布的关于婚姻的法律禁止未婚青年男女观看公开节庆活动，但这一次的节庆太重要（因为它的一个周期比人的寿命还长，所以这是他们见证此种节庆的唯一一次机会），于是姑且允许他们观看。

　　前17年5月31日，奥古斯都在台伯河畔的战神广场举行夜间献祭，世纪节就这样拉开帷幕。根据《西卜林书》规定的仪式，他向命运三女神（这一次用她们的希腊语名字摩伊

---

①　十五人团（Quindecimviri sacris faciundis）是古罗马主要负责保管《西卜林书》的祭司团。《西卜林书》是一部神谕集，用希腊文写成，据说是罗马末代国王塔奎尼乌斯·苏培布斯从一名西比尔女预言家手中购得。在罗马共和国和帝国的重大危机时期，人们都会寻求这部神谕集的指导。

赖称呼她们）献祭了九只母绵羊和九只母山羊。他为了罗马人民向命运三女神祈祷，将罗马人称为"奎里努斯①的子孙"，非常明确地表示了他们的身份，请求女神继续保佑他们在战争中旗开得胜，并保佑国家和军团士兵。祈祷文中还有比较古老的元素，即请求女神让"拉丁人驯顺"。罗马说拉丁语言的邻居自前 4 世纪起就已经被罗马牢牢控制，但罗马的仪式极度保守，所以常常见到上古留下的遗迹，甚至其中有些不断重复的语句如今已经无人理解。这一次的仪式应当不是沿袭古例，而是刻意模仿古风，炮制古色古香的气氛。这传统的表象之中还编织了当代的元素：在祷告中，奥古斯都两次请求女神降福给"罗马人民、奎里努斯的子孙、十五人团、我、我的家族和我的亲属"。

当夜还有一场仪式飨宴，参与者是精心挑选出来的 110 名已婚妇女，都已经当了母亲。宴会桌前还摆放着女神朱诺和狄安娜的神像。还有一场戏剧表演，观众按照传统的罗马方式站着观看，而不是按照从希腊人那里学来的方式坐着观看。次日，即 6 月 1 日，奥古斯都和阿格里帕各自去了卡比托利欧山，杀死一头完美无瑕的献祭公牛，将其奉献给"至善至伟朱庇特"。6 月 2 日，两人各自向朱诺献祭了一头母牛，也是在卡比托利欧山举行。祭司团的其他成员在一旁侍奉，但只有他们两人执行献祭。除了向特定的神或女神祈祷之外，他们还重复了第一次祈祷，请求神祇压制拉丁人，并请求神祇保佑罗马人民、奎里努斯子孙的安宁和成功，以及保佑元首及其家族

---

① 奎里努斯（Quirinus）是古罗马神话中的神祇之一，在罗马城建立之时，古罗马早期曾具有重要意义。后地位衰微，仅为祭祀之用。后来被认为与罗马的建城者罗慕路斯的地位等同。

和亲属。6月1日夜间，他们向希腊的助产女神厄勒梯亚献了祭饼。6月2日夜间，奥古斯都在台伯河畔屠宰了一头怀孕的母猪，以纪念大地母亲。次日，他和阿格里帕在帕拉丁山向阿波罗和狄安娜奉献祭饼。

我们现代人对动物献祭非常陌生，所以研究古罗马的学者常常觉得这是想当然的事情，而忘记了动物献祭需要多么精心的准备。必须找到合适的动物，保持其健康，然后沉稳地牵到祭坛前，避免让它们惊慌失措。屠宰动物的工作一般由受过训练的专业人士完成，因为必须做得干脆利落。奥古斯都和阿格里帕站在一旁背诵祷文，托加袍的一部分遮盖他们的头顶。有很多奥古斯都的画像，还有不少阿格里帕的画像，表现他们是这样遮盖头部的。元首显然希望展示自己的虔诚和祭司身份。如果献祭仪式出了差错，不管是准备工作、屠宰牺牲品还是祷文中哪怕极其细微的错误，都会让整个仪式失效，必须从头再来。

在献祭的同时，110名已婚妇女举行了神圣宴会，她们有时也参加公共祷告。仪式之后，还有为期七天的希腊语和拉丁语戏剧表演，其中一些表演在临时的木制剧场举行，有的则在庞培剧场或尚未竣工的马凯鲁斯剧场举行。还有几天举行斗兽和赛车表演，以此结束差不多两周的华丽盛景。通过这些节庆活动，罗马过去和未来的伟大光辉与恺撒·奥古斯都及其盟友阿格里帕的领导，不可分割地联系在一起。

6月3日，先是在帕拉丁山，后来在卡比托利欧山，由二十七名（三九二十七是神圣的数字组合）男童和二十七名女童组成的合唱队演唱了一首特别制作的诗歌。诗作者是贺拉斯，不过假如维吉尔还在世，也许也会被选中。这首《世纪之歌》保存至今。它呼吁得到献祭抚慰的诸神以及其他神祇，保佑和保护罗马人，并提到了《埃涅阿斯纪》歌颂的特洛伊的历史。奥古斯都关心的很多东西都在诗中有所体现，比如"父老"（这是对元老的另一个称呼，根据传统，元老都是一家之主）关于男女永世同心的敕令和关于养育新一代孩子的法律。元首本人在诗中被赞颂为"安喀塞斯和维纳斯的光荣后嗣……愿他在战斗中旗开得胜，但击败敌人之后以怜悯待之"。这一年发行的一系列钱币上刻画了尤利乌斯·恺撒的形象，再一次突显了尤利乌斯家族的重要性。[35]

节庆活动的宗旨是表现正在进行的和已经稳固确立的复兴，以及更光辉未来的美好前景。罗马人将会繁衍生息，在下一个历史周期里新的一代代人将会更加强大，而恺撒·奥古斯都处于这一切的中心。他现在可以说自己有了儿子，因为正如他自己的政治生涯所表明的那样，养子和亲生儿子一样享有父亲遗留的地位和影响力，而且养子和亲生儿子一样，抚养起来要付出很大代价。通过这种方式，奥古斯都努力做一个表率，去养育新一代罗马人，就像鼓励和强迫精英阶层的其他成员去做的那样。他的继子和其他亲属的早婚，也是为了这个目的。

元首圈子的其他人没有做出表率。梅塞纳斯已经结婚，但没有孩子，而且似乎对男性情人更感兴趣。维吉尔似乎没有结过婚，而且有传闻说他只对小男孩有欲望。贺拉斯热衷追逐女性，但只和职业交际花及其他娼妓交往。据说他的卧室墙壁和天花板上挂满镜子，和这些女人做爱时，他就可以自我观赏。如果这是真的，它一定是一桩非常奢靡的爱好，因为镜子非常昂贵。奥古斯都对此似乎并不介意，在给贺拉斯的书信中开玩笑地为他取了绰号"极其淫荡的小男人"和"完美的阴茎"。

这几个人都没有认真从政，梅塞纳斯在幕后有影响力和权力，但没有担任过官职。[36]

　　恺撒·奥古斯都遵照非常典型的罗马习惯，更关心公众形象和实用价值，而不是仅仅为了改变行为习惯而改变。他需要贵族繁衍生息，这样才能有新的一代；他需要贵族在公共场所表现出尊严并尊重神祇和一般传统。他关于婚姻的法律受到很多人的怨恨和无视，但总的来讲大多数人应当或多或少自愿地服从了。只要他们服从法律，并且在公共场合的行为举止符合规矩，那么奥古斯都和其他人就不会很关心这些贵族的私生活。

# 十七　家庭和同僚

奥古斯都·恺撒……因为长期待在首都，受到很多人的憎恶。

——狄奥，3世纪初[1]

我没有向任何部落发动非正义战争，平定了阿尔卑斯山，从最接近亚得里亚海的地区，一直到托斯卡纳海。

——《神圣奥古斯都功业录》[2]

前17年年末或前16年年初，三个日耳曼部落，乌西皮特人、滕科特利人和苏刚布里人，突然围捕了他们领地内的一些罗马人（可能是商人），并将其钉死在十字架上。我们不知道他们为什么突然对罗马人表现出敌意，但随后一大群武士集结起来，渡过莱茵河，向罗马的高卢行省发动了一次袭掠。军团长马尔库斯·劳里乌斯集结了一支军队来对付他们，就像尤利乌斯·恺撒、阿格里帕和其他罗马统帅过去差不多在同一地区做过的那样。但劳里乌斯没有他们那样的军事才干，这一次进展不顺利。在主力部队前方侦察的辅助骑兵遭到伏击，被打得落花流水。兴高采烈的日耳曼武士追逐这些逃窜的骑兵，把他们一直追赶到罗马主力部队那里。主力部队吃了一惊，陷入混乱。第五"云雀"军团乱了阵脚，丢失了宝贵的鹰旗。一段时间内，大部分罗马军队都在败退，后来才恢复了秩序，击退了敌人。

劳里乌斯及其军队虽然战败，但生存了下来，而且损失应当不是很大。苏埃托尼乌斯说此次挫败"并不严重，但影响很坏"，仍然将它列为奥古斯都军队在内战之后仅遭受的两次大败之一。劳里乌斯是奥古斯都的军团长，士兵也是奥古斯都的士兵，所以他们的失败完全可以说是他本人的失败，就像他们过去的胜利也属于他一样。凯旋将军恺撒·奥古斯都之所以能够领导国家，是因为他的胜利带来了和平与繁荣。任何挫折都会损害他的地位，而在大肆宣传从帕提亚和伊利里亚收回军旗的光荣之后，如今又损失了一面鹰旗，这实在令人尴尬。奥古斯都宣布他将御驾亲征高卢，并于春末离开了罗马。但他还没有抵达高卢，那里的战事就结束了。劳里乌斯集结了一支比先前更强大且准备更充分的军队，入侵了日耳曼部落的腹地，以报复他们之前的袭击。这消息促使日耳曼人派使者来求和，于是罗马人给了他们和平，但必须遵照罗马的条件。我们不知道那面鹰旗后来怎么样了，但没有大规模宣传它的回归，所以它的丢失可能是很短暂的，在第一次冲突中就被收回了。[3]

奥古斯都继续前往高卢，可能已经打算巡视西方各行省，这时传来了劳里乌斯失利的消息。阿格里帕也离开罗马，去往东方，他和岳父在随后三年多时间里都不会返回意大利。他们继续按照业已确定的惯例，在罗马待一段时间后就要花较长时间巡视各行省。据狄奥说，奥古斯都很高兴离开罗马城，用高卢传来的消息作为匆匆上路的借口。他前不久颁布的婚姻法仍然让一些元老和骑士恼火。元首愿意对违反该法的朋友和支持者网开一面或宽大处理。这能让人理解，也符合罗马人的习惯，却让那些受到更严厉处理的人更加怨恨。没有迹象表明存在联合一致反对奥古斯都的集团，但奥古斯都的平易近人和希望元老院进行自由公开辩论的主张却让他常常陷入尴尬境地。他在罗马待得越久，那些对他抱有敌意的人就越容易试探他宽容的底线，而只要他希望维持其政权传统和符合法律的表象，他能做的就很少。[4]

李维娅可能陪奥古斯都去了高卢，不过狄奥记载了一段荒诞的传言，说奥古斯都之所以离开意大利，是为了避开公众耳目，继续与梅塞纳斯的妻子特伦提娅通奸。李维娅的儿子提比略很快与他们会合，奥古斯都的两个继子在随后几年里都将在公共事务方面享有显赫的地位。提比略在罗马逗留的原因之一是与德鲁苏斯一同主持纪念奎里努斯（对奎里努斯的崇拜历史悠久，如今奎里努斯被视为神化了的罗慕路斯）神庙落成的角斗士竞技。这兄弟俩奉命主持这些竞技可能不是偶然，因为新神庙的檐壁上描绘罗慕路斯与雷穆斯兄弟的图像，不是描绘他们之间的争斗，而是描绘在罗马城建立之前，兄弟俩作为观鸟占卜师，坐着寻求诸神的指导。这种兄弟和睦的景象，不管是亲兄弟之间还是全体罗马人之间的和睦，就是奥古斯都政权在当今和未来所主张的状态。[5]

提比略当选前 16 年的裁判官。近些年来，元老院名单上一直把他列为前任裁判官，如今他终于真正担任了这个职务。他时年二十五岁，被元老院的法令允许比正常年龄早五年竞选每一级别的行政长官。后来奥古斯都降低了所有重要职位的最低年龄要求，但我们不清楚这是何时发生的，也不知道这是一次性的大规模改革，还是一系列较小的变化。这个过程似乎在前 20 年代末之前完成，所以如今的人可以比过去更早地担任官职。年满三十岁即可担任裁判官，满三十三岁即可担任执政官。这项变革有助于豪门世家子弟担任执政官和其他行政长官，因为那些被内战和政治迫害摧残得枝叶飘零的家族的新一代成员已经成年了。[6]

前16年1月1日，两位新任执政官分别是卢基乌斯·多米提乌斯·阿赫诺巴尔布斯和普布利乌斯·科尔内利乌斯·西庇阿。这两人都有着无可挑剔的贵族家世，提比略和德鲁苏斯也是这样。阿赫诺巴尔布斯也是奥古斯都的甥孙，因为他母亲是大安东尼娅①，即屋大维娅和马克·安东尼的女儿。西庇阿和奥古斯都的关系比较远，不过他是尤利娅的同母异父哥哥，因为他的母亲是斯克利博尼娅，即奥古斯都休掉的前妻。如此亲近的关系在罗马政坛司空见惯，未必能保证政治上一定是伙伴。后来西庇阿没有干满一年任期就被奥古斯都的一名老部下取代（补任执政官）。我们不知道为什么会发生这样的事情，不过史料中没有相关记载，这说明应当不是由于什么坏的原因。[7]

在离开罗马之前，奥古斯都又一次恢复了城市长官的官职，这一次他将这个职位给了经验丰富的下属斯塔提里乌斯·陶鲁斯。前26年，奥古斯都曾尝试恢复这个古老的职位，但梅萨拉上任几天后就辞职了，于是奥古斯都的尝试失败。但在十年后，城市长官的权力和职能应当已经被清楚界定了。罗马城组建了三个城市大队当作警察，交给城市长官指挥。提比略可能获得了威望很高的城市裁判官职位，如果是这样，他应当上任几个月后就陪同奥古斯都去了高卢。提比略不在期间，德鲁苏斯代理他的职务，尽管他还没有正式担任任何职务。斯塔

---

①　原文有误。前16年执政官卢基乌斯·多米提乌斯·阿赫诺巴尔布斯是大安东尼娅的丈夫，而不是儿子，所以他是奥古斯都的外甥女婿。卢基乌斯是尼禄皇帝的祖父。

提里乌斯·陶鲁斯这样的人是奥古斯都的老战友，但权力越来越多地被交给元首的亲属。奥古斯都的女婿和同样拥有保民官权力的阿格里帕正身处东方。提比略和奥古斯都一同在高卢，很快将取代劳里乌斯成为那里的军团长，而德鲁苏斯被从罗马唤来，于前 15 年开始在外省承担更重要的工作。这兄弟俩，以及阿格里帕的两个儿子（也就是奥古斯都的养子）就是未来稳定的保障。即便元首去世，他的政权也不会立刻垮台，内战也不会爆发。[8]

## 殖民地、社区和道路

这是奥古斯都第四次到访高卢，这足以印证高卢的重要性。通过征服"长发高卢"，尤利乌斯·恺撒获得了足以与庞培匹敌的财富、威望和忠诚的军队。在随后的岁月里，高卢在历次内战中起到了至关重要的战略作用，尽管战火很少燃烧到该地区。新的高卢各行省在近期才被征服，而且容易遭到莱茵河东岸蛮族的袭击，所以通常需要相当多的驻军，而这些军队比其他任何罗马军队都更接近意大利。此外，高卢也是招募辅助士兵的重要地区，高卢骑兵特别有名。前 43 年，李必达控制着驻扎高卢的军队，所以他成为一支强大的力量，而奥古斯都在前 40 年控制了那里的军队，从根本上破坏了安东尼的根基。

内高卢如今已经是意大利的一部分，不再有驻军。尤利乌斯·恺撒的主要基地是外高卢（今天的普罗旺斯）。前 29 年，外高卢被纳入奥古斯都庞大的外省辖区。这一年，他承诺将把平定下来、不再受外敌威胁的行省交还元老院，外高卢就是第一个被用来证明其诚意的行省。可能在前 22 年（不过我们无法确定），外高卢被交给元老院管辖，从此由一名总督治理。

它被更名为纳博讷高卢（得名自其首府纳博讷），不再有驻军，不过有很多退伍军人定居在该省近几十年来建立的众多殖民地。这些人非常感激奥古斯都，所以他们不大可能支持他的竞争对手兴兵作乱。长远来看，纳博讷高卢是一个兵力资源丰富的地方，因为这些殖民者的后代会遵照家族传统，从军效力。[9]

纳博讷高卢已经非常罗马化了，几十年前尤利乌斯·恺撒就发现当地的贵族是有价值的盟友。这些人会说流利的拉丁语，熟悉罗马文化，有时还懂希腊文化，并且很容易与他的罗马军官和幕僚打成一片。有些当地人已经享有罗马公民权，更多人将会在后来的岁月里获得公民权的奖赏。目前高卢全境公民最常见的名字是尤利乌斯，尤其在纳博讷。这证明了尤利乌斯·恺撒和后来的奥古斯都对当地的慷慨优待。最受宠的当地贵族会成为骑士甚至元老。很多社区已经变为非常接近罗马风格的城市，建立退伍军人殖民地的工作更是加快了这种同化进程。许多城市的规划是围绕着秩序井然的街道，以广场为中心，广场上有处理公共事务的会堂，有足够的空间供商业活动之用，通常还有一座供奉罗马神祇的神庙。许多城市很快有了剧场和竞技场，有的是元首出资建造的，有的是当地富豪建造的。不到一个世纪之后的老普林尼说，纳博讷高卢差不多可以算作意大利的一部分。[10]

高卢的其余部分则不同，罗马的影响没有那么深。长发高卢发展为三个行省：西南部的阿基坦尼亚、北部和中部的卢格敦高卢和东北部的比利时。这大致相当于尤利乌斯·恺撒在《高卢战记》里所说的高卢分成的三部分，虽然不是完全对等。奥古斯都时代已经有"三个高卢"的说法，后来的高卢各行省可能已经被划定，不过似乎此时是一名军团长治理整个长发高卢。这肯定是个军事辖区，劳里乌斯前不久与日耳曼袭击者的不幸遭遇就证明了这一点。靠近阿尔卑斯山的地方也偶尔会出麻烦，那里的居民仍然不在罗马控制之下。阿基坦尼亚也会有问题。总的来讲，奥古斯都说三个高卢是比较棘手的地区，需要他亲自处理，是有道理的。[11]

虽然高卢各部落在几十年之后才被罗马征服，但这些部落并没有大规模抵抗的迹象。阿基坦尼亚是唯一的例外，不过如今罗马已经彻底征服了西班牙北部，所以比利牛斯山脉以南不再有独立的人群去袭击或者援助阿基坦尼亚的高卢部落。在随后的年份里，阿基坦尼亚不会有大规模战事。但目前，最靠近阿尔卑斯山的地区和与日耳曼部落的漫长边界常遭到罗马帝国之外的敌人攻击。如果罗马人不能处理这些问题并保护自己的臣民，那么有些高卢贵族或许会觉得，与罗马结盟不划算，他们或者他们的竞争对手就可能寻求日耳曼军事领袖的支持。尤利乌斯·恺撒时代的局势就是这个样子，他不觉得这是难题，而将其视为武装干预的良机。[12]

奥古斯都需要寻找一个永久性的解决方案。在很多方面，阿尔卑斯山的问题比较容易处置，因为它差不多已经被罗马的行省包围了，不过这仍然不是轻松的任务。居住在阿尔卑斯山山谷中的部族有比较松散的组织，包括很多互有区分的社区，其领袖只在很小的地区享有权威。艰苦的生活条件培养了坚忍不拔、凶悍勇猛的武士，他们擅长袭击定居谷地，从希望不受骚扰地安全通过山道的商人（有时甚至还有罗马军队）那里敲诈买路钱。近期有一些关于恐怖的野蛮暴行的报告，说明至少部分社区开始憎恨罗马人。袭击突然增多，据说他们会杀死所有落入他们手中的罗马男人，并杀害所有被他们的占卜师认为怀着男孩的孕妇。[13]

近些年来，奥古斯都多次下令在阿尔卑斯山区开展军事行动，如今他决心完成对该地区的征服，并将这个任务交给他的两个继子。德鲁苏斯于前15年春开始行动，从意大利率领几支部队进入因河流域。随后提比略从高卢的基地进军。这场战争的特色就是残酷的小规模冲突和攻打设防村庄。巧合的是，两兄弟于8月1日（奥古斯都在埃及取胜十五周年）会师，联手取得了一场大规模胜利。到这一年年底，几乎整个阿尔卑斯山区都已经被罗马牢牢控制，少数顽抗的地区也很快被荡平。罗马对这些山区及其隘道的控制再也不会受到挑战。为了纪念此次胜利，并与庞培在比利牛斯山脉竖立的类似纪念碑相媲美，奥古斯都在滨海阿尔卑斯山脉①的拉蒂尔比耶建立了一座宏伟的胜利纪念碑，并列举了罗马人在这些战役中打败的四十五个部族。其中不少部族的名字在其他史料中不曾出现过，反映了该地区社会的松散状况；也有一些部族没有反抗罗马，而是选择接受其统治。在诺里库姆②可能没有发生多少战斗，但至少有部分赖提亚人③和温德利希人④顽强抵抗，尽管他们并没有希望战胜占有更多资源的罗马

---

① 滨海阿尔卑斯山脉指阿尔卑斯山的西南部，是法国与意大利边界上的一段。

② 诺里库姆相当于今天奥地利大部分和斯洛文尼亚一小部分地区。

③ 赖提亚人是古罗马人对当时阿尔卑斯山一带若干部族的称呼。他们居住在今天的瑞士中部、奥地利蒂罗尔东部和意大利东北部阿尔卑斯山地区。他们的语言可能与伊特鲁里亚语言有关联，也可能属于凯尔特语。

④ 温德利希人是古罗马时期居住在今天瑞士东北部和德国南部一些地区的部族，可能是凯尔特人，前15年与其邻居赖提亚人一起被提比略领导的罗马军队征服。

军队。贺拉斯写了两首诗，分别赞颂提比略和德鲁苏斯的胜利。奥古斯都宣称自己对这些部族的战争是师出有名，罗马人总是喜欢这么想。[14]

罗马控制了穿越阿尔卑斯山的道路，这极大地改善了意大利与南面的伊利里库姆和北面的高卢之间的交通，使得罗马帝国成为一个更连贯的整体。从很多方面看，罗马人花了这么长时间才控制阿尔卑斯山，似乎令人惊讶，但的确需要奥古斯都的自信和控制力，才能投入大量资源，开展一系列艰苦的战役。这些战斗往往非常残酷而枯燥，得到的战利品或奴隶却非常少。在过去，向阿尔卑斯山部族缴纳买路钱，才是更简单和更实惠的办法。就像征服西班牙北部山区的战事一样，恺撒·奥古斯都愿意从事艰难但有价值的工作，同样也热衷宣扬自己的成就。[15]

十多年前，阿格里帕开始在高卢建造一个庞大的道路系统，以保障高卢全境的交通便利，尤其是改善通往北面和东面的莱茵河，以及西面的阿基坦尼亚和西班牙的道路。两条主路在卢格敦（今天的里昂）交会，所以这座城市的街道网络是根据两条主路的走向来布局的。和所有罗马大道一样，这两条主路最初用于军事方面，为军队尤其是军队的补给队伍提供高质量、排水优良、一年四季均可用的道路。军队需要的粮食、肉类和其他物资的数量十分庞大，就连按时向士兵发放的钱币（作为军饷）也是笨重且很占空间的货物。只要条件许可，这些物资会尽量走水路，因为那样更方便也更经济，所以新的道路系统是对交通繁忙的水道（如罗讷河与加龙河）的补充。供给军队的粮食和牲畜都是在行省内部征集的，但将这些物资运到需要的地方，还得细心准备并完成相当多的工作。在随后几年里，越来越多的军团被调到莱茵河前线，因此后勤需求大大增加了。除了运送必需品之外，随着平民和士兵对葡萄酒和精美餐具的要求逐步提高，越来越多的档次不一的奢侈品流动起来，被提供给沿途的市场，或者创建新市场。[16]

这都不是新鲜事。尤利乌斯·恺撒当年就发现，高卢全境的土著城镇里都有罗马商人居住或经商。考古发掘也证明了高卢人对来自地中海的商品的热情。前1世纪输入高卢的意大利葡萄酒的数量令人震惊：一位学者估计约4000万瓶葡萄酒取道罗讷河被送往高卢。道路也不完全是新开辟的，因为高卢人在一些路线上建有主要道路，在河上架桥，在沼泽地建造堤道。高卢的很多城镇都有工匠，有时数量还很多，并且工艺门类也很完备，能够生产各种产品，销往广大地区。很多部落，尤其是高卢中部的部落，在政治和经济上已经发展到相当发达的程度。[17]

尽管如此，罗马人作为占领军的到来，除了给当地居民带来征服的伤痛（往往还是非常恐怖的伤痛）外，也带来了更深远的影响。原有道路虽然在一年的大部分时间里够用，但在设计上远远不如罗马的适用于各种天气条件的由碎石铺设的大道，在规模上更是无法与罗马的道路网相提并论。在尤利乌斯·恺撒抵达高卢之前，贸易和商品流通的规模虽然很大，但主要是服务于精英阶层的奢侈品。受益者几乎全是贵族，对贸易的控制巩固了他们的权力。埃杜依部落的领地在罗讷河沿岸，他们的一些酋长通过控制葡萄酒贸易的税收，在部落内部获得了极大财富与主宰地位。在罗马人统治下，这种垄断被打破了，当地贵族只有通过成为罗马政府体制的一部分，才能获得区域性权力。种类繁多的商品从意大利（后来还从其他行省送来）北上，被运往高卢，以更广泛的社会阶层为客户。当地人还适应了新形成的品味。在奥古斯都治下，高卢开始大规模种植葡萄树和酿制葡萄酒。而随着对陶器的需求越来越大，高卢本地也开始建立陶器工坊。高卢南方早就普遍使用遵照罗马标准的钱币，如今这种风俗传播到了更广泛的地区，尤其是在有驻军、军团士兵会消费的地方。卢格敦建起了一座官方的罗马铸币厂，生产金银币，为士兵提供军饷，为官方工程提供资金。这些金银币的使用范围更加广泛了，也促使经济很快变得更为货币化，同时也传播了恺撒·奥古斯都的形象和符号。

罗马的影响传播得很广，也很快，但这个进程并非一蹴而就，也不是非常彻底，所以高卢仍然保留着一种独特个性，不同区域也有差别。三个高卢的罗马化程度远远低于纳博讷高卢。在大规模殖民的阶段，在纳博讷高卢之外，只建立了三个退伍军人殖民地，分别是卢格敦、新堡（今天的尼永）和劳里卡（今天瑞士境内的奥格斯特）。虽然城镇在很多地区的高卢社会已经发挥了重要作用，但它们的功能和罗马人所期望的不一样。对罗马人来说，一座城市是一个政治实体，管辖它周边的土地，但每一座城市在本质上都独立于其邻居。在高卢，"部落"① 更重要，大多数部落包括几个城镇，它们都认为自己是更广泛实体的组成部分，而很多贵族可能居住在自己的农庄，而不是城镇内。[18]

奥古斯都可能遵循了现有的罗马惯例，无视高卢的这种结构，而是将每一个部落视为独立的城邦，将其中一个城镇

---

① 部落（civitas）这个词不是非常准确，有些学者会用"国家"来取代"部落"，但实在找不到更好的说法。

指定为首府，即真正的部落中心，尽管它和别的社区和首府的规模差不多。有些中心的发展得到国家的扶持，但具体模式是多种风格的混合。许多城镇没有罗马城市那种整齐划一的网格状布局，不过差不多所有城市很快拥有了自己的广场。渐渐地，大多数中心城镇离开了前罗马时代常见的山顶，搬迁到地势较低的地方，理想情况下还要能够轻松地与道路网相通。地区政府逐渐采纳了罗马制度，尽管罗马制度其实和当地传统融合了起来。古老的高卢名字，比如大酋长（一个部落的最高行政长官的头衔）仍然使用。虽然也用罗马的头衔，比如裁判官，但一般一个头衔只有一个人（这是高卢的传统），不像罗马那样，一个级别的行政长官可能有两人或更多。[19]

在三个高卢，罗马公民比在纳博讷高卢要少见。不过公民的数量在稳步增加。当地贵族受到鼓励，将自己的儿子送去接受罗马式教育，后来演讲术在高卢流行起来。同时，当地贵族有机会协助罗马人的行政管理，代表罗马人担任当地行政长官，并且最重要的是，可以在罗马军队中担任军官。奥古斯都时期辅助部队三分之一的兵员来自高卢。贵族的实力不再取决于他豢养了多少武士（就像尤利乌斯·恺撒时代那样），但这些领导人的后代有机会为罗马作战从而获得荣誉。前1世纪末期，不少死者下葬时还遵循旧传统，即在死者身边放置一把剑或其他兵器，一起入土。有些事情的变化必然是非常缓慢的。我们掌握的史料中零星提及德鲁伊，但我们对他们的了解仍然很少。在前罗马时代的高卢，德鲁伊提供了一些跨民族的架构和仲裁力量。罗马征服高卢后，德鲁伊并没有当即消失。人祭之类的习俗被罗马当局禁止，泛滥成灾的猎头和部落混战

（正是这些活动为人祭提供牺牲品）也被禁止。奥古斯都禁止罗马公民参与德鲁伊仪式，但没有禁止德鲁伊宗教本身。其他的高卢宗教崇拜换上了罗马式的名字和元素，越来越多地在石制神庙中进行，尽管这些神庙往往建在城镇之外原有的圣地之上。[20]

坚持传统并不意味着积极而刻意地排斥罗马风俗。高卢人的普遍倾向是渴望变成罗马人，至少富人是这么想的。事实上罗马人并没有努力将自己的文化强加于高卢，除非是在对行政管理有帮助的时候。比如，罗马人引入了罗马历法，将一年分成若干月份和日期，表明节日和交税的日期，取代了传统的德鲁伊监管的阴历。和所有的新制度一样，高卢人起初对罗马历法不是很理解，奥古斯都的一名财政官员就利用高卢人对新制度的不熟悉发了横财。此人名叫尤利乌斯·李基努斯，自己也是高卢人，但曾被罗马人俘虏和奴役，可能是在尤利乌斯·恺撒的高卢战争期间。后来他成为尤利乌斯·恺撒的家奴，侍奉得非常勤勉，最终获得了自由。他对奥古斯都也很忠诚，被任命为行省财务长官，这种衔级的情况不太明晰，不过越来越多地与骑士地位有联系，并且是奉命辅佐帝国行省的总督，就像财务官辅佐过去的行省总督一样，任务是收税。

李基努斯对他的高卢同胞没有什么同情心。他到行省上任的时候可能已经很富裕，但在动身之前决心要抓住一切机会盘剥行省居民，大捞油水。在罗马的旧历法中一年只有十个月，December（12月）是最后一个月。尤利乌斯·恺撒改革历法的时候，将January（1月）定为第一个月，December仍然是最后一个月，因为这两个月包含在政治和宗教上非常重要的日期。李基努斯告诉行省居民，December这个词在拉丁语里很显然是"第十"的意思，所以 December 之后肯定还有第十一和第十二月。以此为据，他多收了两个月的税。

不管高卢人有没有听信他的解释，都别无选择，只能交钱，否则他们将面对帝国的怒火，最终肯定会被迫交钱。但很多人都非常怀疑李基努斯。前 16 年奥古斯都来到行省的时候，人们向他投诉李基努斯。起初，元首驳回了一些投诉，因为他不想承认是自己任命了这样一个贪赃枉法的狗官，所以仅仅温和地批评了他的行省财务长官。但铁证如山，而且当地很多重要的贵族明确地敌视李基努斯，于是奥古斯都受到了很大压力，不得不去处置李基努斯。不料李基努斯想出了一个更有想象力的办法来逃避惩罚。他邀请奥古斯都去他府上，将自己搜刮到的所有钱财交给元首，宣称自己这么做是为了防止高卢太富裕以致反叛罗马。这是非常罕见的关于罗马人担心高卢发生叛乱的暗示，我们不能太当真。不过李基努斯似乎全身而退了，因为奥古斯都相信了他的借口。

除非奥古斯都亲自到外省，否则很难知道他的代表在那里做了些什么。这也是他大范围旅行的原因之一。官员一定程度的中饱私囊在他的预料之中，他也能接受。他的目标是约束各行省政府的过分行为，因为它们的暴政往往促使行省居民掀起反叛（李基努斯说他阻止了这种反叛）。长途跋涉去觐见元首是耗时费力且代价高昂的事情，因为请愿者必须去罗马或者元首当时在的其他地方。元首亲自巡视各行省，让更多个人和社区有机会与他交谈。奥古斯都在高卢的时候，阿格里帕在叙利亚和东方的其他行省，同样是巡视各地、主持司法。巡视外省不仅是一个解决具体问题的机会，还能更明确地表达罗马政府的立场和意识形态，同时也让总督们（不管是元老院行省还是帝国行省的总督）在处理外省社区的问题时更难采取与元首截然不同的办法。

奥古斯都离开高卢，翻越比利牛斯山脉，去往西班牙。自前19年阿格里帕成功镇压最后一次大规模叛乱以来，伊比利亚半岛就很安定，只是偶尔发生零星的骚乱。伊比利亚半岛如今被划分为三个新行省，贝提卡在南部，占据了绝大部分繁荣的定居地区，罗马文化在那里与历史悠久的城市生活传统水乳交融。这个行省被交给元老院管辖时，大约与纳博讷高卢被交给元老院时在同一时间，这再一次证明奥古斯都在完成了平定某地区的使命之后愿意交出该地区的管辖权。另外两个行省仍然在他的控制下，由他的军团长治理。西部的卢西塔尼亚（比今天的葡萄牙大一点）已经基本上有人定居，不再有大规模驻军。内西班牙行省驻扎着3个军团。这个行省从今天的加利西亚延伸至西班牙中部，一直到地中海沿岸，近些年被征服的人群就居住在这个行省。曾经在该地区作战的其他军团已经离开西班牙，被调往其他地方，大多数是调往高卢或伊利里库姆。[21]

一些军团士兵留了下来。奥古斯都在坎塔布里亚战争期间或之后在这里建立了两个大型的退伍军人殖民地，都以他的名字命名：恺撒奥古斯塔（今天的萨拉戈萨），在内西班牙的埃布罗河畔；奥古斯塔埃梅里塔（今天的梅里达），在卢西塔尼亚的瓜地亚纳河畔。就像在高卢一样，逐渐扩展的新道路网与河流结合起来，为这些殖民地和其他主要城市提供了良好便捷的交通。殖民地是对忠诚老兵的奖赏，同时也是罗马统治的堡垒，假如发生严重动乱（这种可能性不大），这些殖民地有潜在的军事价值。奥古斯塔埃梅里塔显然建造得非常宏伟，但它的城墙主要是为了耀武扬威，而不是为了防御。从瓜地亚纳河上长长的多拱桥可以进入奥古斯塔埃梅里塔。

殖民地也是罗马生活的样板，被规划和组织得非常有序，市中心有一个恢宏的广场，奥古斯塔埃梅里塔可能有两个广场。阿格里帕为这座城市建造了一座壮观的石制剧场，用他自己和奥古斯都的雕像以及记载他们两人享有保民官权力的年份的碑铭来装饰剧场。元首为殖民者建造了一座同样宏伟的竞技场，好让他们享受那些最符合罗马传统的娱乐。后来一代代人不断为城市增光添彩，美化环境，新建纪念碑，其中很多模仿了奥古斯都在罗马城的宏伟工程。西班牙和高卢还建立了其他一些殖民地，或者得到了新一批人口输入（退伍军人）。在西班牙各行省，城市生活大多欣欣向荣，主要是通过本地人的努力。大多数主要社区建起了一个罗马式广场，虽然设计风格与罗马城的广场并不完全相同，但也有惊人的相似之处。这些广场的规模不一，但无一例外都遵循了罗马建筑的最佳原则，运用一种基本的长度单位来确定所有数据，从柱子的直径和间隔距离到建筑和庭院的大小都是如此。长度单位本身五花八门，但背后的原理是一样的，能够赋予建筑一种几何上的整齐划一，这就是罗马设计的理想。和高卢一样，西班牙也出现了新的市场，发生了深刻的经济变革，当地或罗马地主开始为其他行省和意大利本土的消费者生产橄榄油、鱼露和葡萄酒。[22]

## 老战友和老对手

对奥古斯都政权来说，军人仍然是至关重要的。我们需要记住，虽然此时仅仅是亚克兴角战役之后的第二个十年，但这已经是前88年以来最长的没有内战的时段了。如果不算同盟者战争，那就是自前91年以来最长的没有内战的时段。军团士兵服役期间，要对其加以约束并保持其忠诚；退役之后，要给他们分配土地，让他们满意，但又不能对生活在退伍军人定居地的原居民造成损害。大约在这个时期（狄奥说是前13年），奥古斯都为军队制定了新规矩，将军团士兵的服役期确定为十六年，而九个大队的禁卫军受到优待，只需服役十二年。军团的数量比较稳定，不会像内战期间突然猛增，所以比较容易预测每年退役的老兵的数量。[23]

与此同时，辅助部队变得更为固定化和永久化。有些部队仍然用其指挥官的名字来命名，如斯凯瓦部队，这是一个骑兵团，可能得名自尤利乌斯·恺撒麾下的一位著名百夫长。但辅助部队越来越多地使用数字番号，并用兵员的招募地点来命名。高卢、色雷斯和西班牙部队都很常见。指挥这些辅助部队的是职业军官（通常是骑士，或者来自出了最多百夫长的阶层），他们由此获得了体面和有利可图的职业。外省贵族也可以担任军官，对他们来说，担任军官是获得公民权和成为帝国统治集团一分子的机会。元首会亲自授予这样的外省贵族公民权，让他们对元首感恩戴德。在军中待了一段时间（或长或短）之后，军官退役之后便可在自己家乡的社区担任要职，不管他们的家乡是殖民地还是意大利或外省的城镇。理想情况下，他们将仍然对奥古斯都忠心耿耿，满足于自己的命运，不大可能加入任何企图组建一支军队的竞争对手。恺撒的名字是很重要的，因为现在有很多家族将忠于尤利乌斯·恺撒及其继承人视为根深蒂固的传统。

这是一种很私人化的关系。有一次，一名退伍军人（可

能是前任军官或禁卫军士兵，因为这个故事显然发生在罗马）
卷入了诉讼，于是去找奥古斯都，求他支持自己。元首向他表
达了最好的祝愿，并为这名退伍军人找了一位辩护律师。但这
还不够，于是此人掀起自己的上衣，向群众展示伤疤。"但
是，恺撒，"退伍军人宣称，"你在亚克兴角遇险的时候，我
可没有派人代替自己去打仗。我是为你作战的。"奥古斯都听
到这话，脸红了，于是亲自担任此人的辩护律师，"因为他害
怕大家觉得他不仅傲慢，而且忘恩负义"。凯旋将军恺撒·奥
古斯都虽然早已不将士兵称为"弟兄们"，但他还是希望士兵
相信，他尊重他们，因为他们曾在他的领导下出生入死。[24]

　　他对另一位老战友就不是那么关心了。李必达仍然是一位
元老，尽管他只有在元首的命令下才会被带来开会。在这些会
议上，奥古斯都毫不掩饰自己对这位前盟友的鄙夷。但李必达
在前13年去世之前一直是祭司长。所以，罗马最高级的祭司
已经沉寂了二十多年，虽然这让奥古斯都得以静悄悄地指导罗
马的国家仪式，但依然有些事情是他不能做的。奥古斯都没有
剥夺李必达的祭司长身份，让自己担任这个职务，这让很多人
感到吃惊。不过后来奥古斯都曾吹嘘自己拒绝这么做的义举，
"仅仅在李必达终于死了之后，他才接受这个职位。李必达当
年是利用内乱夺取这个职位的"。[25]

　　前12年3月6日，奥古斯都正式就任祭司长。他说，"我
的父亲"尤利乌斯·恺撒也曾担任祭司长。此后，只有皇帝
才能担任这个职务，直到罗马帝国灭亡教皇采纳了这个头衔。
这次就职典礼规模宏伟、威风凛凛、庄严肃穆，奥古斯都自己
的描述明确表示，他认为祭司长头衔既是他的权利，也是他获
得的遗产。根据传统，这位最高祭司应当居住在罗马广场边

缘、灶神庙旁的正式府邸中，而这座府邸前不久遭火灾受损。奥古斯都将这座府邸赠给维斯塔贞女，自己仍然住在帕拉丁山上的府中，并将其宅邸的一部分作为神庙奉献出来，让它名义上成为公共财产，以便他能恰当地履行祭司职责。奥古斯都的府邸原本就具有鲜明的宗教色彩，因为它毗邻帕拉丁阿波罗神庙和其他一些略微逊色的圣所。[26]

前13年夏季，奥古斯都返回了罗马。提比略早于他到达罗马并在这一年年初就任执政官，他的同僚是普布利乌斯·昆克提利乌斯·瓦卢斯，此人是阿格里帕的女婿。罗马又一次发生洪灾，台伯河水位上涨，淹没了两岸，灾情严重，以至于巴尔布斯只能乘船去他新竣工的剧场，不过他还是热烈庆祝了剧场的正式落成。为了庆祝此事，提比略询问这位西班牙裔前任执政官应当如何欢迎元首的归来。巴尔布斯提议向奥古斯都授予新的荣誉，后来奥古斯都礼貌地谢绝了。这种模式如今已经成为常规。有人尝试正式欢迎他，但凯旋将军恺撒·奥古斯都又一次趁着夜色悄悄溜进了罗马城。次日早上，他接见了聚集在其宅邸外的群众，然后登上卡比托利欧山，从侍从的法西斯束棒上取下胜利者的桂冠，将其悬挂在至善至伟朱庇特的雕像上。这些胜利的象征物是提比略和德鲁苏斯赢得的，归功于奥古斯都，如今被奉献给佑护罗马的大神。

这一天，恺撒·奥古斯都宣布，浴池（主要是阿格里帕建造的那一座）将免费开放，在浴池等待顾客的理发师也将免费为到场的公民同胞理发。晚些时候的元老院会议上，奥古斯都的嗓子哑了，无法演讲，于是一名财务官代他宣读。这是值得庆祝的节日，因为马凯鲁斯剧场也竣工了，并在盛大的典礼中向公众开放。奥古斯都七岁的外孙盖乌斯·恺撒参加了所谓"特洛伊竞技"——这是一种颇具戏剧性但有时会很危险的骑马训练和搏斗演习——让这孩子至少在名义上领导了一组贵族男孩。斗兽表演也是盛景的一部分,六百头野兽遭到屠戮。9月,举行了更多竞技和斗兽表演,以庆祝元首诞辰。非常讽刺的是,这些庆祝活动的安排和主持者是马克·安东尼和富尔维娅的儿子尤卢斯。[27]

出现了一些尴尬的时刻。在另一场竞技会(组织者是执政官提比略,目的是庆祝奥古斯都返回罗马城)上,提比略允许盖乌斯坐在元首身旁的贵宾席上。可能就是在这一次,群众集体起身,向这男孩欢呼和问候。奥古斯都不高兴,训斥了他的继子和群众。虽然他在这些场合会接受人们对其成就的赞颂,但他觉得向一个没有任何成就、没有正式成年的小孩发出这样的赞颂,是非常不合适的。另外,他不允许任何人——不管是亲人、元老,还是群众——称他为"主人"。[28]

群众的反应表明很多人愿意赞颂所有和奥古斯都有关联的人,并且暗示着他们认为这个男孩有资格获得权力,因为他出身高贵,并且是奥古斯都的养子。但元首非常努力地否认"家天下"的存在,因为那样就意味着君主制。他这么做部分是为了做给贵族看,并继续维持这样的幻象:他们生活在一个共和国里,不是由单独一个人统治的,尽管共和国的第一公民治国有方,而且有资格掌握政权。元老们不断授予他更广泛和前所未有的荣誉,这对奥古斯都显然很重要,说明很多元老现在已经不关心布鲁图斯和卡西乌斯那么珍视的自由了。总的来讲,他这么做的更重要的原因可能是他的自我认识。奥古斯都坚持不懈地追求最高统治权,这是贯穿他一生的主线。这并不是说他运用权力仅仅是为了维持自己的地位,因为他非常努力地把权力用好。我们有充分的理由相信，元首认为自己理应赢得内战、获得统治地位并牢牢掌握统治地位，因为这对广大人民的福祉有利。他显然是这么看的。因此，他可能真的觉得自己仅仅是国家的第一行政长官，是公仆而非统治者。自我约束和实现理想的愿望比元老精英阶层的意见更能有效地节制他的行为。

现在他回到了罗马，就有可能受到不讨喜、不适宜的阿谀奉承，在公共辩论中也可能遭遇窘迫。在元老院的一次会议上，一位名叫科尔内利乌斯·希森纳的贵族因为妻子的行为而遭到批评（她可能是斯塔提里乌斯·陶鲁斯的女儿，但因为这些年里有好几个叫科尔内利乌斯·希森纳的人，所以我们无法确定是不是同一个人）。希森纳否认自己应当为妻子的行为负责，因为他是遵照奥古斯都的建议和支持才娶了她。元首看到自己卷入如此不体面的争吵，而且感到自己有可能说出将来会后悔的话，或者做出不妥的事情，于是站起身来，匆匆离开了议政厅。他等到自己冷静下来，才返回议政厅。[29]

虽然奥古斯都公开鼓励自由辩论，但他并不总是关心辩论的内容和基调。而且，不管他如何伪装，大家都不会忘记现实：他的威望压倒其他所有人，并且其他人要想得势，必须得到他的提携。前13年，奥古斯都再一次努力去获得符合他心目中理想标准的新元老，但遇到了一个问题，即豪门元老家族的一些后代不愿意从政，而满足于骑士身份。尤其是，想当保民官的人非常少。虽然保民官的主要权力被奥古斯都接管了，但保民官仍然有很多职责，与全体公民相关的一些小事，都可以向保民官上诉。为了填补保民官的岗位空缺，不得不从一些年纪不到四十岁的前任财务官当中抽签。年纪在三十五岁以下、拥有足够多的财富、足够好的符合元老资格的骑士，都被强制性地纳入元老院，除非他们亲自向元首证明自己的身体有问题，无法履行元老院的职责。奥古斯都的面具是一个自由国家的卓越公仆，但他不得不强迫其他人履行自己的职责。即便是奥古斯都，也没有办法把世界完全改造成他想要的那个样子。[30]

凯旋将军恺撒·奥古斯都虽然没有君主的名分，但其实是无冕之王。他想要的权力，元老院和人民都不会拒绝，即便他们不愿意给（这种可能性是极小的）。前13年，他的行省指挥任期被再次延长五年，而阿格里帕的保民官权力也被延长了五年，并第一次获得了高于其他所有人（奥古斯都本人可能除外）的资深执政官军权。奥古斯都和阿格里帕此时都是五十岁上下，阿格里帕的地位非常高，是自三头同盟以来地位最接近奥古斯都同僚的人。不管两人的军权的准确定义是什么，他们都不是平起平坐的。阿格里帕是他的女婿，这意味着政治上的亲密关系，但尤利娅父亲的地位毕竟比阿格里帕高一些。更重要的是，阿格里帕不是恺撒家族成员，也缺少这个姓氏带来的威望，更不用说庞大的人脉关系网络了。阿格里帕的地位仅次于奥古斯都，但始终只能是二把手，奥古斯都也没有努力让阿格里帕与自己平起平坐。[31]

马尔库斯·维普撒尼乌斯·阿格里帕虽然人到中年，但仍然聪明强干、精力充沛，并对自己的老友忠心耿耿。他最喜欢的谚语是"和平让渺小的东西生长，纠纷让伟大的东西垮台"。前13年，他返回罗马，待了几个月之后又去处理巴尔干的军事问题。他离开罗马时，尤利娅第五次怀孕了。夫妇俩除了盖乌斯和卢基乌斯之外，已经有了两个女儿。在巴尔干，展示一下武力就足以平息当地的骚乱，于是阿格里帕在前12年返回意大利，在抵达罗马前就病逝了。他的疾病不明，但这一年非同寻常地任命了三名补任执政官，说明这一年可能暴发了某种流行病。不久之后，尤利娅生了第三个男孩，被命名为阿格里帕·波斯图穆斯①。[32]

　　阿格里帕去世的时候，奥古斯都并不在老友的身边。狄奥说奥古斯都当时在雅典主持泛雅典运动会②，但听说阿格里帕患病后立刻返回。阿格里帕的遗体被庄严肃穆地运回罗马，随后举行了公开葬礼，元首亲自致悼词。接着，这位亲人的骨灰被安放到奥古斯都为自己准备的宏伟陵寝中。[33]

---

① 波斯图穆斯是"遗腹子"的意思。
② 泛雅典运动会是前566年至前3世纪在雅典举行的盛会，包括宗教节日、体育竞技和文化活动等。

# 十八　奥古斯都的和平

> 为了纪念我的归来，元老院投票决定奉献一座"奥古斯都和平"祭坛。
>
> ——《神圣奥古斯都功业录》[1]

> 我的歌将我引领到和平祭坛前……来啊，和平女神，你精致的秀发戴着阿提卡的花冠，让你温柔地停驻在整个世界。再也没有敌人，也没有凯旋式的机会。对我们的领袖，你将是比战争更伟大的荣耀。愿士兵仅仅为了遏制侵略者而战……！愿远近的世界都畏惧埃涅阿斯的子孙，如果有不畏惧罗马的国度，愿它热爱罗马！
>
> ——奥维德，1世纪最初十年[2]

阿格里帕将面积广大的花园和战神广场上的浴池建筑群赠给了罗马人民，还捐出了自己的一些庄园，以便为维护这些花园和建筑群提供资金。奥古斯都亲自宣布了他的遗愿，以确保这些遗愿会得到执行，并向所有男性公民（或至少是在罗马城的男性公民）赠送400塞斯特尔提乌斯，并说这是他的朋友的另一项遗愿。这种慷慨赠礼很符合阿格里帕近二十年来的一贯作风，他将自己新近获得的大部分财富用于为人民建造生活福利设施，并在帝国全境的许多城市留下了自己的印迹，尤其是在罗马城。他的建筑活动的规模远远超过恺撒·奥古斯都之外所有的罗马贵族，不管是历史上的还是仍然在世的，并且既注重实用，也注重美观。当群众向元首抱怨葡萄酒太贵时，他答道，他的女婿已经为他们建造了一座高架渠，为他们提供了充足的饮用水。[3]

阿格里帕的勤奋和才干的最大受益者始终是奥古斯都。阿格里帕的遗嘱也是这样，将他最大一部分财产赠给了老友和岳父，包括意大利和各行省的大量田产。狄奥写道，其中一座庄园囊括了几乎整个克森尼索①（在希腊）。于是，阿格里帕凭借内战期间和之后忠心耿耿的效力而赢得的巨大财富，如今回到了领袖的手中（阿格里帕曾追随这位领袖，并与他一同崛起），最终可能落入盖乌斯和卢基乌斯手中。政治和家庭的忠诚是很难分开的，这在罗马不算罕见。人们平步青云，靠的是新老朋友的支持、恩主提携和联姻。阿格里帕通过联姻收益良多，先是娶了庞贝尼娅（富甲天下且人脉极广的阿提库斯的女儿），然后娶了恺撒的外甥女马凯拉，最后娶了恺撒的女儿尤利娅。后来奥古斯都收养了阿格里帕与尤利娅的两个儿子，于是阿格里帕与奥古斯都的关系更加亲近了。[4]

奥古斯都非常看重亲情。从很多角度看，这并不稀罕，因为罗马人的血亲、收养或姻亲关系往往会帮助他们晋升，但神圣尤利乌斯的儿子将他家庭的重要性发展到了前所未有的程度。在过去，权力和官职是不能分享的，因为二者都是有期限的，也需要竞争得来，并且受到选民影响。这些限制对凯旋将军恺撒·奥古斯都没有用，他可以将实际上是终身制的官职授予阿格里帕，最终给了他保民官权力和高级资深执政官军权。

---

① 克森尼索的字面意思是"半岛"，古代有多个地区被称为克森尼索。这里指的应当是色雷斯的克森尼索，即今天的加里波利半岛，属于土耳其，西面是爱琴海，东面是达达尼尔海峡。

早在前 36 年，奥古斯都的妻子和姐姐就获得了保民官神圣不可侵犯的地位（这是史无前例的事情），并因此成为公众人物。而马凯鲁斯、提比略、德鲁苏斯和后来的盖乌斯与卢基乌斯都得到了特别优待，成年之后就迅速获得了一个又一个官职。虽然奥古斯都不赞成群众对幼年盖乌斯的歌颂，但他有意识地让大家感到，他的家族理应比罗马的其他任何人得到更多尊重和更重要的公众角色。

最能体现这一点的，就是奥古斯都和平祭坛。前 13 年 7 月 4 日，元老院下令建造这座祭坛，以纪念他满载成功地从外省返回。原先元老院打算在尤利乌斯议政厅内建造一座献给奥古斯都本人的祭坛，被他谢绝，于是改为奉献给和平的祭坛。祭坛的位置也改为战神广场，延续了他和阿格里帕将这个地区变为纪念他荣耀的巨大建筑群的做法。祭坛被安置在神圣土地之上，其设计参考了雅努斯神庙，两端各有一个入口，其内部的大理石被精心雕琢，做成传统神龛的木板的模样。外墙上也有工艺同样精湛的装饰，尤其是南北两面有表现宗教游行的檐壁。祭坛的具体性质，或者说它代表的是一个具体事件还是融合了真实和虚构元素的某种想象的仪式，至今仍然是学术界激烈争论的主题。最有说服力的理论之一是，祭坛表现的是纪念奥古斯都前 13 年胜利的正式感恩活动（这是他荣获的五十五次公共感恩之一，五十五次感恩活动一共 890 天，让尤利乌斯·恺撒也黯然失色）。[5]

毋庸置疑的是，奥古斯都的家人在游行和檐壁的图案中都占据了核心位置。其他元老也有露面，比如戴着尖顶的独特帽子的祭司。祭司当中肯定有神圣尤利乌斯祭司，这个职位是前 44 年设立的，而其他祭司职位的历史可以上溯到远古。恺撒·奥古斯都走在祭司们的前面，他的前面是执法吏。元首的形象被刻画得比周围其他人高一点点。他本人其实不高，所以应当不会比周围的人都高，但他也没有被刻画得像波斯帝王或埃及法老那样耸立在人群之中。阿格里帕跟随着祭司们，也比其他人略微高一点，显得比较突出。他的托加袍一角遮盖着头部，可能表明他在祈祷或者在仪式中扮演某种角色，不过也有学者认为这是说明他在雕塑竣工前就去世了。一个穿着短上衣的小男孩拉扯着他的托加袍，但转头仰望身后的李维娅。她轻轻拍着孩子的头，可能是为了抚慰他，让他安静下来。

这种非正式的姿态在雕塑场景的其他部分也很常见。提比略站在李维娅旁边，后面更远的地方是安东尼娅，她拉着一个孩子的手，并转头与她的丈夫德鲁苏斯说话。德鲁苏斯刚从高卢的军事指挥岗位回来，穿着鲜明的军装斗篷，另一个小男孩拉着他的斗篷，并抬起头看着一个年纪稍微大一些的女孩。我们很难判断奥古斯都和平祭坛雕塑中的人的身份。奥古斯都和阿格里帕被刻画得很清晰，但其他人都是程式化风格，这有助于让两位领导人显得更突出。其他人物仪态庄严，除了少数几个人都很年轻，虽然人物外貌不同，但很相似，区别只在细节。生活在那个时代的人肯定一下子就能辨认出这些人物，并了解这些相似面容的细微差别，但我们就很难分清了，尤其是那些名气较小的人物。雪上加霜的是，这些雕塑从古典时代晚期一直到 20 世纪的墨索里尼时代被连续翻新修缮，有时被修改很多。人物当中可能包括马克·安东尼的儿子尤卢斯·安东尼，还有多米提乌斯·阿赫诺巴尔布斯，他们都娶了屋大维娅的女儿。群像中还有元首的其他亲属，很遗憾的是，我们不能确定人物的身份。[6]

　　小孩是最难辨认的，所有小孩都是胖乎乎的面容，这是为了强调他们的年幼，但这使得我们无法准确判断身份。大多数小孩都像他们周围的成年男女一样穿着托加袍或裙子。拉着阿格里帕斗篷的男孩不一样，他只穿着一件短上衣，脖子上还戴着项圈（这种项圈最初是高卢风俗，很重，由金银或青铜制成）。有人因此猜测这孩子是个蛮族王子。当时有很多蛮族王子被作为人质送到罗马，在奥古斯都家中长大，奥古斯都希望他们将来会成为罗马的盟友。但我们知道，参加特洛伊竞技骑马训练的男孩也戴着项圈，所以这个孩子更可能是盖乌斯·恺撒。一个打扮与他相似但年龄小一点的男孩出现在雕塑的其他部分，可能是他的弟弟卢基乌斯。[7]

　　奥古斯都和平祭坛的用料考究，工艺水平极高。希腊艺术的影响清晰可辨，特别鲜明地（肯定是有意识地）模仿帕提农神庙的带状装饰。很多学者估计，高级雕刻师是希腊人，但这无法证实也无法证伪。有些概念的罗马风格很强，非常符合奥古斯都的理念，这远远不是简单的模仿。夫妻之间和成年人对小孩说话时轻松闲适的非正式仪态是前所未有的，游行队伍中有这么多女人和小孩也是史无前例的。在圣所的两翼——独立于游行队伍的雕塑——还有描绘罗马人的神圣佑护者罗马女神和大地母亲，以及罗马人在神话中的祖先埃涅阿斯、罗慕路斯和雷穆斯的图像。较小的细节图上还有准备献祭公牛的场景。以这种方式，罗马人的遥远过去，以及尤利乌斯氏族和元首的祖先都得到了纪念，并与当今（被奥古斯都及其家人主宰）紧密联系起来。维吉尔史诗中也有这样的主题，当时的许多艺术和文学作品也是这样。和平得到了颂扬，但这是罗马人的胜利，是在军事胜利之后得来的，而且是奥古斯都的成功赢得的和平。几年后，诗人奥维德（他并非奥古斯都政权毫不含糊的宣传鼓动家）将会歌颂奥古斯都和平祭坛，并希冀和平，因为外族要么热爱罗马，要么畏惧它。这和平将是罗马雄霸天下、不受任何挑战的和平。[8]

奥古斯都的领导将保障这样美好的未来，他的许多亲人（奥古斯都和平祭坛雕像上有三代人）将会支持他。年纪最大、地位最高的家庭成员是奥古斯都和李维娅，以及阿格里帕，尽管他没有活到前9年年初这座祭坛竣工和对外开放之时。和往常的奥古斯都雕像一样，此处的他没有任何衰老的痕迹，成熟而威风凛凛，绝不像是五十出头的人。第二代人由李维娅的两个儿子引领着，他们都还只有二十多岁。最后是年幼且前程远大的第三代人，盖乌斯、卢基乌斯和其他孩子。可以上溯到埃涅阿斯的家系血脉如今枝繁叶茂，未来有了保障。奥古斯都此时不像过去那样常受重病困扰，但已经不再年轻，终有一死。现代学者总是努力寻找元首在人生的每个阶段有没有确定继承人。罗马人先是把注意力集中在马凯鲁斯身上，然后是其他人，这明确地证明当时的人们大体上也是这么想的。历史事实告诉我们（以及苏埃托尼乌斯、塔西佗和狄奥），奥古斯都死后，一连几百年，罗马将处于一位又一位皇帝的统治之下。

奥古斯都可能不是这么打算的，因为在马凯鲁斯死后，他总是寻找不止一位继承人，寻找多位支持者和未来的接班人。阿格里帕分享奥古斯都的权力，帮他承担很大一部分工作，而且是同龄人，但缺少威望，并且出身低微。提比略和德鲁苏斯是贵族子弟，受到优待，在官场平步青云，并且分别娶了阿格里帕的女儿和奥古斯都的外甥女，但没有被奥古斯都收养。盖乌斯和卢基乌斯则成为恺撒家族的成员，后来也很快得到提携。这五个人（成年之后）都分担了外省的行政管理，领兵作战，并监督罗马发生的很多事情。他们是同僚，但地位都低于元首，只是程度不同。[9]

没有一丝迹象表明，他们中的任何一人曾被奥古斯都定为唯一继承人，而其他人则将站到一边，接受这个人的主宰。五个人并非平起平坐，但理论上应当团结一心，为天下人的福祉效劳。历史事实告诉我们，奥古斯都最亲近的人的高死亡率是正常的事情，而不是超乎寻常（按照罗马世界的标准，人的死亡率本来就很高）。所以，他赋予这么多亲属（有的是收养的，有的是血亲或姻亲）崇高地位，可以理解为提前准备，以应对不可避免的损失。没有证据表明奥古斯都是这么想的。他在亲人的辅佐下领导国家，绝对信任这些人的忠诚。他似乎希望自己死后这种局面能够延续下去。虽然不会有单独一位元首，但会有多位领导人，他们共同承担艰苦的职责，级别最高的领导人死后也不会造成权力真空和内战。

从某种意义上讲，这是一种非常罗马式的概念，不太像是君主制，而是一个非正式小圈子的统治，圈子成员拥有君主一般的权力。在奥古斯都治下，这种体制是有效的。后世恢复这种体制的努力都失败了，主要是因为再也没有一个人享有恺撒·奥古斯都那样极高的威望。他是神圣尤利乌斯的儿子，担任执政官，获得公共感恩和凯旋式的次数远远超过其他人。就连阿格里帕也无法赶上他的纪录，尽管大多数工作其实是阿格里帕做的，但功劳总算在奥古斯都头上，并进一步增加他的威望。其他任何一位皇帝的作为都比不上恺撒·奥古斯都（至少几个世纪之内是这样），甚至在位时间都没有他主宰罗马国家的时间那么长。身份和作为使得他有了这么多建树，统治了这么久，因为他家族内部的任何人都不大可能挑战他，而这个圈子之外的人没有挑战他的能力。

阿格里帕的去世对奥古斯都是一个打击，因为他鞍前马后，跟随奥古斯都三十多年，圆满完成了奥古斯都交给他的每一项任务。但奥古斯都体制的优点在于，现在其他人可以接替阿格里帕了。最沉重的负担不可避免地落在了提比略和德鲁苏斯肩上，他们在随后几年都将南征北战，几乎没有任何停歇。提比略还被要求与妻子维普撒尼娅离婚。维普撒尼娅已经为他生了一个儿子，很快还将生下一个女儿。按照罗马贵族的标准，他们的婚姻很幸福，但罗马贵族常常为了适应新的政治形势而离婚和再婚，所以他们的离婚并没有让人感到惊讶。奥古斯都的女儿虽然已经当了两次寡妇，而且生了五个孩子，但仍然只有二十七岁，如果不再嫁就非常奇怪了。一段时间里，奥古斯都考虑在骑士阶层为女儿找一个丈夫，要富裕而尊贵，但不像元老那样受到从政的诱惑。但这样的人当了元首的女婿之后一定会受到比以往多得多的注意，未必能与政治活动拉开距离。

尤利娅很希望嫁给提比略，从很多角度看，他也是显而易见的理想人选，因为如果奥古斯都从家族圈子之外选一个女婿，就会大幅提升女婿家的地位。奥古斯都已经不需要维持阿格里帕的忠诚，而德鲁苏斯娶了奥古斯都的外甥女，不能随便拆散，所以他命令提比略与维普撒尼娅离婚。后来维普撒尼娅再嫁了，寿命很长，为她的元老丈夫生了至少五个孩子，但她完全没有尤利乌斯家族的血统，所以这没关系。提比略和尤利娅订了婚，但遵照法律要求，十个多月后才结婚。这门婚事是为了进一步加强提比略与奥古斯都及其养子的关系，后者将来会和提比略一起，辅佐元首治理帝国。[10]

# 征　服

在这期间，提比略被派往巴尔干，因为那里又一次出了麻烦。阿格里帕的死讯应当是诱使当地发生骚乱的因素之一。提比略的弟弟德鲁苏斯返回了高卢。在随后三年里，兄弟俩将在这些边疆地区积极作战。这显然是同一计划的不同部分，但有些现代学者的说法——奥古斯都努力在多瑙河，最终在易北河沿线建立利于防守的边界——没有什么说服力。在花费多年时间平定现有的行省、完成对伊比利亚半岛的征服和近期占领阿尔卑斯山之后，凯旋将军恺撒·奥古斯都决心在欧洲发起大规模征战。这是非常干净体面的荣耀，赢得的胜利将会兑现奥古斯都和平祭坛赞颂的"通过力量获得和平"的誓言，并让他管辖出现军事问题的各行省的做法更加合理。这也是一个机会，让提比略和德鲁苏斯扬名立威，积累更多的高层指挥经验。[11]

这些积极进取的对外扩张是深思熟虑的结果。近几年来，部队和给养被集中到莱茵河一线和巴尔干。这并不是说这些战争是罗马人在没有受到挑衅、毫无缘由的情况下悍然发动的。有一种说法是，罗马的几乎每一场战争都是对之前所遭袭击的反应，现代人对这种说法的冷嘲热讽是大可不必的。外族袭击司空见惯，往往非常严重，但罗马人的反应比较难预测，有时是小规模报复，有时是大规模进攻，甚至是直接征服。现有资源的多寡、统帅行动的自由程度以及赢得荣耀的欲望，共同决定了罗马人反应的规模和类型。前58年，上述这些因素，再加上赫尔维蒂人迁徙带来的机遇，引发了尤利乌斯·恺撒征服高卢，而不是他之前觊觎的巴尔干。[12]

此时奥古斯都没有受到其他地区大规模战事的烦扰，而且享有史上任何一位罗马统帅都没有的行动自由，于是他决定在莱茵河和巴尔干为罗马开疆拓土。和其他罗马人一样，他并不是从政治地理的角度看世界，而是将世界看作许多民族和国家组成的网络。他将要攻击这些民族和国家，"饶恕被征服者，在战争中击败骄傲者"。一些蛮族将被纳入罗马的行省，其他的则将被迫认可罗马的权力。希腊人和罗马人对远离地中海的土地只有非常模糊的把握，肯定没有考虑到中欧及远方辽阔的草原。奥古斯都很可能相信自己能够征服整个欧洲，一直打到罗马人理念中环绕全部三个已知大洲的大洋，但这样的可能性要留待将来检验。目前他的愿景还是比较有限的。他要为罗马增添荣光，惩罚曾袭击各行省的蛮族，并阻止他们将来再侵犯罗马。

提比略和德鲁苏斯将亲自领兵作战，而凯旋将军恺撒·奥古斯都在远方监督。他改变了近期的习惯（长时间巡视各行省），在随后几年里只是短暂地视察接近战区的地方，将大本营设在意大利北部的阿奎莱亚（在意大利与伊利里库姆边界附近）或高卢的卢格敦。阿奎莱亚和卢格敦距离罗马都不算很远，他好几次返回罗马，通常是在作战季节结束之后。苏埃托尼乌斯抄录了奥古斯都亲笔写给继子提比略的一封信的部分内容，这些内容是关于 3 月 20 日至 25 日纪念女神密涅瓦的节庆活动的。从中我们可以知晓奥古斯都的旅程：

> 亲爱的提比略，我们的密涅瓦节过得很快活，因为我们整天玩乐，常常流连于赌桌。你弟弟大呼自己运气太差，但最后看来，成绩其实还不错。他开始输得很惨，但后来出人意料地逐渐赢回了很多钱。我输了 2 万塞斯特尔

提乌斯，但这是因为我和往常一样，在游戏时特别慷慨大方。如果我不是这样故意放人一马、礼让别人，我应当赢了整整 5 万塞斯特尔提乌斯。但我喜欢让着大家，因为慷慨会给我带来永恒的光荣。[13]

在保存至今的他给亲友的书信里，这种非正式的轻松笔调是很常见的，奥古斯都至少在表面上和两个继子相处融洽。德鲁苏斯的风度翩翩、和蔼可亲，很快就深得人心。提比略沉默寡言、性格复杂，人们更容易尊重他而不是喜爱他，但奥古斯都给他的信里常有亲热的表示，以及一种温和的、逗乐的口吻，并且经常出现讽刺性的语句，比如"永恒的光荣"。在另一封信里，奥古斯都描述了一次宴会，自嘲他和客人"像糟老头一样赌博"。奥古斯都的书信与西塞罗的书信有很多相似之处，比如不断表示对收信人的亲昵，常常引用和开玩笑，或许还虚伪地表示对收信人的挚爱。即便如此，在这个阶段还没有任何迹象表明元首和即将成为他女婿的人之间的关系并不融洽。[14]

前 12 年，德鲁苏斯在三个高卢行省完成了一次正式的人口普查，这无疑有助于对各行省进行组织安排，记录财产状况和应交给罗马的税额，并确保各省为他即将开始的军事行动提供足够的给养。人口普查可能在前一年奥古斯都离开高卢各行省之前便开始了，元首曾在前 27 年亲自监督了高卢的第一次人口普查。这次普查可能也是为了建立比现行税收制度（近期被李基努斯用来渔利）更公平的制度。除了《路加福音》，我们没有其他证据表明奥古斯都在某个时间发布了一道命令，要求在帝国全境开展一次人口普查并据此征税。这样一道命令是完全可能存在的，它以一种特别的方式有效说明了已经开展的工作，并且就像其他很多细节一样，没有被我们掌握的史料记载下来。另外，福音书作者也可能仅仅反映了一个外省居民的视角，对他们来说，罗马行政当局定期实施人口普查和征税，看上去就像是中央政府的单一决策。[15]

有时，人口普查会激起怨恨，甚至反叛，尤其是在近期刚刚平定的行省。少交税是一件愉快的事情，尤其是在征税者是占领军的情况下。据李维记载，此次人口普查在高卢引发了一些麻烦。狄奥也有这样的暗示，但没有具体讲。如果真的发生了骚乱，规模可能不大。对个人和社区来说，将财产和权益情况登记在册其实是有好处的，因为这些记录具有无可指摘的权威。大多数地区很快习惯了人口普查，而德鲁苏斯高效镇压了所有抵抗。[16]

除了组织高卢各行省的财政收入和维持秩序，还有大量工作是为即将开始的渡过莱茵河的战争做准备。为了安置集结起来准备参战的部队，罗马人建立了一系列大型军事基地。兵力数字很难确定，但可能至少集结了 8 个军团，并得到大量辅助部队和一些海军（拥有小型作战桨帆船和运输船）的支持。基地之一位于今天瓦尔河畔的奈梅亨①，考古发掘表明它是在前 19～前 16 年建造的。这座基地面积约 42 公顷，用泥土、草皮和木材建成，可能足以容纳 2 个完整的军团和一些辅助单位。和这些年里军队建造的绝大多数要塞（不管在莱茵河畔或者河畔以东，还是在西班牙）一样，这座基地还不是公元 1 世纪和 2 世纪十分常见的罗马军事基地那种整齐划一的纸牌形布局。奥

---

① 奈梅亨在今天荷兰的东部。

古斯都的军队利用良好的天然地理位置，常在高地建造要塞，壁垒大致依地势修建，呈六边形、七边形或八边形。它们的内部布局各不相同，正如不同类型的建筑有不同设计一样，但总的来讲相似之处远远多于不同点。由此可见，公元 1 世纪和 2 世纪的罗马军事基地的模式化布局是从奥古斯都时期军事基地的布局方式发展而来的。奥古斯都为军队制定了很多规章制度，这些制度在随后一百多年中持续有效，没有大的变化。[17]

我们习惯了后来的大型石制要塞，可能不太会注意奥古斯都时期军事营地的规模和组织。奈梅亨的驻军维持了不到十年，但在这期间，士兵们居住在根据标准设计方案建造的高质量、整齐的营房内，每个帐篷小组（八人）拥有两个房间。考古发现的一些营房比较小，被判定是辅助部队而非正规军团的营房，但即便是这些营房，也能为居住者提供相当程度的舒适条件，帮助他们度过欧洲北部的严冬。指挥部建筑、为担任军团长（负责指挥 1 个军团，不过在这样的营地里也可能是一名军团长指挥 2 个军团）的元老准备的房舍，以及为骑士和有元老身份的军事保民官准备的房子，就舒服多了。在这些战役期间建造的其他要塞也有类似的建筑类别。这些军事基地在规模和组织上很像在帝国边缘兴起的组织良好的地中海风格城市。

前 13 ～ 前 12 年冬季，日耳曼武士再一次袭掠罗马的高卢各行省，但被德鲁苏斯击退。来年春季，他发动了针对莱茵河以东部落的第一次攻势。一些部队沿着莱茵河的一些支流流域走陆路，其他部队则登上宽敞的船只，绕过北海，在海岸登陆。有一次他严重误判了当地条件，落潮之后水面高度比他预计的要低，导致很多船只搁浅。尤利乌斯·恺撒在远征不列颠期间也曾低估海潮的力量和潮差。好在当地的新盟友弗里斯人前来保护，帮助了搁浅的罗马人。但总的来讲，德鲁苏斯的远征很成功。日耳曼部落的家园遭到攻击，村庄和农场被付之一炬，牲畜被驱赶、掳走，庄稼被毁坏，聚集起来抵抗的武士都被打败。大约一个世纪之后的塔西佗写道，一位蛮族领袖说了一个黑色笑话：罗马人"制造了一片废墟，然后说这就是和平"。看到抵抗罗马的代价如此惨重，好几个部落效仿弗里斯人，寻求与罗马结盟。提比略在潘诺尼亚①运用了类似的手段，取得了相似的成功。[18]

这一年年底，德鲁苏斯返回罗马，短暂停留。这证明，旧时对行省总督的种种限制，对元首的亲信完全无效。他当选裁判官，获得了威望很高的城市裁判官职位，但在罗马只待了很短时间就返回莱茵河前线，继续作战。前11年初春，二十七岁的德鲁苏斯又一次发动进攻，亲自率领一支部队从陆路推进。之前向罗马投降的一些部落如今可能打算再冒险抵抗。弗罗鲁斯讲的一个故事说，苏刚布里人、切鲁西人和苏维汇人抓住了二十名出现在他们领地的罗马百夫长，将其钉死在十字架上。这个事件可能就发生在前11年。这些百夫长出现在日耳曼领地，可能是作为外交活动的代表，更可能是在招募辅助士兵，因为盟邦有义务为罗马军队提供兵员。但罗马人常常利用各部落间的竞争和纠纷，分而治之，从中渔利。苏刚布里人集结了一支军队，攻击了邻近的卡蒂人，因为卡蒂人拒绝与其结盟反对罗马。苏刚布里武士忙着这事的同时，德鲁苏斯进行快

---

① 潘诺尼亚是罗马帝国的一个行省，北面和东面以多瑙河为界，西面是诺里库姆和意大利北部，南面是达尔马提亚和默西亚。地理位置大致相当于今天的匈牙利西部、奥地利东部、克罗地亚北部、塞尔维亚西北部、斯洛文尼亚北部、斯洛文尼亚西部和波斯尼亚与黑塞哥维那北部。

速打击，蹂躏了他们的家园。[19]

　　这些事件提醒我们，莱茵河以东地区居住着很多各不相同、往往互相敌对的人群。罗马人将他们统称为日耳曼人，但该地区的居民应当不大可能认为自己是日耳曼人。从尤利乌斯·恺撒的描述看，日耳曼人和高卢人是两个泾渭分明的族群，尽管他也承认有些日耳曼人已经定居高卢，所以有些混淆。他做这样的区分是很有用的，这样他就能明确地说日耳曼人对高卢构成威胁，并在莱茵河一线停止征服战争。他和其他古代作家把日耳曼及其各民族描绘得非常负面，说他们比高卢居民更原始，也更凶悍。在他们眼中，日耳曼是沼泽丛生、丛林密布之地，很少有明显的道路，没有较大的城镇，没有神庙；那里的人民是半游牧的，养牲畜，在森林里狩猎，但不从事农耕。很多对蛮族的刻板印象（可以上溯到荷马《奥德赛》中对恐怖的独眼巨人的描绘）让罗马人更加觉得，日耳曼人完全没有开化，所以难以揣测、非常危险。

　　考古证据对上述理念发出了质疑，但也制造了新的难题。在尤利乌斯·恺撒抵达高卢之前，日耳曼中部的广阔地区与莱茵河以西地区很像，都拥有大型山顶城镇；和高卢的城镇一样，也有手工业、贸易和社会组织的迹象。这些地区之间存在广泛联系，不管政治关系如何，文化上的相似是很突出的，都属于考古学家所说的拉登文化①。前 1 世纪上半叶，这些日耳

———————

① 拉登文化（La Tène culture）是欧洲铁器时代的一种文化，得名自瑞士拉登的考古发掘地，1857 年在那里发掘出了大量手工制品。拉登文化于约前 450 年至前 1 世纪（被罗马征服）在今天的比利时、法国东部、瑞士、奥地利、德国南部、捷克、斯洛伐克、斯洛文尼亚、匈牙利和罗马尼亚等地繁荣。

曼中部的城镇全部被放弃，或者在规模和文明程度上急剧萎缩。有证据表明城镇遭到了凶残而血腥的摧毁，而考古证据中的武器也比以前更加常见。这些破坏不是罗马人造成的，因为他们还没有抵达这些地区，不过罗马帝国的影响像波浪一样扩散出去，可能是诱发这些破坏的因素之一，不管是贸易模式的变化，还是直接的军事行动。罗马人不大可能知道离他们帝国如此遥远的地方发生的事情，他们在抵达这些地区看到荒凉破败的景象之后，便很自然地认为这是当地的正常情况，当地人素来就是这个样子。

这些日耳曼城镇及其周围的社会可能是在尤利乌斯·恺撒抵达高卢之前崩坏的。这究竟是怎么回事，我们无从探究。掌握的证据可以被理解为内部动乱造成了破坏性的权力斗争，也可以被解读为新的侵略性很强的民族抵达这里，狠狠打击了原住民。从考古学角度很难追踪民族的迁徙，但史料中不断提到庞大人群去寻找新土地的故事至少部分反映了现实。我们很难依据考古证据来判断族群，因为这些族群的构成可能非常复杂，可能有近期形成的、存在时间很短的群体与较老的亲属群体混合在一起。基于晚期凯尔特和日耳曼语言，对保存至今的名字的语言学分析表明，当时的不同群体的确存在鲜明的差别，但我们还是不能准确判断具体人群的种族和文化身份。罗马人很可能没有完全理解那些有名字的族群之间的关系，如苏刚布里人、切鲁西人、卡蒂人、考契人或苏维汇人，这些族群很可能随着领导人的兴衰而快速变化。

在处于较高发展阶段的社会，肯定有很多不稳定性和快速变化，所以罗马人觉得日耳曼人在不断迁徙是有道理的。在处于较低发展阶段的社会，这种看法就未必正确了。城镇消失了，但在莱茵河以东的大多数地区，农场和大小村庄在很长时间（好几代人）内仍然有人居住。虽然没有大的定居点，但总人口可能还是很多的。农业很普及，但主要是为了养活当地人口，剩余产品很少，只够支撑人们度过收成不好的年份。长远来看，这些部落的社会和政治结构处于瞬息万变的状态，很多人口定期迁徙。即便如此，还是有一些部落群体定居在同一片土地上达数十年之久，而且有得到认可的领袖。罗马人可以努力去辨别这些部落，去了解他们目前的家园和酋长，至少在近期是可以做得到的。[20]

对日耳曼人，德鲁苏斯及其幕僚无疑有很多误解，也犯了很多错误，但他们对这些敌人的了解在不断加深。由于没有平坦的道路，罗马军队的人员和物资运输很困难。当地没有大型社区，这意味着很难找到大量囤积的粮食和草料。在高卢，尤利乌斯·恺撒常常率军前往一座城镇，要么要求当地人交出粮草，要么强行夺走。德鲁苏斯很难到数百个小型定居点搜索粮食，所以在日耳曼的罗马军队不得不自行携带几乎全部物资。若有需要，他们会在河上架桥，建造穿过沼泽地的堤道，这都需要时间。在绝大多数情况下，德鲁苏斯及其部下沿着河流前进，因为这样比较容易用驳船运送给养。陆地行进的困难也能解释罗马人为什么依赖绕过北海沿岸的航行。[21]

虽然有这些困难，但第二个作战季节很成功。在给养耗尽之前，罗马军队深入日耳曼土地，打到了比以往更远的地方。夏季快结束了，德鲁苏斯率军返回莱茵河。在这个阶段，若将军队留在敌境过冬，就很难为他们提供粮草，更无法支持他们作战。日耳曼酋长们豢养着成群的武士，他们除了打仗之外没有任何工作，不过这样的职业武士很少。一整个部落或部落联盟的军队需要每一个有能力自备武器并愿意作战的自由民，所以这样一支军队要很长时间才能集结起来。这也意味着，一支罗马军队在撤退时比初期进攻时更有可能遇到顽强抵抗。这一次，之前袭击卡蒂人的武士也回来了，加入了其他队伍，去抵抗践踏他们土地的罗马人。罗马人的行军队伍很庞大，而且携带笨重的辎重，所以行军路线是可以预测的。武士们满腔怒火，也很自信，因为入侵者的撤退看上去像紧张的逃跑。

德鲁苏斯的行军队伍遭到一连串伏击。罗马人稳步推进，不过即便击退了进攻的敌人，他们也没有办法追击并杀伤大量敌人，而且没有时间停下来整顿队形、认真对付难以捕捉的敌人。每一次成功，不管规模大小，对日耳曼武士来说都是鼓舞，也激励更多人加入他们。最后发生了一次规模较大的伏击，罗马的行军队伍被围堵在一条狭窄的隘道内。罗马人被困住了，面临被全歼的危险，但部落军队本质上的笨拙救了罗马人。日耳曼武士没有携带维持长时间作战的粮草，所以希望速战速决，赶紧回家。没有一个领袖能够掌控全军，很多酋长都有或多或少的影响力，而每一位武士都有权选择自己何时、如何作战。罗马人似乎已经是瓮中之鳖，于是日耳曼人没有静候罗马人饿死或被迫在不利条件下作战，而是成群结队地猛冲上去，希望歼灭罗马人，并掳掠其辎重。这种类型的近距离作战对罗马军团士兵有利，德鲁苏斯及其部下终于得到一个打击对手的机会。罗马人在困境中奋起反击，重创了得意扬扬的日耳曼武士，后者的自负很快变成了惊慌失措的逃跑。德鲁苏斯及其部下在余下的路途中没有受到任何阻挠，安然返回了莱茵河。[22]

此次战役，以及提比略在多瑙河附近的作战，都被宣布为胜利。奥古斯都被授予一次凯旋式，但他和往常一样谢绝了。他的两位继子被授予小凯旋式，但可以展示凯旋式的符号。秋季，兄弟俩返回了罗马，奥古斯都也回来了。为了纪念李维娅两个儿子的胜利，城内的每位男性公民都获赠 400 塞斯特尔提乌斯。奥古斯都的五十二岁生日期间举行了一系列斗兽表演。尤利娅和提比略也大约在这个时候结婚了。但并非全都是喜讯。屋大维娅突然去世了，于是又有一位亲人的骨灰被安放在奥古斯都陵寝。元首的姐姐得到了国葬的荣誉，由她的女婿德鲁苏斯致主悼词。[23]

虽然有亲人辞世，但奥古斯都是自信满怀的。元老院下令关闭雅努斯神庙的大门，以表示罗马世界已经确立了和平。但消息传来，达契亚人越过多瑙河发动了一次袭击，于是关闭雅努斯神庙大门的仪式没有举行。前 10 年，战争继续。奥古斯都和李维娅陪德鲁苏斯一家去了高卢的卢格敦。这一年晚些时候，安东尼娅生了她和德鲁苏斯的第二个儿子，即未来的克劳狄皇帝。很可能就是在这一年，卢格敦建成了一座非常奢华的圣所，包括一座献给罗马女神和奥古斯都的祭坛。高卢全境的部落领袖被传来参加仪式，从此之后每年都举行这种仪式。尤利乌斯·恺撒曾说高卢全体部落的习惯是每年定期开会，奥古斯都禁止了这种具有潜在颠覆性的集会，所以这种新的崇拜仪式可能是为了填补取消这种会议之后的空白。[24]

提比略这一年在巴尔干作战，至少还有一支军队支持他的行动，后者的指挥官也得到了凯旋式符号。德鲁苏斯在日耳曼作战，兄弟俩定期通信，他们也分别和奥古斯都及母亲通信。有一次，提比略拿一封信给元首看，德鲁苏斯在信中说要联合他们兄弟的军队，迫使奥古斯都"恢复自由"。苏埃托尼乌斯说这个故事是提比略憎恨自己弟弟的第一个迹象，但没有其他证据能表明兄弟之间存在敌意，所有迹象都表明他们的关系很融洽。此事可能是偶然，或者是后人附会。现代学者倾向于假设德鲁苏斯希望元首退位并恢复共和国体制，还喜欢将这兄弟俩都描绘为具有非常传统的政治观念的贵族。但德鲁苏斯的措辞很含糊，意思可能仅仅是，他不喜欢一些在奥古斯都羽翼下得到高官厚禄的人，并希望用更优秀的人（包括他们兄弟俩）取而代之。德鲁苏斯肯定是雄心勃勃的。在其他地方，苏埃托尼乌斯告诉我们，德鲁苏斯渴望赢得奉献"最高战利品"的荣誉，甚至在战场上拼命追逐日耳曼人的国王，希望将其堵住，然后独自将其杀死。如果将此事与前29年克拉苏的事情联系起来，未免想象力太丰富了。这其实就是一位年轻贵族希望赢得最罕见也最崇高的荣誉之一的急切心情。[25]

前9年1月，德鲁苏斯成为执政官，此时他的二十九岁生日仅仅过去了一周多一点。他寻求奉献"最高战利品"的荣誉可能就是在这一年。他以执政官的身份，凭借自己的军权作战。也是在这一年，他率军进逼易北河。一个故事很快流传开来，说他在那里遇见了一个比真人更高大的女人的幽灵，她警告他不要再继续前进，并说他的生命已经时日无多。此时作战季节已经快结束了，德鲁苏斯返回了位于莱茵河的基地，但这一次他在日耳曼留了一些驻军。在四次战役中，莱茵河与易北河之间的土地遭到罗马人蹂躏，那里的大多数部族都接受了罗马的统治。这种局面能够维持多久还不清楚，但他的成就肯定是非常了不起的。在返回高卢过冬的途中，德鲁苏斯在骑马时出了事故，腿部受了重伤，未能治愈，结果这位年轻的将军于9月去世了。[26]

提比略很快来到弟弟身边，他的这趟旅途因神速而闻名。在他的安排下，德鲁苏斯的遗体做了防腐处理，然后隆重地运回罗马。最早抬棺木的是德鲁苏斯麾下的军事保民官和百夫长。随后罗马殖民地和城镇的显赫公民接了这个职责。在旅途的很多阶段，提比略亲自走在送葬队伍中。人们对德鲁苏斯的哀悼是真诚的，反映了他深受人民爱戴。塞内卡①后来说，人们对这位闯劲十足的年轻英雄的纪念，仿佛是一场凯旋式。仪式的高潮是在罗马举行的公开葬礼。提比略在广场上神圣尤利乌斯神庙外的演讲台致了悼词。奥古斯都在城市正式边界之外的弗拉米尼乌斯广场向更多的人（可能比广场上的人更多）致了悼词。（奥古斯都此时还在为姐姐服丧，所以不能进入罗马城执行纪念他最近一次胜利的仪式。）按照传统，演员们戴着德鲁苏斯祖先的葬礼面具和象征物，以及尤利乌斯氏族祖先的面具和象征物，尽管奥古斯都并没有收养德鲁苏斯。最后遗体被火化，安放在奥古斯都陵寝。他与元首的关系显然胜过他的真实家族背景。[27]

奥古斯都陵寝附近就是奥古斯都和平祭坛，它于前9年1月30日正式落成。祭坛旁边有一座巨大的日晷，是一座从埃及运回的方尖碑，这是为了纪念奥古斯都战胜安东尼和克利奥帕特拉七世。日晷演示了尤利乌斯·恺撒历法的正常周期，每年有365.25天。方尖碑耸立在一座柱基之上，高度超过100英尺，每天正午会投下略微不同的影子，人们可以用碎石路面上的青铜线标出的网格来测量影子，用希腊字母来标注黄道十

---

①　此处指小塞内卡（约前4~65年），罗马斯多噶派哲学家、政治家、戏剧家、幽默家。他是尼禄皇帝的教师和谋臣，后因被怀疑参与刺杀尼禄的阴谋而被迫自杀。他的父亲老塞内卡是著名修辞学家和作家。

二宫图和阳历年。虽然日晷很宏伟，但可能是人们的计算错误，或者日晷的地基发生了移位，到 1 世纪中叶，普林尼发现日晷已经有三十年不能正确计算时间了。（方尖碑后来得到了大幅度翻修，如今矗立在另一个地点，即罗马的蒙特奇特利欧广场。）[28]

就连奥古斯都也无法掌控自然。五年前，他拥有三位积极进取且精明强干的亲属的辅佐，盖乌斯和卢基乌斯成年后也能够帮助他。如今阿格里帕和德鲁苏斯都已不在人世，只剩下提比略。在随后几年里，提比略将肩负重担。

## 第五部

# 凯旋将军恺撒·奥古斯都，神之子，
## 祖国之父，前2~公元14年

我第十三次担任执政官期间，元老院、骑士阶层和全体罗马人民称呼我为祖国之父。

——《神圣奥古斯都功业录》，35

# 十九　父亲

奥古斯都对他的朋友们说，他有两个宠坏了的女儿，不得不忍受她们。一个是罗马共和国，一个是尤利娅。

——马克罗比乌斯，5 世纪初[1]

命运将你提升到崇高的荣誉地位，李维娅，肩负这重担吧……如果你能做得到的话，请挺直脊梁，忘记你的忧伤，保持高昂斗志。当我们寻找美德的理想榜样时，最好你就是罗马人中的第一女性。

——佚名作者，可能写于 1 世纪初[2]

李维娅因幼子辞世而哀恸万分。更让她痛苦的是，有传言说，是奥古斯都害死了德鲁苏斯。苏埃托尼乌斯认为这种传言非常荒唐，他肯定是正确的，但这个传言已经散播出去了。恺撒的夫人私下里寻求亚历山大港哲学家阿莱乌斯的建议，此人得到她丈夫的尊重已经有一段时间了。有意思的是，他的建议非常"现代"：他鼓励悲痛的母亲抓住一切机会谈论她的儿子，并在家中到处展示他的肖像。德鲁苏斯的遗孀安东尼娅虽然只有二十多岁，却拒绝再嫁，带着孩子搬去和婆婆一起生活。德鲁苏斯与安东尼娅的两个儿子被授予"日耳曼尼库斯"的名字，以纪念他们父亲的胜利。元老院决定在城内为李维娅竖立一些雕像，并授予她"三子权"①。她和奥古斯都的孩子流产了，不能算是一个孩子，所以她其实没有资格享有这个地位。[3]

此项荣誉强化了李维娅作为理想的罗马妇人的公众形象。她的悲恸是真诚的，但被克制在可以接受的范围内，没有妨碍她继续履行公共和私人的职责。这与屋大维娅很不同，屋大维娅在儿子马凯鲁斯死后就不再抛头露面。后来，有人暗示或者直接指控李维娅玩弄阴谋诡计和谋杀，把李维娅的名声搞臭。所有的指控都涉及秘密的罪行，但就连最严厉的批评者也必须承认，她在公共场合的举止素来是完美无瑕的。她的美丽受到赞扬，对奥古斯都的忠贞也从未受到质疑，所有人都说她非常贞洁（罗马人说的"贞洁"指的是，妻子只和自己丈夫睡觉）。有一个故事甚至暗示她有一种调皮的幽默感：有一次她坐轿子经过一些被剥光衣服、等待处决的死刑犯，她说看到这些裸男，就跟看到裸体雕像差不多。李维娅被视为一位忠贞贤淑而顺从的妻子，据说顺从到了相当惊人的程度，甚至亲自挑选美女供丈夫享用。[4]

李维娅的肖像和奥古斯都类似，都表现得青春永驻、俊美秀逸，她的头发、服饰和仪态都洋溢着尊贵的优雅。她热爱时尚（很多人争相效仿她的穿着打扮），但着装始终在一位罗马贵妇的得体范围之内。她家中豢养着数量极多的奴隶、释奴和女仆，其中有很多化妆专家，无疑还有淘气的弄臣和侏儒，他们

---

① 三子权（Jus trium liberorum）是奥古斯都为鼓励上层阶级生育而引入的一种特权，授予生了至少三个孩子的公民或至少四个孩子的释奴。享有三子权的男子可免除为公众提供福利的义务；享有三子权的女子可不再处于男性亲属的监护下，可自行处置财产和继承遗产。然而罗马上层阶级不愿意生养很多孩子，所以想尽办法利用法律的漏洞。

受过专门训练，专门娱乐主人，并常被赋予英雄的名字。李维娅很喜欢他们，罗马最矮的女侏儒就在她家中。李维娅朋友圈中的绝大多数贵妇应当都有这种爱好，但奥古斯都觉得侏儒和其他有严重畸形的人不吉利，所以不喜欢他们。前9年或前8年1月30日，李维娅庆祝了五十岁生日。她的身体似乎一直很健康，虽然痛失爱子，但她的自信和机智并没有减少一分一毫。[5]

前9年，提比略庆祝他的小凯旋式，举办了一次宴会招待元老们。同时，李维娅和尤利娅举办并主持了一次宴会，招待贵妇们。这种做法也是奥古斯都发明的，让女性在其家族举办的胜利庆祝活动中拥有更重要的地位。李维娅并没有正式的权力，但她和皇族的其他女性往往扮演重要的公共角色，这与过去的行政长官夫人完全不同。有一份史料甚至说李维娅是罗马女性的元首，将"元首"这个非常男性化的概念拓展到李维娅身上，暗示了她对罗马人的妻子女儿享有类似的领导权。[6]

奥古斯都的女儿和李维娅的儿子之间的婚姻起初很幸福。提比略离开罗马、奔赴巴尔干时，尤利娅陪他同去，并留在阿奎莱亚（位于意大利北部和伊利里库姆的边界）支持他。尤利娅又一次怀孕了，但这一次不顺利，他们的儿子出生不久之后就夭折了。失望可能影响了夫妻关系，一年年过去，他们逐渐疏远。有传言说，尤利娅还是阿格里帕妻子的时候，就被提比略吸引。提比略相信了这话，对她产生了怨恨。他对维普撒尼娅还有一些爱；或者随着他和尤利娅的关系越来越紧张，他就越来越爱维普撒尼娅。提比略有一次在罗马偶然遇到自己的前妻，就跟着她。他双目含泪，脸上一副绝望的表情。亲戚们小心地安排，防止他们再次相遇。[7]

尤利娅和提比略的性格迥异，没有互补，反而渐渐起了更多的冲突。提比略的个性非常复杂，无疑还记得自己幼年时遭遇的恐惧和逃亡生活。他关于人的行为举止的观念非常严厉和传统，而且不善于社交。提比略父亲的家系虽然古老，但地位不高，他如今的高位完全是由于母亲嫁给了奥古斯都。与他不同，尤利娅生在恺撒家族，是三巨头之一的女儿，还不到十岁的时候，她父亲就成了罗马世界唯一的主人。随着夫妻之间的隔阂越来越深，她开始公开表示对丈夫家世背景的鄙视。即便如此，提比略和梅塞纳斯与阿格里帕一样，深受元首的宠信，得到了极大权势。尤利娅的儿子们也是这样。[8]

尤利娅顺从父亲的意志，在他的政治谋划中扮演指定的角色，帮助父亲先后巩固了马凯鲁斯、阿格里帕和提比略的忠诚，并为奥古斯都生了五个外孙和外孙女。如今，尤利娅觉得没有必要掩饰自己作为奥古斯都女儿的骄傲，也没有必要掩饰自己对奢侈享乐生活的酷爱。有人建议她效仿父亲朴素而节制的生活方式，她却答道："他忘记了自己是恺撒，但我记得我是恺撒的女儿。"尤利娅和李维娅一样喜爱时髦，但比李维娅年轻约二十岁，更加高调奢华，也更风骚。有一次，她意识到父亲不欣赏她的仪表，尽管他什么也没说。次日，她穿了一套庄重得多的衣服，他显得很高兴。"这难道不是更合适奥古斯都女儿的风格？"他说。尤利娅回答："今天我是为了父亲的眼睛打扮的，昨天是为了丈夫的眼睛。"奥古斯都的女儿非常机智，在行为举止上有主见，不愿意听从其他人的指示。阿格里帕和提比略外出作战时，她大部分时间都是独处。尤利娅虽然骄傲，但并没有令人讨厌的傲慢，所以她在罗马很受欢迎，既是因为大家喜欢她，也是因为喜爱她的父亲、前后三位丈夫和儿子们。[9]

## 离开的那个人

奥古斯都担心德鲁苏斯的死亡会导致日耳曼各部落再次侵犯罗马，于是在前8年派遣提比略接替他弟弟的岗位。元首在正式服丧期结束后进入罗马城，待了几个月，随后匆匆赶往高卢，督察军队在莱茵河以东的作战。虽然德鲁苏斯死了，但罗马军队还是展示出了强大力量和坚定决心，于是日耳曼各部落向罗马求和。全体日耳曼人的使者被传唤到卢格敦拜见奥古斯都，但苏刚布里人没有派使者来，于是他宣布不会和其他部落的使者打交道。最后，可能是在邻居们的压力之下，苏刚布里人派来了使者，但使者一到就被逮捕了。这违反了协议（不过罗马人违反外交协议也不是一次两次了），后来被证明是一个严重的错误。俘虏被分开送往不同社区，作为人质扣押起来。但很快所有俘虏都自杀了。目前他们的部落同胞还没有开战，但罗马人这次背信弃义令日耳曼人在将来愈发仇恨和不信任罗马人。[10]

我们不太了解这一年作战行动的细节，但可能以展示武力为主，实际作战不多。盖乌斯·恺撒第一次品尝到军旅生活的滋味。他只有十二岁，还没有正式成年，但参加了一些操练。作为军饷发放的一些钱币上也有他的形象。可能是阿格里帕和德鲁苏斯的辞世促使奥古斯都决定，让较年长的养子比正常年龄早一些接触军事。更值得注意的是，虽然这一年的行动成果不多，提比略却被授予了一次完整的凯旋式，这是十多年来奥古斯都之外的其他人第一次获得此项荣誉。元首则像往常一样，没有举行元老院授予他的凯旋式。秋季，提比略第二次当选执政官。[11]

虽然胜利的规模值得怀疑，但庆祝胜利的活动却非常宏大，在很多方面被视为近几年在日耳曼和巴尔干的艰苦战役的高潮。这些战役为罗马征服了许多土地，在多瑙河河畔的潘诺尼亚和莱茵河以东的日耳曼设立了新行省。奥古斯都获得了征服者享有的另一项古老特权，正式扩大了罗马城的范围，不过很大一部分郊区仍然在罗马城范围之外，这种安排有时很有用。元首行使特别的执政官权力，命令执行一次人口普查，于前8年完成，登记了4233000名公民及其财产状况。奥古斯都的行省管辖任期已经有二十年了，如今再次被延长十年。尽管他已经将部分地区的管辖权交还给元老院，但在近些年里获得了伊利里库姆以及新征服土地的控制权。奥古斯都常常向元老们抱怨自己的负担太重，但他们和他本人依然毫不犹豫地扩大他的权限。和尤利乌斯·恺撒一样，元首也得到了以他的名字命名一个月份的殊荣。有些人希望把9月改成他的名字，因为他的生日在9月，但他选择了前面一个月，因为他在那个月首次成为执政官，并赢得了许多胜利。于是，罗马旧历法的第六个月变成了奥古斯都月（August）。[12]

欢庆之外也有悲伤，因为梅塞纳斯在这一年去世了。奥古斯都的两位老友都辞世了，参加过内战的那一代人大部分都已不在人世，而亚克兴角战役时期的毛头小伙儿现在也至少四十多岁了。元首五十五岁，仍然给自己增加了很沉重的工作负担。梅塞纳斯的活动大体上一直在幕后，他没有正式衔级或官职。他的影响力在近些年可能下降了，但他能为元首提供建议和意见，所以仍然很重要。他在世时很低调，死时也没有引起什么轰动，但他把大部分财产留给了奥古斯都，包括罗马郊区一座规模相当大、非常奢华的别墅。不久之后，诗人贺拉斯也去世了，奥古斯都失去了"完美的阴茎"。贺拉斯既是奥古斯都快乐的通信伙伴，也愿意并能够用非常美丽的语言赞颂奥古斯都及其政权。较年轻的诗人就像较年轻的政治家一样在接管大局，但奥古斯都觉得这些年轻人有时不好驾驭，或者不符合他的世界观。[13]

最近几年里，他多次鼓励更多人从政，并提高元老院会议的出席率。根据罗马的传统，只要一位高级行政长官召集，元老院就要开会，所以会议可能很仓促。虽然仍需要一些紧急会议，但奥古斯都在前9年规定元老院每个月必须开两次会，日期必须避开法庭审判日和其他需要元老出席的事情。无故缺席的罚款数额被提高了，但由于违反的人太多，只能抽签选出一小部分人来接受惩罚。奥古斯都为任何做出元老院官方决议的正式投票规定了法定人数。如果出席人数不到法定人数，决议仍然会被记录在案，但地位较低。每年会公布元老名册，参加每一次会议的人名和人数也被记录下来。

奥古斯都启动了这些改革，将所有提案公布在议政厅内，给元老们充足的机会去研读，然后再进行讨论。这些改革可能带来了一些变化，他表现出愿意接受经过深思熟虑的、有理有据的反对意见。有时政坛太自由散漫，让他很不高兴。前8年执政官选举出现了严重的贿选现象，所有候选人，包括胜利者，都被判有罪。因为差不多所有人都参与其中，所以最后没有处罚任何人。但奥古斯都经常要求在将来的选举中，候选人要缴纳押金，如果发现他们有腐败行为，就会没收押金。[14]

前8年末，提比略返回意大利，先留在罗马城外，等待举行他的凯旋式。所以，前7年1月1日他就任执政官的时候，元老院在城市正式边界之外开会，具体地点是马凯鲁斯剧场旁的屋大维娅门廊。奥古斯都此时在外省，所以他的光辉没有遮蔽女婿的辉煌时刻。提比略在第一次演讲中宣布将以他和德鲁苏斯的名义修复广场上的和谐女神庙。这座神庙的第一位修建者曾在前121年带头私刑处罚激进的保民官盖乌斯·塞姆普罗尼乌斯·格拉古，前63年西塞罗在这里召集元老院会议，裁决喀提林党人的命运。在前7年或之前的某一年，提比略还承诺要修缮另一座神庙，即卡斯托耳与波鲁克斯神庙，也是以他和弟弟的名义。[15]

卡斯托耳与波鲁克斯合称"狄俄斯库里"，或称"天神的孪生子"，是特洛伊的海伦的兄弟，以男子汉的美德和兄弟友爱著称。其中一人死后，另一人与其分享生命，于是兄弟俩轮流活着和死亡。狄俄斯库里在罗马历史上的关键时刻出现过，据说曾于前494年抵达罗马，宣布雷吉鲁斯战役①的胜利。德鲁苏斯在世的时候，李维娅的两个儿子可能也曾以狄俄斯库里自命，后来提比略肯定宣传了这种观念。在过去，卡斯托耳与波鲁克斯神庙常被罗马人民用作非正式集会上即兴演讲的地点，在共和国的最后几十年里见证了许多动荡和有争议的集会。很难说提比略是否刻意对这些具有历史意义的神庙做出评论，如果的确如此，更难说他的态度究竟是什么。不管是不是这样，他肯定为罗马市中心的修缮做出了贡献，将其建设得更加宏伟，同时把所有建筑都与奥古斯都及其家人联系起来。[16]

1月初，提比略庆祝了他的凯旋式，这是自前19年巴尔布斯的游行以来罗马城见证的第一次凯旋式。此后，他在卡比托利欧山上主持了一场宴会，招待元老们；而李维娅主持了另一

---

① 大约前493或前489年（年份无法确定），新生的罗马共和国击败了拉丁联盟（领导者为前不久被驱逐的罗马末代国王塔奎尼乌斯·苏培布斯）。此役是塔奎尼乌斯家族夺回罗马的最后一次尝试。

场宴会，款待罗马的显赫贵妇。母子俩还主持了新建的李维娅门廊（在埃斯奎里努斯山上，奥古斯都主持建造，以妻子的名字命名）的落成仪式。李维娅门廊建在维迪乌斯·波利奥宅邸（后被拆毁）的原址，维迪乌斯就是那个用奴隶喂鱼的臭名昭著之人。拆掉这样一个不得民心之人的宅邸，并消除他的痕迹，无疑是受欢迎的举动。同样重要的是，李维娅门廊是一座宽敞的厅堂，为各种类型的公务活动（包括一些小型审判）提供了有屋顶遮盖的空间，是供广大群众使用的有价值的建筑，而不是过去那种炫耀私人财富的奢靡宅邸。李维娅门廊内设有一座献给和谐女神的祭坛或神龛，重申了国家与家庭和谐的主题。[17]

上述的几次庆祝活动中都没有提到尤利娅，这很可能不是偶然。她没有特别的理由在庆祝李维娅门廊（以她婆婆的名字命名）的仪式中起到突出作用，但没有参加庆祝提比略凯旋式的宴会，就有些奇怪，与几年前他举行小凯旋式时的情况大相径庭。夫妻之间的私人隔阂已经影响了他们的公共角色。提比略离开罗马、返回日耳曼去指导前7年的作战时，他们两人应当都不会不高兴。奥古斯都返回罗马、盖乌斯·恺撒主持欢迎活动和选举计票大厅（这是阿格里帕重建的奢华的投票围场及其周边建筑群的一部分）落成仪式时，尤利娅无疑是愿意出席的。计票大厅是一个工程学上的巨大成就，带有罗马人建造的最大的无柱子支撑的屋顶。差不多一个世纪之后，它因火灾而坍塌，人们觉得太难重建屋顶，于是就让它保持露天状态。[18]

前7年也发生了一些火灾，一场大火严重损毁了广场的部分区域和邻近地区。人们认为这是有人蓄意纵火，而非事故。一群债台高筑、希望自己房子被毁后得到赔偿的人成为怀疑对象。尽管市中心发生了这场骚乱，但还是举办了纪念阿格里帕的葬礼竞技，由盖乌斯·恺撒和卢基乌斯·恺撒同奥古斯都一起主持。角斗士比赛包括成对武士的对决和大规模混战，场地是投票围场（可能是搭建了临时看台），既是为了方便，也是为了让大家记得阿格里帕对公民同胞的贡献和慷慨。元首一行人中，除了奥古斯都之外，所有人都穿着黑色丧服。此事也是向公众进一步介绍他的两个养子的机会。[19]

这一年，罗马城的行政经历了大规模重组，部分原因是上述的火灾。根据传统，罗马被划分为许多小区。奥古斯都如今重新划定了 265 个小区的边界，它们又被分为 14 个大区。在每个小区，当地的行政长官负责监督十字路口神龛（供奉该地区的保护神）的崇拜仪式，这些行政长官如今得到了更大的权限，威望也提高了。在特殊场合，这些行政长官有一对执法吏陪同，并可以在自己的小区内穿官袍。这些行政长官中的大多数（如果不是全部的话）是释奴，城市的大部分居民也都是释奴。释奴阶层得到了担任正式官职、在本地享有权力和威望的机会。奥古斯都慷慨出资，将全市的十字路口神龛翻修得更精美，将自己的名字与保护各个社区的本土精灵和神祇联系起来。元首的形象不仅在城市的所有纪念性建筑中，还在迷宫般的小巷里，几乎无处不在。在将奥古斯都和神祇一同供奉的祭坛前，自由人和释奴都定期献祭，有的是以个人身份，有的是以社区的集体身份。公元 1 年建造的一座祭坛带有这样的铭文："献给墨丘利①、永恒之神朱庇特、天后朱诺、密涅瓦、太阳神阿波罗、月神狄安娜、粮食之神、伊西斯和虔敬之神、

---

① 罗马神话中的墨丘利大致相当于希腊神话中的赫尔墨斯，是商业、雄辩（及诗歌）、信息（通讯）、旅行、边界、运气、诡计和盗贼之神，也是引领死者灵魂去往冥界的使者。

神圣的命运女神，愿凯旋将军恺撒·奥古斯都、他的力量、罗马元老院和人民的力量以及各民族，吉祥如意……卢基乌斯的释奴，卢基乌斯·卢克雷提乌斯·泽图斯，遵从朱庇特之命，献上此祭坛。胜利属于人民！播种顺利，健康永福！"

奥古斯都并没有受到直接的崇拜，但那些参与"奥古斯都"祭坛仪式的人代表他做了礼拜。除了传统的罗马男女神祇之外，还包括伊西斯，这表明罗马大多数居民的信仰，以及他们的种族身份发生了变化。国家不时企图镇压希腊化的埃及宗教崇拜，但未能阻止它的稳步传播，最后伊西斯终于被罗马当局接受，被纳入保护罗马城的传统的万神殿。[20]

前6年，提比略返回罗马，于6月获得了新荣誉。奥古斯都在新的一年里继续获得保民官权力，这也被授予他的女婿，为期五年。提比略还获得了高级资深执政官地位（至少在地中海东部有效）。只有阿格里帕曾以这种方式分享元首的崇高地位，如今奥古斯都显然在期望提比略履行与阿格里帕相同的职责，分担元首的大部分工作，并扮演帝国的救火队，东奔西跑地处理一个又一个危机和问题。这一次，帕提亚的宫廷政变威胁了亚美尼亚的稳定和罗马在东方的利益。提比略在这一年11月就三十六岁了，现在他已经是一位久经考验的将领和行政管理者，他成年之后大部分时间都待在外省。阿格里帕和德鲁苏斯不在了，奥古斯都的养子还是小孩，所以一切迹象都表明，从今往后，提比略几乎马不停蹄地在帝国全境奔波。得到崇高地位是要付出代价的。[21]

这一年晚些时候，罗马人民聚集在阿格里帕扩建的奢华选举围场内，召开百人会议，选举盖乌斯·恺撒为下一年的执政官之一。盖乌斯不是候选人，而且还没有成年，因为他虽然已经年满十四岁，但还没有正式换上成年人的托加袍。选民将他的名字写在选票上，就像过去他们选择同样不是候选人的奥古斯都一样。元首的两个养子深得民心，十一岁的卢基乌斯前不久到剧院时受到了群众的热情欢呼，当时并没有显赫的大人物和他一起出现。但我们还是很难相信群众选举盖乌斯是完全自发的。更可能的情况是，尤利娅的朋友，或者至少是那些向她和她的儿子们邀宠的人，在试探群众对此事的反应。

奥古斯都大为不悦，迅速采取行动来遏制群众的热情。此事又一次表明，他比其他罗马人更注重传统。虽然他已经将高级行政长官的最低年龄资格降低了十岁，并允许自己的家人以更小的年龄参选，但将一个孩子选为执政官，仅仅因为他是奥古斯都的养子，肯定会让执政官的地位贬值。奥古斯都觉得必须对百人会议（被富裕公民把持）加以约束。后来在一次公共集会上，奥古斯都拒绝接受群众的投票。他公开祈祷，希望再也不会出现需要一个不到二十岁的青年担任执政官的国家危局，就像他在前 43 年那样。大约在这个时期，元首宣布，他本人而不是他的养子要参加竞选。他可能还承诺等盖乌斯成年后授予他一些荣誉。盖乌斯将成为一位大祭司，被允许参加元老院会议，并在公元 1 年他二十岁时担任执政官。奥古斯都可能希望盖乌斯到二十岁时给他一个公共角色，但群众推选盖乌斯为执政官的事情可能反映了他自己的亲人和一些群众要求提拔尤利娅的儿子们的压力。[22]

不久之后，提比略突然宣布要退出政坛，说他劳累多年，已经心力交瘁。他不愿意再监管东方各行省和边疆，希望过退隐生活，到罗得岛从事学术。起初大家并不以为他是认真的，奥古斯都不准他退隐，但他一直坚持。最后提比略以绝食抗议，一连四天滴水未进，直到元首妥协。奥古斯都公开谴责女婿逃避对国家的责任，最后很不情愿地批准了。提比略没有像一位罗马统帅那样威风凛凛地去外省，而是悄悄离开意大利，身边只有一些朋友。奥古斯都患病的消息让提比略犹豫了一段时间。元首可能是真的病了，也可能是假装生病，希望李维娅的儿子回心转意。但没有更坏的消息传来，而且提比略觉得自己这样逗留，会让大家觉得他在等待岳父死去，于是终于起航了。他在途中停留，强迫帕罗斯城把一座灶神像卖给他。他宣布要将此神像陈设在和谐女神庙。[23]

奥古斯都毫不掩饰自己对提比略的愤怒，因为是他把提比略扶持成自己的女婿和国内仅次于他自己的第二号人物，提比略却背叛了他。阿格里帕从来没有这样抛弃过他（不过在阿格里帕晚年，由于他和马凯鲁斯的竞争，阿格里帕曾尝试中断自己在东方的任职），但阿格里帕已经死了，德鲁苏斯也死了，提比略离开了他，而盖乌斯和卢基乌斯还太年轻，不能辅佐他。五十七岁时，凯旋将军恺撒·奥古斯都暂时失去了他多年来精心栽培的所有助手。奥古斯都很恼怒，也很困惑，他和其他人都不明白提比略为什么突然要退隐。史料反映了人们的困惑，古往今来的学者对此众说纷纭：提比略嫉妒盖乌斯和卢基乌斯；或者提比略希望这两个孩子不会受到他的成功的威慑，能自己闯出一番事业。后来有人说，他逃离罗马，是因为他再也无法忍受和尤利娅一起生活。[24]

这些解释都没有道理。提比略完全可以多年巡视外省，这样就可以避开妻子，而不需要采取退隐的极端措施。盖乌斯和卢基乌斯还太年轻，目前还不可能是他的竞争对手，而提比略在临走之前向奥古斯都和李维娅展示了自己的遗嘱，两个孩子

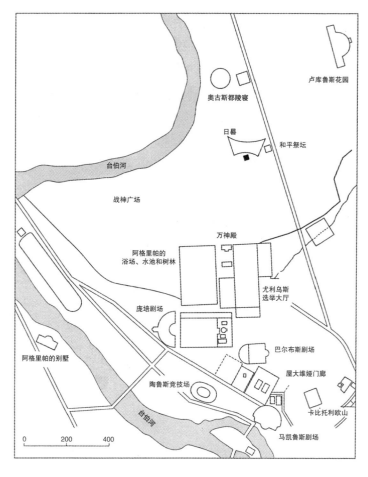

**战神广场**

是他的主要继承人。现代学者经常将提比略的地位解读为实际
上的摄政王，他要帮助奥古斯都领导国家，直到两个孩子足够
成熟、能够接管局面。奥古斯都显然不是这么想的，并且继续
筹划多人联合辅佐他、在他死后合作领导国家的计划。即便在
当时，也不是所有人都赞同他的这种想法。如果尤利娅及其亲

信希望她的两个儿子尽快上位，那么提比略可能感到自己的长期地位不稳固了。但提比略已经差不多拥有了一切权力，奥古斯都没有什么可以给他了。如果提比略是把辞职当成讨价还价的手段，那么说得好听些也是大错特错，而且会适得其反，让提比略在政治上陷入孤立，失去所有权责，尽管直到公元前1年他所享有的保民官权力和军权才到期。

有时候，表面上的事情往往包含很多真相。提比略说自己太累了，他在过去十年中的确有八年在南征北战，而且未来也不会有机会闲下来。这与传统的政治生涯迥然不同，过去的行政长官和外省职务都不会延续这么久，会有机会在家休息。奥古斯都、阿格里帕和他们选来帮助自己的人必须持续不断地工作，没有较长的休息时间。这种前景是令人生畏的：持续辛劳的一生，阿格里帕就是因为劳累过度而早逝。提比略虽然具有贵族的责任感，但他当了元首之后，大部分时间都远离罗马，隐居起来。奥古斯都抱怨自己的负担太重，但似乎愈战愈勇，喜欢与个人和群众不断接触，而不感到特别劳累。提比略对工作从来没有过真正的热情，而是带着一种严峻的责任感去劳作。弟弟的去世、不幸的婚姻、疲惫的身心，再加上辛劳不断的未来，以及最终要和他讨厌的妻子生的毛头小子分享权力，这些都让他不愿意继续干下去了。所以他的退隐可能和政治没有多大关系。提比略疲惫而腻烦，于是逃离了压力和责任，至少在可预见的未来不再需要继续工作。[25]

## 父亲、孩子和信任

奥古斯都只得一个人统领帝国。前5年，他第十二次担任执政官，他上一次担任执政官还是十八年前。盖乌斯第一次披上成年托加袍的那天，奥古斯都引领他与公众见面。不久之后，盖乌斯被授予史无前例的"青年元首"头衔，并被指定为骑士阶层的名誉领袖，这个概念也是前所未有的。这两个头衔都没有实际的权力或真正的职责，但肯定让盖乌斯更加受到公众关注。在等待养子长大成人的时候，恺撒·奥古斯都不得不依赖其他人来领军作战。卢基乌斯·多米提乌斯·阿赫诺巴尔布斯是前 16 年执政官，而且是大安东尼娅的丈夫，所以算是元首的亲属，他奉命指挥日耳曼的作战，打了一场大战役。接替他的马尔库斯·维尼基乌斯也开展了大规模行动，他是一位新人，前 19 年担任执政官。并非所有被选拔为军队统帅的人都是奥古斯都的亲戚，但都得到信赖，其中大多数人连续得到不同职务，有时还得到凯旋式荣誉的奖励。[26]

关于提比略退隐的这些年，史料语焉不详，很难重建细节。狄奥的叙述高度概括，从前 5 年一下子跳到了前 2 年。其他边疆可能有更多的军事行动，《神圣奥古斯都功业录》列出的一些没有旁证的胜利可能就发生在这些年。据我们所知，奥古斯都在这些年里很少旅行，似乎相当长的时间内都没有巡视外省。元首没有一位高级助手，所以最好留在罗马，让代表团来见他。仍然不断有人向他请愿，只有在这个时期他才能亲自处理其中大部分事务。有时请愿的事由非常重大。前 12 年，亚细亚社区遭遇一连串地震，地震又引发了火灾，灾情严重，于是当地人请求减免税赋。奥古斯都为亚细亚免税两年，然后自掏腰包，将相当于两年税收的金钱缴纳国库，以便让亚细亚有时间恢复元气。[27]

有的事情涉及范围较小，也更私人化。前 6 年，希腊的克尼多斯岛派遣一个使团去拜见元首。有两位使者都叫狄俄倪索斯，其中一人的父亲也叫狄俄倪索斯，另一人的父亲和祖父都叫狄俄倪索斯。他们前来控告一个叫阿纳克桑德利达斯之子欧布罗斯的人和他的妻子蒂菲拉谋杀了克律西波斯之子欧布罗斯。克尼多斯人在取名的时候显然没有什么想象力，但这件罪案颇不寻常。受害者的兄弟及其追随者曾连续三夜攻击被告夫妻俩的家宅。奥古斯都在给克尼多斯社区的信中写道："欧布罗斯和蒂菲拉夫妇，因为在自己家中无法得到安全，于是通过协商……或在家中设防抵抗攻击，命令他们的一名家奴，不是杀人（被这种事情激怒的人完全可能会杀人，他的愤怒也是正当的），而是向攻击者泼粪，迫使其后退。但家奴……将便壶和里面的东西一起抛了下去，把欧布罗斯砸死了……"

当地社区可能是在死者兄弟的影响下，认定欧布罗斯和蒂菲拉夫妇应当负责，而这对夫妇通过总督阿西尼乌斯·伽卢斯向奥古斯都上诉。伽卢斯命令按照罗马人的惯例，对夫妇俩的家奴进行审问，但那个抛下便壶的奴隶坚持说自己不是故意的，不过有人对此表示怀疑。奥古斯都继续写道："我将审讯笔录也发给你们。你们对这些奴隶过于严酷，对犯罪行为的错误方面吹毛求疵、穷追不舍，对那些罪有应得的人（因为他们连续多次在夜间暴力攻击他人的家宅，三次强行攻入）却不生气……所以被告才这么害怕把奴隶交给你们审讯。"

在此案中，真正的受害者（即暴力攻击的受害者，也是当地审判不公的牺牲品）最终从元首那里得到了公正的裁决，但这可能花了很长时间，并且经历了相当多的困难，花了不少钱。奥古斯都发布裁决、指示克尼多斯"修改公共档案"以符合其意见的时候，被告欧布罗斯已经去世。[28]

个人、社区，甚至整个行省，都向恺撒·奥古斯都上诉，请求他的评判。君王亦是如此。大希律王有多达十位妻子和一大群儿女。其中两个最受宠的儿子被送往罗马抚养，在奥古斯都家中接受教育，但这两个儿子是被处决的米利暗生的，所以大希律王并不信任他们。多年后，大希律王将两个儿子召回身边。前13年，他把两个儿子带到意大利，来到元首面前，互相指控背信弃义。此事暂时得到了解决，但在前7年，国王又一次指控两个儿子阴谋反对他。这一次他没有亲自去罗马，而是派了使者。奥古斯都命令在贝里图斯举行一次特别庭审，他的叙利亚总督和其他一些罗马人奉命审理此案。两个儿子被判有罪，很快被处决，尽管罗马人的主张是监禁。[29]

　　大希律王年事已高，身体很差，觉得周围所有人都是他的威胁，都要背叛他，因此对自己的亲属进行了一连串屠杀。奥古斯都冷淡地评论道，他"宁愿当大希律王的猪，也不愿当他的儿子"①。但犹太国王自始至终对罗马忠心耿耿。前4年，大希律王显然已经时日无多，一群人聚集起来，拆毁了他立在犹太教圣殿主门前的金鹰。犹太人仇恨这个金鹰，可能是由于它违反犹太教禁止偶像的律法，而不是因为它是罗马的象征。虽然群众行动得很迅速，但很快被逮捕并带到国王面前。他命令将拆毁金鹰的人活活烧死，那些鼓舞他们的人也被处决。大希律王虽然不得民心，但对王国的控制仍然是牢不可破的。不久之后他就死了。奥古斯都组建了一个委员会（包括盖乌斯·恺撒）来决定如何安排犹太国的未来，最后将王国分割为三块，分给大希律王仍然在世的三个儿子。大约是大希律王在位的最后一年，耶稣诞生了。这对此后的历史显然有着重大意义，但不是奥古斯都的故事的一部分。（对证据的讨论，见附录

---

　　①　因为犹太人不能吃猪肉，所以猪是安全的。

二。）大希律王死后不到一年内，叙利亚总督两次率军进入犹太，平定针对大希律王继承者及其罗马后台的暴力骚乱。[30]

亚克兴角战役已经过去很久了，自前 30 年以来，除了边陲的一些小规模战役之外，东方各行省几乎一直安享太平。人民接受了罗马的统治，罗马统治带来的和平与稳定也受到欢迎和珍视。早在前 26 ~ 前 25 年，亚细亚一些社区组建的议事会（负责参加对罗马和奥古斯都的崇拜仪式）悬赏鼓励大家设计恰当的尊崇奥古斯都（就是他给人民带来了这个和平安定期）的方式。前 9 年，终于有人获奖。因为受奖者是一位罗马的资深执政官，所以他可能事先征求了元首的意见并得到了批准。从此，所有社区都改变了自己的历法，改为一年从 9 月 23 日（奥古斯都的生日）开始。这一天成了"恺撒月"的第一天。前 4 年，奥古斯都引入了一种新程序，能让外省社区更快捷地起诉贪赃枉法（非法杀人的罪行除外）的总督。奥古斯都的形象和名字在各行省无处不在，他做了很大的努力确保善政，不过新的体制可能对腐败的行政官员有利，因为审判他们的将是其他元老，而元老们的本能就是同情自己的同僚。[31]

前 2 年，六十岁的恺撒·奥古斯都第十三次担任执政官，卢基乌斯·恺撒的成年典礼因此得到了更多荣誉。这个十五岁的少年被任命为观鸟占卜师，并和哥哥一起成为青年元首。他也被允许参加元老院会议，还被内定为公元 4 年的执政官。前 2 年 2 月 5 日，元老院和人民投票决定授予奥古斯都"祖国之父"的称号。历史上多次有人获得这个称号，但到奥古斯都之前已经变得罕见了。西塞罗于前 63 年，以及尤利乌斯·恺撒在做独裁官时均获得过"祖国的家长"称号，不过这个称号不是很确定，有人相信他们当中的一人或两人的称号是"祖国之父"而不是"祖国的家长"。西塞罗的这项荣誉是非正式的，而尤利乌斯·恺撒的称号是元老院正式投票授予的。在罗马文化中，父亲，尤其是一家之主，受到极大尊重，但奥古斯都的头衔和西塞罗与尤利乌斯·恺撒的未必有很大差别，只是措辞略有不同，让奥古斯都更突出，并强调他是万民之父。一个代表广大群众的团体向奥古斯都授予这个称号时，他起初拒绝了。后来在剧院的一次演出上，在群众的欢呼声中，瓦列里乌斯·梅萨拉代表其他元老，再一次走到奥古斯都面前，宣布："所有的祝福和神的恩宠都属于你和你的家人，恺撒·奥古斯都！通过这种方式，我们请求诸神赐予共和国永久的好运，给我们的城市不朽的喜悦。元老院在全体罗马人民支持下，宣布你是祖国之父！"

奥古斯都感动得流下眼泪，答道："我已经达成了自己最深切的心愿。诸位元老，我还能向不朽诸神祈祷什么呢？我只能接受你们所有人同意赋予的荣誉，直到我的生命结束。"[32]

元首先是百般谦逊地推辞、最后迫于群众压力接受的惯例已经根深蒂固了，双方肯定都理解自己要扮演什么角色。但事实仍然是，奥古斯都直到这一阶段才接受这个头衔。如果他想要的话，肯定早就接受了。一方面推辞、另一方面施压的惯例让双方都很舒服，但真正对奥古斯都的荣誉加以限制的是奥古斯都自己，而不是所谓的元老们的反抗。梅萨拉是前 31 年执政官，曾经是布鲁图斯和卡西乌斯的盟友，后来是安东尼的党徒，在亚克兴角战役之前转换阵营，后来获得了一个行省总督职位和一次凯旋式。他属于曾亲眼看到恐怖内战的那一代人，如今这个群体在不断减小。不管奥古斯都做过什么不堪的事情，他已经给国家带来了差不多三十年的稳定和内部和平，仅凭这一点，群众对他的赞颂肯定是真诚的。他的骄傲也是货真价实的。《神圣奥古斯都功业录》的最后一段就是讲他获得"祖国之父"的荣誉："我第十三次担任执政官期间……元老院、骑士阶层和全体罗马人民称呼我为祖国之父，并下令将此头衔铭刻在我的宅邸门廊和元老院议政厅。"[33]

在四十多年的政治生涯中，奥古斯都已经从满腔怒火、为父报仇的毛头小伙子变成了统一天下的年迈政治家和罗马世界的"父亲"。两个养子和他一样广受爱戴，正在接受教育和培养，准备身居高位。他的女儿（也是他唯一的孩子）却不是很愿意扮演父亲为她指定的角色。

提比略退隐罗得岛之后，尤利娅又茕茕孑立了。很可能在此之前夫妇已经分居多年，所以他的离去并不显得十分戏剧性。对尤利娅来说，孤单也不是稀罕的事情，因为她和阿格里帕还是夫妻的时候，阿格里帕大部分时间也在外省。但尤利娅不喜欢寂寞。她非常活泼，喜爱艺术，尤其是诗歌，喜欢和其他受过良好教育的美貌贵族青年待在一起。她深知自己地位显赫，所以她的圈子几乎全是出身豪门望族的青年贵族，他们的姓氏可以追溯到罗马的上古。他们都很年轻，没有参加过内战（对他们父母那一代人来说，内战肯定是改变他们生活的最重要体验），是在和平与繁荣的年代成长起来的。[34]

诗人奥维德（普布利乌斯·奥维德乌斯·纳索）与尤利娅年龄和经历相仿，他的诗歌优美而充满激情，也有一种调皮捣蛋的意味，有时甚至显得轻浮。他没有早先一代诗人（他们经历过政治清洗、土地被没收的年代）阴暗的潜意识和严肃性，而有着一种无法压抑的喜悦感。大约前2年，他在创作三卷本《爱的艺术》，这部诗歌表面上是技术手册，讲述如何寻觅和赢得爱人。这部书主要讲的不是性爱，而是引诱，而且描述了奥古斯都时代罗马的一些纪念性建筑，并重述了一些著名的神话故事，如伊卡洛斯①的故事，与此同时向男女读者提供建议。他多次向读者保证，自己并不是在颂扬通奸（他笔下的女性不是明媒正娶的妻子，而是情妇，其中很多是释奴），并没有威胁罗马正当的婚姻和繁衍后代（这些都是奥古斯都政权积极推动和鼓励的事情）。他的笔调从来不会严肃，一直到第二卷和第三卷的最后一行都是这样。在最后一行，他让听取其建议的人宣称："纳索是我们的教师。"[35]

撒路斯提乌斯和西塞罗有时会抱怨罗马精英阶层年轻一代的放荡不羁和漫不经心的奸情。这两位作家将真相与狂野的夸张搅和在了一起。到前1世纪，很多出身高贵的富裕女性不再满足于枯坐家中，静静等待丈夫从帝国的角落返回。尤利乌斯·恺撒和奥古斯都都曾追逐有夫之妇，这样的风流浪子不止他们两人。和通常情况一样，谣言往往比真相夸张许多倍，但有些贵妇的确会养情夫，更多贵妇则享受着男性青年贵族的陪伴，并纵情享用美酒、盛宴、舞蹈和音乐。

尤利娅就是这样一个女子，显然非常喜爱奢靡的生活和男性的陪伴。在她与阿格里帕的婚姻中，据说奥古斯都曾怀疑她不贞，但后来看到她的所有孩子长得都很像阿格里帕，才放下心来。据说尤利娅曾逗趣地说，她"除非船上已经载满货物，否则不会允许乘客上船"。至少有一次，奥古斯都写信给一位元老，要求他不要去拜访他的女儿，但奥古斯都似乎让自己相信，尤利娅的行为举止虽然愚蠢，但并没有越轨。奥古斯都暗

---

① 伊卡洛斯是希腊神话中著名工匠代达罗斯的儿子。代达罗斯用羽毛和蜡制成翅膀，和儿子一起飞行逃离克里特岛。伊卡洛斯不听父亲的劝告，飞得太高，蜡融化了，翅膀解体，导致他坠海而死。

示尤利娅，她应当效仿她的继母（李维娅的朋友都是成熟稳重的女性，与尤利娅身边花天酒地的年轻人截然不同）。毫无疑问，尤利娅对此的反应非常冷淡，毕竟李维娅比她大二十岁左右。尤利娅向元首保证，她的朋友也会"和她一起变老"。前2年，尤利娅三十七岁了，已经生了六个孩子。人们往往会努力与衰老对抗，尤其是那些为自己的美貌而骄傲的人。有一次，尤利娅的奴隶帮她拔掉白发时，奥古斯都突然来了，后来问她是不是"宁愿秃头，也不愿意有白头发"。[36]

前2年发生了不得了的大事。元首发现了确凿的证据，尤利娅有一桩或更多婚外情。我们不知道奥古斯都是怎么知道这些事情的，也无法判明事情真相。所有史料都不怀疑她有情夫。有些情夫被指名道姓，如诗人塞姆普罗尼乌斯·格拉古、一个阿庇乌斯·克劳狄、一个西庇阿、提图斯·昆克提乌斯·克里斯皮努斯（前9年执政官），以及最有意思的是，尤卢斯·安东尼（马克·安东尼和富尔维娅的儿子）也名列其中。此外还有一些没有名气的情人，但史料没有给出具体的姓名。被指名的情夫毋庸置疑都是豪门贵族，所有人都可能和尤利娅年龄相仿。

除了通奸之外，尤利娅还被指控有一些肆无忌惮、令人发指的恶行。据说她公开举行酩酊大醉的聚会，甚至在演讲台上狂欢取乐；她还在夜间集会，给广场上的马西亚斯（一个以音乐才能闻名的萨堤尔①，与酒神巴克科斯有关联）雕像戴上

---

①　萨堤尔是希腊神话里的一种生物，一般被视为潘（牧神）与狄俄倪索斯（酒神）的复合体。萨堤尔拥有人类的身体，同时亦有部分山羊的特征，例如山羊的尾巴、耳朵和阴茎。一般来说他们是酒神狄俄倪索斯的随从。有时，萨堤尔被视作最低级的树林之神，跟随着潘或宁芙仙女在森林中游逛。萨堤尔的形象往往是淫荡好色的。

花环。更疯狂的故事说，尤利娅渴望新的刺激，公开向过路人出卖自己的肉体。我们本能地将这些故事视为无聊的流言蜚语。我们这么做很可能是正确的，不过历史上的确有人做过一些相当愚蠢的事情，所以我们也不能百分之百确定。不过这些指控可能说明，尤利娅和她的圈子越来越放荡不羁了，他们可能确实在公共场所聚会。如果真的是这样，就让人想起安东尼和克利奥帕特拉七世在亚历山大港的彻夜狂欢，这颇有讽刺意味。或许所有人都假定奥古斯都知道这些事情，并且愿意睁一只眼闭一只眼，纵容自己的女儿。[37]

很多情夫出身名门望族，所以许多学者认为此事背后有政治因素在发挥作用，这些情夫其实是在阴谋夺权。普林尼声称当时有人企图刺杀奥古斯都。狄奥说尤卢斯是幕后黑手。但除此之外没有任何证据，连暗示也没有，尤利娅也不大可能会图谋弑父。更有说服力的解释是，她希望得到允许与提比略离婚，然后嫁给尤卢斯，让尤卢斯成为元首的新女婿之后有希望获得更多权力和职责，并与奥古斯都（将来还有年轻的盖乌斯和卢基乌斯）一起成为国家领导人。假如奥古斯都在接下来几年里去世，尤卢斯和尤利娅将能辅佐儿子们，与他们分享权力。前6年，盖乌斯被选举为执政官，这说明有人在推动尤利娅的两个儿子迅速攀升。她和其他人希望从中获利，是说得过去的。这或许就是她和情夫的计划，或许也有人在疯狂地大谈自由和企图恢复旧贵族世家的主宰地位（马西亚斯雕像和遮蔽它的无花果树长久以来被认为是人民自由的象征）。[38]

可能确实存在这些绘声绘色的传言，尤利娅或许真的想和尤卢斯结婚。但是，尽管历史学家给出了很多聪明的理论，但不大可能存在有组织的阴谋。奥古斯都肯定没有把这事情当成政治阴谋来处理。奥古斯都对女儿连续多次通奸罪行的公开谴责也极不可能是掩盖失败政变的烟雾，尤其是因为他曾颁布非常严厉（而且受到广泛怨恨）的关于婚姻和通奸的法律。元首让他的家人扮演非常公开化的角色，把他们当作罗马人恰当行为的榜样。对奥古斯都来说，尤利娅的通奸是比提比略退隐更严重的背叛。奥古斯都肯定有很深切的感受。他原本无须公开处理此事，却坚持让元老院来处置，让一名财务官宣读他的书信，因为他无法亲自到场发表讲话。

尤卢斯·安东尼自杀了——可能因为他预见到自己会被判死刑，后世的史料含糊地说他是被杀的也为这一推测提供了佐证。其他所有情夫都被流放。其中一人是在任的保民官，被允许结束任期之后遣送出国。尤卢斯·安东尼的年幼儿子也被放逐，后来在马西利亚①生活，死在那里。总的来讲，这些相对宽大的处理是驳斥政治阴谋论的最有利论据。在过去，奥古斯都处决阴谋反对他的人时很少会犹豫。大多数罗马人显然认为，对于通奸罪，这样的处罚过于严苛了。塔西佗后来说，元首仿佛在处置叛国罪。这种说法或许最接近真相。奥古斯都义愤填膺，觉得自己女儿的不端行为是极大的个人耻辱，她的情夫们是故意羞辱他和他的家庭。这是对其威望的打击；或者，从很多方面看，甚至更严重，因为人民对他的印象并没有变坏，受损害的主要是他的自尊。凯旋将军恺撒·奥古斯都感到羞耻和愤怒，而不是畏惧。[39]

他不肯见尤利娅，将她放逐到小岛潘达特里亚②。她在岛

---

① 现代的马赛。

② 潘达特里亚岛今天的名字是文托泰内，在意大利西海岸，长3公里，最大宽度约800米。此后罗马帝国皇室有多位成员被放逐到此地。

上没有酒喝，没有任何奢侈品，也几乎见不到任何男人。到岛上处理公务的男人，不管是奴隶还是自由人，只有在奥古斯都仔细检视其外貌和人品之后，才被允许登岛。尤利娅的女释奴福柏自杀了，可能是因为卷入丑闻而感到羞耻，或者是畏罪。奥古斯都说"宁愿自己是福柏的父亲"。但尤利娅的母亲斯克利博尼娅陪伴她一同流亡。有人认为这是斯克利博尼娅在公开驳斥尤利娅通奸的指控，但完全可能是母亲仍然爱着自己的女儿，并愿意原谅她。而奥古斯都却不愿意宽恕女儿。[40]

整个事件让恺撒·奥古斯都十分震怒，他要让所有参与其中的人都受到惩罚和公开羞辱。后来他的怒气平息了一点。尤利娅在岛上待了五年之后，被允许搬到大陆上瑞吉昂①附近的一座更舒适的别墅，但仍然不能接触奢侈品和男性。虽然罗马群众多次组织大型游行要求奥古斯都释放尤利娅，但都被他坚决拒绝。后来他说自己后悔当初的做法，若是私下处理此事就好了。塞内卡说，奥古斯都抱怨道，假如阿格里帕和梅塞纳斯还活着，给他出主意，就不会发生这样的事情了；至少他们会告诉他真相，阻止整个事件发生，或者至少阻止尤利娅的不端行为变得那么严重。但他的两位老友都已经不在了，较年轻的朋友也不在了，只留下奥古斯都日渐衰老和孤立。他的希望越来越集中在盖乌斯和卢基乌斯身上。[41]

---

① 今天的雷焦卡拉布里亚，与西西里岛的墨西拿隔海相望。

# 二十 "哨兵岗位"

> 玛尔斯来了，他降临的时候给出了战争的预兆。复仇
> 者从天而降，欣赏他自己的荣耀和奥古斯都广场上他自己
> 的恢宏神庙。战神非常庞大，神庙也是如此。玛尔斯必须
> 这样居住在他儿子的城市……他看着……神庙立面上的奥
> 古斯都之名；他读到恺撒之名时，神庙似乎变得更宏伟
> 了。
>
> ——奥维德，公元前到公元后的世纪之交[1]

尤利娅的丑闻并没有影响她的儿子盖乌斯和卢基乌斯，何况可能有相当长一段时间，尤利娅都没有亲自抚养他们了。两个少年已经正式成年，开始承担越来越公开化的职责。尽管对奥古斯都来说前2年是以愤怒和遭受背叛结束的，但这一年除此之外还发生了许多踌躇满志的庆祝和节日活动，他的两个养子在其中发挥了重要作用。5月12日，盖乌斯和卢基乌斯主持了复仇者玛尔斯神庙（奥古斯都的新广场的核心）落成仪式期间的庆祝活动。奥古斯都广场与尤利乌斯·恺撒广场（大体上也是奥古斯都主持建造的）呈直角，而后者与主要的罗马广场（奥古斯都对其加以改建）相连。于是，市中心公共空间的面积翻了一倍还多，提供了更多供行政管理、庭审、典礼和宗教仪式之用的可遮风挡雨的开阔空间。这些需求是真实存在的，奥古斯都广场的门廊在整个建筑群竣工之前很久就被开放使用了。奥古斯都的很多改革设立了新的官职和任务，

或者恢复了长期被忽略的做法。在很多方面，对该地区的结构翻新都可以理解为让国家再一次正常运转起来的切实迹象。[2]

尤利乌斯·恺撒和奥古斯都都自掏腰包购买了他们的广场工程所需的土地，因为这些土地几乎全都在私人手里。买下地皮之后，他们又拆除房屋、公寓、商店和仓库，以便清理出空间。并非所有的土地原主人都愿意出售，但没有人受到强迫，至少两位恺撒筹划的建筑群边缘土地的主人没有受强迫。奥古斯都年轻时，在腓立比战役之前曾宣誓要为复仇的战神建一座神庙。这个誓言在四十年之后终于兑现了，耽搁这么久的部分原因无疑是等待所需的土地能够落实。但最后他没有买到自己想要的全部土地。由于一两位地主拒绝卖地，奥古斯都广场不是对称的，东北角的形状不规则。奥古斯都可能因此感到受挫，但他愿意接受现实，说明他尊重财产权，不愿意践踏别人的权利，哪怕这是为了国家的利益，更不要说为了他的名望了。从某种意义上讲，新广场的不完美恰恰比完美的对称图形更珍贵。[3]

在其他方面，奥古斯都不惜一掷千金。他的所有建筑工程的设计及施工规模都非常宏伟，哪怕修缮古旧的神龛也是如此（这种修缮工作表面上简单，其实不然）。重建的罗马广场和规划得整齐划一的尤利乌斯广场都非常雄伟，用来彰显罗马权力的恢宏，并提醒大家牢记当前的伟大和复兴是在元首领导下得来的。奥古斯都广场胜过了这两座广场，而且只有两个入口，所以影响力更强。高墙挡住了广场外城市街道的全部景象，同时保护纪念碑免遭火灾。庭院地面用大理石铺就，做成五彩缤纷的图案。设计中糅合了现代理念和古典建筑风格，门廊上有女像柱，即被做成女性雕像的承重石柱，阿格里帕在万神殿也用了这种石柱。看到这些，受过教育的观察者会立刻想到厄瑞克忒翁神庙（前 5 世纪伯里克利在雅典卫城建造的神庙），追溯至处于文化和帝国霸业巅峰时期的雅典人。有的人也许想不到这个联系，但会看到成排的优雅而精美的雕像装饰着广场的周边。普林尼觉得奥古斯都广场是世界上最美的建筑之一。它没有照抄过去的模板。奥古斯都广场上的女像柱是高浮雕，背部平坦，与墙壁齐平紧贴，而雅典的女像柱是完全立体的独立雕像，可以承载屋顶的重量。[4]

复仇者玛尔斯神庙的立面是白色的意大利大理石，入口处是宽阔的阶梯，主祭坛设在阶梯内。罗马的神庙是神祇拜访城市时的住所，而不是宗教崇拜的场所。几乎所有主要宗教崇拜的祭坛都在神庙之外，所有的动物献祭肯定都是在露天进行的。神庙前方是一排八根非常高的科林斯风格石柱，神庙左侧和右侧也有相似的石柱，所有石柱都承载着高高的三角楣饰。这设计很像尤利乌斯·恺撒广场上的维纳斯神庙，但比它大一半。维纳斯和玛尔斯都是传统的罗马神祇，是共和国的强大支持者，而维纳斯被尤利乌斯氏族奉为祖先。这个氏族还自称是阿尔巴朗格国王的后代，雷娅·西尔维亚就来自这个王朝。她为战神玛尔斯生了双胞胎罗慕路斯和雷穆斯。尤利乌斯氏族没有说自己是这个家系的后嗣，但在近期，尤利乌斯·恺撒和奥古斯都曾宣称与罗马的建立者罗慕路斯有联系，而罗慕路斯是战神的儿子。

庭院两侧的门廊陈设着令人追溯往昔的雕像。左侧有埃涅阿斯的雕像，他周围是阿尔巴朗格历代君王，以及尤利乌斯氏族最突出的成员（人数肯定不多，而且其中很多人肯定没有特别显赫的事迹，因为这个氏族发达的时期不多）。对面是罗慕路斯，周围是罗马历史上"最杰出的人"，其中一些和对面的某些人一样，纯粹是为了充数。铭文记录了每个人的事迹，肯定得到了奥古斯都的批准，但可能不是他亲笔写的。除了罗马城建立之前的时代的人物之外，没有外国人，而且目前没有直接证据表明其中有女性。尤利乌斯·恺撒不在其中，因为他已经是神，不能和这些凡人站在一起。他的雕像在神庙内，和其他神像在一起。[5]

雕像中的埃涅阿斯背着父亲安喀塞斯逃离特洛伊的废墟，一手牵着儿子尤卢斯。这个形象在当时的私人艺术和官方图像中都很常见。学术界有争论，这个尤卢斯究竟是不是尤利乌斯氏族的祖先和罗马的终极缔造者。我们无法确定，但这种说法至少是值得相信的。罗慕路斯的雕像刻画了他奉献"最高战利品"的场景。不足为奇的是，雕像群主要宣扬武德和曾庆祝凯旋式的人。

这是那些曾帮助罗马变得如此伟大的英雄豪杰的班列，并且政治倾向性不强，因为里面包括苏拉、马略和伟大的庞培。铭文强调的是战胜外国敌人的胜利，讲到内战时都很简略和中性。介绍马略的铭文写了他在努米底亚①打败朱古达的战功、对抗辛布里人和条顿人的战争、连续多次担任执政官的业绩，

---

① 努米底亚（前202～前46年）是古罗马时期的一个柏柏尔人王国，如今已经消亡。其领土大约包括现今的阿尔及利亚东北以及突尼斯的一部分（皆位于北非）。当时以出产精锐骑兵闻名。迦太基名将汉尼拔就是以努米底亚骑兵赢得早期多场战争的胜利，后来也因努米底亚骑兵投向罗马而战败。其后，努米底亚先后成为罗马的行省之一和附庸国。努米底亚领土西端与罗马帝国的另一行省毛里塔尼亚（即现今的阿尔及利亚的一部分）接壤，东端则与罗马帝国的阿非利加行省（迦太基故地，即现今的突尼斯）接壤，其领土北临地中海，南接撒哈拉沙漠。

并赞赏他在前 100 年镇压了保民官萨图尔尼努斯，最后才中性地写道："七十岁时，由于内战，他被迫离开祖国，后来借助武力返回。他第七次担任了执政官。"[6]

奥古斯都宣称，"最杰出的人"的雕像被摆放在那里，是让人们根据这些英雄的业绩来衡量他本人，以及未来的元首们的成就。从建筑群的设计来看，他希望大家如何批判他的成就，是显而易见的。在通往神庙的庭院正中央，耸立着孤零零的一座恺撒·奥古斯都青铜像，他像凯旋将军一样，乘着四匹马拉的战车。这是他的广场，他前不久获得的"祖国之父"头衔被刻在雕像的底座上。这是对罗马历史的纵览，将他置于中央位置，表明他与诸神和从建城开始一直到他自己时代的历代英雄好汉都有着紧密联系。奥古斯都认为自己与罗马的成功息息相关，他是这些伟人的优秀继承者，因为他领导国家取得了最伟大的成就，国强民富，河清海晏。他就是这些各不相同的人物（既有神也有人）之间的联系纽带，他是神之子，而其神祇父亲的雕像就在神庙内。[7]

奥古斯都广场颂扬了他的成就和罗马的光荣。庭审在广场的门廊举行，复仇者玛尔斯神庙也将在国家生活中发挥中心作用。从帕提亚人手中收复的鹰旗终于有了永久性的存放场所，而将来丢失又收复的罗马军旗也将被存放于此。元老院需要讨论宣战或授予凯旋式时，就会在这里开会。从这里，军队统帅们动身前往外省，最后返回这里；赢得凯旋式的将领的雕像将被竖立在这座广场上。奥古斯都还颁布了一条法令，将来贵族男孩举行成人礼的地点必须是这座神庙，以便提醒孩子们，成年意味着若情势需要，他们有义务参军打仗，为国效力。

盖乌斯和卢基乌斯被授予了某种形式的临时权力，以主持包括斗兽表演在内的庆祝活动。作为表演，在马克西穆斯广场杀死了260头狮子。过了一段时间，当局放水淹了弗拉米尼乌斯广场，也可能是将它的一小部分暂时改为小湖，职业猎人在这里为观众表演，杀死了36条鳄鱼。这可能是为了纪念在埃及的胜利，但杀死这种稀罕的动物是一种常见的表演，就像印度使者献给奥古斯都的老虎很可能最后被杀死在罗马的竞技场一样。为了给群众提供娱乐，有时还会杀人。宏大的角斗士比赛又一次在选举围场上演了。这种比赛并不总是要杀人见血。奥古斯都的外孙，十岁的阿格里帕·波斯图穆斯在特洛伊竞技中骑马。苏埃托尼乌斯说，奥古斯都认为这种仪式很适合用来将年轻贵族介绍给公众。特洛伊竞技不是真的打斗，但有时也会出危险，有一次一位元老的儿子在竞技期间从马背摔下，导致终身瘸腿。元首赠给他一只金饰圈。可能在前2年，阿西尼乌斯·波利奥的孙子也在这种比赛中断了一条腿。波利奥在元老院坚定地批评这种比赛，说得合情合理，于是奥古斯都很快不再举行特洛伊竞技。[8]

## 过去和未来

此次节庆最让人长久怀念的一项赛事就是奥古斯都海战，比罗马举办过的任何娱乐活动都更宏大、更费钱。当局在台伯河西岸挖掘了一个1800罗马尺×1200罗马尺的人工湖，用特别为此建造的高架渠阿尔希提纳水道（20多英里长）引水。主题是前480年的萨拉米斯海战，希腊人在雅典人的领导下，击溃了入侵的波斯海军。虽然表演的规模没有真实战役那么大，但也非常可观了。奥古斯都后来吹嘘道，共有"30艘带

**罗马的十四个行政区域**

冲角的战船，包括三列桨座战船[①]或双排桨座战船，还有很多
较小的船只参加了表演。参战人数约3000，还不包括桨手"。
我们不确定这场海战表演是如何进行的，以及在多大程度上是
拟真的。考虑到罗马人的品味，这场表演应当不会是完全不流
血的，但也应当有相当多的舞台操控。两个多世纪之后的狄奥

---

[①]　三列桨座战船是古代地中海的航海文明（腓尼基人、希腊人、罗马人等）
　　使用的一种桨帆船。战船每边有三排桨，一个人控制一支桨。此种战船
　　在希波战争、雅典帝国兴亡中起到重要作用。

说，这场表演留下的一些架构仍然存在。而维莱伊乌斯说罗马群众的娱乐胃口被这些宏伟的比赛"满足到生厌"了。[9]

狄奥还告诉我们，希腊人赢得了此次战斗，这也许暗示其中有真枪实弹的厮杀。结果不是事先内定的，但希腊人获胜应当是大家都希望的结果。新广场的建筑效仿雅典卫城，并且重演了雅典最伟大的胜利，这说明奥古斯都显然非常希望与古典时期的光荣以及希腊文化的巅峰（受过教育的罗马人非常尊重希腊文化）扯上关系。在那个时期，雅典是民主制国家，领导人（如伯里克利）是选举产生的，而不是僭主或国王。奥古斯都或许刻意让大家想到这一点，表现他是这样一位民选领袖。不过我们不能在这个方向想得太远。有人说，奥古斯都早年的思维更像亚历山大大帝及其继业者时代的希腊化君主，所以才建造了华丽炫目的纪念性建筑，如阿波罗神庙；后来他更成熟了，便改为更节制的建筑风格，那样才符合自由国家领导人的身份。这种说法不能让人信服。[10]

古典希腊城邦与希腊化时代君主国之间泾渭分明的差别，其实大体上是现代学者发明的概念。喜爱希腊文化的罗马人并不觉得自己应当局限于前5世纪和前4世纪初"更优越的"风格和文学，而忽略后世的作品。而且我们应当记住，奥古斯都广场和他早年的建筑一样恢宏壮观，同样歌颂了元首本人。不仅如此，奥古斯都广场还展出了两幅著名的亚历山大大帝像，还有好几座雕像，所以广场的宗旨显然是纪念过去的伟大胜利和胜利者，而不是与他们的政治背景扯上联系。[11]

同样的建筑和同样的符号可以与不同主题联系起来，惊心动魄的海战景象让人想起萨拉米斯海战，但也完全可能让人追溯亚克兴角海战。这两场海战都可以被描绘为文明战胜了野蛮，西方战胜了东方。奥古斯都近期的胜利完全有资格与历史上最伟大的事件相提并论，正如"最杰出的人"为他的广场增添了恢宏气势一般。恺撒·奥古斯都吸纳了过去的荣光，接受了所有最好的东西。他利用马略、苏拉和庞培等人的形象，但剥去了他们与内战有关的负面元素，将他们视为先辈。他们增强了罗马的力量，把他的成就推向了巅峰。这就像维吉尔让理想化的加图担任冥界法官一样。奥古斯都公开表示仰慕小加图，赞扬任何愿意保全国家原状的人。死人没有办法决定新政权如何利用他们，而这样海纳百川的历史观强化了人们的印象，即朋党相争的内战已经过去了。即便是先前的敌人，以及其他一些不大可能赞成恺撒·奥古斯都及其终身制主宰地位的人，也被当作元首仰慕和宣传的榜样。[12]

对尤利乌斯·恺撒死敌的利用，并不意味着完全恢复他们的名誉。奥古斯都利用的庞培和加图的形象，其实是"消毒过后"的版本。这些人的缺陷和糟糕决定被人们记住，这只会更加衬托出元首的英明。奥古斯都赞扬庞培和加图的事迹和人格，并不是在暗地里批评尤利乌斯·恺撒。很多学者坚信不疑，奥古斯都有意识地与尤利乌斯·恺撒拉开距离。这种理论被不断重复，从来没有受到质疑，尽管它明显与证据不吻合。先称他为屋大维、后称为奥古斯都的习惯也鼓励了这种理论，却让我们忘记虽然他在前44年之后多次改名，但他始终被称为恺撒。的确，他在早年崛起的岁月比后来当权时期更常援引养父的名字，但这其实并没有学者们说的那样明显。他仍然被称为恺撒·奥古斯都，完成了独裁官的很多建筑工程，并在新广场颂扬他的尤利乌斯祖先。更广泛的罗马历史及英雄，如埃涅阿斯和维纳斯、罗慕路斯和玛尔斯，被增添到这个家族当中，或与其拉上关系。私人家史与国家历史融合起来，就像纪念建筑糅合了私人和公共的光荣一样。诗人奥维德强调说，复仇者玛尔斯神庙既表现了为尤利乌斯·恺撒复仇诺言的兑现，也表现了成功向帕提亚复仇、收回军旗。在此处，和其他地方一样，奥古斯都将自己和亲人抬高到公共生活的中心，他个人的成就与广大人民的福祉融为一体。[13]

尤利乌斯·恺撒如今已经是神，不能简单地把他当作又一个罗马英雄，所以他的雕像在神庙内，而不是和尤利乌斯氏族其他成员在一起。没有迹象表明，罗马人会觉得这是有意识地把作为凡人的奥古斯都的一些比较值得商榷的行为与作为神的尤利乌斯·恺撒区分开来。从政初期的罗马贵族常大谈特谈自己的父亲和祖先，将他们的成就作为自身价值的证据。但地位巩固、获得高级行政长官职位之后，罗马贵族就很少谈及祖先了，因为到这个阶段，他自己的事迹变得更重要。一个人的祖先不是他的竞争对手，不过如果他的成就与祖先比肩或甚至超越他们，肯定是件好事。罗马贵族死后举行公开葬礼时，会再一次强调整个家系，一代代人的肖像被展示出来，以证明儿孙们的大好前景。

内战之后，奥古斯都较少谈及尤利乌斯·恺撒，仅仅因为这么做是很自然的。任何罗马贵族家庭都会这么做，尽管可能不会像他那样突出。此时他自己的行动和胜利比养父的重要得多，所以得到广泛宣传。尤利乌斯·恺撒没有被遗忘，更没有被刻意压制，他的声望和荣耀继续加强着养子的威望，但没有必要再大肆宣传。恺撒·奥古斯都已经接管大局，远远超越了养父的光荣，但后者的纪念建筑仍然屹立，他的雕像繁多而引人注目，他的形象有时对养子仍然有用。说到底，毕竟是尤利乌斯·恺撒将尤利乌斯氏族从默默无闻提升到威震天下的地位，并让恺撒之名崛起于所有罗马贵族姓氏之上。

一个世纪之后的塔西佗说，在奥古斯都治下，历史写作衰败了，不是因为遭到了镇压和审查，而是因为历史学家们极尽阿谀奉承之能事。罗马的传统是，撰写史书的人只能是那些参与历史构建的人，即参加辩论、制定法律和领兵作战的元老。只有这些人才有能力理解伟大事件是如何发生的，但在奥古斯都在位时，这些人如果想要在政坛有一番作为，就要依赖元首的善意。渐渐地，元老们要么不再写近期历史，要么只写溜须拍马的作品。这不仅仅是取悦奥古斯都的问题，因为很多人都愿意忘却自己在内战中的所作所为。德鲁苏斯的次子克劳狄①宣布自己打算写一部内战史。李维娅和他的母亲安东尼娅悄悄地但坚决地劝他放弃这个念头。[14]

奥古斯都时期最有影响力的历史著作是李维写下的，这绝非偶然。李维是一个来自意大利北部的贵族，毕生没有从政。他不必关心赢得官职，对政治和战争也没有直接的经验。阿西尼乌斯·波利奥认为李维的作品有着强烈的偏狭守旧意味，但没有人怀疑李维的勤奋。他最终撰写了一部从罗马建城到德鲁苏斯去世的罗马史，共计 142 卷。我们不确定这部书是何时发表的，其中有些书卷可能在奥古斯都去世后才发表。李维写引言的时候，内战正酣，所以引言的语调非常抑郁，但随着局势好转，他的语调也发生了变化。李维不属于梅塞纳斯的文人圈子。尽管他与奥古斯都关系不错，但绝不是官方的宣传机器。然而他作品的立场与元首的很多观点相符，肯定与元首政权推

---

① 后来的克劳狄皇帝。

行的罗马身份与文化吻合。李维具有强烈的爱国主义精神，但也倾向于道德评判。在他看来，当罗马人道德水准高、尊重传统和神祇并奉行美德的时候，罗马就繁荣昌盛；而各阶级，尤其是领导人民的元老们腐化堕落时，罗马就蒙受失败、秩序紊乱并发生内战。[15]

李维《罗马史》的大部分，包括讲述最后一个半世纪的各卷，只有简略的概述流传下来，所以对于他如何描写具体个人，我们只能猜测。保存至今的几卷对某些事件的描写确实与奥古斯都广场上很多"最杰出的人"的铭文有很大出入。有的是细节上的差别，如前168年埃米利乌斯·保卢斯①打败珀尔修斯②国王的战争的确切天数。有的差别则反映了截然不同的传说，对于某些个人，广场铭文的说法与其他史料有着显著差别。有一篇概述表明，李维严厉批评了马略的晚年和他前88年年末返回罗马大开杀戒的事情，而新广场的马略雕像铭文没有提及这些。[16]

李维写到科尔内利乌斯·考苏斯赢得奉献"最高战利品"的荣誉时，记述了奥古斯都对此事的解读，但也写了与之矛盾

---

① 卢基乌斯·埃米利乌斯·保卢斯·马其顿尼库斯（约前229～前160年），两次担任执政官，是一位优秀的军事家，征服了马其顿，消灭了安提柯王朝。他的父亲也叫卢基乌斯·埃米利乌斯·保卢斯，于前216年在坎尼战役（被汉尼拔打败）中阵亡。他的儿子就是小西庇阿，被过继给大西庇阿的儿子。

② 珀尔修斯（约前212～前166年）是马其顿王国安提柯王朝的末代君主。安提柯王朝是亚历山大大帝死后由他的帝国分裂出的几个政权之一，统治马其顿本土。在第三次马其顿战争（前171～前168年）中，珀尔修斯被罗马击败并投降，安提柯王朝灭亡。到前146年，罗马彻底消灭了马其顿的本土势力，将马其顿变成一个罗马行省。珀尔修斯投降后学会了拉丁语，成了熟练的金属工匠和公证人。

的其他说法。李维还讨论了尤卢斯究竟是埃涅阿斯与其特洛伊妻子生的儿子，还是后来与意大利妻子生的。李维对伟大庞培的评价可能也比较正面，因为塔西佗说奥古斯都温和地批评李维是一个不知悔改的庞培派分子。庞培也被列入"最杰出的人"，所以李维积极评价庞培并非在颠覆奥古斯都政权。更令人震惊的是，据说李维考虑到尤利乌斯·恺撒后来的所作所为，还曾质疑他的出生是一件好事。这个段落已经遗失，所以我们很难判断其语调或结论，但保存至今的概述并不能说明李维非常敌视尤利乌斯·恺撒。[17]

相信恺撒·奥古斯都淡化其养父影响力的学者认为李维的这段话能够支撑他们的观点，理由是李维一定相信不会激怒元首，才敢这么写。但是，除了悄悄向年轻的克劳狄施加压力让他写别的主题，以及奥古斯都晚年的几个例子之外，没有任何证据说明元首曾压制文学创作。有一次他写信给提比略，要求他"听到别人说我的坏话，不要太往心里去；我们能够阻止别人对我们采取不利的行动，就应当满意了"。官方的立场不断得到宣传，在大量文学作品、奥古斯都及其亲人的演讲、法令、奥古斯都自传，以及罗马和外省各地的纪念建筑上，都有官方宣传。不断的重复强化了官方宣传，而持续的成功和繁荣更是提供了有力支持。李维的主题——遵守恰当的罗马式美德，才能获得成功——也是对元首的强有力支持。[18]

奥古斯都没有积极地镇压异见人士，也没有隐藏过去。表达异见的人很少，而这少量异见也被支持他的潮水般的赞扬淹没了。尤利乌斯·恺撒渡过卢比孔河开始了内战，奥古斯都在前44～前30年参加了对政敌的清洗迫害，并经常处决犯人和血腥镇压政敌，这都是无法否认的事实。在世的人对此记忆犹新，而且即便这些记忆黯淡了，那些年的文献记载和宣传都还在。隐藏历史，更不要说重写历史，是不实际的，奥古斯都可能根本没有考虑过这么做。他自己的版本很明确，将罪责扩展和转移到更多人身上。我们应当注意，李维愿意质疑尤利乌斯·恺撒做法的正确性，但并不意味着李维把一切坏事都归罪于尤利乌斯·恺撒，而认为其他人都是清白无辜的。李维哀叹西塞罗的死，但同时也说西塞罗在尽最大的努力搞死三头同盟，只不过没有三头同盟那么成功而已，并没有说西塞罗和三头同盟有任何本质区别。[19]

文学作品的阿谀奉承和歌功颂德是一眼就能看穿的，很多时候适得其反。那些表面上开诚布公，偶尔赞扬元首曾经的对手（而且一定是已经死了的对手），或者对元首及其亲信加以温和的批评，反而是更好的宣传手段，有助于赞颂罗马和奥古斯都。这样的作品可能质量会更好，就像那个年代的诗歌一样，也有利于制造一种情感，即如今又有了一个自由和成功的共和国。作品的尺度是由作者和奥古斯都共同决定的，或者作者的作用更大。李维可能确实真诚地赞同奥古斯都的很多观点，社会上的很大一部分人也是如此，尤其是意大利各地的有产者和比较富裕的阶层。李维热情洋溢地记述战胜外国敌人的胜利和罗马权势的扩张，从亚克兴角战役到前9年的二十年给他提供了很多值得描写和歌颂的素材。

## 奥古斯都家族

前1年，十九岁的盖乌斯·恺撒获得了第一个指挥岗位，离开罗马，奔赴多瑙河。抵达那里的驻军营地之后不久，他的任务发生了变化。他被授予东方各行省的军权，被派去应对罗马东部边境受到的威胁。亚美尼亚发生权力斗争，帕提亚人对其施加干预，并将其傀儡扶植到亚美尼亚王座上。和以往一样，战胜帕提亚人的期望令罗马公众为之心旌摇曳，给诗人们带来很多灵感。奥维德甚至将这种热情抒发到他的《爱的艺术》第一卷里："看呐！恺撒在准备为已征服的世界增添最后一块土地。"帕提亚人将要为前53年屠戮克拉苏军队而付出代价。虽然奉命出征的统帅盖乌斯·恺撒年轻而缺乏经验，但罗马人必胜无疑。"为你复仇的人要到了。他虽然年轻，却统领有方；他虽然还是个少年，却没有任何少年能像他一样运筹帷幄……恺撒家族的成员，皆是少年英雄……父亲玛尔斯和父亲恺撒，保佑他，因为你们中的一个已经是神，另外一个即将成神。"诗人随后回到主题，想象自己一边观看盖乌斯·恺撒凯旋，一边泡妞。奥维德为这位女子描绘盖乌斯·恺撒的凯旋游行，有的内容是真实的，有的则是想象的，不过都是高度自信的。[20]

这个指挥岗位原本应当给提比略，但他还在罗得岛，而且已经过去了五年，他的保民官权力和军权都已经失效。尤利娅闹出丑闻之后，奥古斯都没有征询提比略的意见，而是直接代表他，给尤利娅发去了一封休书。随后他简单地通知提比略发生了什么事情。提比略写信请求对他的前妻宽大处理，但奥古斯都没有理睬他。提比略还不断请求允许他以普通公民的身份回国，也被拒绝了，于是他依然留在罗得岛，听课和参加辩论。李维娅为他搞到了一个不明确的军团长身份，以便对其提供一定程度的保护。总的来讲，大家很尊重提比略，不过有一次辩论结束后一位哲学家跟着他回家，不仅与他争辩，还凶狠地辱骂他，于是提比略命令将此人逮捕了。提比略终其一生都是个不善交际、笨嘴拙舌的人，在罗得岛也发生了一些尴尬的事情，产生了一些误会。有一次他希望探望病人，不料他的侍从让当地行政长官把能找到的所有病人全都拉来，按照病情严重程度一字排开给他看。提比略大感窘迫，向病人们道歉，然后派人把他们送回家。[21]

因为他是元首的继子，而且直到不久前还是元首的女婿，所以大家不是很确定应当如何对待他。有迹象表明，很多权贵会来拜访他，大多数经过那里去自己行省的罗马官员也会来见他。盖乌斯·恺撒及其随行人员经过罗得岛附近时，提比略离开了罗得岛，去向恺撒的养子和东方统帅请安。敌视提比略的史料说，他在这个少年面前匍匐在地，这可能太夸张了。不过提比略的地位的确摇摇欲坠。整个东方社区都必须决定如何对待他，以及如何对待那些凭借与他的关系在各地享有显赫地位的人。为了表明自己没有阴谋结党营私，或者准备等元首驾崩后夺权，提比略不再穿罗马将军的服饰，也不再练习骑马和武艺。据说他穿着希腊人的服饰，如果这是真的，就很像安东尼与屋大维娅新婚后在雅典过节那样。高卢的一座城市认为提比略已经失宠，于是摧毁了他的雕像。[22]

盖乌斯没有在罗得岛停留，但在穿过东方各行省时肯定受到了欢迎。毕竟他是奥古斯都的养子，有权处理请愿。希腊诗人们也像奥维德那样歌颂盖乌斯："宙斯之子，去幼发拉底河吧，东方的帕提亚人已经飞快地跑来向你投降。去吧，皇子。恺撒，你会看到他们因为恐惧而无力弯弓搭箭。按照你父亲的训令，统治吧。请你首先向升起的太阳证明，罗马以四周的海洋为边界。"[23]

雅典只是众多争相迎接和款待年轻皇子的城市之一。这些年的某个时期，雅典人将一整座阿瑞斯（希腊的战神，相当于罗马的玛尔斯）神庙搬走，一丝不苟地重建雅典的阿哥拉（市场）。虽然盖乌斯·恺撒受到万众瞩目，但他的养父小心地派遣了年纪较长、经验丰富的人去辅佐他，或者去负责做出许多关键的决定。盖乌斯·恺撒的幕僚很多，包括卢基乌斯·多米提乌斯·阿赫诺巴尔布斯，他前不久在日耳曼表现突出；还有马尔库斯·劳里乌斯，他的战绩不是很好，在前 16 年丢失了第五"云雀"军团的鹰旗；另一位前任执政官普布利乌斯·苏尔皮基乌斯·奎里尼乌斯，可能从一开始就陪伴着盖乌斯，随后多年里他一直在盖乌斯的幕僚中。[24]

奥古斯都留在罗马。现在他已经不愿意长时间巡视外省。他已经六十多岁了，可能感到自己在衰老，尤其是因为他的同龄人在世的已经不多了。公元 2 年生日这天，他给长子写了一封信：

9 月 23 日

你好，我亲爱的盖乌斯，我最亲爱的小驴子。你不在我身边的时候，我总是想念你。尤其在今天这样的日子，我特别思念我的盖乌斯。不管你今天身在何方，我希望你庆祝我的六十四岁生日，祝我健康和幸福……我向诸神祈祷，不管我还有多少时间，都要安全和健康地在你身边度过，看着我们的国家如此繁荣，而你们俩都成为男子汉，准备继承我的哨兵岗位。[25]

在星相学上，六十三岁被认为是一个危险的年纪，所以奥古斯都开玩笑地表示，过了这个年纪让他长舒一口气。他谈到自己的"哨兵岗位"，说明在他眼里，自己是一个守护国家的监护者，他也希望自己的养子将来能够接过这个职责。虽然年事已高，他的工作还是很繁重，尤其是因为盖乌斯和卢基乌斯年纪还小，刚刚开始分担他的重任。

元首和两个养子非常亲近。遗憾的是，他公开发表的给盖乌斯的书信集只有这一封信流传了下来。他很可能也给卢基乌斯写过信。这封信的风格与他给其他亲人的信类似，语调轻松，常用希腊语的表达方式。奥古斯都喜欢引用，与行省总督、部下和亲戚通信时常引经据典来描述良好行为的榜样。在两个养子的一生中，只要他们不在他身边，他总会写信给他们。他们在身边的时候，他对他们的成长关怀备至，教他们游泳和骑马。大约前10年，他挑选了语法教师马尔库斯·瓦列里乌斯·弗拉库斯教导两个男孩。弗拉库斯原本在罗马开办了一所学校，但奥古斯都给了他10万塞斯特尔提乌斯年薪，于是他高兴地关闭了学校，来到帕拉丁山，被安顿在一座曾属于著名首席元老卡图卢斯并依然用他的名字命名的宅邸内。[26]

奥古斯都买了帕拉丁山上的一些房屋，将其连接起来，作为自己的府邸。奥古斯都府肯定有一个主门，门廊上雕刻着橡叶冠，但各座房屋和圣所（最重要的是阿波罗神庙，附有图书馆和灶神龛，雅典娜神像就存放在那里，这神像据说是埃涅阿斯从特洛伊带来的）之间可能由一些狭窄街道和小巷连接起来。对这个地点的考古发掘没有明确的结论，很难将遗址和文字记载一一对应起来。今天称为"李维娅府"的房子（在那里发现了一根铅制水管，上面刻着她的名字）是她在奥古斯都驾崩后的住处，但我们没有办法准确地知道在这之前他们住在哪里。今天所说的奥古斯都府其实只是为了方便才这么叫，实际上并没有明确的证据说明它在整个建筑群中的具体功能。奥古斯都对原有建筑进行了调整和改良，至少在私人生活区似乎没有大幅度改变原有的贵族宅邸。[27]

元首自称生活朴素。苏埃托尼乌斯说，在超过四十年的时间里，奥古斯都"无论冬夏，住在同一间卧室内"，意思是奥古斯都在这么久的时间里只用一间卧室，不会因为天气寒冷或炎热而换地方。奥古斯都不习惯早起，如果需要一大早就到城市的另一个区域，他就会在前一夜住到附近的朋友家。其他史料告诉我们，夏天酷热，他夜间睡觉时会把房门敞开，甚至把床榻搬到一个庭院内，睡在一座装饰性喷泉旁边。奥古斯都每晚睡觉不会超过七个小时，睡在一张"低矮而装饰简单的床上"，但如果他中途醒了，就不愿意一个人继续躺下去，而坚持让别人陪伴他。不过在午饭之后他经常打盹，有时坐轿子也会打瞌睡。他的生活需求很少（精力充沛的尤利乌斯·恺撒的睡眠时间更少），也很朴素，不像很多富裕元老和骑士那样骄奢淫逸，更不要说像马克·安东尼使用黄金尿壶那样穷奢极欲了。奥古斯都家中用的卧榻和桌子留存到一个世纪之后，苏埃托尼乌斯说这些家具整体上都很简朴。[28]

舒适而有节制，是奥古斯都生活作风的特点。不过我们不能从表面意思来理解，而要在前1世纪普遍奢靡（后来愈演愈烈，一直发展到卡利古拉和尼禄那样丧心病狂般的极度奢侈）的背景下来理解。奥古斯都的生活作风是他自己和很多元老都会感到恰当的。帕拉丁山上的奥古斯都府邸，以及其他可能与元首及其家人有关系的地方的墙上都有装饰性绘画，往往非常复杂，符合最时髦的品味。他的乡间别墅（他常住在别墅，以躲避罗马的喧嚣）按照当时贵族的标准也不算奢侈，而且他只有三座别墅，而连只算一般富裕的西塞罗也有九座。奥古斯都没有仅供私人欣赏的昂贵艺术品和雕刻收藏品，这与某些富裕元老不同。和阿格里帕一样，奥古斯都的艺术品是用来公开展示、供广大群众欣赏的。不过他喜欢装饰性花园，收藏了各色珍奇。他在卡普里岛的别墅展示了他的"巨型骨骸"，即巨大动物和鱼类的骨骸（可能是恐龙之类的化石），以及据说曾被著名英雄使用过的古代兵器。[29]

奥古斯都的生活作风很符合一位元老领袖的身份，显然也是作为榜样告诉元老们应当如何表现。他强调的简朴是相对而言的。在家的时候，以及不需要接待客人或出席公共场合的时候，他一般穿的是李维娅、屋大维娅或其他女眷给他做的衣服（家中大量奴隶和女释奴肯定也帮助贵妇们做衣服）。对罗马精英阶层的妻子和女儿来说，织布是一项传统活动，不过到这个时代更受人仰慕，但很少有人实践。我们很难知道其他人在多大程度上效仿元首的女眷在这方面做出表率。冬天，他在马甲和毛衣之上穿多达四件上衣，大腿和腿肚子上裹着暖腿套。长裤是蛮族的风俗，差不多三百年后罗马皇帝才开始穿长裤。夏季他穿得比较轻便，总是戴着一顶遮阳的宽檐帽，即便在帕拉丁山上府邸建筑群内也是这样。不过这是非正式的服饰。如果要出席正式场合，凯旋将军恺撒·奥古斯都会打扮得符合自己的身份。他家中总是备好合适的官服，如果他突然需要处理公务，便可以立即换上。[30]

奥古斯都的饮食也很有节制。与穿衣打扮一样，一方面是由于他饮食有节的天性，另一方面是身为罗马元老领袖，他要做出榜样。苏埃托尼乌斯告诉我们，他喜欢普通面包而非精致的高级面包，常吃湿润的奶酪、无花果和一条小鱼。在大多数日子里，他常常不等正式的用餐时间，想吃就快活地吃起这些东西，并且坐轿子或乘马车时也会吃东西。他的书信中讲到他这样吃面包、枣子和葡萄。他还喜欢吃黄瓜、莴苣和苹果。他吃苹果一般是要蘸什么东西，或者苹果表面覆盖一层东西。他很少喝葡萄酒，一次不会超过一品脱①，如果喝多了就会用催吐的手段把过量的酒吐出来。他举办的宴会很丰盛，也经常举行正式宴会，但有时他在宴会上吃得很少，因为在宴会之前他已经吃过东西，或者打算宴会结束后再吃。据我们所知，他更喜欢客人的陪伴和交谈，掷骰子或者玩其他游戏，比如让大家竞买不知道是什么的奖品，或者不知道奖品的真实价值，将真正贵重的东西和非常普通的东西混在一起。他的花招之一是只给别人看一套画作的背面。在重要的宴会上，他喜欢发秘密奖品，有时是贵重的东西，有时是珍奇，比如古代钱币，有时是开玩笑的东西，比如海绵或铁制拨火棒。他会给这些东西取一语双关的名字，把它们赠给大家。[31]

奥古斯都常在家中招待客人，也经常接受邀请和其他人一起用餐，但和他一起吃饭的一定是贵族能够接受的有身份的人。他从来不会让释奴和自己同桌吃饭，但有时会邀请不是元老也不是骑士的自由人。苏埃托尼乌斯举了一个例子，有一次，一个曾经的侦察者（这个词最初指军队的侦察兵，但后来意思变成了情报人员，可能在奥古斯都时代已经有了这一层意思）受奥古斯都邀请，到他家中吃饭。奥古斯都曾在此人的别墅住过，所以为了表示感激而请他吃饭是个可以接受的理由。这也说明此人至少有比较好的经济条件。元首非常仔细地

---

① 1品脱约合568毫升。

按照每个人的身份和过去为他提供的服务来恰如其分地尊重他们，就像他非常耐心地接见请愿者一样。我们已经看到，他有很强的幽默感，非常活泼，而且特别喜欢双关语和讽刺语（这也是非常符合罗马人性情的）。有一次，奥古斯都主持审案，一名辩护律师是一个驼背的元老，他不断请求元首："如果您发现有错，就把我理直了。"奥古斯都最后开玩笑说："我会纠正你，但我没有办法把你理直。"[32]

开玩笑往往是摆脱窘境（比如要拒绝某人时）的温和之法。笑话也是很好的故事，能够迅速传播，让大家愈发觉得奥古斯都也是一个普通人，不是高高在上的暴君。一位商人给他送来一套用推罗①紫色染料染成的衣服。但元首对颜色的深度不太满意。商人保证说，如果他把衣服拿到光线下，就会好看一些。皇帝答道："什么？你的意思是，我要在阳台上转来转去，罗马人民才能看出我穿的衣服很好？"有段时间他拥有一个指名者，但此人记忆人脸和及时认出别人的本领不够，没办法帮助主人。有一天，他们即将走到广场，奴隶问有没有忘记什么需要的东西。奥古斯都说："你最好拿一些介绍信，因为你在那儿谁都不认识。"[33]

奥古斯都的笑话有时很尖刻，但按照当时的标准（罗马人喜欢嘲讽别人的身体缺陷），从来都不会显得恶毒。更重要的是，他虽然会挖苦人，但从来不会同时做出残酷或专横的行为，这与他在三头同盟的时候迥然不同，那时的他会下令处死别人，还会开玩笑说，他们将成为"食腐鸟的饲料"。奥古斯

---

① 推罗是腓尼基人建造的古城，在今天黎巴嫩南部，称苏尔，为海港城市。古时因产一种稀有而昂贵的紫色染料（用骨螺制成）而闻名。在古时很多文化中，紫色是王室专有的颜色。

都在幽默时从来不会故意展示或者滥用自己的权力，就像他在处理国家大事时不会这么做一样。他也愿意让自己成为一些故事的靶子，受人嘲笑。据说有一次他遇见了一个长得非常像自己的人。于是元首问这人，他的母亲是不是在罗马待过。那人说没有，不过他父亲经常到罗马。奥古斯都和其他人打交道时的温和与礼貌或许反映了他的真实性格（至少是他在这个阶段的性格），以及明智的政策。他慷慨与友善的举动很容易被口口相传。有一次，他听说一位地位不高的元老眼瞎了，打算自杀。恺撒·奥古斯都几乎不认识这人，但还是去到他床前，长谈一番，劝他改变主意。他的同情心和不厌其烦地帮助他人，都超越了正式职责，但非常有助于劝服人们接受（往往还是喜爱）他的统治。[34]

很多事情元首都是在公开场合完成的，所以有很多故事流传下来，讲述他的小缺点和怪癖。他一般遵循尤利乌斯·恺撒的建议，即正式演讲和声明应当简单明了，并嘲讽梅塞纳斯和提比略，因为他们喜欢晦涩和过于复杂的句子。奥古斯都自己会用一些粗俗的词，并且喜爱朴实无华的民间谚语，比如"就像烧芦笋一样快"或"他们会在希腊的月首日付钱"（因为希腊历法中没有叫这个名字的日子，所以意思是他们不会付钱）。他尤其喜欢"着急也要从容！"这句口号，他在拉丁文和希腊文中都用过这句话。他的行为举动有一些独特之处，融合了一些很深的迷信思想。他害怕打雷和闪电，因为有一次在西班牙旅行途中，站在他身旁的一名举火炬的人被雷电击中身亡。所以他旅行时总是随身携带一块海豹皮作为吉祥物，保护自己。如果在家中遇到打雷，他会躲到地下室里。有的日期他不会出门，但如果开始旅行时下了小雨，他会很高兴，因为他相信这是一个吉兆。而如果奴隶把他的鞋摆错了方向，那就是凶兆。[35]

这都是小怪癖，不会惹人讨厌，处于能让人接受的贵族行为范围之内。类似地，他对健康的关注也不会显得过分，毕竟他的身体状况曾经很差。他研究出了自己的洗澡方式，没有像常规的罗马洗浴法（用特别热和特别冷的水）那么极端，但用金属工具刮掉涂在身上的油（当肥皂用）时太用力，在皮肤上留下了疤痕。他还是容易生重病，有时腿和手会患风湿病或软弱无力的毛病，尤其是右手，让他时常无法握笔。在亚克兴角战役之前，他按照常规的贵族习俗，公开操练武艺，既徒步使用兵器，也骑马。从前 29 年开始，他改用投掷和接住一个球的锻炼方式，年岁大了之后就满足于骑马，然后是跑步，每次跑步结束时要跳一跳。这对上了年纪的元老来说，都是正常的运动。奥古斯都的生活方式和他的举止风度、果断行动一样，塑造了一个正常的、受尊重的、任何事情都不会做得过分的罗马贵族形象。锻炼和元首生活的很大部分内容一样，是公开进行的，他的家庭生活作风也是为了证明他拥有领导国家所必需的性格。在帕拉丁山上的建筑群内，凯旋将军恺撒·奥古斯都给了自己一个私人房间，他给这个房间取名为"工坊"或者"叙拉古"（西西里岛的最大城市）。他时常来到这个房间，其他人都不可以打搅他，他会躲在那里享受片刻的安宁，或者详细筹划立法或其他项目。他的另外一个很方便的躲避处是一个释奴名下的一座别墅，就在城市正式边界之外。[36]

公元 1 年 1 月 1 日，盖乌斯·恺撒就任执政官。此时他还在遥远的罗马－帕提亚边境，所以就职典礼的职责落在了他的同僚卢基乌斯·埃米利乌斯·保卢斯身上。保卢斯是奥古斯都的外孙女尤利娅的丈夫。元首的习惯是在举荐自己的亲戚竞选官职时，向选民推荐他们，并说"如果他们有资格的话"。在顾问们的辅佐下，盖乌斯表现不错，而且帕提亚人也没有与罗马公开交战的胃口。奥古斯都的养子和帕提亚国王会面谈判，双方各自举行阅兵，请对方观看，然后在幼发拉底河两岸举办了奢华的宴会。和平得以确定，由罗马提名的人被安插到亚美尼亚王位上。[37]

公元 2 年，十九岁的卢基乌斯·恺撒离开罗马，去往西班牙，这是他的第一个行省总督职位。西班牙已经没有战争威胁，所以他可以在安全环境内积累经验。途中，他经过纳博讷高卢，在马西利亚稍事停留。毫无疑问，在旅途的每一站，当地人都会热烈欢迎他，还有长长的请愿者队伍等待着他。这位年轻的皇子在为履行公共职责做准备。不料命运横插一手，这个少年在马西利亚病逝了。奥古斯都伤心欲绝，但暂时还能感到宽慰，因为他的另一个养子不断取得成功。但东方出了麻烦。盖乌斯的幕僚受到丑闻的冲击，劳里乌斯被指控接受外国君主的贿赂，自杀了。罗马人在亚美尼亚也好景不长，一大群民众起兵反抗新国王，这并不奇怪，因为他是米底人而不是亚美尼亚人，受到当地贵族的怨恨。

公元 3 年，盖乌斯率军去镇压亚美尼亚的叛乱，但在攻打一座不知名的设防城镇时，他不明智地亲自去与敌军首领谈判，被奸诈地打伤。他的伤情很重，无法治愈。在秋季和冬季，他的伤势越来越重，行为也变得飘忽不定。有一次他写信给养父，请求允许他退隐，这和差不多十年前提比略做的事情一样有些奇怪，但对一个二十出头的青年而言更显得古怪。公元 4 年 2 月 21 日，盖乌斯·恺撒去世了。意大利和外省的许多社区和元首一起公开哀悼他。两个早逝的青年得到了极大的荣誉，甚至超过了德鲁苏斯。又有两个骨灰瓮被安放到奥古斯都陵寝。六十七岁那年，凯旋将军恺撒·奥古斯都孤零零地守着自己的哨兵岗位。[38]

# 二十一　为了共和国

> 命运夺走了（恺撒的）伟大名字的希望，但已经为国家恢复了最强大的壁垒……恺撒·奥古斯都没有再耽搁一分一秒；因为他不需要努力去寻找一个人，而只需要挑选一个声名显赫的人。
>
> ——维莱伊乌斯·帕特尔库鲁斯，1 世纪初[1]

> 奥古斯都比较能够听天由命地接受亲人的死亡，而不能接受他们的不端行为。
>
> ——苏埃托尼乌斯，1 世纪末[2]

3 月中下旬的某个时间，盖乌斯·恺撒的死讯传到了罗马。奥古斯都的悲恸是真诚的，但他在哀悼的时候已经开始谋划未来。三个月后，他的决定就被公布了。和以往一样，他求助于自己最亲密的家人，不过很多学者所持的观点——奥古斯都痴迷于自己血统的延续——并没有说服力。他的整个政治生涯将"恺撒"这个姓氏的威望提高到了史无前例的高度，并借助所有媒介不断宣传它。恺撒·奥古斯都让大家相信他是独一无二、高于其他任何人的，这种神话很早就开始扩展到他的亲人身上。任何接替他两个死去的养子的人，都必须成为一位恺撒，但也必须配得上这样的荣誉。现实中可供选择的人很少。[3]

其中之一是尤利娅的最后一个儿子阿格里帕·波斯图穆

斯，但他只有十五岁，还没有正式披上成年托加袍。更现实的选择是德鲁苏斯的长子日耳曼尼库斯，他十八岁，已经表现出他父亲的魅力和赢得群众支持的本领，不过他是元首的外甥孙，亲缘关系更远一些。苏埃托尼乌斯说，奥古斯都认真地考虑过选择日耳曼尼库斯为自己的主要继承人，但后来放弃了，可能是因为他不确定自己能活到这个少年可以证明自己的年月，所以放不下心来。和往常一样，他似乎没有考虑提携外甥女和外甥孙女的丈夫们，也没有打算提拔外孙女婿卢基乌斯·埃米利乌斯·保卢斯。[4]

此外还有四十五岁的提比略，他两次担任执政官，曾是奥古斯都的女婿，曾和他分享保民官权力，很可能是当时国内最优秀的将领。提比略多次写信请求回国，他在罗得岛待了八年之后，奥古斯都对前女婿的态度终于软化。他没有允许提比略回国，而是让盖乌斯·恺撒裁决此事。盖乌斯·恺撒起初拒绝，但最终同意了，这个变化据说是由于劳里乌斯的垮台。劳里乌斯长期憎恨提比略，提比略也恨他。这是公元 2 年的事情。卢基乌斯·恺撒的死讯传到罗马的时候，"流亡者"提比略回来了。他写了一封公开吊唁信给奥古斯都，信中充斥着悲恸和赞美之词。除了带自己的儿子德鲁苏斯去复仇者玛尔斯神庙举行成年礼之外，提比略非常小心地避免出席任何公开场合。他没有住在自己的豪宅（原属于庞培，后被安东尼占据），而是搬到了城市边缘的一座属于梅塞纳斯的别墅。[5]

奥古斯都故伎重演，不是寻找一个继承人，而是好几个。现代学者认为他是在为自己心仪的真正继承人准备几个摄政者或监管者，这种理论也是误导人的。奥古斯都不是这么想的，他显然希望亲密的家人能够以一个小组的形式合作并分享权力。这并不是说他的这个信念是现实的。他最后做出的决定是其几次皇朝安排中最复杂和最不符常规的一个。第一步，他要求提比略收养其侄子日耳曼尼库斯。然后，5 月 26 日，奥古斯都收养了提比略和阿格里帕·波斯图穆斯。收养一个十几岁的男孩是稀松平常的事情，但收养一个四十五岁的前任执政官，而且他自己已有两个成年的儿子（养子日耳曼尼库斯和亲生儿子德鲁苏斯），就绝对没有先例了。所以，奥古斯都不仅有了两个儿子，还有了两个孙子。很快他又安排了婚姻，来巩固第二代人的纽带。日耳曼尼库斯要娶阿格里皮娜（阿格里帕和尤利娅的女儿），而日耳曼尼库斯的妹妹李维拉（似乎之前被确定要嫁给盖乌斯·恺撒）则嫁给了德鲁苏斯。提比略仍然单身，部分原因是他不愿再婚，很难为一个曾经与恺撒的独生女结婚的男人找到合适的对象也是原因之一。

　　波斯图穆斯有点与众不同，不仅仅因为他是唯一一个不是李维娅儿孙的人。他比提比略年轻三十岁，年龄更接近提比略的儿子们（虽然比他们还要小），肯定与他们而不是与他的新哥哥更有共同点。而且奥古斯都也没有努力去快速提升波斯图穆斯的公共形象。一年之后，波斯图穆斯才接受了成人礼。在过去，奥古斯都会就任执政官，在成人礼上向群众介绍他的养子盖乌斯和卢基乌斯。他没有为波斯图穆斯这么做，不过奥古斯都已经多年没有担任执政官，所以这可能是他如此决定的主要原因。更重要的是，波斯图穆斯没有像他两个死去的哥哥那样得到青年元首的头衔。奥古斯都也没有宣布授权他参加元老院会议并提前参选行政长官；同样，也没有为他安排与奥古斯都家族的其他显赫成员结婚。目前，从元首的外孙变成养子，仅仅给了波斯图穆斯"恺撒"之名，而没有其他任何直接好处。[6]

提比略如今的名字是提比略·尤利乌斯·恺撒。奥古斯都在元老院宣布收养提比略的决定时称："我这么做，是为了共和国。"历史学家维莱伊乌斯·帕特尔库鲁斯认为，奥古斯都的这个宣言有损提比略的声望。很多人认为奥古斯都这话表明他听天由命的沮丧情绪或高度讥讽，但他不大可能公开表达这样的情感。前6年提比略退隐时，奥古斯都显然觉得自己遭到了女婿的背叛，这种愤怒可能始终没有完全消退。但提比略在罗得岛上的时候并没有惹是生非，而且自回国以来非常小心地避开政治，尽可能保持低调。随后几年里，奥古斯都给提比略的信和给其他亲人的信差不多，都是充满温情、建议、引用和逗乐的语调。不管奥古斯都私下里对提比略怎么看，至少在公开场合会对自己的新养子表示尊重、信任和喜爱。[7]

提比略显然从这种新局面中获得了好处，而且借助后见之明，我们知道他将会继承元首之位，统治国家二十三年，寿命比日耳曼尼库斯和德鲁苏斯都长得多。即便我们不知道这些后话，他的地位也发生了巨大变化，从一个十年前就退出政坛而且没有希望恢复地位的人，变成了仅次于奥古斯都的国家领导人。李维娅的儿子是元首最高级的助手，无疑也是他的继承人当中最资深的一位，而这些继承人当中包括李维娅的两个孙子。很快有传闻散播开，说这一切都是她精心策划的，她甚至安排暗杀了盖乌斯和卢基乌斯，以便让提比略成为奥古斯都唯一的可行选择。这些传闻加上她下毒害人的旧闻，各种阴谋论愈演愈烈。这些都不大可能是真的，何况盖乌斯是在亚美尼亚与敌人谈判时负伤的，李维娅如何安排？所以阴谋论实在是异想天开。我们永远没有办法百分之百地确定，但很少有学者对这些阴谋论有丝毫的相信。盖乌斯和卢基乌斯之死，以及之前其他人的死亡，更有可能是因为糟糕的运气。学者们更愿意说克劳狄家族和尤利乌斯家族（更具体地说是尤利娅的后代，甚至她母亲斯克利博尼娅的后代）之间存在权力斗争。这也不大可能是真的。[8]

　　公元 4 年，奥古斯都授予提比略保民官权力，为期十年。这可能发生在他收养提比略之前。前一年，奥古斯都的行省指挥权和军权被延长了十年。提比略曾经的崇高地位得到了恢复，又一次攀升到之前仅阿格里帕享有的地位。但这一次元首的高级副手是他的养子，而不是女婿。这个差别是至关重要的，因为提比略的新身份并非完全对他有利。公元 4 年，他从一个古老贵族世家的族长（而且享有完全的行动自由）变成了另一个家族的初级成员，从养父手中接受最高权力。一瞬间，提比略的财产都不再属于他自己，而成为奥古斯都财产的一部分，听凭他处置。波斯图穆斯也是这样，所以阿格里帕庞大家产的剩余部分都转入了他的老友手中。根据罗马的法律和传统，父亲拥有很大权力。他可以断绝与养子的关系，但养子没有办法取消收养关系。被收养之后，养子的政治和财政独立性就丧失了；儿子公开反对父亲，几乎是不可想象的事情，肯定也是非常丢人的。[9]

　　提比略小心翼翼地表现出自己非常重视这个新地位，在养父奥古斯都在世时始终对他毕恭毕敬。李维娅和她的儿子（当然如今也是她丈夫的儿子）显然对新局面非常满意，很可能曾在幕后推动奥古斯都做出这样的决定。但获益最大的其实是奥古斯都，我们没有理由相信他是被操纵的。他如今有了一个中年儿子，一个少年儿子，还有两个孙子，在近期和远期都有了亲密助手，而且儿孙数量这么多，足以应付任何新的打击（如夺走了盖乌斯和卢基乌斯的噩运）。他又一次适应了新情况，从自己家族中选拔了一群亲密同僚。在前6年之前，提比略曾表示自己持续奔波劳顿，感到非常疲惫。但在公元4年年底之前，他出征日耳曼，随后十年一直在非常活跃地治国理政。他的长期退隐可能给了他新的工作激情，但奥古斯都可以对儿子发号施令，并自信一定会得到他的服从，就像当年驱使阿格里帕那样驱使提比略辛勤工作。[10]

新身份让提比略付出了艰辛努力，也剥夺了他的独立地位，但这样一位成熟而显赫的贵族心甘情愿地接受另外一人的收养（即便那是至高无上的元首），的确出人意料而且是史无前例的。这或许最能解释奥古斯都的话，即他"这么做，是为了共和国"。这样的事情，对于置身其中的双方的决定，都需要一番解释。虽然经验丰富的提比略对奥古斯都而言是最方便的选择，但他也完全可以继续将提比略排除在政坛之外，而且那样对国家安定也不会构成什么严重威胁。完全可能有人敦促奥古斯都选拔其他人。狄奥和塞内卡记述了格奈乌斯·科尔内利乌斯·秦纳领导的一次未遂的阴谋，不过讲得都很糊涂，令人难以置信。这起阴谋东窗事发，奥古斯都原打算处决秦纳，却被李维娅劝阻了。李维娅显然非常有说服力，奥古斯都居然打算支持秦纳竞选，并确保他成为下一年的执政官之一。[11]

狄奥还说罗马有人游行示威，要求释放尤利娅。这让我们怀疑这些示威是有人操纵的，至少是受到了那些希望从尤利娅重获自由一事当中获益的人的鼓励。狄奥说这些示威发生在公元3年，但也有人说是公元4年，还有人将这些示威看作更广泛的社会骚动的一部分。无论如何，元首坚决拒绝释放尤利娅，宣布除非水火交融，否则他绝不原谅自己的女儿，于是群众将燃烧的火炬投入台伯河，说水火交融了。公元3年，尤利娅最终被允许返回意大利本土，在瑞吉昂附近度过余生，对她的监禁只是比以前放松了一点点。我们的史料不能说明她享有足够的自由，能够和那些要求释放她的人接触。同样，拒绝释放尤利娅并没有损害奥古斯都自己的声望。公元3年年初，他在帕拉丁山的府邸失火，损坏严重。许多社区和个人纷纷表示愿意出资帮他修缮府邸。奥古斯都从这些热心人那里只接受了象征性的一点钱，让他们参与重建工作，不过我们不知道其余的钱是被退回了，还是被用于公共工程。[12]

公元4年，奥古斯都被授予执政官权力，以便开展一次不完整的人口普查。这次普查没有包括贫困公民和居住在意大利之外的人，只是重新登记了那些自称拥有至少20万塞斯特尔提乌斯财产的人。与此同时，他重新审核了元老花名册，我们没有特别的理由去相信他这么做是为了除掉提比略或波斯图穆斯的潜在敌人。这很可能仅仅是之前努力的延续，目的是审查那些行为或身份可疑的人。有些人为了达到获得元老资格所要求的财产标准，可能要费一番力气。我们听说，十年后，演说家霍尔腾西乌斯的孙子养了四个儿子，但财产只有12万塞斯特尔提乌斯，因此没有办法把财产分割以让四个儿子全部都成为元老。公元4年，元首向八十名元老赠送金钱，好让他们达到元老阶层的财产资格标准。有人说，从这时到奥古斯都去世，提比略在很大程度上影响了执政官的人选。提比略很有可能在举荐人才上发挥了重要作用，奥古斯都也是如此，但他们推举的人选都不是令人特别意外，全都是那种即使不受他们推举也很可能当上执政官的人。[13]

这一年颁布了一项新法律，加强了近期其他一些立法，并详细规定了如何对待奴隶，尤其是如何授予其自由，最重要的是限制了遗嘱中能够解放的奴隶的数量，以及年轻的奴隶主能够解放的奴隶的数量，还具体规定了释奴对其原主人的义务。奥古斯都对太多释奴增加了罗马公民的数量感到担忧，害怕罗马有太多人获得免费领取粮食的资格。但其他措施继续保护释奴，赋予他们公民权（尽管有一些限制），并奖励那些生育很多儿女的释奴（其他生养多的公民也会得到奖励）。释奴当中包括许多勤奋而非常成功的人，在罗马城的各个小区发挥重要作用，有时在其他地方的城镇能够成为当地显贵。奥古斯都认真地扶持这些人，让他们对自己感恩戴德、忠心耿耿，就像他对其他社会群体那样。从公元 4 年的立法和其他活动来看，这一年没有发生大幅度的权力转移或政府方向变换，而是"生意照常"。[14]

## 自汉尼拔以来的最大危险

这一年结束前，提比略领兵在莱茵河以东作战。冬季，他短暂地回到罗马（每年他都会这么做），随后返回前线，在次年春季指挥了一场新的军事行动，至少前进到易北河。此次行动针对的是一些已经处于罗马影响之下地区的领袖和部落，这说明他们在抵抗罗马，或者对罗马的态度发生了变化。该地区的其他社区似乎已经接受，甚至欢迎罗马人的统治。考古发掘证明，在 1 世纪初的瓦尔德吉尔姆斯①至少有一座罗马风格的

----

① 在今天德国西部黑森州的拉瑙县。

城镇被建立起来，距离征服日耳曼战争时期的罗马军事基地不远。有迹象表明，还存在与其类似的社区。对该地区的绝大多数人来说，城市生活方式（它从根本上是属于罗马的）还没有什么吸引力，但这并不是说将来不会发生变化，毕竟其他行省被罗马征服之后就发生了变化。[15]

罗马人计划在公元6年开展一场规模更大的行动，希望扩张新领土，而不是简单地巩固已有的征服。攻击目标是马科曼尼人的国王马罗博杜斯。马科曼尼这个部族属于日耳曼民族的一个很大的支系——苏维汇人。苏维汇人的习俗是把头发在头顶或两侧绾成髻，这就是有名的苏维汇发髻。马罗博杜斯聪明、有领袖魅力，而且无疑也是一位本领高强的军事领袖，他为自己开辟出了一个帝国，囊括很多族群以及他自己的部族。他控制着现代波西米亚的大部分，即莱茵河与多瑙河之间的地区。他至少在青年时代曾在罗马待过一段时间，可能是作为人质。他回到家乡的初期可能得到了罗马人的支持。维莱伊乌斯说马罗博杜斯"血统是蛮族，智力却不是"，并说他统领着一支特别强大的王家军队，拥有很多常备军。维莱伊乌斯说这些士兵的训练几乎达到了罗马标准。这肯定是夸大其词了，不过马罗博杜斯的确是日耳曼各部落好几代人中出现的最强大领袖。他的领地与日耳曼、诺里库姆和潘诺尼亚这三个罗马行省接壤。尽管他接纳了从这些地区逃亡的人，但即便维莱伊乌斯也明确表示马罗博杜斯并没有对罗马人采取敌对行动。维莱伊乌斯只是说，马罗博杜斯的使者有时对罗马非常恭顺，有时却敢于"大言不惭，仿佛他们和罗马是平等的"。[16]

外国领导人的"傲慢"就足以让罗马人采取行动了，至少要展示一番罗马的力量。罗马人和日耳曼人互相畏惧和猜忌更使得局势恶化。马罗博杜斯加强自己的力量，以便自卫，被罗马人视为威胁。罗马人从驻扎在日耳曼的军队抽调部队，组成了一支强大力量，交给军团长盖乌斯·桑提乌斯·萨图尔尼努斯指挥，他是一位经验丰富而成熟稳重的前任执政官（前19年担任执政官），在前一年支持提比略的作战中凭战功荣获"凯旋式符号"的奖励。萨图尔尼努斯的部队将从北面攻击马罗博杜斯，而提比略会率领另一支大军（来自多瑙河沿线驻军）从南面进攻。公元6年秋季，攻势开始了。两支罗马军队穿越了居住在罗马各行省与马罗博杜斯王国之间的部落。没有发生交战，日耳曼国王没有积极的动作，而是退后，直到两支罗马军队几乎会师，距离日耳曼军队只有几天路程。就在马罗博杜斯将要被迫选择战斗或屈服的时候，消息传到罗马军中，罗马的巴尔干各行省爆发了严重的叛乱，于是形势大变。提比略向马罗博杜斯提出了恢复和平的条件。国王不想冒险与罗马人交战（除非他别无选择），所以很高兴地接受了。于是罗马军队调头撤退，去处置更紧急的叛乱。[17]

罗马人原先志得意满地以为潘诺尼亚和达尔马提亚很平稳安定，但这两个行省的叛乱却迅速蔓延。就像很多叛乱一样，这里的新一代长大成人了，他们从来没有体验过被罗马人打败的滋味，于是自负地反叛罗马。据说当罗马人在伊利里库姆征召辅助部队以对付马罗博杜斯时，当地部族看到了自己的人数，开始意识到自己拥有很强的力量。罗马统治者对行省居民的征发（不管是征召人力、牲畜、庄稼支持罗马军队，还是直截了当地要钱）往往给人民造成沉重负担，尤其是如果负责征发的官员笨拙或腐败，或二者兼而有之的话。一位叛乱领袖后来宣称："这事全怪你们罗马人，因为你们派来保护羊群的，不是牧羊犬或牧羊人，而是恶狼。"[18]

外省居民心中酝酿着不满，又意识到自己的力量强大，尤其是看到自己地区的罗马驻军的精锐部分被调去征服波西米亚，于是叛乱爆发了。各行省的罗马商人和其他平民最先遭到攻击。罗马的军事原则是尽可能快速地处理任何叛乱迹象，用能够快速集结的任何部队发起镇压。无动于衷会被视为软弱无能，会鼓励越来越多的人加入叛乱。但这样快速反击的风险在于，部队往往力量很弱，无法对付任何顽强的抵抗。若是罗马军队战败，不管失败是多么微不足道，都会鼓舞叛军，壮大其力量。我们不清楚这场叛乱的细节，但罗马人可能没有迅速镇压叛乱，可能还遇到了一些小挫折。至少有一次失败比较严重，维莱伊乌斯记载道，一支罗马军队的老兵们遭到屠杀。[19]

其他行省也出了麻烦。大约在这个时期，阿非利加（最后一个有驻军的元老院行省）边境发生了军事行动。亚细亚的伊苏利亚①也出了问题。也是这一年，负责管辖叙利亚的帝国总督普布利乌斯·苏尔皮基乌斯·奎里尼乌斯率领主力部队干涉了犹太地区。大希律王的儿子阿奇劳斯非常不得民心，被罗马人剥夺了王位，流放到高卢，舒适地安度余生。大希律王王国的很大一部分改由罗马人直接管辖，变成了一个罗马行省。不同寻常的是，这个行省的总督是一位骑士身份的长官，而非元老身份的总督，这是埃及之后第二个由骑士掌管的行省，不过后来会有更多这样的行省。作为这个过程的一部分，奎里尼乌斯开始主持一次人口普查。这是犹太人第一次接受人口普查，直接向罗马人交税，而不是交给当地国王。很快爆发

① 大约在今天土耳其西南部的安塔利亚省。

了一连串的暴力活动。罗马人的反应是非常典型的以暴制暴，而且迅速取得成效，就像前4年大希律王死后的情形一样。[20]

六十九岁那年，凯旋将军恺撒·奥古斯都同时在多条战线上遇到严重问题，在一个短时期内似乎丧失了斗志。普林尼说奥古斯都陷入了绝望，一连四天不肯吃饭，并宣布自己打算死去。叛乱的伊利里库姆是距意大利最近的行省之一，那里的叛乱从一开始就规模浩大。奥古斯都对该地区有亲身体验，所以知道那里的武士多么凶悍，地形多么不利于罗马军队。起初他没有办法知道波西米亚发生了什么事情，如果马罗博杜斯选择战斗而不是接受和平，那么就很难从那个战区抽调大量部队去镇压伊利里库姆的叛乱。而帝国其他地区的军队要么太遥远，无法迅速赶到伊利里库姆，要么已经在处理其他问题。在意大利，他只有9个大队的禁卫军、少量日耳曼卫队、城市大队和帝国舰队，这些兵力加起来也不能算作可用的野战军。[21]

颇具讽刺意味的是，这一年开始的时候，奥古斯都还开展了一次大规模的军费重组，目标是设立长期性的、可持续的军费。为了达成这个目标，奥古斯都建立了军事国库，自掏腰包为其提供了1.7亿塞斯特尔提乌斯，并指定三名前任裁判官担任军事国库的管理者，任期三年。军事国库的资金被用来支付士兵的军饷，以及士兵退伍时的奖金（现在士兵退伍后一般不会得到土地，而是发放一笔奖金）。此时共有28个军团，为了延缓发放退役奖金从而削减开支，兵役期从十六年延长到了二十年，如果继续服五年兵役，则被称为老兵（伊利里库姆叛乱初期被屠杀的就是这种老兵）。即便如此，长远来看还是需要稳定的资金流。为了提供这笔资金，奥古斯都征收了5%的遗产税，任何非直系亲属的人若要继承财产，都需要交纳遗产税。这是超过一个半世纪以来第一次对居住在意大利的公民征收直接税，从一开始就受到群众的普遍怨恨。[22]

面对迅速蔓延的叛乱，当务之急不再是谋求长期稳定性，而是迅速征召新的军队来镇压叛乱。奥古斯都在元老院宣布，除非迅速采取措施，否则叛军十天之内就能打到罗马。还有人将此次危机与罗马和迦太基的大战相提并论。数十年来当局第一次在罗马城征兵，但没有足够的志愿兵，于是实施了有限的强制征兵，并接受那些往常因为身体状况或职业而不被接受的人。当局组建了新的大队，不过我们不确定这些大队将来要被军团吸纳，还是仍然作为独立单位。与此同时，政府要求富人交出一些奴隶。这些奴隶被赋予自由和公民权，然后编入特别大队，称为"罗马公民志愿大队"。这个番号以不同的服装和装备，将他们与在军团服役的生来就是自由人的公民区分开。[23]

富人被要求尽自己的义务，担任现有军队和新部队的指挥官。奥古斯都要求大家自愿报名，尤其是元老和骑士阶层的青年。多年来，他鼓励骑士阶层培养一种比以往更强的身份认同，任命盖乌斯·恺撒和卢基乌斯·恺撒为骑士阶层名义上的领袖，并恢复了一年一度的骑士（那些根据传统有资格作为骑兵服役的人）游行，并将骑士身份仅局限于那些年龄和身体状况适合服兵役的人。在这个危机时刻，骑士们不是作为骑兵服役，而是担任辅助单位的指挥官，并在军团中担任军事保民官。公元6年，一些骑士主动报名，其他人若是受到国家征召，也愿意参军。有少数人不愿意参军，一个臭名昭著的例子是，一位骑士父亲切掉了儿子们的大拇指，这样他们就不符合参军的身体资格。奥古斯都下令对此人进行审判、定罪，最后的处罚是将他卖为奴隶，并将其财产拍卖。此人属于一个包税人公司（这种公司仍然从政府承揽合同，征收一些税赋），他的同事们开价要买他，于是元首以象征性价格将他卖给他先前的一名释奴。于是犯人被送到一座乡间别墅当奴隶，但没有受到虐待。[24]

各阶层都有一些人不愿意为国效力，这只是更广泛问题的一部分。对罗马的所有居民来说，火灾仍然是严重的威胁，近期的几次火灾迫使奥古斯都组建了 7 个火警队，每个队负责城市的 2 个区域，作为消防队和夜间巡逻队。火警队的绝大多数人员都是释奴，因为罗马人口的很大组成部分是释奴，也说明当时各种人力都很缺乏。为了给火警队提供资金，政府以奴隶售价的 2%①，对奴隶贸易征税。此外还有粮食短缺的问题，原因可能是收成不好，或者将粮食运往罗马有困难。多余人口（包括角斗士和等待出售的奴隶）被禁止进入城市 100 英里范围之内。与此同时，一些公共事务被暂时停止，元老被允许待在乡间、不来参加元老院会议；另外实施了豁免，以便元老院不足法定人数时的投票也算有效。[25]

不足为奇的是，在这些令人忧心忡忡的时期，有人暗暗表达着不满。一些匿名小册子在流传，或多或少公开地暗示要闹革命。很难说攻击的对象是元首还是他身边的人；也许是其他行政长官和元老被人民责怪，不得民心。狄奥说，人民将骚动的大部分罪责归于一个叫鲁弗斯的人，此人自称普布利乌斯，而苏埃托尼乌斯说他姓普劳提乌斯。但大多数人相信此人身份低微，也不够聪明，所以不是真正的策划者。现代学者倾向于认为，这些骚动与那些相信应当让李维娅的子孙下台、让尤利

---

① 也有说法是 4%。

娅及其亲人上台的人有关系。狄奥认为，遗产税是人民不满的原因之一。但遗产税只会影响到那些拥有相当多财产的人，所以历史学家们怀疑尤利娅亲人的支持者进行了政治操纵，希望放大人民的不满情绪。但这样的理论只是猜测而已。[26]

　　粮食短缺的情况持续了好几个月，促使奥古斯都拒绝在他的生日当天举办公共宴会。他派遣几位前任执政官去改善粮食供给制度，同时自掏腰包为罗马城有资格接受免费粮食的人提供额外食物。渐渐地，粮食供应恢复到了正常状态，更适合庆祝的时候到了。为了纪念提比略的弟弟德鲁苏斯，举办了角斗士比赛，由日耳曼尼库斯和克劳狄主持。克劳狄身体虚弱，常常抽搐和口吃，显然不适合从政，因为从政就有军事义务。克劳狄的母亲说他是"自然未完成的怪胎"，喜欢骂别人"和我儿子克劳狄一样笨"。但在这个阶段，他被认为可以出席公共场合，尽管在观看角斗士比赛时他穿一件厚斗篷而不是通常的托加袍，可能是为了掩盖外貌。提比略在广场重建的卡斯托耳与波鲁克斯神庙落成时，又纪念了德鲁苏斯。神庙中将提比略称为"提比略·尤利乌斯·恺撒·克劳狄阿努斯"，以赞颂他原先的家族背景和如今的恺撒之名。[27]

## 尤利娅的孩子们

　　我们对波斯图穆斯被收养之后几年的情况了解不多。公元5年，他成年了，举行了公开成年礼，但没有大肆宣扬。不过这也比克劳狄的成年礼要强。借着夜色，克劳狄被匆匆带进复仇者玛尔斯神庙，又偷偷带出来。亲人们还没有拿定主意，要在多大程度上将克劳狄展示给公众。波斯图穆斯还年轻，所以他还没有扮演公共角色，也不奇怪。与克劳狄不同，波斯图穆斯健壮而活跃，但我们的史料都说大家对他的性格和智力有怀疑，含糊地暗示他性格凶暴、行为不端，但没有具体说如何不端。值得记住的是，他母亲出丑闻的时候，他还不到十岁，并且亲眼看到她被流放，他的两个哥哥都得到迅速提升，享有广泛赞誉，他自己却没有。或许他开始努力迫使大家更好地认可他。[28]

公元 5 年，奥古斯都改革了百人会议的投票制度，从最高阶层中组建了 10 个新百人团，并以盖乌斯和卢基乌斯的名字命名，以纪念他们。这 10 个百人团最先投票，其他百人团很可能会效仿他们，因为罗马选民喜爱站在胜利者一边。这次改革可能是偶然的，也是让国家机构更顺利运作的努力的一部分，但肯定有利于防止前 6 年的事件（选民们选盖乌斯·恺撒为执政官，尽管他根本不是候选人）重演。一些野心勃勃的人可能觉得，波斯图穆斯是他们飞黄腾达的良机。这个少年可能说了一些不明智的话，或者有不妥的举动，渐渐失去了奥古斯都的信任。公元 7 年，人们期待十七岁的波斯图穆斯会得到一个公共职位以及某些新建部队的指挥权，率军开赴潘诺尼亚作战。但这个职位被交给了日耳曼尼库斯。[29]

波斯图穆斯似乎是逐步垮台的。起初，他遭到训斥，被送往那不勒斯湾的苏伦图姆（今天的索伦托），他在那里终日钓鱼。随后奥古斯都正式断绝了与他的父子关系，他不再是一位恺撒，而变回了维普撒尼乌斯·阿格里帕。他的生父留下的财产没有归还给他，因为奥古斯都把这笔钱的大部分投入了军事国库。波斯图穆斯为此大声抱怨，尤其是攻击李维娅，于是最终他被流放到科西嘉岛附近的小岛普拉纳西亚①，受到严密监

---

① 今称皮亚诺萨岛，在意大利本土与科西嘉岛之间。

视。古典世界已经散播着这种怀疑：提比略及其母亲急于除掉潜在的未来竞争对手。今天仍然有学者相信这种理论。这可能有一定道理，但更可能的是波斯图穆斯自掘坟墓。奥古斯都在此事当中，和在其他很多事情中一样，可能受到了妻子的引导，但他亲眼看着这孩子长大，应当对他的天性有很好的把握。有人说奥古斯都家族愿意容忍克劳狄所谓的迟钝和羸弱，所以应当也会容忍波斯图穆斯的愚蠢或更糟的情况。这种说法是错误的，因为克劳狄不是恺撒的养子，也不被认为是他的继承人之一。[30]

波斯图穆斯是元首唯一的外孙，所以在公元 4 年没有办法轻易地忽略他，除非把他关在什么地方。奥古斯都可能已经怀疑这孩子品行有问题，但希望他改过自新，长成一个沉稳能干的男子汉。波斯图穆斯在被收养之后也没有得到公共角色，这主要是因为奥古斯都的谨慎，而不是提比略或他母亲对波斯图穆斯的嫉妒和猜忌。波斯图穆斯没有进步，于是奥古斯都摈弃了他。塔西佗后来说，波斯图穆斯并没有真正犯罪，很难说是不是他的某个举动促使奥古斯都放弃了他。政治竞争肯定发挥了作用，但史料的判断——他被流放的主要原因是他的性格和人品——很可能是正确的。[31]

公元 7 年，日耳曼尼库斯率军前往潘诺尼亚，开始证明自己是一位优秀将领。他的角色仍然是比较次要的，其他部队也有自己独立的指挥官。历史学家维莱伊乌斯·帕特尔库鲁斯自豪地告诉我们，他就是指挥官之一，没有履行当年财务官的职责，而是领兵作战。提比略是最高统帅，他在前一年匆匆赶到了平叛前线。这是一场艰难的战役，附近各行省遭到邻国部族的攻击，于是一些原本肩负平叛任务的罗马部队被调走。这又一次证明，罗马人非常幸运，因为马罗博杜斯愿意讲和而不是利用罗马暂时的弱势趁火打劫。从此之后，马罗博杜斯成为罗马的坚定盟友，并因此获得了更巩固的地位。[32]

战斗规模宏大，常常非常残酷，因为很多叛军曾在罗马军中作为辅助士兵服役。他们懂拉丁语，知道罗马军团如何运作，而且他们比大多数部落武装都更加遵守纪律。有好几次，罗马远征军被遏制住，不得不撤退，或者在蒙受严重损失之后才取胜，好几支被包围的驻军在千钧一发之际得到救援。有一段时间，提比略统领着自内战以来最强大的罗马军队，包括10个军团、70个辅助大队、14个辅助骑兵单位、1万名老兵（这里老兵指的应当是重新入伍的退伍军人，而不仅仅是处于兵役末期的资深士兵），以及色雷斯国王和其他友邦提供的盟军。提比略的这支大军相当于整个罗马军队的三分之一以上，比尤利乌斯·恺撒指挥过的任何军队都更庞大。提比略很快意识到，自己的军队太大，无法有效地保障后勤，也难以控制，于是不久之后就将其分割成多支野战军。不过这还不包括所有被派去平叛的部队。讨伐潘诺尼亚人和达尔马提亚人的罗马军队共计15个军团，还有数量差不多的辅助部队。因此，为了镇压一个行省的叛乱，相当于罗马全军一半以上的兵力参加了艰苦的作战。[33]

这是自亚克兴角战役以来最大规模的战争，也比之前更加艰难。关于叛军进逼罗马的说辞是耸人听闻的，但这场战争确实与前30年以来的历次规模较小的战争迥然不同，其规模大得多，取胜也更艰难。在一段时间内，或许只是非常短的时间，这场战争威胁到了奥古斯都的领导。奥古斯都政权素来宣称，罗马人民及其元首被诸神赋予持续的、不可阻挡的胜利，因为美德和虔诚使得他们有资格得到这种胜利。这在很大程度上是宣传，不过重复了那么多遍的主题往往被宣传对象信以为真。罗马可能输掉一场战争、丢掉一个行省的前景令人震惊，意味着罗马人已经丧失了诸神的恩宠，不再有资格获得胜利。这足以解释为何凯旋将军恺撒·奥古斯都在战争开始时险些崩溃："他创造的一切，似乎都受到了威胁。即便在他恢复勇气之后，也有迹象表明他心里还是害怕，一个表现就是，他后来不耐烦地说，提比略赢得不够快。"[34]

公元 7 年，奥古斯都庆祝了七十岁生日。有很明显的迹象表明，他已经非常衰老了，健康在走下坡路。次年，他开始减少自己的工作量。三位前任执政官被派去接待盟邦领导人和外省社区的大部分使团。这些使团仍然不断来到罗马，向元首请愿，或者仅仅来赞颂他。他参加元老院会议的次数大大减少了。虽然他还继续主持司法听证会，但部分会议在帕拉丁山上的家中举行，而不是在公共场所。选举的时候，他不再亲自参加并表示自己对得宠候选人的支持，而是简单写下他推荐的人的名字，展示给选民。但我们不应当夸大他的虚弱，况且他旧日的坚定还会不时表露出来。公元 8 年，也可能是在其他年份，他旅行到意大利 - 伊利里库姆边界上的阿里米努姆（今天的里米尼），以便接近战区。[35]

公元 7 年又出现粮食匮乏的情况，导致更多骚乱。次年的选举被暴乱打断，以至于无法进行，于是奥古斯都任命了所有行政长官。据我们所知，这些暴乱是候选人之间的竞争造成的，他们都与支持提比略及其家人或被抛弃的波斯图穆斯的派系没有关联。但在公元 8 年，阿格里帕和尤利娅的女儿小尤利娅因通奸罪被公开谴责，和她母亲一样被流放到一个岛上。这一次只有一个情夫被指名道姓，就是迪基姆斯·尤尼乌斯·西拉努斯，他得到通知，他已经失去了恺撒的友谊，必须"自愿"流亡。我们不了解小尤利娅的丈夫卢基乌斯·埃米利乌斯·保卢斯的命运，不过因为罪名是通奸，所以他应当还活着。保卢斯在公元1年担任执政官，但没有得到其他高级岗位，而且被苏埃托尼乌斯列入阴谋反对奥古斯都的密谋者之中。苏埃托尼乌斯没有指出保卢斯阴谋反对奥古斯都的时间，也没有记载他具体做了什么。因此如果小尤利娅出丑闻时他还没有被流放，那么他阴谋反对元首一定发生在她出事之后。小尤利娅在几个月后生了一个孩子，但奥古斯都不准抚养这孩子，而是把孩子弃于荒野。这显示了一家之主以及元首享有的生杀予夺大权。[36]

诗人奥维德卷入了此事，他没有受到正式指控或审判，而是被命令自行前往黑海之滨的托米城①，留在那里等候指示。托米位于帝国的边缘，也是希腊–罗马文化的边缘。他在那里写了许多诗，恳求宽恕回国。遗憾的是，它们不能帮助我们了解丑闻的更多细节。不过考虑到事件的敏感性质，这也不足为奇。奥维德被责怪做了某些不谨慎的事情，可能是看到了他不应当看到的事情，另外他的《爱的艺术》也被认为有伤风化（这部诗已经流传了至少十年，因此算不上新鲜事）。年迈的奥古斯都如今元气渐渐衰竭，更容易发怒，可能觉得这部诗欢快地赞扬婚外情，对年轻人的影响十分恶劣。不过，奥维德的另外一桩罪行可能更严重。[37]

总的来讲，整个事件仍然迷雾重重。学者们肯定觉得性丑

① 今天罗马尼亚的港口城市康斯坦察。

闻背后有政治阴谋，尤其是因为保卢斯被指认为密谋者之一。具体是什么阴谋，众说纷纭。根据他当时是否还在罗马，有不同解释。不过学者们总是认为，此事对提比略及其亲人作为帝国接班人的地位发起了挑战。有一个很有吸引力的理论是，小尤利娅和西拉努斯企图结婚，甚至举行了一个仪式（奥维德可能目睹了这个仪式），以某种方式迫使元首提携自己外孙女的新丈夫。但这只是猜测，而且不管多么有吸引力，其他的解释也能覆盖我们知道的少得可怜的事实。如果真有阴谋，肯定没有什么结果，很可能从一开始就筹划得很幼稚，执行得很差劲。小尤利娅可能感到自己被边缘化了，但我们不知道是不是这个原因让她开始搞婚外情或危险的政治阴谋（或二者兼有）。奥古斯都晚年说两个尤利娅和波斯图穆斯是他的"三个疖子"或"三处溃疡"，所以他们的罪行可能是生活方式和行为举止违背他的意愿，而不是野心勃勃的夺权阴谋。[38]

不管怎么样，结果都是一样的。李维娅的家系将会主宰皇位继承，这可能是秘密权力斗争的胜利，也可能是偶然为之的结果。公元 9 年，提比略返回罗马，凭借成功镇压巴尔干叛乱的战功荣获凯旋式，这是他理所应得的。他的工作做得虽然慢，但很彻底，据说在战争晚期对叛军恩威并施，以武力配合和解。至少有一次，一名叛军高级将领被宽恕，这在任何战争中都是罕见的事情，更不用说在叛乱中了。更有力的证据是，这些地区再也没有发生过叛乱，在今后的几个世纪里将是罗马帝国一个稳定而欣欣向荣的部分。看样子危机结束了，胜利换来的和平可以继续统治天下了。就在这时，从日耳曼传来消息，那里发生了一起令人震惊的军事灾难。

# 二十二　奥古斯都盛世

> 奥古斯都盛世笼罩着东方与西方、南方与北方的边境，保护世界的每一个角落免遭土匪劫掠。
>
> ——维莱伊乌斯·帕特尔库鲁斯，1 世纪初[1]

罗马人非常善于吸纳被征服的族群，并劝说他们（或至少是他们的领袖），支持罗马的统治并加入征服者一方对他们更有利。阿米尼乌斯就是这样一个光辉例证。他生于约前18～前15 年，属于切鲁西部族（日耳曼人的一支，领地在莱茵河以东，靠近威悉河）的王族。除了他之外，部族里还有几个贵族拥有王族血统，但在日耳曼部落松散的社会与政治架构中，王权的地位并不高，所以出身王族未必能够主宰部落。阿米尼乌斯的父亲西吉莫尔仅仅是争夺部族权力的几个权贵之一。西吉莫尔可能参加过前 1 世纪末反抗罗马人的战争。即使是这样，他也很快向入侵者投降了。西吉莫尔也完全可能从一开始就认为，与罗马结盟能够帮助他战胜当地的竞争对手。世界上很多地方的领袖都是这样，将罗马军队的强大力量视为可以帮助自己达到目的的手段，而不是一种威胁。

罗马人从切鲁西部族招募辅助士兵，年轻的阿米尼乌斯起初就是这样一个辅助单位的指挥官，与罗马人并肩作战。他的弟弟弗拉乌斯很快也追随他，加入罗马军队。兄弟俩可能都曾作为人质在罗马生活，居住在帕拉丁山上的奥古斯都府邸，和元首家族的孩子们一起接受教育。不过对此我们没有直接的证

据。兄弟俩肯定都会说非常流利的拉丁语，这样比较容易获得
罗马公民权，因为奥古斯都更愿意将公民仅限于那些他认为有
资格成为罗马人的人。阿米尼乌斯在罗马军中参加了很多军事
行动，可能在日耳曼作战，也可能在镇压伊利里库姆大叛乱的
队伍中。他被授予骑士身份，后来在公元7年返回家乡，成为
切鲁西人的重要领袖之一。在新建的日耳曼行省，骑士身份所
需的至少40万塞斯特尔提乌斯是一大笔钱。阿米尼乌斯很富
有，而且是久经考验的罗马盟友，常常是日耳曼行省总督普布
利乌斯·昆克提利乌斯·瓦卢斯的座上客。[2]

　　瓦卢斯五十多岁，是一位经验丰富的行省总督，曾在阿非
利加和叙利亚任职。他于前13年和提比略一起担任执政官，
先娶了阿格里帕的一个女儿，后来娶了奥古斯都的甥孙女克劳
狄娅·普尔科拉①。元首显然认为瓦卢斯是个忠诚可靠的部
下。公元7年，瓦卢斯奉命统领日耳曼，管辖莱茵河边境和向
易北河延伸的、正在发展的行省。他的任务是，在帝国的精力
和资源集中于镇压潘诺尼亚和达尔马提亚叛乱时，确保日耳曼
地区的稳定。瓦卢斯手中有5个军团和大量辅助部队来支撑自
己的权威，不过这些部队的很大一部分兵力可能已经被调往伊
利里库姆。另外，征募新兵的困难意味着新兵不大可能被送往
日耳曼。同时，无疑有很多雄心勃勃和精明强干的军官寻求到
巴尔干的大战前线任职，以建功立业。瓦卢斯没有被派往前
线，也没有被派往靠近叛乱地区的行省，说明奥古斯都认为他
虽然能干但不是特别有才华，至少没有突出的军事才华。前4
年，瓦卢斯担任叙利亚总督时，曾率军开进犹太，展示军力，

①　奥古斯都的姐姐小屋大维娅的外孙女。

平定了大希律王驾崩引发的骚乱，但此次行动很少有真正的战斗。据我们所知，瓦卢斯从来没有亲身参加过战斗。[3]

但日耳曼地区似乎一片安宁，原因之一是像阿米尼乌斯这样的当地贵族接受了罗马的统治。到这时，阿米尼乌斯的父亲可能已经去世，但他的叔叔是瓦卢斯餐桌上的另一位常客，切鲁西人的贵族塞格斯特斯①也是如此。塞格斯特斯的幼子是新建的供奉罗马女神与奥古斯都的新崇拜仪式的祭司，祭拜地点在乌比部落的民政中心（即今天的科隆，由阿格里帕建造）。最后一次大规模冲突发生在公元 5 年，此后日耳曼基本上和平安定，只是偶尔有一些小规模的反对罗马的叛乱和零星的部落间冲突。在瓦卢斯统辖下，日耳曼酋长们开始采用向总督上诉而不是互相袭击的手段来解决争端。前不久建立的罗马平民定居点在扩大，它们的位置常常在旧军营或其附近。[4]

后来有人批评瓦卢斯简单地认为这个行省已经彻底安定，而不是处于被征服的过程中，还批评他藐视当地居民，认为日耳曼人"仅仅外形和说话像人类，虽然不会臣服于刀剑，却会屈服于法律"。但这些批评都是后见之明，不过这并不是说他的所有行动都是明智的或处理得很好。他开始向各部落定期收税，而在过去，各部落被罗马打败并臣服于罗马时，罗马人只会征收牛或粮食。他的税收可能很严苛，也可能不严苛，但毕竟是新鲜事，不可避免地受到批评，被认为象征着日耳曼人不再是罗马的盟友，而是臣民。在罗马外省治理的漫长历史中，腐败是个司空见惯的问题，可能让日耳曼的局势变得更糟。维莱伊乌斯说瓦卢斯贪得无厌，在治理叙利亚期间，"上

---

① 塞格斯特斯也是阿米尼乌斯的岳父，不过他非常不喜欢这个女婿。

任前他是个穷人，叙利亚是个富裕省份；他离开时成了富人，叙利亚却变穷了"。[5]

日耳曼人对罗马的怨恨愈演愈烈，税收更是火上浇油。和在潘诺尼亚一样，最恨罗马的是那些从来没有与罗马军队交过手的较年轻武士。同时，看到罗马人从攻击马罗博杜斯的行动中撤退，在伊利里库姆花了很大力气却依然未能镇压叛乱，日耳曼人对罗马强大力量的畏惧也可能消失了。看来罗马人并非不可战胜，就连那些和罗马结盟而获益甚多的人也开始考虑，与罗马友好在将来是不是明智的政策。阿米尼乌斯就是这样一个人，这位罗马骑士决定抛弃自己的罗马公民权，反抗罗马帝国。我们不知道他是何时做出这个决定的，也不知道促使他反叛的动因又是什么。对自己和其他部落丧失独立而感到愤怒，是极可能的原因，同时他也不满意征服者对日耳曼人的待遇。虽然他已经是罗马公民，但可能觉得其他公民对他只是屈尊俯就。他的弟弟的名字弗拉乌斯是罗马人取的拉丁文名字，字面意思是"金发"，很难说这是侮辱还是亲昵的称呼，就像"红毛""姜黄毛""蓝蓝"这样的绰号。另外，我们也要考虑，或许阿米尼乌斯自己也有野心。他通过与罗马人结交，攀升到了很高的地位，成为自己部落中最重要的人物之一，但他或许觉得，现在继续效忠罗马也不会有晋升的希望了。近期事件表明，罗马不是不可战胜的。而率领自己部落和其他部落赢得自由的英雄必将获得极大的威望，得到更大的、更永久性的权力，有希望成为马罗博杜斯那样强大的领袖。个人野心和对自由的渴望绝不是不能共存的，后来的事件肯定能说明阿米尼乌斯渴望统治的权力。[6]

但目前他还很谨慎，秘密而小心地筹划叛乱。公元 9 年春夏，瓦卢斯开始巡视莱茵河和易北河之间各地，带着 3 个军团，分别是第十七、十八和十九军团，另外还有 6 个辅助步兵大队以及 3 个骑兵单位。这是在展示罗马的武力，而不是出征，因为他不认为会遇到顽强抵抗。作为对各地骚乱的回应，瓦卢斯派遣小分队到许多自称感到受威胁、需要罗马保护的村庄和其他社区。他行进时接见各地的贵族，听取他们的请愿，并按照罗马总督的惯常方式仲裁他们长期而复杂的争端。到夏末，总督及其将士准备返回邻近莱茵河的冬季营地，这时传来消息，更东方的地区发生了叛乱。可能是阿米尼乌斯告诉他这个消息的。这起叛乱也是阿米尼乌斯暗地里安排的。瓦卢斯按照标准的罗马方式做出反应，就像他前 4 年在犹太做的那样，立刻率军去讨伐叛军。同样和在犹太一样，罗马军队刚刚出现，叛军的公开抵抗就瓦解了。[7]

问题显然已经解决了，瓦卢斯于 9 月开始向西撤退。与原计划相比，他的返程比较晚，路程也更远。给养肯定已经不多了，这意味着他必须匆匆赶路，但没有理由觉得会遇到麻烦，所以这也不是严重的问题。他的部队可能有相当多的缺编，所以全军可能只有 1 万至 1.5 万作战人员。此外还有数千名奴隶，包括军队的奴隶（作为马夫、骡夫之类）和军官们的奴隶与自由侍从。瓦卢斯的军队在行军时不忘奢侈舒适，我们知道至少有一名军官带着一张镶嵌象牙的精美卧榻，所以军队受到大量运载行李的骡子和大车的拖累。军中还有一些平民，其中一些可能是为官兵提供物资的商贩，其他人则是旅客，在日耳曼部落待了一个季节之后乐于得到军队保护，还有大量的妇女和儿童。奥古斯都曾禁止在役士兵结婚，但我们不知道这个禁令是前 13 年广泛军事改革的一部分，还是在公元 6 年或其他年份颁布的。禁令的原因可能是政府不愿意供养太多的军人家属，或者向太多孤儿寡妇支付抚恤金，同时也是为了让军队能够随时行动，快速地从帝国的一端调动到另一端。有些士兵可能在禁令颁布之前结了婚，所以他们服役时有妻子。也有的士兵干脆无视这道禁令，结婚生子（尽管这是非法的），当局对这种事情睁一只眼闭一只眼。[8]

在如此深入日耳曼的地方，没有宽阔而平整的罗马式大道。长达十多里的行军队伍沿着大车留下的蜿蜒老路，穿过树林、耕地、草地和沼泽。罗马人的路线是不难预测的，原因很简单，他们必须始终走在道路上。阿米尼乌斯和其他部族领袖提供的本地向导帮助罗马人寻找道路，队伍缓缓行进，只有最基本的安保措施。瓦卢斯相信自己处于友邦领地，急于赶路，免得连绵秋雨将道路变成泥沼。他不认为自己会遇到威胁，所以也没有提高警惕；他相信，万一遇到麻烦，切鲁西人和其他部落提供的侦察兵会提前发出警告。塞格斯特斯突然告诉总督，阿米尼乌斯图谋造反，总督却无动于衷，肯定认为这仅仅是一个野心勃勃的酋长在攻击另一个。阿米尼乌斯否认了塞格斯特斯的所有指控，毕竟他是罗马公民，是一名久经考验的骑士。大多数罗马人，就像大多数帝国主义势力的领导人一样，都不愿意相信土著竟然拒绝接受与殖民者合作、享受他们"更优越"文化和统治的好处。[9]

过了一段时间，阿米尼乌斯离开了罗马人的行军队伍，说要去找更多的辅助部队、向导或其他帮助。但其实他是去与正在集结起来准备打击罗马人的日耳曼军队会合。随后一些天里，小股部族武装开始骚扰罗马队伍的一些部分，并在罗马人开始组织防御之前就撤退了。奥斯纳布吕克附近卡尔克里泽山的考古发掘显示，在大约 20 英里的距离，日耳曼人发动了一系列攻击，最后在卡尔克里泽山发动了决定性的大伏击。阿米尼乌斯显然做了精心准备。他选择的伏击地点是一个狭窄的通道，道路穿过草地，一侧是林木茂密的山丘，另一侧是沼泽地。在天然障碍物之外，日耳曼人还伐倒树木以拖慢罗马人的行军速度，挖掘了一道壕沟以防止罗马人改走另一条道路逃避伏击，并在道路一侧山坡的树丛中建起 500 码长的壁垒。修建壁垒的材料部分是泥炭，部分是泥土，显然是受到罗马军队经常建造的野战工事的启发。[10]

阿米尼乌斯从为罗马服役的军旅生涯中学到了很多东西，现在无情高效地运用了自己的知识。他确保瓦卢斯一定会走这条道路，而且他的伏击准备工作一定花了好几天，甚至好几周。形势对罗马人非常不利。更糟糕的是，下起了暴雨，道路变成了烂泥潭，行军速度被拖慢，装备也难以操作。瓦卢斯对危机的处理很不好。他在早期就命令将大部分辎重焚毁，这很可能会传播紧张气氛。敌人迅猛攻击，蚕食着罗马军队，绝望情绪开始散播。他们抵达敌人精心准备的伏击场时，敌人的攻击更猛烈了。日耳曼人的壁垒有好几个出击点，武士们可以从那里冲出去进攻，然后撤回来躲避。壁垒虽然不超过五英尺高，但足以打断罗马人进攻的势头，而且给了在那里作战的日耳曼武士居高临下的优势。罗马人在狭窄的道路上被围堵得动弹不得，并且四面八方同时遭到攻击。罗马人努力组成协调一致的战线。[11]

一位特别优秀的将领仍然有机会恢复部队的秩序，向敌人发动集中攻击，从而脱险。瓦卢斯不是一位特别优秀的将领，很快就失去了对部队的控制。他的一名部下自行率领骑兵冲了出去，后来在另一条道路上被包围和屠杀。瓦卢斯自己也负了伤（我们不知道伤得有多重），不久之后就和另一名高级军官一同自杀了。他的父亲是在腓立比战役之后自杀的。然而，在内战中失败而自尽的罗马贵族可以得到仰慕，但率军与外敌作战的指挥官自杀是不可接受的。如果指挥官都绝望了，那么士兵们还有什么斗志？一些人，包括几名高级军官，投降了，其他人逃走了，或者在毫无抵抗的情况下被日耳曼人砍倒。一些士兵还在战斗，发动了绝望的进攻，希望突破壁垒，逃出包围。在战斗中，壁垒的一部分坍塌了。考古发掘让我们能瞥见最后殊死搏斗的一些场景。考古学家发现了一头骡子的骨骸，它脖子上挂的铃铛塞满了不久前从地上拔起来的草，以便减小声响，说明罗马人企图借着夜色掩护悄悄发动进攻。另一头骡子爬过壁垒，坠落到另外一边，摔断了脖子。[12]

突围的努力都失败了，瓦卢斯大军的士兵们一个个丧命。很多俘虏也被兴高采烈的日耳曼人作为祭品处死，以感谢诸神给了他们这场胜利。也有一些士兵被当作奴隶，多年后有些人逃回了罗马，或者被赎回，讲述了当年的恐怖故事。瓦卢斯被匆匆火葬，但没有烧完。他的遗骸被埋葬，但后来又被挖出来，遭到亵渎。三个军团的鹰旗，其他很多军旗，大量甲胄、武器和其他装备被掳走。胜利的纪念品被分发给各部落，或者被送给其他部落，以鼓舞他们加入叛乱。瓦卢斯的首级被送给马罗博杜斯，但马科曼尼人的国王选择与罗马维持和平，并且害怕阿米尼乌斯会成为他的竞争对手，于是将这恐怖的礼物转送给罗马人。瓦卢斯的首级最终被送到罗马，被恰当地火化，并以礼下葬。[13]

在正式宣布伊利里库姆的胜利仅仅五天之后，日耳曼大灾祸的噩耗传到了罗马。至少假以时日便可以从巴尔干抽调部队到莱茵河前线。但在日耳曼的惨败比在潘诺尼亚和达尔马提亚的失败严重得多，可以与前53年卡莱战役的灾难，甚至汉尼拔施加给罗马的惨败相提并论。仅仅几天之内，3个军团被全歼，这相当于全军总兵力的十分之一以上。在更多消息送抵之前，罗马人不知道在日耳曼的其他罗马军队是不是也已经被消灭了，成群结队的日耳曼武士是不是已经渡过日耳曼，正在洗劫高卢。此次失败本身已经很严重，对元首及其政权更是严峻挑战，因为他们一直自诩得到诸神恩宠，因此常胜不败。更糟糕的是，他的一支军队丢失了宝贵的鹰旗，给罗马的荣誉抹上了一个新的污点。何况凯旋将军恺撒·奥古斯都在过去常常令耀自己收复丢失鹰旗的功绩，如今就更显尴尬。恐惧迅速在罗马蔓延。[14]

奥古斯都震惊了，这一次似乎更愤怒而不是绝望。狄奥说有好几部史料讲到元首备感受挫，撕坏了自己的衣服。他命令对罗马城的14个区加强巡逻，谨防动乱，尤其是防止蛮族出身的奴隶趁机造反。这不大可能发生，但军队的出现强调了政府仍然掌控着局面，让紧张的人放下心来，让潜在的不安定分子不敢行动。元首担心他的日耳曼骑兵卫队对自己不利（奥古斯都年轻时的卫队是西班牙人，后来换成了日耳曼人）。这是更不可能发生的事情，但这些日耳曼士兵还是被非常公开地调离罗马。一个更强有力的姿态是，奥古斯都宣誓，"如果共和国局势改善"，就举办特别的竞技会来感谢"至善至伟朱庇特"。这是一种荒废了一个多世纪的仪式，奥古斯都将其复苏。同时，他延长了各行省总督的任期，以保障稳定性，让有经验的人掌管帝国各地。他下令进行新的征兵，不足为奇的是，这次比公元 6 年更难招到新兵。于是他命令以抽签方式强行征兵，尽管这种方法不受欢迎。有些人仍然企图逃避兵役。为了以儆效尤，政府处死了一些逃兵役的人。与此同时，在役士兵的兵役期被延长，更多已经退伍的老兵被重新入伍。政府又一次收购奴隶，赋予其自由，并将其组成特别部队。[15]

很快，提比略被派往莱茵河地区执掌大局。在这期间，奥古斯都一连好几个月拒绝剃须理发，就像他当初发誓为被害的尤利乌斯·恺撒复仇一样。这一次没有发行描绘他满脸胡须的钱币或图像。公众心目中的奥古斯都不是那个邋里邋遢、头发蓬乱的老人，而仍然是青春永驻、沉稳从容的元首。私下里，他暴跳如雷地痛斥瓦卢斯，有时在家里用头撞门，喊道："昆克提利乌斯·瓦卢斯，还我军团来！"已经死掉的将军被当成替罪羊，而最早的一批文献将阿米尼乌斯描述为叛徒。这两种说法都不算不公平，但都不是完整的故事。后来，元首每年都将此次灾难的日子当作哀悼日。他没有组建新的军团来取代损失掉的 3 个军团，这说明要补充现有单位的兵力，已经不是那么容易了。即便多年后组建新军团时，也从来不用十七、十八和十九这三个番号。[16]

随后几个月里，日耳曼传来了稍微好一些的消息。就像历史上所有的非正规军一样，阿米尼乌斯的部下在得胜之后就作鸟兽散，带着战利品各自回家过冬。目前只有少量武士还在作战，其他一些被他们的成功激励并且也想得到荣耀和战利品的人也加入进来。瓦卢斯之前派到各地的小分队大多损失掉了，但一群日耳曼武士攻击位于阿里索①的罗马军事基地（可能就

---

① 应当在今天的德国境内，具体地点至今不详。

是哈尔滕发掘出来的地点）时被打退了。在英勇的防御战之后，阿里索守军带着大量平民借着夜色溜走，戏剧性地安全撤回莱茵河边境。河上的所有渡口都在罗马人手中，似乎并没有遭到猛烈攻击。瓦卢斯剩下的 2 个军团和一些辅助部队基本上完好，指挥官们在竭尽全力地组织连贯一致的防御。[17]

## 最后岁月

但此时，莱茵河和易北河之间的行省失陷了。考古学家在这个地区发掘的所有罗马驻军营地和平民定居点都在这个时期被突然放弃了。在随后四个作战季节里，提比略要么在莱茵河上，要么向东开展惩罚性行动。后来日耳曼尼库斯也前来与他并肩作战。我们对这些战役知之甚少，但他们似乎逐渐从莱茵河的安全地带向东越打越远，烧毁村庄、摧毁庄稼、掳掠牲畜，杀死或俘虏他们抓到的所有人。罗马人把这种行动称为"焦土政策"，并且很擅长，但他们显然遇到了顽强抵抗。阿米尼乌斯是消灭了罗马军团的英雄，他的权势日渐增长，不仅领导着很多切鲁西人，还有其他部落的武士追随他。瓦卢斯的失败粉碎了罗马人不可战胜的神话，就像日本人在 1941 ~ 1942 年迅速征服香港、马来半岛和缅甸，在整个远东抹杀了大英帝国的威名一样。要从这样的奇耻大辱中恢复元气，是非常困难的，或许是不可能做到的。[18]

在奥古斯都的余生，罗马人一直在日耳曼作战，他显然还希望收复这个失去的行省。罗马人在这期间取得的很多成就主要是象征意义的，没有实际价值。公元 11 年，提比略和日耳曼尼库斯合兵一处，发动了越过莱茵河的第一次大规模远征，但没有发生很多战斗。阿米尼乌斯和其他日耳曼领袖非常明智

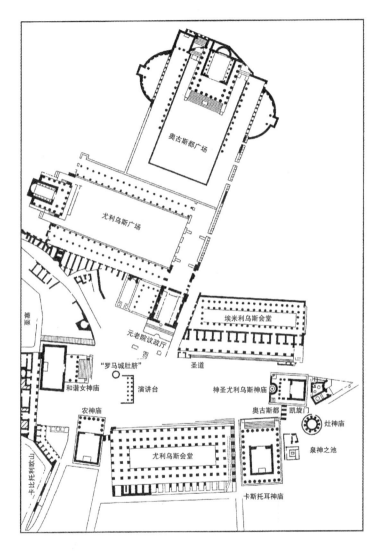

公元 14 年，罗马市中心

地避免与罗马人交锋，因为局势对罗马人有利，而罗马指挥官
们也同样谨慎，没有长途追击日耳曼人。9 月 23 日，他们在

敌境庆祝了奥古斯都的生日，百夫长们组织了一系列赛马活动，随后大军撤过了莱茵河。虽然目前还没有报仇雪恨或收复军旗的希望，但罗马人自信的进军至少说明他们目前掌控着局势，以确保将来罗马人会取得最终胜利。[19]

持续的战争给了提比略机会来证明自己的价值，他表现出很愿意为国家奔波劳碌的态度。每年冬天他都返回罗马，从公元9年到10年，在参加元老院会议和其他公共集会时，他通常坐在奥古斯都身旁，在两位执政官之间。元首写给提比略、后来被苏埃托尼乌斯引用的几封信，可能就出自这些年。苏埃托尼乌斯引用这些信，是为了证明奥古斯都对提比略的喜爱，如："我亲爱的提比略，我由衷地赞扬你的作战指挥。我相信，面对这么多困难，面对缺乏斗志的军队，没有人能够表现得比你更审慎。""我听说你因为作战而万分疲惫。假如我不同情你，愿诸神惩罚我！我求你一定要珍重身体。如果你病倒，那么你母亲和我都活不下去了，罗马人民也会陷入危险。""我身体怎么样并不要紧，重要的是你。"和往常一样，奥古斯都的信里充满了引用和机智的希腊谚语，用来加强他的观点。[20]

公元10年1月，提比略以自己和弟弟德鲁苏斯的名义将广场上修缮完毕的和谐女神庙对外开放，用日耳曼战争（可能指的是之前的成功战役，而不是近期的战争）的收益支付修缮工程开销。他因为伊利里库姆平叛战争的胜利而得到的凯旋式被推迟到公元12年10月12日。在凯旋式上，他手中资深执政官军权的有效范围被扩展到整个帝国，而不仅仅是他已经在主持作战的西部各行省。奥古斯都也因为平叛的胜利而被赞颂为凯旋将军，但和往常一样，他谢绝了这荣誉。到晚年，他已经二十一次荣获凯旋将军的称号，这是前无古人、后无来者的最高纪录。日耳曼尼库斯凭借镇压巴尔干叛乱的战功获得了凯旋式符号的荣誉，并成为公元 12 年执政官，此时他只有二十六岁。他跳过了裁判官这个级别，而提比略的儿子德鲁苏斯在公元 11 年担任财务官，也被内定会尽早担任执政官。[21]

日耳曼灾难的噩耗传到罗马之前，奥古斯都在公元 9 年的主要担忧是，他鼓励婚姻和生育的法律会引发人民的怨恨。虽然大多数人认为他的立法值得被尊重，但不喜欢法律对未婚和无子女人士的处罚，而且法律限制人们从直系亲属之外的人那里继承财产。在过去，富裕而无子女的人很容易赢得朋友，因为很多人希望继承一份财产。现在这种事情比较难办了，如果没有亲属可以继承财产，那么金钱和地产都可能被收归国有。法律鼓励大家生育三个孩子以上，但养这么多孩子要花很多钱，尤其是要让所有孩子都成为骑士，就需要大笔财产，更不用说让孩子们都享有舒适的生活了。[22]

富人肯定最关心这些法律。在一些竞技会上，一群骑士非常坚决地要求撤销这些法律。奥古斯都为此召开了一次公共集会，展示了日耳曼尼库斯人丁兴旺的家庭，作为榜样，然后将到场的骑士分为两类：有孩子的（占大多数）和没有孩子的。在这次集会或元老院的一次会议上，他发表了演讲，可能是由其他人代他宣读演讲稿。一段时间里是每年被分配给他的财务官负责读他的稿子，日耳曼尼库斯在这些年里也承担过这个责任。在这次演讲中，奥古斯都重申了关于养育未来新一代的必要性，引用了前 2 世纪的一篇著名演讲（告诫当时的元老，一定要成家立业、生儿育女）的大量内容。[23]

奥古斯都的唯一妥协是对婚姻法律做了一些修改，新版本在当年晚些时候由两名补任执政官推出（具有讽刺意味的是，这两人都是单身汉，没有孩子）。《帕皮乌斯与波派乌斯法》①和旧版本婚姻法之间的具体差别是什么，我们很难确定，因为后世的法学家将这两部法律合并起来了。但很明显，精英阶层仍然觉得新法律很严苛。长远来看，婚姻法并不能阻止旧贵族世家的灭绝倾向，主要原因是婴儿死亡率太高，这不是国家能控制的事情。不过《帕皮乌斯与波派乌斯法》的确带来了一些收入，并强调了奥古斯都眼中的罗马人应当具备负责任和遵守道德的行为。在瓦卢斯及其军队灭亡之后，这种传统道德观或许显得尤其重要。[24]

这些年很艰难，更糟糕的是公元 12 年发生了严重的洪灾，扰乱了一个重要节日。恺撒·奥古斯都年事已高，人们感到一个没有他的世界即将到来。很多罗马人，尤其是贵族，长期以来热衷于占星，现在它变得更流行了。奥古斯都禁止大家私下里向预言家和占星家询问未来。即便一群人去请教预言家和占星家，也被禁止询问某人的生命何时终结。与此同时，元首公布了他自己出生的细节情况和当时的星相，让那些懂得占星的人帮他算命。一年前，他放松了禁止骑士作为角斗士参加竞技的法令，因为一些骑士无视这道法律，仍然出现在竞技场上。群众似乎喜欢观看富人以这种方式拿自己的生命和肢体冒险，就连奥古斯都也喜欢观看这种比赛。[25]

但元首并不总是这样胸襟开阔、慷慨大方和愿意对挑战法律的行为睁一只眼闭一只眼。大约在这个时期，提图斯·拉比埃努斯写的书被没收和公开焚烧了。他的祖父是尤利乌斯·恺

---

① 得名自上述的两位补任执政官。

撒在高卢的副手，但在前 49 年倒向庞培阵营。这位提图斯·拉比埃努斯喜欢在公开朗读自己的著作时宣布要省略下面一段，等他去世之后才能公开这个段落。他还恶毒攻击很多重要的公众人物，不过我们不确定他是诽谤他们，还是要让大家想起这些人过去的不明智之举。与公开攻击相比，他刻意省略著作片段又宣布死后公布的做法更是阴险。罗马人喜爱双关语，于是给他取了一个绰号"疯狗"（Rabienus，与他的名字 Labienus 音近）。据我们所知，他没有攻击奥古斯都及其亲人，但可能赞扬过庞培和尤利乌斯·恺撒的其他旧敌。拉比埃努斯为了抗议政府销毁他的著作，自杀了。[26]

同样尖酸刻薄的演说家卡西乌斯·塞维鲁吹嘘自己已经将被销毁的拉比埃努斯作品牢记于胸。他常在法庭坚决而咄咄逼人地起诉他人，并因此闻名，但他也喜欢按照历史悠久的罗马檄文的风格撰写侮辱名人的小册子。他应当没有攻击奥古斯都。但大约在公元 12 年，奥古斯都动用公元 6 年修改的关于"叛逆"罪（定义非常模糊，是一种侵犯罗马国家与人民"尊严"的罪行）的法律，起诉了卡西乌斯。这似乎是史上第一次用这种罪名来起诉以文字和口头形式攻击他人的行为。卡西乌斯被判有罪，被流放到相对比较舒适的克里特岛。在提比略及其继承者统治下，"叛逆"罪被越来越多地用于对付那些被认为对皇帝不忠的人，这种审判变得司空见惯，审查也更普遍了。有了这样的后见之明，我们会觉得奥古斯都用"叛逆"罪来起诉人，是一个特别不祥的征兆，但或许更重要的是，我们应当注意，如炮火一般凶狠的人身攻击和侮辱也表明，精英阶层内部持续存在敌意，而这些敌意与元首没有什么关系，或者关系甚微。对官职和荣耀的竞争也在继续。

前 11 年，竞选裁判官的 16 名候选人票数相当，于是奥古斯都允许他们全体担任这个职务，不过后来恢复了正常的每年 12 名裁判官。[27]

政府采取了更多措施，减轻年迈奥古斯都的工作和纪念场合的负担。公元 12 年，日耳曼尼库斯宣读了元首的一份演讲稿。元首请求元老们在他抵达和离开广场时不要向他正式请安和道别。他还请求他们，当他在家的时候，减少拜访他的次数，并说自己可能不会像以前那样经常到元老们家中用餐，请他们见谅。次年，一直作为试探元老院意见的元首御前会议发生了根本性变化。其成员不再由抽签产生并有六个月任期，而是变成终身制，全部成员由元首挑选。元首御前会议得到了更大的权威，于是它的决定可以算作整个元老院的法令。这样无疑有助于奥古斯都在舒适的家中处理更多政务。狄奥说他有时候会倚靠在卧榻上接见御前会议成员。[28]

这个变化的另一个明显结果是，提比略及其儿子们的影响力进一步增强，这是为他们在元首去世后继承大权铺路。但要说奥古斯都在这个变动中仅仅是傀儡，就错了。他显然继续承担大量工作，做出重大决策，不过得到了谋臣和亲人的辅佐。他仍然是先前那位经验丰富、精明狡黠的政治家。公元 13 年，对 5% 遗产税（用来为军事国库提供资金）的怨言愈演愈烈。奥古斯都的对策是邀请元老们出谋划策，为军事国库提供安全稳定的财源。在任何时候，军费都是至关重要的，尤其此时日耳曼战争还在继续。提比略不在罗马，日耳曼尼库斯和德鲁苏斯被奥古斯都要求不就此事发表任何意见，免得大家说这是他们祖父的意思。元老院讨论了此事，向元首呈送了一些书面建议。没有一条建议是切实可行的，都是大肆攻击现行制度，却没有提出可行的解决方案。恺撒·奥古斯都随后宣布他支持征收财产税，并派人开始登记所有人的财产，准备征收新税。手足无措的元老院迅速表示，他们还是更愿意延续旧的遗产税，而不是面对新的不确定的未来。元首宣布自己也很高兴接受这么明智的决定。[29]

同样在公元 13 年，奥古斯都的行省指挥权和其他职权再一次被延长了十年时间。同时，提比略也终于得到相同的权力。近几年里，提比略的头像开始出现在钱币的背面，正面是奥古斯都头像。奥古斯都和提比略还被授予执政官权力，以监督一次人口普查。此次普查于公元 14 年 5 月结束，共493.7 万名公民被登记在册，这比元首在前 28 年主持的第一次普查时多了将近 90 万人。对奥古斯都来说，这个增长清楚地表明他为罗马人民恢复了和平与繁荣。安东尼自杀已经过去四十三年了，恺撒·奥古斯都七十六岁。狄奥说有征兆表明即将发生一个变化。其中一个征兆是，在一次竞技会上，一个疯子跑到抬着神像和符号的游行队伍中，一屁股坐在尤利乌斯·恺撒的座席上。另一个征兆是，卡比托利欧山上一座奥古斯都雕像基座上"恺撒"（CAESAR）的字母 C 被闪电击中了，剩下的 AESAR 在伊特鲁里亚语中是"神"的意思。人们认为这意味着他即将成为神。苏埃托尼乌斯说，人口普查结束时照例举行的仪式上，一只鹰在奥古斯都头顶上绕着飞了好几圈，然后停在一座神庙的三角楣饰上，就在"阿格里帕"的第一个字母上方。元首原本打算宣读正式的誓言，要在随后五年中（直到下一次人口普查）保卫罗马人民的福祉，但他决定让提比略帮他读，说自己不会活到兑现誓言的时候了。[30]

## 最后的旅行

据说，在这一年的某个时候，元首进行了一次长途旅行，驶往撒丁岛外海的那个关押波斯图穆斯·阿格里帕的小岛。只有一个贵族陪伴着他，即前任执政官保卢斯·费边·马克西穆斯，他在这一年去世了。许多学者认为奥古斯都的这次旅行是后人虚构的故事，是为了让大家怀疑奥古斯都对继承安排的真实想法。但既然这个宣称他离开罗马很久的故事能够流传得这么广，说明它可能是真的。奥古斯都和他的外孙（曾是他的养子）可能有过泪流满面的重逢。但非常明确的是，此事对他的计划没有任何影响。元首在前一年立下遗嘱，并将其交给维斯塔贞女保管，并且没有想要修改遗嘱。提比略是他的主要继承人，得到三分之二的财产，剩余三分之一留给了李维娅。波斯图穆斯什么也得不到，遗嘱里只是说不准将波斯图穆斯和两个尤利娅安葬在奥古斯都陵寝。[31]

这一年的大部分时间，由于人口普查工作，提比略留在意大利，只在夏末短暂视察了伊利里库姆，查看这个行省是否仍然稳定和安全。他无疑需要处理很多请愿和当地纠纷，但没有迹象表明当地的总体安定受到威胁。伊利里库姆离意大利不远，往返很方便，他可以在那里从事一些有价值和有威望的工作，并仍然可以返回罗马过冬。奥古斯都和李维娅陪提比略走了旅程的第一段，并打算一直走到贝内文托，部分原因是元首想观看那不勒斯即将举行的纪念他的竞技会。一行人向西南方前进到阿斯图拉港，然后乘船，这打破了他只在白天乘船的习惯，因为天气很好。夜间，恺撒·奥古斯都突患胃病，症状是腹泻。[32]

　　他的病情似乎不是特别严重，于是船继续沿着海岸向南航行，到了卡普里岛。他在那里拥有一座别墅，就是陈列着化石收藏品的那座别墅。他们接近主要港口普泰奥利时，遇到了一艘从亚历山大港开来的商船，船员和乘客像膜拜神祇一样向他问候。他们身穿白衣，头戴花环，焚香献礼。他们可能原本就在献祭，以纪念自己安全抵达目的地。他们热情洋溢地向恺撒·奥古斯都呼喊，声称"由于他，他们才能生存；由于他，他们才能航行；由于他，他们才能享受自由和繁荣"。元首很高兴，给自己身边的每个人发了40奥留斯金币（相当于1000迪纳厄斯或4000塞斯特尔提乌斯），并指示他们这笔钱只能用来购买从亚历山大港来的商品。[33]

　　他在卡普里岛休息了四天，似乎已经恢复了健康。他心里充满了节日喜悦，喜爱聚会和开玩笑，于是向他的罗马伙伴发放了希腊服饰，向希腊朋友发放罗马服饰。然后他命令大家都换上这些衣服。作为游戏的一部分，罗马人要说希腊语，希腊人要说拉丁语。这些天里，他兴致勃勃地观看当地少年的操练，这是希腊人长期定居并影响当地习俗所留下的文化遗产。少年要经历一些隐约有军事意味的体育训练，然后才被认可为正式的公民，可以成为社区的一分子。奥古斯都宴请他们，向人群抛掷奖品兑换券（奖品是水果和美食之类），鼓励大家开玩笑，甚至拿他开涮。一天，他和提比略的一名随行人员开了个玩笑。奥古斯都编了两行诗，然后假装它是某位名人创作的，他不过是引用而已，并要求这个人说出两行诗的作者。

　　奥古斯都虽然还时而受到腹泻折磨，但觉得身体已经恢复不少，能够渡海前往那不勒斯，观看纪念他的竞技会。随后，他和提比略一起旅行到贝内文托，在那里与提比略道别。恺撒·奥古斯都返程时走到位于诺拉的别墅，就又一次病倒了，比之前更严重。他父亲就是在这座乡间别墅去世的，或许这个巧合让他愈发坚信，自己的日子不多了。他命令向提比略发出讯息，要他回来。提比略可能正沿着阿庇乌斯大道向布隆迪西乌姆的大港进发。提比略有没有在元首合眼前赶到他身边，史料众说纷纭，但苏埃托尼乌斯（他的记述最详细也最令人信服）说提比略赶到了。提比略和元首一起待了很长时间，讨论国家大事。但在提比略离开的时候，据说仆役们听到奥古斯都喃喃自语："哦，不幸的罗马人民，要被这样的嘴巴缓缓地嚼烂。"[34]

此次会面之后，元首没有再谈国家大事，不过夸耀说，在他之前，罗马是泥土砖块建成的，而他把罗马变成了一座大理石城市。这既是指他缔造的和平与繁荣，也反映了他给城市带来了新的面貌。我们不知道他坚持了多少天。狄奥说他只吃自己在花园里种的一棵无花果树上的果实，还说有传闻称李维娅在一些无花果上涂抹了毒药，然后将它们交给奥古斯都，而她自己只吃干净的果实。这些故事，以及奥古斯都嘲讽提比略的话，可能都是多年后提比略极度不得人心时产生的，所以没有多大意义。按照古典世界的标准，奥古斯都的年纪已经非常大了，而且身体一直都不算很健壮，所以他的死亡极有可能是自然原因，不需要其他解释。可能元首无法进食，身体太虚弱，心脏就衰竭了。[35]

苏埃托尼乌斯详细描述了他的最后一天，即公元 14 年 8 月 19 日。我们不知道苏埃托尼乌斯的资料来源是什么，但他的叙述很有说服力。至少他的记述代表了大家的理念，一位贤君应当如何迎接死亡。恺撒·奥古斯都多次询问外面是否有骚动，显然是担心群众蜂拥而来哀悼他，或者引发动乱，从而威胁国家稳定和继承权的顺利交接。他关注自己的仪表，叫人拿来一面镜子，让一名奴隶帮他梳头，并帮他调整好自己下巴的位置（就像垂死的尤利乌斯·恺撒拉起自己的托加袍盖住头部）。他这样做好准备之后，让奴隶把他的一些朋友叫进来，问他们是否觉得，他在人生的哑剧或喜剧中表演得还不错。然后他改用希腊语，念了几行诗，可能是引用，也可能是他自己编的，是演员离开舞台时的谢幕词："既然我表演得很好，请大家都鼓掌，用掌声送我离开舞台。"[36]

这个故事表明，奥古斯都显然期待大家的赞许和鼓掌。没有迹象表明奥古斯都在弥留之际有过疑虑，但狄奥说的可能是对的，他说奥古斯都看到了人生的讽刺，并承认即便是最成功的人也终有一死。随后奥古斯都让朋友们离去，但在他们走出门之前，问了近期从罗马赶来的人，李维拉（提比略之子德鲁苏斯的妻子，前不久生病了）的情况怎么样了①。[37]

奥古斯都身边只剩下李维娅和近侍。他有些焦躁，说自己要被四十个年轻人抬走了。苏埃托尼乌斯说元首的遗体后来被四十名禁卫军士兵抬走，但元首为自己的葬礼做了详细安排，所以他脑子里可能已经有这个想法了。他在第九个钟点②（从黎明算起，按照我们的计算，应当是下午晚些时候或者傍晚）去世，倒在李维娅的怀抱里，最后一次亲吻了她。他对她的临

---

① 也有资料表明，奥古斯都临终前过问的是李维拉与德鲁苏斯的女儿尤利娅·李维娅（5~43 年）的病情。

② 古罗马人将白天和黑夜各分为十二个钟点，每个钟点的时间不等长。关于其计算方法也有争议，一般认为是从黎明或黄昏开始计时。也有学者认为应当从午夜开始计算。

终遗言是："李维娅，记住我们在一起的日子，永别了。"

凯旋将军恺撒·奥古斯都、神圣尤利乌斯之子和"祖国之父"去世了。李维娅可能先秘不发丧，等继承的事情准备妥当，才宣布他的死讯。不过这种说法可能只是关于元首之死的阴谋论的一部分。[38]

根据阿格里帕、德鲁苏斯和其他死在远离罗马地方的皇室成员的葬礼安排，元首的遗体可能还经历了最后一次旅行。为了避开 8 月的酷热，送葬队伍在夜间出发，诺拉镇的议员们庄严地抬着棺木，踏上了前往罗马的道路。途中每一天都将遗体停放在经过的城镇的会堂（那里比较荫凉），各个城镇的领导人每夜轮流将棺木抬到下一个主要社区。所到之处，人们纷纷表示哀悼和敬仰。很少有人记得奥古斯都领导国家之前的时代是什么样子。一群显要的骑士在罗马以南不远处的博维莱（阿尔巴朗格的旧址）迎接了送葬队伍，将其送到城内，把棺木停放在帕拉丁山上奥古斯都府邸的前厅。[39]

元老院讨论了如何更好地尊崇他。元老院过去在这方面的建议都被奥古斯都认为太过分。奥古斯都的亲人决定了他没有考虑到的少量葬礼细节。他的葬礼按照贵族葬礼的惯例，从广场上的人群聚集开始。日期可能是 9 月 8 日，但我们没有证据。尽管奥古斯都的葬礼比尤利乌斯·恺撒的葬礼更有秩序，但人们来到广场向奥古斯都致敬时，无疑会联想起尤利乌斯·恺撒。按照规矩，演员们戴着奥古斯都祖先的葬礼面具，但也有人戴着罗马史上其他一些与奥古斯都家族无关的伟人的面具，其中就有庞培。奥古斯都广场上"最杰出的人"大多（或全部）登场了，以纪念他们当中最伟大的罗马人的去世。恺撒·奥古斯都不仅仅是一位贵族，他还是罗马城的第二位缔造者，恢复罗马和平、繁荣和恰当的人神关系的大功臣。所以，即便在死后，他也和生前一样，与历史上的所有伟大业绩和英雄领袖有着紧密联系。

尤利乌斯·恺撒的形象没有被展出，因为他已经是神，不是凡人。但这并不是说他被忽略了，或者他的事迹被刻意遗忘。提比略登上神圣尤利乌斯神庙外面的演讲台，发表了第一份悼词。他身穿丧服（黑色上衣和托加袍）。他的儿子德鲁苏斯也穿着丧服，发表了第二份悼词，地点是"老"演讲台（它被尤利乌斯·恺撒和奥古斯都改造过）。周围的纪念碑和建筑上尽是奥古斯都的象征物。元老们也到场了。下一年的行政长官只穿上衣，没有披托加袍，将遗体抬到战神广场。沿途有更多的景象让大家想到元首的荣耀和建筑工程。奥古斯都的遗体被封闭在棺材内，此时已是夏末，而且他已经去世几周，遗体已经腐烂。棺材上方载着整洁而完美无瑕的奥古斯都蜡像，是凯旋将军的形象，侧卧在象牙和黄金制成的卧榻上。游行队伍中还有他的两座金像，一座是元老们从尤利乌斯议政厅（是奥古斯都修复了这座建筑）搬来的，另一座由一辆凯旋战车承载着。[40]

战神广场上已经准备好了火葬柴堆，棺材被放到柴堆上。然后，罗马的高级祭司们绕着柴堆行走。随后是一些被选出来的骑士，再往后是禁卫军战士，其中一些士兵将自己的功勋奖章扔到棺材上，就像尤利乌斯·恺撒的士兵在他的葬礼上做的一样。然后，禁卫军百夫长们将火炬丢到火葬柴堆上，这些木柴都是精心准备好的，柴堆很快就燃烧起来。这时，一只鹰被从广场建筑中放出，飞到空中，象征元首的灵魂飞向天堂，到他养父身边，成为神祇。一位前任裁判官后来公开发誓，说他清清楚楚地看到奥古斯都飞向了天空。[41]

一连五天，年迈的李维娅留在火葬地点附近，或许待在临时的棚子内。一些家人和显要的骑士陪伴着他。五天后，这些人赤着脚，解开腰带（于是上衣垂落到脚腕处），收集了骨灰和一些残余骨骸，把它们放到一个骨灰瓮内。骨灰瓮被送到差不多五十年前奥古斯都为自己建造的宏伟陵墓内。

# 终章 "着急也要从容!"

的确，民主制有一个美丽的名字……君主制……听起来就令人不快，对人民来说却是最务实的政府形式。因为找到一个优秀的人，比找到很多优秀的人要容易……因为君主制不属于缺乏美德的大多数人……如果曾经有过繁荣的民主制国家，它一定只维持了很短时间。

——狄奥，3 世纪初[1]

奥古斯都用赏金引诱军队，用免费口粮拉拢人民，用和平的舒适吸引整个世界，然后逐渐占有了元老院、行政长官和立法者的权力。没有人反对他，因为最勇敢的人都死在了战场上，或死于政治清洗。

——塔西佗，2 世纪初[2]

送葬队伍前往罗马期间，以及后来的葬礼期间，公共事务大体上都暂停了，元老们聚集起来聆听奥古斯都的遗嘱。提比略和李维娅被指定为他的主要继承人，不过按照罗马人的惯例，其他关系较远的亲戚也被列为第二顺序继承人，以免提比略和李维娅先离世。奥古斯都还将数额庞大的 4300 万塞斯特尔提乌斯金钱赠给国家，并向所有公民和军人发放了赏金。禁卫军的普通士兵每人得到 1000 塞斯特尔提乌斯，准军事的城市大队和火警队成员每人得到 500 塞斯特尔提乌斯，而每位军团士兵和公元 6 年与 9 年被征募的释奴士兵得到了 300 塞斯特尔提乌斯。军官得到的赏金肯定比士兵多很多。奥古斯都的慷慨清楚地表明，他承认自己的主宰地位说到底还是依赖于军队的绝对忠诚。奥古斯都十九岁成为军阀，此后始终是一位军阀。[3]

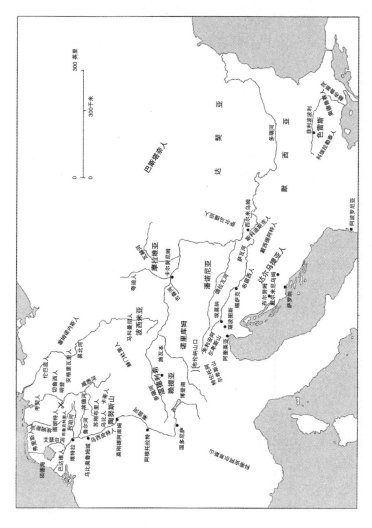

**莱茵河与多瑙河边疆**

提比略已经拥有奥古斯都所有重要的权力,包括高级军权和保民官权力。奥古斯都去世后,提比略便自然而然地向禁卫军和在罗马的其他部队发号施令,并写信给各省驻军的指挥官。实际上,国家从同时拥有两位元首,又一次变成了只有一位。提比略并不是以奥古斯都的养子或继承人的身份继承了他的权力,他原本就拥有这些权力。但表面文章还是很重要的,正如奥古斯都在前27年1月"卸去"职权,在前23年7月辞去执政官职位,然后元老院说服他接过国家领导权一样,提比略也希望元老院来赋予他领导人的角色。提比略的性格与奥古斯都截然不同,这一次的表演没有过去那样圆滑,或许安排得也没有以前那么好。提比略的笨拙仪态和过于复杂的演讲风格让很多人稀里糊涂,搞不清楚他的真实用意,但最后元老们"说服"他必须接过那受到万民缅怀的父亲的全部职责。

9月17日,元老院宣布奥古斯都是神,于是提比略的正式称号变成了提比略·尤利乌斯·恺撒·奥古斯都、神之子。奥古斯都的遗嘱里要求提比略也用"奥古斯都"的名字,但新元首拒绝让元老院投票确认此事。他宣称自己只是为了遵从父亲的意愿和纪念他,才会用"奥古斯都"的名字。同样,他也拒绝自动继承"祖国之父"的头衔。就像他在元老院假装不愿意当元首一样,这样的谦虚并不能掩盖其想要成为最高领导人的急切心情。在奥古斯都向他授予每一项权力的时候,他显然已经决定将来要承担元首的角色。[4]

除了提比略之外,没有什么可供参考的人选。奥古斯都驾崩的消息使得多瑙河沿线的一些军团发生了哗变,后来莱茵河畔的一些部队也哗变了。哗变的原因是闲得无聊、早已服满兵役的士兵迟迟不能退伍、严苛纪律造成的挫折感,以及新世界的不确定性（那个给他们军饷、他们宣誓效忠的人已经不在人世）。总的来讲，这些哗变士兵想要的仅仅是改善条件和其他短期特权。莱茵河驻军曾短暂地讨论推举他们的统帅日耳曼尼库斯为元首，取代提比略，但很快不了了之。日耳曼尼库斯是提比略的养子，完全遵守罗马人的孝道，对养父忠心耿耿，而且人们不愿意回到内战。

奥古斯都几乎刚合眼，就有一位禁卫军百夫长动身前往关押阿格里帕·波斯图穆斯的那个小岛。这名军官到了岛上之后，杀死了奥古斯都的外孙，尽管后者年轻健壮，拼命抵抗。百夫长及其部下返回罗马向提比略报告后，提比略坚决否认自己下达了处死阿格里帕·波斯图穆斯的命令。我们没有办法知道新元首是不是在说实话。当时和后世的人们有的说他撒谎，有的说幕后元凶是李维娅。也有人说是奥古斯都下的命令，如果这是真的，那么他的最后一道命令让人想起他当年作为三头同盟之一时杀伐决断的残酷，这是他最后一次发出"记住，你必须死！"的指令。塔西佗对此表示怀疑，说奥古斯都在其他时候都不曾杀过自己的亲人。阿格里帕·波斯图穆斯的死显然对提比略最有利，因为这样他就少了一个潜在的竞争对手，但我们永远没办法知道究竟是谁下的命令。这一年结束之前，他的前妻尤利娅也去世了。他曾下令降低她的生活水平，更加严苛地对待她，这显然缩短了她的生命。[5]

随后的岁月里，奥古斯都的亲人继续以极高的死亡率纷纷离世。公元19年，日耳曼尼库斯在东方行省去世。虽然有传闻说他是被满腹嫉妒的提比略或李维娅毒死的，但他可能也是噩运的牺牲品。德鲁苏斯于公元23年去世，他可能是被妻子（日耳曼尼库斯的妹妹、克劳狄的姐姐，也是德鲁苏斯的堂妹)及其情夫(野心勃勃的禁卫军司令卢基乌斯·艾利乌斯·塞扬努斯)害死的。塞扬努斯的阴谋诡计帮助提比略打击了日耳曼尼库斯的遗孀和儿子们。阿格里皮娜(尤利娅唯一仍然在世的孩子)和她的两个年纪较长的儿子后来都遭到逮捕和流放,全都在流亡生活中死亡。李维娅比丈夫多活了十五年,不过她与儿子的关系越来越紧张。最后她于公元29年去世,享年八十六岁,但提比略没有追授她很多荣誉。直到她的孙子克劳狄当皇帝之后,才封她为神。

在提比略统治的最初几周,他常说希望元老们发挥更大的作用来辅佐他,但实际上他进一步加强了中央集权。他最早的决策之一就是将选举从公民大会改到元老院,于是选举围场就变成了纯粹的观赏性公园和公共娱乐场所。虽然奥古斯都一直能确保他青睐的人当选,但在他的统治下,没有被内定的职位仍然会带来真正的(有时甚至是腐败凶残的)竞争,而且选民有时会违背他的意愿。不过提比略的这个改革没有受到公开的反抗,元老们更愿意为了竞选而拉拢其他元老,而不是笼络一大群选民。这个改革似乎并没有影响行政长官的质量。[6]

与奥古斯都不同的是,提比略不喜欢巡视外省,后来渐渐地,他对日常接见元老和罗马的其他人也腻烦了。公元26年,他离开了罗马,次年隐居到卡普里岛,在余下的十年时间里他再也没有回过罗马。公元14年~16年,日耳曼尼库斯继续统领莱茵河前线,但后来被召回并派往东方。德鲁苏斯主要待在罗马,在日耳曼尼库斯死后,提比略没有尝试让德鲁苏斯巡视各行省。各行省由其总督负责,其中很多人的任期长得超乎寻常,但他们都没有被要求发动积极的对外战争。奥古斯都曾建议保持现有的疆界,虽然这只是为了从公元6年和9年的灾祸中恢复元气而做的短期停顿，提比略却把这当作他毕生的准则。与奥古斯都统治时期相比，提比略在位时的军事行动比较少，公开庆祝胜利的活动也少得多，也没有利用战利品建造很多新的纪念性建筑。与奥古斯都在世时相比，提比略在罗马的建筑工程和娱乐上花的钱少得多了。[7]

对这些年的事件，我们的主要资料来源是塔西佗和苏埃托尼乌斯，他们都将提比略描绘为睚眦必报、心狠手辣的小人，并暗示他有隐秘的变态行为，简而言之，他是个恶魔，比卡利古拉和尼禄之流只好一点点。现代学者普遍反对这种偏见，虽然他们有些过于正面地评价提比略，但他们的这个观点是正确的：总的来讲，提比略在位时，国泰民安、风调雨顺，尤其是在外省。虽然没有许多积极的对外战争，但外交上一般都是成功的。阿米尼乌斯被日耳曼尼库斯击败，活了下来，罗马人后来不再攻击他的时候，他就转而攻击马罗博杜斯，而不是罗马人。马科曼尼人的国王被击败，逃到罗马帝国境内，以流亡者的身份生活。他自己的部落联盟瓦解了。大约在日耳曼尼库斯去世的时候，阿米尼乌斯被他自己的一些酋长谋杀，因为他们怨恨他的强势。他一度统一起来的各部族再次变成一盘散沙，而且互相敌对。在几十年之后，莱茵河或多瑙河边疆才会再次出现这样一位魅力十足的领袖。于是，罗马人无须费力，两大威胁就被解除了。

在二十三年里，帝国总体而言很安定，边疆和一些行省的问题都得到了控制。在这些方面，提比略的决策似乎是理智的。他的大多数继承者都将效仿他，不像奥古斯都那样不断巡视帝国各地。和提比略一样，这些后世的皇帝也不会派遣自己家族的高级成员代替他们去巡视各地。对很多皇帝来说，这是因为没有合适的人选，或者至少是没有可以信赖的亲戚。奥古斯都的多位元首共同执政的理念只是偶尔被复苏，成功的例子更少。这本身似乎并不重要，尽管这的确意味着，将来多人执政的前景会受限。虽然这与罗马的过去相比是一个深刻变革，但我们很难判断它对政治体制、经济和社会的影响是好是坏。

更严重的是，提比略逐渐退出了公共生活。元老和帝国各地及外邦的使者必须赶到卡普里岛，等待拜见提比略。提比略甚至在统治早期，还身在罗马的时候，就越来越依赖塞扬努斯，而不信任其他任何人。部分原因是，塞扬努斯是个骑士，提比略不认为他会有太大野心。阿格里帕也有类似的背景，但在奥古斯都的帮助下成为元老并飞黄腾达，一直是一位优秀将领和行政管理者。塞扬努斯对这些事情不感兴趣，但还是很快从禁卫军司令崛起成为元首最重要的谋臣。提比略离开罗马之后，塞扬努斯有效控制了外界与他的接触。德鲁苏斯、日耳曼尼库斯的儿子们和其他很多显要人士被除掉，以儆效尤。提比略常用"叛逆"罪名来镇压他不喜欢的人。现在这项罪名的使用范围很广，执行非常严苛，对元首的哪怕最不明显的攻击也会遭到严惩。公元 31 年，提比略担任执政官（不过没有亲自到罗马），并将塞扬努斯扶植为自己的同僚执政官，后来授予他资深执政官的军权。这一切迹象都表明，他似乎在提携塞扬努斯到共治元首和继承人的位置。但最后他改了主意，发动了一场血腥的清洗。塞扬努斯被逮捕和处决。罗马的精英阶层还有很多人因此丧命。

提比略的统治在元老和高级骑士当中制造了恐怖气氛，令人回想起内战和政治清洗。在提比略的继承者们统治期间，这种恐怖气氛也始终没有完全消散。人们的情绪与奥古斯都时期完全不同，部分原因是奥古斯都在三头同盟时期制造了足够的恐怖气氛，以震慑所有反对派（最大胆或最愚蠢的密谋者除外）。更重要的是，奥古斯都认真地去了解国内最显要的人士，与他们结交，带着尊重对待他们。提比略的不善交际和最终离开罗马城的举动，导致了一个并非有意为之的结果：后世的元首们越来越难培植奥古斯都时期那种轻松的气氛。李维娅的儿子未必是史料描写的那种恶魔，但至少在上述方面，他是一位糟糕的元首。在他统治时期，君主制原形毕露，而环绕着他的宫廷和廷臣的形象也更加明显了。塞扬努斯之所以能够攀升到这么高的位置，完全是因为得到了元首的宠信，而不是他具有军人或行政长官的突出才干。[8]

## 屋大维、恺撒和奥古斯都

本书不涉及奥古斯都的继承者们，也不会讲他们给元首国的性质带来的变化，因为这些本身就是非常宏大的题目。罗马人自己的判断是，奥古斯都比后来的几乎所有皇帝都强。很多年后，罗马人的一个习惯是，希望每一位皇帝"比图拉真更善良，比奥古斯都更幸运"（指的是奥古斯都的很多亲人早逝）。元老们除了对共和国的贵族领导抱有怀旧的喜爱（表现形式往往是对布鲁图斯和卡西乌斯的赞扬）之外，对元首国的现实并无怨恨，肯定也没有真正的抵抗。只有在卡利古拉被谋杀之后，元老院才短暂地商讨恢复共和国，但很快放弃了这个念头，转而决定选择谁当新元首。罗马人普遍承认元首国是有效的，对它本身的不满情绪很少。关键之处在于皇帝是不是好人或贤君（衡量标准是内政外交能否取得成功），是否对元老阶层抱有充分的尊重。所以，奥古斯都的政府体制没有受到挑战，奥古斯都本人成了优秀元首的典范。这明确证明了他的成功，比这更有效的证据应当不多了。[9]

在当时和现代一样，对奥古斯都本身很难做一个评判，因为他太复杂，无法给出一个简单的裁决。终其一生，他都受到雄心壮志的驱动。在某个时间（可能要到尤利乌斯·恺撒被谋杀之后，但我们不能确定），他决心要成为罗马第一人，此后他做的一切都是为了这个目标。为了达成这个目标，他毫不犹豫地动用暴力，在后来的岁月里杀人如麻，令人噤若寒蝉，根据自己的利益需求随时改换阵营。所有的罗马贵族都是雄心勃勃的，但在此之前从来没有人如此悍然摈弃传统的约束，也没有人如此公开地将自己的目标定为至高无上的统治地位。不过，话说回来，在此之前从来没有人是尤利乌斯·恺撒（终身独裁官，满载荣誉，远远超过历史上的任何罗马人）的继承人。年轻的奥古斯都所处的局势和他的行动一样，都是史无前例的，但至少他的动机植根于他所在社会阶层的传统。

奥古斯都的野心是明目张胆的、不受约束的。随着越来越接近最终胜利，他对敌人也变得更宽容了。他的宽大仁慈比尤利乌斯·恺撒更审慎，但仍然是真诚的。尤其在与安东尼的战争中，他只有在情势必需的情况下（当然是根据他自己的判断）才会杀死对手；只要他觉得安全，就会宽恕敌人。早先他可不是这个样子的，那时他对敌人铁面无情，或者只是偶尔开恩。奇怪的是，如果一个人从一开始就打定主意要宽恕所有敌人，而另一个人起初草菅人命，后来懂得克制自己，不再胡乱杀人，那么第二个人反而更容易得到大家的感激。尤利乌斯·恺撒的对手们不知道如何理解他的仁慈。在亚克兴角战役之后，奥古斯都大体上停止了杀戮其他罗马人，几个例外是在发生或真或假的阴谋之后。最终，他不再进行大规模的清洗。他厉行自我克制，没有任何迹象表明是别人强迫他停止杀戮的。从政治角度看，他的这种做法很明智，因为满怀自信、对皇帝有好感的精英阶层肯定更容易对付。但他的一些继承者更加残暴嗜血，但仍然能长期掌权。不管奥古斯都的行为是否务实，毕竟都是他自己的选择。我们应当为此仰慕奥古斯都，就像我们必须谴责他早年的凶残一样。

他在早年并没有深思熟虑的计划或愿景。没有任何证据表明，他后来所创政权背后的思想在他年轻时已经清晰成形。早期他的行动全是为了最直接的目标：赢得权力、击败敌人。他可能没有时间考虑其他东西。在早期岁月，他宣扬自己与尤利乌斯·恺撒的关系，歌颂后者的丰功伟绩，为他复仇，同时为自己赢得权力。后来，在前30年代，他开始更多关心人民的福祉，在罗马修缮和新建纪念性建筑与基础设施，并管理罗马城的粮食供应。这也是非常明智的政治举措，但在亚克兴角战役之后他继续从事这方面工作，说明他的目标不仅仅是短期的俘获人心。奥古斯都无情地追求权力，但得到权力之后，就表现出非常希望把事情处理好的姿态，不管是粮食和饮水供应、道路系统、各种行政长官职位，还是罗马、意大利与各行省的治理。他一掷千金地修复旧神庙和建造新神庙，是为了恢复人与神之间的恰当关系，因为诸神曾经让罗马伟大，将来还会如此。我们没办法知道他内心深处的秉性，也不知道他这种集中有力的政策背后的真实信念，但至少他希望别人看到他在做一些事情，他的这种冲动很可能是真诚的。同样，他努力改善罗马精英阶层的行为和道德，是因为罗马人普遍相信，他们的不端行为招致了共和国晚期的那些灾祸，只要他们遵从美德，国家未来就会变好。

奥古斯都无情地追逐权力，然后紧紧握着权力，尽管他在公共场合假装不是这样。这样的雄心肯定是任何一位成功的政治领袖的标志性特征，很多不是那么成功的领袖也是这样。但他运用这种权力，为大众福祉服务。他努力让共和国再一次正常运转起来，我们不能否认他成功了，因为他缔造的和平与稳定使得国家欣欣向荣。在最基本的层面上，在他的统治下，更多人的生活水平比之前几代人提高了。他需要处理的问题都是传统问题，尽管他的一些手段比较新颖。尤利乌斯·恺撒曾尝试处理其中一些问题，其他人也试过，但他们都没有机会像奥古斯都那样全面、彻底地处理这些问题。在这个过程中，他确保天下人都知道，他是在为全民福祉而辛劳。但话又说回来，这种自我推销是所有罗马政治家都会做的。他赋予一些个人和社区好处，让他们对自己感恩戴德，所以个人利益往往和更广泛的益处融为一体。但事实仍然是，不管他的动机如何，他确实统治得很好。

奥古斯都的地位是逐渐提升的。从前 30 年开始，他有效垄断了军队的控制权，用现代术语来说，他是一位军事独裁者，尽管他小心翼翼地避免"独裁官"的头衔。他的法律地位的变化似乎不是循序渐进的。每一个变化都是精心策划出来的，并做了准备，然后才实施，并不断摸索、反复修改。同时，随着一年年过去，他的名字和形象深入到公共生活和私人生活的方方面面。奥古斯都的影响力几乎无处不在。在过去，还不曾有人对罗马帝国这么大的地域施加如此大的影响。在获得突出地位的同时，他也不得不承担繁重的工作：不断有使团和请愿者从各行省和国外前来拜见他。他亲自接见其中很多使者，或者让一位亲密盟友或亲属接见他们，这样就能确保很多个人和社区对他的忠诚，尤其是那些得到好处的个人和社区。他为此付出的代价是，耗费大量时间和精力去理解和判断往往非常具有地域性的事情。

恺撒·奥古斯都是一位军事独裁者，控制了国家。即便他后来非常得民心，也不能掩盖上述事实。他之所以成功，是因为前1世纪的罗马发生了极大混乱。若在更早期的时代，他的成功是不可想象的。如果布鲁图斯和卡西乌斯在腓立比获胜，或者奥古斯都在与塞克斯图斯·庞培或安东尼交战时阵亡或者病死，历史将会怎样发展，做这样的猜想是没有意义的。对历史爱好者来说，这些假设是非常有趣的饭后话题，但依赖太多无法精确衡量的因素，所以没有任何历史价值。奥古斯都取得了胜利，并活到高龄。我们永远不能知道如果他失败了或者早逝，如果他选择了迥然不同的统治风格，会发生什么事情。

同样，我们也不能草率地把奥古斯都时代与我们自己的时代相比拟。当今很多西方民主国家核心的体制惰性有点像罗马共和国最后几十年的情况，那时元老院领导人忙于互相之间的争斗，没有直面那些所有人都承认存在的严重问题。这些情况有点像我们今天的西方社会，但两个时空之间的差别更多也更大：罗马共和国的状态更糟糕，因为它的政治变得非常凶暴。罗马共和国的命运是一个教训：任何体制，哪怕是长期成功的体制，都不能逃脱腐朽和崩溃的威胁。但在坠入这样的深渊之前，还有很长的路要走。尽管崩溃的命运可能会成为现实，但我们没有理由相信它是不可避免的；当今西方社会还远远没有到可能出现现代版尤利乌斯·恺撒或奥古斯都的时候，我们应当为此感到非常高兴。尤利乌斯·恺撒和奥古斯都都是才华横溢的人，但他们都曾下达导致成千上万人在内战中死亡的命令。除非我们愿意相信为了目标可以不择手段，否则就必须始终记住，他们虽有伟大成就，但同时也是双手沾满血污的屠夫。根据军阀和独裁者的标准，他们都非凡地高效和温和。有些比他们坏得多的独裁者，也得到了大多数人的赞许。

奥古斯都签字命令发动政治清洗，但也非常自制，谢绝了元老院投票决定授予他的很多过分的荣誉。他偷走了另一个男人的妻子，虽然对她忠贞不贰，但之前也有过很多偷情的经历。另外，他还宣传旧式的道德观和婚姻的益处。他放逐了自己的亲生女儿、外孙女和外孙，他也敦促其他人成家立业、生儿育女。年轻时，他违反了法律和先例，组建了一支私人军队去对抗合法选举产生的执政官，后来自己制定法律，并同意接受这些法律的约束。总的来讲，随着年龄增长，他的行为不断得到改善。

他的矛盾之处始终存在，正如这样简单的事实始终存在一样：他是一个军阀，通过杀戮同胞得到了统治地位；他能够保住自己至高无上的地位，是因为没有谁的军事力量能与他相提并论。被欢呼为"祖国之父"的成熟政治家和得到亚历山大港水手赞颂（因为他让他们和平地航行和生活）的年迈元首控制着军队，并让军队只对他一人忠诚。他一生中取得的其他成就都是建立在这个基础上的——他是一位成功的军阀。我们永远不能忘记这一点，但我们也不能否认，在军事独裁者当中，恺撒·奥古斯都不算太坏，至少他确立主宰地位之后，施行了善政。不管他有多少矛盾之处，至少在上述方面，他的戏剧表演应当得到热烈鼓掌。

# 附录一 元老晋升体系
## （荣耀之路）

　　若要从政，需依次参选和担任一系列官职，履行军事和民政职责。奥古斯都修改了各个官职的职责及其重要性，因此有必要审视他出生和逝世时的晋升体系。

### 前 63 年的元老晋升体系

| 最低年龄要求（岁） | 官职 | 数量（人） | 职责 |
| --- | --- | --- | --- |
| | | | 理论上，从政之前要服十年兵役。一般作为军事保民官，或者在担任行省总督的亲友的幕僚中效力。 |
| 30 | 财务官 | 20 | 在罗马和各行省负责财政管理。每一位行省总督配备一名财务官，作为其副手。财务官自动获得元老身份。 |
| | 平民保民官 | 10 | 只有平民才能获得这个官职，而且它不是晋升体系中必须经过的步骤。保民官的人身神圣不可侵犯，负责保护人民。他们可以否决任何行政长官的行动，可以向公民大会提交立法。 |
| 36 | 市政官 | 4 | 不是晋升体系中必须经过的步骤。其中两个职位仅限平民担任。在罗马负责行政管理，包括主持某些一年一度的节庆，并监管粮食供应与公共档案。 |

续表

| 最低年龄要求（岁） | 官职 | 数量（人） | 职责 |
| --- | --- | --- | --- |
| 39 | 裁判官 | 8 | 在罗马负责司法和行政管理，主持所有主要法庭。一年任期结束之后一般被外派，以资深裁判官或资深执政官的衔级担任行省总督。 |
| 42 | 执政官 | 2 | 共和国最高级别的行政长官。在一年任期内留在罗马，按照月份轮流享有优先权。大多数执政官会向公民大会提交立法。一年任期结束之后一般被外派，以资深执政官的衔级担任重要行省的总督。 |
| | 监察官 | 每 5 年有 2 人 | 通常是前任执政官，威望极高，负责监督公民人口与财产普查，并审核元老名录。 |

苏拉修改了晋升体系，重新规定了参选每一级官职的最低年龄要求。除平民保民官之外的所有官职任期都从当年 1 月 1 日开始，12 月 31 日结束。平民保民官在 12 月 10 日就职。

公元 14 年的元老晋升体系

| 最低年龄要求（岁） | 官职 | 数量（人） | 职责 |
| --- | --- | --- | --- |
| 接近 20 岁 | 二十人团成员 | 20 | 在罗马负责初级管理工作。 |
| 20 出头 | 军事保民官 | 24 | 每个军团（驻扎在埃及的军团除外）有一名出身元老家庭的高级军事保民官。有一段时间，奥古斯都也让两名高级军事保民官联合指挥一个骑兵单位。 |

| 最低年龄要求（岁） | 官职 | 数量（人） | 职责 |
| --- | --- | --- | --- |
| 25 | 财务官 | 20 | 财务官的财政工作被减少，仅限于在元老院行省负责财政工作。在罗马，财务官负责协助执政官组织元老院会议，也负责监管罗马的公共档案。 |
| | 市政官（平民必须担任市政官或平民保民官，贵族可以跳过这些步骤） | 6 | 失去了管理节庆活动、粮食供应和公共档案的职能。继续执行其他行政职能。 |
| | 平民保民官 | 10 | 失去了否决权和向公民大会提交立法的权力。仍然有权接受公民的上诉，可以参与法律案件。 |
| 30 | 裁判官 | 12 | 负责主持主要法庭。现在也负责主持节庆和竞技会。 |
| | 军团长 | 约22 | 负责指挥各军团（驻扎在埃及的军团除外）。 |
| | 资深执政官 | 约10 | 元老院行省的总督。 |

续表

| 最低年龄要求（岁） | 官职 | 数量（人） | 职责 |
| --- | --- | --- | --- |
| 理论上，苏拉设置的 42 岁的年龄要求仍然有效。实际上常采用 33 岁的标准（我们不知道这是普遍现象还是个别的豁免）。 | 执政官 | 2（选举产生的执政官在任上死亡或辞职时，会任命补任执政官来接替） | 国家的高级行政长官，有权向公民大会提交立法和主持元老院会议。实际上，执政官的地位低于奥古斯都和提比略，他们在元老院时会坐在两位执政官之间。 |
| | 帝国行省总督 | 约 9 | 帝国行省（埃及除外）和犹太等小行省的总督。每个这样的行省驻扎一个或多个军团。 |

# 附录二　耶稣的出生年代

对于拿撒勒的耶稣的出生年代和具体情况，我们唯一的资料来源是福音书。在很长时间里，没有其他史料提及此事，后世的相关史料肯定受到了福音书的影响，或许完全取材于福音书。而耶稣被钉死在十字架上的故事记载于很多早期史料中。这不足为奇，因为希腊或罗马的文献没有理由去记述外省任何人的出生。就连著名罗马人的出生情况也很少被完整记载下来，往往非常含糊，甚至没有任何记录。我们不知道尤利乌斯·恺撒的确切出生日期。他可能出生于前100年，但由于苏埃托尼乌斯和普鲁塔克写的传记的开头部分都已经遗失，前100年也只是个很好的猜测，有些学者提出他出生在前102年。关于奥古斯都出生的故事是在很久之后被记录在案的，那时大家已经知道他是位多么重要的人物。[1]

在福音书当中，只有《马太福音》和《路加福音》描述了耶稣的诞生。这两部作品的成书时间一般被认为是1世纪的最后二十五年，不过直接证据极少。我们有理由说它们的成书时间不可能比这更晚，但可能更早一些。《马可福音》的成书时间被认为早一些，可能比《马太福音》和《路加福音》早十年，但没有描写耶稣的诞生。《约翰福音》被认为是四福音书中最晚的一部，也没有写到耶稣诞生。我们必须记住，福音书不是记载当时事件的史书，它的宗旨是传达神学信息。所以它们描述了耶稣生平事迹中在神学方面重要的内容，写到其他事件也仅仅是为了这个目的。例如，福音书很少写到耶稣的童年，完全没有涉及他传福音之前的成年生活。历史学家或者传记家会渴望这一类的细节信息，以及尽可能多的背景资料，但福音书的重点不在于此。作为比较，我们应当注意到，我们对罗马领导人在政治上变得重要之前的生平也知之甚少。我们要牢记，福音书作者在其主线之外插入的题外话可能不准确，所以我们不能以它们为基础得出严肃的理论。

《马太福音》第 2 章第 1 节明确写道，耶稣诞生在大希律王统治时期。《路加福音》第 1 章第 5 节具体写道，施洗约翰出生在大希律王在世时，所以耶稣也出生在同一时期。大希律王于前 4 年去世，所以耶稣可能出生在此前的一两年，大约是前 6 ~ 前 5 年，或者是前 4 年年初。也有人提出，前 7 年的星相对琐罗亚斯德教占星家（《马太福音》中的东方博士指的很可能就是琐罗亚斯德教占星家）来说有特别的意义，所以耶稣可能出生于前 7 年。我觉得自己没有足够的资格来判断这种说法是否正确，但这几个年份都与"耶稣在本丢·彼拉多担任犹太地区长官时期（公元 26 ~ 36 年）被钉死在十字架上"的说法相吻合。

《路加福音》第 2 章第 1 ~ 2 节给我们带来了一个难题，这段著名的经文写道："该撒亚古士督有旨意下来，叫天下人民都报名上册。这是居里扭作叙利亚巡抚的时候。"前文已经讲到，没有其他文献提及奥古斯都下了一道单独的命令，对帝国各行省进行人口普查和征税。这并不是说我们可以百分之百确定，奥古斯都从来没有发布过这样的命令，但我们必须谨慎，不能仅凭一个证据就认为这是真的。今天很少有人真正懂得自己国家税收制度的所有方面，所以路加未必懂得罗马帝国税收的管理机制。即便他懂，他也未必会非常小心准确地对其加以描述。我们能够确定的是，在奥古斯都统治时期，就像政府的其他很多方面一样，帝国的税收制度得到了整顿。作为整顿工作的一部分，大多数行省，或许是所有行省，都接受了一次或多次人口普查，以评估当地人民的纳税义务。对很多地区而言，这是有史以来第一次普查，至少是罗马直接统治下的第一次。这些评估与罗马的传统人口普查有显著区别，后者仅涉及罗马公民及其财产。

普布利乌斯·苏尔皮基乌斯·奎里尼乌斯（就是钦定本圣经中说的居里扭）主持的人口普查被犹太人民怀恨在心，引发了一些反抗。对我们来说更重要的是，这次普查于公元6年开始，当时大希律王的儿子阿奇劳斯被废黜，犹太成为罗马直接统辖的一个行省，由叙利亚总督奎里尼乌斯监管建立行省的过程。于是，《马太福音》和《路加福音》关于耶稣诞生日期的说法就有了直接矛盾，《路加福音》的第1章第5节和第2章第1~2节也互相抵触。为了让这些段落互相协调，学者们提出了很多复杂的理论，但这些理论都不能让人完全满意。有人提出，在公元6年的约十年前，大希律王还在世的时候，曾有过一次人口普查，而奎里尼乌斯也在公元6年之前担任过一次叙利亚总督（没有文献证据）。这种理论依赖太多的猜测。大希律王死的时候，叙利亚总督是普布利乌斯·昆克提利乌斯·瓦卢斯。瓦卢斯是在前6年接替盖乌斯·桑提乌斯·萨图尔尼努斯的，而后者是在前9年开始担任叙利亚总督的。这些时间点似乎是明确的，尽管这些年恰好处于提比略在罗得岛的时期，留下的资料不多。在奥古斯都统治时期，一个人先后两次担任同一个职位不是不可能（后来这种事情就变得非常罕见了），但奎里尼乌斯不大可能在大希律王活着的时候当过叙利亚总督，除非只当了几个月，但那样的可能性太小。大希律王活着的时候，奎里尼乌斯可能在这个地区，或许担任过加拉太总督，后来他肯定在盖乌斯·恺撒的幕僚中，但没有证据表明他参与了人口普查。[2]

根据犹太历史学家约瑟夫斯的说法，公元 6 年由奎里尼乌斯主持的人口普查是罗马人在犹太开展的第一次普查，被犹太人当作一件悲痛的事情铭记。在此之前，似乎不大可能有罗马人直接开展人口普查。我们知道，奥古斯都统治时期在高卢开展过多次人口普查，比如前 27 年、前 12 年和公元 14 年的几次，但高卢是一个直接受罗马统辖的行省，不是一个附庸国。遗憾的是，我们对附庸国（尤其是犹太）的税收制度和它们与罗马的关系知之甚少。大希律王可以调节征税的数量，这说明他应当有一个评估人口和财产的制度，极有可能是根据某种形式的普查。普查多久执行一次，又如何运作（比如是否要求人们在其家乡接受登记），我们都不知道。[3]

《路加福音》第 2 章第 3 ~ 5 节说，就是因为需要回到家乡接受普查登记，约瑟才和他的未婚妻一起从加利利的拿撒勒去往犹太的伯利恒，后来玛利亚在伯利恒生下了一个儿子。弥赛亚出生在伯利恒是非常重要的。《马太福音》第 2 章第 1 节简单地说，耶稣出生在伯利恒，而没有解释伯利恒是不是约瑟和玛利亚平时的居住地，也没有提到人口普查。我们不必将此视为与《路加福音》矛盾，因为正如我们已经说过的，福音书的作者没有为他们描述的事件提供完整又详细的历史背景，而是把他们认为重要的东西告诉读者。约瑟和玛利亚可能确实需要去伯利恒接受大希律王王国的官员举行的某种形式的普查，而这普查与税收有关联。当时的人们也完全可能认为，他们的税金说到底其实是交给恺撒·奥古斯都的，因为是他扶植大希律王当上国王，并为他撑腰，让他维持权力。不管罗马国家、元首和大希律王这样的附庸统治者之间究竟是怎么样的法律关系（研究此话题的学术著作汗牛充栋，但没有什么实际结果，因为缺乏证据），当时的人的确有可能这样想，尤其是在事件发生几十年甚至更久之后。[4]

这全都是有可能的，但仍然只是猜测。很可能，在 1 世纪晚期，提到人口普查，大家就自动想起了奎里尼乌斯那次有名的普查。但我们较难相信公元 6 年的普查和之前的普查之间有什么直接联系，除非可以肯定公元 6 年的普查是建立在大希律王朝税收制度的基础上，而大希律王朝的税收制度是建立在哈斯蒙王朝的制度上。在罗马治下的埃及，罗马时期和托勒密王朝之间有着相当多的延续性，这种延续性应当不是埃及独有的。《马太福音》和《路加福音》的作者都相信耶稣出生在大希律王晚年，这让我们再一次估计耶稣诞生时间为约前 6 ~ 前 5 年。约瑟可能在那个时间前往伯利恒以便接受人口普查的登记，并可能被迫（或自愿）把未婚妻一起带去。《马太福音》似乎说明他们在伯利恒待了一段时间。东方博士的出现（应当是来自帝国之外，可能是帕提亚帝国的腹地）也是完全可能的，因为很多商人会进行这样的旅行。同样，《马太福音》说约瑟一家从犹太逃往埃及，也是说得过去的。埃及，尤其是亚历山大港，有规模很大的犹太人社区。[5]

这些说法虽然可信，但我们还是拿不准。毕竟我们手头的资料只有两部福音书中的短暂叙述，也没有关于这些年的犹太以及它和罗马关系的更多信息，所以我们既不能证实也不能证伪这些说法。我们必须记住这一点，而避免教条的、不明智的做法。但这种主题不可避免地会比奥古斯都之类人物的生平细节更容易引起情绪化的反应，人们对圣经叙述的证据常常施加不同的标准。因此，人们常说，大希律王屠杀婴儿的故事（根据《马太福音》第 2 章第 16 ~ 18 节，大希律王下令处死所有出生在伯利恒的男婴）是虚构的。其实，更准确的说法应当是，除了《马太福音》之外，没有其他史料提及此事。路加没有讲到这个故事，于公元 1 世纪 70 年代和 80 年代写作的约瑟夫斯也没有提及此事，尽管他在记述大希律王统治时一般都写得非常详细。约瑟夫斯记录了大希律王统治时期大量的血腥屠杀，国王的很多亲属和耶路撒冷贵族都成为他的牺牲品。所以，《马太福音》中屠杀婴儿的恶行是大希律王能做出来的，但有的学者认为这个故事受到了大希律王自身经历的启发：他处决了好几个被指控阴谋反对他的儿子。这些理论，就像其他一些强调伯利恒作为耶稣出生地的神学重要性的理论一样，值得考虑，但都没有真凭实据。同样，说某事是可能发生的并不意味着我们可以说它肯定发生过。和本书的其余部分一样，在此处也必须承认，我们掌握的证据有限；我们要提醒自己，奥古斯都生平以及一般来讲的古代史的很多方面，都是无法百分之百确定的。[6]

# 术语解释

**市政官**（**Aedile**）：市政官是负责主持罗马城日常生活某些方面（包括举办某些一年一度的节庆）的行政长官。市政官的地位一般在财务官与裁判官之间。市政官的数量比裁判官少，并且不是晋升体系中必需的阶段。

**《埃涅阿斯纪》**（***Aeneid***）：诗人维吉尔创作的十二卷史诗，在他死后发表。它发表后当即被认可为拉丁文诗歌最伟大的成就之一，并成为标准教材。它讲述特洛伊英雄埃涅阿斯在故国灭亡后的旅行，最后他和族人定居在意大利，其后裔建立了罗马城。

**军事国库**（**Aerarium militare**）：公元 6 年，奥古斯都建立了军事国库，以便提供军费，尤其是支付军饷和退伍奖金。军事国库最早的资金大部分都是奥古斯都自掏腰包，但后来为了维持军事国库，征收了不得人心的遗产税。

**军团旗手**（**Aquilifer**）：执掌一个罗马军团军旗（aquila）的旗手。军旗其实是一尊银质或镀金的雄鹰塑像，安放在一根木杖顶端。

**骑兵团**（**Ala**）：骑兵团是辅助骑兵的单位，兵力大致相当于一个步兵大队。

**奥古斯都和平祭坛**（**Ara Pacis Augustae**）：这是奥古斯都时期最杰出的艺术作品之一。元老院投票决定建造这座祭坛，以纪念奥古斯都于前 13 年返回罗马。祭坛于前 9 年落成。和平的主题纪念了内战的结束和对外战争的胜利。

**威望（Auctoritas）**：一位罗马元老的声望和影响力。军事成就可以极大地提高一个人的威望。

**观鸟占卜师（Augur）**：观鸟占卜师是罗马最重要的祭司团体之一，共十五人，终身制。他们最重要的职责是监督正确地观察和诠释神谕（定期占卜是罗马政治生活的一部分）。尤利乌斯·恺撒担任独裁官期间，增加了第十六名观鸟占卜师。

**辅助部队（Auxilia）**：共和国晚期招募的非罗马公民士兵，也叫支援部队。

**床弩（Ballista）**：一种有两根臂、利用扭力的大型弩，可以发射弩箭或石块，精准度相当高。床弩尺寸不一，绝大多数用于攻城。

**纯白托加袍（Candidatus）**：参加竞选的候选人会穿一种特别的白色托加袍，以此向其他公民宣布自己即将参选。英语中"候选人"一词 candidate 就来源于此。

**铁甲骑兵（Cataphract）**：身披重甲的骑兵，其坐骑往往也用护甲。铁甲骑兵是帕提亚军队的重要组成部分。

**百夫长（Centurion）**：罗马军队历史上一个重要的军官级别。最初的百夫长指挥一个 80 人的百人队。一个罗马军团中最资深的百夫长是首席百夫长（primus pilus），地位极高，任期只有一年。

**百人队（centuria）**：罗马军队最基本的小单位，由一名百夫长指挥，一般有 80 名士兵。

**大队（cohors）**：罗马军团的基本战术单位，包括 6 个百人队，每个百人队有 80 名士兵，一共有 480 人。

**百人会议（Comitia Centuriata）**：负责选举最高级行政长官（包括执政官和裁判官）的罗马公民大会。根据人口普查中登记的财产情况，全体公民被分为 193 个投票百人团。富人尽管人数少，但对选举结果有着极大的影响力。百人会议的结构据说是效仿早期罗马军队的组织结构。

**部落会议（Comitia Tributa）**：全体罗马人民（包括贵族和平民）的一种大会。根据血统出身，将全体公民分为 35 个投票部落。部落会议有立法权，由一名执政官、裁判官或席位市政官主持。部落会议还可以选举一些官职，比如财务官和席位市政官。

**平民大会（Concilium Plebis）**：罗马平民的会议，负责立法或选举某些行政长官，如平民保民官。贵族不可以参加平民大会。根据血统出身，将全体平民分为 35 个投票部落。会议由平民保民官主持。

**执政官（Consul）**：每年的两名执政官是罗马共和国选举产生的最高级行政长官，他们负责指挥重要的作战。任期结束之后，元老院有时会授予他们一些权力，此时他们被称为资深执政官（proconsul）。

**元老院议政厅（Curia）和尤利乌斯议政厅（Curia Julia）**：元老院议政厅位于罗马城广场的北侧，据说是由一位国王建造的。苏拉修复了议政厅，但它后来在克洛狄乌斯的葬礼上被烧毁。恺撒担任独裁官时开始建造一座新的元老院议政厅。但即便在议政厅状态良好时，元老院有时也在其他地方开会，进行一些特定的辩论。

**晋升体系（Cursus honorum）**：罗马人从政的进阶制度。苏拉担任独裁官时重新颁布和加强了关于行政长官候选人的年龄和其他资格要求的法律。后来奥古斯都修改了这些法律。

**独裁官（Dictator）**：在极端危机的时期，可以任命一名独裁官，任期六个月，拥有最高的军事和民政大权。后来历次内战的胜利者，如苏拉和尤利乌斯·恺撒，都用这个头衔作为更为长期化权力的基础。

**青少年（Ephebe）**：希腊城市的少年要在国家指导下，在体育馆（gymnasium）接受训练，主要是为了增强体质，但往往也包括特定的军事训练。

**骑士（Equites，单数为 Eques）**：罗马的骑士是根据人口普查拥有达到最高标准的财产的群体。从格拉古兄弟时期开始，骑士获得了更为正式的政治角色，比如在法庭担任陪审员，这种措施非常有争议。直到奥古斯都时期，才将元老单独化为一个阶层。

**法西斯束棒（Fasces，单数为 Fascis）**：一束装饰性的木棒，长约 5 英尺，中间捆着一把斧头。法西斯束棒由执法吏扛在肩头，是一位行政长官权力与地位的最明显象征。

**奥古斯都广场（Forum Augustum）**：奥古斯都建造的广场，复仇者玛尔斯神庙位于其中心。

**尤利乌斯广场（Forum Julium），或称恺撒广场（Forum Caesaris）**：尤利乌斯·恺撒筹划和开始建造的广场，由奥古斯都完成。维纳斯神庙在其中心。

**罗马广场（Forum Romanum）**：罗马城的政治和经济中心，位于卡比托利欧山、帕拉丁山、奎利那雷山和威利亚山之间。公共集会常在广场上的演讲台（Rostra）周围或广场东端举行。平民大会和部落会议通常也在广场举行，进行立法工作。

**短剑（Gladius）**：拉丁文的剑。短剑一般指的是西班牙短剑（gladius hispaniensis），一直到 3 世纪，它始终是罗马的标准武器。它用优质钢制成，可以劈砍，但主要用来刺杀。

**哈斯蒙王朝（Hasmonaean）**：前 2 世纪，犹太人反叛塞琉古王朝，取得成功。犹太人建立了一个独立王国，由哈斯蒙王朝统治。安东尼和屋大维最终扶植大希律王，取代了古老的哈斯蒙王朝。

**军权（Imperium）**：行政长官和资深行政长官在其任期内的军事指挥权。奥古斯都被授予高级资深执政官军权（maius imperium proconsulare），也就是比其他所有资深执政官更高的军权。后来阿格里帕和提比略也获得了这种权力。

**军团长（Legatus，复数为 Legati）**：一名受上级委派指挥军队的军官，他本身没有军权。军团长由行政长官选拔，而不是选举产生。在奥古斯都统治时期，军团长被分为两个主要级别，即指挥一个军团的军团长（legatus legionis）和"奥古斯都军团长"（legatus Augusti，即管辖一个帝国行省的总督）。

**军团（Legio）**：这个词最初的意思是征兵。军团是罗马军队历史上大部分时间里的主要单位。在奥古斯都时代，一个军团的理论兵力约为 4800～5000 人（分为 10 个大队，每个大队 480 人）。但在作战中军团的有效兵力往往少得多，在内战中尤其如此。

**执法吏（Lictor）**：一位行政长官的正式侍从，携带法西斯束棒，象征行政长官主持正义、施加极刑和肉刑的权力。执政官由 12 名执法吏陪同，独裁官通常则有 24 名执法吏。

**骑兵统帅（Magister Equitum）**：共和国独裁官的副手。根据传统，骑兵统帅负责指挥骑兵，因为独裁官被禁止骑马。

**奥古斯都陵寝（Mausoleum）**：奥古斯都在亚克兴角战役

之前开始建造的宏伟陵墓，得名自卡里亚国王摩索拉斯（Mausolus）的著名陵墓，这是古典世界的七大奇迹之一。

**奥古斯都海战（Naumachia Augusti）**：奥古斯都在前 2 年上演的海战表演，用以娱乐群众。动用了约 30 艘战船和数千名水手，在一个特别挖掘出来的湖泊上进行。

**指名者（Nomenclator）**：一种受过特别训练的奴隶，他的任务是向自己的主人提示走过来的其他公民的名字，以便主人能够以亲切的方式与来人打招呼。拉选票的政治家往往会带一名指名者在自己身边。

**凯旋式符号（Ornamenta triumphalia）**：奥古斯都设立了用凯旋式的"符号"而不是凯旋式本身奖励人的办法。前 19 年之后，除了他的亲属之外，无人获得完整的凯旋式荣誉，得胜的行省总督会得到"凯旋式符号"的奖励。

**小凯旋式（Ovatio）**：一种等级较低的凯旋式。在小凯旋式中，将军骑马而不是乘坐战车穿过城市。

**万神殿（Pantheon）**：阿格里帕建造的供奉诸神的神庙。虽然神庙的铭文上还有他的名字，但我们今天看到的万神殿其实是哈德良在 2 世纪重建的。

**祖国之父（Pater patriae）**：前 2 年，奥古斯都获得了这个头衔。

**标枪（Pilum，复数为 pila）**：在罗马历史的大部分时间里，重型标枪都是罗马军团士兵的标准装备。标枪的枪头狭窄，用来穿透敌人的盾牌，枪杆长而细，使得枪头能够打击到盾牌后的敌人。

**祭司长（Pontifex Maximus）**：十五名大祭司（pontiff）之首。大祭司是由罗马贵族垄断的三种主要神职人员团体之一。大祭司负责管理许多国家节庆和事件的时间安排。祭司长更像是大祭司团（College of Pontiffs）的主席，而不是领导人，但这个职位的威望极高。

**裁判官（Praetor）**：裁判官是一年一度选举产生的行政长官，在元老院指导下治理重要性较低的行省，并指挥罗马规模较小的战争。

**禁卫军大队（Praetorian cohort）**：这个时期的禁卫军是从各军团精心选拔出来的精锐士兵，装备非常华丽。每一位将军有权组建一个大队的禁卫军，但在内战期间，三头同盟分别控制着好几个禁卫军大队，都是从他们的下属那里接收来的。亚克兴角战役之后，奥古斯都组建了 9 个永久性的禁卫军大队，作为自己的卫队。在这个阶段，禁卫军在罗马没有永久性的兵营，任何时候都只有 3 个大队在城内。

**长官（praefectus）**：一名拥有骑士身份的军官，职责范围很广，包括指挥盟军或辅助部队。

**城市长官（praefectus urbis）**：奥古斯都恢复的一个古旧官职，一般由一位前任执政官担任。城市长官负责罗马城的行政管理，并指挥 3 个城市大队。

**元首国（Principate）**：现代学者为奥古斯都创立的政权取的名字，意思是一位元首（princeps）的统治。有时元首被称为皇帝，但这不是非常准确。

**元首（princeps）**：元首是第一公民，也是元老院、人民和国家的领导人。奥古斯都更愿意用这个词来指他自己的地位。在过去，元老名录上的第一人是首席元老（princeps senatus），由监察官选出，是元老院威望最高、最受尊重的成员。元首这个词本身并不意味着拥有此头衔的人拥有特定权力，而只是代表人们对他的景仰和尊重。

**青年元首**（Princeps iuventutis，复数为 principes iuventutis）：盖乌斯·恺撒得到了一个新设立的头衔"青年元首"，后来他的弟弟卢基乌斯也被授予这个头衔。他们还成为骑士阶层象征意义上的领袖。

**演讲台**（Rostra）：罗马广场上供演讲的高台。尤利乌斯·恺撒计划对议政厅和周边地区重新规划，以便将罗马广场与他的新广场连接起来。奥古斯都对演讲台做了改造，在罗马广场的另一端建造了一座新的演讲台，靠近神圣尤利乌斯神庙。演讲台装饰着俘虏的敌船的冲角，由此得名。

**财务官**（Quaestor）：财务官是一种行政长官，其职责主要是财政方面的，可以作为执政官级别总督的副手，常担任从属性的军事指挥官。

**选举围场**（Saepta）：战神广场上的选举区域，不同的人民大会在此举行选举。尤利乌斯·恺撒开始了改造选举围场的工程，后由阿格里帕完成。

**蝎弩**（Scorpion）：罗马军队在野战和攻城战中使用的一种较轻的大型弩。蝎弩射程较大，精准度很高，能够穿透任何形式的铠甲。

**世纪节**（ludi saeculares）：奥古斯都于前 17 年庆祝了这个节日。一个世纪据说比人的寿命要长。

**元老院终极议决**（Senatus consultum ultimum）：元老院的终极法令，要求行政长官尽一切努力保卫国家。前 63 年元老院以此镇压喀提林，前 49 年反对尤利乌斯·恺撒，最后一次使用是前 19 年镇压伊格纳提乌斯·鲁弗斯。

**旗手**（Signifer）：扛着百人队军旗（signum）的旗手。

**苏布拉（Subura）**：苏布拉是维米那勒山和埃斯奎里努斯山之间的谷地，因狭窄街道和贫民区而臭名昭著。

**塔兰同（Talent）**：塔兰同是希腊的一个重量和货币单位，规格差别相当大，从约 57 磅到 83 磅不等。史料中很少能明确说明它们使用这个单位时用的是哪一种标准。

**龟阵（Testudo）**：罗马军团士兵的一种著名阵形，士兵们将自己的长盾重叠起来，保护自己的前方、两侧和头顶。这种阵形一般在攻击敌人防御工事时使用。

**司库阶层（Tribuni aerarii）**：人口普查登记的低于骑士阶层的群体。对这个群体我们了解较少。

**军事保民官（Tribunus militum）**：共和国的每个军团有 6 名军事保民官，他们要么是选举产生的，要么是被任命的。任何时间都由其中两人执掌指挥权。在奥古斯都时代，每个军团仍然有 6 名军事保民官，但其中一人是元老身份，将来会从政，地位最高。这名军事保民官被称为"宽带军事保民官"（tribunus laticlavius），得名自他胸甲一圈宽条纹。他是军团的二把手，仅次于军团长。另外五名"窄带军事保民官"（tribuni angusticlavii）的条纹较窄，是骑士身份，一般在此之前曾担任一个辅助大队的指挥官。

**平民保民官（Tribune of the plebs）**：每年选举产生 10 名平民保民官，拥有政治权力而没有军事职责，可以就任何问题立法。在共和国晚期，许多有野心的将军，比如马略、庞培和尤利乌斯·恺撒，都借助保民官的帮助，为自己获取重要的职位。奥古斯都被授予了平民保民官一职的神圣不可侵犯性和权力。

**保民官权力（Tribunicia potestas）**：平民保民官的权力，

包括召集元老院开会和向公民大会提交法案的权力。奥古斯都被授予这种权力。后来阿格里帕和提比略也得到了保民官权力。

**凯旋式（Triumph）**：元老院授权的大型庆祝活动，以嘉奖得胜的将领。形式为沿着圣道（罗马城举行庆典的主要道路）游行，展示得胜将领获得的战利品和战俘，最后高潮是在仪式中处决被俘的敌酋。得胜将领乘坐一辆战车，打扮得如朱庇特神像一般，一名奴隶将象征胜利的花冠举在他头顶。这名奴隶应当不断小声提醒将军，他纵然获得这般荣耀，也不过是凡人而已。

**三头同盟（Triumvir）**：前43年，平民大会通过了一位保民官提出的《提提乌斯法》，任命安东尼、李必达和屋大维为"恢复国家秩序"的三人理事会（triumviri rei publicae constituendae）。三头同盟被授予独裁官的权力，起初任期被规定为五年。

**城市大队（Urban cohorts）**：奥古斯都为罗马城组建了3个城市大队，作为准军事的警察部队。他们的指挥官是城市长官（praefectus urbis）。奥古斯都时期可能还组建了第4个大队，以保卫高卢卢格敦的帝国铸币厂。提比略在位时，这个大队肯定已经在卢格敦了。

**方旗（vexillum）**：一种方形旗帜，挂在旗杆上，用来标示将军的位置，也是一队士兵携带的旗帜。将军的方旗通常是红色的。

**火警队（Vigiles）**：奥古斯都于公元6年组建了7个大队，作为消防队和罗马城的夜间巡警。每个大队负责当时罗马城14个区域中的2个。

# 主要人物

**阿格里皮娜**（约前 14 ~ 公元 33 年）：阿格里帕和尤利娅的女儿。她嫁给了日耳曼尼库斯，生了五个孩子。日耳曼尼库斯于公元 19 年去世后，她受到提比略的猜疑。她和两个儿子在流亡期间死去。

**马尔库斯·维普撒尼乌斯·阿格里帕**（约前 63 ~ 前 12 年）：阿格里帕是奥古斯都交情最深的朋友和最忠诚、最能干的副手。奥古斯都得知尤利乌斯·恺撒遇刺的消息时，阿格里帕就在他身边。阿格里帕的高明本领在战胜塞克斯图斯·庞培和安东尼的胜利中起到了关键作用。他也是一位非常高效的行政管理者和建筑工程主持者。前 21 年，他娶了丧夫的尤利娅，和她生了三个儿子和两个女儿。他不断晋升，成为元首的同僚。

**阿提娅**（? ~ 前 43 年）：尤利乌斯·恺撒的姐姐尤利娅和马尔库斯·阿提乌斯·巴尔布斯的女儿。她嫁给了盖乌斯·屋大维，生了奥古斯都。丧夫之后，她嫁给卢基乌斯·马尔基乌斯·菲利普斯。奥古斯都第一次成为执政官（此时他仅有十九岁）之后不久，阿提娅去世了。

**提图斯·庞波尼乌斯·阿提库斯**（约前 106 ~ 前 32 年）：西塞罗的终身好友和通信伙伴。他始终是骑士身份，没有从政，但仍然与共和国的几乎所有显贵都保持友好关系。他也和奥古斯都通信。他的女儿嫁给了阿格里帕。阿提库斯意识到自己身患绝症，便自杀了。

**奥古斯都**（前 63 ~ 公元 14 年）：原名盖乌斯·屋大维，后更名为盖乌斯·尤利乌斯·恺撒和恺撒·奥古斯都。他是尤利乌斯·恺撒的甥孙，在内战中得胜，成为共和国的唯一主人。

**马尔库斯·尤尼乌斯·布鲁图斯**（约前 85 ~ 前 41 年）：他的父亲在前 78 年和李必达的父亲一起被处决。他的母亲是塞维利娅，尤利乌斯·恺撒的长期情人。前 49 年内战爆发时，他被认为是元老院最有前途的青年之一。他在法萨卢斯战役中对抗尤利乌斯·恺撒，但得到宽恕，并被任命为裁判官。但他仍然领导"解放者"（即刺杀尤利乌斯·恺撒的密谋者群体），后来在腓立比战败自杀。

**盖乌斯·恺撒**（前 20 ~ 公元 4 年）：阿格里帕和尤利娅的长子，于前 17 年被奥古斯都收养，得到极大恩宠。前 1 年，他得到主要的行省指挥职位，但在公元 3 年负了重伤，于次年年初去世。

**盖乌斯·卡西乌斯·朗基努斯**（约前 85 ~ 前 41 年）：前 53 年，他担任克拉苏的财务官，在帕提亚的惨败中幸存。他也与尤利乌斯·恺撒对抗，但在法萨卢斯战役后投降，并被尤利乌斯·恺撒任命为裁判官。他和李必达都娶了马尔库斯·尤尼乌斯·布鲁图斯的妹妹。他和布鲁图斯一起领导"解放者"，但在第一次腓立比战役之后自杀。

**卢基乌斯·塞尔吉乌斯·喀提林**（约前 108/前 106 ~ 前 62 年）：出身于历史悠久但后来比较衰败的贵族世家，喀提林绝望地追求高官职位，付出了高昂代价，最终企图发动政变，被西塞罗镇压。

**小马尔库斯·波尔基乌斯·加图**（前 95 ~ 前 46 年）：加

图是尤利乌斯·恺撒的不共戴天之敌，以严峻的美德闻名，宁愿自杀也不愿意接受他的仁慈。塞维利娅是他的同母异父姐姐，她的儿子布鲁图斯后来娶了加图孀居的女儿。

**马尔库斯·图利乌斯·西塞罗**（约前 106 ~ 前 43 年）：西塞罗是他那一代人中最成功的新人之一，是罗马最优秀的演说家。前 63 年，他担任执政官，智胜喀提林，但后来因为自己行动的合法性问题遭到攻击。在内战中，他最终反对尤利乌斯·恺撒阵营，但后来得到宽恕。尤利乌斯·恺撒遇刺身亡之后，西塞罗鼓励"解放者"，然后企图利用奥古斯都来消灭安东尼。后三头同盟建立后，他成为政治清洗的第一批牺牲品之一。

**克劳狄**（前 10 ~ 公元 54 年）：瘸腿且被怀疑头脑有问题，克劳狄被奥古斯都和李维娅阻拦在公共生活之外。直到克劳狄的侄子卡利古拉统治期间，他才担任官职。卡利古拉被谋杀后，克劳狄被禁卫军推举为元首。

**克利奥帕特拉七世**（约前 70/前 69 ~ 前 30 年）：统治以埃及为中心的马其顿托勒密王朝的末代君主。终其一生都是罗马人的忠实盟友。她的不幸在于，她生活的时代恰好是罗马共和国被内战分裂的时期，最后她与落败的马克·安东尼联系过于紧密。她发现奥古斯都不会允许她或她的孩子保留权力，便自杀了。

**"富人"马尔库斯·李锡尼·克拉苏**（约前 115 ~ 前 53 年）：克拉苏以富有而闻名，所以得到绰号"富人"。他在苏拉麾下崭露头角，努力扩大自己的影响力。前 59 年，他和庞培、尤利乌斯·恺撒一起组成了前三头同盟，并在前 55 年第二次担任执政官（同僚是庞培）。他主动向帕提亚人发起进攻，在卡莱受挫。在随后的撤退中，他被杀死，他的军队大部分遭到屠杀。

**马尔库斯·李锡尼·克拉苏**（前 30 年执政官，生卒不详）：富人克拉苏的孙子，在奥古斯都对抗安东尼时加入前者，后来在担任马其顿总督期间讨伐邻近的部族，赢得一连串胜利。他在前 27 年庆祝凯旋式，此后就从史册中消失，不过他的养子于前 14 年担任执政官。

**德鲁苏斯**（前 38 ~ 前 9 年）：李维娅和她的第一任丈夫提比略·克劳狄·尼禄的次子。他得到快速晋升，在阿尔卑斯山作战赢得军事荣耀，然后在日耳曼作战，最远打到易北河。他娶了安东尼娅（屋大维娅和马克·安东尼的女儿），生了三个孩子，包括日耳曼尼库斯和克劳狄。德鲁苏斯于前 9 年因坠马负伤而死。

**小德鲁苏斯**（前 13 ~ 公元 23 年）：提比略和维普撒尼娅的儿子，李维娅的孙子。公元 4 年，提比略被奥古斯都收养，于是小德鲁苏斯成了奥古斯都的孙子。

**富尔维娅**（? ~ 前 40 年）：马克·安东尼的妻子，和他生了两个儿子，安提勒斯和尤卢斯。在与安东尼结婚前，她已经结过两次婚，两任丈夫都不幸惨死。马克·安东尼起初不情愿地支持卢基乌斯·安东尼失败的叛乱，后来与她断绝关系，据说她不久之后就死了。

**日耳曼尼库斯**（前 15 ~ 公元 19 年）：德鲁苏斯和安东尼娅的儿子，颇得民心。公元 6 年潘诺尼亚叛乱和公元 9 年日耳曼叛乱之后，他开始获得越来越重要的指挥职务。他于公元 19 年去世，死状非常可疑。

**昆图斯·贺拉斯·弗拉库斯**（前 65 ~ 前 8 年）：一位成功

释奴的儿子，受过良好教育，在腓立比战役中为"解放者"而战。几年后他成为梅塞纳斯文人圈子的一员，认识了奥古斯都。奥古斯都赠给贺拉斯一座昂贵的庄园，让他能够专注于写作。奥古斯都还想聘请他为秘书，被他谢绝，不过两人仍然维持着非常友好的关系。

**尤利娅**：尤利乌斯·恺撒的姐姐、奥古斯都的外祖母。她嫁给了马尔库斯·阿提乌斯·巴尔布斯，和他生了一个女儿阿提娅。

**尤利娅，奥古斯都的女儿**（前39～公元14年）：奥古斯都的独生女。奥古斯都利用她来巩固自己与主要支持者的联盟，将她先后嫁给马凯鲁斯、阿格里帕和提比略。她和阿格里帕生了五个孩子，但和提比略只有一个流产的孩子。她与提比略婚姻关系的恶化促使提比略退隐到罗得岛。前2年，她因通奸罪受到谴责，被父亲流放。

**尤利娅，奥古斯都的外孙女**（约前19～公元28年）：尤利娅和阿格里帕的女儿，也被指控犯有通奸罪，于公元8年被流放。

**盖乌斯·尤利乌斯·恺撒**（前100～前44年）：尤利乌斯·恺撒出身于前1世纪比较默默无闻的贵族家庭，政治生涯的早期总的来讲还是循规蹈矩的。前59年，他担任执政官，与庞培和克拉苏秘密结盟，即今天所谓的前三头同盟。在高卢征战十年屡战屡胜之后，他在内战中击败庞培，成为独裁官。他先前的支持者和被他宽恕的敌人组成密谋集团，将他刺杀。

**卢基乌斯·埃米利乌斯·李必达**（约前86～前13/前12年）：他的父亲是一位执政官，在前78年企图发动政变。内战期间，李必达支持尤利乌斯·恺撒，逐渐得到提升，于前44年得到骑兵统帅的高位。因此他掌握了很多军队，在独裁官被刺杀后占据了强有力的地位。但在随后的岁月里，他的士兵并不热情地支持他。他与马克·安东尼和奥古斯都组成后三头同盟，但后来他的权力逐渐萎缩，于前36年遭到镇压，余生几乎处于被软禁状态。

**李维娅·德鲁茜拉**（约前58～公元29年）：从前38年到公元14年奥古斯都去世，她一直是奥古斯都的妻子。他们只有一个流产的孩子。但她在前一段婚姻中生的两个儿子，提比略和德鲁苏斯，在政界发挥了重要作用，都作为军事统帅赢得了荣誉。提比略、卡利古拉、克劳狄和尼禄这四位皇帝都是李维娅的后代。奥古斯都在世时，她常在公共事件中扮演重要角色，也是奥古斯都重要的幕后谋士。

**李维**（提图斯·李维乌斯，约前59～公元17年，或前64～公元12年）：奥古斯都时代伟大的历史学家，创作了142卷罗马史，充满爱国主义精神和道德教诲，从罗马建城一直讲到前9年德鲁苏斯去世。他的著作只有一小部分保存至今，其余部分只有简略概述存世。奥古斯都开玩笑地批评他是庞培派，但没有任何证据表明李维敌视新政权。在很多方面，他都歌颂了元首所珍视的那些美德。

**卢基乌斯·安东尼**（约前80？～前40/前39年）：马克·安东尼的两个弟弟之一，于前41年起兵反叛奥古斯都，在佩鲁西亚被击败。他得到赦免，被派往西班牙当总督，但不久之后就去世了。

**卢基乌斯·恺撒**（前17～公元2年）：阿格里帕和尤利娅的次子，被奥古斯都收养，和兄长盖乌斯一样得到极大恩宠。

公元 2 年，他被派往西班牙，途中在马西利亚病逝。

**盖乌斯·梅塞纳斯**（约前 63 ~ 前 8 年）：奥古斯都的长期挚友和支持者，一直是骑士，没有担任过官职。即便如此，有好几次他是罗马的实际领导者，在政坛发挥了核心作用，尤其是在后三头同盟时代。后来他继续辅佐奥古斯都，并结交了许多作家，包括诗人贺拉斯和维吉尔。

**盖乌斯·克劳狄·马凯鲁斯**（前 42 ~ 前 23 年）：奥古斯都的姐姐屋大维娅和前任执政官盖乌斯·克劳狄·马凯鲁斯的儿子，得到元首的极大恩宠，后来突然去世。

**卢基乌斯·马尔基乌斯·菲利普斯**（生卒不详，前 56 年执政官，最后一次在史料中出现是前 43 年）：阿提娅的第二任丈夫，奥古斯都的继父，似乎在奥古斯都政治生涯初期帮助过他。

**盖乌斯·马略**（约前 157 ~ 前 87 年）：尤利乌斯·恺撒的姑父，是一位新人，后成为当时最有名的罗马军事统帅，史无前例地连续五次担任执政官。但他与苏拉的竞争导致了内战，在夺取罗马几天后去世。

**马克·安东尼**（前 86/前 83 ~ 前 30 年）：一个非常成功的贵族世家成员，父亲去世时给他留下大量债务，他自己也很快债台高筑。在高卢战争的最后几年里，他为尤利乌斯·恺撒效力，后来在内战中也支持他。安东尼于前 44 年担任执政官，因此在尤利乌斯·恺撒遇刺后处于有权有势的地位。他和奥古斯都的关系开始时就很恶劣，但在互相冲突了一段时间之后联手，并与李必达一起组成了后三头同盟。他们一同打败了"解放者"，但安东尼后来远征帕提亚失败，他的地位遭到了致命性的打击。而他与克利奥帕特拉七世的私情损害了他在罗马的形象。前 31 年，他在亚克兴角战败，于次年自杀。

**屋大维娅**（约前 69 ~ 前 11 年）：奥古斯都的姐姐，先嫁给盖乌斯·克劳狄·马凯鲁斯，后改嫁马克·安东尼，以便巩固弟弟与安东尼的联盟。她在第一段婚姻中生了一个儿子马凯鲁斯，在第二段婚姻中生了两个女儿，大安东尼娅和小安东尼娅。

**盖乌斯·屋大维**（? ~ 前 59 年）：奥古斯都的父亲，出身于富裕的骑士家庭，是家族里第一个到罗马从政的成员。他于前 61 年当选裁判官，并成功担任马其顿总督，但在回家途中死在位于诺拉的别墅。

**奥维德**（普布利乌斯·奥维德乌斯·纳索，前 43 ~ 公元 17 年）：属于比维吉尔和贺拉斯更年轻的一代人，所以没有参加过内战。他的所有作品都是在元首国的和平环境中创作的。他的风格远远不像老一代诗人那样尊重传统，他的《爱的艺术》尤其令奥古斯都不悦。公元 8 年，他卷入了小尤利娅的丑闻，被放逐到黑海。

**伟大的格奈乌斯·庞培**（前 106 ~ 前 48 年）：庞培是他所在时代最著名的罗马将军，在苏拉麾下飞黄腾达。他辉煌的政治生涯打破了几乎所有规矩。前 50 年代，他担任西班牙各行省总督，却留在罗马城外，派遣他的军团长去治理行省。在内战中，他与尤利乌斯·恺撒对抗，于前 48 年在法萨卢斯战败，不久之后在埃及被谋杀。

**塞克斯图斯·庞培·马格努斯·皮乌斯**（约前 67 ~ 前 36 年）：伟大的庞培的幼子，在尤利乌斯·恺撒遇刺前不久招兵买马，准备与他对抗，但后来才成为一支真正强大的力量。他占据了西西里岛，将其作为自己的基地，建立了一支强大的舰队，得以封锁意大利并营救逃避政治清洗的流亡者。虽然赢得了一些海战，但他最终被奥古斯都及其支持者打败。

**波斯图穆斯·阿格里帕**（前 12 ~ 公元 14 年）：阿格里帕和尤利娅最小的孩子，之所以得到这个名字，是因为他是在父亲死后才出生的。在他于公元 4 年被奥古斯都收养之前，公众很少注意到他。即便被收养之后，他也没有得到任何官职，几年后被边缘化和流放。奥古斯都去世之后不久，他就被谋杀，但幕后指使者的身份不详。

**斯克利博尼娅**（公元 16 年之后去世）：奥古斯都的妻子，尤利娅的母亲，陪伴女儿一同流亡。

**提图斯·斯塔提里乌斯·陶鲁斯**（生卒不详，前 37 年和前 26 年执政官）：奥古斯都最忠诚可靠的下属之一，地位可能仅次于阿格里帕。他于前 16 年担任城市长官，但不久之后就从史册中消失了，可能是去世了，

**"幸运的"卢基乌斯·科尔内利乌斯·苏拉**（前 138 ~ 前 78 年）：出身于历史悠久但后来破落的贵族世家，苏拉于前 88 年率军进攻罗马，以武力夺权成功。随后他与马略的支持者和其他敌人打了一场内战，自立为独裁官，并发明了"公敌宣告"手段，以便将谋杀对手的行为合法化。

**提比略**（前 42 ~ 公元 37 年）：李维娅和第一任丈夫提比略·克劳狄·尼禄的长子，非常年轻的时候就得到了一些重要官职和行省指挥职务。他最先娶了阿格里帕的女儿维普撒尼娅，后来与她离婚，以便与尤利娅结婚，但与尤利娅都非常不幸福。前 6 年，他自愿退隐到罗得岛，在随后十年里被

排除在政坛之外。最后他被允许返回意大利，直到盖乌斯和卢基乌斯·恺撒去世之后，才被奥古斯都收养。随后几年里，他得到了与元首平起平坐的权力，于公元 14 年顺利继承了元首的位置。

**维普撒尼娅**（前 36 ~ 公元 20 年）：阿格里帕和庞贝尼娅（阿提库斯的女儿）的女儿，嫁给了提比略。提比略与她离婚，以便与尤利娅结婚，但据说后来非常后悔。维普撒尼娅之后改嫁一位元老，生了几个孩子。

**维吉尔**（普布利乌斯·维吉利乌斯·马罗，前 70 ~ 前 19 年）：虽然维吉尔在后三头同盟组织的没收土地行动中损失了一些土地，但后来成为梅塞纳斯和奥古斯都的朋友，创作了符合新政权口味的作品。他的《埃涅阿斯纪》在其去世时尚未完成，他希望将稿子毁掉，但奥古斯都命人整理了稿件，公开发表，作品得到了极大赞颂。

# 谱系图

1. 前三头同盟

2. 后三头同盟，他们后代之间的联系

3. 奥古斯都的亲戚们

4. 前 30 年马克·安东尼死时，奥古斯都、李维娅和屋大维娅的亲戚们

5. 前 19 年，奥古斯都、李维娅和屋大维娅的亲戚和儿女们

6. 前 10 年，奥古斯都、李维娅和屋大维娅的家人

7. 公元 14 年奥古斯都去世时，他还在世的后代

8. 尤利乌斯 – 克劳狄皇朝简化版谱系

9. 阿格里帕家族

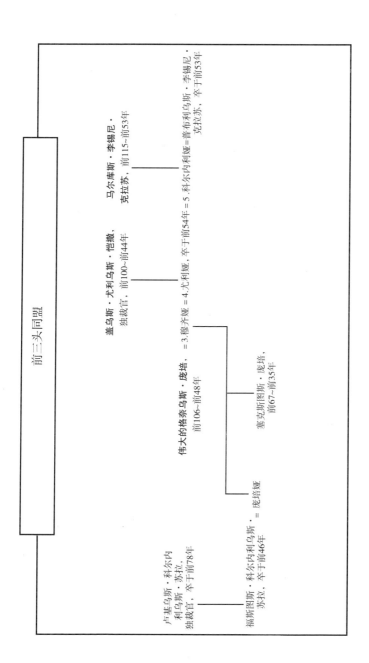

前三头同盟

盖乌斯·尤利乌斯·恺撒，
独裁官，前100~前44年

马尔库斯·李锡尼·
克拉苏，前115~前53年

伟大的格奈乌斯·庞培，
前106~前48年

=3.穆齐娅＝4.尤利娅，卒于前54年＝5.科尔内利娅＝普布利乌斯·李锡尼·克拉苏，卒于前53年

塞克斯图斯·庞培，
前67~前35年

卢基乌斯·科尔内利乌斯·苏拉，
独裁官，卒于前78年

福斯图斯·科尔内利乌斯·苏拉，卒于前46年 ＝ 庞培娅

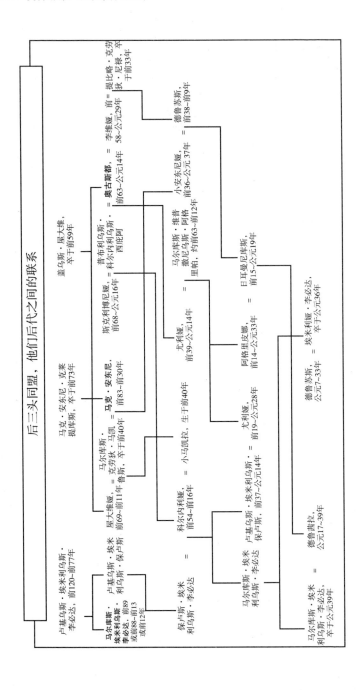

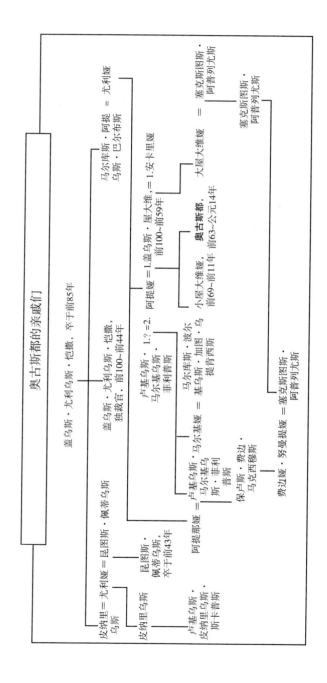

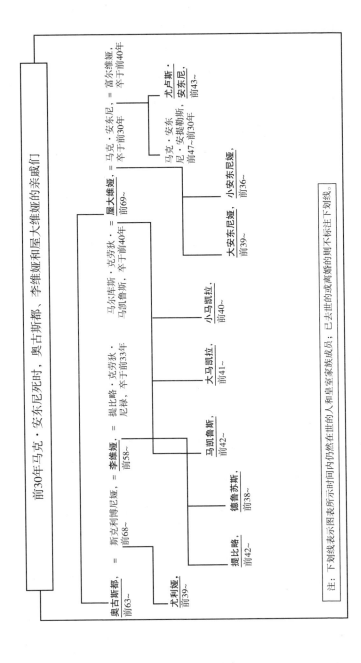

前30年马克·安东尼死时，奥古斯都、李维娅和屋大维娅的亲戚们

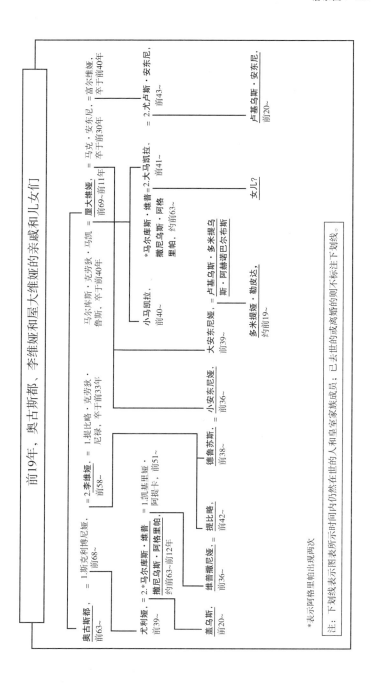

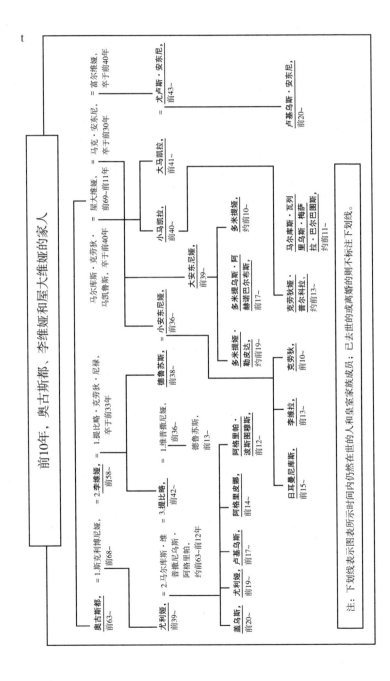

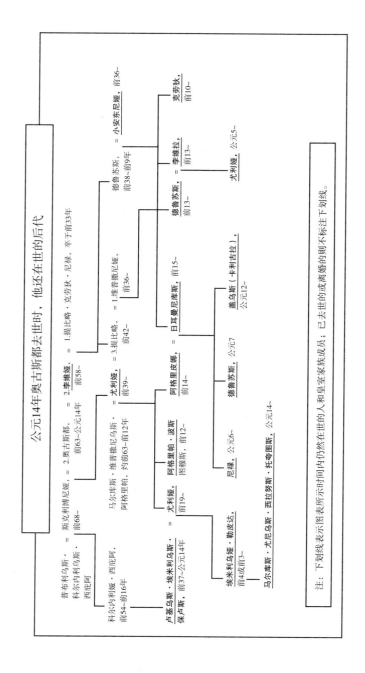

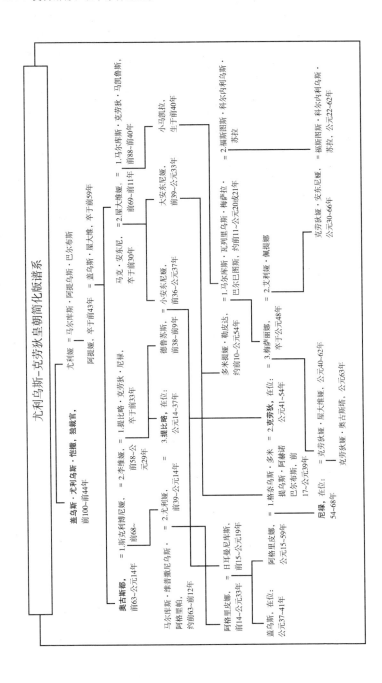

尤利乌斯–克劳狄王朝简化版谱系

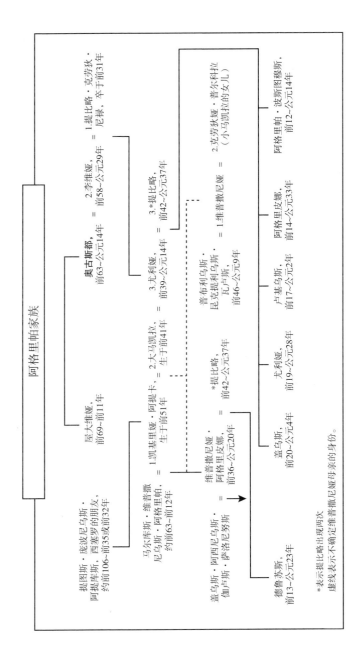

阿格里帕家族

提图斯·庞波尼乌斯·阿提库斯，西塞罗的朋友，约前106~前35或前32年

马尔库斯·维普撒尼乌斯·阿格里帕，约前63~前12年

1.凯基里娅·阿提卡 = 维普撒尼娅·阿格里皮娜，前36~公元20年

盖乌斯·阿西尼乌斯·伽卢斯·萨洛尼努斯 = 

德鲁苏斯，前13~公元23年

盖乌斯，前20~公元4年

屋大维娅，前69~前11年

奥古斯都，前63~公元14年

2.大马凯拉，生于前41年

*提比略，前42~公元37年

尤利娅，前19~公元28年

1.提比略·克劳狄·尼禄，卒于前31年

2.李维娅，前58~公元29年

3.方利娅，前39~公元14年

普布利乌斯·昆克提利乌斯·瓦卢斯，前46~公元9年

卢基乌斯，前17~公元2年

3.*提比略，前42~公元37年

1.维普撒尼娅，前36~公元20年

2.克劳狄娅·普尔科拉（小马凯拉的女儿）

阿格里皮娜，前14~公元33年

波斯图穆斯，前12~公元14年

*表示提比略出现两次
虚线表示不确定维普撒尼娅母亲的身份。

# 参考文献

Adcock, F., *The Roman Art of War under the Republic* (1940)

Alföldy, G., *Noricum* (1974)

Badian, E., *Publicans and Sinners* (1972)

Badian, E., '"Crisis Theories" and the beginning of the Principate', in W. Wirth, *Romanitas and Christianitas* (1982), pp. 18–41

Balsdon, J., 'Fabula Clodiana', *Historia* 15 (1966), pp. 65–73

Barnes, T., 'The victories of Augustus', *JRS* 64 (1974), pp. 21–6

Barrett, A., *Caligula. The Corruption of Power* (1989)

Barrett, A., *Livia. First Lady of Imperial Rome* (2002)

Barton, T., 'Augustus and Capricorn: Astrological polyvalency and imperial rhetoric', *JRS* 85 (1995), pp. 33–51

Billows, R., 'The religious procession of the Ara Pacis Augustae: Augustus' *supplicatio* in 13 BC', *JRA* 6 (1993), pp. 80–92

Billows, R., *Julius Caesar. The Colossus of Rome* (2009)

Bingen, J., *Hellenistic Egypt: Monarchy, Society, Economy, Culture* (2007)

Birch, R., 'The Settlement of 26 June AD 4 and its Aftermath', *Classical Quarterly* 31 (1981), pp. 443–56

Boatright, M., 'The Pomerial extension of Augustus', *Historia* 35 (1986), pp. 13–27

Bowersock, G., *Augustus and the Greek World* (1965)

Bowersock, G., 'Augustus and the East: The problem of succession', in Millar & Segal (1990), pp. 169–88

Bradley, K., 'Wet-nursing at Rome. A Study in Social Relations', in Rawson (1986), pp. 201–29

Brandon, C., 'Cement, concrete and settling barges at Sebastos: comparisons with other Roman harbour examples and the descriptions of Vitruvius', in A. Raban & K. Houm (eds), *Caesarea Maritima. A Retrospective after Two Millennia* (1996), pp. 25–40

Brunt, P., *Italian Manpower 225 BC–AD 14* (1971)

Brunt, P., 'The administrators of Roman Egypt', *JRS* 65 (1975), pp. 124–47

Brunt, P., 'Princeps and equites', *JRS* 73 (1983), pp. 42–75

Brunt, P., 'The role of the Senate in the Augustan regime', *Classical Quarterly* 34. 2 (1984), pp. 423–44

Camp, J., *The Archaeology of Athens* (2001)

Campbell, B., 'The marriage of soldiers under the Empire', *JRS* 68 (1978), pp. 153–66

Campbell, B., 'War and diplomacy: Rome and Parthia, 31 BC–AD 235', in Rich & Shipley (1993), pp. 213–40

Campbell, J., *The Emperor and the Roman Army 31 BC–AD 235* (1984)

Carson, R., 'Caesar and the monarchy', *Greece & Rome* 4 (1957), pp. 46–53

Carter, J., *The Battle of Actium: The Rise and Triumph of Augustus Caesar* (1970)

Cartledge, P., 'The second thoughts of Augustus on the res publica in 28/7 BC', *Greece and Rome* 31 (1984), pp. 30–40

Champlin, E., 'Tiberius and the Heavenly Twins', *JRS* 101 (2011), pp. 73–99

Chilver, G., 'Augustus and the Roman constitution 1939–1950', *Historia* 1 (1950), pp. 408–35

Christol, M., *Une Histoire Provinciale. La Gaule narbonnaise av. J.-C. au IIIᵉ siècle ap. J.-C.* (2010)

Clarke, J., 'Augustan domestic interiors: propaganda or fashion?' in Galinsky (2005), pp. 264–78

Collins, J., 'Caesar and the corruption of power', *Historia* 4 (1957), pp. 445–65

Conlin, D., *The Artists of the Ara Pacis. Studies in the History of Greece and Rome* (1997)

Connolly, P., *Greece and Rome at War* (1981)

Cooley, M. (ed.), *The Age of Augustus. Lactor 17* (2003)

Corbett, J., 'The Succession policy of Augustus', *Latomus* 33 (1974), pp. 87–97

Crawford, M., *Roman Republican Coinage* (1974)

Crook, J., 'Some remarks on the Augustan Constitution', *Classical Review* 3 (1953), pp. 10–12

Cunliffe, B., *Greeks, Romans and Barbarians: Spheres of Interaction* (1988)

Curchin, L., *The Romanization of Central Spain. Complexity, Diversity and Change in a Provincial Hinterland* (2004)

Delia, D., 'Fulvia Reconsidered', in S. Pomperoy (ed.), *Women's History and Ancient History* (1991), pp. 197–217

Dennison, M., *Empress of Rome. The Life of Livia* (2010)

Derks, T., *Gods, Temples and Ritual Practices: The Transformation of Religious Ideas and Values in Roman Gaul* (1998)

Dixon, S., *The Roman Mother* (1988)

Dowling, M., *Clemency and Cruelty in the Roman World* (2006)

Drinkwater, J., *Roman Gaul. The Three Provinces, 58 BC–AD 260* (1983)

Drinkwater, J., 'The Principate – lifebelt, or millstone around the neck of Empire?', in O. Hekster, G. Kleijn & D. Slootjes (eds), *Crises and the Roman Empire* (2007), pp. 67–74

Durán Cabello, R. M., 'Edificios de espectáculo', in X. Raventós (ed.), *Les capitales provinciales de Hispania 2. Merida: Colonia Augustua Emerita* (2004)

Dyson, S., 'Native Revolt Patterns in the Roman Empire', *Aufstieg und Niedergang der römischen Welt* 2. 3 (1975), pp. 38–175

Dyson, S., *The Creation of the Roman Frontier* (1985)

Dyson, S., *Rome. A Living Portrait of an Ancient City* (2010)

Eck, W., 'Senatorial Self-Representation: Developments in the Augustan Period', in Millar & Segal (eds) (1990), pp. 129–67

Eck, W., *The Age of Augustus* (2003)

Edmondson, J. (ed.), *Augustus* (2009)

Ehrenberg, V. & Jones, A., *Documents Illustrating the Reigns of Augustus and Tiberius* (2nd edn, 1975)

Everitt, A., *Cicero. A Turbulent Life* (2001)

Everitt, A., *Augustus: The Life of Rome's First Emperor* (2006)

Fantham, E., *Julia Augusti, the Emperor's Daughter* (2006)

Ferrary, J., 'The powers of Augustus', in Edmondson (2009), pp. 90–136

Ferrill, A., 'Prosopography and the Last Years of Augustus', *Historia* 20 (1971), pp. 718–31

Ferrill, A., 'Augustus and his daughter: a modern myth', in C. Deroux (ed.), *Studies in Latin Literature and Roman History* 2 (1980), pp. 332–46

Feugère, M. (ed.), *L'Équipment Militaire et L'Armement de la République*, *Journal of Roman Military Equipment Studies* 8 (1997)

Finley, M. I. (ed.), *Studies in Roman Property* (1976)

Fishwick, D., *The Imperial Cult in the Latin West: Studies in the Ruler Cult of the Western Roman Empire* Vol. 3 (2002)

Flory, M., 'Abducta Neroni Uxor: The historiographic tradition on the marriage of Octavian and Livia', *Transactions of the American Philological Association* 118 (1988), pp. 343–59

Flower, H., 'The tradition of the spolia opima: M. Claudius Marcellus and Augustus', *Classical Antiquity* 19 (2000), pp. 34–64

Franzen, P., 'The Augustan legionary fortress at Nijmegen. Legionary and auxiliary soldiers', in A. Morillo, N. Hanel & E. Martín, *Limes XX: Estudios sobre la frontera romana. Roman Frontier Studies. Anejos de Gladius* 13 Vol. 1 (2009), pp. 1257–69

Gabba, E., 'The Perusine War and Triumviral Italy', *Harvard Studies in Classical Philology* 75 (1971), pp. 139–60

Gabba, E. (trans. P. Cuff), *The Roman Republic, the Army and the Allies* (1976)

Galinsky, K., *Augustan Culture* (1996)

Galinsky, K. (ed.), *The Cambridge Companion to the Age of Augustus* (2005)

Galinsky, K., *Augustus. Introduction to the Life of an Emperor* (2012)

Gardner, J., 'The Dictator', in Griffin (2009), pp. 57–71

Garnsey, P., *Famine and Food Supply in the Graeco-Roman World. Responses to Risk and Crisis* (1988)

Gelzer, M. (trans. P. Needham), *Caesar. Politician and Statesman* (1968)

Goldsworthy, A., *The Roman Army at War 100 BC–AD 200* (1996)

Goldsworthy, A., '"Instinctive genius": the depiction of Caesar the general', in Welch & Powell (1998), pp. 193–219

Goldsworthy, A., *In the Name of Rome* (2004)

Goldsworthy, A., *The Complete Roman Army* (2004)

Goldsworthy, A., *Caesar: The Life of a Colossus* (2006)

Goldsworthy, A., *Antony and Cleopatra* (2010)

Goudineau, C., *César et la Gaule* (1995)

Gowers, E., 'Augustus and "Syracuse"', *JRS* 100 (2010), pp. 69–87

Grant, M., *Cleopatra* (1972)

Green, P., *Alexander to Actium: The Historical Evolution of the Hellenistic Age* (1990)

Greenhalgh, P., *Pompey: The Roman Alexander* (1980)

Griffin, J., 'Augustus and the poets: "Caesar qui cogere posset"', in Millar & Segal (1990), pp. 189–218

Griffin, M., 'The Elder Seneca and Spain', *JRS* 62 (1972), pp. 1–19

Griffin, M. (ed.), *A Companion to Julius Caesar* (2009)

Grimal, P. (trans. A. Train), *Love in Ancient Rome* (1986)

Gruen, E., *The Last Generation of the Roman Republic* (1974)

Gruen, E., 'Cleopatra in Rome. Fact and Fantasies', in D. Braund & C. Gill (eds), *Myths, History and Culture in Republican Rome: Studies in honour of T. P. Wiseman* (2003), pp. 257–74

Gruen, E., 'Caesar as a politician', in Griffin (2009), pp. 23–36

Gwynn, A., *Roman Education* (1926)

Hallett, J., 'Perusinae Glandes and the Changing Image of Augustus', *American Journal of Ancient History* 2 (1977), pp. 151–71

Harmand, J., *L'armée et le soldat à Rome de 107 à 50 avant nôtre ère* (Paris, 1967)

Harrington, D., 'The Battle of Actium – a study in historiography', *Ancient World* 9. 1–2 (1984), pp. 59–64

Hölbl, G. (trans. T. Saavedra), *A History of the Ptolemaic Empire* (2001)

Holder, P., *The Auxilia from Augustus to Trajan* (1980)

Holland, R. , *Augustus. Godfather of Europe* (2004)

Huzar, E., 'Mark Antony: Marriages vs. careers', *The Classical Journal* 81 (1985/6), pp. 97–111

James, S., *Rome and the Sword. How Warriors and Weapons Shaped Roman History* (2011)

Johnson, J., 'The authenticity and validity of Antony's will', *L' Antiquité Classique* 47 (1978), pp. 494–503

Jones, A., 'The *Imperium* of Augustus', *JRS* 41 (1951), pp. 112–19

Jones, A., 'The elections under Augustus', *JRS* 45 (1955), pp. 9–21

Jones, R., 'The Roman Military Occupation of North-West Spain', *JRS* 66 (1976), pp. 45–66

Kennedy, D. (ed.), *The Roman Army in the East. Journal of Roman Archaeology Supplements* 18 (1996)

Kennedy, D., 'Parthia and Rome: eastern perspectives', in Kennedy (1996), pp. 67–90

Keppie, L., *Colonisation and Veteran Settlement in Italy: 47–14 BC* (1983)

Keppie, L., *The Making of the Roman Army* (1984)

Keppie, L., 'A centurion of *legio Martia* at Padova?', *Journal of Roman Military Equipment Studies* 2 (1991), pp. 115–21 = L. Keppie, *Legions and Veterans: Roman Army Papers 1971–2000* (2000), pp. 68–74

King, D., *The Elgin Marbles* (2006)

Kos, M., *Appian and Illyricum* (2005)

Lacey, W., 'Summi Fastigii Vocabulum: The story of a title', *JRS* 69 (1979), pp. 28–34

Lacey, W., *Augustus and the Principate. The Evolution of the System* (1996)

Lange, C., *Res Publica Constituta. Actium, Apollo and the Accomplishment of the Triumviral Assignment* (2009)

Lange, C., 'The Battle of Actium: A reconsideration', *Classical Quarterly* 61. 2 (2011), pp. 608–23

Last, H., 'Imperium Maius: A note', *JRS* 37 (1947), pp. 157–64

Le Bohec, Y., *The Imperial Roman Army* (1994)

Leon, E., 'Scribonia and her daughters', *Transactions and Proceedings of the American Philological Association* 82 (1951), pp. 168–75

Levick, B., 'Abdication and Agrippa Postumus', *Historia* 21 (1972), pp. 674–97

Levick, B., 'Julians and Claudians', *Greece and Rome* 22 (1975), pp. 29–38

Levick, B., *Tiberius the Politician* (1999)

Levick, B., *Augustus. Image and Substance* (2010)

Lewis, N. Reinhold, M. (eds), *Roman Civilization. Selected Readings* Vol. 1: *The Republic and the Augustan Age* (3rd edn, 1990)

Liebeschuetz, J., 'The settlement of 27 BC', in C. Deroux, *Studies in Latin Literature and Roman History* (2008), pp. 345–65

Linderski, J., 'Aphrodisias and the *Res Gestae*: The *Genera Militiae* and the Status of Octavian', *JRS* 74 (1984), pp. 74–80

Lintott, A., 'Electoral bribery in the Roman Republic', *JRS* 80 (1990), pp. 1–16

Lintott, A., *The Constitution of the Roman Republic* (1999)

Lintott, A., *Cicero as Evidence* (2008)

Lintott, A., 'The assassination', in Griffin (2009), pp. 72–82

Lo Cascio, E., 'The Size of the Roman Population: Beloch and the Meaning of the Augustan Census Figures', *JRS* 84 (1994), pp. 23–40

Lowe, B., *Roman Iberia. Economy, Society and Culture* (2009)

Luce, T., 'Livy, Augustus, and the Forum Augustum', in Edmondson (2009), pp. 399–415

MacMullen, R., *Enemies of the Roman Order. Treason, Unrest and Alienation in the Empire* (1967)

MacMullen, R., *Romanization in the Time of Augustus* (2000)

McNally, M., *Teutoburg Forest AD 9. The Destruction of Varus and his Legions*. Osprey Campaign Series 228 (2011)

Magie, D., 'Augustus' War in Spain (26–25 BC)', *Classical Philology* 15 (1920), pp. 323–39

Manley, J., *AD 43 The Roman Invasion of Britain – A Reassessment* (2002)

Marrou, H., *A History of Education in Antiquity* (1956)

Matyszak, P., *Mithridates the Great. Rome's Indomitable Enemy* (2004)

Maxfield, V., *The Military Decorations of the Roman Army* (1981)

Mayor, A., *The Poison King* (2010)

Meier, C. (trans. D. McLintock), *Caesar* (1996)

Mellor, R., *Tacitus* (1993)

Mierse, W., *Temples and Towns in Roman Iberia. The Social Dynamics of Sanctuary Designs from the Third Century BC to the Third Century AD* (1999)

Millar, F., *A Study of Cassius Dio* (1964)

Millar, F., 'Triumvirate and Principate', *JRS* 63 (1973), pp. 50–67

Millar, F., *The Emperor in the Roman World* (1977)

Millar, F., 'Empire and City, Augustus to Julian: Obligations, excuses and status', *JRS* 73 (1983), pp. 76–96

Millar, F. & Segal, E. (eds), *Caesar Augustus. Seven Aspects* (corrected paperback edn, 1990)

Millar, F., 'State and Subject: the impact of monarchy', in Millar & Segal (1990), pp. 37–60

Millar, F., *The Roman Near East 31 BC–AD 337* (1993)

Millar, F., *The Crowd in the Late Roman Republic* (1998)

Mitchell, T., *Cicero: The Ascending Years* (1979)

Mitchell, T., *Cicero the Senior Statesman* (1991)

Morillo Cerdán, A., 'The Augustean Spanish Experience: The origin of the *limes* system?', in A. Morillo, N. Hanel & E. Martín, *Limes XX: Estudios sobre la frontera romana. Roman Frontier Studies. Anejos de Gladius* 13 Vol. 1 (2009), pp. 239–51

Morrison, J. & Coates, J., *Greek and Roman Oared Warships* (1996)

Mouritsen, H., *Plebs and Politics in the Late Roman Republic* (2001)

Murdoch, A., *Rome's Greatest Defeat. Massacre in the Teutoburg Forest* (2006)

Nicolet, C., 'Augustus, Government, and the Propertied Classes', in Millar & Segal (1990), pp. 89–128

North, J., 'Caesar at the Lupercalia', *JRS* 98 (2008), pp. 144–60

Oorthuys, J. (ed.), *The Varian Disaster: The Battle of the Teutoburg Forest. Ancient Warfare* special issue (2009)

Osgood, J., *Caesar's Legacy. Civil War and the Emergence of the Roman Empire* (2006)

Paget, R., 'The ancient ports of Cumae', *JRS* 58 (1968), pp. 152–69

Paget, R., 'The Naval Battle of Cumae in 38 BC', *Latomus* 29 (1970), pp. 363–9

Parker, H., *The Roman Legions* (1957)

Patterson, J., 'The City of Rome Revisited: From Mid-Republic to Mid-Empire', *JRS* 100 (2010), pp. 210–32

Pelling, C., *Plutarch: Life of Antony* (1988)

Pelling, C., *Plutarch and History* (2002)

Pitassi, M., *The Navies of Rome* (2009)

Platner, S. & Ashby, T., *A Topographical Dictionary of Ancient Rome* (1929)

Pollini, J., 'Appuleii and Some Others on the Ara Pacis', *American Journal of Archaeology* 90 (1986), pp. 453–60

Potter, D., 'Emperors, their borders and their neighbours: the scope of imperial *mandata*', in Kennedy (1996), pp. 49–66

Powell, A., '"An island amid the flame": The Strategy and Imagery of Sextus Pompeius, 43–36 BC', in Powell & Welch (2002), pp. 103–33

Powell, A. & Welch, K. (eds), *Sextus Pompeius* (2002)

Powell, A., *Virgil the Partisan: A Study in the Re-integration of Classics* (2008)

Powell, L., *Eager for Glory. The Untold Story of Drusus the Elder, Conqueror of Germany* (2011)

Price, S., *Rituals and Power. The Roman Imperial Cult in Asia Minor* (1985)

Purcell, N., 'Livia and the Womanhood of Rome', *Proceedings of the Cambridge Philological Society* (1986), pp. 78–105 = Edmondson (2009), pp. 165–94

Queseda Sanz, F., '*Gladius hispaniensis*: an archaeological view from Iberia', *Journal of Roman Military Equipment Studies* 8 (1997), pp. 251–70

Queseda Sanz, F., *Armas de la Antigua Iberia de Tartessos a Numancia* (2010)

Raaflaub, K. & Toher, M. (eds), *Between Republic and Empire. Interpretations of Augustus and his Principate* (1990)

Raaflaub, K., 'The political significance of Augustus' military reforms', in Edmondson (2009), pp. 203–28

Ramsay, J., 'The Senate, Mark Antony, and Caesar's Legislative Legacy', *Classical Quarterly* 44 (1994), pp. 130–45

Ramsay, J. & Licht, A., *The Comet of 44 BC and Caesar's Funeral Games* (1997)

Ramsay, J., 'Did Mark Antony contemplate an alliance with his political enemies in July 44 B.C.E.?', *Classical Philology* 96. 3 (2001), pp. 253–68

Ramsay, J., 'Mark Antony's Judiciary Reform and its revival under the Triumvirs', *JRS* 95 (2005), pp. 20–37

Ramsay, J., 'The Proconsular Years: Politics at a Distance', in Griffin (2009), pp. 37–56

Rawson, B. (ed.), *The Family in Ancient Rome* (1986)

Rawson, B. (ed.), *Marriage, Divorce and Children in Ancient Rome* (1991)

Rawson, B., *Children and Childhood in Roman Italy* (2003)

Rawson, E., 'Caesar's Heritage: Hellenistic Kings and their Roman Equals', *JRS* 65 (1975), pp. 148–59

Rawson, E., 'The Ciceronian Aristocracy and its properties', in Finley (ed.) (1976), pp. 85–102

Rawson, E., *Intellectual Life in the Roman Republic* (1985)

Rea, J., 'Lease of a Red Cow called Thayris', *The Journal of Egyptian Archaeology* 68 (1982), pp. 277–82

Reinhold, M., *Marcus Agrippa: A Biography* (1933)

Reynolds, J., *Aphrodisias and Rome* (1982)

Ribera i Lacomba, A. & Calvo Galvez, M., 'La primera evidencia arqueológica de la destrucción de Valentia por Pompeyo', *Journal of Roman Archaeology* 8 (1995), pp. 19–40

Rice, E., *Cleopatra* (1999)

Rice Holmes, T., *The Roman Republic* Vols 1–3 (1923–8)

Rice Holmes, T., *The Architect of the Roman Empire* Vol. 1 (1928)

Rich, J., *Declaring War in the Roman Republic in the Period of Transmarine Expansion* (1976)

Rich, J. & Shipley, G. (eds), *War and Society in the Roman World* (1993)

Rich, J., 'Augustus and the spolia opima', *Chiron* 26 (1996), pp. 85–127

Rich, J., 'The Parthian honours', *Papers of the British School at Rome* 66 (1998), pp. 71–128

Rich, J., 'Augustus, War *and* Peace', in Edmondson (2009), pp. 137–64 = L. de Blois, P. Erdkamp, O. Hekster, G. de Kleijn S. Mols (eds),

*The Representation and Perception of Roman Imperial Power: Proceedings of the Third Workshop of the International Network, Impact of Empire (Roman Empire c.200 BC–AD 476)*. Netherlands Institute in Rome, 20–23 March 2002 (2003), pp. 329–57

Rich, J., 'Cantabrian closure: Augustus' Spanish War and the ending of his memoirs', in Smith & Powell (2009), pp. 145–72

Richardson, J., 'The triumph, the praetors and the Senate in the early second century BC', *JRS* 65 (1976), pp. 50–63

Richardson, J., '*Imperium Romanum*: Empire and the Language of Power', *JRS* 81 (1991), pp. 1–9

Richardson, J., *The Romans in Spain* (1996)

Richardson, J., *Augustan Rome 44 BC TO AD 14. The Restoration of the Republic and the Establishment of Empire* (2012)

Richardson, P., *Herod. King of the Jews and Friend of the Romans* (1996)

Rickman, G., *The Corn Supply of Ancient Rome* (1980)

Rihll, T., 'Lead Slingshot (*glandes*)', *JRA* 22 (2009), pp. 149–69

Roddaz, J. M., *Marcus Agrippa* (1984)

Rogers, W., *Greek and Roman Naval Warfare* (1937)

Roller, D., *The Building Programme of Herod the Great* (1998)

Rose, C., 'Princes and barbarians on the Ara Pacis', *American Journal of Archaeology* 94 (1990), pp. 453–67

Rosenstein, N., *Imperatores Victi* (1993)

Rost, A., 'The Battle between Romans and Germans in Kalkriese: Interpreting the Archaeological Remains from an ancient battlefield', in A. Morillo, N. Hanel & E. Martín, *Limes XX: Estudios sobre la frontera romana. Roman Frontier Studies. Anejos de Gladius* 13 Vol. 3 (2009), pp. 1339–45

Roth, J., *The Logistics of the Roman Army at War (264 BC–AD 235)* (1999)

Roymans, N., *Tribal Societies in Northern Gaul: An Anthropological Perspective. Cingula* 12 (1990)

Saddington, D., *The Development of the Roman Auxiliary Forces from Caesar to Vespasian (49 BC–AD 79)* (1982)

Saller, R., 'Anecdotes as historical evidence', *Greece and Rome* 27 (1980), pp. 69–83

Salmon, E., 'The Evolution of Augustus' Principate', *Historia* 5 (1956), pp. 456–78

Salway, B., 'What's in a name? A survey of Roman onomastic practice from 700 BC–AD 700', *JRS* 84 (1994), pp. 124–45

Scheid, J., 'To honour the Princeps and venerate the gods. Public cult, neighbourhood cults, and imperial cult in Augustan Rome', in Edmondson (2009), pp. 275–99

Scheidel, W., 'Emperors, Aristocrats, and the Grim Reaper: Towards a Demographic Profile of the Roman Elite', *Classical Quarterly* 49 (1999), pp. 254–81

Schlüter, W., 'The Battle of the Teutoburg Forest: archaeological research at Kalkriese near Osnabrück', in J. Creighton & R. Wilson, *Roman Germany. Studies in Cultural Interaction. Journal of Roman Archaeology Supplementary Series* 32 (1999), pp. 125–59

Schürer, E., Vermes, G. & Millar, F., *The History of the Jewish People in the Age of Jesus Christ* Vol. 1 (1973)

Scott, K., 'The Political Propaganda of 44–30 BC', *Memoirs of the American Academy in Rome* 11 (1933), pp. 7–49

Seager, R., *Pompey the Great. A Political Biography* (2nd edn, 2002)

Seager, R., *Tiberius* (2005)

Shatzman, I., *Senatorial Wealth and Roman Politics. Collection Latomus* Vol. 142 (1975)

Sheppard, S., *Philippi 42 BC. The Death of the Roman Republic. Osprey Campaign Series* 199 (2008)

Sheppard, S., *Actium: Downfall of Antony and Cleopatra. Osprey Campaign Series* 211 (2009)

Sherk, R., *Roman Documents from the Greek East* (1969)

Sherwin-White, A., *Roman Foreign Policy in the East, 168 BC–AD 1* (1984)

Siani-Davies, M., 'Ptolemy XII Auletes and the Romans', *Historia* 46 (1997), pp. 306–40

Sidebotham, S., 'Aelius Gallus and Arabia', *Latomus* 45 (1986), pp. 590–602

Simpson, C., 'The date of the dedication of the Temple of Mars Ultor', *JRS* 67 (1977), pp. 91–4

Slater, W., 'Pueri, Turba Minuta', in *Bulletin of the Institute of Classical Studies* 21 (1974), pp. 133–40

Smith, C. & Powell, A. (eds), *The Lost Memoirs of Augustus and the Development of Roman Autobiography* (2009)

Smith, R., *Service in the Post-Marian Roman Army* (1958)

Spaul, J., *ALA²* (1994)

Spawforth, A., *Greece and the Augustan Cultural Revolution. Greek Culture in the Roman World* (2012)

Speidel, M., 'The Roman army in Judaea under the Procurators', in M. Speidel, *Roman Army Studies* Vol. 2, Mavors (1992), pp. 224–32

Stavely, E., 'The "Fasces" and "Imperium Maius"', *Historia* 12 (1963), pp. 458–84

Stevenson, T., 'The ideal benefactor and the father analogy in Greek and Roman thought', *Classical Quarterly* 42 (1992), pp. 421–36

Stockton, D., 'Primus and Murena', *Historia* 14 (1965), pp. 18–40

Stockton, D., *Cicero. A Political Biography* (1971)

Swan, M., 'The consular fasti of 23 BC and the conspiracy of Varro Murena', *Harvard Studies in Classical Philology* 71 (1967), pp. 235–47

Syme, R., 'Notes on the legions under Augustus', *JRS* 23 (1933), pp. 14–33

Syme, R., 'The Spanish War of Augustus', *American Journal of Philology* 55 (1934), pp. 293–317

Syme, R., 'The Allegiance of Labienus', *JRS* 28 (1938), pp. 113–25

Syme, R., *Tacitus* (2 vols, 1958)

Syme, R., 'Imperator Caesar: A study in imperial nomenclature', *Historia* 7 (1958), pp. 172–88 = *Roman Papers* Vol. 1 (1979), pp. 181–96

Syme, R., 'Livy and Augustus', *Harvard Studies in Classical Philology* 64 (1959), pp. 27–87

Syme, R., *The Roman Revolution* (paperback edn, 1960)

Syme, R., *History in Ovid* (1978)

Syme, R., 'The conquest of North-West Spain', *Roman Papers* Vol. 2 (1979), pp. 825–54

Syme, R., 'Neglected children on the *Ara Pacis*', *American Journal of Archaeology* 88 (1984), pp. 583–9

Syme, R., *The Augustan Aristocracy* (1986)

Talbert, R., 'Augustus and the Senate', *Greece and Rome* 31 (1984), pp. 55–63

Tatum, W., *The Patrician Tribune Publius Clodius Pulcher* (1999)

Taylor, L. Ross, *Party Politics in the Age of Caesar* (1949)

Taylor, L. Ross, 'The rise of Julius Caesar', *Greece and Rome* 4 (1957), pp. 10–18

Taylor, L. Ross, *Roman Voting Assemblies: From the Hannibalic War to the Dictatorship of Caesar* (1966)

Taylor, L. Ross, 'The dating of major legislation and elections in Caesar's first consulship', *Historia* 17 (1968), pp. 173–93

Tchernia, A., 'Italian wine in Gaul at the end of the Republic', in P. Garnsey, K. Hopkins & C. Whittaker (eds), *Trade in the Ancient Economy* (1983), pp. 87–104

Todd, M., *Roman Britain* (3rd edn, 1999)

Todd, M., *The Early Germans* (2004)

Toher, M., 'Augustus and the Evolution of Roman Historiography', in Raaflaub & Toher (1990), pp. 139–54

Torelli, M., *Typology and Structure of Roman Historical Reliefs* (1982)

Treggiari, S., *Roman Marriage* (1991)

Treggiari, S., 'Divorce Roman Style: How easy and frequent was it?' in Rawson (1991), pp. 131–46

Trillmich, W. (trans. C. Nader), *Colonia Augusta Emerita, Capital of Lusitania* in Edmondson (2009), pp. 427–67

Tyldesley, J., *Cleopatra. Last Queen of Egypt* (2009)

Tyrell, W., 'Labienus' departure from Caesar in January 49 BC', *Historia* 21 (1972), pp. 424–40

Ullman, B., 'Cleopatra's pearls', *The Classical Journal* 52. 5 (Feb. 1957), pp. 193–201

Veyne, P. (trans. B. Pearce), *Bread and Circuses* (1992)

Wallace-Hadrill, A., 'Civilis Principis: between citizen and king', *JRS* 72 (1982), pp. 32–48

Wallace-Hadrill, A., 'Image and authority in the coinage of Augustus', *JRS* 76 (1986), pp. 66–87

Wallace-Hadrill, A., *Suetonius* (2nd edn, 1995)

Wallace-Hadrill, A., 'Family inheritance in the Augustan Marriage

Laws', in Edmondson (2009), pp. 250–74 = *Proceedings of the Cambridge Philological Society* 27 (1981), pp. 58–80

Ward, A., *Marcus Crassus and the Late Roman Republic* (1977)

Wardle, D., 'Valerius Maximus on the Domus Augusta, Augustus, and Tiberius', *Classical Quarterly* 50 (2000), pp. 479–93

Wardle, D., 'A perfect send-off: Suetonius and the dying art of Augustus (Suetonius Aug. 99)', *Mnemosyne* 60 (2007), pp. 443–63

Watson, G., *The Roman Soldier* (1985)

Webster, G., *The Roman Invasion of Britain* (rev. edn, 1993)

Weigel, R., *Lepidus. The Tarnished Triumvir* (1992)

Weinstock, S., *Divus Julius* (1971)

Welch, K. & Powell, A. (eds), *Julius Caesar as Artful Reporter: The War Commentaries as Political Instruments* (1998)

Welch, K., 'Sextus Pompeius and the *Res Publica* in 42–39 BC', in Powell & Welch (2002), pp. 31–63

Wells, C., *The German Policy of Augustus. An Examination of the Archaeological Evidence* (1972)

Wells, C., 'What's new along the Lippe: Recent work in North Germany', *Britannia* 29 (1998), pp. 457–64

Wells, P., *The Barbarians Speak. How the Conquered Peoples Shaped the Roman Empire* (1999)

Wells, P., *The Battle that Stopped Rome* (2003)

White, L., 'Herod and the Jewish experience of Augustan rule', in Galinsky (2005), pp. 361–87

White, P., *Promised Verse. Poets in the Society of Augustan Rome* (1993)

Wiedermann, T., 'The political background to Ovid's *Tristia* 2', *Classical Quarterly* 25 (1975), pp. 264–71

Wilbers-Rost, S., 'The site of the Varus Battle at Kalkriese. Recent Results from Archaeological Research', in A. Morillo, N. Hanel & E. Martín, *Limes XX: Estudios sobre la frontera romana. Roman Frontier Studies. Anejos de Gladius* 13 Vol. 3 (2009), pp. 1347–52

Williams, C., *Roman Homosexuality. Ideologies of Masculinity in Classical Antiquity* (1999)

Williams, G., 'Did Maecenas "Fall from favour"? Augustan Literary Patronage', in Raaflaub & Toher (1990), pp. 258–75

Wiseman, T., '*Conspicui Postes Tectaque Digna Deo*: the public image of aristocratic and imperial houses in the Late Republic and Early Empire', in *L'Urbs. Espace urbain et histoire* (1987), pp. 393–413

Wiseman, T., 'The House of Augustus and the Lupercal', *JRA* 22 (2009), pp. 527–45

Wolters, R., *Die Schlacht im Teutoburger Wald* (2008)

Woolf, G., 'Roman Peace', in Rich & Shipley (1993), pp. 171–94

Yakobson, A., '*Petitio et Largitio*: Popular participation in the centuriate assembly of the Late Republic', *JRS* 8 (1992), pp. 32–52

Yavetz, Z., *Plebs and Princeps* (1969)

Yavetz, Z., *Julius Caesar and his Public Image* (1983)

Yavetz, Z., 'The *Res Gestae* and Augustus' public image', in Millar & Segal (1990), pp. 1–36

Yavetz, Z., 'The personality of Augustus', in Raaflaub & Toher (1990), pp. 21–41, 32

Zanker, P. (trans. A. Shapiro), *The Power of Images in the Age of Augustus* (1988)

Zink, S., 'Reconstructing the Palatine temple of Apollo: a case study in early Augustan temple design', *JRA* 21 (2008), pp. 47–63

Ziolkowski, J. & Putnam, J., *The Virgilian Tradition. The First Fifteen Hundred Years* (2008)

# 缩写词

Ampelius, *Lib. mem* = Lucius Ampellius, *Liber memorialis*

Appian, BC = Appian, *Civil Wars*

Appian, *Bell. Hisp.* = Appian, *Spanish Wars*

Broughton, *MRR* 2 = Broughton, T., & Patterson, M. (1951), *The Magistrates of the Roman Republic* Vol. 2

Caesar, *BC* = Caesar, *The Civil Wars*

Caesar, *BG* = Caesar, *The Gallic Wars*

*CAH²* IX = Crook, J., Lintott, A., & Rawson, E. (eds), *The Cambridge Ancient History* 2nd edn Vol. IX: *The Last Age of the Roman Republic, 146–43 BC.*

*CAH²* X = Bowman, A., Champlin, E., & Lintott, A. (eds), *The Cambridge Ancient History* 2nd edn Vol. X: *The Augustan Empire, 43 BC–AD 69.*

Cicero, *ad Att.* = Cicero, *Letters to Atticus*

Cicero, *ad Fam.* = Cicero, *Letters to his Friends*

Cicero, *ad Quintum Fratrem* = Cicero, *Letters to his Brother Quintus*

Cicero, *Agr.* = Cicero, *Orationes de Lege Agraria*

Cicero, *Cat.* = Cicero, *Catilinarian Orations*

Cicero, *de reg. Alex F.* = Cicero, fragment from the *Oration Concerning the King of Alexandria*

Cicero, *Verrines* = Cicero, *Verrine Orations*

*CIG* = *Corpus Inscriptionum Graecarum*

*CIL* = *Corpus Inscriptionum Latinarum*

*Comp. Nic.* = Fragment of Nicolaus of Damascus, *History*

*De vir. Ill.* = the anonymous *de viris illustribus*

Dio = Cassius Dio, *Roman History*

Galen, *Comm. In Hipp. Epid.*, *CMG* = Kühn, C., *Galenus Medicus* (1821–33), supplemented by Diels, H. *et alii* (1918–)

Gellius, *NA* = Aulus Gellius, *Attic Nights*

*ILLRP* = Degrassi, A. (ed.) (1963–5), *Inscriptiones Latinae Liberae Rei Republicae*

*ILS* = Dessau, H. (1892–1916), *Incriptiones Latinae Selectae*

Josephus, *AJ* = Josephus, *Jewish Antiquities*

Josephus, *BJ* = Josephus, *The Jewish War*

*JRA* = *Journal of Roman Archaeology*

*JRS* = *Journal of Roman Studies*

Justin = Justinus, *Epitome*

Livy, *Pers.* = Livy, *Roman History. Periochae.*

*OGIS* = Dittenberger, W., *Orientis Graeci Inscriptiones Selectae* (1903–5).

Pliny the Elder, *NH* = Pliny the Elder, *Natural History*

Pliny the Younger, *Epistulae* = Pliny the Younger, *Letters*

Quintilian = Quintilian, *Training in Oratory*

Sallust, *Bell. Cat.* = Sallust, *The Catilinarian War*

Sallust, *Bell. Jug.* = Sallust, *The Jugurthine War*

Sallust, *Hist.* = Sallust, *Histories*

*SEG.* = Roussel, P., Tod, M., Ziebarth, E. & Hondius, J. (eds), *Supplementum Epigraphicum Graecum* (1923–)

Serv. = Servius

Strabo, *Geog.* = Strabo, *Geography*

Tacitus, *Ann.* = Tacitus, *Annals*

Valerius Maximus = Valerius Maximus, *Memorable Doings and Sayings*

Velleius Paterculus = Velleius Paterculus, *Roman History*

# 注 释

## 序章

[1] Luke 2: 1 – 3.

[2] 近期的 HBO 迷你电视剧《罗马》（2006～2007 年）把少年屋大维描绘得比较有同情心，但另一个演员接过这个角色，扮演成年屋大维之后，就显得精于算计。剧中还指出屋大维有虐待狂倾向。他与李维娅结婚时告诉她，他们做爱的时候，他会喜欢打她。

[3] Shakespeare, Julius Caesar, 4. 1. 1.

[4] 近期研究奥古斯都及其时代的篇幅较短的著作为：D. Shotter, *Augustus Caesar* (2nd edn, 1991), W. Eck, *The Age of Augustus* (2003), K. Galinsky, *Augustus. Introduction to the Life of an Emperor* (2012), J. Richardson, *Augustan Rome 44 BC to AD 14. The Restoration of the Republic and the Establishment of the Empire* (2012); 通俗作品当中，R. Holland, *Augustus. Godfather of Europe* (2004) 主要讲亚克兴角战役之前的故事，而 A. Everitt, *Augustus: The Life of Rome's First Emperor* (2006) 则讲述这个时期和后来的权力斗争。

[5] Julian, Caesars 309 B – C; 简略讨论见 K. Galinsky, *Augustan Culture* (1996), p. 373。

[6] 历史学家们对奥古斯都的态度，见 Z. Yavetz, ' The *Res Gestae* and Augustus' public image ', in F. Millar & E. Segal (eds), *Caesar Augustus. Seven Aspects* (1990), pp. 1 – 36, 尤见 pp. 22 – 6, 也见 J. Edmondson (ed.) Augustus (2009), pp. 14 – 26。

[7] 对一些主要史料的讨论，见 F. Millar, *A Study of Cassius Dio* (1964), A. Wallace – Hadrill, *Suetonius* (2nd edn, 1995), C. Pelling, *Plutarch*

*and History*（2002），C. Smith & A. Powell（eds），*The Lost Memoirs of Augustus and the Development of Roman Autobiography*（2009），R. Syme，*Tacitus*（2 Vols，1958），及 R. Mellor，*Tacitus*（1993）。

# 一 "祖国之父"

[1] Suetonius，*Augustus* 94.5.

[2] 关于时间，见 Suetonius，*Augustus* 5.1；关于局势的概述和生育的概况，见 B. Rawson，*Children and Childhood in Roman Italy*（2003），passim，尤见 pp.99 – 113，S. Dixon，*The Roman Mother*（1988），pp.106 – 8，237 – 40。另见论文集 B. Rawson（ed.），*Marriage，Divorce and Children in Ancient Rome*（1991）；关于尤利乌斯·恺撒和他当选祭司长，见 A. Goldsworthy，*Caesar：The Life of a Colossus*（2006），pp.124 – 6，关于他没有宗教上的顾虑，见 Suetonius，*Caesar* 59；关于奥古斯都出生时间的星相学问题和他后来采纳摩羯为自己的符号，见 T. Barton，'Augustus and Capricorn：Astrological polyvalency and imperialrhetoric'，*JRS* 85（1995），pp.33 – 51。

[3] 关于一系列征兆，见 Suetonius，*Augustus* 94.1 – 12，尤见 94.3 – 4；Dio 45.1.2 – 3 重述了关于蛇的故事，可能是直接以苏埃托尼乌斯为资料来源，或一种常见资料。

[4] 对执政官和其他高级行政长官的详细讨论，见 A. Lintott，*The Constitution of the Roman Republic*（1999），pp.94 – 120，尤见 104 – 9。

[5] Suetonius，*Augustus* 94.5 说著名的宗教专家和神秘学家普布利乌斯·尼基迪乌斯·菲古鲁斯做了这个预测。其他故事说是西塞罗和昆图斯·卢塔提乌斯·卡图卢斯，可能同样是为了让自己的说法更可信。关于喀提林辩论的时间顺序，见 D. Stockton，*Cicero. A Political Biography*（1971），pp.336 – 9，尤见 337。

[6] 见 Rawson（2003），pp.105 – 12。

[7] 关于罗马人姓名，见 B. Salway，'What's in a name? A survey of

Roman onomastic practice from 700 BC – AD 700 ', *JRS* 84（1994），pp. 124 – 45，尤见 124 – 31。关于奥古斯都的名字和在这个时期的活动，详见 R. Syme, ' Imperator Caesar：A study in imperial nomenclature'，*Historia* 7（1958），pp. 172 – 88 = *Roman Papers* Vol. 1（1979），pp. 181 – 96。

［8］ Plutarch, *Cato the Elder* 20. 3. 对本话题的详细讨论，见 K. Bradley, ' Wet-nursing at Rome. A Study in Social Relations '，in Rawson（1986），pp. 201 – 29。

［9］ Suetonius, *Augustus* 94. 6.

［10］ 关于米特里达梯六世，见 P. Matyszak, *Mithridates the Great. Rome's Indomitable Enemy*（2004），及 A. Mayor, *The Poison King*（2010）。

［11］ 对他母亲的话，见 Suetonius, *Caesar* 13，也见 Plutarch, *Caesar*7，Dio 37. 1 – 3，Velleius Paterculus 2. 43. 3；概况见 Goldsworthy（2006），pp. 124 – 7 =（2007），pp. 150 – 4。

［12］ 恺撒的祖先，见 Goldsworthy（2006），pp. 31 – 4 =（2007），pp. 37 – 41；喀提林，见 Stockton（1971），pp. 73 – 8，96 – 8，100 – 07。

［13］ T. Mitchell, *Cicero：The Ascending Years*（1979），pp. 149 – 76，222 – 5，Stockton（1971），pp. 79 – 84.

［14］ 可参见 Sallust, *Bell. Cat.* 26 – 7，Stockton（1971），pp. 105 – 6，Mitchell（1979），pp. 226 – 32，T. Rice Holmes, *The Roman Republic* Vol. 1（1928），pp. 259 – 72；' residentalien'（*inquilinus civis urbis Romanam*）见 Sallust, *Bell. Cat.* 31. 9；相关也可见 Cicero's *Pro Murena*，这是西塞罗为其中一位成功候选人辩护的演讲稿，此人被指控行贿。

［15］ 关于鹰，见 Sallust, *Bell. Cat.* 59. 3。

［16］ Cicero, *In Pisonem* 6.

［17］ 喀提林阴谋，见 Stockton（1971），pp. 110 – 42，Mitchell（1979），pp. 219 – 40；恺撒在此案中起到的作用，见 M. Gelzer, *CaesarPolitician and Statesman*（1968），pp. 50 – 52，C. Meier，*Caesar*（1996），pp. 170 – 72 及 Goldsworthy（2006），pp. 115 – 42 =（2007），pp. 144 – 72。

# 二 "富裕且名誉良好的人"

[ 1 ] Velleius Paterculus 2. 59. 1 – 2（Loeb translation）.

[ 2 ] Suetonius，*Augustus* 3，5，Velleius Paterculus 2. 59. 1 – 2，Dio 45. 1. 1，Tacitus，*Ann.* 1. 9；关于他的财富，见 I. Shatzman，*Senatorial Wealth and Roman Politics. Collection Latomus* Vol. 142（1975），p. 387，包括 692 and 693，概况见 E. Rawson，'The Ciceronian Aristocracy and its Properties'，in M. I. Finley（ed.），*Studies in Roman Property*（1976），pp. 85 – 102；帕拉丁山东北侧的考古发掘显示，这里有一座贵族宅邸，前 2 世纪和前 1 世纪有人居住，并曾翻新过，后来在尼禄的大火中被毁，可能就是屋大维曾拥有的房子，见 J. Patterson，'The City of Rome Revisited：From Mid – Republic to Mid – Empire'，*JRS* 100（2010），pp. 210 – 32，尤见 . p. 223fn. 112，还提及了意大利在该地区的近期考古发掘。

[ 3 ] Suetonius，*Augustus* 1. 2. 2.

[ 4 ] Suetonius，*Augustus* 2. 3 – 3. 1，Appian，*BC* 3. 23；一位银行家的记账单上出现了 C. Octavius 的名字，这可能就是盖乌斯·屋大维的父亲。关于元老参与借贷，见 Shatzman（1975），pp. 75 – 9。

[ 5 ] Livy，*Pers.* 98 说前 70 ~ 前 69 年的人口普查结果是 90 万人，但其他史料的数字比这多 1 万人，见 E. Lo Cascio，'The Size of the Roman Population：Beloch and the Meaning of the Augustan Census Figures'，*JRS* 84（1994），pp. 23 – 40 。古代人口的总数仍然是非常有争议的。

[ 6 ] Plutarch，*Crassus* 2 讲到，克拉苏说只有有能力组建一支军队的人才算富人；他的产业，见 Pliny，*NH* 33. 134，不过 Plutarch，*Crassus* 2

的估计数字要略微低一些，见 Shatzman (1975)，pp. 375 – 8，庞培见 pp. 389 – 93。关于他们的职业生涯，见 A. Ward, *Marcus Crassus and the Late Roman Republic* (1977)，P. Greenhalgh, *Pompey：The Roman Alexander* (1980) 以及 R. Seager, *Pompey the Great. A Political Biography* (2nd edn，2002)。

[7] 关于克拉苏如何花钱，见 Plutarch, *Crassus* 2 – 3；关于欠他债的元老，见 Sallust, *Bell. Cat.* 48. 5 – 6；关于包税人，见 E. Badian, *Publicansand Sinners* (1972)。

[8] Suetonius, *Augustus* 4. 1.

[9] R. Syme, *The Roman Revolution* (1960)，p. 112；与庞培的关系，见 Suetonius, *Augustus* 4. 1。

[10] 他的年龄是猜测的，但有一定根据：他于前 73 年和盖乌斯·托拉尼乌斯一同担任裁判官，他们也曾同年担任平民市政官，见 *ILS* 47。但托拉尼乌斯曾被斯巴达克斯打败过 (Sallust, *Hist.* 3. 46M，Florus 2. 8. 5)，所以他的政治前程可能进展得比较慢，他和屋大维是在较晚阶段成为同僚的。证据见 Broughton, *MRR 2*，p. 110。

[11] 盖乌斯·屋大维的政治生涯，见 *ILS* 47；该时期的军团数量，见 P. Brunt, *Italian Manpower 225 BC-AD 14* (1971)，pp. 446 – 72，估计前 80 年的军团总数最低，为 13 个；前 71 ~ 前 70 年最高，为 39 个。

[12] 关于裁判官，见 Lintott (1999)，pp. 133 – 7；关于时间，见注释 9；关于托拉尼乌斯和斯巴达克斯，见 Sallust, *Hist.* 3. 46M，Florus 2. 8. 5。

[13] Lintott (1999)，pp. 129 – 33.

[14] 近期出版的对恺撒早期生涯的精彩介绍，见 E. Gruen, 'Caesar as a politician'，in M. Griffin (ed.)，*A Companion to Julius Caesar* (2009)，pp. 23 – 36，也见 L. Taylor, 'The Rise of Julius Caesar'，*Greece and Rome* 4 (1957)，pp. 10 – 18，及 Gelzer (1968)，p. 22，

概况见 Goldsworthy（2006），pp. 82 – 151 =（2007），pp. 61 – 183，和 R. Billows, *Julius Caesar: The Colossus of Rome*（2009），pp. 56 – 110，他强调恺撒始终站在民众事业一边。关于橡叶冠，见 Gellius, *NA* 5. 6. 13 – 14，Pliny *NH* 16. 12 – 13，讨论见 V. Maxfield, *The Military Decorations of the Roman Army*（1981），pp. 70 – 74, 119 – 20。

[15] 关于候选人和一般的选举过程，见 L. Taylor, *Party Politics in the Age of Caesar*（1949），尤见 pp. 50 – 75，和 *Roman Voting Assemblies: From the Hannibalic War to the Dictatorship of Caesar*（1966），尤见 pp. 78 – 106，A. Lintott, 'Electoral Bribery in the Roman Republic', *JRS* 80（1990），pp. 1 – 16，F. Millar, *The Crowd in the Late Roman Republic*（1998），H. Mouritsen, *Plebs and Politics in the Late Roman Republic*（2001），尤见 pp. 63 – 89，A. Yakobson, '*Petitio et Largitio*: Popular participation in the centuriate assembly of the Late Republic', *JRS* 8（1992），pp. 32 – 52。

[16] Q. Cicero, *Handbook on Electioneering* 35。学界的共识是，昆图斯·西塞罗就是本书的作者。他的文学创作很多，虽然很少保存到今天。在高卢与尤利乌斯·恺撒一同征战时，他告诉兄长，他仅仅十六天内就写了四部悲剧。Cicero, *ad Quintum Fratrem* 3. 5/6. 8。

[17] Q. Cicero, *Handbook on Electioneering* 25 – 6（Loeb translation）.

[18] 见 Plutarch, *Cato the Younger* 8. 2；见 Q. Cicero, *Handbook on Electioneering* 41 – 2 讲到候选人记住别人名字的重要性，即便需要提醒，也要表现得自然。

[19] 关于恺撒的立场，见 Goldsworthy（2006），pp. 119 – 45，尤见 pp. 121 – 4 讲到拉比里乌斯·波斯图穆斯的审判。Billows（2009），pp. 56 – 110 强调恺撒始终支持民众事业是他成功的部分原因。

[20] Sallust, *Bell. Cat.* 60. 7 – 61. 4.

[21] 庞培政治生涯的概述，见 A. Goldsworthy, *In the Name of Rome*

（2004），pp. 152 – 80，具体内容见 Seager （2002），pp. 20 – 38；他的绰号，见 Valerius Maximus 6. 2. 8。

[22] Suetonius, *Caesar* 15, Dio 37. 43. 1 – 4, Plutarch, *Cato the Younger* 26. 1 – 29. 2.

[23] Q. Cicero, *Handbook on Electioneering* 45, 47 – 8 （Loeb translation）.

[24] Billows （2009），pp. 104 – 5 非常精彩地论证了这一点。

[25] 讨论见 L. Ross Taylor, *Roman Voting Assemblies* （1966），pp. 84 – 106。

[26] Velleius Paterculus 2. 59. 2 讲到在民意调查中排名第一，with E. Gruen, *The Last Generation of the Roman Republic* （1974），pp. 118 – 19。

[27] Cicero, *ad Quintum Fratrem* 1. 21 （Loeb translation）.

[28] Suetonius, *Caesar* 11, Dio 37. 10. 1 – 3, Plutarch, *Cato the Younger* 17. 4 – 5.

[29] Suetonius, *Augustus* 3. 1.

[30] Catullus 10；Cicero, *Verrines* 1. 40.

[31] Suetonius, *Augustus* 3. 2, 94. 5, Velleius Paterculus 2. 59. 2, *ILS* 47；关于杀敌 5000 的要求，见 Valerius Maximus 2. 8. 1，讨论见 J. Richardson, 'The triumph, the praetors and the Senate in the early second century BC', *JRS* 65 （1976），pp. 50 – 63，尤见 61 – 2。

[32] Tacitus *Ann*, 1. 9, Cicero, *Philippics* 3. 15 与 Gruen （1974），p. 143, fn. 96。

# 三　尤利乌斯和恺撒担任执政官

[1] Caelius' quote from Cicero, *ad Fam.* 8. 8. 9.

[2] Suetonius, *Augustus* 8. 1, 27. 1, Nicolaus of Damascus 2, Appian, *BC* 4. 12.

[3] Nicolaus of Damascus 3, 和 R. Syme, *The Roman Revolution* （1960），pp. 127 – 8, 及 'Neglected children on the *Ara Pacis* ', *American*

*Journal of Archaeology* 88（1984），pp. 583 – 9，586 fn. 17.

[4] 屋大维的教师，见 Dio 58. 33. 1，讲到斯法埃鲁斯前 40 年去世后，奥古斯都为表达对他的感激，为他举行了公开葬礼；Cicero，*Orator* 120；关于童年生活，见 B. Rawson（ed.），*Children and Childhood in Roman Italy*（2003），尤见 pp. 99 – 113；关于教育，见 H. Marrou，*A History of Education in Antiquity*（1956），pp. 229 – 91，A. Gwynn，*Roman Education*（1926），尤见 1 – 32；Cicero，*de re publica* 4. 3；'an old and wealthy equestrian family'，见 Suetonius，*Augustus* 2. 3。

[5] Appian，*BC* 2. 9.

[6] 讨论见 R. Seager，*Pompey the Great. A Political Biography*（2002），pp. 72 – 9，及 T. Wiseman in *CAH2* IX，pp. 358 – 67。

[7] 权威力量的一个特别突出的例证，见 Valerius Maximus 3. 7. 8。

[8] Seager（2002），pp. 79 – 82，M. Gelzer（trans. P. Needham），*Caesar*（1968），pp. 65 – 8；关于军饷，值得一提的是，尤利乌斯·恺撒把军饷翻了一倍，士兵们还不能算是富有。Suetonius，*Julius Caesar* 26，关于此时期的军队，见 R. Smith，*Service in the Post – Marian Roman Army*（1958）。

[9] 见 Cicero，*ad Att.* 1. 17. 9，18. 3，18. 7，2. 1. 8，with E. Badian，*Publicans and Sinners*（1972），pp. 101 – 4.

[10] 关于他担任西班牙总督和此后的归来，见 Gelzer（1968），pp. 61 – 70，A. Goldsworthy，*Caesar. The Life of a Colossus*（2006），pp. 148 – 59 =（2007），pp. 179 – 95，Gruen，'Caesar as a politician'，in M. Griffin（ed.），*A Companion to Julius Caesar*（2009），pp. 23 – 36，尤见 29 – 31；古代史料中讲到加图阻挠会议议程，见 Appian，*BC* 2. 8，Dio 37. 54. 1 – 2，Suetonius，*Julius Caesar* 18. 2 和 Plutarch，*Cato the Younger* 31. 2 – 3，*Caesar* 13. 1。

[11] Syme（1960），pp. 34 – 5.

[12] Cicero，*ad Att.* 2. 3，3 – 4.

[13] 尤利乌斯·恺撒的执政官任期，见 L. Ross Taylor, 'The dating of major legislation and elections in Caesar's first consulship', *Historia* 17（1968），pp. 173 – 93。Gruen（2009），pp. 31 – 5，Gelzer（1968），pp. 71 – 101，C. Meier（trans. D. McLintock），*Caesar*（1996），pp. 204 – 23，Goldsworthy（2006），pp. 161 – 81 =（2007），pp. 196 – 220，R. Billows, *Julius Caesar. The Colossus of Rome*（2009），pp. 111 – 29，Seager（2002），pp. 86 – 100；加图被捕，见 Dio 38. 2. 1 – 3. 3. Suetonius, *Julius Caesar* 20. 4 和 Plutarch, *Cato the Younger* 33. 1 – 2 的版本略微不同，说加图是另一次被捕的，不是在辩论土地法的时候。

[14] Suetonius, *Augustus* 4. 1 讲到阿提乌斯·巴尔布斯是二十名土地委员会成员之一。

[15] 广场上的骚乱，见 Dio 38. 6. 4 – 7. 2, Appian, *BC* 2. 11, Plutarch, *Catothe Younger* 32. 2 – 6, Suetonius, *Julius Caesar* 20. 1；关于毕布路斯企图阻止立法，见 Suetonius, *Julius Caesar* 20. 2, Dio 38. 8. 2，相关评论见 Taylor（1968），pp. 177 – 9。

[16] Suetonius, *Julius Caesar* 21, 50. 1 – 2, Plutarch, *Pompey* 47 – 48, *Caesar* 14 及 Dio 38. 9. 1；"所有女人的丈夫，所有男人的妻子"，见 Suetonius, *Julius Caesar* 52. 3。

[17] Taylor（1968），pp. 182 – 8 讨论了授予尤利乌斯·恺撒指挥权的《瓦提尼乌斯法》。

[18] Nicolaus of Damascus 3；关于罗马教育的概况，见 n. 4。

[19] Suetonius, *Tiberius* 2 – 3, Cicero, *de natura deorum* 2. 7 讨论了克劳狄·普尔喀在第一次布匿战争中的角色。关于克洛狄乌斯，见 W. Tatum, *The Patrician Tribune Publius Clodius Pulcher*（1999）*passim*，关于"良善女神"节丑闻和他对西塞罗的敌意，见 J. Balsdon, 'Fabula Clodiana', *Historia* 15（1966），pp. 65 – 73；关于他们家族在前 1 世纪的地位，见 E. Gruen, *The Last Generation of the Roman Republic*（1974），pp. 97 – 100。

[20] Dio 38. 12. 1 – 3, Cicero, *de domo* 41, *ad Att.* 8. 3, Suetonius, *Julius Caesar* 20. 4, Plutarch, *Caesar* 14；也见 Gelzer（1968）, pp. 76 – 8, Seager（2002）, pp. 91 – 9。

[21] 对这些年政治的精彩介绍, 见 J. Ramsay, 'The Proconsular Years：Politics at a Distance', in Griffin（2009）, pp. 37 – 56, 及 Wiseman in *CAH2*IX, pp. 366 – 81, 385 – 408。

[22] 关于卢卡"会议"及庞培、克拉苏与尤利乌斯·恺撒之间联盟的巩固, 见 Suetonius, *Caesar* 24. 1, Appian, *BC* 2. 17, Plutarch, *Pompey* 50, *Caesar* 21, *Crassus* 14；也见 Gelzer（1968）, pp. 120 – 24, Seager（2002）, pp. 110 – 19, Meier（1996）, pp. 270 – 73 及 A. Ward, *Marcus Crassus and the Late Roman Republic*（1977）, pp. 262 – 88。

[23] 尤利娅流产, 见 Plutarch, *Pompey* 53；克拉苏离开罗马城, 见 Cicero, *ad Att.* 4. 13, Plutarch, *Crassus* 16。

[24] Suetonius, *Julius Caesar* 27. 1；关于卡莱战役和克拉苏之死, 主要资料是 Plutarch, *Crassus* 17 – 33, 及 Dio 40. 12 – 30。

[25] 克洛狄乌斯和米罗, 见 Gelzer（1968）, pp. 145 – 52, Meier（1996）, pp. 297 – 301 及 Seager（2002）, pp. 126 – 35。

[26] 庞培作为唯一执政官, 见 Plutarch, *Pompey* 54, *Cato* 47, Dio 40. 50. 4, Appian, *BC* 2. 23；关于庞培的地位和新婚姻, 见 Syme（1960）, pp. 36 – 40, 关于科尔内利娅, 见 Plutarch, *Pompey* 55。

[27] 对这些战役的更详细记述, 见 Goldsworthy（2006）, pp. 184 – 356 =（2007）, pp. 222 – 431；关于恺撒《战记》, 见论文集 K. Welch & A. Powell（eds）, *Julius Caesar as Artful Reporter：The War Commentaries as Political Instruments*（1998）。

[28] Quotations from Lucan, *Pharsalia* 1. 125 – 6（Oxford translation by S. Braund）, 及 Cicero, *ad Fam.* 8. 8. 9；内战前夕局势, 见 Gelzer（1968）, pp. 169 – 94, Seager（2002）, pp. 138 – 51, Wiseman in

*CAH2* IX，pp. 414 – 23，Goldsworthy（2006），pp. 358 – 79 ＝（2007），pp. 434 – 60。

［29］ Appian，*BC* 2. 28，另一个略微不同的版本是 Plutarch，*Pompey* 58，参见 Dio 60. 64. 1 – 4.

［30］ Plutarch，*Pompey* 59，Caesar，*BG* 8. 52. 3，Dio 40. 64. 3 – 4，Appian，*BC* 2. 31 – 2，Caesar，*BC* 1. 1 – 5，Suetonius，*Julius Caesar* 29. 2，Dio 41. 1. 1 – 3. 4.

［31］ Suetonius，*Caesar* 31 – 2，Plutarch，*Caesar* 32，Appian，*BC* 2. 35.

# 四　出路

［1］ Quoted in Suetonius，*Caesar* 30. 4.

［2］ 庞培关于跛脚的吹嘘，见 Plutarch，*Pompey* 57，60；"苏拉这么干过"，见 Cicero，*ad Att.* 9. 10. 3；对这些战役的叙述，见 A. Goldsworthy，*Caesar：The Life of a Colossus*（2006），pp. 380 – 471（2007），pp. 461 – 574。

［3］ Cicero，*ad Att.* 9. 7C.

［4］ 关于这些战役，见 Goldsworthy（2006），pp. 380 – 431 ＝（2007），pp. 461 – 524。

［5］ 关于罗马指挥官的行为，见 N. Rosenstein，*Imperatores Victi*（1993），pp. 114 – 51；对庞培之死和尤利乌斯·恺撒在埃及的详细叙述，见 A. Goldsworthy，*Antony and Cleopatra*（2010），pp. 167 – 81。

［6］ Suetonius，*Augustus* 8. 1，Nicolaus of Damascus 3；关于葬礼，见 Polybius 6. 53. 1 – 54. 6 的著名叙述。

［7］ Tacitus，*Dialogues* 28. 6（Loeb translation），p. 307.

［8］ Nicolaus of Damascus 3，Velleius Paterculus 2. 59. 3；对母亲和母亲角色的更广泛讨论，见 S. Dixon，*The Roman Mother*（1988），pp. 104 – 40，esp. 129 – 35。

［9］ Nicolaus of Damascus 4；Cicero，*ad Att.* 12. 16，12. 18，14. 11 提及菲

利普斯的别墅；马凯鲁斯的中立，见 R. Syme，*The Roman Revolution*（1960），p. 62。

[10] Suetonius，*Augustus* 8.1，94.10，Dio 45.1.5 – 6，Nicolaus of Damascus 4；关于穿上成年托加袍的仪式，见 B. Rawson，*Children and Childhood in Roman Italy*（2003），pp. 142 – 4，关于向青春女神尤文塔斯献祭，见 Dionysius of Halicarnassus 4.15.5。

[11] 当选祭司，见 Nicolaus of Damascus 4，Cicero，*Philippics* 5.17.46，Velleius Paterculus 2.59.3。

[12] Suetonius，*Augustus* 79.1 – 2.

[13] Sallust，*Bell Cat.* 25.

[14] 尤利乌斯·恺撒的相貌，见 Suetonius，*Julius Caesar* 45.1，屋大维的眼睛，见 Suetonius，*Augustus* 79.2。性道德与屋大维，见 Nicolaus of Damascus 5，15；古罗马有大量关于性的文学作品，而且往往很有现代色彩，见 P. Grimal（trans. A. Train），*Love in Ancient Rome*（1986）；安东尼与西塞莉丝，见 Cicero，*ad Att.* 10.10，*Philippics* 2.58，*ad Fam.* 9.26. Serv. On E10；*de vir. Ill.* 82.2，Plutarch，*Antony* 6，9。西塞罗在 *Philippics* 2.58，69，77 中表达了对她的憎恶；见 Grimal（1986），pp. 222 – 37；关于莱斯比娅其实是克洛狄乌斯的姐妹之一，见 Apuleius，*Apologia.* 10。

[15] Suetonius，*Augustus* 8.1，Velleius Paterculus 2.59.3，Nicolaus of Damascus 10 – 13，15.

[16] 对尤利乌斯·恺撒担任独裁官时期的介绍，见 J. Gardner，'The Dictator'，in M. Griffin（ed.），*A Companion to Julius Caesar*（2009），pp. 57 – 71，细节详见 M. Gelzer（trans. P. Needham），*Caesar*（1968），pp. 272 – 333，C. Meier（trans. D. McLintock），*Caesar*（1996），pp. 430 – 96。

[17] 见 E. Rawson，'Civil War and dictatorship' in *CAH2* IX，pp. 438 –

67，及 Syme（1960），pp. 61 - 96 讲到了恺撒党人和他的新元老们。

[18] Cicero, *ad Att.* 4. 16. 3，8，17. 7，Suetonius, *Caesar* 26. 2，Pliny, *NH* 36. 103，with Rawson in *CAH2* IX，pp. 453 - 4.

[19] Suetonius, *Caesar* 44. 2，Pliny, *NH* 18. 211，Plutarch, *Caesar* 59，Macrobius, *Saturnalia* 1. 14. 2 - 3，T. Rice Holmes, *The Roman Republic* Vol. III（1923），pp. 285 - 7，Gelzer（1968），p. 289，及 Z. Yavetz, *Julius Caesar and his Public Image*（1983），pp. 111 - 14.

[20] 关于凯旋式，见 Dio 43. 19. 1 - 21. 4，42. 3，44. 1 - 3，Appian, *BC* 2. 101 - 2，Plutarch, *Caesar* 55，Suetonius, *Caesar* 37，Pliny, *NH* 7. 92，Cicero, *Philippics* 14. 23；相关评论也见 M. Gelzer, *Caesar*（1968），pp. 284 - 6，Holmes（1923），pp. 279 - 81，概况见 S. Weinstock, *Divus Julius*（1971），尤见 pp. 76 - 7。

[21] 尤利乌斯·恺撒说，哪怕是一个土匪，只要忠诚地为他效力，他也会奖赏他，见 Suetonius, *Augustus* 72；关于他的负债和奖赏追随者，见 Goldsworthy（2010），pp. 183 - 90。

[22] Suetonius, *Augustus* 8. 1，41. 1，Nicolaus of Damascus 6 - 15，Dio 43. 47. 3，Tacitus, *Ann.* 11. 25. 2，注意 R. Billows, *Julius Caesar: The Colossus of Rome*（2009），pp. 256 - 8 的评论，以及他对屋大维和外甥们的态度。

[23] Suetonius, *Julius Caesar* 77.

[24] 关于尤利乌斯·恺撒的计划，对比 E. Rawson, 'Caesar's Heritage: Hellenistic Kings and their Roman Equals', *JRS* 65（1975），pp. 148 - 59，R. Carson, 'Caesar and the monarchy', *Greece & Rome* 4（1957），pp. 46 - 53，和 J. Collins, 'Caesar and the corruption of power', *Historia* 4（1957），pp. 445 - 65。

[25] 关于克利奥帕特拉七世的真正重要性，见 E. Gruen, 'Cleopatra in Rome. Fact and Fantasies', in D. Braund & C. Gill（eds），*Myths,*

*Historyand Culture in Republican Rome*：*Studies in honour of T. P. Wiseman*（2003），pp. 257 – 74，更多概况见 Goldsworthy（2010），pp. 192 – 203；允许尤利乌斯·恺撒多娶妻的故事，见 Suetonius，*Julius Caesar* 52. 3。

[26]　"不是雷克斯，而是恺撒"，见 Suetonius，*Julius Caesar* 79. 2；牧神节，见 Dio 44. 11. 1 – 3，Appian，*BC* 2. 109，Plutarch，*Caesar* 61，Antony 12，Cicero，*Philippics* 2. 84 – 7，*de divinatione* 1. 52，119，Suetonius，*Caesar* 79. 2 – 3。J. North，'Caesar at the Lupercalia,' *JRS* 98（2008），pp. 144 – 60 有力地论证了，此事不是尤利乌斯·恺撒为了当国王而安排的；即便是他安排的，也是为了非常公开地拒绝；另见 Weinstock（1971），pp. 318 – 41。

[27]　Suetonius，*Caesar* 41. 2，76. 2，80. 3，Dio 43. 46. 2 – 4，Plutarch，*Caesar* 58，Pliny *NH* 7. 181，Cicero，*ad Fam.* 7. 30. 1 – 2，Gelzer（1968），p. 309，310 – 11，和 Holmes（1923），pp. 328 – 30。

[28]　Suetonius，*Caesar* 77；西塞罗莫名得到外省居民的感谢，见 Cicero，*ad Fam.* 9. 15. 4；竞技会上的表现，见 Suetonius，*Augustus* 45. 1。

[29]　"我活得已经足够久"见 Cicero，*pro Marcello* 8，25；'he hates me'，Cicero，*ad Att.* 14. 1。

[30]　关于密谋者，见 Gelzer（1968），pp. 323 – 9，Syme（1960），pp. 44 – 5，56 – 60，64，95，A. Lintott，'The assassination', in Griffin（2009），pp. 72 – 82，也见 Suetonius，*Caesar* 83. 2，Dio 43. 47. 3，44. 11. 4 – 14. 4，Appian，*BC* 2. 111 – 14，3. 98，Plutarch，*Antony* 13，*Brutus* 6 – 13，*Caesar* 62，Suetonius，*Caesar* 80. 1，3 – 4，Velleius Paterculus 2. 58. 1 – 4；关于 Cato 自杀见 Dio 43. 10. 1 – 13. 4，Appian，*BC* 2. 98 – 9，Plutarch，*Cato the Younger* 56. 4，59. 1 – 73. 1。

[31]　引自西塞罗的话，见 *ad Fam.* 15. 19. 4；赞美加图的著作和尤利乌

斯·恺撒的《反加图传》，见 Cicero, *ad Att.* 12. 21. 1，13. 40. 1，
46，51. 1，*Orator* 10，35，Plutarch, *Cato the Younger* 11. 1 – 4，25.
1 – 5，73. 4，*Cicero* 39. 2，*Caesar* 3. 2，Suetonius, *Caesar* 56. 5，with
Gelzer（1968），pp. 301 – 4，Holmes（1923），p. 311 和 D. Stockton,
*Cicero*（1971），p. 138；元老们宣誓保卫尤利乌斯·恺撒，见
Suetonius, *Julius Caesar* 84. 2；密谋者不受誓言约束，见 Plutarch,
*Brutus* 12，与喀提林党人不同，见 Sallust, *Bell. Cat.* 22. 1 – 2。

[32] 刺杀，见 Plutarch, *Caesar* 66，*Brutus* 17，*Antony* 13，Dio 44. 19. 1 –
5，Appian, *BC* 2. 117，Suetonius, *Caesar* 82. 1 – 3。

[33] 盖乌斯·马提乌斯的话，见 Cicero, *ad Att.* 14. 1。

# 五　继承人

[1] Cicero, *ad Att.* 15. 12. 2.

[2] Suetonius, *Augustus* 9. 2，Appian, *BC* 3. 9，Velleius Paterculus
2. 59. 4，Dio 45. 3. 1，Nicolaus of Damascus 16 讲到屋大维在阿波罗
尼亚的时期；西塞罗和尤利乌斯·恺撒等许多罗马人曾去希腊化世
界学习演讲术，见 Cicero, *Brutus* 316，及 Suetonius, *Caesar* 4. 2，
Plutarch, *Caesar* 2。

[3] Appian, *BC* 3. 9 强调他在骑兵中的训练。

[4] 关于萨尔维迪努斯和阿格里帕，见 R. Syme, *The Roman Revolution*
（1960），pp. 129，fn. 2 – 3。

[5] 关于尤利乌斯·恺撒遇刺的消息和人们的反应，见 Nicolaus of
Damascus 16，讨论见 J. Osgood, *Caesar's Legacy：Civil War and the
Emergence of the Roman Empire*（2006），p. 31，关于军团士兵对战利
品的期待，见 p. 47。

[6] Nicolaus of Damascus 17 – 18，Appian, *BC* 3. 10 – 11.

[7] 关于尤利乌斯·恺撒遇刺的后果和他的葬礼，见 Rawson *CAH2* IX,
pp. 468 – 70，Syme（1960），pp. 97 – 105，Osgood（2006），pp. 12 –

14, A. Goldsworthy, *Antony and Cleopatra* (2010), pp. 204 – 14, T. Mitchell, *Cicero the Senior Statesman* (1991), pp. 289 – 91; Appian, *BC* 2. 120 – 23, 120 谈及了贿赂群众同时却宣扬自由的讽刺意味。

[8] 关于遗嘱, 见 Suetonius, *Julius Caesar* 83. 2, 有价值的讨论, 见 R. Billows, *Julius Caesar: The Colossus of Rome* (2009), pp. 256 – 8。Osgood (2006), p. 31 fn. 71 提及了关于此话题的辩论; 西塞罗后来说尤利乌斯·恺撒不会从东方归来, 见 Cicero, *ad Att.* 15. 2. 3。

[9] 安东尼拒绝将尤利乌斯·恺撒的部分遗产给屋大维, 见 Cicero, *Philippics* 2. 44; 对释奴的权力, 见 Appian, *BC* 3. 94。

[10] Nicolaus of Damascus 18, Appian, BC 3. 11 – 13, Suetonius, Augustus 9. 2; 西塞罗谈菲利普斯的战役, 见 Cicero, *ad Fam.* 12. 2. 2; 阿庇安著作中说屋大维引用阿喀琉斯的话, 见 *BC* 3. 13, citing *Iliad* 18. 98: "那么我很快要死了; 因为我不能眼睁睁看着伙伴死去。"

[11] 强调屋大维从一开始就雄心勃勃, 见 B. Levick, *Augustus. Image and Substance* (2010), pp. 23 – 4。

[12] 关于名字, 见重要文章 R. Syme, 'Imperator Caesar: A study in imperial nomenclature', pp. 172 – 88。

[13] Nicolaus of Damascus 18, Appian, *BC* 3. 13 – 21, Cicero, *ad Att.* 14. 6. 1 和 Osgood (2006), p. 31, fn. 73; Cicero, *ad Att.* 14. 5. 3 询问阿提库斯关于抵达罗马的事情。

[14] Cicero, *ad Att.* 14. 10. 3; 巴尔布斯的背景和他为尤利乌斯·恺撒效力, 见 Syme (1960), pp. 71 – 3。西塞罗曾在法庭为他辩护, 辩护词见 *pro Balbo*; 西塞罗的证词, 见 A. Lintott, *Cicero as Evidence* (2008), 尤见 pp. 339 – 73。

[15] 引文见 Cicero, *ad Att.* 14. 11. 2; 马凯鲁斯与密谋者关系友好, 见 *ad Att.* 15. 12. 2; 关于两位前任执政官的态度, 见 Syme (1960),

pp. 114，128。Syme 倾向于使用"恺撒派"和"庞培派"的说法，但并没有将它们描绘成泾渭分明或永久性的群体。

[16] 关于多拉贝拉，见 Syme（1960），pp. 69，fn. 2，97，150 – 51；过去与安东尼的矛盾，见 Goldsworthy（2010），pp. 186 – 91。

[17] Plutarch，*Antony* 4 讲到他模仿赫拉克勒斯，和张牙舞爪的浮夸军人形象；安东尼的概况，见 Goldsworthy（2010），*passim*。

[18] 关于家族，见 Goldsworthy（2010），pp. 52 – 65。

[19] Cicero，*Philippics* 2. 44 讲到拒绝接受父亲的部分遗产；44 – 6 提及他的少年时代；见 Goldsworthy（2010），pp. 81 – 104。

[20] Cicero，*Philippics* 2. 58，*ad Att.* 10. 10，13，*ad Fam.* 9. 26，Serv. On E10；*de vir. Ill.* 82. 2. 西塞罗对安东尼的憎恶直到 *Philippics* 2. 58，69，7 才公开表达出来；另见 Plutarch，*Antony* 6，9，Pliny，*NH* 8. 55。

[21] Cicero，*Philippics* 2. 64 – 9，72 – 4，78，Plutarch，*Antony* 10，Dio 45. 28. 1 – 4；Plutarch，*Antony* 10 说安东尼和恺撒之间发生决裂。M. Gelzer（trans. P. Needham），*Caesar*（1968），pp. 261 – 2 倾向于认为这次决裂很严重，而 Syme（1960），p. 104 表示怀疑；和尤利乌斯·恺撒乘坐同一辆车，见 Plutarch，*Antony* 11。

[22] Plutarch，*Antony* 13.

[23] 见 R. Weigel，*Lepidus. The Tarnished Triumvir*（1992），pp. 44 – 51，及 Syme（1960），pp. 97 – 111；关于安东尼的态度，见深刻的讨论 J. Ramsay，' Did Mark Antony contemplate an alliance with his political enemies in July 44B. C. E. ?'，*Classical Philology* 96. 3（2001），pp. 253 – 68，这篇文章虽然主要讲夏季的几个月，但很好地分析了他的态度。

[24] 阿玛提乌斯和献给尤利乌斯·恺撒的祭坛，见 Appian，*BC* 3. 2 – 3，36，Cicero，*ad Att.* 14. 15，Syme（1960），p. 99；他企图得到年轻的屋大维的接受，见 Nicolaus of Damascus 14。

[ 25 ] J. Ramsay, 'The Senate, Mark Antony, and Caesar's Legislative Legacy', *Classical Quarterly* 44（1994）, pp. 130 – 45 正确地没有全盘接受西塞罗的说法，而是精彩分析了好几种最有争议的措施及其背景。细节并不能改变核心的一点，即颁布这些法律和授权对安东尼特别有利，不管它们是否真的是独裁官的决策。

[ 26 ] Appian, *BC* 3. 27, 30, with Syme（1960）, pp. 115 – 16, 及 P. Brunt, *Italian Manpower 225 BC – AD 14*（1971）, pp. 477 – 83, Osgood（2006）, pp. 33 – 4.

[ 27 ] Cicero, *ad Att.* 16. 1, 2. 3, 4. 1, 5. 1, Appian, *BC* 3. 24, Plutarch, *Brutus* 21. 2 – 3；引文来自 Cicero, *ad Att.* 15. 4。

[ 28 ] Cicero, *ad Att.* 16. 15. 1 写到他决定将多拉贝拉没有偿还嫁妆的事情公开。

# 六　赞颂

[ 1 ] *Res Gestae* 1（Brunt & Moore's translation）.

[ 2 ] Appian, *BC* 3. 21 – 2, Suetonius, *Augustus* 10. 1 – 2, 95, Dio 45. 3. 4 – 7. 2, Nicolaus of Damascus 28, 另见 R. Syme（1960）, pp. 114 – 17, 116, fn. 3 引用 T. Rice Holmes, *The Architect of the Roman Empire* Vol. 1（1928）, p. 191 认为此次刻瑞斯节的时间是 5 月底，而非通常的 4 月。

[ 3 ] Nicolaus of Damascus 18 谈及尤利乌斯·恺撒的战争储备金。关于他的财政支持者，见注释 4。

[ 4 ] Appian, *BC* 3. 23 – 4, 28, Suetonius, *Augustus* 10. 1, Dio 45. 6. 4, Cicero, *ad Att.* 15. 2. 3, with Syme（1960）, p. 131 及 J. Ramsay, 'Did Mark Antony contemplate an alliancewith his political enemies in July 44 B. C. E. ?', *Classical Philology* 96. 3（2001）, pp. 253 – 68, 尤见 253, fn. 3 谈及节庆的时长和它在此阶段的日期。这篇文章分析了前 44 年夏季事件的时间顺序，很有价值。

[ 5 ] Suetonius, *Julius Caesar* 88, Pliny, *NH* 2. 93 – 4, with J. Osgood,

*Caesar's Legacy. Civil War and the Emergence of the Roman Empire* (2006), pp. 40 – 41，详细分析见 J. Ramsay & A. Licht, *The Comet of 44 BC and Caesar's Funeral Games* (1997), pp. 135 – 53。

[6] 当选保民官，详见 Appian, *BC* 3.31，称他支持了一位候选人，但群众"要求"他参选，被安东尼阻止，另见 Plutarch, *Antony* 16, Dio 45.6.2, Suetonius 10.2, with Syme (1960), p. 120 及 Z. Yavetz, *Plebs and Princeps* (1969), pp. 73 – 5；彗星预示他未来的伟大，见 Pliny, *NH* 2.93。

[7] 陪审团制度的改革，见 J. Ramsay, 'Mark Antony's Judiciary Reform and its revival under the Triumvirs', *JRS* 95 (2005), pp. 20 – 37，不过请注意，p. 31 讲 4 万或 5 万塞斯特尔提乌斯作为部落会议"第一等级"的资格，被认为与骑士资格（八倍于这个数字）相比是"微不足道的数字"。不过 4 万或 5 万塞斯特尔提乌斯与恺撒不久之后向士兵承诺的退伍奖金数字相比，仍然多出了差不多一倍。

[8] Cicero, *ad Fam.* 11.28.6 – 7 记载了马提乌斯给西塞罗的信。马提乌斯说自己资助年轻的恺撒，是因为他与尤利乌斯·恺撒的友谊；Appian, *BC* 3.28 – 30 讲到和解与投票，32 – 42 讲到他们的关系和后来所谓的阴谋，另见 Cicero, *ad Att.* 16.8.1 – 2, *ad Fam.* 12.3, Dio 45.7 – 3 – 9.5, 12.1 – 6, Plutarch, *Antony* 16。后来加入恺撒队伍的志愿者与士兵的身份，见 J. Linderski, 'Aphrodisias and the *Res Gestae*: The *Genera Militiae* and the Status of Octavian,' *JRS* 74 (1984), pp. 74 – 80 提出，恺撒士兵发出的誓言都是紧急征兵工作的一部分，不是常规的军人誓言（sacramentum），而是 coniuratio，并讨论了此种誓言对其身份的影响。

[9] 西塞罗在此时期的思考和行动，见 D. Stockton, *Cicero. A Political Biography* (1971), pp. 292 – 7, 及 Ramsay (2001)，尤见 pp. 265 – 7。

[10] Osgood (2006), pp. 41 – 2, Stockton (1971), pp. 292 – 3, 297 – 9, A. Lintott, *Cicero as Evidence* (2008), pp. 375 – 82；Appian, *BC*

3.5 讲到安东尼的 6000 名老兵；Cicero, *ad Fam.* 12.2.1, 3.1, Plutarch, *Cicero* 43 讲到他的恐惧。

[11] Appian, *BC* 3.40；Cicero, *ad Att.* 16.8, 写于前 44 年 11 月 4 日, 报告称恺撒拥有 3000 名老兵, 并提到恺撒希望赢得马其顿各军团的支持。

[12] Cicero, *ad Att.* 16.11.6.

[13] 对恺撒的担忧, Cicero, *ad Att.* 16.14.1, 阿提库斯的引文见 16.15.3, 参见 Plutarch, *Cicero* 44-6, 及 Stockton (1971), pp. 295-6。

[14] 引文见 Cicero, *ad Att.* 16.15.3, 另见 Appian, *BC* 3.41-2, Dio 45.12.3-6。

[15] Cicero, *Philippics* 3.20 讲到, 安东尼企图宣布恺撒为公敌。

[16] 不可避免的随军商贩队伍不是在前 53 年昆图斯·西塞罗的冬季营地外, 见 Caesar, *BG* 6.37。

[17] 尤利乌斯·恺撒将老部队的百夫长提拔到新军团的更高职位, 见 e.g. Caesar, *BG* 6.40。

[18] Appian, *BC* 3.31, 40-44, Dio 45.12.1-13.5, Cicero, *Philippics* 3.4, 6, 38-9, 4.5-6, with Osgood (2006), pp. 47-50；对玛尔斯军团及该军团一名百夫长墓碑的讨论, 见 L. Keppie, 'A centurion of *legio Martia* at Padova？', *Journal of Roman Military Equipment Studies* 2 (1991), pp. 115-21 = L. Keppie, *Legions and Veterans：Roman Army Papers 1971-2000* (2000), pp. 68-74, 及 A. Goldsworthy, *Antony and Cleopatra* (2010), pp. 219-21。

[19] Appian, *BC* 3.46, Dio 45.13.5, with Syme (1960), pp. 126-7。

[20] 对恺撒的攻击, 见 Cicero, *Philippics* 3.20, Appian, *BC* 3.44-6, Dio 45.13.5；西塞罗早在这年 11 月就将安东尼的保镖称为"云雀", 见 Cicero, *ad Att.* 16.8, 不过他可能仅仅是想把安东尼的追随者描绘为野蛮人, 于是选择了这个名号。

[21] 约瑟夫斯的引文, 见 *BJ* 3.75；该时期军队概况, 见 H. Parker,

*The Roman Legions* (1957)，pp. 47 – 71，尤见 55 – 6，F. Adcock，*The Roman Art of War under the Republic* (1940)，P. Brunt，*Italian Manpower, 225 BC – AD 14* (1971)，P. Connolly，*Greece and Rome at War* (1981)，M. Feugère (ed.)，*L'Équipment Militaireet L'Armement de la République*，*JRMES* 8 (1997)，E. Gabba (trans. P. J. Cuff)，*The Roman Republic, the Army and the Allies* (1976)，L. Keppie，*The Making of the Roman Army* (1984)，Y. Le Bohec，*The Imperial Roman Army* (1994)，J. Harmand，*L'arméeet le soldat à Rome de 107 à 50 avant nótre ère* (Paris，1967)；更宽泛的研究包括 A. Goldsworthy，*The Complete Roman Army* (2004) 和近期非常精彩的 S. James，*Rome and the Sword. How Warriors and Weapons Shaped Roman History* (2011)。

[22] 西塞罗的引文见 *ad Att.* 16. 5. 3，with Osgood (2006)，p. 49，及 Stockton (1971)，pp. 299 – 306；昆图斯对执政官的看法，见 *ad Att.* 16. 27. 2；迪基姆斯·布鲁图斯在内高卢，见 Cicero，*ad Fam.* 11. 6，6a. 2。

[23] Cicero，*Philippics* 3. 2 (3，5) (Loeb translation，slightly altered)。

[24] Cicero，*Philippics* 3. 3 (6) (Loeb translation，slightly altered)。

[25] Osgood (2006)，pp. 49 – 51，Lintott (2008)，pp. 385 – 8。

[26] Syme (1960)，pp. 162 – 70；the vote Appian *BC* 3. 30。

[27] Suetonius，*Augustus* 2. 3 – 3. 1，4. 2 记载了其中一些辱骂，概况见 K. Scott，'The Political Propaganda of 44 – 30 BC'，*Memoirs of the American Academy in Rome* 11 (1933)，pp. 7 – 49。

[28] "一切都要感谢他的名字的兔崽子"见 Cicero，*Philippics* 13. 24；恺撒吹捧和讨好西塞罗，见 Plutarch，*Cicero* 45 – 6；西塞罗的策略，见 Stockton (1971)，pp. 300 – 02，326 – 8。

[29] Appian，*BC* 3. 48，50 – 51，Dio 46. 29. 2 – 6，Cicero，*ad Brutum* 1. 12，*Philippics* 5. 3 – 4，25，31，with Rawson in *CAI 2* IX，pp. 479 – 81。

# 七 奖赏和抛弃

［1］ Cicero, *ad Fam.* 11. 20（SB 401）（Loeb translation, modified）.

［2］ Appian, *BC* 3. 27, 49. 及 J. Osgood, *Caesar's Legacy. Civil War and the Emergence of the Roman Empire*（2006）, p. 50。

［3］ Appian, *BC* 3. 63, 79, 及 R. Syme, *The Roman Revolution*（1960）, pp. 171－2, 183。

［4］ Caesar, *BG* 8. *praef.* 声称巴尔布斯敦促他写作，另见 Osgood（2006）, p. 51, fn. 133 讲到第七和第八军团得到优待。

［5］ Cicero, *ad Fam.* 10. 6. 3, 参见 *Philippics* 13. 7－9, 见 A. Lintott, *Cicero as Evidence*（2008）, p. 399。

［6］ Appian, *BC* 3. 50, 65, Dio 46. 35. 1－37. 3, 包括恺撒骑兵部队的逃兵, Pliny *NH* 10. 110 讲到使用信鸽。

［7］ "高卢广场" 的两次战斗，见 Cicero, *ad Fam.* 10. 30 包括塞尔维乌斯·苏尔皮基乌斯·加尔巴生动的目击记述, Appian, *BC* 66－70, Dio 46. 37. 1－7, 及 Osgood（2006）, pp. 51－5, 及 L. Keppie, *The Making of the Roman Army*（1984）, pp. 115－18, 及 A. Goldsworthy, *Antony and Cleopatra*（2010）, pp. 225－7。阿庇安在戏剧性的描写中强调老兵军团静默的、机器一般的杀戮，但这可能只是文学夸张。我们应当记住，在场真正的老兵只有禁卫军。马其顿各军团普通士兵的作战经验很少。

［8］ Appian, *BC* 3. 71－2, Dio 46. 38. 1－7, Cicero, *ad Fam.* 11. 13. 2, Suetonius, *Augustus* 10. 4 讲到恺撒的行为，如 Velleius Paterculus 2. 61. 4 强调他的勇敢和年轻；挑战，见 A. Goldsworthy, *The Roman Army at War 100 BC－AD 200*（1996）, pp. 143－5。

［9］ Appian, *BC* 3. 73－5, Plutarch, *Antony* 17－18；迪基姆斯·布鲁图斯缺少牲口，见 Cicero, *ad Fam.* 11. 13. 2。

［10］ Cicero, *ad Brutum* 1. 6. 2 记述了当时的一个传闻称布鲁图斯表示怀

疑，因为他认识潘萨的医生，Suetonius, *Augustus* 11 记述了后世的故事，讲到恺撒害死了希尔提乌斯和潘萨。参见 Tacitus, *Ann.* 1. 10，此处暗示潘萨是被毒死的，希尔提乌斯则被自己的部下在恺撒的劝诱下杀害；在高卢广场险些被安东尼军队抓住随后又差一点被己方杀死的军官，见 Cicero, *ad Fam.* 10. 30. 3。

[11] Cicero, *ad Brutum* 1. 3. 4, *ad Fam.* 10. 21. 4, 11. 19. 1, 11. 21. 2, Appian, *BC* 3. 74, Dio 46. 40. 1 及 Rawson in *CAH2* IX, pp. 483 – 5, Syme (1960), pp. 176 – 8 及 D. Stockton, *Cicero. A Political Biography* (1971), pp. 318 - 23 概括了元老院的反应和穆蒂纳胜利之后的情况；波利奥的书信，见 Cicero, *ad Fam.* 10. 33. 1。

[12] Cicero, *ad Fam.* 11. 11. 4 for quote, *ad Fam.* 11. 19. 1 讲到迪基姆斯没有得到第四军团和玛尔斯军团而感到失望；李必达军队的变节，见 Plutarch, *Antony* 18, Appian, *BC* 3. 80 – 84, Dio 46. 38. 6 – 7, with Syme (1960), pp. 178 – 9, 及 Brunt (1971), pp. 481 – 4。

[13] Stockton (1971), pp. 319 – 30.

[14] Cicero, *ad Fam.* 11. 20.

[15] Cicero, *Philippics* 13. 22 - 5.

[16] Appian, *BC* 3. 82, Cicero, *ad Brutum* 1. 3. 2, 4. 3 – 6, *Philippics* 14. 15, Plutarch, *Cicero* 45, with Stockton (1971), pp. 325 – 8, Lintott (2008), pp. 416 – 21; Cicero, *ad Brutum* 1. 10. 3 (Loeb translation 18. 3) 讲到恺撒的亲戚们鼓励他竞选执政官。

[17] Appian, *BC* 3. 88, Suetonius, *Augustus* 26. 1, Dio 46. 42. 3 – 43. 6; Syme (1960), p. 185, fn. 7, 对这个故事的细节表示怀疑。

[18] Appian, *BC* 3. 88 – 95, Dio 46. 44. 1 – 49. 5, Velleius Paterculus 2. 65. 2, *Res Gestae* 1, with Syme (1960), pp. 185 – 8; 该时期的罗马军团，见 P. Brunt, *Italian Manpower 225 BC – AD 14* (1971), pp. 481 – 4。

[19] J. Ramsay, 'Did Mark Antony contemplate an alliance with his political

enemies in July 44 B. C. E. ?', *Classical Philology* 96. 3（2001），pp. 253 – 68 提出，安东尼只关心增强自己的地位，从来没有真正致力于和密谋者永久性结盟。

[20] 三头同盟的建立，见 Plutarch, *Antony* 19 – 21, Appian, *BC* 3. 96 – 4. 46. 50. 1 – 56. 4, with Syme（1960），pp. 188 – 91, Osgood（2006），pp. 57 – 61，及 Rawson in *CAH2* IX, pp. 485 – 6，及 Goldsworthy（2010），pp. 228 – 31。

# 八 复仇和纷争

[1] Appian, *BC* 4. 8（Loeb translation）.

[2] Velleius Paterculus 2. 67. 2（Loeb translation）.

[3] Appian, *BC* 4. 6 提到，有些史料说，三头同盟当即下令处死了十二人，也有史料说是十七人。

[4] 镇压政敌，概况见 Appian, *BC* 4. 6 – 31, Dio 47. 1. 1 – 15. 4, Plutarch, *Cicero* 46, *Antony* 19, 精彩的介绍见 J. Osgood, *Caesar's Legacy. Civil War and the Emergence of the Roman Empire*（2006），pp. 62 – 82，及 R. Syme, *The Roman Revolution*（1960），pp. 190 – 94；对镇压政敌的影响、其表现形式和年轻恺撒角色的精彩介绍，见 A. Powell, *Virgil the Partisan：A Study in the Re-integration of Classics*（2008），pp. 55 – 62, 68 – 9，他指出，人们容易忘记这些谋杀是多么残暴，因为我们已经习惯了"镇压政敌"这样的词；三头同盟中每一方带到罗马城的兵力，见 Appian, *BC* 4. 7；上文关于不要用文字反对三头同盟的引文，被认为是阿西尼乌斯·波利奥说的话，见 Macrobius, *Satires* 2. 11. 1。

[5] Appian, *BC* 4. 8 – 11 记载了镇压政敌公告的一个版本，可能是真实的。名单包含盖乌斯·托拉尼乌斯，见 Suetonius, *Augustus* 27. 1。

[6] Plutarch, *Antony* 19 – 20, Appian, *BC* 4. 5 – 30, 37, Dio 57. 1. 1 – 14. 5, with Syme（1960），pp. 190 – 96，及 Osgood（2006），

pp. 62 – 82; Plutarch, *Antony* 20 ( Oxford translation, modified ) for quote。

[7] 见 Plutarch, *Cicero* 47 – 8, Appian, *BC* 4. 19 – 20, 及 Osgood (2006), p. 78 其他讨论和资料见 D. Stockton, *Cicero. A Political Biography* (1971), pp. 331-2, T. Mitchell, *Cicero. The Senior Statesman* (1991), pp. 322-4, A. Everitt, *Cicero. A Turbulent Life* (2001), pp. 304 – 10。

[8] Dio 47. 8. 3 – 4, Plutarch, *Cicero* 48 – 9, *Antony* 20, Appian, *BC* 4. 19, 也见 Cornelius Nepos, *Atticus* 9. 3 – 7, with A. Goldsworthy, *Antony and Cleopatra* (2010), pp. 245 – 6。

[9] Suetonius, *Augustus* 27. 1 – 2 强调他追逐受害者, 对比 Velleius Paterculus 2. 66 – 7, 认为安东尼和李必达才是罪魁, K. Scott, 'The Political Propaganda of 44 – 30 BC', *Memoirs of the American Academy in Rome* 11 (1933), pp. 7 – 49, 尤见 19 – 21, Powell (2008), pp. 63 – 8 讲到史料对恺撒的态度以及对他的描述, Goldsworthy (2010), pp. 246 – 7。

[10] 科林斯花瓶, 见 Suetonius, *Augustus* 70. 2, 安东尼为抢夺维雷斯的艺术品而镇压他, 见 Pliny, *NH* 34. 2. 6, with Scott (1933), pp. 20 – 21; 安东尼和富尔维娅, 见 Appian, *BC* 4. 40, Dio 47. 7. 4 – 5, 8. 5。

[11] Appian, *BC* 4. 30 讲到年轻的受害者, 及 4. 23 – 4 关于妻子的故事; 女性的角色, 见 Osgood (2006), pp. 74 – 82。

[12] Appian, *BC* 4. 23, with Osgood (2006), pp. 64 – 5, 79; 女子被李必达的侍从殴打的故事出自她丈夫为纪念她而竖立的纪念碑, 今天通常称为 Laudatio Turiae (不过这个名字可能不太准确), 见 Osgood (2006), pp. 67 – 74 的讨论和资料。

[13] Dio 47. 7. 4 – 5.

[14] Appian, *BC* 4. 31 – 4, Dio 47. 14. 2 – 3, with Osgood (2006), pp. 84 – 8.

[15] Dio 47. 18. 3 – 19，with S. Weinstock，*Divus Julius*（1971），pp. 386 – 98.

[16] 阿提娅之死，见 Suetonius，*Augustus* 61. 2，Dio 47. 17. 6；与克劳狄娅的订婚和结婚，见 Suetonius，*Augustus* 62. 1，Velleius Paterculus 2. 65. 2，Plutarch，*Antony* 20；克劳狄娅离婚时还是处女，见 Dio 48. 5. 3。

[17] 讨论见 R. Weigel，*Lepidus. The Tarnished Triumvir*（1992），pp. 69 – 70，77 – 9。

[18] Dio 47. 25. 3，与 Appian，*BC* 4. 100 – 01；Appian，*BC* 5. 17 详细讨论了士兵的态度，Cornelius Nepos，*Eumenes* 8. 2 将马其顿老兵与当时的罗马士兵相比，因为二者都贪婪且热衷于内战；布鲁图斯的钱币，见 M. Crawford，*Roman Republican Coinage*（1974），pp. 498 – 508。

[19] Appian，*BC* 4. 101 – 8，Plutarch，*Brutus* 37 – 40。

[20] Appian，*BC* 4. 106，108，Dio 47. 37. 2 – 3，Suetonius，*Augustus* 13. 1.

[21] 数字见 Appian，*BC* 4. 88，108；讨论见 P. Brunt，*Italian Manpower 225 BC – AD 14*（1971），pp. 485 – 8，基本上接受较高的估计，怀疑的立场见 Goldsworthy（2010），pp. 251 – 3 ；对比 Appian，*BC* 4. 137，他强调战役的规模，Dio 47. 39. 1 声称这些战役不是内战中规模最大的；另见 Velleius Paterculus 2. 113，未来的皇帝提比略觉得控制聚集在一个地方的 10 个军团太困难。

[22] 挑战，见 A. Goldsworthy，*The Roman Army at War 100 BC – AD 200*（1996），pp. 141 – 5。

[23] 关于第一次腓立比战役，见 Appian，*BC* 4. 109 – 14，Plutarch，*Brutus* 40 – 45，Dio 47. 42. 1 – 47. 1，配有精美插图的叙述见 S. Sheppard，*Philippi 42 BC. The Death of the Roman Republic*（2008）；损失辎重导致士气瓦解，见 Caesar，*BG* 5. 33，与 *BG* 5. 43 记述的

另一个军团的较好纪律对比。

[24] 屋大维行为的不同说法，见 Plutarch，*Brutus* 41，*Antony*22，Dio
47. 41. 3 – 4，46. 2，Velleius Paterculus 2. 70. 1，Suetonius，*Augustus*
13. 1，Pliny，*NH* 7. 147，简要讨论见 Syme（1960），pp. 204 – 5，
Osgood（2006），pp. 95 – 6，Stark（1933），pp. 21 – 2，和 Powell
（2008），p. 106。

[25] Appian，*BC* 4. 125 – 31，Plutarch，*Brutus* 49 – 52，*Antony* 22（这是
暗示恺撒在第二次战役时仍然患病的唯一史料），Dio 47. 48. 1 –
49. 4。

[26] Appian，*BC* 4. 129 – 31，135，Suetonius，*Augustus* 13. 1 – 2，Dio
47. 49. 2，Plutarch，*Brutus*53. 3，*Antony* 22，*Comparison of lives of
Dion and Brutus* 5. 1，with Stark（1933），pp. 22 – 3.

[27] *Res Gestae* 2（Loeb translation）.

[28] 安东尼在随后一年半行动的更多细节，见 Goldsworthy（2010），
pp. 261 – 71，尤其强调他面对附庸国统治者克利奥帕特拉七世所
做的选择。

[29] Appian，*BC* 5. 3，12，Dio 48. 1. 2 – 3. 6，with Weigel（1992），
pp. 79 – 80.

[30] 对没收土地的详细讨论，见 L. Keppie，*Colonisation and Veteran
Settlement in Italy：47 – 14 BC*（1983），*passim* and Osgood（2006），
pp. 108 – 51。

[31] 佩鲁西亚战争，见 Appian，*BC* 5. 12 – 51，Dio 48. 5. 1 – 14. 6，
Plutarch，*Antony* 30，Velleius Paterculus 2. 74 – 6，讨论见 E. Gabba，
'The Perusine War and Triumviral Italy'，*Harvard Studies in Classical
Philology* 75（1971），pp. 139 – 60，Syme（1960），pp. 207 – 12，
Osgood（2006），pp. 152 – 72，及 C. Pelling in *CAH2* X，pp. 14 –
17。

[32] 见 J. Hallett，'Perusinae Glandes and the Changing Image of

*Augustus*'，*AJAH* 2（1977），pp. 151 – 71，另见 T. Rihll，'Lead Slingshot（*glandes*）'，*JRA* 22（2009），pp. 149 – 69 有力地指出，这些铅制弹丸可能是用非常轻型的手持武器发射的，而不是用投石器。这不会改变这些信息的重要性；恺撒险些丧命，见 Suetonius，*Augustus* 14，声称这些袭击者是获释的角斗士，参见 Appian，*BC* 5.33；逃离围城，后来导致悲剧，见 Propertius，*Elegies* 1.21。

[33] 围城战结束，对战俘的处置见 Appian，*BC* 5.46 – 9，Dio 48.14.3 – 6，Suetonius，*Augustus* 15，及 Velleius Paterculus 2.74.4 讲到，大火是一名居民点起来的，Stark（1933），pp. 27 – 8；阿喀琉斯的献祭，见 *Iliad* 23.21 – 2。

# 九　神子们

[1] Virgil，*Eclogues* 1.67 – 72（Loeb translation，slightly modified）.

[2] Virgil，*Eclogues* 4.4 – 12（Loeb translation，slightly modified）.

[3] Martial，*Epigrams* 11.20.3 – 8，评论见 K. Scott，'The Political Propaganda of 44 – 30 BC'，*Memoirs of the American Academy in Rome* 11（1933），pp. 7 – 49，尤见24 – 6。

[4] Appian，*BC* 5.7，Dio 49.32.3 讲到格拉菲拉，马尼乌斯见 R. Syme，*The Roman Revolution*（1960），pp. 208 – 9，and Appian，*BC* 5.19。

[5] Appian，*BC* 5.13，5.15 – 17 讲到士兵两次反对恺撒的哗变，第二次是由于百夫长 Nonius 被谋杀，见 Dio 48.8.1 – 10.1；Suetonius，*Augustus* 104.12 – 106.2 讲到他对自己的命运极度自信。

[6] Suetonius，*Augustus* 62.1，Dio 48.5.3 讲到克劳狄娅。卡雷努斯见 Dio 48.20.3，Appian，*BC* 5.51，54，59 – 61。

[7] Appian，*BC* 5.55，Velleius Paterculus 2.76.

[8] 安东尼的母亲尤利娅，见 Appian，*BC* 5.52；拉比埃努斯的父亲，见 R. Syme，'The Allegiance of Labienus，'*JRS* 28（1938），pp. 113 –

25，及 W. Tyrell，'Labienus' departure from Caesar in January 49 BC'，*Historia* 21（1972），pp. 424 – 40；关于小拉比埃努斯，见 Dio 48. 24. 4 – 25. 1；关于帕提亚人的入侵，见 Dio 48. 26. 5，with Syme（1960），p. 223，对战役及其背景的讨论，见 D. Kennedy，'Parthia and Rome: eastern perspectives'，in D. Kennedy（ed.），*The Roman Army in the East. Journal of Roman Archaeology Supplements* 18（1996），pp. 67 – 90，尤见 77 – 81，J. Osgood，*Caesar's Legacy. Civil War and the Emergence of the Roman Empire*（2006），pp. 185，225 – 8。

[9] Dio 48. 12. 1 – 5，Appian，*BC* 5. 20 – 24.

[10] Appian，*BC* 5. 56 – 66，Dio 48. 28. 1 – 30. 2，with Syme（1960），pp. 129，216 – 17，242，253 – 5，及 Pelling in *CAH2* X，pp. 17 – 20；梅塞纳斯，见 Syme（1960），pp. 129，341 – 2，359。

[11] 关于富尔维娅，我们的史料中有些疑问，见 D. Delia，'Fulvia Reconsidered'，in S. Pomperoy（ed.），*Women's History and Ancient History*（1991），pp. 197 – 217，她的死亡，见 Plutarch，*Antony* 30，Appian，*BC* 5. 59，Dio 48. 28. 3 – 4；安东尼与屋大维娅的婚姻，见 Plutarch，*Antony* 31，Appian，*BC* 5. 64，Dio 48. 28. 3 – 31. 3，Velleius Paterculus 2. 78. 1，with Osgood（2006），pp. 188 – 201，Syme（1960），pp. 217 – 20，E. Huzar，'Mark Antony: Marriages vs. careers'，*The Classical Journal* 81（1985/6），pp. 97 – 111，尤见 103 – 11。

[12] Plutarch，*Antony* 57，概况见 Osgood（2006），pp. 193 – 200 在这些年的背景下精彩地讨论了维吉尔的《第四牧歌》。关于这孩子的身份还有别的意见，有人说他是波利奥的儿子。在基督教时代，这种弥赛亚般的语调和前 1 世纪的成文年代有时被阐释为指的是耶稣。

[13] Appian，*BC* 5. 53，Suetonius，*Augustus* 52. 2，Dio 48. 16. 3，Syme（1960），p. 213.

[14] 见 G. Rickman，*The Corn Supply of Ancient Rome*（198（ ），pp. 60 –

61, P. Garnsey, *Famine and Food Supply in the Graeco-Roman World. Responses to Risk and Crisis* (1988), pp. 202, 206 – 8。

[15] 见 K. Welch, 'Sextus Pompeius and the *Res Publica* in 42 – 39 BC', in A. Powell & K. Welch (eds), *Sextus Pompeius* (2002), pp. 31 – 63; 卡西乌斯对格奈乌斯·庞培的评价, 见 Cicero, *ad Fam.* 15. 19. 4。

[16] A. Powell, "An island amid the flame": The Strategy and Imagery of Sextus Pompeius, 43 – 36 BC', in Powell & Welch (2002), pp. 103 – 33. esp. 105 – 9, 118 – 29, and A. Powell, *Virgil the Partisan: A Study in the Re-integration of Classics* (2008), pp. 31 – 83; 关于卢基乌斯·安东尼, 见 Dio 48. 5. 4。

[17] Appian, *BC* 4. 25, 36, 85, 5. 143, Dio 47. 12. 1 – 13. 1, Velleius Paterculus 2. 72. 5, 77. 2, with Welch (2002), pp. 45 – 6; 恺撒正式理发剃须, 见 Dio 48. 34. 3, 评论见 M. Flory, '*Abducta Neroni Uxor*: The historiographic tradition on the marriage of Octavian and Livia,' *Transactions of the American Philological Association* 118 (1988), pp. 343 – 59, 尤见 344。

[18] Appian, *BC* 5. 67 – 8, Dio 48. 31. 1 – 6.

[19] Appian, *BC* 5. 69 – 74, Dio 48. 36. 1 – 38. 3, Velleius Paterculus 2. 77, Plutarch, *Antony* 32, with Syme (1960), pp. 221 – 2, Osgood (2006), pp. 205 – 7, 与 Powell (2008), pp. 190 – 91; 尤其 Welch (2002), pp. 51 – 4 暗示, 这些流亡者可能迫使塞克斯图斯接受了条约。

[20] Plutarch, *Antony* 33, Appian, *BC* 5. 76, Dio 48. 39. 2, Seneca, *Suasoriae* 1. 6, with M. Grant, *Cleopatra* (1972), pp. 129 – 30; 温提迪乌斯的军事行动, 概况见 A. Goldsworthy, *Antony and Cleopatra* (2010), pp. 286 – 8, 援引了古代史料。

[21] 见 Dio 54. 7. 2, Suetonius, *Tiberius* 6. 2 – 3, with A. Barrett, *Livia. First Lady of Imperial Rome* (2002), pp. 10 – 11, 16 – 18.

[22] Barrett (2002), pp. 3 – 10, 15 – 16; 她父亲的死, 见 Dio 48. 44. 1,

Velleius Paterculus 2. 71. 2。

[ 23 ] Suetonius, *Tiberius* 6. 1 – 3, *Augustus* 27. 4.

[ 24 ] *Ulixes stolatus*, Suetonius *Caius* 23；概况见 Flory（1988），和 Barrett
（2002），pp. 11 – 14。

[ 25 ] Suetonius, *Augustus* 53.1，69.1 – 2，后一种指控可能源自安东尼在
罗马看到的事情；另见 Flory（1988），pp. 352 – 3 和 Barrett（2002），
pp. 24 – 5 讨论了从宴会桌上抢走有夫之妇的故事可能指的是李维
娅，不过克劳狄·尼禄只是前任裁判官，不是前任执政官。

[ 26 ] Flory（1988），pp. 345 – 6 称："他希望在李维娅的儿子出生之前与
她结婚，说明他在一场不得人心的战争之前，能够从这门婚姻中
得利。只有这一点才能解释他为什么明知自己匆匆与孕妇结婚会
造成丑闻，还是这么做了。"但没有人能说明，他匆匆结婚究竟能
得到什么政治利益。这种理论可能是由于 Flory 将恺撒视为精明算
计、冷静沉着的政治阴谋家。如果把他匆匆结婚的行为视为早熟
青年的轻率，倒是更有说服力。

[ 27 ] Barrett（2002），pp. 11 – 26，Flory（1988），p. 348；关于离婚，概况
见 S. Treggiari, *Roman Marriage*（1991），pp. 435 – 82 及 'Divorce
Roman Style：How easy and frequent was it?' in B. Rawson（ed.），
*Marriage, Divorce and Children in Ancient Rome*（1991），pp. 131 – 46；
恺撒对斯克利博尼娅的评价，见 Suetonius, *Augustus* 62.2；
Suetonius, *Claudius* 1 讲到，德鲁苏斯出生于恺撒和李维娅结婚三个
月后，但这指的肯定是订婚，而不是实际的婚礼。

[ 28 ] Suetonius, *Augustus* 70.1 – 2（Loeb translation）；婚宴，概况见
Suetonius, *Augustus* 70.1，Dio 48.43.4 – 44.5，with Barrett
（2002），pp. 24 – 7，他认为十二主神的宴会与订婚，而不是婚礼
有关联；Flory（1988）更有说服力地论断这是婚礼宴会；奴隶男
孩，见 Dio 48.44.3，概况见 W. Slater, '*Pueri, Turba Minuta*', in
*BICS* 21（1974），pp. 133 – 40。

［29］ Dio 48. 45. 5 - 46. 1，及 Appian，*BC* 5. 78 - 80，他将梅纳斯称为 Menodorus。

［30］ 此次战役，见 Appian，*BC* 5. 81 - 92，Dio 48. 46. 1 - 48. 4，with J. Morrison& J. Coates，*Greek and Roman Oared Warships* (1996)，pp. 149 - 52，M. Pitassi，*The Navies of Rome* (2009)，pp. 186 - 91，W. Rogers，*Greek and Roman Naval Warfare* (1937)，pp. 496 - 516，及 R. Paget，'The Naval Battle of Cumae in 38 BC'，*Latomus* 29 (1970)，pp. 363 - 9。

［31］ Suetonius，*Augustus* 16. 2 讲到尼普顿，70. 2 包含这诗句，另见 Appian，*BC* 5. 100，Dio 48. 48. 6 - 49. 1，with Powell (2002)，pp. 120 - 26，及 (2008)，pp. 97 - 8。

［32］ 屋大维在前 38 年未能与安东尼相见，见 Appian，*BC* 4. 78 - 80，前 37 年的会议，见 Appian，*BC* 5. 93 - 5，Plutarch，*Antony* 35，with Pellingin *CAH2* X，pp. 24 - 7，及 P. Brunt，*Italian Manpower 225 BC - AD 14* (1971)，p. 502 讲到屋大维承诺给安东尼的士兵数量；关于三头同盟第一个五年任期的结束，见 F. Millar，'Triumvirate and Principate'，*JRS* 63 (1973)，pp. 50 - 67，尤见. 51，53，及 Pelling in *CAH2* X，pp. 67 - 8。

［33］ 阿格里帕在高卢，见 Dio 48. 49. 2 - 3，Appian，*BC* 5. 92 讨论见 J. M. Roddaz，*Marcus Agrippa* (1984)，pp. 70 - 72，及 Pelling in *CAH2* X，p. 25，Syme (1960)，p. 231。

［34］ Appian，*BC* 5. 96 - 122，Dio 49. 1. 1 - 16. 2，Suetonius，*Augustus* 16. 1 - 3，Velleius Paterculus 2. 79. 1 - 6，Livy，*Pers.* 128 - 9；也见 Osgood (2006)，pp. 298 - 303，Morrison & Coates (1996)，pp. 154 - 7，Pitassi (2009)，pp. 187 - 91，Roddaz (1984)，pp. 87 - 138，M. Reinhold，*Marcus Agrippa：A Biography* (1933)，p. 29 讲到阿格里帕前 37 年被授予指挥权时还缺乏海战经验；阿格里帕的港口，见 R. Paget，'The ancient ports of Cumae,'*JRS* 58 (1968)，pp. 152 -

69，尤见 161 - 9；关于海战金冠，见 V. Maxfield, *The Military Decorations of the Roman Army*（1981），pp. 74 - 6。

# 十 竞争对手

[1] *Res Gestae* 3（Loeb translation）.

[2] Suetonius, *Augustus* 17. 1（Loeb translation）.

[3] 关于这个情节，见 Velleius Paterculus 2. 28. 3 - 4, Appian, *BC* 5. 123 - 6, Dio 49. 11. 1 - 12. 4, 讨论见 R. Weigel, *Lepidus. The Tarnished Triumvir*（1992），pp. 88 - 92。

[4] Dio 49. 17. 1 - 18. 7, 50. 1. 4, Appian *BC* 5. 127, 133 - 44, Velleius Paterculus 2. 79. 5.

[5] Plutarch, *Antony* 37.

[6] 对此次战役的详细记述，见 A. Goldsworthy, *Antony and Cleopatra*（2010），pp. 304 - 20；安东尼的损失，见 Plutarch, *Antony* 49 - 51, Velleius Paterculus 2. 82. 3. Dio 49. 31. 1 - 3, with A. Sherwin-White, *Roman Foreign Policy in the East, 168 BC-AD 1*（1984），pp. 320 - 21. Livy, *Pers.* 130 声称 8000 人行军穿过亚美尼亚时死于"风暴"，但没有给出伤亡总数字；安东尼险些自杀，见 Plutarch, *Antony* 48；现代评论者倾向于对安东尼评价过高，例如 R. Syme, *The Roman Revolution*（1960），p. 264, ' it was a defeat, but not a rout or a disaster'. C. Pelling, *Plutarch：Life of Antony*（1988），pp. 220 - 43 更现实，并提到普鲁塔克认为此次远征的失败是安东尼一生的转折点。

[7] Appian, *BC* 5. 130 - 31, *Res Gestae* 4 and 25 声称 3 万名奴隶被归还给主人；屋大维舰队使用奴隶，见 Suetonius, *Augustus* 16. 1, Dio 47. 17. 4, 48. 49. 1, 49. 1. 5, 最后一段暗示他们退役后得到了自由；恺撒得到的荣誉，见 P. Zanker（trans. A. Shapiro）, *The Power of Images in the Age of Augustus*（1988），pp. 40 - 42, 及 B. Levick,

*Augustus. Image and Substance*（2010），p. 40。

[8] 这些战役的概况，见 Appian，*Illyrian Wars* 16 - 29，Dio 49. 34. 2 - 38. 1，43. 8，with E. Gruen in *CAH2* X，pp. 172 - 4，尤见 M. Kos，*Appian and Illyricum*（2005），pp. 393 - 471。

[9] Appian，*Illyrian Wars* 19 - 21，Suetonius，*Augustus* 20.

[10] Appian，*Illyrian Wars* 26，27，Suetonius，*Augustus* 20，24；安东尼对一个大队的十一抽杀，见 Plutarch，*Antony* 39，Dio 49. 26. 1 - 27. 1，with Sherwin - White（1984），p. 318。

[11] J. Osgood，*Caesar's Legacy. Civil War and the Emergence of the Roman Empire*（2006），pp. 325 - 6.

[12] Dio 47. 15. 2 - 3，48. 43. 2，49. 43. 6 - 7，49. 39. 1，with Osgood（2006），pp. 257 - 67.

[13] Osgood（2006），pp. 252 - 3，326 - 31.

[14] Suetonius，*Augustus* 28. 3，Pliny *NH* 36. 121，讨论见 N. Purcell in *CAH2* X，pp. 782 - 9。

[15] 克利奥帕特拉七世的生涯，概况见 Goldsworthy（2010），M. Grant，*Cleopatra*（1972），J. Tyldesley，*Cleopatra. Last Queen of Egypt*（2009）；非常有洞察力的对她与尤利乌斯·恺撒关系的重新审视，见 E. Gruen，'Cleopatra in Rome. Fact and Fantasies'，in D. Braund & C. Gill（eds），*Myths，History and Culture in Republican Rome：Studies in honour of T. P. Wiseman*（2003），pp. 257 - 74，她父亲与罗马的关系史，见 M. Siani - Davies，'Ptolemy XII Auletes and the Romans'，*Historia* 46（1997），pp. 306 - 40；西塞罗提及她，见 Cicero，*ad Att.* 14. 8，15. 15，评论见 Goldsworthy（2010），p. 234，可对照 Grant（1972），pp. 95 - 7；阿尔西诺伊四世，见 Strabo，*Geog.* 14. 6. 6，with P. Green，*Alexander to Actium：The Historical Evolution of the Hellenistic Age*（1990），p. 669，及 Goldsworthy（2010），pp. 235 - 6；Ptolemy XIV 之死，见 Josephus，

*AJ* 15. 39, *Against Apion* 2. 58, Porphyry, *Fragments of Greek Historians* 260。

[16] 阿尔西诺伊四世和另外一个潜在竞争者的死亡，见 Josephus, *AJ* 15. 89, Appian, *BC*5. 9, Dio 48. 24. 2；被 Lebanon 传唤，见 Plutarch, *Antony* 51, Dio 49. 31. 4。

[17] Plutarch, *Antony* 53 – 4, Appian, *BC* 5. 95, 138, Dio 49. 33. 3 – 4, with Grant (1972), pp. 150 – 53, Osgood (2006), p. 336, Syme (1960), p. 265.

[18] 屋大维继续在罗马代表安东尼处理事务，见 Plutarch, *Antony* 54；神圣不可侵犯的保民官身份，见 Dio 49. 15. 5 – 6, 38. 1, 讨论见 Pelling in *CAH2* X, pp. 68 – 9, 与 A. Barrett, *Livia. First Lady of Imperial Rome* (2002), pp. 31 – 2；缓解没收土地造成的冲击，从而得到爱戴，见 e. g. Virgil, *Eclogues* 1. 40 – 47, with Osgood (2006), pp. 121 – 2。

[19] Plutarch, *Antony* 54, Dio 49. 40. 3 – 4, Velleius Paterculus 2. 82. 3 – 4, 评论见 Grant (1972), pp. 161 – 2, 及 Pelling in *CAH2* X, p. 40。

[20] Plutarch, *Antony* 54, Dio 49. 41. 1 – 6, with Pelling in *CAH2* X, pp. 40 – 41, Osgood (2006), pp. 338 – 9, Grant (1972), pp. 162 – 75, J. Bingen, *Hellenistic Egypt: Monarchy, Society, Economy, Culture* (2007), pp. 78 – 9, G. Hölbl, *A History of the Ptolemaic Empire* (2001), pp. 244 – 5；查禁安东尼自己的版本，见 Dio 49. 41. 4。

[21] Horace, *Epodes* 9. 11 – 16 (Loeb translation).

[22] Plutarch, *Comparison between Antony and Demetrius* 4, with Grant (1972), p. 188, 及 Pelling in *CAH2* X, p. 43. 关于 Hercules and Omphale 见 Zanker (1988), pp. 57 – 65, esp. 58 – 60；魔药见 Dio 49. 34. 1, Josephus, *AJ* 15. 93。

[23] Suetonius, *Augustus* 69. 2.

[24] 对宣传战的讨论，见 K. Scott，'The Political Propaganda of 44 – 30 BC'，*Memoirs of the American Academy in Rome* 11（1933），pp. 7 – 49，esp. 33 – 49，Osgood（2006），pp. 335 – 49，Pelling in *CAH2* X，pp. 40 – 48，及 Syme（1960），pp. 276 – 8。

[25] Suetonius，*Caesar* 52. 2 讲到盖乌斯·奥庇乌斯写了小册子，否认恺撒里昂是恺撒的儿子；安东尼指控恺撒要把自己的女儿嫁给伊利里亚国王 Cotiso，见 Suetonius，*Augustus* 63. 2。

[26] Plutarch，*Antony* 55 – 6，Dio 49. 44. 3，50. 1. 1 – 2. 2.

[27] Dio 49. 41. 4，50. 2. 2 – 7，with Osgood（2006），pp. 252 – 3；三头同盟的结束见精彩的概括，Pelling in CAH2 X，pp. 67 – 8。

[28] Velleius Paterculus 2. 83. 1 – 2，Pliny，*NH* 9. 119 – 21，参见 Horace，*Satires* 2. 3. 239 – 42，Valerius Maximus 9. 1. 2，Pliny，*NH* 9. 122；Suetonius，*Caligula* 37. 1，with B. Ullman，'Cleopatra's pearls'，*The Classical Journal* 52. 5（Feb. 1957），pp. 193 – 201，Osgood（2006），pp. 276 – 80，及 Goldsworthy（2010），pp. 337 – 9；引文见 Velleius Paterculus 2. 83. 3。

[29] Plutarch，*Antony* 58，Suetonius，*Augustus* 17. 1，Dio 50. 3. 1 – 4. 1，with J. Johnson，'The authenticity and validity of Antony's will'，*L' Antiquité Classique* 47（1978），pp. 494 – 503.

[30] Zanker（1988），pp. 72 – 7.

[31] Velleius Paterculus 2. 86. 3 讲到阿西尼乌斯·波利奥。誓言，见 *The Res Gestae of the Divine Augustus* 25. 2 – 3，Suetonius，*Augustus* 17. 2，讨论见 Osgood（2006），pp. 357 – 68；Syme（1960），p. 278，fn. 3 声称 300 多名元老投奔了安东尼，Syme 很有权威，所以很多人认为这种说法是事实，而非推测。

[32] Dio 50. 4. 1 – 6. 1，Livy 1. 32 详细描述了屋大维恢复此种仪式之后的具体情况，另见 J. Rich，*Declaring War in the Roman Republic in the Period of Transmarine Expansion*（1976），pp. 56 – 8，104 – 7。

[33] Dio 50.9.3, Plutarch, *Antony* 56, with Pelling (1988), pp. 259 –
60, 及 *CAH2* X, pp. 52, 55, M. Grant, *Cleopatra* (1972), pp. 197 –
8, 及 R. Syme, *The Roman Revolution* (1960), pp. 294 – 5。

[34] 作战的概况见 Goldsworthy (2010), pp. 360 – 64; 'sit on
aladle', 见 Plutarch, *Antony* 62, with Pelling (1988), pp. 271 –
2; 逃兵见 Plutarch, *Antony* 59, 63, Velleius Paterculus 2. 84. 2,
Dio 50. 13. 6, 14. 3, with Osgood (2006), pp. 372 – 3 及 Syme
(1960), p. 296。

[35] 此次战役见 Plutarch, *Antony* 64 – 6, 68, Dio 50. 14. 4 – 35. 6, with
J. Carter, *The Battle of Actium: The Rise and Triumph of Augustus
Caesar* (1970), pp. 203 – 13, S. Sheppard, *Actium: Downfall of
Antony and Cleopatra.* Osprey Campaign Series211 (2009), Osgood
(2006), pp. 374 – 5, 380 – 82, Grant (1972), pp. 206 – 15, 及
Pelling (1988), pp. 278 – 89, Goldsworthy (2010), pp. 364 – 9,
D. Harrington, 'The Battle ofActium – a study in historiography',
*Ancient World* 9. 1 – 2 (1984), pp. 59 – 64, 及 C. Lange, 'The Battle
of Actium: A reconsideration', *Classical Quarterly* 61. 2 (2011),
pp. 608 – 23, 后者认为有些学者说此次战役不激烈, 是错误的;
安东尼军队的投降, 见 Plutarch, *Antony* 68, Dio 51. 1. 4 – 3. 1,
Velleius Paterculus 2. 85. 5 – 6, with L. Keppie, *The Making of the
Roman Army* (1984), pp. 134 – 6。

[36] Dio 51. 3. 1 – 4. 8, Pelling in *CAH2* X, pp. 61 – 2.

[37] Dio 51. 6. 4 – 8. 7, Plutarch, *Antony* 72 – 3, with Pelling (1988),
pp. 297 – 300; 克利奥帕特拉七世协助恺撒入侵, 见 Dio 51. 10. 4 –
5, Plutarch, *Antony*76; 见 Grant (1972), pp. 222 – 3 怀疑克利奥
帕特拉七世背叛安东尼, 而认为她的投降是形势所迫。

[38] 概况见 Goldsworthy (2010), pp. 376 – 87, 克利奥帕特拉七世与恺
撒的会面, 见 Dio 51. 11. 3, 5 – 13, Plutarch, *Antony* 82 – 3, with

Pelling（1988），pp. 313 - 16，Florus 2. 21. 9 - 10；她的死亡，见
Strabo，*Geog.* 17. 1. 10，Dio 51. 13. 4 - 14. 6，Plutarch，*Antony* 84 -
6，with Pelling（1988），pp. 316 - 22，Velleius Paterculus 2. 87. 1；
另见 Grant（1972），pp. 224 - 8，Tyldesley（2009），pp. 189 - 95，
E. Rice，*Cleopatra*（1999），pp. 86 - 91，P. Green，*Alexander to
Actium*（1990），pp. 679 - 82，及 G. Hölbl（trans. T. Saavedra），*A
History of the Ptolemaic Empire*（2001），pp. 248 - 9；阿尔西诺伊在
尤利乌斯·恺撒的凯旋式，Dio 53. 19. 1 - 20. 4，Appian，*BC*
2. 101。

[39] Dio 51. 15. 5 - 6，Plutarch，*Antony* 81. 狄奥说恺撒是用希腊语演讲
的，但他可能忽视了恺撒借用一名本土演说家的可能性。

# 十一　凯旋

[1] Tacitus，*Ann.* 1. 2（Loeb translation，slightly modified）.

[2] *Res Gestae* 3，4（Loeb translation）.

[3] Horace，*Odes* 1. 37（Loeb translation）.

[4] Virgil，*Aeneid* 8. 678 - 99（Loeb translation，slightly modified）.

[5] 对此次战役描述的讨论，以及此主题的大量文献，见 C. Lange，*Res
Publica Constituta. Actium，Apollo and the Accomplishment of the
Triumviral Assignment*（2009），pp. 75 - 90，with J. Osgood，*Caesar's
Legacy. Civil War and the Emergence of the Roman Empire*（2006），
pp. 370 - 72，375 - 83。

[6] Horace，*Epodes* 7. 1 - 10（Loeb translation）；民众希望战胜帕提亚人
和在不列颠的征服，见 J. Rich，'Augustus，War and Peace'，in
J. Edmondson（ed.），*Augustus*（2009），pp. 137 - 64，esp. 143 - 6 =
L. de Blois，P. Erdkamp，G. de Kleijn and S. Mols（eds），*The
Representation and Perception of Roman Imperial Power：Proceedings of
the Third Workshop of the International Network，Impact of Empire*

（*Roman Empire c. 200 BC – AD 476*）（2003），pp. 329 – 57。

[7] Horace，*Epodes* 16，quotes taken from lines 1 – 9（Loeb translation）.

[8] Horace，*Epodes* 1 讲到梅塞纳斯随恺撒舰队出航，诗人虽然身体虚弱，但也觉得自己必须一同前往，见 Osgood（2006），pp. 362 – 3；贺拉斯在腓立比战役，见 *Odes* 2.7，其中讲到他逃离战场，参见 *Epistulae* 2.2.46 – 51。

[9] Suetonius，*Augustus* 51.1. 另见 Velleius Paterculus 2.86.1 – 3；对奥古斯都宽待旧敌的详尽讨论，见 M. Dowling，*Clemency and Cruelty in the Roman World*（2006），pp. 29 – 75。

[10] 例如 Tacitus，*Ann.* 1.1 – 2，4，with W. Lacey，*Augustus and the Principate. The Evolution of the System*（1996），pp. 1 – 16.

[11] Dio 51.19.1 – 7，with Lange（2009），pp. 125 – 48 包括详细讨论，Lacey（1996），pp. 182 – 3；渴望和平，见 Osgood（2006），pp. 389 – 98。

[12] Dio 51.20.4 – 5，Suetonius，*Augustus* 22，*Res Gestae* 13，with Lange（2009），pp. 140 – 48 及 J. Crook in *CAH2* X，pp. 74 – 5；Dio 51.19.7 讲到司法权，他将其与雅典的雅典娜投票相比，他有权在任何法庭投票。或许他被允许担任最高上诉法官，但细节不明确；关于平安占卜仪式，见 Lacey（1996），p. 41，fn. 92。

[13] Suetonius，*Augustus* 63.1 讲到流产的孩子，概况见 A. Barrett，*Livia. First Lady of Imperial Rome*（2002），pp. 28 – 34，118 – 22，及 M. Dennison，*Empress of Rome. The Life of Livia*（2010），pp. 89 – 96。

[14] Dio 55.7.2 – 3，with quote from Loeb translation；阿提诺多罗斯的故事，见 Plutarch，*Moralia* 207C.7。

[15] Suetonius，*Augustus* 85.1 – 2.

[16] 引文见 Nepos，*Atticus* 20（Loeb translation）。

[17] 关于阿尔巴朗格国王的服饰，见 Dio 43.43.2，及 S. Weinstock，*Divus Julius*（1971），p. 324；关于此时期贵族对历史的兴趣，见 E. Rawson，*Intellectual Life in the Roman Republic*（1985），pp. 102 –

3，233 – 49。

[18] 见 Nepos, *Atticus* 20, 讨论见 J. Rich, 'Augustus and the spolia opima,' *Chiron* 26 (1996), pp. 85 – 127, 尤见 113 – 16。

[19] Nepos, *Atticus* 22. 3 – 4.

[20] Dio 51. 16. 3 – 17. 8, with A. Bowman in *CAH2* X, pp. 676 – 89, P. Brunt, 'The administrators of Roman Egypt', *JRS* 65 (1975), pp. 124 – 47 及 'Princeps and equites', *JRS* 73 (1983), pp. 42 – 75, 尤见 62 – 3; 关于 Gallus 见 R. Syme, *The Roman Revolution* (1960), pp. 252 – 3, 300。

[21] Dio 51. 18. 1, Suetonius, *Augustus* 18. 2.

[22] G. Hölbl (trans. T. Saavedra), *A History of the Ptolemaic Empire* (2001), pp. 14 – 15.

[23] Suetonius, *Augustus* 18. 1, Dio 51. 16. 5; 关于肖像, 包括他的肖像被做成类似亚历山大形象的时期, 见 K. Galinsky, *Augustan Culture* (1996), pp. 164 – 79, 尤见 167 – 8。

[24] Suetonius, *Augustus* 17. 4, Plutarch, *Antony* 86, Dio 51. 15. 1 讲到安东尼与克利奥帕特拉七世的下葬, Dio 51. 19. 3 – 5 讲到安东尼及其形象公开受辱, Lange (2009), pp. 136 – 40; 亚历山大与戈耳狄俄斯之结的故事, 见 Plutarch, *Alexander the Great* 18。

[25] Dio 51. 18. 1 – 3, with Syme (1960), pp. 300 – 02, 及 F. Millar, *The Roman Near East 31 BC – AD 337* (1993), pp. 27 – 34。

[26] Josephus, *AJ* 14. 314 – 16, 及 14. 301 – 12 (quotes an Loeb translation); 亦见 J. Osgood, *Caesar's Legacy: Civil War and the Emergence of the Roman Empire* (2006), pp. 105 – 6; 神庙与崇拜仪式, 见 Dio 51. 20. 6 – 8; 皇帝崇拜, 概况见 S. Price, *Rituals and Power. The Roman Imperial Cult in Asia Minor* (1985), 及 J. Scheid, 'To honour the Princeps and venerate the gods. Public cult, neighbourhoodcults, and imperial cult in Augustan Rome', in

Edmondson（2009），pp. 275 – 99，尤见 288 – 99。

[27] Suetonius, *Augustus* 41. 1, Dio 51. 21. 5.

[28] Josephus, *AJ* 15. 161 – 78, 183 – 236, *BJ* 1. 386 – 97, 431 – 44, with E. Schürer, G. Vermes & F. Millar, *The History of the Jewish People in the Age of Jesus Christ* Vol. 1 （1973），pp. 301 – 3；Josephus, *BJ* 1. 397 讲到卫队。

[29] Dio 51. 18. 2 – 3, with A. Sherwin – White, *Roman Foreign Policy in the East, 168 BC – AD1*（1984），pp. 324 – 41，及 Rich（2009），pp. 143 – 8。

[30] Dio 51. 19. 2 – 3, 20. 4 with Lacey（1996），pp. 39 – 41，拒绝桂冠，Dio 51. 21. 4。

[31] 渡鸦的故事，见 Macrobius 2. 4. 29。

[32] Strabo, *Geog.* 12. 35 讲到一名领袖及其儿子被处死。

[33] 凯旋式见 Dio 51. 21. 4 – 9, Plutarch, *Antony* 86, *Res Gestae* 4 讲到被俘的王族成员，with Lange（2009），pp. 148 – 57, Lacey（1996），p. 41；马凯鲁斯和提比略坐在拉战车的马背上，见 Suetonius, *Tiberius* 6. 4。

[34] *Res Gestae* 8.

## 十二 恢复传统，继往开来

[1] *Res Gestae* 34 （Loeb translation, slightly modified）.

[2] Velleius Paterculus 2. 89. 3.

[3] Dio 51. 21. 3 – 4, *Res Gestae* 15. 狄奥说阿格里帕得到了一面深蓝色旗帜的赏赐。我们不确定这是否就是击败塞克斯图斯·庞培之后他得到的那面旗帜，还是新的荣誉，见 Suetonius, *Augustus* 25. 3；关于殖民，见 P. Brunt, *Italian Manpower 225 BC – AD 14*（1971），pp. 332 – 44，及 L. Keppie, *Colonisation and Veteran Settlement in Italy 47 – 14 BC*（1983），尤见 pp. 58 – 86。

［4］ Dio 51. 22. 1 – 4, Crook in *CAH2* X, pp. 75 – 6, 及 P. Zanker
（trans. A. Shapiro）, *The Power of Images in the Age of Augustus*
（1988）, pp. 79 – 82。

［5］ Dio 51. 22. 4 – 9, *Res Gestae* 22 讲到恺撒的竞技会；Dio 51. 23. 1 讲
到斯塔提里乌斯·陶鲁斯和挑选裁判官的特别荣誉。

［6］ Dio 53. 1. 1 – 2, with E. Stavely, ' The " Fasces " and " Imperium
Maius " ', *Historia* 12 （1963）, pp. 458 – 84, 尤见 466 – 8, F. Millar,
' Triumvirate and Principate ', *JRS* 63 （1973）, pp. 50 – 67, esp. 62。

［7］ Cicero, *ad Fam.* 6. 18. 1, *Philippics* 11. 5. 12, 13. 13. 27, Dio
43. 47. 3, Suetonius, *Caesar* 76. 2 – 3, 80. 2；尤利乌斯·恺撒的新
元老的来源, 详尽讨论见 R. Syme, *The Roman Revolution* （1960）,
pp. 78 – 96；尤利乌斯·恺撒死后的时期, 见 J. Osgood, *Caesar's
Legacy. Civil War and the Emergence of the Roman Empire* （2006）,
pp. 257 – 60, 283 – 8；逃奴当上官, 见 Dio 48. 34. 5。

［8］ Dio 52. 42. 1 – 5, Suetonius, *Augustus* 35. 1 – 2, *Res Gestae* 8.

［9］ Caius Calvisius Sabinus 战胜西班牙人的凯旋式在 5 月 26 日, Caius
Carrinas 战胜高卢人的凯旋式在 7 月 6 日, Lucius Autronius Paetus 在
阿非利加取得的胜利凯旋式在 8 月 16 日。

［10］ Tacitus, *Ann.* 3. 28 ' *non mos*, *non ius* '；三头同盟恢复国家秩序的
作用, 概况见 C. Lange, *Res Publica Constituta. Actium*, *Apollo and
the Accomplishment of the Triumviral Assignment* （2009）, *passim*。

［11］ Dio 53. 2. 3, with W. Lacey, *Augustus and the Principate. The Evolution
of the System* （1996）, pp. 83 – 6, Crook in *CAH2* X, pp. 76 –
7. J. Liebeschuetz, ' The settlement of 27BC ', in C. Deroux, *Studies
in Latin Literature and Roman History* （2008）, pp. 345 – 65.

［12］ 选举见 A. Jones, ' The elections under Augustus, ' *JRS* 45 （1955）,
pp. 9 – 21, esp. 11；国库, 见 Dio 53. 2. 1, 3。

［13］ 建筑工程, 见 *Res Gestae* 20, Dio 53. 2. 4 – 6, with Lacey （1996）, pp. 83 – 4, 概况见 Zanker (1988), pp. 101 – 36.

[14] Dio 53. 1. 4 – 6.

[15] Dio 53. 1. 3, with Zanker (1988), pp. 65 – 71, 240 – 54, 及 T. Wiseman, ' *Conspicui Postes Tectaque Digna Deo*: the public image of aristocratic and imperial houses in the Late Republic and Early Empire', in *L'Urbs. Espace urbain et histoire* (1987), pp. 393 – 413, 尤见 399 – 407; 对阿波罗神庙的近期研究, 见 S. Zink, ' Reconstructing the Palatine temple of Apollo: a case study in early Augustantemple design', *JRA* 21 (2008), pp. 47 – 63。

[16] Purcell in *CAH2* X, pp. 787 – 8, Zanker (1988), pp. 66 – 71; Velleius Paterculus 2. 86. 2.

[17] Dio 51. 23. 2 – 27. 3, Livy, *Per.* 134.

[18] Dio 51. 25. 2, with J. Rich, ' Augustus and the spolia opima', *Chiron* 26 (1996), pp. 85 – 127, 尤见 95 – 7, 概况见 T. Barnes, ' The victories of Augustus', *JRS* 64 (1974), pp. 21 – 6。

[19] Livy 4. 20. 5 – 7 (Loeb translation); 对 "奉献最高战利品" 的详尽讨论, 见 H. Flower, ' The tradition of the spolia opima: M. Claudius Marcellus and Augustus', *Classical Antiquity* 19 (2000), pp. 34 – 64。

[20] 关于家庭, 见 Syme (1960), pp. 424, 496 – 7。

[21] 克拉苏要求 "奉献最高战利品" 的荣誉但被拒绝的理论, 见 Syme (1960), pp. 308 – 9 及 ' Livy and Augustus', *Harvard Studies in Classical Philology* 64 (1959), pp. 27 – 87, 尤见 43 – 7, Crook in *CAH2* X, p. 80, Lacey (1996), pp. 87 – 8, Millar (1973), p. 62, J. Richardson, ' *Imperium Romanum*: Empireand the Language of Power', *JRS* 81 (1991), pp. 1 – 9, 尤见 8; 笔者在此问题上遵照了非常有说服力的 E. Badian, ' "Crisis Theories" and the beginning of the Principate', in W. Wirth, *Romanitas and Christianitas* (1982), pp. 18 – 41, 尤见 24 – 7, 及 Rich (1996)。

[22] Suetonius, *Augustus* 28.1；阿格里帕与梅塞纳斯的辩论，见 Dio 52.1.2 – 41.2，with F. Millar, *A Study of Cassius Dio* (1964)，pp. 102 – 18。

[23] 一般人眼中他与尤利乌斯·恺撒的对比，如 P. Cart ledge, 'The second thoughts of Augustus on the res publica in 28/7 BC', *Greece and Rome* 31 (1984), pp. 30 – 40，尤见 34 – 5，Syme (1960), pp. 317 – 18, E. Salmon, 'The Evolution of Augustus' Principate', *Historia* 5 (1956), pp. 456 – 78，尤见 459 – 62，Galinsky (2012), pp. 63, 152 – 3. 此种理论包含了审视独裁官最后岁月和密谋者动机的许多文献。

[24] 内战的结束，见 Macrobius, *Saturnalia* 1.12.35，概况见 Lacey (1996), pp. 81 – 2。

[25] Suetonius, *Augustus* 84，Dio 53.2.7 与 11.1 讲到朗读演讲稿，53.3.1 – 10.8 是狄奥的版本。

[26] Dio 53.8.1 – 2 (Loeb translation).

[27] Dio 53.11.1 – 4.

[28] Dio 53.11.5 – 12.1.

[29] *Res Gestae* 34, with Lacey (1996), pp. 86 – 8 及 Zanker (1988), pp. 91 – 4.

[30] Dio 53.12.2 – 16.3, with Lacey (1996), pp. 89 – 95, Liebeschuetz (2008), pp. 346 – 53, Salmon (1956), pp. 459 – 67, Cartledge (1984), pp. 31 – 8, J. Ferrary, 'The powers of Augustus', in J. Edmondson (ed.), *Augustus* (2009), pp. 90 – 136，尤见 90 – 99，A. Jones, 'The imperium of Augustus', *JRS* 41 (1951), pp. 112 – 19，尤见 112 – 14，及 G. Chilver, 'Augustus and the Roman constitution 1939 – 1950', *Historia* 1 (1950), pp. 408 – 35 是很有价值的文献，介绍了到当时学术界的争论，涉及恺撒为自己地位的辩护。行省和战争的一般作用见 J. Rich, 'Augustus, War and Peace', in

Edmondson（2009），pp. 137 - 64，esp. 153 - 7；贵族竞争的继续，见 W. Eck，' Senatorial Self-Representation：Developments in the Augustan Period ',in F. Millar & E. Segal （eds），*Caesar Augustus. Seven Aspects*（1990），pp. 129 - 67。

[31] Dio 53. 11. 5，with G. Watson，*The Roman Soldier*（1985），pp. 97 - 8 讲到禁卫军的军衔，指出狄奥说的"双倍军饷"一定是粗略数字；对军队的控制，概况见 J. Campbell，*The Emperor and the RomanArmy 31 BC - AD 235*（1984），*passim*。

[32] 注意 Horace，*Epodes* 7. 17 - 20 包含当时人的看法，即罗马被罗慕路斯杀害兄弟雷穆斯的罪行诅咒了；罗慕路斯和他的死亡，见 Livy 1. 16. 1 - 4。

[33] *Res Gestae* 34，Suetonius，*Augustus* 7，Dio 53. 16. 7，Velleius Paterculus 2. 91，Lacey（1996），pp. 92 - 5，Zanker（1988），pp. 95 - 100，Syme（1959），p. 59，及' Imperator Caesar, a study in nomenclature ',*Historia* 7（1958），pp. 172 - 88；对盾牌上美德的含义，以及这些荣誉全部曾被授予尤利乌斯·恺撒的详尽讨论，见 S. Weinstock，*Divus Julius*（1971），pp. 228 - 59。

[34] Suetonius，*Julius Caesar* 77.

[35] Suetonius，*Augustus* 24. 1 讲到他不愿意允许行省总督的妻子陪伴他们去行省；李维娅，见 A. Barrett，*Livia. First Lady of Imperial Rome*（2002），pp. 34 - 7。

# 十三  在战争中击败骄傲者

[1] Virgil，*Aeneid* 6. 851 - 3：*tu regere imperio populos*，*Romane*，*memento*（*Hae tibi erunt artes*）*pacisque imponere morem*，*parcere subiectis et debellare superbos.*

[2] Horace，*Odes* 3. 5. 2 - 4（Loeb translation，slightly modified）；战争在奥古斯都公众形象中的作用和攻击帕提亚人、布立吞人和印度人受

到民众支持，见 J. Rich, ' Augustus, War, and Peace', in L. de Blois, P. Erdkamp, O. Hekster, G. de Kleijn & S. Mols ( eds ), *The Representation and Perception of Roman Imperial Power*：*Proceedings of the Third Workshop of the International Network*, *Impact of Empire* (*Roman Empire*, *c. 200 BC – AD 476* ) ( 2003 ), pp. 329 – 57 = J. Edmondson ( ed. ), *Augustus* ( 2009 ), pp. 137 – 64, 尤见 143 – 8; 关于不列颠，见 Caesar, *BG.* 4. 20, 讲到了不列颠人对高卢人所谓的援助，关于这些行动的概况，见 A. Goldsworthy, *Caesar. The Life of a Colossus* ( 2006 ), pp. 278 – 92。

[3] 概况见 M. Todd, *Roman Britain* ( 3rd edn, 1999 ), pp. 15 – 22, G. Webster, *The Roman Invasion of Britain* ( rev. edn, 1993 ), pp. 41 – 74, 及 J. Manley, *AD 43 The Roman Invasion of Britain-A Reassessment* ( 2002 ), pp. 37 – 50; 关于环绕不列颠的航行，见 *Agricola* 38。

[4] Dio 53. 22. 5, Orosius 6. 21. 1 – 11, Florus 2. 33. 46 – 59.

[5] 巴伦西亚的恐怖遗迹，见 A. Ribera i Lacomba & M. Calvo Galvez, ' La primera evidencia arqueológica de la destrucción de Valentia por Pompeyo', *Journal of Roman Archaeology* 8 ( 1995 ), pp. 19 – 40, 及 Caesar, *Spanish War* 32; 对罗马边疆和西班牙各行省的研究，见 S. Dyson, *The Creation of the Roman Frontier* ( 1985 ), 尤见 pp. 199 – 236, 及 J. Richardson, *The Romans in Spain* ( 1996 ), pp. 41 – 126; 西班牙短剑的起源，见 F. Queseda Sanz, ' *Gladius hispaniensis*：an archaeological view from Iberia', *Journal of Roman Military Equipment Studies* 8 ( 1997 ), pp. 251 – 70 及 *Armas de la Antigua Iberia de Tartessos a Numancia* ( 2010 ) 详细研究了西班牙的装备与作战。

[6] 巴尔布斯，见 Cicero, *pro Balbo*, Richardson ( 1996 ), pp. 103, 106, 117, 119, 126, 引用 Cicero, *ad Fam.* 10. 32. 3, 阿西尼乌斯·波利奥尖刻批评了年轻的巴尔布斯在加的斯的行为；关于出生在西班牙的公民从政，见 M. Griffin, ' The Elder Seneca and Spain', *JRS* 62

(1972)，pp. 1 – 19；关于在加的斯的骑士的人数，见 Strabo，*Geog.* 3. 5. 3；关于行省的经济与人口，见 Richardson（1996），pp. 149 – 78。

[7] 关于凯尔特伊比利亚人，以及关于"罗马化"和"文化适应"正在进行中的考古学辩论，见 L. Curchin，*The Romanization of Central Spain. Complexity，Diversity and Change in a Provincial Hinterland*（2004），尤见 pp. 69 – 143。

[8] 罗马人对西班牙的看法往往是非常简单的，至少那些没去过西班牙的罗马人是这样，关于这个问题，见 Strabo in Richardson（1996），对过时和怪异的描述的讨论以及更新的信息见 pp. 150 – 68；另请注意，狄奥写道一名土匪投降，最终得到奥古斯都的赦免和奖赏。Dio 56. 43. 3。

[9] 关于皇帝和将军的概况，见 J. Campbell，*The Emperor and the Roman Army 31 BC – AD 235*（1984）。

[10] 奥古斯都的新军队，概况见 L. Keppie，*The Making of the Roman Army*（1984），pp. 132 – 54，H. Parker，*The Roman Legions*（1957），pp. 72 – 92，及 R. Syme，'Notes on the legions under Augustus'，*JRS* 23（1933），pp. 14 – 33。关于第二十一军团和第二十二军团的创建时间，有些疑问。第二十二军团是由加拉太国王的以罗马方式训练的士兵组建，这些士兵被罗马军队接纳后都得到了公民权。这可能发生在前 25 年加拉太国王驾崩后。

[11] 前 29 年共安置了 12 万退伍军人，见 *Res Gestae* 15。

[12] Suetonius，*Augustus* 38. 2.

[13] Sallust，*Bell. Cat.* 24. 2，28. 4，30. 1，56. 1 – 2，59. 3 讲到前百夫长曼利乌斯为喀提林组建了一支军队，参见 59. 6 敌对一方的指挥官佩特列乌斯则曾服役三十年，先后担任军事保民官、长官、军团长或裁判官；Dio 52. 27. 4 – 5；前 44 年安东尼招募前任百夫长，见第六章；Campbell（1984），pp. 101 – 9 讲到百夫长的作用，及

*R*. Smith，*Service in the Post - Marian Roman Army*（1958），pp. 59 - 69。

[14] 见 Keppie（1984），pp. 134 - 40，尤见 142 - 3。

[15] 关于在西班牙的罗马军队，最新的著作见 A. Morillo Cerdán，'The Augustean Spanish Experience：The origin of the *limes* system?'，in A. Morillo，N. Hanel & E. Martín，*Limes XX：Estudios sobre la frontera romana. Roman Frontier Studies. Anejos de Gladius* 13 Vol. 1（2009），pp. 239 - 51，240，R. Syme，'The Spanish Warof Augustus'，*American Journal of Philology* 55（1934），pp. 293 - 317，298 - 301，及 R. Jones，'The Roman Military Occupation of North - West Spain'，JRS 66（1976），pp. 45 - 66，48 - 52；关于 *Caesar's Legio X Equestris*，见 *BG* 1. 42 及 Keppie（1984），p. 137。

[16] Suetonius，*Augustus* 24. 2 - 25. 1；关于"弟兄们"和对军人的待遇，见 Campbell（1984），pp. 32 - 93。

[17] Suetonius，*Augustus* 25. 4.

[18] 对罗马将领的讨论，见 A. Goldsworthy，'"Instinctive genius"：the depiction of Caesar the general'，in K. Welch & A. Powell（eds），*Julius Caesaras Artful Reporter：The War Commentaries as Political Instruments*（1998），pp. 193 - 219；对失败的责任，见 Suetonius，*Augustus* 23，高卢和日耳曼的军事失败被认为是他的责任，尽管他并没有直接指挥。

[19] Dio 53. 23. 5 - 7，*ILS* 8995，11. 4 ff，及 Crook in *CAH2* X，pp. 80 - 81；勾引阿提库斯的女儿庞贝尼娅，见 Suetonius，*Gram.* 16。

[20] Dio 53. 23. 6，24. 1 - 2，讨论见 Levick（2010），pp. 174 - 5。

[21] Suetonius，*Augustus* 66. 2，及 R. Syme，*The Roman Revolution*（1960），pp. 309 - 10，他将此事与之前克拉苏的事情联系起来，理由是伽卢斯"可能"早在前 28 年就被从埃及召回了。但我们没有理由不相信狄奥给出的较晚的年代。

［22］关于前 26～前 25 年的军事行动，见近期的讨论，Morillo Cerdán（2009）提到考古证据。更大范围的背景，见 Gruen in *CAH2* X, pp. 163 – 6. Syme（1934）及 'The conquest of North – West Spain', *Roman Papers*. vol. 2（1979），pp. 825 – 54，及 D. Magie, 'Augustus' War in Spain（26 – 25 BC），*Classical Philology* 15（1920），pp. 323 – 39 仍然是对文字史料的有价值讨论；Suetonius, *Augustus* 85. 1 讲到自传，with J. Rich, 'Cantabrian closure：Augustus' Spanish War and the ending of his memoirs', in C. Smith & A. Powell（eds），*The Lost Memoirs of Augustus and the Development of Roman Autobiography*（2009），pp. 145 – 72；Dio 53. 25. 6 – 7 讨论了奥古斯都的疾患。

［23］Orosius 6. 21. 1 – 11, Florus 2. 33. 46 – 59.

［24］Morillo Cerdán（2009），p. 243.

［25］Florus 2. 33. 50.

［26］Morillo Cerdán（2009），pp. 243 – 4；关于军团，见 Dio 54. 11. 5 with Keppie（1984），pp. 138，157。

［27］例如 Orosius 6. 21. 19 – 20, Strabo, *Geog.* 12. 8. 18, with Crook in *CAH2* X, p. 82 及 J. Richardson, *Augustan Rome 44 BC to AD 14. The Restoration of the Republic and the Establishment of Empire*（2012），pp. 93 – 4 强调了在奥古斯都在西班牙期间，塔拉科在一定程度上成为罗马世界的中心。

［28］对李维娅作用的讨论，见 A. Barrett, *Livia. First Lady of Imperial Rome*（2002），pp. 127 – 9。

## 十四 "最强大权力的头衔"

［1］Horace, *Odes* 3. 14. 1 – 8（Loeb translation）.

［2］Dio 53. 28. 1 – 3, *Res Gestae* 15. 1, with Crook in *CAH2* X, pp. 83 – 4.

［3］R. Syme, *The Roman Revolution*（1960），p. 372，引用 *ILS* 7448 – 9 讲到他的保镖。

［4］ Dio 53. 23. 1 – 4, with P. Zanker（trans. A Shapiro）, *The Power of Images in the Age of Augustus*（1988）, pp. 139 – 43.

［5］ Dio 53. 26. 1 – 5, 27. 1 – 2, 评论见 T. Barnes, ‘The Victories of Augustus’, *JRS* 64（1974）, pp. 21 – 6。

［6］ 艾利乌斯·伽卢斯的阿拉伯远征, 见 Dio 53. 29. 3 – 8, Strabo, *Geog.* 16. 4. 23 – 4, 17. 1. 53 – 4, *Res Gestae* 26. 5, with S. Sidebotham, ‘Aelius Gallus and Arabia’, *Latomus* 45（1986）, pp. 590 – 602, 及 Gruen in *CAH2* X, pp. 148 – 51。

［7］ Tacitus, *Ann.* 6. 11 on Messalla Corvinus, with Syme（1960）, p. 403 及 Crook in *CAH2* X, pp. 81 – 2。

［8］ Dio 53. 22. 1 – 2.

［9］ Dio 53. 27. 5 – 6, 30. 1, Suetonius, *Augustus* 81. 1, with E. Badian, ‘“Crisis Theories” and the beginning of the Principate’, in W. Wirth, *Romanitas and Christianitas*（1982）, pp. 18 – 41, 31 包含这句引文。

［10］ Dio 53. 26. 1 – 2, 28. 3 – 4, 31. 2 – 3, Suetonius, *Tiberius* 8 – 9. 3, with B. Levick, *Tiberiusthe Politician*（1999）, pp. 19 – 24, R. Seager, *Tiberius*（2005）, pp. 12 – 13.

［11］ *Res Gestae* 15. 1; 皮索不愿意从政, 见 Tacitus, *Ann.* 2. 43。

［12］ 粮食, 见 *Res Gestae* 15. 1。

［13］ Suetonius, *Augustus* 59 及 81. 1 – 2, Dio 53. 30. 1 – 3.

［14］ Dio 53. 31. 1。

［15］ 辞职与塞思提乌斯, 见 Dio 53. 32. 3 – 4, with Syme（1960）, p. 335。

［16］ Dio 53. 32. 5 – 6.

［17］ 学术界正在进行的辩论, 见 W. Lacey, *Augustus and the Principate. The Evolution of the System*（1996）, pp. 100 – 16, A. Jones, ‘The imperiumof Augustus’, *JRS* 41（1951）, pp. 112 – 19, E. Stavely, ‘The “Fasces” and “Imperium Maius”’, *Historia* 12（1963）, pp. 458 – 84, Salmon

(1956)，pp. 456 - 78，尤见 464 - 73，J. Crook，'Some remarks on the Augustan Constitution'，*Classical Review* 3 (1953)，pp. 10 - 12，W. Lacey，'Summi Fastigii Vocabulum: The story of a title'，*JRS* 69 (1979)，pp. 28 - 34，H. Last，'Imperium Maius: A note'，*JRS* 37 (1947)，pp. 157 - 64，J. Ferrary，'The powers of Augustus'，in J. Edmondson (ed. )，*Augustus* (2009)，pp. 90 - 136，尤见 99 - 103，Syme (1960)，pp. 335 - 8，及 B. Levick，*Augustus. Image andSubstance* (2010)，pp. 84 - 7。

[18] Dio 53. 32. 3.

[19] 将前 23 年事件视为对集中有力的反对派的反应，见 Syme (1960)，pp. 335 - 6，也认为是奥古斯都的盟友推动的，Levick (2010)，pp. 80 - 86 的分析更为平衡，但 Badian (1982)，pp. 28 - 38 有力驳斥了上述论点，并提出主要原因其实是奥古斯都患病，从而精心安排；人民多次尝试选举奥古斯都为执政官，见 Dio 54. 6. 1 - 2，10. 1，及 A. Jones (1955)，pp. 9 - 21，尤见 13。

[20] Dio 53. 32. 2.

[21] Tacitus，*Ann.* 3. 56，with Lacey (1979)。

[22] T. Wiseman，'*Conspicui Postes Tectaque Digna Deo*: the public image of aristocratic and imperial houses in the Late Republic and Early Empire'，in *L'Urbs. Espace urbain et histoire* (1987)，pp. 393 - 413，尤见 401 - 12。

[23] Dio 53. 32. 1，对阿格里帕在这些年里的权力的讨论，见 Lacey (1996)，pp. 117 - 31，尤见 127 - 31。

[24] Dio 53. 31. 4 - 32. 1，Velleius Paterculus 2. 93. 1 - 2，Josephus，*AJ* 15. 350，Suetonius，*Augustus* 66. 3.

[25] Dio 53. 30. 4，33. 4，Velleius Paterculus 2. 93. 1.

[26] 狄奥提到，有人指控李维娅谋杀了马凯鲁斯，见 53. 33. 4 - 5，及 Tacitus，*Ann.* 1. 3 讲到李维娅杀害了皇族的其他一些成员；贵族的

死亡情况，详见 W. Scheidel,‘Emperors, Aristocrats, and the Grim Reaper：Towards a Demographic Profile of the Roman Elite’, *Classical Quarterly* 49（1999）, pp. 254 – 81。

[27] Virgil, *Aeneid* 6. 860 – 65, 870 – 81（Loeb translation）, Propertius 3. 18.

[28] Dio 54. 1. 1 – 3；见 G. Rickman, *The Corn Supply of Ancient Rome*（1980）, pp. 60 – 66, 179 – 86。

[29] Dio 54. 1. 4 – 2. 1, *Res Gestae* 5.

[30] Dio 54. 2. 1 – 3. 1.

[31] 尤利乌斯·恺撒，见 *BG* 4. 11 – 16 及 Plutarch, *Cato the Younger* 51. 1 – 2 讲到元老院对他的攻击。

[32] 对普里穆斯的审判，见 Dio 54. 3. 2 – 4；对马凯鲁斯的低评价，见 Dio 53. 31. 4。

[33] 此次密谋，见 Dio 54. 3. 4 – 8, 及 Syme（1960）, pp. 333 – 4, Levick（2010）, pp. 80 – 83, 及 D. Stockton,‘Primus and Murena’, *Historia* 14（1965）, pp. 18 – 40 强调此次审判和密谋是影响奥古斯都重组自己权力的主要因素，通常将这些事件的年代定为前 24 或前 23 年，而 M. Swan,‘The consular fasti of 23 BC and the conspiracy of Varro Murena’, *Harvard Studies in Classical Philology* 71（1967）, pp. 235 – 47 及 Badian（1982）明确说密谋者不是前 23 年的执政官，审判和密谋都发生在奥古斯都辞去执政官之后；Dio 53. 19 讲到此时期的所有决定都是秘密做出的，所以很难理解；Suetonius, *Domitian* 21 评论了这些密谋；对皇帝们的反对，以及与布鲁图斯和卡西乌斯的联系，见 R. MacMullen, *Enemies of the Roman Order. Treason, Unrest and Alienation in the Empire*（1967）, pp. 1 – 45。

# 十五　鹰旗

[1] Res Gestae 29. 2（Loeb translation）.

［2］ Horace, *Epodes* 1. 12. 27 – 8 ( Loeb translation ).

［3］ 奥古斯都与书面指示，见 F. Millar, 'State and Subject: the impact of monarchy', in F. Millar & E. Segal ( eds ), *Caesar Augustus. Seven Aspects* ( 1990 ), pp. 37 – 60, 尤见 46 – 8, 书面指示的性质见 D. Potter, 'Emperors, their borders and their neighbours: the scope of imperial *mandata*', in D. Kennedy ( ed. ), *The Roman Army in the East. JRA Supplementary Series 18* ( 1996 ), pp. 49 – 66。

［4］ Dio 54. 6. 1 – 4, *Res Gestae* 5.

［5］ Dio 54. 7. 1, Strabo, *Geog.* 6. 2. 4 – 5, Pliny, *NH* 3. 90, with R. Wilson in *CAH2* X, pp. 437 – 9.

［6］ 关于元老无需正式批准便可去往西西里岛，见 Tacitus, *Ann.* 12. 23. 1 及 Dio 52. 42. 6。狄奥认为这是奥古斯都的决定，塔西佗和狄奥都声称，唯一类似的授权是关于元老去往纳博讷高卢的产业。

［7］ 见 A. Wallace-Hadrill, 'Image and authority in the coinage of Augustus', *JRS* 76 ( 1986 ), pp. 66 – 87。

［8］ Matthew 22: 20 – 21, 评论见 Millar ( 1990 ), pp. 44 – 5。

［9］ J. Rea, 'Lease of a Red Cow called Thayris', *The Journal of Egyptian Archaeology* 68 ( 1982 ), pp. 277 – 82.

［10］ *Inscriptiones Graecae* ( 1893 – ) II 2. 3173, 评论见 J. Camp, *The Archaeology of Athens* ( 2001 ), pp. 187 – 8。

［11］ Strabo, *Geog.* 10. 5. 3.

［12］ Camp ( 2001 ), pp. 188 – 93, 奥古斯都时代背景下，罗马人对希腊的态度，以及希腊人对罗马的态度，详见 G. Powersock, *Augustus and the Greek World* ( 1965 ), pp. 42 – 61, 尤见 85 – 100, 及 A. Spawforth, *Greece and the Augustan Cultural Revolution. Greek Culture in the Roman World* ( 2012 ), pp. 59 – 86, 尤见 106 – 17 关于雅典人的讨论。

[13] 概况见 F. Millar, ‘Empire and City, Augustus to Julian: Obligations, excuses and status’, *JRS* 73 (1983), pp. 76 – 96 及 P. Veyne, *Bread and Circuses* (1992), 尤见 Spawforth (2012)。

[14] 概况见 B. Levick in *CAH2* X, pp. 649 – 50；艾利乌斯·伽卢斯的部队，见 Josephus, *AJ* 15. 317；大希律王和他自行选择继承人的权利，见 Josephus, *AJ* 15. 343, 16. 129 及 Gruen in *CAH2* X, pp. 155 – 7 的评论。

[15] Dio 54. 9. 3, Josephus, *AJ* 15. 343 – 8, 360, *BJ* 1. 398 – 400.

[16] 概况见 D. Roller, *The Building Programme of Herod the Great* (1998), 港口见 C. Brandon, ‘Cement, concrete and settling barges at Sebastos: comparisons with other Roman harbour examples and the descriptions of Vitruvius’, in A. Raban & K. Houm (eds), *Caesarea Maritima. A Retrospective after Two Millennia* (1996), pp. 25 – 40。

[17] 罗马军队里的赛巴斯托斯人，见 M. Speidel, ‘The Roman army in Judaea under the Procurators’, in M. Speidel, *Roman Army Studies* Vol. 2, Mavors (1992), pp. 224 – 32。

[18] 大希律王的统治，见 E. Schürer, G. Vermes & F. Millar, *The History of the Jewish People in the Age of Jesus Christ* Vol. 1 (1973), pp. 287 – 329, 尤见 309 – 15, 是绝妙的介绍；奥林匹克运动会见 Josephus, *AJ* 16. 149, *BJ* 1. 427, 他自己的节庆活动见 15. 268 – 71；刺杀见 15. 280 – 91；大希律王给希腊社区的馈赠，见 G. Bowersock, *Augustus and the Greek World* (1965), pp. 54 – 6, 及 Spawforth (2012), pp. 84 – 6。

[19] Josephus, *AJ* 15. 217, 17. 198, *BJ* 1. 672, 及 Schürer (1973), p. 315。

[20] Josephus, *AJ* 15. 272 – 9.

[21] Josephus, *AJ* 15. 305 – 16.

[22] R. MacMullen, *Romanization in the Time of Augustus* (2000), pp. 1 –

29.

[23] L. Jalabert, R. Mouterde et al. , *Inscriptiones grecques et latines de la Syrie* (1929 - ) 3. 718 = R. Sherk, *Roman Documents from the Greek East* (1969), no. 58, doc. iii; J. Reynolds, *Aphrodisias and Rome* (1982), No. 13.

[24] Dio 54. 7. 2.

[25] Dio 54. 7. 1 – 6; Suetonius, *Augustus* 82. 1 讲到他戴帽子，保护自己的皮肤。

[26] Dio 54. 7. 2, 6.

[27] Dio 54. 5. 4 – 6, Strabo, *Geog.* 17. 1. 54 (Loeb translation); Dio 54. 6. 1 讲到罗马的骚动。

[28] 见 Velleius Paterculus 2. 91. 3 – 4, Suetonius, *Augustus* 19. 1，及 Dio 53. 24. 4 – 6，他错误地将此事件的年代定为前 26 年，with Crook in *CAH2* X, p. 89 及 R. Syme, *The Roman Revolution* (1960), pp. 371 – 2, W. Lacey, *Augustus and the Principate. The Evolution of the System* (1996), pp. 148 – 9。

[29] Dio 53. 33. 1 – 2.

[30] Dio 54. 9. 4 – 6, Velleius Paterculus 2. 94. 4, with Levick (1999), pp. 25 – 7, R. Seager, *Tiberius* (2005), pp. 13 – 14.

[31] Dio 54. 8. 1 – 2, *Res Gestae* 29. 2, Velleius Paterculus 2. 91. 1, Suetonius, *Augustus* 21. 3, *Tiberius* 9. 1, Ovid, *Fasti* 5. 579 – 84, with D. Kennedy, ' Parthia and Rome: eastern perspectives ', in Kennedy (1996), pp. 67 – 90, 尤见 82 – 3，及 B. Campbell, ' War and diplomacy: Rome and Parthia, 31 BC – AD 235 ', in J. Rich & G. Shipley ( eds ), *War and Society in the Roman World* (1993), pp. 213 – 40, esp. 220 – 28; *dulce et decorum estpro patria mori*, Horace, *Odes* 3. 2. 13。

[32] 对这些荣誉及其背景的详尽讨论，见 J. Rich, ' The Parthian honours ',

*Papers of the British School at Rome* 66（1998），pp. 71 - 128；大象和凯旋式，见 Plutarch，*Pompey* 14. 4，Pliny *NH* 8. 4 讲到庞培的凯旋式，Suetonius，*Julius Caesar* 37 讲到用大象承载火炬。

[33] 凯旋门，见 Rich（1998），pp. 97 - 115，各项荣誉的概况，见 Gruenin *CAH2* X，pp. 159 - 60，Levick（1996），pp. 236 - 7。

[34] 见 Lacey（1996），pp. 138 - 40，Syme（1960），p. 367 及 Crook in *CAH2* X，p. 91。

[35] Dio 54. 9. 8 - 10，*Res Gestae* 31 - 2，with Rich，'Augustus，War，and Peace'，in L. deBlois，P. Erdkamp，O. Hekster，G. de Kleijn & S. Mols（eds），*The Representation and Perception of Roman Imperial Power：Proceedings of the Third Workshop of the International Network*，*Impact of Empire*（*Roman Empire，c. 200 BC - AD 476*），（2003），pp. 329 - 57 = J. Edmondson（ed. ），*Augustus*（2009），pp. 137 - 64，尤见 145 - 6。

## 十六　结尾和开端

[1] Virgil，*Aeneid* 1. 286 - 94（Loeb translation）.

[2] Donatus，*Life of Virgil* 31 - 2，35.

[3] Suetonius，*Horace*（Loeb translation）.

[4] "摔倒在自己的海绵上"，见 Suetonius，*Augustus* 85. 2，*Horace passim*；讨论见 P. White，*Promised Verse. Poets in the Society of Augustan Rome*（1993），尤见 pp. 3 - 34，112 - 55，J. Griffin，'Augustus and the poets："Caesar qui cogereposset"，' in F. Millar & E. Segal（eds），*Caesar Augustus. Seven Aspects*（1990），pp. 189 - 218，and K. Galinsky，*Augustan Culture*（1996），pp. 225 - 79，上述著作介绍了以奥古斯都时代诗人为主题的大量文学。

[5] Suetonius，*Horace*；Horace，*Epistulae* 2. 1. 156 - 7；被强迫写作，如希尔提乌斯，见 the preface to *BG* 8；讨论见 White（1993），pp 112 - 42，

及 A. Powell, *Virgil the Partisan* (2008)，尤见 pp. 3 – 30。

[6] Propertius 3. 5, 9, 12.

[7] Donatus, *Life of Virgil* 20 – 24, 34, with Galinsky (1996), pp. 246 – 53.

[8] Donatus, *Life of Virgil* 35 – 41.

[9] J. Ziolkowski & J. Putnam, *The Virgilian Tradition. The First Fifteen Hundred Years* (2008), pp. 44 – 5.

[10] Galinsky (1996), pp. 229 – 31, Powell (2008), pp. 11 – 12, 151, 153 – 5, 159 – 61.

[11] Dido and a 'little Aeneas', Virgil, *Aeneid* 4. 328 – 9, Cleopatra 8. 685 – 714.

[12] Virgil, *Aeneid* 10. 510 – 605, 12. 291 – 305 介绍了战斗场景，引文见 12. 295, Dido's spirit 6. 450 – 76。

[13] Virgil, *Aeneid* 12. 945 – 52.

[14] 关于罗马人对敌人态度的讨论，见 G. Woolf, 'Roman Peace', in J. Rich & G. Shipley (eds), *War and Society in the Roman World* (1993), pp. 171 – 94，尤见 178 – 85。

[15] 埃涅阿斯杀死敌人时嘲笑他们，见 Virgil *Aeneid* 10. 510 – 605。

[16] Virgil, *Aeneid* 1. 286 – 94 如果指的是奥古斯都，暗示他被神化了；6. 666 – 70，及 Powell (2008), pp. 42 – 3, 133；尤利乌斯·恺撒和庞培，见 6. 828 – 35。

[17] Dio 54. 10. 1 – 7；任命为执政官，见 P. Brunt, 'The role of the Senate in the Augustan regime', *Classical Quarterly* 34. 2 (1984), pp. 423 – 44，尤见 429 – 30。

[18] Suetonius, *Augustus* 37；B. Levick, *Augustus. Image and Substance* (2010), pp. 89 – 90, Salmon (1956), pp. 456 – 78，尤见 471 – 3, A. Jones, 'The *Imperium* of Augustus', *JRS* 41 (1951), pp. 112 – 19，尤见 117, 关于象征的力量见 E. Stavely, 'The "Fasces" and

"Imperium Maius"', *Historia* 12（1963），pp. 458 – 84。

[19] Dio 54. 13. 1 – 14. 5，Suetonius，*Augustus* 54，with Crook in *CAH2* X，pp. 91 – 3.

[20] Dio 54. 15. 1 – 8，Suetonius，*Augustus* 35，54，with R. Talbert，'Augustus and the Senate'，*Greece and Rome* 31（1984），pp. 55 – 63，尤见 61。

[21] Dio 54. 15. 1 – 4，16. 1，17. 3，Suetonius，*Augustus* 35，with Jones（1955）.

[22] Dio 54. 6. 4 – 6，8. 5，10. 4，12. 4 – 5.

[23] Dio 54. 11. 1 – 6 涉及坎塔布里亚战役。

[24] Dio 54. 12. 4 – 5，with W. Lacey，*Augustus and the Principate. The Evolution of the System*（1996），pp. 117 – 31 涉及阿格里帕的行省。

[25] Suetonius，*Augustus* 55. 1 涉及领养。

[26] Suetonius，*Augustus* 53. 2 – 3 讲到他的平易近人。

[27] Macrobius，*Saturnalia* 2. 4. 31.

[28] Dio 54. 10. 5 – 7，16. 1 – 2，*Res Gestae* 6. 2，with Crook in *CAH2* X，pp. 92 – 3.

[29] Dio 54. 16. 3 – 5.

[30] Dio 54. 16. 7.

[31] Dio 54. 16. 6，概况见 A. Wallacc – Hadrill，'Civilis Principis：between citizenand king'，*JRS* 72（1982），pp. 32 – 48。

[32] Dio 54. 23，Pliny，*NH* 9. 77，Seneca，*de ira* 3. 40. 2，*de clementia* 1. 18. 2，with R. Syme，*The Roman Revolution*（1960），p. 410；关于 Vedins 见 R. Syme，'Who was Vedius Pollio?'，*Roman Papers* Vol. 2（1979），pp. 518 – 29。

[33] Suetonius，*Augustus* 45. 4，55，Dio 54. 17. 4 – 5.

[34] 世纪节，概况见 Galinsky（1996），pp. 100 – 06，Levick（2010），p. 152 和 Price in *CAH2* X，pp. 834 – 7。

[35] Horace, *Carmen Saeculare* 17 – 20, 50 – 52（Loeb translation）；记载世纪节的铭文的译文，见 N. Lewis & M. Reinhold（eds）, *Roman Civilization. Selected Readings* Vol. 1: *The Republic and the Augustan Age*（3rd edn, 1990）, pp. 612 – 16. 引文来自上述译本，略有改动。

[36] Suetonius, *Horace*, *Augustus* 86. 2, Donatus, *Life of Virgil* 9, Dio 55. 7. 1 – 6, C. Williams, *Roman Homosexuality. Ideologies of Masculinity in Classical Antiquity*（1999）, pp. 157 – 9.

# 十七  家庭和同僚

[1] Dio 54. 19. 2（Loeb translation）.

[2] *Res Gestae* 26.

[3] Dio 54. 20. 4 – 6, Suetonius, *Augustus* 23. 1；Strabo, *Geog.* 7. 1. 4 提到，苏刚布里人在其国王梅洛领导下的行动，是奥古斯都与日耳曼人战争的开端，但他指的可能是后来的一个事件。

[4] Dio 54. 19. 1 – 2.

[5] Dio 54. 19. 3；奎里努斯神庙，见 Price in *CAH2* X, p. 822。

[6] R. Syme, *The Roman Revolution*（1960）, p. 369.

[7] Crook in *CAH2* X, pp. 94 – 5.

[8] Dio 54. 19. 6, Suetonius, *Tiberius* 12. 2, Levick（1999）, p. 27, Syme（1960）, pp. 403 – 4.

[9] Dio 53. 12. 7, 54. 4. 1；纳博讷高卢的发展概况，见 C. Goudineau in *CAH2* X, pp. 471 – 87, M. Christol, *Une Histoire Provinciale. La Gaule narbonnaiseav. J. – C. au IIIe siècle ap. J. – C.*（2010）, 尤见 'La municipalisation de la Gaule narbonnaise', pp. 105 – 28, 及 J. Drinkwater, *Roman Gaul. The Three Provinces, 58 BC – AD 260*（1983）, pp. 20 – 21。

[10] 关于共和国最后几十年里的外高卢，见 Dyson（1985）, pp. 165 – 73；Pliny, *NH.* 3. 31。

［11］讨论见 Drinkwater（1983），pp. 17 - 25，及 Goudineau in *CAH2* X，pp. 487 - 502。

［12］尤利乌斯·恺撒的作战，见 A. Goldsworthy，*Caesar. The Life of a Colossus*（2006），pp. 205 - 92 =（2007），pp. 248 - 353。

［13］Dio 54. 20. 1 - 2，22. 1 - 2，Florus 2. 22，Strabo，*Geog.* 4. 6. 7 - 8.

［14］Dio 54. 22. 2 - 5，Velleius Paterculus 2. 95. 1 - 2，Strabo，*Geog.* 4. 6. 9，*Res Gestae* 26，Horace，*Odes* 4. 4 和 14，with Gruen in *CAH2* X，pp. 169 - 71，C. Wells，*The German Policy of Augustus. An Examination of the Archaeological Evidence*（1972），pp. 59 - 89，及 G. Alföldy，*Noricum*（1974），pp. 52 - 61.

［15］见 Wolff in *CAH2* X，pp. 535 - 41。

［16］Drinkwater（1983），pp. 12，21，119 - 40，Wells（1972），pp. 93 - 148.

［17］葡萄酒贸易，见 A. Tchernia，'Italian wine in Gaul at the end of the Republic'，in P. Garnsey，K. Hopkins & C. Whittaker（eds），*Trade in the Ancient Economy*（1983），pp. 87 - 104；对高卢社会的精彩介绍，见 N. Roymans，*Tribal Societies in Northern Gaul: An Anthropological Perspective. Cingula* 12（1990），尤见 pp. 17 - 47，及 B. Cunliffe，*Greeks，Romans and Barbarians: Spheres ofInteraction*（1988），尤见 pp. 38 - 58 和 80 - 105。

［18］R. MacMullen，*Romanization in the Time of Augustus*（2000），pp. 85 - 120，P. Wells，*The Barbarians Speak. How the Conquered Peoples Shaped the Roman Empire*（1999），pp. 49 - 78，Cunliffe（1988），pp. 48 - 9，86 - 7，96 - 7，132 - 4，Dyson（1985），pp. 137 - 9，154，及 C. Goudineau，*César et la Gaule*（1995），pp. 141 - 3。

［19］Drinkwater（1983），pp. 18 - 27，93 - 118，141 - 59.

［20］Caesar，*BG* 6. 15 讲到，贵族的地位取决于他们供养了多少武士；Pliny，*NH* 30. 4. 13 讲到禁止公民参加德鲁伊崇拜仪式，概况见

Drinkwater （1983）, pp. 38 – 9, 44, 179 – 81, 206 – 7, 及 T. Derks, *Gods, Temples and Ritual Practices: The Transformation of Religious Ideas and Values in Roman Gaul* （1998）, *passim*。

[21] 概况见 Alföldy in *CAH2* X, pp. 449 – 63, J. Richardson, *The Romans in Spain* （1996）, pp. 41 – 126, 及 B. Lowe, *Roman Iberia. Economy, Society and Culture* （2009）, esp. pp. 87 – 115；军队，见 A. Morillo Cerdán, 'The Augustean Spanish Experience: The origin of the *limes* system?', in A. Moirillo, N. Hanel & E. NOTES 575 Martín, *Limes XX: Estudios sobre la frontera romana. Roman Frontier Studies. Anejosde Gladius* 13 Vol. 1 （2009）, pp. 239 – 51, 尤见 244 – 7。

[22] 见 W. Mierse, *Temples and Towns in Roman Iberia. The Social Dynamics of Sanctuary Designs from the Third Century BC to the Third Century AD* （1999）, pp. 54 – 127, Lowe （2009）, pp. 87 – 115, 及 MacMullen （2000）, pp. 50 – 84；W. Trillmich （trans. C. Nader）, *Colonia Augusta Emerita, Capital of Lusitania* in J. Edmondson （ed.）, *Augustus* （2009）, pp. 427 – 67, 及 R. M. Durán Cabello, 'Edifi cios de espectáculo', in X. Raventós （ed.）, *Les capitales provinciales de Hispania 2. Merida: Colonia Augustua Emerita* （2004）, pp. 55 – 61。

[23] Dio 54. 25. 5 – 6, with K. Raafl aub, 'The political significance of Augustus' military reforms', in Edmondson （2009）, pp. 203 – 28.

[24] 关于斯凯瓦部队，见 *CIL* 10. 6011, 评论见 J. Spaul, *ALA2* （1994）, pp. 20 – 21, 辅助部队的概况，见 D. Saddington, *The Development of the Roman Auxiliary Forces from Caesar to Vespasian （49 BC – AD 79）* （1982）, pp. 15 – 26, 77 – 82, 及 P. Holder, *The Auxilia from Augustus to Trajan* （1980）, pp. 5 – 13；Macrobius, *Saturnalia* 2. 4. 25 及（较简略）Dio 55. 4. 2 讲到此次审判；与士兵和退伍军人的关系，见 J. Campbell, *The Emperor and the Roman Army 31 BC – AD 235* （1984）, pp. 32 – 59, 243 – 81。

[25] Dio 54. 15. 4 – 7, 27. 2 – 3, *Res Gestae* 10（Loeb translation for quote）, Suetonius, *Augustus* 16. 4, 31. 1, Ovid, *Fasti* 3. 415 – 28.

[26] *Res Gestae* 10, with Price in *CAH2* X, pp. 825 – 7, 及 S. Weinstock, *Divus Iulius*（1971）, pp. 276 – 81。

[27] Dio 54. 25. 1 – 4, 26. 1 – 2.

[28] Dio 54. 27. 1, 及 Suetonius, *Augustus* 56。

[29] Dio 54. 27. 4, with Syme（1960）, pp. 377, 379.

[30] Dio 54. 26. 3 – 9, 概况见 R. Talbert, 'Augustus and the Senate', *Greece and Rome* 31（1984）, pp. 55 – 63 讲到创造真正自由的辩论的难处。

[31] Dio 54. 28. 1.

[32] 谚语“和平让渺小的东西生长，纠纷让伟大的东西垮台”（*nam concordia parvae res crescunt, discordia maximae dilabuntur*）见 Seneca, *Epistulae* 94. 46（参见 Sallust, *Bell. Jug.* 10. 6 with Syme, p. 343, n. 1）。

[33] Dio 54. 28. 2 – 29. 8, Suetonius, *Augustus* 64. 1, Velleius Paterculus 2. 96, Tacitus, *Ann.* 1. 3.

# 十八　奥古斯都的和平

[1] *Res Gestae* 12（Loeb translation）.

[2] Ovid, *Fasti* 1. 709 – 18（Loeb translation）.

[3] Dio 54. 29. 4 – 5, Suetonius, *Augustus* 42. 1.

[4] Dio 54. 2. 5.

[5] Dio 54. 25. 3, *Res Gestae* 4, 12；和平祭坛，见 D. Conlin, *The Artists of the Ara Pacis. Studies in the History of Greece and Rome*（1997）, M. Torelli, *Typology and Structure of Roman Historical Reliefs*（1982）, pp. 27 – 61, P. Zanker（trans. A. Shapiro）, *The Power of Images in the Age of Augustus*（1988）, 尤见 pp. 158 – 60, 179 – 83, 203 – 4,

K. Galinsky, *Augustan Culture* (1996), pp. 141 – 55；关于雕刻描绘的是前 13 年正式感恩活动的理论，见 R. Billows, 'The religious procession ofthe Ara Pacis Augustae：Augustus' *supplicatio* in 13 BC', *JRA* 6 (1993), pp. 80 – 92. Torelli (1982), p. 54 认为这画面是幻想的，是"应当发生的聚会"，并非实际发生的。

[6] 修复工程，见 Conlin (1997), pp. 47 – 56。

[7] 对部分儿童身份的不同观点，见 R. Syme, 'Neglected children on the Ara Pacis', *American Journal of Arch aeology* 88 (1984), pp. 583 – 9，J. Pollini, 'Appuleii and Some Others on the Ara Pacis', *American Journal of Archaeology* 90 (1986), pp. 453 – 60，C. Rose, 'Princes and barbarians on the AraPacis', *American Journal of Archaeology* 94 (1990), pp. 453 – 67。

[8] 帕提农神庙的带状装饰，见 D. King, *The Elgin Marbles* (2006)，尤见 pp. 137 – 8 讲到它对和平祭坛的影响和奥古斯都对雅典的一般态度。

[9] Levick (1999), pp. 28 – 30.

[10] 提比略与维普撒尼娅离婚，娶尤利娅，见 Dio 54. 31. 1 – 2, 35. 4, Suetonius, *Augustus* 63. 2, *Tiberius* 7. 2, with Levick (1999), p. 31, Seager (2005), pp. 19 – 20。

[11] Dio 54. 31. 2 – 4.

[12] 讨论见 Gruen in *CAH2* X, pp. 178 – 81, C. Wells, *The German Policy of Augustus* (1972), pp. 246 – 50, J. Rich, 'Augustus, War *and* Peace', in L. de Blois, P. Erdkamp, O. Hekster, G. de Kleijn & S. Mols (eds), *The Representation and Perception of Roman Imperial Power：Proceedings of the Third Workshop of the International Network, Impact of Empire (Roman Empire, c. 200 BC – AD 476)* (2003), pp. 329 – 57 = J. Edmondson (ed. ), *Augustus* (2009), pp. 137 – 64，尤见 149 – 62, A. Goldsworthy, *Caesar. The Life of a Colossus*

（2006），pp. 205 – 14 ＝（2007），pp. 248 – 57。

［13］ Suetonius, *Augustus* 71. 3（Loeb translation）；德鲁苏斯颇得民心，见 Tacitus, *Ann.* 2. 41。

［14］ Suetonius, *Augustus* 71. 2 for the letter，更多概况见 A. Barrett, *Livia. First Lady of Imperial Rome*（2002），pp. 38 – 44。

［15］ Luke 2：1，with F. Millar, 'State and subject：the impact of monarchy', in F. Millar& E. Segal（eds），*Caesar Augustus. Seven Aspects*（1990），pp. 37 – 60，尤见 41 – 2。

［16］ Livy, *Pers.* 137 – 8, Dio 54. 32. 1.

［17］ 关于奈梅亨，见 P. Franzen, 'The Augustan legionary fortress at Nijmegen. Legionary and auxiliary soldiers', in A. Morillo, N. Hanel & E. Martín, *Limes XX：Estudios sobre la frontera romana. Roman Frontier Studies. Anejos de Gladius* 13 Vol. 1（2009），pp. 1257 – 69，更多概况见 Wells（1972），pp. 93 – 148，及 C. Wells, 'What's new along the Lippe：Recent work in North Germany', *Britannia* 29（1998），pp. 457 – 64。

［18］ Dio 54. 32. 1 – 3, Tacitus, *Agricola* 30.

［19］ Dio 54. 33. 1 – 2, Florus 2. 30. 24；L. Powell, *Eager for Glory. The Untold Story of Drusus the Elder, Conqueror of Germany*（2011），尝试详细重建德鲁苏斯的历次战役，本年度事件见 pp. 81 – 92。

［20］ 概况见 M. Todd, *The Early Germans*（2004），pp. 17 – 47, P. Wells, *The Barbarians Speak. How the Conquered Peoples Shaped Roman Europe*（1999），pp. 3 – 93。

［21］ 尤利乌斯·恺撒在高卢，见 Caesar, *BG* 1. 23。概况见 J. Roth, *The Logistics of the Roman Army at War（264 BC – AD 235）*（1999），pp. 117 – 55。

［22］ Dio 54. 33. 2 – 4；对日耳曼军队及其局限的讨论，见 A. Goldsworthy, *The Roman Army at War 100 BC – AD 200*（1996）， pp. 42 – 53。

[23] Dio 54. 33. 5 – 54. 4, 35. 4 – 5.

[24] Dio 54. 32. 1, 36. 2, Suetonius, *Claudius* 2. 1, Livy, *Pers.* 139, Caesar, *BG* 6. 13 讲到德鲁伊一年一度的会议, with D. Fishwick, *The Imperial Cult in the Latin West*: *Studies in the Ruler Cult of the Western Roman Empire* Vol. 3 (2002), pp. 9 – 20。

[25] Suetonius, *Tiberius* 50. 1, *Claudius* 1. 4, with Levick (1999), p. 34, Seager (2005), pp. 21 – 2.

[26] Dio 54. 36. 3 – 55. 1. 5, Suetonius, *Claudius* 1. 2 – 3, Livy, *Pers.* 142, with Wells (1972), pp. 163 – 211 涉及征服。

[27] Dio 55. 2. 1 – 7, Valerius Maximus 5. 5. 3, Pliny, *NH* 7. 84, Seneca, *ad Marciam* 3. 2, with Seager (2005), p. 22, and E. Champlin, 'Tiberius and the Heavenly Twins', *JRS* 101 (2011), pp. 73 – 99, esp. 76 – 81.

[28] Pliny, *NH* 36. 72 – 73.

# 十九　父亲

[1] Macrobius, *Saturnalia* 2. 5. 4.

[2] Anonymous, *Consolation to Livia* 349 – 56. 这部著作据说是在德鲁苏斯死后有人写给李维娅的, 但可能其实是几十年后克劳狄在位期间撰写的修辞学练习。对李维娅角色的讨论和关于此话题, 见 N. Purcell, 'Livia and the Womanhood of Rome', *Proceedings of the Cambridge Philological Society* (1986), pp. 78 – 105. J. Edmondson (ed.), *Augustus* (2009), pp. 165 – 94。

[3] Dio 55. 2. 3, 5 – 7, Suetonius, *Claudius* 1. 4 – 5, Seneca, *de consolatione ad Marciam* 4. 3, with A. Barrett, *Livia. First Lady of Imperial Rome* (2002), pp. 44 – 5, 108 – 9.

[4] Dio 58. 2. 4, Suetonius, *Augustus* 71. 1, 讨论见 Barrett (2002),

pp. 122 – 6，Purcell（2009），pp. 167 – 72。

[5] Suetonius，*Augustus* 83，Pliny，*NH* 7. 75；Barrett（2002），pp. 103 – 6，180 – 81，364，n. 7 提及记载李维娅家中仆役的许多铭文，人人都有非常具体的职责，如管理服装的人，见 *CIL* 6. 3985，4041，4251，摆放珍珠的人，见 *CIL* 6. 3981.

[6] Dio 55. 2. 4，with Purcell（2009），pp. 165 – 8，177 – 80.

[7] Suetonius，*Tiberius* 7. 2 – 3，with Levick（1999），pp. 31 – 2，R. Seager，*Tiberius*（2005），p. 20，及 E. Fantham，*Julia Augusti, the Emperor's Daughter*（2006），pp. 79 – 82.

[8] Tacitus，*Ann.* 1. 14. 3，53. 2，with Levick（1999），p. 37.

[9] Macrobius，*Saturnalia* 2. 5. 5，7.

[10] Dio 55. 6. 2 – 3，参见 Caesar，*BG.* 4. 7 – 9 谈及尤利乌斯·恺撒逮捕日耳曼部落的使者，Plutarch，*Cato the Younger* 51. 1 – 2 讲到对恺撒此种背信弃义行为的批评。

[11] Dio 55. 6. 4 – 5，with Fantham（2006），pp. 97 – 8.

[12] Dio 55. 6. 6 – 7，Suetonius，*Augustus* 31. 2，Macrobius *Saturnalia* 1. 12. 35，*Res Gestae* 8，with M. Boatright，'The Pomerial extension of Augustus'，*Historia* 35（1986），pp. 13 – 27.

[13] Dio 55. 7. 16，Suetonius，*Horace*，称诗人卒于前 8 年 11 月 27 日，梅塞纳斯死后的第五十九天；关于梅塞纳斯的影响力，见 G. Williams，'Did Maecenas "Fall from favour"? Augustan Literary Patronage'，in K. Raaflaub & M. Toher（eds），*Between Republic and Empire. Interpretations of Augustus and his Principate*（1990），pp. 258 – 75。

[14] Dio 54. 30. 2，55. 3. 1 – 4. 2，5. 3.

[15] Dio 55. 8. 1 – 2.

[16] 讨论见 E. Champlin，'Tiberius and the Heavenly Twins'，*JRS* 101（2011），pp. 73 – 99。

[17] Dio 55. 8. 2, with Barrett （2002）, pp. 46 – 7, Levick （1999）, pp. 36 – 7.

[18] Dio 55. 8. 3 – 4, Pliny, *NH*. 16. 20.

[19] Dio 55. 8. 5 – 6.

[20] Dio 55. 8. 6 – 7, 关于献词见 *CIL* 6. 50705 = *ILS* 3090 with Purcell in *CAH2* X, pp. 800 – 02。

[21] Suetonius, *Tiberius* 9. 3, 11. 3, Velleius Paterculus 2. 99. 1, Tacitus, *Ann*. 56. 3, Dio55. 9. 4, with Levick （1999）, pp. 35 – 6.

[22] Dio 55. 9. 1 – 5, with Levick （1999）, pp. 37 – 8, 概况见 'Julians and Claudians', *Greece and Rome* 22 （1975）, pp. 29 – 38。

[23] Dio 55. 9. 5 – 8, Suetonius, *Tiberius* 10. 1 – 2, Velleius Paterculus 2. 99. 1 – 4.

[24] 讨论见 Crook in *CAH2* X, pp. 100 – 01, Levick （1999）, pp. 37 – 40 及 *Augustus. Image and Substance* （2010）, pp. 182 – 3, Seager （2005）, pp. 23 – 7, Fantham （2006）, pp. 83 – 4, Barrett （2002）, pp. 48 – 9, J. Corbett, 'The Succession policy of Augustus', *Latomus* 33 （1974）, pp. 87 – 97, 尤见 87 – 91, 及 R. Syme, *The Roman Revolution* （1960）, pp. 391 – 2, 413 – 14。

[25] Seneca the Younger, *On the shortness of Life* 4. 2 – 5 谈及奥古斯都抱怨自己政务的沉重负担。

[26] Dio 55. 9. 9, 10a. 2 – 3, with Gruen in *CAH2* X, pp. 182 – 3, and Fantham （2006）, p. 99.

[27] 亚洲的税务, 见 Dio 54. 30. 3。

[28] *EJ* 312 = *SIG3* 780 （译有 M. Cooley ［ed.］, *The Age of Augustus. Lactor 17* ［2003］, pp. 197 – 8）。

[29] Josephus, *BJ* 1. 538 – 51, 概况见 E. Shürer, G. Vermes & F. Millar, *The History of the Jewish People in the Age of Jesus Christ* Vol. 1 （1973）, pp. 320 – 29, Goodmanin *CAH2* X, pp. 741 – 2, 及

L. White, 'Herod and the Jewish experience of Augustanrule', in K. Galinsky (ed.), *The Cambridge Companion to the Age of Augustus* (2005), pp. 361-87, 尤见 375-6 见到大希律王的最后时光。

[30] 奥古斯都的笑话，见 Macrobius, *Saturnalia* 2.4.11；处决，见 Josephus, *BJ* 1.648-53；对叙利亚驻军的干涉，见 *BJ* 2.45-79。

[31] 见 R. Sherk, *Roman Documents from the Greek East* (1969), no.65 讲 到新历法，V. Ehrenberg & A. Jones, *Documents Illustrating the Reigns of Augustus and Tiberius* (2nd edn, 1975), 311, v。

[32] Suetonius, *Augustus* 58.2, 他自称准确记录了梅萨拉和奥古斯都的 话，Crook in *CAH2* X, pp. 101-2, 及 Levick (2010), pp. 91-2, 204-5；对各种颂扬和对此项荣誉的庆祝，详见 W. Lacey, *Augustus and the Principate. The Evolution of the System* (1996), pp. 193-7, 详尽讨论这个术语及国父的概念，见 T. Stevenson, 'The ideal benefactor and the father analogy in Greek and Roman thought', *CQ* 42 (1992), pp. 421-36, 他认为西塞罗阃尤利乌 斯·恺撒都被命名为祖国之父。M. Gelzer (trans. P. Needham), *Caesar, Politician and Statesman* (1968), p. 315, fn.2 讲到尤利乌 斯·恺撒的情况。

[33] *Res Gestae* 35.

[34] Suetonius, *Tiberius* 7.3 声称这对夫妻在失去孩子之后就不再同床 共寝；尤利娅的生活方式，见 Fantham (2006), 尤见 pp. 81-4。

[35] "纳索是我们的教师。"(*Naso magister erat*), Ovid, *Ars Amatoria* 2.744, 3.812, 概况见 K. Galinsky, *Augustan Culture* (1996), pp. 261-9 主要讲《变形记》，但将奥维德置于奥古斯都时代的大 背景下。

[36] Macrobius, *Saturnalia* 2.6-7, 9, Suetonius, *Augustus* 54.2.

[37] Dio 55.9.11-16, Suetonius, *Augustus* 65.1, *Tiberius* 11.4, Velleius Paterculus 2.100.2-5, Seneca, *Brevitate Vitae* 4.6, *de*

*Benefi ciis* 6. 32，Pliny，*NH* 21. 8 – 9，Tacitus，*Ann.* 1. 53，3. 24. 3，
4. 44；关于密谋者的身份及其关系，见 A. Ferrill，' Prosopography
and the Last Years of Augustus '，*Historia* 20（1971），pp. 718 – 31，
尤见 729，及 ' Augustus and his daughter: a modern myth '，in
C. Deroux（ed.），*Studies in Latin Literature and Roman History* 2
（1980），pp. 332 – 46，及 Barrett（2002），pp. 48 – 51。

[38] Pliny，*NH* 7. 149 声称尤利娅密谋刺杀夫妻，及 Dio 55. 10. 15 声称
尤卢斯企图篡权；其他未指名的人也被处死。

[39] Tacitus，*Ann.* 3. 24，4. 44，Dio 55. 10. 15.

[40] Suetonius，*Augustus* 65. 2 讲到福柏；尤利娅的丑闻和被流放，见
Fantham（2006），pp. 84 – 91，及 E. Leon，' Scribonia and her
daughters '，*Transactions and Proceedings of the American Philological
Association* 82（1951），pp. 168 – 75，尤见 173 – 4；Ferrill（1980）
合情合理地质疑了现代学者关于政治阴谋的理论；Lacey（1996），
pp. 202 – 9 提出，奥古斯都的主要目的是保护盖乌斯与卢基乌斯的
合法性。

[41] Seneca，*de Benefi ciis* 6. 32.

# 二十 "哨兵岗位"

[1] Ovid，*Fasti* 5. 550 – 54，567 – 8（Loeb translation）.

[2] 概况见 Dio 55. 10. 6，Velleius Paterculus 2. 100. 2，Suetonius，
*Augustus* 31. 5，及 Ovid，*Fasti* 5. 545 – 98；年代，见 C. Simpson，
' The date of the dedication of the Temple of Mars Ultor '，*JRS* 67
（1977），pp. 91 – 4. 还有一种说法是 8 月 1 日，也是有可能的，但
5 月 12 日的理论更有说服力。

[3] Suetonius，*Augustus* 56. 2 谈到，他不肯强迫地产所有者将其广场需
要的地产卖出。

[4] Pliny，*NH* 36. 11，102；关于厄瑞克忒翁神庙，见 J. Camp，*The*

*Archaeology of Athens*（2001），pp. 93 – 100；关于奥古斯都及其图像，见 P. Zanker（trans. A. Shapiro），*The Power of Images in the Age of Augustus*（1988），pp. 81 – 2，113 – 14，193 – 215, S. Dyson, *Rome. A Living Portrait of an Ancient City*（2010），pp. 128 – 31，及 W. Lacey, *Augustus and the Principate. The Evolution of the System*（1996），pp. 193，197 – 202。

[5] 参见 Dio 56. 34. 2 – 3 讲到奥古斯都葬礼上有类似的展示和颂扬历史伟人的游行；"最杰出的人"（summi viri）的说法出自后世的文献 *Scriptores Historia Augusta, Alexander Severus* 28. 6；讨论见 T. Luce, 'Livy, Augustus, and the Forum Augustum', in J. Edmondson（ed. ），*Augustus*（2009），pp. 399 – 415, esp. 403 – 6；铭文碎片，见 *CIL* 1, pp. 186 – 202 讨论了 *elogia*，部分译文见 M. Cooley（ed. ），*The Age of Augustus. Lactor 17*（2003），pp. 238 – 9；奥古斯都参与撰写 *elogia*，见 Pliny, *NH* 22. 6. 13；Cornelia 见 *CIL* 1. 39。

[6] 对尤卢斯身份的疑问，见 Livy 1. 3；马略见 Luce（2009），pp. 406 – 7，英文译文见 Cooley（2003），p. 238, K25。

[7] Suetonius, *Augustus* 31. 5, *Res Gestae* 35.

[8] Dio 55. 10. 6 – 8, Suetonius, *Augustus* 43. 2. 狄奥可能将纪念阿格里帕的基金会也算作节庆之一。

[9] *Res Gestae* 23, Velleius Paterculus 2. 100. 1, Dio 55. 10. 7.

[10] 见 Zanker（1988），pp. 105 – 6，奥古斯都时代所有主要神庙的辉煌；关于其风格偏离希腊化时代帝王风格的说法，见 Purcell in *CAH2* X, pp. 788 – 90，更有说服力的理论是 K. Galinsky, *Augustan Culture*（1996），pp. 197 – 213。

[11] Pliny, *NH* 34. 48, 35. 93 – 4.

[12] Macrobius, *Saturnalia* 2. 4. 18.

[13] 奥古斯都与尤利乌斯·恺撒拉开距离的理论所用的例子之一，见 Z. Yavetz, 'The personality of Augustus', in K. Raaflaub & M. Toher

(eds), *Between Republic and Empire. Interpretations of Augustus and his Principate* (1990), pp. 21 – 41, 32, 'Gradually but consistently he distanced himself from the memory of Julius Caesar';复仇者玛尔斯神庙，见 Ovid, *Fasti* 570 – 83, 及 Galinsky (1996), p. 208 讲到奥古斯都广场的设计刻意让人想到尤利乌斯·恺撒。

[14] Tacitus, *Ann.* 1.1, Suetonius, *Claudius* 41.2；概括见 M. Toher, 'Augustus and the Evolution of Roman Historiography', in Raaflaub & Toher (1990), pp. 139 – 54。

[15] 见 R. Syme, 'Livy and Augustus', *Harvard Studies of Classical Philology* 64 (1959), pp. 27 – 87, 及 Galinsky (1996), pp. 280 – 87。

[16] 见 Luce (2009), pp. 406 – 15。

[17] Tacitus, *Ann.* 4.34；Seneca, *Quaestiones Naturales* 5.18.4 谈及李维质疑尤利乌斯·恺撒的降生是不是一件好事；Syme (1959), p. 58 探讨和涉及了奥古斯都与尤利乌斯·恺撒拉开距离的理论。

[18] Suetonius, *Augustus* 51.3 (Loeb translation for quote).

[19] Seneca, *Suasoriae* 4.22.

[20] Dio 55.10.17 – 18, Ovid, *Ars Amatoria* 1.177 – 86, 203 – 4 for the quotes (Loeb translation), 更概括见 177 – 229。

[21] 关于这些年里的提比略，见 Levick (1999), pp. 39 – 42, 44 – 6, R. Seager, *Tiberius* (2005), pp. 23 – 9；奥古斯都代表提比略与尤利娅离婚，见 Suetonius, *Tiberius* 11.4 – 5；拜访病人，见 Suetonius, *Tiberius* 11.2；哲学家，见 Suetonius, *Tiberius* 11.3。

[22] Dio 55.10.19, Velleius Paterculus 2.101.1, Suetonius, *Tiberius* 11.1, 12.2, 13. 对提比略行为和会见地址的说法有所不同；对这些年的有趣讨论，见 G. Bowersock, 'Augustus and the East: The problem of succession', in F. Millar & E. Segal (eds), *Caesar Augustus. Seven Aspects* (1990), pp. 169 – 88。

[23] Bowersock（1990），p. 172.

[24] Bowersock（1990），pp. 172 - 3，讨论了军营内的辩论，（2001），pp. 116 - 17；R. Syme，*The Roman Revolution*（1960），pp. 425，428 - 9涉及盖乌斯及其谋士。

[25] Gellius，*NA* 15. 7. 3（Loeb translation，slightly emended）.

[26] Suetonius，*Augustus* 64. 3，89. 2，*de grammaticus et rhetoribus* 17. 2.

[27] 关于奥古斯都在帕拉丁山上宅邸的非常有价值和有洞见的讨论，见 P. Wiseman，'The House of Augustus and the Lupercal'，*JRA* 22（2009），pp. 527 - 45，尤见 527 - 36。

[28] Suetonius，*Augustus* 72. 1，73，78. 1 - 2，Pliny，*NH* 33. 49.

[29] Suetonius，*Augustus* 72. 3 谈到骨头，82. 1 谈到他睡觉时敞着门或者在室外睡觉；奥古斯都的生活概括，见 Yavetz（1990），pp. 21 - 41，提示读者谨慎的段落 R. Saller，'Anecdotes as historical evidence，'*Greece and Rome* 27（1980），pp. 69 - 83；壁画，见 J. Clarke，'Augustan domestic interiors：propaganda or fashion？'in K. Galinsky，*The Cambridge Companion to the Age of Augustus*（2005），pp. 264 - 78，及 Galinsky（1996），pp. 179 - 97；见 Vitruvius，*de architectura* 7. 5. 3 - 4 讲到一位建筑师批评了帕拉丁山上出现的非常时髦的建筑。

[30] Suetonius，*Augustus* 73，82. 1.

[31] Suetonius，*Augustus* 75 - 77.

[32] Suetonius，*Augustus* 74 讲到，唯一曾应邀与他一同用膳的释奴是与塞克斯图斯·庞培作战期间变节的海军将领梅纳斯；笑话见 Macrobius，*Saturnalia* 2. 4. 8。

[33] Macrobius，*Saturnalia* 2. 4. 14 - 15.

[34] Macrobius，*Saturnalia* 2. 4. 20，Suetonius，*Augustus* 53. 3；关于幽默的有效性，见 Yavetz（1990），pp. 36 - 38。

[35] Suetonius，*Augustus* 29. 3，86. 1 - 88，95，97. 1 - 2，Gellius，*NA*

10 11. 5，24. 2.

［36］ Suetonius, *Augustus* 72. 2，80 – 83，with E. Gowers, 'Augustus and "Syracuse"', *JRS* 100 (2010)，pp. 69 – 87.

［37］ Suetonius, *Augustus* 56. 2 讲到他向选民推荐自己的亲戚；盖乌斯在东方，见 Dio 55. 10. 20，10a. 4 – 5，Velleius Paterculus 2. 101. 1 – 3，with A. Sherwin – White, *Roman Foreign Policy in the East, 168 BC to AD 1* (1984)，pp. 325 – 41。

［38］ Dio 55. 10a. 5 – 10，Velleius Paterculus 2. 102. 1 – 3，Suetonius, *Augustus* 65. 1 – 2，Tacitus, *Ann.* 1. 3.

# 二十一 为了共和国

［1］ Velleius Paterculus 2. 103. 1 – 2.

［2］ Suetonius, *Augustus* 65. 2.

［3］ Pisa (*ILS* 140) 的一份铭文明确表示，到 4 月 2 日，那里的人已经得知盖乌斯的死讯，消息一定在此之前就传到了罗马城；对这一年的决策的讨论，见 R. Birch, 'The Settlement of 26 June AD 4 and its Aftermath', *Classical Quarterly* 31 (1981)，pp. 443 – 56；关于恺撒的名字，以及恺撒家族与其住所的联系，见 D. Wardle, 'Valerius Maximus on the Domus Augusta, Augustus, and Tiberius', *Classical Quarterly* 50 (2000)，pp. 479 – 93。

［4］ Suetonius, *Caligula* 4. 1；关于概况，见 Levick (1999)，pp. 47 – 52，R. Seager, *Tiberius* (2005)，pp. 29 – 32；关于埃米利乌斯·保卢斯及其家族，见 R. Syme, *The Augustan Aristocracy* (1986)，pp. 104 – 27。

［5］ Suetonius, *Tiberius* 12. 2 – 3，15. 1，Velleius Paterculus 2. 102，Tacitus, *Ann.* 3. 48.

［6］ Dio 55. 13. 1a – 2，Velleius Paterculus 2. 103. 1 – 104. 1，Suetonius, *Tiberius* 15. 2，相关讨论见 Birch (1981)，尤见 . pp. 444 – 8。

[7] 引文来自 Velleius Paterculus 2. 104. 1；讨论见 Crook in *CAH2* X，p. 105，Levick（1999），pp. 49 – 50，Seager（2005），pp. 29 – 32；奥古斯都给提比略的信，见 Suetonius，*Tiberius* 21. 2 – 6。

[8] 李维娅的参与，见 Dio 55. 10a. 10，Pliny，*NH* 7. 149，Tacitus，*Ann.* 1. 3，Suetonius，*Augustus* 65. 1，with A. Barrett，*Livia. First Lady of Imperial Rome*（2002），pp. 52 – 9，241 – 2；关于两个家族之间更广泛的竞争，见 B. Levick，'Julians and Claudians'，*Greece and Rome* 22（1975），pp. 29 – 38。

[9] Dio 55. 13. 2. Suetonius，*Tiberius* 16. 1 声称此次授权仅为三年，但 *Res Gestae* 6 Augustus 表明授权更有可能是十年。

[10] Suetonius，*Tiberius* 15. 2 谈及提比略认真对待自己被收养。

[11] Dio 55. 13. 1，14. 1 – 22. 2，Seneca，*de clementia* 1. 9. 1 – 10，with Levick（1999），p. 54，Birch（1981），p. 447，Barrett（2002），pp. 131 – 3，Syme（1986），p. 266.

[12] Dio 55. 12. 4 – 5，Tacitus，*Ann.* 1. 53.

[13] Dio 55. 13. 4 – 7，概况见 C. Nicolet，'Augustus，Government，and the Propertied Classes'，in F. Millar & E. Segal（eds），*Caesar Augustus. Seven Aspects*（1990），pp. 89 – 128；霍尔腾西乌斯·霍尔塔鲁斯和他的四个儿子在公元 16 年，见 Tacitus，*Ann.* 1. 37 – 8，及 Nicolet（1990），pp. 95 – 6；关于选举，见 Levick（1999），pp. 51 – 4。

[14] 有价值的介绍，见 Treggiari in *CAH2* X，pp. 893 – 7。

[15] Dio 55. 13. 1a，29. 5 – 7，Velleius Paterculus 2. 104. 2 – 107. 3；对拉瑙 – 瓦尔德吉尔姆斯的考古发掘的概述，见 R. Wolters，*Die Schlacht im Teutoburger Wald*（2008），pp. 65 – 9。

[16] Velleius Paterculus 2. 108. 1 – 109. 4；关于马科曼尼人和苏维汇人的概况，见 Tacitus，*Germania* 38 – 41，Strabo，*Geog.* 7. 1. 3。

[17] Velleius Paterculus 2. 109. 4 – 110. 2，Dio 55. 28. 6；在据说由

Maroboduus 创作的辞藻华丽的演讲稿中，罗马人调动了 12 个军团去对付他，Tacitus, *Ann.* 2. 46。

[18] Dio 56. 16. 3 (Loeb translation).

[19] Dio 55. 29. 1 – 30. 6, Velleius Paterculus 2. 110. 2 – 6；罗马军队对叛乱的应对，见 A. Goldsworthy, *The Roman Army at War 100 BC – AD 200* (1996), pp. 79 – 95。

[20] Dio 55. 27. 6 – 28. 4, Josephus, *BJ* 2. 111 – 118, *AJ* 17. 314.

[21] Pliny, *NH* 7. 149 谈及他企图自杀。

[22] Dio 55. 24. 9 – 25. 6, *Res Gestae* 17, with L. Keppie, *The Making of the Roman Army* (1984), pp. 147 – 8.

[23] 见 Suetonius, *Augustus* 25. 2, Velleius Paterculus 2. 110. 6 – 111. 2, with Keppie (1984), pp. 168 – 9, 引用 V. Ehrenberg & A. Jones, *Documents Illustrating the Reigns of Augustus and Tiberius* (2nd edn, 1975), p. 368 讲到征召公民。

[24] Suetonius, *Augustus* 24. 1, 概况见 Nicolet (1990), pp. 99 – 101。

[25] 警备队，见 Dio 55. 26. 4 – 5, with G. Watson, *The Roman Soldier* (1985), pp. 19 – 20；关于其他问题，见 Dio 55. 26. 1 – 27. 3。

[26] Suetonius, *Augustus* 19. 1, Dio 55. 27. 1 – 2, with Birch (1981), pp. 450 – 52, Levick (1999), pp. 55 – 9, 及 T. Wiedermann, 'The political background to Ovid's *Tristia* 2', *Classical Quarterly* 25 (1975), pp. 264 – 71, esp. 265 – 8。

[27] Dio 55. 26. 2 – 3, 27. 3 – 5, Suetonius, *Claudius* 2. 2.

[28] Dio 55. 32. 1 – 2, Suetonius, *Augustus* 51. 1, 65. 1, *Claudius* 2. 2, Velleius Paterculus 2. 112. 7, Tacitus, *Ann.* 1. 5 – 6, with Birch (1981), pp. 446 – 52, 及 B. Levick, 'Abdication and Agrippa Postumus', *Historia* 21 (1972), pp. 674 – 97, 尤见 690 – 93。

[29] Dio 55. 32. 1, with Levick (1999), pp. 51 – 2, A. Jones, 'The Elections under Augustus', *JRS* 45 (1955), pp. 9 – 21, 尤见 13 –

17。

[30] Dio 55.32.1, with Levick (1972), pp. 690 – 97, Birch (1981), pp. 448 – 51, 455 – 6, 及 Barrett (2002), pp. 57 – 65。

[31] Tacitus, *Ann.* 1.3.

[32] Velleius Paterculus 2.111.3 – 4；关于此次战争的概况，见 Dio 55.29.1 – 32.4, 34.4 – 7, 56.11.1 – 17.1, Velleius Paterculus 2.110.1 – 116.5。

[33] Velleius 2.113.1 – 2, Suetonius, *Tiberius* 16.1, with Goldsworthy (1996), pp. 35 – 7, 116 – 25.

[34] Dio 55.31.1 讲到，奥古斯都相信提比略作战不力，进展不够快，这与他此前敦促将领小心谨慎形成了对比，Suetonius, *Augustus* 25.4。

[35] Dio 55.33.5 – 34.3.

[36] Suetonius, *Augustus* 65.1, 4, 72.3, 101.3, Tacitus, *Ann.* 3.24, 4.71, Pliny, *NH* 7.75, with Birch (1981), pp. 452 – 4, R. Syme, *The Roman Revolution* (1960), pp. 432, 468, 与 (1986), pp. 115 – 27, 188 – 99。

[37] Ovid, *Tristiae* 2.207 讲到"两起罪行，一首歌谣和一个错误"；讨论见 R. Syme, *History in Ovid* (1978), pp. 206 – 29。

[38] Suetonius, *Augustus* 65.4, with Levick (1999), pp. 55 – 62, Crook in *CAH2* X, pp. 108 – 9 都对这个问题做了谨慎的讨论。

# 二十二　奥古斯都盛世

[1] Velleius Paterculus 2.127.3 (Loeb translation).

[2] 阿米尼乌斯及其早期生活，见 Velleius Paterculus 2.118.1 – 3, Tacitus, *Ann.* 2.9 – 10, 88, with P. Wells, *The Battle that Stopped Rome* (2003), pp. 105 – 10, 及 A. Murdoch, *Rome's Greatest Defeat. Massacre in the Teutoburg Forest* (2006), pp. 75 – 97, 尤见 83 – 6；奥古斯都不

愿意授予公民权，见 Suetonius, *Augustus* 40.3。

[3] 关于瓦卢斯，见 Wells（2003），pp. 80 - 86，Murdoch（2006），pp. 49 - 74，及 R. Syme, *The Roman Revolution*（1960），pp. 401，424 - 5，434，437。

[4] Tacitus, *Ann.* 1. 57 - 59, Velleius Paterculus 2. 118. 4.

[5] Velleius Paterculus 2. 117. 2 - 4 包含引文，Dio 56. 18. 1 - 5。

[6] 概况见 S. Dyson, ' Native Revolt Patterns in the Roman Empire ', *Aufstiegund Niedergang der römischen Welt* 2. 3（1975），pp. 38 - 175。

[7] 关于他的军队，见 Velleius Paterculus 2. 117. 1；关于叛乱，见 Dio 56. 18. 5 - 19. 4。

[8] Dio 56. 20. 1 - 2，提到百夫长马尔库斯·凯利乌斯衣冠冢上的释奴；关于随军携带卧榻，见 W. Schlüter, ' The Battle of the Teutoburg Forest: archaeological research at Kalkriese near Osnabrück ', in J. Creighton & R. Wilson, *Roman Germany. Studies in Cultural Interaction. Journal of Roman Archaeology Supplementary Series* 32（1999），pp. 125 - 59，尤见 148 - 9；关于军人的婚姻，见 B. Campbell, ' The marriage of soldiers under the Empire ', *JRS* 68（1978），pp. 153 - 66。

[9] Velleius Paterculus 2. 118. 4, Dio 56. 19. 2 - 3, Tacitus, *Ann.* 1. 58.

[10] 关于考古发掘和对战役一系列不同的复原解读，见 A. Rost, ' The Battle between Romans and Germans in Kalkriese: Interpreting the Archaeological Remains from an ancient battlefield ' 及 S. Wilbers - Rost, ' The site of the Varus Battle at Kalkriese. Recent Results from Archaeological Research ', 均载于 A. Morillo, N. Hanel & E. Martín, *Limes XX: Estudios sobrela frontera romana. Roman Frontier Studies. Anejos de Gladius* 13 Vol. 3（2009），pp. 1339 - 45，1347 - 52，Schlüter（1999），pp. 125 - 59，Wells（2003），Murdoch（2006）；M. McNally, *Teutoburg Forest AD 9. The Destruction of Varus*

*and his Legions*（2011）配有精美的插图，很容易读到的论文集 J. Oorthuys（ed.），*The Varian Disaster*：*The Battle of the Teutoburg Forest. Ancient Warfare* special issue（2009）也有很好的插图；主要的古代史料为 Dio 56. 19. 1 – 22. 2，Velleius Paterculus 2. 119. 1 – 5，Tacitus，*Ann.* 1. 61 – 2。本书的叙述以上述全部史料为基础，更详尽的讨论见引用的著作。

[11] 关于尤利乌斯·恺撒的一些士兵对损失辎重的反应，见 *BG* 5. 33，并对比 5. 44。

[12] 关于指挥官的恰当行为，见 Goldsworthy（1996），pp. 163 – 5。

[13] Tacitus，*Ann.* 1. 57 – 8，71，Velleius Paterculus 2. 119. 5.

[14] Velleius Paterculus 2. 117. 1.

[15] Dio 56. 23. 1 – 4，Suetonius，*Augustus* 23. 1 – 2.

[16] Suetonius，*Augustus* 23. 2；关于罗马军团，见 L. Keppie，*The Making of the Roman Army*（1984），pp. 163 – 9。

[17] Dio 56. 22. 2a – 4，Velleius Paterculus 2. 120. 1 – 6，with Wells（2003），pp. 200 – 12，Murdoch（2006），pp. 121 – 8.

[18] 关于焦土政策，见 J. Roth，*The Logistics of the Roman Army at War*，*264 BC – AD 235*（1999），pp. 148 – 55，298 – 305。

[19] Dio 56. 25. 2 – 3. 注 585。

[20] Suetonius，*Tiberius* 21. 5 – 6.

[21] Dio 56. 17. 1 – 3，25. 1，Suetonius，*Tiberius* 17. 2，*Res Gestae* 4，with Levick（1999），pp. 61 – 4，与 T. Barnes，'The victories of Augustus'，*JRS* 64（1974），pp. 21 – 6。

[22] 对这些法律的影响，讨论见 A. Wallace – Hadrill，'Family inheritance in the Augustan Marriage Laws'，in J. Edmondson（ed.），*Augustus*（2009），pp. 250 – 74 = *Proceedings of the Cambridge Philological Society* 27（1981），pp. 58 – 80.

[23] Dio 56. 1. 2 – 10. 3，Suetonius，*Augustus* 34. 2，89. 2.

[24] Tacitus, *Ann.* 3. 25 – 8 强调了修改后的法律的严苛, S. Treggiari, *Roman Marriage* (1991), 尤见 pp. 60 – 80；另见 K. Galinsky, *Augustan Culture* (1996), pp. 128 – 40 讲到, 这些担忧的更大背景是, 人们害怕道德的堕落会导致瓦卢斯战败这样的灾难。法律有可能是在瓦卢斯战败的噩耗传来之后颁布的, 但它的基本形式可能在此之前就拟定了。

[25] Dio 56. 25. 7 – 8, 27. 4, Suetonius, *Augustus* 43. 3.

[26] 关于 Labienus 见 R. Syme, *The Roman Revolution* (1960), p. 486, 及 B. Levick, *Augustus. Image and Substance* (2010), pp. 190 – 91。

[27] Dio 56. 25. 4, 27. 1, Tacitus, *Ann.* 1. 72, with Syme (1960), pp. 486 – 7.

[28] Dio 56. 26. 1 – 3, 28. 2 – 3.

[29] Dio 56. 28. 4 – 6；关于提比略在这些年的地位, 见 Levick (1999), pp. 61 – 7。

[30] Dio 56. 29. 1 – 6, Suetonius, *Augustus* 97. 1 – 3, *Res Gestae* 8.

[31] Tacitus, *Ann.* 1. 5, Dio 56. 30. 1 论及此次旅行；Suetonius, *Augustus* 101. 1 – 3 论及遗嘱, 奥古斯都规定两个尤利娅不准入葬他的陵寝, 可能也对波斯图穆斯做了类似的禁止；Syme (1960), p. 433 不认可此事, 而 Levick (1999), pp. 64 – 5 很好地描述了此次旅行。

[32] Dio 56. 29. 2. 目前对奥古斯都临终前的最详细叙述, 见 Suetonius, *Augustus* 97. 3 – 100. 1, 提供了下文的绝大部分细节。有价值的讨论见 D. Wardle, 'A perfect send – off : Suetonius and the dying art of Augustus (Suetonius Aug. 99)', *Mnemosyne* 60 (2007), pp. 443 – 63。

[33] Suetonius, *Augustus* 98. 2 包含这句引文。

[34] "嘴巴" 的引文, 见 Suetonius, *Tiberius* 21. 2；Dio 56. 31. 1 称, 他引用的大部分史料都说提比略是在奥古斯都去世后才抵达的。

[35] Dio 56. 30. 1 – 4, with A. Barrett, *Livia. First Lady of Imperial Rome* (2002), pp. 242 – 7。

[36] Suetonius, *Augustus* 99 (Loeb translation).

[37] Dio 56. 30. 4.

[38] 引文来自 Suetonius, *Augustus* 99. 1；Dio 31. 1 讲到李维娅在几天内秘不发丧。

[39] Suetonius, *Augustus* 100. 2，Dio 56. 31. 2.

[40] 葬礼的主要信息来自 Suetonius, *Augustus* 100. 2 – 4，Dio 56. 34. 1 – 42. 4；与苏埃托尼乌斯不同，狄奥的说法是，德鲁苏斯在神圣尤利乌斯神庙前的演讲台发表悼词，而提比略在旧的演讲台致悼词。

[41] Suetonius, *Augustus* 100. 4，Dio 56. 42. 3.

# 终　章

[1] Dio 44. 2. 1 – 3 (Loeb translation).

[2] Tacitus, *Ann.* 1. 2.

[3] Tacitus, *Ann.* 1. 8.

[4] 关于这个名字，见 Levick, *Tiberius the Politician* (1999)，p. 247，n. 11 有资料和讨论。

[5] 关于提比略登基和他在位的早期，见 Levick (1999)，pp. 68 – 81，及 R. Seager, *Tiberius* (2005)，pp. 40 – 59。

[6] Tacitus, *Ann.* 1. 15.

[7] Tacitus, *Ann.* 1. 11 讲到奥古斯都的建议。

[8] 提比略在位期间情况，详见 Levick (1999) 及 Seager (2005)。

[9] Eutropius, *Breviarium* 8. 5；奥古斯都留下的制度注定失败的观点，见 J. Drinkwater, 'The Principate – lifebelt, or millstone around the neck of Empire?'，载于 O. Hekster, G. Kleijn & D. Slootjes (eds), *Crises and the Roman Empire* (2007)，pp. 67 – 74；卡利古拉遇刺之后的情况，见 A. Barrett, *Caligula. The Corruption of Power* (1989)，pp. 172 – 6。

# 附录二

[1] 早期史料中关于耶稣被处决，见 Tacitus, *Ann.* 15.44, Josephus, *AJ* 18.63 – 4.20.200，有关讨论见 E. Schürer, G. Vermes & F. Millar, *The History of the Jewish People in the Age of Jesus Christ* Vol. 1 (1973), pp. 430 – 41 介绍了关于 *testimonium Flavianum* 的大量文献，因为这些段落中的一部分或许全部，是后人篡改添加的。关于尤利乌斯·恺撒的诞生，见 A. Goldsworthy, *Caesar：The Life of a Colossus* (2006), p. 30。

[2] Josephus, *BJ* 2.117 – 18, *AJ* 17.355, 18.1, 26, *ILS* 2683；讨论见 Schürer (1973), pp. 258 – 9，注释 *ILS* 918 记载了一位不知名的元老两次担任帝国行省总督，至少一次是在叙利亚。这也许就是奎里尼乌斯。令问题更加复杂的是，2 世纪末 3 世纪初的基督教辩护者德尔图良将耶稣出生年份定为叙利亚总督 Coponius 举行的人口普查期间，见 Tertullian, *Against Marcion* 4.19；Strabo, *Geog.* 12.5.6, Tacitus, *Ann.* 3.48 记载了奎里尼乌斯在奇里乞亚边境赢得的一场胜利，时间可能是约前 4 ~ 前 3 年，可能是他担任加拉太和潘菲利亚总督期间。

[3] 见 Goudineau in *CAH2* X，p. 490 涉及在高卢举行的人口普查。

[4] 非常有价值的讨论，见 Schürer (1973), pp. 399 – 427，更简洁的讨论见 P. Richardson, *Herod. King of the Jews and Friend of the Romans* (1996), pp. 295 – 8。

[5] 关于埃及，见 A. Bowman in *CAH2* X, pp. 679 – 86, 689 – 93。

[6] 关于对大屠杀的质疑，见 Richardson (1996), pp. 297 – 8。即便在 A. Murdoch, *Rome's Greatest Defeat. Massacre in the Teutoburg Forest* (2006), p. 59 这部与本话题似乎无关的书里，大屠杀也被视为事实。

# 译名对照表

Achilles 阿喀琉斯

Actian Arch 亚克兴凯旋门

Actian Games 亚克兴竞技会

Actium，Battle of 亚克兴角战役

Aedui tribe 埃杜依部落

Aeneas 埃涅阿斯

Aeneid 《埃涅阿斯纪》

aerariummilitare 军事国库

Agrippa，Marcus Vipsanius 马尔库斯·维普撒尼乌斯·阿格里帕

Ahenobarbus，CnaeusDomitius 格奈乌斯·多米提乌斯·阿赫诺巴尔布斯

Ahenobarbus，Lucius Domitius（cos. 16 BC）卢基乌斯·多米提乌斯·阿赫诺巴尔布斯（前16年执政官）

Alba Longa 阿尔巴朗格

Alesia 阿莱西亚

Alexander the Great 亚历山大大帝

Alexander Helios 亚历山大·赫利俄斯

Alexandria 亚历山大港

Aliso（Haltern）阿里索（哈尔滕）

Allobroges 阿洛布罗基人

Amatius（false Marius）阿玛提乌斯（假马略）

Amphipolis 安菲波利斯

Antonia（the younger）小安东尼娅

Antonia（the elder）大安东尼娅

Antoninus，Iullus 尤卢斯·安东尼

Antonius，Caius（brother of Mark Antony）盖乌斯·安东尼（马克·安东尼的弟弟）

Antonius，Caius（cos. 63 BC）盖乌斯·安东尼（前63年执政官）

Antonius，Lucius 卢基乌斯·安东尼

Antonius Creticus，Marcus 马克·安东尼·克莱提库斯

Antyllus，Marcus Antonius 马克·安东尼·安提勒斯

Aphrodisias 阿佛洛狄西阿斯

Apollo 阿波罗

Apollonia 阿波罗尼亚

Appian 阿庇安

Appian Way 阿庇乌斯大道

Aqua Alsietina 阿尔希提纳水道

Aqua Julia 尤利乌斯高架渠

Aqua Virgo 维尔戈水道

Aquileia 阿奎莱亚

Aquitania 阿基坦

Ara Pacis Augustae 奥古斯都和平祭坛

Arabia Felix 阿拉伯福地

Archelaus，King of Judaea 阿奇劳斯，犹太国王

## 图书在版编目（CIP）数据

奥古斯都：从革命者到皇帝／（英）阿德里安·戈兹沃西（Adrian Goldsworthy）著；陆大鹏译. ‑‑ 北京：社会科学文献出版社，2016.9（2019.10 重印）

书名原文：Augustus：From Revolutionary to Emperor

ISBN 978 ‑ 7 ‑ 5097 ‑ 9244 ‑ 5

Ⅰ. ①奥… Ⅱ. ①阿… ②陆… Ⅲ. ①奥古斯都（前 63 ‑ 14）‑传记 Ⅳ. ①K835.467 = 2

中国版本图书馆 CIP 数据核字（2016）第 125140 号

## 奥古斯都：从革命者到皇帝

著　　者／〔英〕阿德里安·戈兹沃西
译　　者／陆大鹏

出 版 人／谢寿光
项目统筹／段其刚　董风云
责任编辑／张金勇　周方茹　安　莉

出　　版／社会科学文献出版社·甲骨文工作室（分社）（010）59366527
　　　　　　地址：北京市北三环中路甲 29 号院华龙大厦　邮编：100029
　　　　　　网址：www.ssap.com.cn
发　　行／市场营销中心（010）59367081　59367083
印　　装／三河市东方印刷有限公司

规　　格／开本：889mm × 1194mm　1/32
　　　　　　印　张：22.25　插　页：0.5　字　数：508 千字
版　　次／2016 年 9 月第 1 版　2019 年 10 月第 5 次印刷
书　　号／ISBN 978 ‑ 7 ‑ 5097 ‑ 9244 ‑ 5
著作权合同
登 记 号／图字 01 ‑ 2015 ‑ 1770 号
定　　价／88.00 元